新时空观体系的超越与建构：康德哲学新探

（上册）

贵州出版集团
贵州人民出版社

图书在版编目（C I P）数据

新时空观体系的超越与建构：康德哲学新探 / 何之著. -- 贵阳：贵州人民出版社, 2023.11
ISBN 978-7-221-18030-8

Ⅰ. ①新… Ⅱ. ①何… Ⅲ. ①康德(Kant, Immanuel 1724-1804)—哲学思想—研究 Ⅳ. ①B516.31

中国国家版本馆CIP数据核字(2023)第207228号

新时空观体系的超越与建构：康德哲学新探

XINSHIKONGGUAN TIXI DE CHAOYUE YU JIANGOU: KANGDE ZHEXUE XINTAN

何之 著

出 版 人 朱文迅
策划编辑 康征宇 代 勇
责任编辑 潘 媛
装帧设计 郑亚梅
责任印制 蔡继磊

出版发行 贵州出版集团 贵州人民出版社
地　　址 贵阳市观山湖区中天会展城会展东路SOHO办公区A座
印　　刷 浙江海虹彩色印务有限公司
开　　本 787mm × 1092mm 1/16
印　　张 50.5
字　　数 810千字
版次印次 2024年3月第1版 2024年3月第1次印刷
书　　号 ISBN 978-7-221-18030-8
定　　价 128.00元（全二册）

贵州人民出版社微信

目 录

（上册）

绪　论

康德在西方哲学史上的崇高地位是毋庸置疑的，他被认为是说不完的、永不过时的哲学家。本书要讨论的议题，将给他的“永不过时性”增添一个新的例证：本书认为，迄今为止，我们对康德思想（仅仅就他的先验哲学而言）的伟大意义和巨大潜力，或许仍未达到充分而准确的理解。康德的先验哲学确实存在着局限，也因此面临诸多困难，但关于其局限性，其实我们应该重新思考以下两个方面的问题：一是我们所认为的局限是不是真的局限？比如，被后来几乎所有的主要的哲学家所否定（叔本华是少有的例外）的“不可知的物自体”，究竟是康德的“哥白尼式的革命”的无法克服的缺陷、还是他的了不起的创见？这是有疑问且可以探讨的；再比如，像“人们普遍认为康德哲学有一个致命弱点就是把知识确定性的说明押注在欧氏几何学与牛顿物理学的绝对正确性上，随着这些理论的唯一性和绝对正确性被推翻，康德的先验‘形式’和‘范畴’也跟着完结了”[①]这一类论断，究竟有没有正确地理解康德的时空观与牛顿的时空观和欧氏几何学的关系及差异？现代物理学中那些被认为是与康德的先验观念论相冲突的科学发现有没有得到恰当而准确的哲学解释？也是有疑问且可以探讨的；二是即便真是局限，我

① 这个看法已成公论，有关表述比较多。物理学家海森堡所著《物理学和哲学》中对康德的论述最有代表性，我们在后文第四章再予以分析。这里引自浦永春，康德的交互范畴与牛顿力学，《浙江大学学报：社科版》(杭州)，1996年第03期。

们仍然需要区分，那些局限对先验哲学来说究竟是致命的、在其理论框架中无法化解的？抑或只不过是康德的宏伟事业中未及完成、原本也应该由后继者来完成的工作？如果是前者，很难想象，在作为先验哲学出发点的“哥白尼式的革命”的逻辑必然的“物自体”被否定之后，在康德的时空观随牛顿的时空观和欧氏几何学一并而被视为过时了的之后，我们仍然经久不息地谈论他，又是在谈论什么呢？如果我们相信先验哲学有其一脉相承的融贯性，就很难在舍弃“物自体”概念、舍弃“哥白尼式的革命”的情况下继续谈论他的体系中的其它可取之处（后面我们将谈到，一个思辨的哲学如果在其出发点上是错的，怎么可能基于合理的有效的推理而得到“合理的成分”或“合理的内核”？）；如果是后者，进一步要问的是，诸如十九世纪声势浩大的“回到康德”的新康德主义这类“了解康德并超越康德”的思潮有没有回应乃至消除那些被众口一词地予以指责的局限甚至缺陷？如果那些局限或缺陷没有得到化解，康德未竟的事业又能在多大程度上得到推进并发扬光大？

对于以上两方面问题的不令人满意的回答，使得多少年来在人们的眼中，康德的意义不在于他解决了什么问题，而只在于他提出了什么问题——尽管这些问题为后来的人们开辟了新的研究领域，人们几乎总是从对康德的五花八门的诠释中开始走上他们各自的哲学道路的，但是，在那些道路中究竟有没有一条是康德本人想要的？这令人十分怀疑。因为那些道路几乎都是另辟蹊径的结果（否定“物自体”假说是这类结果的一个简明的标志）——面对康德的局限性，人们急于改弦更张而忽略了：当我们把他的工作称赞为“哥白尼式的革命”时，所称颂的恰恰是他面对显而易见的困难或局限却仍然把知识与对象符合一致的关系予以“颠倒”的勇气和魄力（而不仅仅是用“哥白尼式的革命”这个短语来形容“颠倒顺序”这件事情）。回想一下哥白尼提出日心说时的情形，关于“地球围绕太阳旋转”的设想显然是与当时所有人的日常经验相违背的：如果地球是运动的，我们为何明明看见是太阳在东升西落？为何不曾感觉到地面在运动？为何不曾在头足倒置中“掉”进太空里去？等等，这些都是哥白尼本人既容易想到、也无法回答的问题（能够回答的人要在他之后100多年才会出现），但他仍然基于更简明、更准确的数学表述而提出日心说，其石破天惊的意义在于，他首次让所有人的日常经验从不言而喻的常识变成可以怀疑的问题，由此引发的思想解放成为催生近代自然科学的最初的动力。同样地，对于康德哲学，如果我们仍然以“哥白尼式的革命”这个短语去谈论它，就有必要从上述两个方面来思考这样一种可能性，即因其局限性就急于改弦更张、另辟蹊径是否也属于因为没有感觉到地面在运动就拒斥日心说的那一类做法？或者说，康德的“颠倒”是对的而需要修改的是那些受限于日常经验的观念？这种可能性是存在的，至少是值得通过研究并以充分的依据来下一个判断的。这是所有康德研究者不能回避的责任。本书认为，一方面，康德时空观（就其深刻内涵而不仅仅是他本人受制于时代局限所做的阐释而言）显著地不同于牛顿时空观，其差异甚至远大于爱因斯坦时空观与牛顿时空观的差异；另一方面，现代物理学的某些前沿成果中被认为是否定了因果律（从而否定了康德的因果性范畴乃至范畴体系本身）的案例，其实是基于对因果性范畴的误解误用（比如用错了范畴）。这是令人惊讶的，也是可以想象的。因为，我们不会设想那些伟大的物理学家有可能弄错了物理概念，但当他们谈论形而上学或运用形而上学概念去解释物理现象时，他们的权威性不会在这个“跨界”的过程中得到不言而喻的延续，这就使得他们有可能犯下所有形而上学家都有可能犯下的错误——如果以上两方面的新的研究是成立的，那么，以往以现代物理学的新发现、新成果的名义对康德哲学的最为致命的打击就将是不成立的——这为我们重新理解和发掘康德的“哥白尼式的革命”的深刻内涵，扫除了最为关键的障碍。

1865年，德国哲学家李普曼以大声疾呼的方式提出“重新回到康德去”的口号，标志着新康德主义运动的开始。然而，这场运动与其说是发现了或发掘出康德哲学新的内涵从而化解了人们的有关质疑（如同伽利略、牛顿化解了人们对哥白尼“日心说”的有关质疑那样）并发展了康德哲学，还不如说是在黑格尔去世后哲学陷入茫然失措的混乱局面时的某种权宜之计——“正像一支溃败的军队四处寻找坚固场所，希望重新集结队伍一样”[①]。可

① 张志伟主编，《西方哲学史（第2版）》，中国人民大学出版社2010年6月第2版，第562页。

以说，新康德主义运动是在没有清楚地意识到自身使命的情况下兴起和衰落的，这就使得类似于伽利略、牛顿通过化解哥白尼的困难而建立起近代物理学那样的壮举并未重现。究其原因，我们认为，新康德主义运动有没有“回到”康德哲学中最具价值、最具潜力的地方，比如究竟是应该“回到”他的理论理性以汲取他的先验逻辑和先验方法（如马堡学派）？还是应该“回到”他的实践理性以便“重新估价一切价值”（如弗莱堡学派）？抑或是两者皆不可行？是令人怀疑的——这些怀疑需要得到一个清楚明白的回答。因此，本书将展示一种可能性，即“回到”先验哲学的体系中历来为人所忽视的先验感性论（即我们所认为的最具价值、最具潜力的地方，由于先验感性论被普遍地赋予浓重的已成定论的主观主义或唯心主义色彩，人们不曾做过有意义的尝试）并据以重新出发，只要再往前迈出一步，我们就将看到比之以往截然不同的全新景象。先验哲学之所以出现为人们所谈论的那些困难或局限（如果不是误读的话），错不在“哥白尼式的革命”，恰恰在于“革命”的不彻底性，如果将“革命”更进一步贯彻下去，那些困难或局限都将迎刃而解。

一

尽管针对康德的那些似已成为共识的批评是否属于误读（尤其是那些批评出自后来的诸大家），于我们即将展开的工作不甚紧要（我们的工作与那些批评是否误读无关），不过，我们仍然有必要为康德稍作辩护，以澄清先验哲学本来应有的面貌。我们也需要回答一个问题，即：哲学在经历了德国唯心主义、新康德主义以及声势浩大的分析哲学和现象学运动之后为什么仍然有必要以更恰当的方式和更迫切的要求“回到康德并重新出发”？

康德本人有机会对他的第一个继承者表达自己的意见。费希特作为哲学家的贡献以及他的“知识学”的意义，我们不作评论，他“为自由而斗争的一生”也令人敬仰，但他对康德的曲解，却是一个令康德本人强烈反对乃至“愤怒”的事实（康德在1799年发表《关于与费希特知识学关系的声明》

中将之斥为“完全站不住脚”）。可惜后来的研究者有意无意地忽视了康德的反对，而倾向于相信费希特所说的“康德本人并不了解康德哲学，他才是康德哲学的继承者”的辩词，以至于形成了一种公论，认为康德是以他与费希特、谢林和黑格尔为代表的德国古典哲学的创立者。我认为康德本人不会乐于接受这个“封号”。他之于后三位哲学家的意义或许主要在于“德国被康德引入了哲学的道路，从此哲学变成了民族的事业。一群出色的大思想家突然出现在德国的土地上，就像用魔法呼唤出来的一样”（德国诗人亨利希·海涅语）——那三位“出色的大思想家”就是被康德带来的“魔法”呼唤出来的，但要说他们的哲学在多大程度上延续或发展了康德确立的理论体系和基本原则，则很难说清道明，因为费希特、谢林和黑格尔的思想之间的内在关联远多于他们与康德的思想之间的内在关联。一个明显的变化是，康德为哲学的认识论所规定的任务（仅就“我能够知道什么”这个问题而言）是说明人的认识要建立普遍必然性的知识是如何可能的（这个任务直到20世纪初叶才在胡塞尔的现象学中得到一个遥远的略显微弱的回响），而自费希特始，三位哲学家都致力于从某个确定无疑的基础出发来构建出“全部知识学”乃至“整个世界”，无意（如康德那样）为人类的科学认识（如数学和自然科学）的合法性寻找某种合乎理性的根据。无论对费希特、谢林和黑格尔的哲学成就作何评价（那是另一回事），有一点是值得思考的：康德看起来不像是他们的“同路人”。康德当然了解“康德哲学”——据我看，如果说康德对自己的哲学真有什么“不了解”的话，那也只是连他本人也料想不到他的哲学具有何等广阔的可供发掘的拓展空间（这正是本书要讨论的内容），正是他在这个意义上的“不了解”，使得有研究者误认为他对自己憧憬的“科学的形而上学”有可能信心不足（比如李秋零先生认为康德后来放弃了曾经憧憬的目标，而邓晓芒先生则认为康德只是把已经完成奠基的“科学的形而上学”交给后来者去建立，自己专注于构建在他看来更重要的“道德形而上学”）。令人惊讶的倒是，他对费希特所表达的清晰明确的强烈反对何以没能引起人们的足够重视以至于认真考虑另一种可能性：费希特或许真的曲解了他？[①]基于后面要谈的理由，我认为，是费希特把先验哲学引向了康德所反对并决心予以改造的传统形而上学的老路上去（康德本人说过费希特是“历史的倒退”）。尽管这条道路在黑格尔那里达到了顶峰，也取得了蔚为壮观的成就（那也是另一回事），但那并不符合康德对“科学的形而上学”的预期目标，也与他所秉持的批判精神相违背。这就引出一个问题：康德是如何被曲解的？

作为第一个继承者，费希特看似汲取了康德的“先验自我意识”理论，但是，“先验自我意识”在康德那里是“知性的一切运用的最高原则”（即“统觉的综合统一性原理”），而费希特却把它当作“绝对自我”、当作自我与非我（即作为客体的世界）之被设定（乃至被产生）的唯一来源，把人的感觉、直观、想象力以及知性、判断力、理性都解释为“理论自我创造世界”的“发展历程”，不仅使得人类精神的整个机制就是根据（自我的）想象力建立起来的，而且“我们的现实世界就是理论自我的无意识的想象力的产品”——如费希特所说“我们的意识，我们的生活，我们的存在，作为自我，其可能性是建立在上述想象力的行动上的”[②]。这个思路及其推演在目的、前提和方法等多重意义上违背了康德的基本原则，比如违背了他在《纯粹理性批判》导言的第一句话所表达的“我们的一切知识都是从经验开始”这个“没有任何怀疑的”原则，并且把康德最富创见却最易被人误解的“人为自然立法”直接解释为主观主义的和心理主义的“唯心论”。从费希特“自我设定自己本身”“自我设定非我”以及“自我在自身中设定一个可分割的非我以与一个可分割的自我相对立”这三条基本原理的推演过程看，不难发现，该过程不仅需要过多的预设，而且其推演的结果并未超出康德关于“‘我思’必须能够伴随着我的一切表象”及其阐述所表达的“统觉的本源的综合统一”的内容。比如预设了“A是A”这个被当成是“人们不加丝毫考

① 如费希特针对康德所说，“难以理解的是为什么他的后继者们一直不愿意相信他说的话”（见《全部知识学的基础》第106页注释），殊不知“一直不愿意相信康德说的话”这件事情，正是从费希特自己开始的。

② 引号中的这两段话均引自《全部知识学的基础》的译者导言。

虑就会承认它是完全确定无疑的”[1]前提，不仅为辩证法的拥趸们所质疑，而且，既然费希特把“绝对自我”当作“全部知识学”的唯一来源，他就有义务从“绝对自我”推出包括同一律等形式逻辑的规则，而不是把这些规则当作理所当然的共识来予以运用，否则我们就要问：这些逻辑规则又从何而来？如果这些规则不是来自“绝对自我”，那“绝对”二字从何说起？[2]又比如预设了“我是”、“我是我”乃至“是”之为何意且无须做出解释——要知道，从古到今的哲学家为这些语词之为何意费尽心血、皓首穷经（我们将在第一、二章谈到这些语词的语义所引起的分歧），如果我们能使用这些用语，“自我”、“非我”等同样基础的语词就无须被推演了。尤其值得一提的是，费希特所说的“康德用预先设定的时间和空间的观念性来证明客体的客观性，我们反过来用经过证明的客体的客观性来证明时间和空间的观念性。他需要观念的客体来充实时空，我们需要时空以便能建立起观念的客体”[3]的这个颠倒了的过程，足以说明他没有意识到时间空间作为客体的直观形式在先验哲学中的基础性的意义，使得时间空间成了派生出来的次一级的东西（即如他所说需要用“客体的客观性”来“证明”的东西）。时间空间在康德那里不是观念，是直观，是比观念更基础的东西，是无须也无法证明的东西。

费希特还被称赞为“消除了康德的二元论，抛弃了物自体”。的确，费希特最早取缔了物自体，自他以后，哲学家们也始终致力于消除所谓的“现象与物自体的二元对立”，仿佛康德犯了一个过于明显的错误，即认识论理应“认识世界”，康德却说世界本来的样子是“不可知的”，我们只能认识由我们的直观形式和知性概念构建起来的“现象”——这听起来就像是（如前所述）明明所有人都感觉不到地面在运动，哥白尼却说“地球围绕太阳旋转”时所显露出的如此低级的“错误”一样。但费希特没有意识到，物自体

① [德]费希特著，《全部知识学的基础》，王玖兴译，商务印书馆1986年版，第7页。

② 固然，康德也没有追问逻辑规则从何而来（稍后我们再谈这个问题），但是，由于康德并没有打算从“先验自我意识”出发来逐个地“推出”“全部知识学”，毋宁说“先验自我”就是“逻辑的自我”，他当然也就免除了“推出”逻辑规则的义务。

③ [德]费希特著，《全部知识学的基础》，王玖兴译，商务印书馆1986年版，第106页注释。

是“哥白尼式的革命”的不可或缺的逻辑前提，没有这个前提，就没有“人为自然立法”，没有“先验自我意识”，也没有“统觉的本源的综合统一”的最高原则。在这种情况下，从“自我”推出“非我”等“推导”出来的东西就只能是在经验自我意识中的思维游戏，与“认识世界”这件事情根本没有关系，何来“知识”可言？除非独断地把意识与对象混为一谈从而堕入唯心论甚至唯我论，而这正是康德竭力要予以撇清、避免的东西。

实际上，认为康德的现象与物自体构成“二元分裂”，根源在于自柏拉图以来关于现象与本质的“二元对立”的思维方式（即所谓“出离外表，重返本质”的传统主题）。事物的现象即外表，被认为是感性的容易为主观所歪曲的东西，事物的本质则是理智的真实的“是其所是”的东西。法国哲学家吉尔·德勒兹认为，恰恰是康德首次打破了这个“二元对立”的思维方式。他说：“跟随康德而来的有如一声惊雷，在我们总能自作聪明甚至应当自作聪明之后，跟随康德而来，出现了一种对现象概念的全新理解，现象不再是全然的外表了的，这种差异性是根本性的。有了这种观念，哲学就足以进入一种新的要素。具体来说，我认为如果现象学有一个创立者的话，那么他就是康德。从现象不再被定义为外表而被定义为显象的那一刻起，就有了现象学。这里面的差距是巨大的，因为当我说显象这个词的时候，我所说的绝不再是外表，我也绝不会再把它与本质对立起来。显象就是显现者，因为它显现出来了，仅此而已，这就是全部。我并不问那背后是不是还有什么东西，我也不问那是假的还是真的。显象绝不陷于对立的对子之中，也绝不陷于外表与本质相区别的二元区分当中”①。经“哥白尼式的革命”之后，现象与人为自然所立之法（即“本源的综合统一的诸条件”）之间不再是对立的关系，而是显现与显现条件之间的关系，这样的关系既谈不上“分裂”，更谈不上“对立”。

如果人们宁愿置德勒兹如此精湛的观点于不顾，仍然坚持“现象与本质的思维方式”，那么，这里还提供另一个角度的反驳。我们说笛卡尔的“心

① [法]吉尔·德勒兹著，夏莹、牛子牛译，《康德的批判哲学》，西北大学出版社2018年版，附录：康德四讲，第114–115页。

物二元”是对立的、分裂的，因为他不仅承认“心”是存在的（通过“我思故我在”来证明），他还承认“物”是存在的，但他的思辨的论证无法通达外在的“物”，于是通过证明“上帝是存在的”且“上帝不会欺骗我们”、借助上帝的担保来证明“物”不仅存在，而且本身的样子就是我们所感知、所认识的样子。这样一来，“心”与“物”（两个被证明或被担保为存在的东西）一个在此岸，一个在彼岸，既是两相肯定的“二元”，又无法实现直接的融通，因而是对立的。而且，就人而言，人既拥有物质的躯体，也拥有精神的心灵，但心、物是对立的，因此人这个整体被分裂为两个既被承认为存在的、又无法相互融通的部分——在这个意义上心与物是分裂的。相比之下，康德的物自体仅仅是一个逻辑预设，一个不可知、不可说的“东西”（实际上，说“它”是“一个”和“东西”，这个表述本来也是不严谨的，因为范畴不能被运用于它），能在什么相同的意义上与可知、可说的现象并称为“元”？[①]就连“现象与物自体的关系”这个短语在康德看来都是不合法的（同样是因为关系一词作为知性的概念不能被运用于物自体），两者又如何能够构成“二元”、形成“对立”？都是无从谈起的。尤其是，除了针对“世界”这个大全的概念，现象与物自体绝不是作为一个东西的两个部分并存于对象之中，即一个现象“背后”并没有对应着“一个物自体”——仿佛这个现象对应着“这个物自体”，那个现象对应着“那个物自体”（如在稍后要提到的罗素的表述中那样），因此，两者也谈不上是“分裂”的（如同心与物在人这个整体中“分裂”为两个无法融通的部分那样）。基于如此清晰的差异，至少我们应承认，现象与物自体的“关系”不同于、也不能被表述为“心与物”那样的“二元对立”的关系。

当然，对康德来说，物自体的设定确实是一个困难、一个挑战，其挑战的难度一点也不亚于哥白尼明知感觉不到地面的运动却仍然要设想“地球围绕太阳旋转”。但化解这个困难的有效方式不是否定物自体，而是把康德的

① 也许有人会说，康德在实践理性中赋予了物自体以实在性的。但是，费希特等人批评他的“二元分裂”，却是在理论理性上谈的。实际上，从理论理性上看，物自体就只是一个逻辑预设，并无实在性。

“革命”更为彻底地推进下去。

费希特对物自体的贸然取缔，导致后来的人们完全忽视了康德的“哥白尼式的革命”的重大意义。因为否定了他的物自体，就否定了他的“哥白尼式的革命”，当然也否定了他关于“先天综合判断是如何可能”等一系列论断——从这个意义上讲，或许我们可以说，德国唯心主义哲学真正开始于费希特。因为那样一来，不仅康德的主张还能剩下什么就成了问题，更重要的是，那将意味着认识论只能重新回到已经遭遇了“逻辑终局”的近代唯理论或经验论那里去——现实的情况是，人们全然不顾贝克莱和休谟把经验论贯彻到底所带来的挑战（人们面对挑战的方式就是怯懦地将之贬斥为“彻底的怀疑论”就万事大吉），然后按照自己的偏好，既从唯理论那里（比如关于世界的规律性）、也从经验论那里（比如关于知识的经验来源）、还从康德那里（比如对综合判断和分析判断的区分）分别捡拾一些“合理元素”，将之拼接起来，仿佛就能得到“更加合理”的哲学——当然，更时髦的是现代哲学的做法，直接抛开认识论，“转向”语言学，但同时他们又声称自己是经验主义的（哪怕是“现代经验主义的”）。

谢林是作为费希特哲学的信徒走上哲学舞台的，他“同意费希特的观念，即哲学应该是从最高的统一原则出发按照逻辑必然性推演出来的科学体系”，所不同的是，他认为“费希特的绝对自我不足以充当哲学的最高原则”。他看出费希特把自然界当作由自我设定的非我，只是一个空洞的虚设，在自我之外仍然有一个无法克服的自然或客观世界，于是他“改造了斯宾诺莎的实体学说，以自然哲学来弥补费希特知识学的缺陷，建立了一个客观唯心主义的哲学体系”①。谢林的哲学以“同一哲学”著称，其体系可以简要地概括为“由绝对同一到差异和对立，最后再融合为绝对同一”的过程。他把他的“最高的统一原则”设定为“绝对”。所谓“绝对”是一种无意识的、客观的精神实体，是自我与非我、主观事物与客观事物、有意识的东西与无意识的东西的“同一性的依据”。这还是从古希腊延续下来的探寻万事万物的本原的传统，“绝对”就是谢林找到的世界的本原，再从“绝对”引

① 上述三段引文见张志伟主编《西方哲学史》第443页。

出世界的“绝对的同一性”。

追求主体与客体的同一性，或者说化解自笛卡尔以来的“心物二元”，是德国古典哲学的共同目标。黑格尔把谢林的“绝对的同一性”说成是“黑夜观牛牛皆黑”，把自己的“同一性”称为“有差异的同一”。但我们的问题是：“同一性”究竟是哲学所要追求并通过论证以实现的目标、还是无须论证其有效性依据而可以被当作前提的起点？也就是说，无论是“绝对的同一”还是“有差异的同一”，那足以让我们把主体与客体或思维与存在当作是“同一的”之依据是什么？或者说，它们是基于什么共同的基质而有依据地（非独断地）被当作是“同一的”？这些问题理应在得到清晰明确的回答之后再来谈“同一”的“绝对性”或“差异性”。这里涉及的“思维”与“存在”这一对概念分别是什么意思？它们是否等同于“精神”与“物质”这一对概念？原本也是在讨论之前就应该预先予以澄清的。在后文我们会谈到，我们能够直观地理解什么是“精神”和“物质”，也能理解“思维”一词的含义，但“存在”之为何意？却已经在一千多年来的“存在论”中被人为地赋予了过于复杂的意义，以至于当你问“存在是什么”时就已经错了——那么，在“存在”这个词不知何意的情况下谈论“思维与存在的同一性”，就好比谈论《山海经》中的奇禽异兽之“旋龟”与“蛊雕”有无血缘关系一样没有意义（如果我们连“旋龟”与“蛊雕”分别是什么东西都不知道的话）。撇开“思维”与“存在”这一对概念，能不能说“同一哲学”指的是精神与物质的同一性？如果有勇气承认这一点（这确实是一件需要勇气的事情），那么总算以“愿意解决问题”的姿态往前跨出了一步。毕竟，我们清楚明白地知道“什么是精神”、“什么是物质”（比如能够指着面前的一张桌子说：这就是物质。然后反躬自省，把思维中试图理解“物质”的涵义的那一些想法称为“精神”）。这就使得我们有可能进一步思考：我们说木桌、木椅是在木头这个共同的基质上是“同一的”，也说木头、石头是在物质这个共同的基质上是“同一的”。当我们说主体与客体、物质与精神是“同一的”时，其共同的基质是什么？是概念？如果我们清晰地把“概念”与“概念所指的对象”（如木头、石头）区别开来（这是不言而喻的，却又是混为一谈的。弗雷格的三条基本原则之一的“要时刻看到概念和对象的区别”并非无的放矢），“概念”无疑应被归于精神，“概念所指的对象”无疑应被归于物质（如果概念谈的是物质对象的话）。问题依然存在：“概念”与“概念所指的对象”的共同的基质是什么？这正是自中世纪以来的唯名论与唯实论之间争论不休的焦点，后来的近代哲学也好、现代哲学也罢，都没有给出一个有说服力的结论。固然，人只有借助概念才能把握事物，但这丝毫不能得出“概念”就是“概念所指的对象”的“同一性”的基质。动物没有概念，无法进行概念思维（这是由动物学家的工作所证实的），但它们却跟人一样“把握”到了水、食物、作为栖息地的树木或山洞等“事物”（否则它们如何在自然界纷繁复杂的东西中挑出水源、食物和栖息地？）。在这里，（基于后面要谈到的理由）我们想说的是，如果说费希特是以“绝对自我”的设定来曲解了康德的“人为自然立法”的话，那么，谢林则是通过把主体与客体“视为并说成是”“绝对的同一”的做法来把康德已经开始的对主体与客体的同一性的追求引入歧途，即把康德要解决的问题设定为不言而喻的前提。因为所谓“视为并说成是”，是指无须足够的依据、无须共同的基质而靠着对语词的含义做出规定似乎就达到了消除“二元对立”的目的。此外，“绝对”这个本原除了是一个涵义深邃（但只能意会）的词（事实上，其涵义无非是主观的设定）之外，还能是什么或指称什么？我们谈论它与谈论“旋龟”、“蛊雕”这两件事情的区别在哪里？恐怕也都是问题。我们将在第二十章“形而上学作为自然的倾向是如何可能的”里谈到“绝对”、“存在”等深邃难解的语词究竟从何而来。

针对把主体和客体“视为并说成是同一或绝对同一”的做法，本书将在人们清楚明白的直观的意义上，一开始就把物质、精神和语言预设为三样不同的“东西”，然后探寻三者共同的最基底的基质，并在该基质之上达成它们的统一性和同一性。也就是说，主体与客体、精神与物质是否“同一”？是需要基于共同的基质来予以证明的，而非将之独断地设定为“同一”（然后展开推演）。这是一项前所未有的工作，是基于康德所提供的一个从未被人觉察的可能性。基于我们将在后面的成果所提供的理由，在这里我们预先用“思维”这个词替代“精神”这个词，即我们把物质、思维和语言当作三样不同的东西。

谢林还被称为是近代自然哲学的创始人，在他那里，“自然哲学不像自然科学那样仅仅着眼于自然的表面与外在的客观规律，只考察自然界的局部现象，而是把自然看作是一个整体，着眼于自然的内在动力结构和普遍原理，探究自然之为自然的构成条件。因此，谢林把自然哲学称为‘思辨的物理学’，它为自然科学提供前提和准则”①。我们认为，谢林把自然哲学当作哲学不可或缺的部分，其意义在于“为自然科学提供前提和准则”的主张是极有见地的。谢林不会不知道牛顿给物理学家发出的“当心形而上学！”的警告，也不会不知道亚里士多德的自然哲学在中世纪乃至近代给科学的进步造成的严重阻碍，但仍然拿出比现代哲学家们自愿让渡对世界的解释权所表现出来的更大的勇气来为自然哲学“正名”，甚至要求“为自然科学提供前提和准则”，这是令人敬佩的（尽管这在20世纪的科学家们看来像是一个笑话。对此，我们在后面的章节再予以讨论）。世界（或谢林所说的自然）确实是一个整体，按照通常的表述，它包含了一个整体中的自然界和人类社会。如果哲学不能对作为世界这个整体的一部分的自然界做出解释，却声称自己能对作为世界这个整体中的另一部分的人类社会提供真知灼见，这是难以想象的——尽管人们对此习以为常。

但是，由于接下来我们也将对自然科学的对象提出我们的解释，因此有必要指出谢林的自然哲学的局限性（否则人们很容易因为对自然哲学的偏见而不假思索地以为我们的工作不过是回到了谢林的老路）——很遗憾，谢林仍然未能摆脱旧的自然哲学的思维方式。比如，他把自然说成是“喑哑的或无意识的理智，即尚未成熟的理智，因而在它的现象中仍然无意识地透露出理智特性的光芒”、用“同一性的两极性与两极性中的同一性来表达自然界中占统治地位的矛盾规律”等，这类诗意的或含混的表述距离自然科学的研究对象和研究议题仍然过于遥远，自然科学家很难从中看出这类表述与自己正在从事的工作有何关联——既然要“为自然科学提供前提和准则”，至少

① 张志伟主编，《西方哲学史（第2版）》，中国人民大学出版社2002年版，第444页。

要让自然科学家感受到这种关联性，即哲学与自然科学所谈论的是同样的东西；再比如，谢林说引力和斥力构成了天体起源和物质运动的动力，引力表现为客观、物质或自然的方面，斥力表现为主观、自我或精神的方面，二者不但是物质和精神的共同基础，而且还制约着人类精神活动的过程，等等。本来，引力和斥力是自然界中存在的现象，也为自然科学所研究，但是，为什么引力是客观的、物质的而斥力则变成了主观的、精神的？这里的问题是：一边是作为自然现象的引力、斥力，另一边是作为哲学概念的主观与客观、物质与精神，谢林所作的事情仅仅是把两边的现成的东西不由分说地结合起来，或者说“赋予”引力和斥力以主观或客观、物质或精神的意义。人们从积极的意义上所作的解释是，谢林接过康德对自然科学机械论的怀疑，这是在用人性的原理改造机械论的原理，或者说把机械论原理人性化。但是，从思辨哲学的基本要求看，如果不能真正找到“人性”与“机械性”的共同的介质或者联系的纽带以消除两者之间始终存在着的鸿沟，要实现两者的融通，仍然属于“视为并说成是同一的”主观想象，也仍然超不出旧的自然哲学所常用的类比、比拟乃至拟人化的做法。因为每个人都会问：除非预先给予证明，否则不相干的“人性”和“机械性”的现成的东西如何能够“结合”（或被“赋予”）成一个东西？

也许有人会说：对自然哲学而言，除此之外还能有什么别的研究方法吗？有的。按照我们在后面的做法，如果要说引力具有物质性、斥力具有精神性，那么，我们将要求提供那种能被称为引力和斥力的东西是如何从自身的性质中“生出”（而不是被“指定”为）物质或精神、客观或主观的东西的机理；如果要说“无机物的特点是机械性，它受直线因果序列的支配；有机体的特点兼具机械性和目的性，是机械性和目的性的统一”等，我们也将要求基于共同的基质在先行解释“无机物、有机体、机械性、目的性、因果序列”等语词的意义或规定性之后，再来讨论诸如“有机体兼具机械性和目的性是如何可能的”等问题——我们在后面将展示自然哲学（如果还能使用这个称谓的话）的前所未有的另一种可能性。

黑格尔对康德表达了敬意（比如肯定了康德对辩证法的贡献等），不过，他的哲学与康德之间的关联却难以看到清晰的渊源。一般认为，康德的二律背反理论对黑格尔的辩证法是一个极大的推动。但黑格尔的《精神现象学》开始于“感性确定性”，《逻辑学》开始于“有”（或“存在”），都不是康德的用语或思路，因而更像是他的另起炉灶、另辟蹊径。他对康德的批评则人所共知。首先是对物自体的批评，黑格尔认为康德的物自体和现象界是“二元分裂”。他说，“这种认识既然知道自己仅仅是对现象物的认识，便会承认这种认识令人不能满意，同时却又假定好像它诚然不能正确认识自主之物，但却能够正确认识现象范围以内的东西，好像在那里，似乎只是对象的种类不同，一种是自在之物，诚然为认识所不能及，另一种是现象，则是为认识所能及的。这正像说一个人具有正确的洞见，但又附加一句说他不能够洞见任何真的东西，而只能洞见不真的东西。假如这种说法是荒谬的，那么，说一种真的认识，不认识对象本身如何，那也同样是荒谬的”[①]。抛开上面已经谈到的反驳不说，黑格尔的这段话更像是一段调侃而非认真的批评，因为很难想象黑格尔为什么会认为在康德那里物自体和现象“只是对象的种类不同”，因为康德从未把物自体和现象并称为“对象”并归于可并列的“种类”，他完全可以辩解说（除了上面谈到的理由之外），其一，对人的认识能力而言，世界就是现象界，没有世界“本身”；其二，现象及其性质如果在时间空间的直观形式和知性概念的范畴的意义上是真的，那么它就是真的——没有超越于时间空间和知性概念的其它的“真”的尺度！黑格尔上述这段话隐含的前提是“自在之物为真，现象为不真”，但他忽略了，所谓的“真”，本来（在康德那里）就是知性的概念，既不能得之于或用之于理性的幻相，更不能得之于或用之于“不可知的X”。因此，“说一个人具有正确的洞见”，指的就是这个人具有关于“世界的现象”也即“世界”的“正确的洞见”，无须附加黑格尔附加上去的“荒谬”的后半句话。从上述情况看，黑格尔可以不赞同康德的主张，比如可以认为自在之物就应该是“真”的，现象就应该是“不真”的，但这只意味着黑格尔定义了自己的“真”，康德完全可以在另外的“真”的含义下讨论现象界的问题

① [德]黑格尔著，《逻辑学》，杨一之译，商务印书馆1996年版，第27页。

（即以现象界为“真”），本身也可以是自洽的、不荒谬的。

黑格尔称赞费希特是第一个“推导”出范畴的人，批评康德的范畴未经逐一论证、推导，也跟亚里士多德的范畴一样来自经验归纳（康德在这一点上被认为跟亚里士多德是“五十步笑百步”）。的确，康德的范畴表是从形式逻辑的逻辑机能表（经康德的改造之后）直接转化而来的，并未解释范畴为什么是且只能是那十二个（尤其是没有具体解释那四组范畴中的每一个为什么能够成为范畴），使范畴带有被指定而非推导出来的疑问，这让他看起来“既不能解释为什么我们只有这些先天形式，也无法说明我们是如何具有这些先天认识形式的。”[①]。康德觉察到了这里的问题，他清楚地意识到自己与亚里士多德在做法上的区别，即由于亚里士多德“不拥有任何原则，所以他碰到它们就把它们捡拾起来”[②]，而康德自己是“拥有原则”的，即来自形式逻辑的逻辑机能表[③]，康德甚至说“在这部著作中，我有意避免了对这些范畴下定义，尽管我有可能得到这些定义。我将在后面足以与我所探讨的方法论相关涉的程度上来分析这些概念。在纯粹理性的一个系统中人们本可以正当地要求我作出这些定义：但在这里，这样一些定义只会使眼光偏离研究的重点”。[④]老实说，他的这番解释是不令人满意的，其中暗示了他将在后面的“探讨的方法论”中对范畴予以必要的说明。但这个做法就像是黑格尔在提出“绝对即主体”这个至关重要的概念时，在原本应当立即予以证明的位置上却说“我的这种看法的正确性只能由体系的陈述本身来予以证明”[⑤]一样，

① 张志伟，《说不尽的康德哲学——兼论哲学史研究的几个方法论问题》，安徽大学学报（哲学社会科学版），2004年第5期。

② [德]康德著，《纯粹理性批判》，邓晓芒译，杨祖陶校，人民出版社2004年版，第72页。

③ 诚然，康德赖以建立范畴体系的（经他修改过的）逻辑机能表本身就是以这样的方式“捡拾”来的——所以黑格尔批评康德在这一点上跟亚里士多德是五十步笑百步，但是，逻辑机能表的经验来源是逻辑的问题而不是康德的问题，它只说明逻辑本身也包含了经验归纳的成分——要知道，承认这一点是对逻辑（而不是对康德）来说是不利的。其实，这里面有一个根本性的问题：当我们说“依据逻辑”时究竟指的是依据什么？对此，我们在后面关于“逻辑是如何可能的”那三章再专门探讨。

④ [德]康德著，《纯粹理性批判》，邓晓芒译，杨祖陶校，人民出版社2004年版，第74页。

⑤ [德]黑格尔著，《精神现象学》，贺麟、王玖兴译，商务印书馆1962年版，第12页。

似乎并没有一个清晰明确的“下文”。好在我们可以来为康德稍作辩护，因为这里面原本涉及到一个本质的问题。

设想一下，如果范畴可以逐个推导，有两点是绕不开的：一是据以出发的先于范畴的语词是什么？用于推导的语词必定先于范畴，而范畴已经被当作是最为基础的概念。这不仅有可能陷入语词的无穷追溯，而且使范畴不再具有基础性和初始性（因为它成了被推导出来的东西）；二是据以推导的规则是什么？所谓推导，必是由此及彼的过程，使该过程得以成立的依据是什么？如果该依据是逻辑或形式逻辑，那么，逻辑机能表难道不也是形式逻辑的东西？既然如此，康德直接从逻辑机能表整体地“转化”出范畴表，与依据形式逻辑逐个地“推导”出范畴，其实就是一回事。恰恰相反，这样做倒是避免了刚才说到的语词的无穷追溯并且保住了范畴的基础性和初始性，岂不更好？如果该依据不是形式逻辑，而是经改造后的其它逻辑，那么，形式逻辑何以能被改造为其它的逻辑？其改造的依据是什么？又是一个更加复杂的议题，而且，我相当怀疑对该议题的论证中可以不使用被归于范畴的语词（比如黑格尔对形式逻辑的改造，就是从“有”这个范畴开始的）、不会陷入绕了更大圈子的“循环论证”。此外，指责康德没有解释范畴为什么不多不少刚好是那四组十二个，是不公正的。因为范畴是从四组十二个判断形式中直接转化过来的，康德完全可以辩称说“既然判断形式只有那四组十二个，范畴当然就也只有四组十二个”。质疑范畴的数目的唯一有效的方式是：证明形式逻辑的判断形式不是那四组十二个（或者更多，或者更少），而这已经属于形式逻辑的问题了，不再是范畴的来源问题。

实际上，人们忽视了一个关键之处：范畴的来源问题不是每个范畴有无推导的问题，其本质上是逻辑与范畴孰先孰后的问题。如果逻辑先于范畴，那么范畴表来自于逻辑机能表就没有问题（跟范畴的逐个推导是一回事）。但是，既然连量、质这样的基础概念都需要被追溯其来源，为什么同一律、矛盾律、排中律等逻辑的规则就可以天然地获得其依据不被追溯的豁免权？令人难以信服。但要对同一律、矛盾律和排中律等形式逻辑的内容进行论证，又需要援引比它们更为基础的依据，那样的依据能是什么？那样的依据的依据又能是什么？同样可能陷入无穷追溯的境地而难以自拔。因此，关于范畴的来源，我们必须先行明确提出并解决“逻辑与范畴孰先孰后”的问题，然后才谈得上范畴是否应该被逐个推演的问题。在后文，我们将做出尝试，在打破无穷追溯的前提下厘清逻辑与范畴的关系并且逐个地有依据地获得每一个范畴。

二

黑格尔对康德“为知性划界”以及“一切知识开始于经验但并不都是来源于经验”等的观念也是持批评态度的，比如他说“反思的知性占据了哲学”。这个名词意味着什么，需要知道，它以前每每被当作口号使用；在这个名词下，一般所了解的，是进行抽象的、因而是进行分离的知性，它在它的分离中僵化了。它与理性相反，是作为普通人的知性而活动的；它所主张的观点是：真理建立于感性的实在之上，思想只有在感性知觉给予它以内容与实在的意义下，才是思想；而理性，只要它仍然还是自在自为的，便只会产生头脑的幻影。由于理性这样自暴自弃，真理的概念也就跟着丧失了，理性限于只去认识主观的真理，只去认识现象，只去认识某种与事情本性不符的东西；知识降低为意见”[①]。

诚然，人类理性能不能如康德那样分割为感性、知性和理性，是值得探讨的事情（本书就持不同的意见）。但是，黑格尔对康德“为知性划界”的重大意义是否有一个公正的认识，却也令人怀疑。康德认为，在纯粹理性的不可回避的课题即“上帝、自由和不朽”面前，应当“预先检验理性是否有能力从事这样一项庞大的计划”[②]，以避免“理性的无根基的摸索和无批判的轻率漫游”、取消“思辨理性对夸大其辞的洞见的这种僭妄”[③]。但这一审慎

① [德]黑格尔著，《逻辑学》，杨一之译，商务印书馆1996年版，第26页。

② [德]康德著，《纯粹理性批判》，邓晓芒译，杨祖陶校，人民出版社2004年版，导言，第6页。

③ [德]康德著，《纯粹理性批判》，邓晓芒译，杨祖陶校，人民出版社2004年版，第二版序，第22页。

的态度被黑格尔戏谑地称为“在下水之前先学会游泳”。而康德的意思是，因为有了“预先检验”，我知道人类能够在水里游泳，所以我才会下水去学游泳；也因为有了“预先检验”，我也知道人类不能在空中飞翔，所以我才不会从悬崖上跳进空中去学飞翔——“预先检验”是先验哲学，“下水学游泳”或者“跳崖学飞翔”则是经验科学。对康德的“为知性划界”，通常认为主要是针对唯理论力图从理论上证明上帝等只能信仰不能认识的东西，以防止知性被越界滥用到理性理念上去。这也是康德本人论述最多的部分，但他所划的界限所具有的双重的限制性，却并未得到人们应有的重视。

据我看，康德的“预先检验理性的能力”并划出界限的思想方法具有多重的、深远的意义。康德既然把人类理性分为感性、知性和理性并且“为知性划界”，那么，不仅在知性与理性之间有界限（这是人们通常所关注的），在知性与感性之间也有界限（该界限借助莱布尼茨的“智性知识体系”也为人所理解）——更重要的是，在感性与理性之间还应该有界限，而且这些界限的限制性都是双向的。这恰恰是一件至今仍被普遍忽视的事情。

康德讨论了知性能力对感性领域的越界行为（见《纯粹理性批判》第二卷第三章的两个附录）。知性对理性的领域是越界，同样对感性的领域也是越界。康德主要是为了批驳莱布尼茨的“被臆测的智性知识体系”（尽管作为莱布尼茨的另一个极端，也提到了洛克），以便为知识的不同来源作出辩护。所谓先验的反思（反省），就是要在对我们的表象作任何进一步的讨论之前首先弄清楚一个问题，就是“这些表象共属于哪一种认识能力？使它们得以结合起来并加以比较的是知性呢，还是诸感官？”[1]。之所以需要弄清楚这个问题，是因为康德认识到，莱布尼茨的不可分辨者原理、“最好的世界”理论、单子理论以及他“关于时间和空间的著名的原理性概念”乃至他的“一种世界的智性体系”都源自对知性能力和感性能力的混淆混用。这也正是康德认为“一切知识开始于经验但并不都是来源于经验”的理由之一。黑格尔的上述指责康德的“真理建立于感性的实在之上，思想只有在感性知觉给予它以内容与实在的意义下，才是思想”是把“知识降低为意见”的说

① [德]康德著，《纯粹理性批判》，邓晓芒译，杨祖陶校，人民出版社2004年版，第235页。

法，是不公正的。因为康德清楚明白地反对那种脱离经验、“逻辑思维过程在任何地方都碰不到经验”[①]的“智性体系”。他说，“轻灵的鸽子在自由地飞翔时分开空气并感到空气的阻力，它也许会想象在没有空气的空间里它还会飞得更加轻灵。同样，柏拉图也因为感官世界对知性设置了这样严格的限制而抛弃了它，并鼓起理念的两翼冒险飞向感官世界的彼岸，进入纯粹知性的真空。他没有发觉，他尽其努力而一无进展，因为他没有任何支撑物可以作为基础，以便他能撑起自己，能够在上面用力，从而使知性发动起来。但人类理性在思辨中通常的命运是尽可能早地完成思辨的大厦，然后才来调查它的根基是否牢固”[②]。我认为这番话既总结了过往，也警示了未来，说明康德是经过对正面（如当时已经建立起来的近代物理学）和反面（如柏拉图和莱布尼茨）的深思熟虑之后才得出“真理建立于感性的实在之上”或“一切知识开始于经验”的观念的。黑格尔忽视了康德对“知性能力对感性领域的越界行为”所发出的告诫，在他看来，柏拉图和莱布尼茨的问题是出在方法不够好（即非辩证的）而不在于（如康德所指出的）“思辨的大厦的根基”不够牢固。

把“建立于感性的实在之上的”思想贬低为“意见”，说明黑格尔也忽视了康德“为知性划界”的深层意义（他之忽视该意义的更充分的证据来自黑格尔的辩证法本身）：既然界限的限制性从来都是双向的，知性的越界行为固然需要警惕，但反过来理性的越界的可能性同样存在且需要（或者说更加需要）引起警惕——当理性理念对知性的对象尤其是对感性的对象予以僭越时，其危害实际上更加巨大！康德说，“理性从来都不是直接针对着经验或任何一个对象，而是针对着知性，为的是通过概念赋予杂多的知性知识以先天的统一性”[③]，问题在于，一旦理性（理念）直接针对着经验或任何一个对象——这就是理性的越界行为，情况又会怎么样呢？比如，一旦“崇

① 杨祖陶著，《德国古典哲学逻辑进程（修订版）》，武汉大学出版社1993年版，第42页。

② [德]康德著，《纯粹理性批判》，邓晓芒译，杨祖陶校，人民出版社2004年版，导言，第7页。

③ [德]康德著，《纯粹理性批判》，邓晓芒译，杨祖陶校，人民出版社2004年版，第263页。

高”、“伟大”、“神圣”、“自由”及其反义词的这类源自理性理念的字眼被未经审视地运用于感性对象，其作用绝不只是“调节性的”或“导引性的”，而很有可能是决定性的甚至毁灭性的。我们听到过“夜是崇高的，白昼是美的；海是崇高的，陆地是美的；男人是崇高的，女人是美的”这类诗句，尽管难解其意，也似乎无害。但是，诸如“有人群的地方就有左中右”、“国际象棋执白先行就是种族歧视”等信条被郑重其事地谈论并付诸实践的时候，就不仅没有诗意，更有实实在在的危害了。后一类信条在局外人看来像是一些笑话，却是现实中一而再再而三三而四地发生的事实。这里的问题是：理性本身有没有一个普遍适用的尺度以区分“夜是崇高的”这类无害的诗句和“有人群的地方就有左中右”这类有害的信条？因为如果从那些信条对感性现实已经造成的严重危害来加以区分，不仅是“事后诸葛亮”的，而且意味着需要理性以外的尺度，理性本身就将是不完备的。“永动机”被物理学定律清楚明白地证明为不可能，物理学在“永动机”的问题上就是完备的，而无须经历了制造“永动机”的无数次失败并承受其危害之后才相信“永动机是不存在的”。众所周知，黑格尔的辩证法在中国遭遇“中国式”的运用，同样的问题是：它本身能否清楚明白地证明“中国式的辩证法”是不合法的？比如它能否阻止自己反反复复地去反对牛顿的经典力学或推翻爱因斯坦的相对论（据说后者在“国内辩证法界”早已成共识）？如果我们得到的总是“错误地运用”的托词，那么，我们要求看到“正确地运用”的案例并且看到“错误地运用”与“正确地运用”之间清晰可辨且普遍适用的区分标准，应该就是正当且合理的权利。我们在后面会谈到由巴门尼德所开创的“有依据地论证”的哲学传统，这个传统要求哲学的每一个论断都必须基于“有依据地论证”，但它显然没有得到普遍且严格的遵循。现在的情况是，面对已被尊奉为经典的晦涩难解的理论，当你要求一个清楚明白的依据时，这样做本身就将立即被蔑视为“不懂的、外行的”——仿佛“晦涩难解、深奥莫测”注定了就是哲学的宿命（尽管里面大多充满了若有似无的意会、联想或揣摩）。但是，哲学就该是这样的宿命吗？

康德讨论过理性幻相的“柏拉图的理想国”，把它“作为只能在空头思想家的脑子里有其位置的梦想的完善性的一个被认为是突出的例子”[①]，尽管我们（如康德所希望的那样）“不是以不可行这一低劣的和有害的借口来把它作为无用的而抛在一边”[②]，但是，问题仍然在于：“空头思想家”能否从自己的推理中认识到那是“不可行”的？实际上很难。柏拉图显然不认为“理想国”是“不可行”的，因为他三次奔赴西西里岛，企图说服并帮助叙拉古的统治者实现“理想国”的蓝图，均以失败告终，最后一次返回雅典时还被卖为奴隶，经朋友多番努力才被救回——这件发生在两千多年前的事情早就预示了追逐“乌托邦”的极大的危险性，但显然不为后来的人所警惕：既然连思想家本人都信以为真，后世就一定有人不仅信以为真而且一而再再而三三而四地付诸实践。以上问题在康德那里是指向一个否定的答案的。因为，如果理性本身有一个普遍适用的尺度以衡量理性理念对感性现实的僭越的不合法性，就像2+2=5一样能被证明为错误，那么，知性范畴就可以被运用于理性理念，也就不存在“为知性划界”的问题了。一旦没有这样的衡量的尺度，那么，理性理念的思辨既可以被当作政治的蓝图并在政治领域强制施行，也可以被当作经济的范本并在经济领域推而广之，还可以被当作艺术的样板并在艺术领域批量定制，而且，其力量都将是势不可挡的、摧枯拉朽的——因为理性理念都是关乎“崇高”、“伟大”、“神圣”、“自由”等鼓舞人心的语词，在这些语词的鼓舞之下，一切（连同生命）都显得不值一提了——这句话的依据只要把“不自由毋宁死”与“有多少罪恶假自由之名而行”这两句名言联系起来就能获知。这是一件奇怪的事情，也是足以令人类理智感到绝望的事情。在后面的章节谈到蒯因的“两个教条”的批判的讨论中，我将建议把蒯因的整体论的对象理解为被理性理念所充斥的“世界观”（而不是如蒯因所说的“整个科学”），因为再“顽强”的经验（哪怕是铁的事实和血的教训）在那样的“世界观”面前都将被消解于无形。

我曾经有过疑惑，理性是多好的东西，但在非理性主义者看来，“理性的进步反而凸显了灵魂深处的焦虑和不安。思辨理性的自负往往蜕变为冷

① [德]康德著，《纯粹理性批判》，邓晓芒译，杨祖陶校，人民出版社2004年版，第271页。
② [德]康德著，《纯粹理性批判》，邓晓芒译，杨祖陶校，人民出版社2004年版，第272页。

酷无情的夸张，工具理性的扩张常常把个体变成了可以拆卸和操控的机器乃至机器上的部件，价值理性的律令倒使个人的生命无力负载如此沉重的崇高”[①]我们也看到，马克斯·韦伯对理性的滥用所造成的恶果有过十分精辟的剖析，“工具理性”已然成为极具贬斥意味的语词。但是，理性何以会引来“焦虑和不安”？何以会“蜕变为冷酷无情”？个人的生命何以“无力负载沉重的崇高”？“工具”这个词何以能被用来修饰“理性”？这些问题却不能没有一个解释。实际上，当理性以理念的方式僭越到感性现实的领域时，就是冷酷无情的，就是让人焦虑不安且无法负载的！或者反过来说也对：理性只有在对感性现实的僭越中才是冷酷无情、才是让人焦虑不安且无法负载的！有一种较为普遍的观点，认为人类在20世纪上半叶的两次世界大战所带来的巨大浩劫以及现代工业社会的过度扩张、资源枯竭、生态灾难等等，是因为理性主义走过了头、走到了自己的对立面的结果；进一步讲，在战争中科技所表现出来的毁灭性的破坏力以及现代工业时代人失去主体性而成为技术的奴隶等现实，使得“科技文明”的负面效应被充分凸显出来，迫使人们借助人文情怀对理性进行反思，进而对“科学话语的霸权地位”做出挑战（且发起挑战的方式也不过是贬低对方，比如后现代主义思潮竟然不惜把科学贬低为巫术、神话之列的“文化系统”），再比如一些原本就缺乏理性精神的群体也借着批判“工具理性”之名来拒斥理性精神（如同原本营养不良、瘦骨嶙峋的人偏要去赶减肥瘦身的时尚风潮），云云——我认为，如果这类“反思”是针对理性本身的，那根本就是“找错对象认错人”！因为，真正应该反思的，是那些把理性理念非法地运用于感性现实的行为！而对这一切，康德在《纯粹理性批判》中早就有过清楚明白的阐明，为什么至今仍被视而不见呢？当然，我们无意否定开始于马克斯·韦伯对“工具理性”的批判。这里要说的是，对“工具理性”的批判不能演变成对“理性”本身的批判。无论是真实意义上还是比喻意义上的工具，都有它的适用范围，对它的超越该范围的运用所带来的一切后果都不是它本身的过错。

回到黑格尔的批评。我认为，康德的“为知性划界”不仅不是他的局

① 张志伟主编，《西方哲学史（第2版）》，中国人民大学出版社2010年版，第507页。

限，恰恰是他发出的严重的警讯！只是至今仍未得到应有的重视和响应。联系到上面分析中所谈的理性理念的非法运用的不可识别性和无可比拟的巨大威力，其情形就好比原子弹，仿佛我们对它的使用的正当性只有根据它爆炸后的效果来评判（甚至这样的事后的评判都可以是有分歧的），可见这件事情的危险性之严重的程度！在这一点上，让我们清楚明白地说出康德没有清楚明白地说出的话："人类文明的最大病症在于理性理念对感性现实的肆意僭越"——因为，那样的肆意僭越的力量，是势不可挡、摧枯拉朽的！

三

作为现代逻辑和分析哲学的奠基人的弗雷格对康德的态度最为有趣。弗雷格的哲学是从反心理主义出发的。"在弗雷格时代，德国思想界一度沉浸在心理主义的氛围中。无论是在数学和逻辑学领域还是在文学和哲学领域，人们对思想的主观能动性的强调达到了登峰造极的地步……声称要把人类知识的大厦建立在心理学的基础上。"①心理主义作为十九世纪的一个哲学流派，强调心理学是哲学的基础，把物理对象、思想概观都归纳为心理联想产生的影像，还把思想领域中的规律归结为心理领域的规律，甚至声称所有数学公理和逻辑原则都是通过心理学意义上的"内省"来揭示的。不难设想，在那个时代，思想领域到处都充斥着以心理学的名义、实则不过是一些个人的心理联想与主观臆测的东西。更糟的是，心理主义者奉康德为导师，因为他们认为"心理主义的某些主张实际上在康德哲学中就已初露端倪。《纯粹理性批判》，特别是它的第一版，就表现出明显的心理主义倾向。康德对'主观演绎'的强调，对自我意识的推崇，对想象作用的夸大就是例证"②。对康德如此这般的理解，显然违背了康德的本意，也是他预先料到并极力反对的。在《纯粹理性批判》中，康德多次想要撇清自己与"唯心论"（那时还没有"心理主义"的概念）的关系。为此不惜在第二版中重新改写"先验

---

① 汪堂家，弗雷格哲学思想述论，《哲学研究》，1986年第6期，第33、34页。

② 同上。

演绎”部分的论证方式，抛开第一版的“主观演绎”，提出“客观演绎”等等。尽管如此，他仍被后世视为“德国唯心论的奠基者”。弗雷格正是为了打破那个时代浓郁的心理主义氛围而建立起他的哲学，康德（作为“心理主义的导师”）自然在其反对之列。但弗雷格对康德的批评是偏颇的，他对“心理主义”的批评也是矫枉过正的。

比如弗雷格在他的“望远镜”、“色盲”以及“两个理性动物”的著名的比喻中，都过分夸大了“主观的表象”的任意性——他把愿望句、祈使句、感叹句等所表达的情绪、情感都当作表象了。他抓住“一个人的表象不可能与另一个人的表象进行比较”这一点，然后问：“既然不能两相比较，你怎么知道你脑子中的点的表象在别人脑子里不是面的表象”？[①]仿佛表象是一个人的梦境，别人永远不可能知晓，以至于如“两个理性动物”那样、能把“点”的图形当成“面”的图形（还能保持几何学定理保持不变）[②]。这里面有为了反对心理主义而刻意夸大心理活动的主观性的痕迹（当然也有为语言区分出层次、为语言分析区分出“原材料”和“产成品”的考虑——尤其是把思想独立设定为“思想世界”的考虑）。由于表象这个概念是如此重要（在康德那里是“‘我思’必须能够伴随着我的一切表象”），我们在后面的章节中再详细讨论表象的主观性和客观性。这里只提出一个弗雷格在贬斥“因人而异”的表象时需要回答的问题：面对同一个对象，两个能力相当但素不相识的画家何以会画出相同的画面？或者说，他们脑子里迥然不同的“点”、“面”等表象是经过什么样的处理机制才被统一到共同的图像上的？实际上，康德可以辩称说，“统觉的本源的综合统一”不仅使得每个人的眼睛的成像机制是相同的（这在科学家看来也是经验事实），还使得自然界的现象的呈现方式也服从于该机制，不会出现诸如“点”与“面”那样天差地别的不同，该机制本身有着客观的尺度，因而表象并非个人的、主观任意的。或者说，把每个人脑子中的表象设想为相同的东西也显然是一个最为

① [德]弗雷格著，《弗雷格哲学论著选辑》，王路译，王炳文校，商务印书馆2006年版，第99-100页。

② [德]弗雷格著，《算术基础》，王路译，王炳文校，商务印书馆1998年版，第43页。

简便的方案。对于这番浅显的反驳，我们无法设想弗雷格不曾考虑过，反而是他以那样的方式突出表象的主观性，倒是一件需要解释的事情。我们后文再谈。

不过，弗雷格仍然表达了对康德的尊敬，他一方面称康德为“我们只能满怀钦佩衷心敬仰的思想巨匠”并强调说“我和他相一致的地方……远远超过不一致的地方”①，另一方面，在列举康德的成就时说“如果仅仅提及首要的东西，我认为康德的伟大功绩在于他区别出综合判断和分析判断”，但实际上，就连这“首要的东西”也是打了折扣的：他否定了康德的“数学是先天综合判断”的观点（弗雷格承认几何学是先天综合判断而算术不是，但分析哲学的后来者连先天综合判断也一并否定了。我们在后面将专门讨论弗雷格与康德的分歧之所在）。如果按照认识论的划分方式，弗雷格是经验论的立场，自然也不会赞同康德的“人为自然立法”，就连康德的“‘我思’必须能够伴随着我的一切表象”这样基础性的判断，他都相当尖锐地以“只有属于我的意识内容的东西才能成为我考察的对象、我思考的对象，这个句子是假的”、“并非所有东西都是表象”②来予以否定，这就让人不免相当好奇：他与康德“相一致的地方”究竟还能剩下多少？这使得他的上述赞誉听起来更像是在对一位高尚、智慧但已过时的前辈的“脱帽致敬”，至于该前辈说过什么，可以不必当真的。

罗素对现代哲学有诸多创造性的贡献，但对康德的态度则令人相当费解，他的态度可以说是漫不经心的。也许在他的心目中，既然康德已经被公认为“心理主义的导师”、“德国唯心论的奠基者”，那他究竟说过什么，就不那么重要了。这表现在他谈到康德的地方基本上都是错的（后文会多次谈到）。比如他在《西方哲学史》的“康德”那一章里，在介绍完康德的时间空间理论之后说：

“这里有一个康德似乎从未觉出来的困难，他的空间与时间的主观性

① [德]弗雷格著，《算术基础》，王路译，王炳文校，商务印书馆1998年版，第107页。

② [德]弗雷格著，《弗雷格哲学论著选辑》，王路译，王炳文校，商务印书馆2006年版，第149–151页。

理论从头到尾都有这个困难。是什么促使我把知觉对象照现在这样排列而不照其它方式排列呢？例如，为什么我总是看见人的眼睛在嘴上面，不在下面呢？照康德的说法，眼睛和嘴作为物自体存在着，引起我的个别的知觉表象；但是眼睛和嘴没有任何地方相当于我的知觉中存在的空间排列。试把关于颜色的物理学理论和这对比一下。我们并不认为按我们的知觉表象具有颜色的意义来讲物质中是有颜色的，但是我们倒真认为不同的颜色相当于不同的波长。可是因为波动牵涉着空间与时间，所以在康德说来，我们的知觉表象的种种原因当中，不会有波动这一项。另一方面，如果像物理学所假定的那样，我们的知觉表象的空间和时间在物质界中有对应物，那么几何学便可以应用到这些对应物上，而康德的论点便破产了。康德主张精神整列感觉的原材料，可是他从不认为有必要说明，为什么照现在这样整列而不照别的方式整列。

关于时间，由于夹缠上因果关系，这种困难更大。我在知觉雷声之前先知觉闪电；物自体甲引起了我的闪电知觉，另一个物自体乙引起了我的雷声知觉，但是甲并不比乙早，因为时间是仅存在于知觉表象的关系当中的。那么，为什么两个无时间性的东西甲和乙在不同的时间产生结果呢？如果康德是正确的，这必是完全任意的事，在甲和乙之间必定没有与甲引起的知觉表象早于乙引起的知觉表象这件事实相当的关系”。（见罗素《西方哲学史》第六十五章“康德”。）

上述引文对康德的诸多误解可以说是根本性的。比如，罗素认为康德的空间与时间的理论是主观性的，尽管康德自己也使用过“时间空间是主观性状”这类表述，但是，康德所谓的“主观”，是从属于“先验统觉的本源的综合统一”，是就其来源于“先验自我意识”的意义上说的“主观”（与之相对的是来源于客体的“客观”），绝不是（如弗雷格、罗素所理解的）源自“经验自我意识”（即经验个体的自我意识）的“主观任意、主观臆断”的“主观”。

相比弗雷格，罗素继续夸大了康德的主观性，他的上述质疑基于以下几点误解：首先，他把物自体理解为现象背后的“东西”，一个现象背后有一个“物自体”，另一个现象背后有另一个“物自体”——这才有他的“物自体甲”、“物自体乙”之分，即闪电这个现象背后有个“物自体甲”，雷电这个现象背后有个“物自体乙”，以及眼睛和嘴巴背后也分别有“物自体丙”和“物自体丁”。这是令人吃惊的误解（所以只能用罗素的“漫不经心”来解释）。在康德那里，所谓物自体的不可知，是指不能用任何知性概念去述说的X。用“这个”、“那个”或“甲、乙、丙、丁”去进行区分，就是在用知性概念去述说物自体——它就不再是康德的物自体了；其次，罗素如黑格尔那样，也把现象界与物自体视为彼此外在且“二元分裂”的两个“世界”——准确地讲，罗素以为的“二元分裂”还是“按照主观的精神所整列的世界”与“物自体的客观的世界”的分裂。这才有他说的上述“困难”：按照主观的精神所排列的眼睛和嘴巴的相对位置，如何能够与在客观的世界中眼睛的物自体与嘴巴的物自体本来所排列的相对位置相一致呢？从我们目前的进展看，这个问题是无须赘述的；第三，罗素以为康德的“时间是仅存在于知觉表象的关系”，似乎时间只是主观的感觉或感觉到的关系，实际上，时间是现象的直观形式。对闪电、雷鸣而言，时间都是它们自己的形式，与如何被我们感知到没有关系，更谈不上它们“本来的次序”（仿佛是它们在“物自体的世界的次序”）与它们被感知到的次序（仿佛是它们在“按照主观的精神所整列的世界中的次序”）之间存在矛盾的问题——简言之，罗素的上述批评完全是出于漫不经心的误解（如果他不是如李泽厚先生所说的“并未弄懂康德”[①]的话）。

以上分析说明，上述诸大家对康德的批评是不能令人信服的。不过，从另一个方面看，康德的体系的不完满之处也使得他在思维方式上显得异乎寻常，从而助长了人们的误解，也构成了自身的局限性。惟其如此，我们才说，问题出在他的“革命”的不彻底性，即（据我看）他的“革命”是局限并停留在认识论的领域，没有更深入地推进到本体论的领域。

---

① 李泽厚著，《批判哲学的批判：康德述评（修订第六版）》，三联书店2007年版，第103页。

四

众所周知，形而上学在黑格尔之后走向空前的衰落，特别是到了20世纪，现代哲学更是以拒斥形而上学为其主要特征。的确，形而上学到了20世纪呈现出了多么令人生厌的可憎面貌，并且现代哲学的拒斥也确有其深刻与合理之处。罗素在《我们关于外间世界的知识》一书中列举过他那个时代的被说成“主要是承袭康德和黑格尔的”“古典传统”的“最著名的在世的代表”的布拉德莱的学说的一些引文，比如“世界似乎充满了许多的事情，这些事情彼此有各种不同的关系：左右，前后，父子，等等。但是，照布拉德莱先生看来，经过考察，关系被发现是自相矛盾的，因而是不可能的”等（引文这里暂不转述，等在后面的另一个议题中我们再予分析）。他是为了证明“古典的传统”的哲学家会有多么稀奇古怪的结论、以“复兴”“古典传统”为名的哲学走到了多么稀奇古怪的地步！实际上，更为“稀奇古怪”的是，罗素怎么会把那样的学说归于“承袭康德和黑格尔的古典的传统”？“关系被发现是自相矛盾的、因而是不可能的”这类表述与康德、黑格尔的距离是如此遥远，“承袭”关系不知从何谈起，但这类稀奇古怪且面目可憎的说辞却成了形而上学本身被拒斥的理由，仿佛形而上学只会是那个样子。卡尔纳普在《通过语言的逻辑分析清除形而上学》一文中也引述了海德格尔在“形而上学是什么”中的一段文字作为他自己的“形而上学的假陈述基于语言的逻辑缺陷”的观点：“要研究的只是有[being]——再没有别的了：只是有，再就——没有了；唯独有，有以外——没有了。这个‘没有’怎么样？……‘没有’之所以存在，只是因为‘不’即‘否定’存在吗？还是刚刚相反？‘否定’和‘不’之所以存在，只是因为‘没有’存在吗？……我们断言：‘没有’先于‘不’和‘否定’而存在。……我们到哪儿寻找‘没有’呢？我们怎样找到‘没有’呢？我们知道‘没有’……担忧揭示了‘没有’。我们所担忧的和因而担忧的东西‘确实’是——没有。实际上：‘没有’本身——就这样——出现了。这个‘没有’怎么样？——这个‘没有’

本身没有着”……卡尔纳普的“语言的逻辑分析”是准确而精湛的，尽管海德格尔的拥趸们反驳说那是因为海德格尔的思想深邃到语言无法说清道明的地步，仿佛他可以拥有无须把自己的主张说清道明、可以给研究者留下足够多的意会、想象与解释的空间的特权。不过，反过来看，也有一个耐人寻味的问题：以逻辑实证主义为主要流派的分析哲学对传统形而上学的批判不可谓不深刻、不可谓不严厉（严厉到斥之为“无意义的胡扯”），但是，传统形而上学的思想方法却至今仍然大行其道并且在哲学领域“两分天下得其一”，是何缘由？本书将在“形而上学作为自然的倾向是如何可能的”那一章谈谈这个问题。

有一点需要指出（因与本书的主张相符），正是基于对那些稀奇古怪且面目可憎的说辞的拒斥，罗素等现代哲学家们彻底改变了哲学的语境和表达方式。比如罗素的著作，不仅使用数学表达式、图形和图表（这在传统形而上学著作中是不可想象的），而且文字表述是清楚明白的、较少歧义的。人们或许因为不具备某些知识储备而难以理解，就好比不具备必要的物理知识而无法理解爱因斯坦的相对论那样，但是，在每一个具备必要知识的人那里，对罗素的理解是明确的和唯一的（如同在每一个具备必要知识的人那里，对爱因斯坦相对论的理解是明确的和唯一的那样）。他们不采用传统形而上学的“春秋笔法”、“微言大义”，看上去他们在主观上希望能把他们的思想清楚明白地表述出来，从而展现了哲学的另一种焕然一新的面貌——谁又能说他们的著作不是哲学？

另一方面，除了彻底地改变了哲学的研究方式和言说方式之外，现代哲学在其思想成果上有没有达到他们预期或声称要达到的目标呢？却也是令人怀疑的。现代哲学纷繁复杂，我无法做出整体的评价。不过，该局面持续至今之纷繁复杂，倒令人生出一点感慨。弗雷格被尊为现代哲学之父，针对“哲学的历史就是哲学家互相讨伐及论辩的历史”（或如黑格尔所说的“一个厮杀的战场，到处堆满了死者的尸骸”）的状况，他重拾莱布尼茨的构想，提出了第一个形式化语言系统（“概念文字”），希望实现这样一个“美好愿景”：今后哲学家们但凡有了争论，不必论辩，只要坐下来，拿出纸和笔，演算一番，就能消除分歧、达成共识。此后的分析哲学正是在这个“美好愿景”的鼓舞下，沿着弗雷格开创的道路高歌猛进，并且很快取得了现代哲学的主流地位。直到今天，人们讲解分析哲学的优越性时，总要把这个“美好愿景”一而再再而三地加以描述。我不揣冒昧地问一下：自弗雷格1879年发表《概念文字》或维特根斯坦1921年发表《逻辑哲学论》（他们都被认为是直接推动哲学的“语言的转向”的人），至今已有上百年。在这一个世纪的时间里，在早已取得主流地位的情况下，分析哲学有没有兑现他们的承诺、实现最初的“美好愿景”？为什么20世纪以后各种哲学思潮以及思潮之间的“互相讨伐及论辩”不是更少而是更多？当现代逻辑等工具已相当发达并得到普遍接受的情况下，各持己见的哲学家们有没有当真试过“坐下来算一算”以便达成共识？那些相继衰落的流派（比如逻辑实证主义或分析哲学自己），是因为“算出来”的逻辑命题于其不利而导致的结果吗？看来不是——那么，我们要不要承认，分析哲学最初的“美好愿景”已经落空了？或者一开始就是一厢情愿？至少以后再谈到分析哲学的优势时，能否不再提起这件事情以避免让人以为那已经是达成了的事实？

也许有人会说，思潮固然更多，但“互相讨伐及论辩”则未必更多。不错，但那只是因为如今的各个学说的“专业化程度更高”，哲学家们守着各自“一亩三分地”，哲学仿佛成了一件件风格迥异的古玩，这一件只在这一小群人之间相互把玩，那一件又只在那一小群人之间相互把玩，人群之间还抱着“井水不犯河水”的默契——从专业精神上看，这还不如以前的形而上学家，他们固然有堂吉诃德大战风车那样的滑稽的一面，也有以追求真理为己任的执着的一面——在现代哲学家的词典里根本就没有“真理”这个词，他们把不谈论“真理”引以为时尚，“人类命运”这类宏大议题在现代的解构主义的语境下似乎只是些幼稚的笑话，他们总会以“老于世故”的口吻说它们“没有意义”。诚然，当代的哲学思潮更多或许代表着思想更为活跃、更为开放，但众说纷纭、各说各话的局面本身不是目的，重点是这些思潮对于这个我们共同面对的唯一的世界的认识是不是更深入了、更深刻了？对此，我们无法做一个肯定性的判断（一些自近代认识论以来就在谈论的问题，至今并无实质性的能够成为共识的进展，例如分别在科学哲学和语言哲学两个领域中展开的有关实在论与反实在论的争论，并没有超过甚至没有达到康德已经论及的程度），但另一个否定性的事实却是有目共睹的：哲学早已处于越来越边缘化的趋势当中，而且始终承受着来自内部的自我消解的巨大压力，人们（尤其是哲学从业人员）以一本正经且略显深刻的口吻谈论着“哲学走向终结”甚至“哲学已死”之类的话题（比如维特根斯坦，要么宣称他已解决了所有的哲学问题，要么宣称根本就不存在哲学问题。尽管“哲学已死”是由物理学家霍金明确提出来的，但严肃认真地谈论该议题的却是哲学家自己）——那么，在哲学处于“死亡边缘”的情况下，它的“专业化”、“精细化”的意义何在？会不会像埃及法老手下的那些能工巧匠，更好的工具、更好的技术也不过是为法老建造一个更美观、更精巧的陵墓（并且更早地把他做成木乃伊）？有一种较为普遍的观点，认为科学正在不断剥夺哲学想要据为己有的绝大部分东西，哲学家似乎只能从科学家挑选剩下的不回答或不愿回答的问题中寻找自己的工作，还要战战兢兢于科学经过未来的发展之后重新来将它夺去的可能性，仿佛自己做的是一个不正经的行业、拿的是一份不正经的薪水（还不必等到科学来剥夺，当人们呼吁取消大学本科的哲学专业时，目前仍然从事“大学本科哲学专业教学工作”的人，会不会已经有此“不正经感”？）。现在的问题是，这究竟是不是全行业不得不面对的现实？抑或只不过是部分人“愁病初无根、孰谓药与酒”的无病呻吟？如果这确实是不得不面对、已无法回避的现实，而人们仍然以“专业化”、“精细化”的名义继续埋头于为哲学做一些精雕细琢的装修或装饰，那恐怕真会给人以不务正业之感了——对一个行将就木的人来说，谁还会在乎自己的发型、衣饰能不能更好看一点？从目前的情势看，哲学已经面临二者必居其一的选择：要么以令人信服的方式证明那些欲置它于死地的理论、说辞是错的，然后重拾自己在人类思想史上的“活的灵魂”的尊严；要么承认自己已被科学终结、再无存在的意义，那就为自己准备一个体面的退场：作为负责任的绅士，在临行前总要打扫干净自己留下的废料、垃圾，那就是对那些至今仍然试图对人类生活、伦理道德、社会秩序等等说三道四、指指点点并且在历史上和现实中已经造成重大影响的所谓“哲学思想”予以清理并宣布它们为无效的、无意义的（因为，如果它们是有效的、有意义的，哲学就没必要去死；反过来，如果哲学确实应该去死，那就不妨拿出勇气和责任心来清除垃圾以免遗祸于人）——但问题恰恰在于，现代哲学做出了后者的选择，却又无力或无心去清除那些以“哲学思想”著称的东西之遗祸于人，它放弃对世界做出解释而沉湎于一些精巧的技术性的东西，却把哲学的解释权拱手让渡给一些来历不明且形迹可疑的“学说”，使后者拥有了对人类生活、伦理道德、社会秩序等等说三道四、指指点点的话语权并且造成极大的危害。因此，与其说哲学因为自然科学的挑战而面临“是生存还是死亡”的危机，还不如说哲学因受困于“语言的巧技”或“存在的玄思”而陷入自我放逐的沉沦。

20世纪一些被尊为大家的哲学家在关乎人类命运的大事上均表现出令人惊讶的连普通人都未必会有的局限性，更令人惊讶的是，那样的局限性还丝毫无损于人们对他们之无上尊崇和过度解读。诚然，我们不会因为一个人的私德而贬低他的专业能力，但如果一个牙医无法分辨磨牙和蛀牙却仍然作为牙医而被敬仰，只能说明在其拥趸们看来，牙医这个职业不必拥有分辨磨牙和蛀牙的专业知识，或者用一颗蛀牙去替换另一颗蛀牙也可以是牙医这个职业的正经手艺。但是，哲学可以不关心人类命运吗？在所有的知识门类当中，有哪一个门类比哲学更适合探讨这类议题？或者“人类命运”等宏大议题不值得探讨？这件事情的可悲之处在于，哲学家们“谦逊”地、“大方”地替哲学把对世界的解释权让渡出去之后，却是什么人堂而皇之地接在了手里并煞有介事地讲述着、规定着“人类命运”的“真理”！托马斯·索维尔在《知识分子与社会》一书中对20世纪诸“知识教主”在大是大非问题上所表现出来的“随心所欲的极度愚蠢”有过较多的论述，但他把原因归于“理性的自负”和“智识的懒惰”，却未必找准了症结之所在。如果说是“智识的懒惰”使他们倾向于诉诸道德直觉而不是实证论据来支持其观点，尚且可以理解；要说是“理性的自负”让他们把自己“当成上帝”，则仍然属于把“理性”等同或贬低为“工具理性”的惯常误解——我们在前面分析过，那不过是理性理念之于感性现实的非法运用，即错在非法运用而不在理性自身。何谓自负？就是对自身局限性的浑然不知。而理性原本能够（借助康德的批判）为自身划界，说明它并不自负。反之，只有不知自身局限的自负的人才会自以为成了“上帝”。

20世纪哲学对人类命运的漠不关心与同时代的人类的灾难和危机密不可分——当世界需要哲学做出解释的时候，它却躲在书斋里忙着把玩语言的技巧以便“正确地说话”。如今，人们早已在谈论，西方文明陷入了空前深重的危机之中，却鲜有人清楚地意识到这场危机较之以往任何一次都更具彻底的毁灭性。文明的冲突从未停歇（如果我们能够在不那么严格的意义上使用“文明”这个词的话），在历史上，较先进的文明也屡屡被较落后的文明所征服，前者也总能在一次次复兴中得以传承并发扬光大，其原因有二：一是被征服者始终清楚地认识到自己是文明的、对方是野蛮的，自己的规则是好的，对方的规则是不好的（或者根本就无规则）。无论他们的文明与野蛮、好与不好的标准是否正确，但标准是有的，因而对于自己的文明的信念是美好的、坚定的；二是征服者对被征服者的文明要么保持着或多或少的尊重、要么主动予以汲取甚至于甘愿被同化。但这一次之截然不同在于，从貌似空前强大的西方文明的最深处生发出一股自我否定、自我厌弃的不可抗拒的力量，其不可抗拒性既体现在其依据之合理性来自于其文明的核心——“普世价值观”（其合理性之不言而喻，恰恰容易导致上述理性理念对感性现实的肆意僭越），也体现在其力量之强大来自于人性中被普遍唤醒的善念，甚至于其对立面也全然不是以明火执仗的征服者的面目而是以理应被保护的弱势的形象出现，并在不知不觉中凭借西方文明自己的规则来完成其深层渗透和全面替代，而那样的规则和善念对于西方文明又是不可改变的，这意味着西方文明将死于自己的不可改变的规则和自己的不可改变的意愿，而替代者要么尚未进步到足以保留人类文明的进步成果，要么在上千年历史中从未有过对其它文明的包容和汲取因而不可能在这一次网开一面。东方先贤们对这样的死亡方式早有洞悉，我用一句较为直白的表述就是：“善之大者，似恶实善；恶之大者，伪善实恶”——对于前者，仅举一例就足够了。华佗要劈开曹操的头以便为他切除里面的肿瘤，对曹操是最大的善，却被当作图谋弑君来予以诛灭；对后者，简言之，西方文明正在死于所有恶中最大的恶：伪善。从现实的情况看，丧钟早已敲过，倒计时的滴答声已经响彻欧洲。当佩洛西带领众议员们在国会大厦跪下的时候，倒计时的滴答声也开始响彻美国——而这一切的根源就在于，作为西方文明的精神内核之一的西方哲学早在一个世纪之前就在自我否定和自我厌弃中先行走向衰落直至走向今天的“非死即活”。哲学的缺席使得在关乎人类命运的重大问题上任由来历不明、形迹可疑的“学说”妄加论断，也使（如前所述的）作为“人类文明的最大病症”的“理性理念对感性现实的肆意僭越”得以大行其道、畅通无阻。

五

有一个事实或许会令现代哲学家们感到沮丧：他们倾力推动的哲学的“语言的转向”或许根本就未曾发生！所谓“语言的转向”，简言之，指的是哲学把研究的对象从以往关于世界的“现象”、“本质”或“思维”、“存在”等转向语言的意义、语句的形式等内容。但是，有没有另外一种可能性，即：传统形而上学原本就是在“研究语言”（即语言的意义、语句的形式等）而非（如人们所以为的那样）研究关于世界的“现象”与“本质”或“思维”与“存在”等内容（如康德所说的“最糟糕的是仅仅在概念之间来回探索”①），即传统形而上学家们不过是从语言学的意义上研究“本原”、“现象”、“本质”、“思维”、“存在”等语词，而且这些语词在外部事物中并无对应物，其抽象的深奥的语义又都是哲学家自己想出来赋予它们的（就好像“俄罗斯套娃”游戏，赋予某个语词以抽象的深奥的语义，是一层层组装该“套娃”的过程，反过来，以“研究世界”的名义研究该语词，又是一层层拆开该“套娃”的过程——详见后文“形而上学作为自然的

① [德]康德著，《纯粹理性批判》，邓晓芒译，杨祖陶校，人民出版社2004年版，第二版序，第14页。

倾向是如何可能的”等章节），又何来“语言的转向”？现代哲学所推动的，不过是研究方式的改变，即采用了新的方式（如弗雷格对语言、涵义和意谓的层次区分）但仍然是在研究语言（尽管新的方式也有其开创性的意义），或者说只是“语言学的转向”，即那样一场把哲学强行降格为处理语言问题等经验性知识的技术性的学科的运动！所不同的是，传统形而上学家们自以为在“研究世界”、“认识世界”（这倒使得他们始终保持着哲学之于世界的信念与使命），而现代哲学家们则更为言行一致并且说到做到，他们在现代科学的巨大成功面前谦卑地“恪守本分”，放弃对世界作出解释，然后用较之于传统形而上学家们更先进的技术手段来继续“研究语言”。他们的工作当然是卓有成效的，有许多了不起的成果，但这些成果要么是逻辑学的、要么是语言学的，唯独不是（或主要不是）哲学的——也就是说，“语言学的转向”前后的区别仅在于“研究语言”的方法的落后与先进之区别。就好比打猎这门古老的职业，原始人用石头，古代人用弓弩，现代人用猎枪，但打的都是同一个猎物——这个猎物在哲学的对象上，就是“语言的意义”。要理解什么是“以语言为研究对象”，就要先看看什么不是“以语言为研究对象”：物理学就不是“以语言为研究对象”，比如牛顿第二定律，绝不是从“物体”、“速度”、“加速度”这些语词的意义中推演出“物体加速度的大小跟作用力成正比，跟物体的质量成反比”的定律的，而是依据对一个个实际物体的加速度、作用力和质量进行测量，从得到的数据中归纳出的定律。在这样的研究对象面前，语言或语词的涵义是不重要的，物理学家们完全可以借助观测数据和数学公式来进行交流。令人为难的恰恰又在于：哲学不可能采取物理学这样的“不以语言为研究对象”的实验观测的方法，似乎只能用语言来对世界做出描述——如果承认这一点，就意味着哲学是从属于语言学的学科，而语言学则反倒成了与数学、自然科学相并列的基础学科（就研究对象的语言、数字和自然现象的对等性而言）。尽管难以承认这样的从属地位，但这不就是哲学的宿命吗？如果认识不到这一点，又何谈从根本上去摆脱这个宿命？

实际上，打破哲学的语言学从属地位的宿命的机会曾经是出现过的。本书将揭示康德所提供的另一种可能性：哲学能够摆脱对语言的依赖甚至摆脱某种自甘于其中的宿命，成为先于语言学（当然也先于数学和自然科学乃至逻辑学）并为语言学（以及数学和自然科学乃至逻辑学）的可能性提供依据的真正意义上的基础学科。

六

当然，要做到这一切，还需要一个前提，即：如同摆脱“语言的巧技”一样，哲学需要摆脱“存在的玄思”。“存在”之为何物？在长达两千多年的时间里，与其说是形而上学的一个“永恒的主题”，还不如说是一代又一代的形而上学家们心中挥之不去的“梦魇”。它是如此玄妙，以至于当你问“存在是什么”时就已经被宣判为“非法”！尽管迟至17世纪“存在论”才由德国经院哲学家命名并加以系统阐发，但人们始终相信，早在古希腊哲学中它的基本框架及理论内容就已经被确立，可以说，“存在论”是古希腊哲学的主体形态。公认的看法有两点，一是这个主题由巴门尼德所创立（他的名言“作为思维和作为存在是一回事”被引以为这个主题的第一个原则），并据此催生了西方思辨哲学；二是“存在”这个词最早的源头是希腊语einai（另一种认为源自对世界的抽象的说法是更加没有依据的——因为这个“抽象”是如何可能的？无法回答），而对这个词的翻译（以汉语为例[①]）却至少有“是”、“有”和“存在”这三种——问题就出在这个翻译上：“存在论”究竟研究的是“存在”、“有”还是“是”？或者，既研究“存在”又研究“有”还研究“是”？再或者，既不研究“存在”也不研究“有”还不研究“是”而是研究某个兼有“存在”、“有”和“是”的语义的词？主流的共识是研究“存在”或“相关的语义”，因而本体论也被称为“存在论”。最初的突破来自于王路等学者的主张，他们凭借详实的资料和有力的论证，认为希腊语einai应被译为“是”，巴门尼德的那句名言应被译为“作为思维和作为是者是一回事”。很可惜，他们在触碰到关键的问题时止步了

① 这里要说的问题无关乎汉语、德语或英语的语言差异。

甚至退缩了（后文第一章和第二章将对此予以说明），因而只是把“存在论”改称为“是论”、把“存在本身”改称为“是本身”。这就带来一个问题：既然译文（无论是汉语的译文还是德语、英语的译文）是有争议的，千百年来人们对巴门尼德的理解为什么就不会是也有争议的呢？进一步讲，那样的理解为什么就不会是错的呢？联系到巴门尼德所说的“真理之路”和“意见之路”的区别（如王路先生已经提出的“两条道路南辕北辙，为什么后者不是被说成是‘谬误之路’而只是被说成是‘意见之路’”等疑问），联系到亚里士多德的实体说（我们相信亚里士多德距离巴门尼德的年代最近，最有可能看到其残篇以外的更多著述因而最有可能忠实于后者的“本意”），再结合王路等学者提供的资料，我有把握相信，千百年来人们对巴门尼德的理解真的是错了！巴门尼德原本是以其卓越的洞察力为人类理性奠定了至关重要的第一块基石，却意外地因被误解而给后来的人们留下一个挥之不去的关于“存在”的“梦魇”。于是，就翻译家们的现实状况来说，对于希腊文einai，我们的推荐译法是“戈多”[①]：哲学家们就像流浪汉戈戈和狄狄，日复一日地相约在那条黄昏的乡间小路上，他们疲惫不堪，百无聊赖，沉闷厌倦，被边缘化，还玩上吊的游戏（“严肃地谈论自杀”——如同人们谈论“哲学已死”那样），但又都心存侥幸、不忍离开，为的是等待那个叫“戈多”（或“存在”）的人的到来。他们一会儿说那人是“老相识”，一会儿又说“简直不认识”，其实每个人或多或少都知道了：那人不仅不会来，而且也不存在！但守着那份矜持，即使有人（如分析哲学家）提议离开，大家也同意，但就是坐在那里纹丝不动……这一幕的悲剧性印证了本书的一个观点是，哲学的根本出路在于“遗忘存在”。

七

我们还需要谈谈20世纪以来的另一场声势浩大的哲学运动。如前所述，胡塞尔的现象学是康德先验哲学的“一个遥远的且略显微弱的回响”。从

① 塞缪尔·贝克特的两幕剧《等待戈多》中的那个要等的人。

“回响”的意义上看，现象学回应了康德为哲学规定的任务，即为人类的认识之可能性探寻其合法性的基础和依据；从“遥远且微弱”的意义上看，不只是时间间隔上的漫长，还在于两人的分歧明显多于共识。尽管有相似的任务，但胡塞尔无意延续康德的道路、遵循康德的原则，他认为现象学的方法才是真正的哲学的方法，所追求的目标比之康德也有着更为基础、更具一般性的意义。针对新康德主义的“回到康德”，胡塞尔提出“回到事情本身”，他认为“回到康德”是不够的，要回到康德的问题和出发点，这意味着在他看来，康德的工作是不令人满意的，需要重新建立“先验观念论”的原则和方法。如上所述，德勒兹认为康德是现象学的创立者，足见胡塞尔与康德或多或少有着一脉相承的关系。胡塞尔也承认“先验自我”，按通常的说法，康德的“先验自我”是“逻辑的我”，胡塞尔的“先验自我”是“意向的我”和“构造的我”，即意识对象是由“先验自我”构造出来的。实际上，康德的“先验自我”也是构造性的，只不过是以逻辑的方式，而胡塞尔的“先验自我”则是以意向性活动的方式。由胡塞尔开创的现象学运动是20世纪直至现在影响最大的哲学思潮，其内容之复杂深奥、蔚为壮观，超出了我们所能作出评价的范围，在这里，我们也只关心一个问题：在现象学运动已经取得的异彩纷呈的成就面前，康德哲学有没有被有力的、有效的依据证明为过时的、可以被替代的甚至是不足道的？我们认为没有，康德哲学始终保持着发展成为“科学的形而上学”的可能性。赞同这个观点的人，可以略过本节以下稍显繁琐的陈述。如果认为康德哲学已经被现象学证明为过时了，那以下陈述将表明，两者根本就是不同的哲学道路，谈不上一个替代另一个。

我们粗略列举一下胡塞尔与康德的分歧。首先是研究的对象。康德研究的是包括内感官的表象和外感官的对象在内的现象界，是经验科学所描述的世界；胡塞尔则把范围限制在人的意识或人类体验的领域，只研究意识的意向活动和意向对象（也即他所说的现象），而不涉及外部的“客观存在”（意向对象是否指称外部的“客观存在”无关紧要）。

其次是要达到的目标（或要完成的任务）。虽然两者的目标都是要为人的科学认识之可能性提供合法性的依据，但差别也是明显的。康德在“先天综合判断是如何可能的”这个总课题之下，要探讨“数学是如何可能的”、“纯粹自然科学是如何可能的”以及“形而上学是如何可能的”这些更为具体的课题，这些课题被罗列出来，说明数学、纯粹自然科学以及形而上学被承认为知识，康德要为这些知识之可能性和合法性找到哲学上的依据。但胡塞尔要做的工作并非如此，他要研究人的体验，通过揭示意识的本质和构造，从一般意义上回答“人的认识是如何可能的”（而不是数学等知识是如何可能的）。他要研究“在绝对自身被给予性之中的先天”，那是一个“绝对认识的领域”，对这个领域来说，“自我、世界、上帝和数学的杂多性以及那些科学的客观性都被搁置起来了”①，之所以应该“被搁置起来”，因为它们对“绝对认识”来说都是“有疑问的”②，既然它们是有疑问的，为它们之可能性和合法性寻找依据就没有意义了。这确实是一个问题。数学等知识的疑问不仅从现象学还原的角度讲是有的，而且这些知识在其自身的领域也都曾遭遇到质疑。胡塞尔所处的时代，正是数学和自然科学（特别是物理学）发生巨大变化的时代。作为数学博士，他一定了解罗巴切夫斯基和黎曼对欧式几何学的突破以及牛顿物理学在20世纪初所遭遇的冲击。既然曾经长期被当作真理的欧式几何学和牛顿物理学的局限性被揭示出来，人们同样可以怀疑非欧几何学以及相对论、量子力学等新的数学和物理学的理论也是有它们的局限性的。如果仍然沿用康德的课题、仍旧去为有局限性的数学和自然科学寻找合法性根据，这件事本身就显得有些矛盾了（仿佛是要“为有不合法之处的东西寻找合法性的根据”）。于是胡塞尔有自己更具基础性意义的任务，以意识为研究对象来探讨认识的本质及可能性，毕竟，认识归根结底是人的认识，是人的意识的结果，无论数学和自然科学如何变化（哪怕有新的理论替代了非欧几何学或相对论），都属于人的认识，也都将在“认识是如何可能的”这个课题下获得其可能性和合法性的根据——这听起来似乎是一个更为彻底的解决方案。

① [德]胡塞尔著，《现象学的观念》，倪梁康译，商务印书馆2018年版，第19页。

② [德]胡塞尔著，《现象学的观念》，倪梁康译，商务印书馆2018年版，第15页。

第三是采取的方法。康德的方法总体上可以说是逻辑的方法，不仅他的知性范畴直接来自形式逻辑的判断分类表，而且推理、论证的依据也大致可以归为“逻辑四则”（比如二律背反理论就是基于矛盾律）。但胡塞尔想要更为纯粹的东西。在他看来，逻辑也是应该被悬置的，“如果逻辑本身是可疑的并成为问题，那么对矛盾的引证又有何用呢？实际上，对于自然思维来说完全无可怀疑的逻辑规律性的实在含义现在已成为问题，并且自身变得可疑起来”[①]。他之所以说逻辑是可疑的，（据我看）倒不是因为他发现了逻辑的什么可疑之处，而是说逻辑跟数学等知识一样，不具有“直观的明见性”，其规则也应该被当作“预设”来予以怀疑。用胡塞尔的话来说，“一系列生物学的思想纷纷出现”、人的智力是“通过自然选择而发展起来的，这样，智力所具有的形式，进一步说，逻辑形式自然也发展起来。这样说来，逻辑形式和逻辑规则不是表现了人种偶然的特性吗？它有可能是另外一种样子，并且会在将来的发展过程中变成另外一种样子吗？”[②]，如果不能对此予以证明，那么，把逻辑规律当作不变的依据，这就只是一个应该悬置的“预设”——必须看到，在这一点上，胡塞尔比康德的思考更为深入（尽管康德的时代还没有生物学的进化论，但他没有追问“逻辑是如何可能的”，确实是一个疏漏。不过，这个疏漏将在本书中得到弥补）。胡塞尔也反对在哲学中采用数学和自然科学的方法。他反驳了“把数学的和数学的自然科学作为方法的楷模”的“十七世纪哲学的伟大传统”的信念，也反对把哲学研究建立在自然科学的成果之上，还竭力撇清他的现象学（即他所理解的哲学）与数学和自然科学的关系[③]。这当中的一个简明的理由就是，既然要为认识奠基，如果反过来把作为认识内容的数学和自然科学的成果当成依据，这个奠基就将是无效的。胡塞尔的方法被称为现象学的还原，即“现象学的操作方法是直观阐明的、确定着意义的和区分着意义的。它比较，它区别，它连接，它进行联系，它分割为部分，或者去除一些因素。但一切都在直观中

---

① [德]胡塞尔著，《现象学的观念》，倪梁康译，商务印书馆2018年版，第31页。

② 同上。

③ [德]胡塞尔著，《现象学的观念》，倪梁康译，商务印书馆2018年版，第15、33、34页。

进行”。[①]概括地讲，就是以明晰的直观作为依据，借助想象力，通过层层剥离各种预设，找出意识中的最纯粹的“绝对被给予性”——这与康德在“先验感性论”中采取的方法是一致的。

回到刚才的问题：胡塞尔现象学的上述差异有没有构成对康德哲学的有力且有效的反驳或替代？从以下几个方面可以得出否定的回答。

首先，时间空间就是现象学意义上的“绝对被给予性”。康德如何得到时间和空间的直观形式？他采用的就是被胡塞尔称为现象学还原的方法：“在先验感性论中我们首先要通过排除知性在此凭它的概念所想到的一切来孤立感性，以便只留下经验性的直观。其次，我们从这直观中再把一切属于感觉的东西分开，以便只留下纯直观和现象的单纯形式，这就是感性所能先天地提供出来的唯一的东西了。在这一研究中将会发现，作为先天知识的原则，有两种感性直观的纯形式，即空间和时间”[②]。也就是说，以明晰的直观作为依据，在对象当中，先是剥离知性“凭它的概念所想到的一切”，然后再剥离“经验性的直观”，最后剩下的，就是对象的单纯形式即空间和时间的直观。胡塞尔举过一个例子，“关于红，我有一个或几个个别直观，我抓住纯粹的内在，我关注现象学的还原。我除去红此外还含有的、作为能够超越地被统摄的东西，如我桌子上的一张吸墨纸的红等等；并且我纯粹直观地完成普遍的红和特殊的（in specie）红的思想的意义，即从这个红或那个红中直观出的同一的普遍之物；现在个别性本身不再被意指，被意指的不再是这个红或那个红，而是普遍的红……我们直观它，它存在于此，我们意指的是它，这个红的种类。即便是一种神性、一种无限的智慧，除了总的直观这一切之外，还能够得到更多的红的本质吗？如果我们给出两种红的种类，两种红的程度，那么我们难道不能判断，这种红和那种红是相似的，这不是指这种个别单一的红的现象，而是指红的种、差本身是相似的；这种相似关系在这里不正是一种总体的绝对被给予性吗？”[③]胡塞尔的这段话里包含了这么两

① [德]胡塞尔著，《现象学的观念》，倪梁康译，商务印书馆2018年版，第70页。

② [德]康德著，《纯粹理性批判》，邓晓芒译，杨祖陶校，人民出版社2004年版，第27页。

③ [德]胡塞尔著，《现象学的观念》，倪梁康译，商务印书馆2018年版，第69页。

个意思：一是我们能够借助直观，“超越”各种“经验性的红”（如“吸墨纸的红”或苹果的红），得到普遍的红；二是面对“两种红的种类，两种红的程度”，我们能够判断它们是相似的，这种相似关系也超越了“个别单一的红的现象”，就是“一种总体的绝对被给予性”。但是，胡塞尔在这里只谈了我们的直观从“两种红”中得到的东西（“绝对被给予性”），按照同样的方法，假如我们面对的是“红”和“蓝”，通过比较“相似关系”，我们就将得到“普遍的颜色”这个直观（“红”、“蓝”在对比中又作为“个别的经验性的直观”而被剥离了）。更进一步，假如我们面对的不仅是颜色，还有形状等其它现象，同样通过比较“相似关系”，我们又将得到什么“普遍之物”的直观呢？“颜色”、“形状”等经验性的直观都被剥离了，这些经验性的直观中共同的（也就是因为“相似”而被直观到的）东西，按照康德，最后只能是那最为基底的东西——时间和空间。因为，我们之所以能直观到颜色，该颜色必须在某个空间中呈现，而且必须保持一段起码的时间间隔，同样地，我们在形状等一切现象中都能直观到空间和时间，或者说，空间和时间是一切现象中的仅有的“相似关系”，而且毫无疑问，我们之所以“知道”空间、时间，所依靠的也是我们的直观，我们能“直观到空间和时间”，那么，空间和时间就是一切现象的最纯粹的最初始的“绝对被给予性”。

其次，康德在方法上不是（或可以不是）胡塞尔所拒斥的“自然思维态度”。胡塞尔区分了“自然思维态度”和“哲学思维态度”。所谓自然思维态度，是指日常生活和数学、经验科学的思维方式，主要特点有：一是它不考虑认识如何可能的问题，它把认识与对象的一致性当作不证自明的公理在科学研究中予以运用；二是即使研究知识与对象的关系，它又毫无批判地把数学或自然科学的方法移植到哲学研究的领域。所谓哲学思维态度也即现象学的方法，首先是把自己的研究领域限制在“意识”领域，即“认识论的兴趣、超越论的兴趣并不在于客观存在和对客观存在的真实性的指明，因而不在于客观科学……兴趣则毋宁在于作为意识的意识”[①]，它的任务是通过

① [德]胡塞尔著，《现象学的观念》，倪梁康译，商务印书馆2018年版，编者引论，第5页。

对认识本质的研究来解决有关认识、认识意义和认识对象的相互关系问题；其次，它创立了一种完全不同于自然科学研究方法的新方法，能够通过对真理自明性原则的阐述，为建立真理意义上的哲学寻找到一个确定不移的出发点，在现实中完成认识批判的任务——概括地讲，“自然思维态度”问题出在两点上，一是不证自明的预设、公理太多，比如知识与对象的一致性等预设，二是采取了数学或自然科学的研究方法——该方法无非是数学或逻辑的方法和经验归纳的方法。康德的先验哲学显然没有采用自然科学的经验归纳的方法，（如上所述）他在先验感性论中采用的方法是与现象学还原相一致的，而且，康德从“先天综合判断如何可能”开始，也致力于打破认识活动中的各种不证自明的预设，问题仅在于他的先验逻辑采用了逻辑的方法（也用到了形式逻辑的原则）。不过，一方面现象学并没有否定逻辑的东西（其态度是“悬置但不否定”），另一方面，根据本书将要展开的工作，康德的先验逻辑部分完全可以重新建立在他的先验感性论的基础之上，也即不再依赖于形式逻辑及其规则——如果这个工作是可行的，那么，康德与胡塞尔在研究方法上就将不构成冲突了。

第三，哲学并未注定了必须与数学和自然科学划清界限、分疆而治。胡塞尔反复撇清他的现象学与数学和自然科学的关系，他不仅悬置数学和自然科学的一切成果以避免让它们成为现象学的公理或依据，也竭力避免在现象学中运用数学和自然科学的方法。这就带来一个问题：胡塞尔的现象学（以及其它现象学）与数学和自然科学有没有关系？或者，用谢林为他的自然哲学所设定的目标来说，现象学能不能为数学和自然科学（更明确地说是物理学）“提供前提和准则”？回答只能是否定的。因为（如上所述）现象学是研究人的意识、人类体验，对“客观存在和对客观存在的真实性的指明”也即“客观科学”没有兴趣，即使是研究“认识是如何可能的”，也是在意识的领域中研究“意识中能被称为‘认识’的活动是如何可能的”，而绝不是（如康德那样）要回答“纯粹数学或纯粹自然科学是如何可能的”。我们在前面谈过其中的原因。尽管胡塞尔反复谈到“认识如何能够确信自己与自在的事物一致，如何能够‘切合’这些事物？自在事物同我们的思维活动与那些给它们以规则的逻辑规律是一种什么关系呢？”[1]等问题，但如果我们据此以为胡塞尔将要对这些问题作出回答即清楚明白地证明“知识与自在事物是符合一致的”，那就说明我们仍然“只是停留在康德的思路上”了——试想一下，在胡塞尔的研究领域中根本就不涉及“客观存在”和“客观科学”，原本就无意于谈论“自在事物”是什么样子，何来“一致与否”之议？当他说要把“自我、世界、上帝和数学的杂多性以及那些科学的客观性”乃至“认识与事物的切合性”都搁置起来时，他的意思是要把它们一直“搁置”下去（而并非如康德那样、先把它们当成问题然后解决那些问题）！他之解决“认识是如何可能的”问题的方法是，通过研究意识的本质、结构从而把那种能被称为“认识”的活动现实地呈现出来，让“认识成为可能的”——余下的问题不过是：如果数学和自然科学的知识是“认识”，当然也就是人的意识中的“认识”，当然也就是可能的。至于那些知识能否成为“认识”或“科学认识”，则可以交给经验科学、以经验科学的标准去检验，就不再是哲学的问题了。正因为这个基本的思路，我们看不到胡塞尔（以及其他现象学家）尝试把数学和自然科学“建立”在“直观的明见性”或“绝对被给予性”的基础之上（如同罗素和怀特海把数学建立在逻辑的基础之上那样）的这一类工作——如上所述，既然数学和自然科学的各种理论都有其局限性，这件工作在胡塞尔看起来就没有多大意义了。

以上思路是真正属于哲学的，也是合理的。无论是笛卡尔还是贝克莱、休谟，都对外部世界的客观事物以及认识“切中”客观事物的可能性提出了至今无法被反驳的质疑（那些仅凭“武断地宣称”就“消解”了有关质疑的做法是不足道的），并且又都承认意识本身是确定无疑的，那么，把哲学的研究领域限制在意识之中，就是胡塞尔以来的一个自然而然的合理选项，至于对外部世界的客观事物的研究，不妨交给或让渡给经验科学、以经验科学的方式去完成。毕竟，自然科学凭借其辉煌的成就已经毋庸置疑地掌握了对外部世界的解释权，似乎已不容哲学对外部世界的客观事物说三道四了。哲学家们在自愿“让渡出对世界的解释权”之际也开始相信，“就科学而言，

① [德]胡塞尔著，《现象学的观念》，倪梁康译，商务印书馆2018年版，第3页。

在这个世界中所存在的，的确似乎不过是物理成分的日益复杂的排列。只有一个领域除外，那就是意识领域”，意识领域几乎是哲学中最后的“神秘领地”①。这也就解释了为什么以意识领域为研究对象的现象学能够成为如此声势浩大的哲学运动。但是，这当中的前提是承认哲学无法以自己的方式“切中”外部世界的客观事物——这里的问题是：这个前提有没有可能被打破呢？显然，这个前提并非不证自明的公理或“直观”，也没有合理的论证来予以支持（笛卡尔等人的工作只表明以他们的方式是做不到的），对哲学而言，打破这个前提并非不可设想，因为康德原本就提供了这个可能性。

概括地讲，声势浩大的现象学运动并没有否定、拒斥（实际上反而部分地验证了）康德的先验哲学，尤其是“时间空间是一切现象的直观形式”这个至关重要的原则，至于康德的作为“统觉的本源–综合的统一的诸条件”的范畴，我们有理由认为，即使如胡塞尔那样以“直观的明见性”为依据研究人的意识、人类体验，也不会与之相冲突（或者说是可以不相冲突）。这表明，胡塞尔的研究人的意识或人类体验的现象学是一条道路，康德所预期的研究包括主体和客体在内的现象世界的“科学的形而上学”仍然是另一条可能的道路——对这条道路之合法性的评判将只能来自于“科学的形而上学”本身之可能性的依据。

八

在20世纪哲学思潮的尾声，在如同巴黎时装秀一般各种时髦、新鲜的东西（比如通过把科学降低为与巫术、神话之同类来“挑战科学霸权”的“后现代主义”——本书认为，试图以非理性的东西来贬低科学的某些“后现代主义”，不过是为反叛而反叛、为标新立异而标新立异的毫无创造力的惺惺作态罢了）相继粉墨登场之后，又出现似曾相识的一幕是：在试过了“可证实性”、“可证伪性”等标准之后，哲学家们又不得不承认“要想在科学

① [英]彼得·斯特劳森著，《怀疑主义与自然主义及其变种》，骆长捷译，商务印书馆2018年版，译者序，xiii。

同形而上学之间划条界限以便把形而上学作为胡说从有意义的语言中排除出去，是不妥当的”[①]等等。看起来，分析哲学家们不仅没有终结形而上学（一个证据就是关于“存在的玄思”至今经久不衰），倒是终结了分析哲学自身。“在世纪末的‘哲学终结论’的喧嚣声中，某些英美哲学家也开始鼓吹分析哲学的终结。譬如，1996年，英国哲学家哈克（P·M·S·Hacker）在他的《维特根斯坦在20世纪分析哲学中的地位》一书中公开宣布，分析哲学从20世纪50年代起已经开始衰落，其标志是蒯因的《经验论的两个教条》的发表。他认为，从分析哲学对科学的捍卫和推崇的角度看，70年代之后的分析哲学已经完全丧失这样的热情，因为科学已经取得了‘胜利’。1998年，美国哲学家欣第卡则在‘谁将扼杀分析哲学？’一文中指出，真正扼杀了分析哲学的既不是维特根斯坦，也不是那些批评分析哲学的人，而是分析哲学家自己，如蒯因、库恩等人”[②]。这使得至今仍然醉心于传统形而上学的人可以用幸灾乐祸的嘲弄口吻说，这样那样的“现代哲学”经过了这样那样的“折腾”之后，最后还是要回到传统哲学的传统议题上去。尽管这样的人之抱残守缺并不值得夸耀，但这里面的确有一个问题：在经历了反形而上学思潮的诸般“洗礼”之后，传统形而上学乃至整个形而上学到底还是不是“胡说”？或者像十九世纪末的“古典哲学的复兴”，在既未找到传统的真正病症，又不清楚应该“回到”何处的情况下，是重新捡拾起那些陈年的古董抑或稍加修缮以便“推陈出新”？

我们需要耐心地梳理出一个头绪，需要对在哲学的名义之下被广泛谈论的纷繁复杂的混杂了关于语言现象、文化现象乃至宗教现象的议题也来一次“现象学的还原”，还原到真正属于哲学的问题上来，这些问题不仅不从属于语言学，不从属于自然科学，恰恰是要为语言学和自然科学提供赖以出发的前提，特别是如谢林所期望的那样，“为自然科学提供前提和准则”——这并非不可想象。举例而言，在20世纪上半叶量子力学诞生之初，围绕着量

① [英]卡尔·波普尔著，《猜想与反驳》，傅季重等译，上海译文出版社2005年版，第366页。

② 江怡，《当代分析哲学的最新发展》，厦门大学学报（哲社版）2004年09期。

子的不确定性等原则性问题，分别以爱因斯坦和玻尔为代表的科学家之间发生过一场影响深远的争论，这场争论的结果直接决定了量子力学的发展方向，其分歧之不可调和，根源已经超越了物理学的领域，可以追溯到双方世界观上的天壤之别——我们或许可以设想这样一种可能性：在那场堪称人类思想史上最伟大的争论之前，假如哲学准备好了为双方提供更有说服力的“前提和准则”，那些伟大的天才们会不会更容易避免曲折、达成共识并更有力地推动科学发展的进程？

那么，什么是真正的哲学问题？不言而喻，康德归于“纯粹理性的总课题”名下的诸问题都是真正的哲学问题，不过还不够彻底，应加上“语言是如何可能的”、“逻辑是如何可能的”等等。斯特劳森把“哲学怀疑的传统目标”归于“外部世界的存在，即物理对象或物体的存在；我们关于他人心灵的知识；归纳法的正当性；过去的真实性”[①]。这些问题也都是真正的哲学问题。

然而，更迫切的事情是：我们需要从以往传统形而上学的各种做法中“还原”出真正的哲学的方法。巴门尼德被认为是给希腊哲学带来了一次重大的转折（即哲学史上的“本体论的转向”），他的贡献之一就是打破了以往自然哲学家以武断地宣称的方式下判断的做法，开创了思辨的逻辑的论证方式，使哲学向理论化体系化的方向发展。概括地讲，相对于以往的“武断地宣称”，他开创了思辨哲学的“有依据地论证”的传统。但是，这个传统并没有得到严格的遵循。依据之一是，自希腊哲学晚期开始，“怀疑主义”、“怀疑论”等带有贬斥意味的语词被用于指称那些要求获得“有依据的论证”的思想方法。黑格尔虽然或多或少地肯定了“古代的怀疑论具有真实的、深刻的性质”，却说“自古以来，直到如今，怀疑论都被认为是哲学的最可怕的敌人，并且被认为是不可克服的，因为怀疑论是这样的一种艺术，它把一切确定的东西都消解了，指出了确定的东西是虚妄无实的”、“怀疑论的结果无疑地是否定的，是消解确定的东西，消解真理和一切内

① [英]彼得·斯特劳森著，《怀疑主义与自然主义及其变种》，骆长捷译，商务印书馆2018年版，第7页。

容”[1]。不过，在见多了被称为“真理”或“绝对”的东西之后，我们更关心怀疑论所消解的具体对象以及有关依据是否成立。问题不在于怀疑本身，而在于怀疑是否有依据——如果我们遵循巴门尼德为思辨哲学建立的“有依据地论证”的传统的话。哲学的真正敌人不是因怀疑而被归类的“怀疑主义”，而是“虚无主义”，即独断地想要“悬搁一切判断”，其表现在于，拒绝承认任何的前提和结论，又拿不出任何的理由或像样的依据，属于为怀疑而怀疑（即“没有理由怀疑却仍然拒绝相信”的做法），不过是说出了一些虚无主义的呓语，并不配享“怀疑者”这个从来都弥足珍贵的名头。反过来看，任何哲学无论是看上去多么“积极”，如果因为不能回答问题而斥责提问者不该提问，如同一个数学家因无力解答哥德巴赫猜想而将之贬斥为“无意义”一样，不仅是可笑的，而且也是怯懦的。真正值得相信的东西一定是可以怀疑并能让人消除怀疑的东西。或者说，某个东西经受了有多彻底的怀疑，它就能得到有多彻底的崇信！

在贬斥“怀疑论”的观念之下，我们看到诸多可以被称为“第三种观点”的理论不断地涌现出来：如果把“这个东西是植物”称为“第一种观点”、把“这个东西是动物”称为“第二种观点”，那么，“第三种观点”就是“这个东西既是植物又是动物”并且无须论证它“既是植物又是动物”是如何可能的。这样的“观点”一望而知就是“更全面的”、“更深刻的”、“更稳妥的”（另两种观点则被斥责为“极端的”、“偏执的”，休谟就曾被人说成是“精神分裂”）。比如孔德的老实证主义，一方面主张哲学的任务是研究现象，知识必须接受感觉经验的检验，拒绝通过理性去把握感觉材料，另一方面又承认“如果没有某个理论做指导，我们根本就不可能观察到我们所欲观察的事实”、（实证主义的第三条基本原则是）“遵循着自然律不可更改这个普遍的信条，研究已存在的东西，以便从中推导出什么将要存在”[2]。这里面的问题是：如果不能通过理性去把握感觉材料，理论

① [德]黑格尔著，《哲学史讲演录（第三卷）》，贺麟、王太庆译，商务印书馆1959年版，第115页。

② [奥]鲁道夫·哈勒著，《新实证主义》，韩林合译，商务印书馆1998年版，第30–31页。

又如何能指导我们的观察？说“自然律不可更改”且必须遵循，但在此之前是否先要证明“自然律”是存在的且按照“自然律”推导出来的东西是普遍有效的？人们评价说“在实证主义那里不仅仅是经验论达到了顶点，而且唯理论的一些合理因素也被保留下来了”[①]、“尽管孔德自己也将休谟看作是其直接的先驱，但是笛卡尔的理性主义传统在他身上仍然是起作用的”[②]等等。我不认为这类评价是对老实证主义和孔德的赞扬，因为这恰恰暴露出老实证主义作为一个哲学理论的不彻底性（在基本前提上表现出首鼠两端的犹豫不决）。“合理因素”既容易识别，更容易保留（我们常听到对保留并汲取“合理因素”的赞誉，恰恰是特别需要当心的东西），难的却是如何能使之与自己所坚持的其它原则相互融贯。在上述唯理论和经验论的理论困境被有效化解之前，很难想象休谟和笛卡尔的主张能相安无事、共存于一处。令人吃惊的是，现代哲学以崇尚逻辑为其基本特征，但是，当现代哲学家们把贝克莱、休谟奉为反形而上学的先驱之时，却对贝克莱和休谟给经验论带来的“逻辑终局”视而不见，而仍然秉持“经验主义”（哪怕是“现代经验主义”）的基本立场（当然，同时也把贝克莱和休谟的议题——如“存在就是被感知”——视为无意义的“形而上学”，让人迷惑那之为“反形而上学先驱”的贝克莱和休谟“从何而来”），未见得就不是某种“第三种观点”。

简言之，我们必须重新回到巴门尼德开创的“有依据地论证”的基本方法上来，重新审视所有“武断地宣称”的断言。我们当然接受直观、接受公理，否则将陷入无穷的追溯和后退之中，只是我们必须清楚明白地知道并确认哪一些东西可以作为直观和公理。在这个问题上，几何学仍然是哲学的样板，几何学是如何做到的，哲学也将同样能做到。毋庸置疑，这个态度将有助于我们区分出那些貌似全面、正确又无懈可击实则是最缺乏想象力、最具迷惑性也是最无意义的“第三种观点”，这种观点的破坏力是极为严重的，它将败坏人们对哲学的期许并失去对真正的但又艰难的哲学探讨的热情——我认为，相比虚无主义，哲学的另一个危害更甚的真正敌人，是这类“第三

① [奥]鲁道夫·哈勒著，《新实证主义》，韩林合译，商务印书馆1998年版，第30–31页。
② [奥]鲁道夫·哈勒著，《新实证主义》，韩林合译，商务印书馆1998年版，第33页。

种观点”，因为它是缔造“真理”的常用手法。

把黑格尔说成是“最后一个体系哲学家”，也是一件奇怪的事情。如果秉持巴门尼德的“有依据地论证”的传统，哲学除了前后承继、环环相扣的体系之外，还能是其它的什么形态？一个哲学家未必一定要完成一个体系（正如物理学作为严密的体系也非一个人完成一样），但他的思想总要被自觉地接续到某个从头开始、一以贯之的体系之中去，否则就只能是一些感悟、随笔、警句或格言。我们不妨做一个一般性的判断：哲学要么是从头开始、一以贯之的，要么就不是哲学。

有了上述思想方法，当我们说应该回到康德并重拾其“科学的形而上学”的期许时，大约不会因为“体系哲学早已过时”而被“时尚人士”不假思索地予以蔑视吧——人们乐于像谈论“巴黎时装秀”那样的口吻来谈论“现代哲学的潮流”。

九

本书将立足于康德对传统形而上学的批判（对他已作阐释的部分不再赘述，对他未予详述的部分略加说明），并重新梳理先验哲学现有体系的各个部分及其相互关系，找出隐藏于其中、未曾得到清晰阐释的某个支撑点，从该支撑点出发，把“哥白尼式的革命”从认识论推进到本体论，让康德所开创的“科学的形而上学”呈现出更为清晰、更为完整的体系构造。在此基础上，我们将主要开展八个方面的工作：第一，通过考察以往（如王路等学者）对希腊文einai的语义（“是”或“存在”）的研究成果，回到西方哲学的源头，回到巴门尼德的“真理之路”，纠正一些误解，重新确立思辨哲学的根本传统和基础原则；第二，基于先验哲学的内在机理而推演出新的时空观，该时空观不仅不是牛顿的时空观，而且与现代物理学的时空观有着出人意料的近似、契合乃至超越；第三，逐个推演出范畴。现代哲学试图抛弃范畴的概念，但并未意识到它们的所有语句都隐含着范畴这个必不可少的前提。我们将把范畴建立在更加扎实、更加基础的机制之上，并将证明，对现代物理学中被当作是否定因果性范畴的经验事实要么是基于对范畴的错误运用，要么在新的时空观和因果性范畴中可以得到完满的解释；第四，站在本体论（而非仅仅是认识论）的立场上重新回答康德归于“纯粹理性的总课题”名下的“纯粹数学是如何可能的”、“纯粹自然科学是如何可能的”、“形而上学作为自然的倾向（或作为科学）是如何可能的”等问题，也尝试回答“语言是如何可能的”、“逻辑是如何可能的”等新的问题。我们认为，从本体论上看，这些问题在本质上是各不相同的，理应得到更有针对性的阐明——而不是简单地归于“先天综合判断是可能的”这个过于笼统的答案。如果有关阐明是有效的，哲学将真正成为先于数学、自然科学、语言学乃至逻辑学并为它们奠基的基础学科；第五，在因果律得到明确肯定的前提下提出并解决“自由是如何可能的”问题。康德把自由归于理性理念，认为其可能性和实在性是思辨理性所不能认识的，只能作为“道德律的条件”、“通过实践理性的一条无可置疑的规律而被证明了”①。这个做法是迫不得已的无奈之举（为此不惜造成“理论理性”与“实践理性”的割裂），因为在以往，在因果律的领地内是没有自由的容身之地的。实际上，在日常经验中（即在人们使用自由和因果律的概念之处），自由与因果律从来都是在同一个对象之上、同一件事情之中并行不悖、兼容并包的。比如“我从椅子上站起来”这件事情，既包含了我选择是坐是站的自由，又包含了我的肌肉收紧、骨骼伸展的机械运动的因果律，因此，自由和因果律理应在同一个领域（即知性概念的领域）中得到并行不悖、兼容并包的阐明——本书将在这个意义上回答“自由是如何可能”的问题；第六，尝试回答“休谟问题”、“芝诺悖论”等问题。“休谟问题”因其难度之大，曾被夸张地说成是“超出理性的极限”，但是，既然因果律属于知性的领域，休谟对因果性的质疑就应该得到合理合法的化解。因为该质疑并未超出知性的能力的范围，就不应该是“无解的”，否则知性在其能力范围内就是不完备的。从某种意义上讲，康德的“人为自然立法”就是要化解“休谟问题”，不过，（据我看）

① [德]康德著，《实践理性批判》，邓晓芒译，杨祖陶校，人民出版社2003年版，序言，第2页。

他出于谨慎（我想是因为他清晰地意识到自己的“革命”是在认识论领域而非本体论领域），对此没有做出明确的表述。芝诺的四个“运动悖论”事关时空观念，它们原本是绝对时空观的悖论，该悖论在新的时空观看来是不存在的；第七，为逻辑找到真正赖以立足的基石，即基于时间空间的性质回答“逻辑是如何可能的”。逻辑不再是一切理性活动的前提，而是范畴的派生物。这是一项前所未有的工作；第八，重新审视康德的二律背反理论，并基于新的时空观予以化解。这意味着三件事情：其一，人类理性无须被人为地割裂成感性、知性和理性三个部分，理性就是理性，它在自己的领域内必然是普遍有效的（这将是更自然的解释），因而无须画地为牢或悬置某物——尽管康德对“理性理念对感性现实的肆意僭越”的危害而发出的警讯仍然是睿智的和有效的，所不同的是，我们把他所说的“理性理念”更加彻底地清理出理性的领地；其二，我们将基于理性自己的原则来找到它的界限，但并非（如二律背反那样）出于自相矛盾的困境（那将有损于理性的普适性），而是因为它清楚明白地知道哪些东西不属于自己的领域。有自知之明的牙医绝不是因为试过并无力医治心脏病才知道自己的专业局限的，他本来就知道那不属于自己的职业范围；其三，那些被理性找出来且不属于理性领域的东西（比如自由、合目的性），在“性质”上与康德在《道德形而上学奠基》和《实践理性批判》中据以出发的东西相契合，具备两相接续的可能性——这表明我们的工作于康德哲学来说并非“另起炉灶”而是继承性的和建设性的。

我们深知上述议题看起来都“过于重大”，因此那些议题本身并非我们的目的，而是说，在我们从巴门尼德和康德重新出发之后，我们不可避免地要经过那些地方，关键是，我们不会为了顺利通过那些关隘而临时增加任何“自圆其说的补丁”——我们所使用的方法和依据都是在出发时就已经或能够拥有的，我们始终立足于相同的原则并采取一以贯之的论证方式。康德曾对他的哲学非常自信：“我敢说，没有一个形而上学的问题在这里没有得到解决，至少是为其解决提供了钥匙”。这话更像是“科学的形而上学”在他心目中应该达到的标准，也使得敢于面对“每一个形而上学的问题”的做法已无关乎狂妄，而只是“科学的形而上学”的分内之事。因为，任何一个完备的理论都应当能够解决它的领域中的每一个已有的问题（或为其解决提供钥匙）——否则就是不完备的、需要做出修改的。经典物理学在其鼎盛的时代就能够解决那个时代已经发现的每一个物理现象（或为其解决提供了方法），物理学后来的发展是因为有新的无法解释的物理现象被发现。因此我们也可以设想或者期许：其一，“没有一个形而上学的问题在科学的形而上学中没有得到解决，至少是为其解决提供了钥匙”——让形而上学始终“停留在如此不确定和矛盾的动摇状态中”[①]，未见得是保有它作为基础学科的权威性之理所当然的做法（那将使得它与益智游戏的区分模糊不清）；其二，如同新的物理现象那样，新的形而上学问题将不断地被发现，从而为“科学的形而上学”带来新的发展动力并使之得到不断充实和完善。

本书也没有涉及“人类命运”等宏大议题。我们也知道，“康德学说的主要方向是人本主义的倾向，其次才是着重于其‘批判主义’的认识论目标”[②]，但是，他在《纯粹理性批判》中所提出的“纯粹理性的总课题”无疑是他的整个哲学的逻辑起点，也是解决他的其它问题的必要条件。因此，如前所述，“如果哲学不能对作为世界这个整体的一部分的自然界做出解释，却声称自己能对作为世界这个整体中的另一部分的人类社会提供真知灼见，这是难以理解的”——本书致力于前一部分的基础性的工作。

还有一点需要说明。如上所述，康德的时空观被认为是经典物理学的，因而是在现代物理学看来是过时了的。这是一个误解。我们将提出一个新的时空观，它只是康德的时空观的一个推论，我们将多次谈到新的时空观与现代物理学的若干理论的契合之处。我们原本可以不必谈到现代物理学的东西，那些东西或许可以作为新的时空观的经验事实的举例（比如即使谈到量子力学的“测不准原理”，也丝毫没有超出以往谈论因果性时举例说“太阳晒石头热”那一类句子的意义）。我们也知道牛顿对物理学家的那句“当心形而上学！”的警告，因而始终对亚里士多德式的自然哲学对自然现象的形

① [德]康德著，《纯粹理性批判》，邓晓芒译，杨祖陶校，人民出版社2004年版，第15页。

② [德]康德著，《道德形而上学奠基》，杨云飞译，邓晓芒校，人民出版社2013年版，序。

而上学的诠释保持着高度的警惕，也知道自己对现代物理学的了解仅限于常识的程度（这对我们的工作而言是无关紧要的，因为我们原本就无意对经验科学的内容说三道四）。之所以谈到现代物理学的东西，只是为了证明康德的时空观及其推论不仅没有过时，而且即使是今天看来也将是先进的。也就是说，人们在什么意义上说康德的时空观是过时了的，我们就在同样的意义上说它（及其推论）并未过时且与现代物理学的成果相契合——比如说，人们依据有关现代物理学原理的常识性知识（并未使用有关原理的复杂公式等内容）来判定康德的时空观是过时了的，我们也就依据同样的常识性知识来反驳“过时之说”，对此，人们将无权指责我（因没有使用复杂公式等内容而）“对现代物理学的了解仅限于常识的程度”，更无权进一步把我的反驳混同于形而上学对自然科学的可笑的“僭越”（如“辩证法推翻相对论”之类）——在这件事上显得可笑的，反倒是以自认为的（在哲学和物理学上都）“懂了”来贬斥别人“不懂”却又无力拿出像样的反驳依据的做法。

以上工作如果是合理的，将证明由康德开创的“科学的形而上学”是哲学走向未来的一条行之有效的发展道路。为了便于区分和表述，我们把康德之前和之后的形而上学统称为传统形而上学。

第一章　希腊文einai的语义之辩

我们从希腊文einai的语义之辩开始。在绪论中我们谈到，如同摆脱“语言的巧技”一样，哲学需要摆脱“存在的玄思”，在这件事情上，最初的突破来自王路等学者的“是论”。既然希腊文einai有可能应该被翻译成“是”而不是“存在”，那么，以往关于巴门尼德确立了“存在”这个“永恒的主题”以及亚里士多德创立了以“存在论”为核心领域的形而上学的说法，就有可能是错的。进一步看，假设“是论”能够成立（现在看起来争议颇多），当我们说巴门尼德和亚里士多德在“求是”时，他们究竟是在“求”什么呢？“是本身”不是一个令人满意的答案，如果它仍然如“存在本身”那样，是某种只可意会不可言传的虚无缥缈的东西，两个“东西”又能有多大的区分？王路先生是想把“求是”与“求真”联系起来，使得所求之“是”就是所求之“真”，就是依据语言的句法、句子的构造所能获得的“纯粹的真”、“逻辑的真”（如他在谈到巴门尼德的“完美的真之不可动摇的内核”时所说的“一般的句子框架”的“能够保证我们得到真”的“逻辑框架或逻辑结构”，后文再详述）。这样做的结果，一是给以语言为研究对象的分析哲学找到了古希腊的源头。分析哲学就是在研究语言的句法、句子的构造等语言现象以寻求“纯粹的真”、“逻辑的真”的意义、规则或定义；二是把形而上学导向逻辑学。这符合现代哲学的观念，比如后文要谈到的、罗素就主张“哲学问题就是逻辑问题”。这样一来，现代哲学将不再“反形而上学”，“反”的只是“对形而上学的误读”。对这两个结果，王路先生并没有做出清晰明确的表述，但如果不是这样，那他的工作将仍然停留在传统形而上学的领域中，无非是把“存在”替换成“是”、把“存在者”替换为“是者”等等，而且，他不否认希腊文einai兼有“是”和“存在”的语义，也不否认“中世纪以后有了‘存在’的概念，因此人们不仅知道这个概念，而且它使古希腊‘是’的存在含义具体化了”①，有关争论似乎就变成了对一个多义词的不同语义的不同理解，其意义就要打折扣了。尤其是，能不能“一‘是’到底”？能不能如王路先生所希望的那样把巴门尼德、亚里士多德、笛卡尔、康德、黑格尔和海德格尔等人的研究对象都纳入同一个“是”的框架以内？恐怕是有相当难度的（比如后面我们将提到，或许笛卡尔就不是在谈“是”而是在谈“存在”）。既然西方哲学的传统中确实有“存在”这个概念（无论这个概念产生于古希腊还是中世纪），后世的哲学家当然就有可能要研究“存在”而不必拘泥于研究“是”。在这一点上，王路先生表现出了某种迟疑乃至妥协：“我不反对可以根据‘是’的存在用法认为它也有存在的意思，但是我要问的是：含有存在意思的‘是’本身与‘存在’本身是不是就是一回事？也就是说，有一个明确的概念‘是’并以它来涵盖存在的意思，与有一个明确的‘存在’概念是不是一回事？我认为，这里的区别是非常大的”②。这当中有两个问题需要澄清：首先，“是”是不是一个“明确的概念”？如果是，王路先生就要解释它是如何从他所一直主张的系词变成一个概念的？因为系词并非天然地可以被当成是一个概念；其次，如果“是”与“存在”都是“明确的概念”，即使承认“是”这个概念涵盖了“存在”这个概念，那也无非是说“是”这个概念是“存在”这个概念的上位概念，如同“水果”是“苹果”的上位概念，那么，人们能不能抛开“水果”这个概念来研究“苹果”这个概念？似乎是可以的，其中并无障碍，相反，你要研究“水果”这个概念倒是离不开“苹果”、“梨子”、“香蕉”这些下位概念（否则就将空洞无物）。

---

① 王路著，《逻辑与哲学》，人民出版社2007年版，第287页。

② 王路著，《逻辑与哲学》，人民出版社2007年版，第285页。

问题出在哪里？问题可能出在三点上：其一，从研究“存在”到研究“是”，对于形而上学意味着什么？能否带来天差地别的改变？比如在分析哲学家看来是没有意义的那些形而上学命题会不会因此变得有意义起来？等，这是需要明确回答的。如果人们见不到显著的改变，恐怕难以理解把“是”当作对象的必要性和重要性；其二，王路先生等学者的开创性意义在于，要把西方哲学建立在“存在”这个核心概念上的传统重新确立为建立在“是”这个核心概念上的传统，这无疑是一件全局性的大事。但是，该传统之确立，无须论证自巴门尼德到海德格尔的主要哲学家都是在研究“是”、“是本身”（并以“是乃是……”为其结论，如贝克莱的“是乃是被感知”）。既然“是”是形而上学的基石，人们更关心在完成奠基之后如何推进到整个大厦的建设中去。毕竟，基石不是目的，大厦才是。因此，我们更乐于看到后续的哲学家在“是”之后的构建性的工作。如果采取这个角度，我们将会看到，在王路先生所开列的名单中，有的哲学家遵循了该传统但确实是在研究“存在”（只不过可以被理解为建立在“是”之上的新概念），有的哲学家则完全不属于巴门尼德所创立的研究道路；其三，也是最主要的一点，王路先生用“是”去研究巴门尼德和亚里士多德时，在最关键的两个地方没有能够贯彻始终地“一‘是’到底”，反而退缩了、不自觉地迎合了他本该继续反对的惯常主张，以至于没有考虑另一种可能性，即巴门尼德和亚里士多德谈论的是（且仅是）没有包含存在含义的“是”。本书将表明，实际发生的事情或许是，巴门尼德用这个“是”为人类理性（而非仅仅是形而上学）奠定了第一块基石，亚里士多德在基石上面树起了若干支柱，康德在支柱上面搭起了若干横梁，但另外的人们却在别处盖起了高楼！

我们分三个部分来讨论上述诸问题：这一章结合希腊文einai的译法来谈“是”的意义，下一章通过澄清巴门尼德的“是者是”来重新解释他的“真理之路”的意义——这两个部分都与我们后面将要展开的“回到康德并重新出发”的工作有关（所以需要先行说明），因为我们将从这两章中得到一个在后续的研究将引以为依据的第一个原则。等到后续的研究取得必要的进展，到第二十章“形而上学作为自然的倾向是如何可能的”那一部分，我们还将对“存在”之由来和意义作出进一步的阐释——我们需要解释，是什么诱使人们舍弃了巴门尼德打下的“地基”和亚里士多德、康德搭起的“构架”而去别处“盖高楼”。本来，我们无意在本书一开始就卷入一个聚讼纷纭的公案，只是因为我们需要从有关澄清中获得一个借以展开后续推演的立足点，这个立足点就是上面所说的、巴门尼德为人类理性所奠定的第一块基石。

第一节　希腊文einai的翻译问题

我们有必要先对王路先生所提供的详实资料和严谨论证做一个简要的概述，这里主要采用他的《“是”与“真”是形而上学的基石》一书中的内容。首先，“本体论的主要内容是与einai这个希腊文的含义密切相关的”，但无论是英文、德文，尤其是中文，对einai这个词的翻译都存在不同程度的偏差，比如译为“存在”、“有”等，王路先生在书中详细引述了诸多研究者以及自己的成果，认为准确的译法应该是“是”、“是者”（同样，中文对德文中的“Wahrheit”和“wahr”、英文中的“truth”和“true”的翻译也有问题，比如译为“真理”、“真实性”等，他认为准确的译法应该是“真”）；其次，关于“是”和“真”的关系，书中引述莫瑞拉脱斯的观点，认为“真就不是一个起名词作用的概念，而是一个起副词作用的概念：它乃是事物是的一种方式或程度”；第三，基于“是”和“真”的译法，王路先生重新解读了从巴门尼德、亚里士多德到康德、黑格尔、海德格尔的思想中与之相关的内容；第四，基于形而上学与逻辑的关系，他认为，“求是、求真，乃是西方形而上学的根本特征”[①]。

一、einai的翻译问题。

如何理解希腊文einai？被认为是事关作为形而上学核心的本体论的主要内容。我们先来看看王路先生在书中的有关讨论：

① 王路著，《“是”与“真”——形而上学的基石（修订版）》，人民出版社2013年版，第28页。

“本体论这个词的英文是‘ontology’，德文是‘Ontologie’。从这个词的词根来看，它表达的应该是关于‘on’的学问。实际上也正是如此。‘on’是希腊文动词‘estin’的分词形式。这个动词的不定式是‘einai’。因此，本体论的主要内容是与einai这个希腊文的含义密切相关的”[①]。这个说法应该是学界的普遍看法，即本体论的主要内容确实是与einai这个词的含义密切相关（所不同的是，人们对这个希腊文的含义有不同解释）。从“主要内容”这个用词来讲，听起来就像是语言学家在说：本体论“主要就是”在研究einai这个词的含义。

问题的由来，在于对这个希腊文的翻译，无论是英文、德文或中文，都有诸多的分歧。以中文为例，有译为“存在”，有译为“在”，有译为“有”，也有译为“是”。王路先生要研究的是，einai这个希腊文到底应该被译成什么或作何理解？国内译法最多的是“存在”，而他认为应该译为“是”。这两种译法当然差别很大，根本在于，“存在用法从一开始就是词典或语义的概念，表示这个动词‘有自己的一种意义’的情况”，“确切地说，存在用法无法由句子的句法形式所确定，而是一种语义的或词典的含义，而系词用法是由句子的句法形式所确定的”[②]。

王路先生在书中重点谈了卡恩的研究，“卡恩抛弃了传统的‘系词-存在’的二分法，提出了自己关于einai这个词的区分方法。他认为，einai这个动词的主要用法有两种：一种是系词用法，另一种是非系词用法；而在非系词用法中，主要又可以分为两种：一种是存在用法，另一种是断真用法”，其中“系词用法，乃是最普遍的用法”[③]。卡恩对《伊利亚特》前12卷中的不同用法做了统计，指出“在荷马史诗中，系词构造不仅出现在这个动词的每一种形式中，而且它比存在用法或组合的非系词用法频繁得多。在《伊利亚

① 王路著，《“是”与“真”——形而上学的基石（修订版）》，人民出版社2013年版，第9页。

② 王路著，《“是”与“真”——形而上学的基石（修订版）》，人民出版社2013年版，第36页。

③ 王路著，《“是”与“真”——形而上学的基石（修订版）》，人民出版社2013年版，第31页。

特》前12卷中，einai的系词构造是451个，其它例子是111个（其中19个是混合的系词用法）”[①]。

对于系词用法，“卡恩把系词构造主要分为两类：一类是名词系词，另一类是表位系词”[②]，“但是在古希腊文献中，einai的系词用法非常多。除了非常明确的属于这两类情况的语言现象以外，还有其它许多不好明确地归属于这两类情况的语言现象，所以卡恩以这两类语言现象为主线，根据与它们近似还是不近似，主要分析描述了以下情况：名词系词，副词系词，表位（地点）系词，系词的混合情况，系词的非人称构造情况，等等”[③]。也就是说，作为系词用法，在古希腊文献中也有很多种不同的情况。针对不同情况，书中都提供了大量的考据。

对于存在用法，卡恩“提出einai有四种不同的词典含义可以作讨论存在的出发点。第一种是生命含义：表示‘是活的’，而不是‘是死的’。第二种是表位含义：表示是在这里、那里或在某个确切的地方，而不表示不是在这里、那里或某个确切的地方。第三种是持续含义：表示某种情况的出现，而不表示不出现，或者表示静态的持续的出现或继续保持一种状态，而不表示一种新情况或事件的定时出现。第四种是与代词联系在一起的含义：比如与‘某（人，物）’或‘没有（人，物）’这样的代词联系在一起”[④]。卡恩进一步分析了einai表示存在的这四种不同含义之间的逻辑联系：“第一种含义隐含其它三种含义，因为一个活着的人必然是某一个人，在某个地方，在某个时间；同样，第二种含义隐含三、四两种含义，因为在某处的东西自然是某种东西，而且如果表达了它的位置，那么就会表达为持续的或持久的。他指出：‘希腊人的常识倾向于坚持认为，不在任何地方的东西根本就什么也不是。从希腊人的这种观点出发，表位观念似乎是由这个动词的每一

① 王路著，《“是”与“真”——形而上学的基石（修订版）》，人民出版社2013年版，第32页。

② 同上。

③ 同上。

④ 王路著，《“是”与“真”——形而上学的基石（修订版）》，人民出版社2013年版，第37页。

种存在用法隐含的，也就是说，只要出现其它不同含义，就隐含了表位观念’”[①]。除了上述四种“词典含义”的存在用法，卡恩又区别出以einai所表达的6类存在句：“它们是：类Ⅰ：生命用法；类Ⅱ：混合用法；类Ⅲ：表位存在用法；类Ⅳ：存在句算子用法；类Ⅴ：表面谓词用法；类Ⅵ：严格存在用法”。同样，针对不同的存在用法，书中都提供了大量的考据。

断真用法要少一些，卡恩认为，“断真用法表现为一个由两个词构成的句子，一般有两种形式：一种形式是：esti tauta，‘这是真的’，另一种形式是：esti outo，‘是这样’”[②]，也有很多的考据。

二、einai这个词在本体论上的三种含义是否清晰明确？

上述考据即使在细节上有分歧，但有一点是明确的（也得到学界公认），即einai这个词既有系词用法（对应的译文是“是”），也有存在、断真等其它用法（对应的译文是“存在”、“有”等）。在希腊文中没有一个专门表示“存在”的词[③]（我认为这未见得是希腊文的一个优点），但英文、德文、中文等既有“存在”这个单独的词，还有作为系词的“是”这个单独的词（如此清晰的区分，也未见得是英文等语言的一个缺点，除非有理由说明这样的区分是错误的、无必要的。本来，自然语言的包括语词在内的歧义性早已为分析哲学家们所诟病）。语言学家们已经成功地从einai的诸多用法中区分出具有本体论意义的“是”、“有”、“存在”这三个用法和含义（姑且不谈其它的“生命”等用法），我们就针对这三个用法来谈。

我认为，相比对einai这个词在词源学等渊源的考据，我们更应该明确的是，当我们现在读到这个词（或这个词以成熟的形态呈现出来）的时候，它究竟是什么意思？对此，一个必须予以明确回答的问题是，当einai这个词被认为是“是”、“有”或“存在”的时候，是否分别就是（且仅是）我们在

---

① 王路著，《“是”与“真”——形而上学的基石（修订版）》，人民出版社2013年版，第37页。

② 王路著，《“是”与“真”——形而上学的基石（修订版）》，人民出版社2013年版，第47页。

③ 王路著，《“是”与“真”——形而上学的基石（修订版）》，人民出版社2013年版，第56页。

汉语或英语中使用的“是”、“有”或“存在”的意思？

姑且不说有多义词（或多义词偏多）究竟是一门语言的优点还是缺点（既然语言的基本功能是描述世界，尽量避免产生歧义，应该是一门语言在自身发展中自觉做到的事情），也不说多义词是否意味着那些多个含义之间一定有某种深刻的内在关联（因为那些多个含义完全有可能是偶然地组合在一起），有一个事实是清楚的，即每一门语言的绝大部分语词都有一个生成、演化的过程，都有一番来历，只不过einai这个词的多个含义恰好是本体论中最重要的几个概念。以汉语的“美”这个字为例，我们不会在意古人是否因为“羊大为美”的观念才生出了这个字来（这何尝不也是词源学的研究议题？），如果真是这一个来历，我们甚至需要忘记它，而专心于它现在（或以成熟的形态呈现出来时）的含义。因为，当我们说“林黛玉是美的”时，我们绝不愿意（哪怕是在下意识里）联想到“一只硕大的羊”。可见，我们以美这个含义来使用“美”这个词，并不关心它从什么意思演化而来，这个词可以适用于我们能从中获得美感的任何东西，从画面、音乐、菜肴到人的相貌、德行等，都可以用美去谈论，与“羊大为美”没有丝毫瓜葛。因此，词源学考据是一回事，一个语词现在（或以成熟的形态呈现出来时）的含义又是另一回事，如果我们在谈论该语词现在的语义时总是时刻不忘（或故意牵扯）它的词源变化，只会带来纠缠不清的混乱。

澄清一个语词“现在的语义”，要明确它究竟是“单纯的含义”还是某种“混合的含义”。什么是混合含义？举例而言，在粤语中有一个词“靓”，也有美的意思，只不过主要用在人身上，而且主要用在年轻人的身上，比如“靓仔”、“靓妹”，其中的含义包含了美，但又不只是美，还有青春朝气（或大概这个意思）的成分。我们可以简单地把“靓”这个词的含义表示为“美+青春朝气”的混合含义。在西南的方言中，还有一个与美有关的词“乖”（当它用来形容人的外貌的时候），又偏重于孩子，有憨态可掬（或大概这个意思）的成分。我们也可以简单地把“乖”这个词的含义表示为“美+憨态可掬”。对比这三个汉字，我们得出结论，一是“美”这个字是基础语义；二是“靓”这个字是“美”与“青春朝气”的混合语义、“乖”

这个字是“美”与“憨态可掬”的混合语义；三是在使用的时候，我们可以用“美”替代“靓”、“乖”来使用，虽然表达的意思有欠缺，但不会构成病句（比如把“靓妹”换成“美女”，把“模样很乖的小孩子”换成是“模样很美的小孩子”）。反之，用“靓”、“乖”却无法替换“美”来使用，比如“美的德行”等情况就不能替换。由此可见，这三个词的语义构成了层次关系：以“美”为基础，派生出“靓”、“乖”（因为如果一个人没有美感，他将不能理解“靓”、“乖”）。

既然einai这个希腊文公认有“是”、“有”、“存在”的用法，上述问题要问的是：当我们说这个词是“是”的系词用法时，它到底是英语或汉语中的“是”的系词用法还是“是+存在”或“是+有”这样的混合语义的用法？当我们说这个词是“有”（或“存在”）的用法时，它到底是英语或汉语中的“有”（或“存在”）的意思还是“有+是”、“有+存在”（或“存在+是”、“存在+有”）的混合语义？这就有两种情况：如果einai是混合语义，那么，面对某一个包含了einai的希腊文句子，将意味着我们不能用“是”、“有”或“存在”来翻译。因为当我们翻译为“是”的时候，如果einai是“是+有”或“是+存在”的意思，这种情况就应该另行造一个词来翻译（而不是用“是”），比如汉语中从佛教用语中得来的“梵”、“涅槃”等词，汉语无法翻译梵语的Brahm ā，就造出“梵”这个字，指某种兼有“清净”、“寂静”等含义的意思；汉语没有现成的词来表达某种“自在无为、不生不灭”的意思，于是造一个“涅槃”来与之匹配。“梵”、“涅槃”等词就是为了处理翻译时遇到的混合语义所使用的新词；如果einai不是混合语义，那么，在我们谈论它的系词用法（或存在用法）时，就只需明确地说“它是一个系词”（或“它指存在”），而不必牵涉出“它还有‘有’、‘存在’的用法”（或“它还可作系词”）等（在针对具体语句时十分多余的）说法——那样的叙述看似面面俱到，实则只会造成混乱，就好比说“林黛玉是美的”时，偏要自作聪明地加一句“美这个词来自于古人‘羊大为美’的观念”。

比如希腊文“esti theoi”，我们可以译为“神存在”，也可以译为“神是”，甚至译为“神既是又存在”，但是，对于译文“神存在”，就不能说里面的“存在”这个词同时包含系词“是”的含义；对于译文“神是”，也不能说里面的“是”这个词同时包含了“存在”的含义——这样的叙述就属于语义的含混不清（尽管看起来可能更有深度）。对比这两种情况，既然大家没有新造出一个词而是分别用“是”、“有”、“存在”来（在不同的句子中）翻译einai，那么，我们认为，当我们说这个词是“是”、“有”或“存在”的用法时，它就是英语或汉语中的“是”、“有”或“存在”的意思。

我还想用一个比喻来说明这番澄清的必要性。有一个人把治头痛、治胃痛、治牙痛的三种药（比如三个胶囊）直接包装在一起（比如用一个更大的胶囊包起来），起了个新的药名，然后宣称自己发明了一种“新药”，既能治头痛，也能治胃痛，还能治牙痛。果然，头痛的人服用后好了，胃痛的人服用后好了，牙痛的人服用后也好了，于是人们相信这种“新药”确实具有某种神奇的甚至是神秘的作用（因为按照医学原理，治疗那三种疾病的机理原本是全然不同的，“神秘”、“深奥”之处在于，它怎么能用“同一种药”治好那三种相去甚远的疾病？）。原因很简单，对头痛的人来说，只是那个“大胶囊”里的治头痛的那部分药起作用了（另外两样呢？天知道有没有毒副作用），对胃痛、牙痛的人也一样，也都只是各自的那部分药起作用。不消说，一个有基本操守的医生会把那个“大胶囊”拆开，把里面的“小胶囊”对症地分别给头痛、胃痛和牙痛的病人。现在，einai这个被同样“神秘化”的希腊文就是这个“大胶囊”——能够清楚地考据出这个词具有“是”、“有”、“存在”等不同含义和用法是必要的，但我们不能把它包装成一个“大胶囊”，而应该分别当作“是”、“有”或“存在”等“小胶囊”来使用。

明确了这一点，我们才谈得上（像上述“美”、“靓”、“乖”那样）进一步研究或厘清“是”、“有”、“存在”这三个词之间的层次关系。值得庆幸的是，einai这个希腊文刚好包含了本体论中最重要的三个术语，借助分析三个词在einai中的语义层次，我们可以厘清在“是”、“有”和“存在”这三个术语之间长期纠结不清的关系。

第二节　einai这个多义词的语义结构

在明确了einai这个词的“是”、“有”、“存在”这三个语义之后，我们再来看看它们之间是并列的关系还是派生关系。

一、语词之间的派生关系。

我们再举一个比上述“美”、“靓”和“乖”三个形容词更体现派生性的例子。英语单词peach要译成汉语，作为名词，指桃子、极好的人（或物）、特别漂亮的人（或物），作为形容词指桃红色的，作为动词指揭发、告密等。很显然，在名词、形容词的语义中，“桃子”是最基础的意思，而“极好的人（或物）”、“特别漂亮的人（或物）”、“桃红色的”是从桃子的语义中引申出来、生成出来的，后者诸含义可以理解为“像桃子那样可爱的人（或物）”、“像桃子那样的颜色”。因此我们可以说，第一、peach这个词的名词、形容词的语义是有内在关联和派生关系的：最基础含义是桃子，由桃子的可爱情态，引申出、生成出“极好的人（或物）”、“桃红色的”等含义；第二、peach这个词的动词与名词的语义是不相干的（无法设想“桃子”这样东西与“揭发”、“告密”这些动作有何关联），两者仅仅是偶然形成的语词替代关系（比如第一个被说成是“告密者”的人或许碰巧是一个卖桃子的人）。现在要问的是，einai这个希腊文作为多义词，究竟属于这两种情况中的哪一种？显然，我们不能令人扫兴地设想睿智深刻的希腊人是偶然地、毫不相干地把“是”、“有”、“存在”等哲学上意义重大的词囊括在一个多义词里（如上述第二种情况），因此，我们这就来研究一下这个词的多个含义之间（有如“桃子”、“极好的人或事”、“桃红色的”等词在peach这个英文中那样）所具有的内在的关联性和语义的结构性。

二、“是”是einai这个词的最基础的用法。

在形成一本翻译词典之前，我们是如何知道einai这个词有不同的“系词用法”和“存在用法”（以及系词用法、存在用法的其它若干的分类）？毕竟，在那些古希腊文献中，当人们说出einai这个词时，不会在旁边（用希腊文）注释说“此处是系词用法”或“此处是存在用法”（因为横竖都只有einai这一个词在使用）。很显然，研究者是根据大量例句，通过与别的语言的用法上的对比，看出有些例句（在自己的语言中）表达的是“系词”的意思，有些例句（同样是在自己的语言中）表达的是“存在”的意思。比如（例句1）“彼得是一个士兵”这个句子，这里的“是”当然是系词；（例句2）“特洛伊毁灭了，不再是了”中的“是”就是“存在”的意思（王路先生的书中作为存在用法的类Ⅰ即生命用法的例子[①]）；（例句3）“他们生活在西绪福斯”中的“einai+副词”的用法就是“住”或“生活”的意思；einai这个词在句首出现的情况，如（例句4）“有一个岩洞，又宽又深在河水的幽暗处/在高山遍布的特内多斯和因布罗斯之间”，里面的einai就是“有”（此处亦指“存在”，暂不区分“有”与“存在”的语义上的差别，下同，在后面我们再做区分）的意思；还有些句子中，esti的位置不是在句首，而是后移了，比如（例句5）“现在在坚固的墙上有一个边门……”，也是“有”（“存在”）的意思。

我们还可以列举其它很多的例句，为了简明起见，这里就针对上述5个例句来谈：我们是怎么看出例句1的系词用法与其余4个例句的存在用法的区别的呢？是靠我们对例句（与上下文的关联的）语义的理解看出来的。也就是说，在那些句子中把einai或esti当作系词或存在，该句子（本身以及联系上下文）是说得通的。可见“说得通”是有关翻译的基本依据。但我们注意到，如果把2到5的例句都翻译成系词“是”，其实也是说得通的：例句2在书中就是被译为“是”的，只不过加了个注释，说这个“是”是存在的意思——这个“注释”就与我们前面要求澄清einai到底是“是”、“有”或“存在”的含义还是“是+存在”等混合含义的做法相违背了（尽管看似更“全面”）；例句3改成“他们是在西绪福斯”，这样说似乎没有表达出“他们生活在西绪福斯”的意思，我们先不说原文中有没有这个意思（也许这一句原文本来就没有这个意思，但在上下文当中有），可以明确的是，“他们是在西绪福

① 王路著，《“是”与“真”——形而上学的基石（修订版）》，人民出版社2013年版，第38页。

斯”这个句子在含义上更宽泛，能包括“他们生活在西绪福斯”这个句子的意思（反过来却不能，因为前一个句子中“他们”还有可能只是临时到了西绪福斯而非生活在那里）；例句4改成“又宽又深在河水的幽暗处/在高山遍布的特内多斯和因布罗斯之间/是一个岩洞”；例句5改为“现在在坚固的墙上是一个边门……”，虽然与“有一个边门”相比，含义上略有不同（我们接下来再说这个不同之处的由来），但显然也都说得通。王路先生在书中也指出，“卡恩给出的绝大部分表示存在用法的句子都是表位系词用法”①。也就是说，把卡恩的“绝大部分表示存在用法的句子”还原为表位系词用法，是完全可行的。我认为不是“绝大部分”，而应是“所有”，即“所有表示存在用法的句子都可以用系词用法来替换”。有一些被认为是不能替换的，理由只是认为表达上有欠缺（或与习惯不符），但是，替换后的句子是说得通的，至于那被认为（相比“有”、“存在”等译法）欠缺了的含义（如“存在”、“有”等）是从哪里来？是另一个有趣的问题。反过来，能不能把例句中的“是”的系词用法换成“存在”的用法？显然不行，因为例句1“彼得是一个士兵”不能被替换成“彼得存在一个士兵”或“彼得有一个士兵”。在这里，我们得出这样一个结论：既然所有的einai都可以是“是”的系词用法（反之，所有的einai却不能都是“有”或“存在”用法），那么我们可以认为：“是”的系词用法是einai的最基础的用法（如同上述“美”这个词是基础用法而“靓”、“乖”就不是基础用法）。以上虽然只选取了五个例句，但都有代表性。

三、“是”的系词用法的意义在于句子的构造形式而非词典含义。

相比上述翻译问题，“是”的系词用法的基础性还体现在它是句子的最基础的构造形式这一点上。如王路先生所指出的，“系词用法是由句子的句法形式所确定的”、“einai的系词用法及其相关的结论是非常重要的。其中最重要的结论就是，正像卡恩指出的那样，这种用法完全是根据句子的语法

① 王路著，《“是”与“真”——形而上学的基石（修订版）》，人民出版社2013年版，第42页。

形式得出的，不需要语义或词典的分析”[①]。我认为，把语法的形式（句子的构造形式）与语义的或词典的含义区分开来（“是”属于前者，“存在”属于后者），是王路先生以及他所列举的学者们在有关研究中的一个十分重要的进展，也是我们厘清einai这个词的各种含义之间的内在关联的一个基本前提。任何语义都需要用句子说出来，显然是先有句子的最基础的构造形式，然后才有语义的或词典含义。语义是句子构造的结果，只有先能够形成句子，才谈得上有这个或那个语义。或者说，“能够形成句子”，就是“是”的最基础的语义（对此我们稍后进一步讨论），而“存在”、“有”等语义则是在这个最基础的语义之上才得以形成的语义。

或许有人立即就会表示反对，因为这意味着“是”是比“存在”更基础的东西，而在存在论者看来，“存在”才是最基础的东西，因为“任何各种各样的存在里面都含有一个使它们成为存在的‘存在本身’”。但问题是：你有什么依据认为“任何各种各样的存在里面都含有一个使它们成为存在的‘存在本身’”？万一这仅仅是一种无根无据的“玄思”呢？即使我们承认“任何各种各样的存在里面”真有“存在本身”（尽管我们不承认，理由后续再谈），即使我们相信通过对各种事物的原因的追根溯源能够得到“存在本身”（尽管我们不相信，理由后续再谈），那也只能说明“存在”来自“对各种事物的原因的追根溯源”，而不能说明希腊文einai指的就是“存在”或其中“存在”的语义先于“是”的语义。存在论者不能一方面坚称“任何各种各样的存在里面都含有一个使它们成为存在的‘存在本身’”且能“通过对各种事物的原因的追根溯源”来找到它，另一方面又坚称“存在本身”来自希腊文einai这个遥远的源头——尤其是这个源头正在被“祛魅”并呈现出清晰面貌的时候。当然，要让存在论者放弃希腊文einai这个源头并不容易，还有待弄清楚巴门尼德和亚里士多德究竟在什么意义上使用einai这个词。

---

① 王路著，《“是”与“真”——形而上学的基石（修订版）》，人民出版社2013年版，第55页。

四、能不能追问“是本身”？

追问语词本身（即语词的对象化）是传统形而上学的常用手法，这在“是”的用法上也同样表现出来。在确立了系词用法的基础性意义之后，如何研究“是”？按照王路先生的看法，从巴门尼德到海德格尔的整个形而上学都是在“求是”，即研究“是本身”。但事实上，如果承认“是”的系词用法，就没有什么能被称为“是本身”的东西。

如上所述，王路先生等学者都认为系词“是”的基础性意义体现在句子的语法形式上，即“是”是句子的最基础的构造形式。我们可以对语词、语句的语义（那是句子形成之后的产物，语词或概念也是靠句子去阐述或获得语义的）进行逐层追溯，但是，当追溯到句子的最基础的构造形式时，我们究竟能针对该构造形式“本身”说什么？就成了一个问题。

以房子为例，谈论房子是否美观舒适、是何风格特点，有一个前提是该房子已经或能够被修建起来。没人（除了童话故事）会谈论一座根本无法修建的“空中楼阁”有多么美观舒适、有什么艺术风格。房子的修建方法有很多（对应不同形状规格的房子），但在建筑学意义上总有一个最基本的框架结构，各种修建方法都是在这个框架结构的基础上展开。现在，我们可以问房子的不同修建方法能带来什么样的不同风格、特点，也可以问那些风格、特点是否美观舒适或经济适用，但是，当我们逐层剥离了这些东西、直接追溯到最基本的框架结构的时候，我们能问什么？套用康德的句式，只能问：作为房子的最基本的框架结构，它是如何可能的？而不能（像对待已经修好的房子那样）问“它是否美观舒适或经济适用”？同样地，系词所发挥的作用，就是相当于房子的最基本的框架结构，从“先有句子，然后再有语义”的意义上讲，语义层面的东西则相当于房子建成之后在风格特点等方面的性质。系词是句子的构造形式的一部分，从语义上问“‘是’是什么”（或“是本身是什么”），就等于是要求从语义上说出在语义形成之前的东西。这好比当人们在研究房子的力学原理时却被“追问”房子的美学观点一样，是文不对题的、没有意义的。或者，就像是面对一栋“美的房子”，有人试图通过把房子逐层拆散、以便搜寻出那使人获得美感的“房子的美”本身。如果一定要问“是本身”，回答只能是“一个系词”——决不能有更多的说辞。

五、“是本身”没有任何语义的证明。

在这里，我们可以提供一个说明作为系词的“是”本身没有任何语义的论证：1、对于“S是P”这个句式，S、P作为主词、谓词是有语义的；2、“S是P”这个句式的语义及其真值是且仅是取决于S与P的关系（即能否构成谓述关系）；3、凡是能够构成谓述关系的S、P，都能适用于“S是P”这个句式；4、如果“是”是有语义的，就必然存在该语义与S、P的语义构成冲突的情况（比如P具有与“是”的语义有冲突的语义），从而就会出现使具备谓述关系的S和P不适用于“S是P”这个句式的情况。或者说，因为使用了“S是P”而导致S和P的谓述关系出现变化的情况，这与2和3的结论相违背。因此，结论就是：“是”本身不可能（也不应该）具备任何语义。可见，“是”的普遍性和基础性，恰恰是因为它没有语义，恰恰是因为它的意义在于最普遍、最基础的句子的构造性。因此，对于“是本身是什么”的问题，我们可以给出清楚明白的回答：该问题是非法的，“是”没有“是本身”，它就是一个系词。如果一定要问“系词是什么”，我们可以这样来回答：系词是使句子的最基础的构造形式成为可能的语词。

第三节　亚里士多德的“是者怎是”

我们进一步问“作为句子的最基础的构造形式是如何可能的”？有了系词，句子被构造起来了，这里问的是被构造起来的该形式何以能够成立？所谓“该形式成立”，指的是该形式的句子是“可说的和可想的”，简言之，就是一个人说出该形式的句子时能够被其他人所理解。仍然以“S是P”这个句子的构造形式来谈，问该形式何以能够成立，就是在问“S作为主词、P作为谓词是如何确保‘S是P’成立的”。在这里，我们引入了一个重要的也被广泛谈论的词“是者”（王路先生等学者对“是者”、“是者怎是”等语词已有较多的使用）：我们姑且把确保“S是P”这个形式成立的主词S称为

“是者”。于是这个问题改为：什么样的是者能确保句子的构造形式得以成立？基于清楚明白的目的，我们将始终在这个意义上使用“是者”这个词。与追问“是本身是什么”不同（如上所述，这个问题是不合法的），问“什么样的是者能使句子的构造形式得以成立”是在问“是者怎是”。同样，问“‘是者’本身是什么”，虽然合法，但没有意义（丝毫不能让追问者显出自身的“深刻”来），因为答案就是“使句子得以成立的主词”——绝无其它“深刻”含义。问“是者怎是”就是问“什么样的是者能使句子的构造形式得以成立”，那么，句子的最基础的构造形式是什么呢？前面使用的是“S是P”，这是不是最基础的句式？不是，按照亚里士多德，最基础的句式应该是“S是”。

一、亚里士多德的“S是”。

这里我们先来谈亚里士多德，毕竟他留下来的著作远比巴门尼德的残篇多，观点也更为清晰。等到我们明确了某些观点之后，回头（下一章）再读巴门尼德的残篇，就更容易理解了。我们认为，亚里士多德仍然遵循了巴门尼德所建立的传统，他对“是”、“是者”的叙述将反过来更为全面地印证巴门尼德的主张——他距离巴门尼德的时代比较近，应该能看到巴门尼德比现存的残篇更多的著作，因此我们完全可以假设他比今天的人更了解巴门尼德的真实思想。

王路先生在书中详细考察了亚里士多德在《形而上学》中关于“to ti en einai”和“ti esti”这几个希腊术语的翻译，他不赞同有关“存在”、“实体”、“本体”、“本质”等译法（“我们根本看不出它们与‘是’的联系”[①]），而赞同把“to on”译为“是”、把“ousia”译为“所是（所是者）”、把“to ti en einai”译为“是其所是”、把“ti esti”译为“所是者”[②]，有关论述也很有说服力，此处无须赘述（参见书中87页至97页）。前

① 王路著，《“是”与“真”——形而上学的基石（修订版）》，人民出版社2013年版，第96页。

② 王路著，《“是”与“真”——形而上学的基石（修订版）》，人民出版社2013年版，第97页。

面我们谈到，追问“是本身”是不合法的、无意义的（这一点是王路先生没有意识到的）。因此，我们不接受“是本身”的用语，但可以接受“是”、“所是（所是者）”、“是者”以及“所是者”的译法。王路先生在亚里士多德的《工具论》的意义下谈了句子结构的问题：一个命题的基本形式是“S是P”，在这个基本形式中的“是”，显然不会有人认为是在谈论“存在”。但是，亚里士多德的著作中多次出现“S是”的形式，这个形式说的究竟是“S是P”，还是“S存在”？就值得探讨了①。

首先，“S是”这种说法在亚里士多德的《解释篇》、《后分析篇》都出现过，还给过两个例子，一个是“人”和“白的”，另一个是“羊–鹿”。前者显然说的是“人是白的”（与“S是P”的形式相符），后者加上“是”应该是“羊–鹿是”。王路先生承认，“S是”与“S是P”的形式是不同的，但是，根据他引述亚里士多德的关于“因为‘是’和‘不是’……它们自身不表示任何东西，而是意味着一种联系，离开了所联系的东西，我们无法形成构想”的这段话被认为是“对‘是’的最明确的说明”，认为“‘S是P’这样的形式很容易理解，而‘羊–鹿是’这个例子则不太容易理解”②；

其次，亚里士多德在《后分析篇》中“明确地谈到‘纯粹的是’和‘是如此如此的’的区别，还谈到‘特殊意义的是’和‘一般意义的是’的区别。这两种区别大致相应于这里所说的‘S是’和‘S是P’。因此我们不能不考虑亚里士多德对‘S是’作为一种独立句式的讨论”，只是，作为独立的句式，“地位也是非常奇特的……说它奇特，则是因为我们不太容易确定它的位置和作用……也就是说，在所探讨的命题的诸种逻辑形式中没有它的位置……对‘S是’的探讨似乎给人一种不那么重要的感觉。如果从亚里士多德逻辑的角度来理解，甚至似乎可以不考虑它”③。王路先生在这里是说“S

① 王路著，《“是”与“真”——形而上学的基石（修订版）》，人民出版社2013年版，第97–98页。

② 王路著，《“是”与“真”——形而上学的基石（修订版）》，人民出版社2013年版，第98–99页。

③ 王路著，《“是”与“真”——形而上学的基石（修订版）》，人民出版社2013年版，第101页。

是”这个句式“地位非常奇特”、似乎“不那么重要”、“可以不考虑它”；

第三，王路先生不赞同把“S是”中的“是”理解为“存在”[1]，但如何解释“S是”与“S是P”在形式上的不同呢？他认为，亚里士多德“探讨句子形式的时候主要是用‘人是白的’这样显然的命题。我想，这主要是为了使人们不去考虑句子的内容，而把注意力集中在句子的形式上，因为这才是他主要研究和讨论的。在这种意义上说，‘人是’是他表示句子形式的一种说法，因为只要把‘是’和‘不是’说出来，就把句子的形式说出来了。所以可以把‘是’后面的东西省略”[2]。也就是说，王路先生认为“S是”只是“S是P”的一种省略的形式（为了让“人们不去考虑句子的内容，而把注意力集中在句子的形式上”）；

第四，鉴于亚里士多德多处“对‘S是’作为一种独立句式的讨论”（以及有关的例子，如亚里士多德举例说“‘荷马是如此如此的’，比如‘诗人’”，并问，“由此能不能推出‘荷马是’”[3]，可见，“这里清楚的思想是，‘S是’与‘S是P’这两种表达尽管近似，但却是不同的；它们尽管不同，区别却很小。而不太清楚的思想是，虽然对它们不加区别有时候会产生谬误，但是这种区别究竟是什么？”。王路先生注意到亚里士多德所列举的例子中的主项的差别，于是认为“‘S是P’这样的句子中的S一般都是类名词。但是他在谈论‘S是’这样的句式时，所给的例子往往是专名，比如前面所说的‘荷马’，后来在《后分析篇》中所说的‘月亮’。虽然我们很难说在两部著作都出现的‘羊-鹿’一词是专名，但是这显然是亚里士多德造的一个词，以此表示一种没有的东西……因此可以说，亚里士多德所说的‘S是’的这种句子中的S一般不是类名，而是专名，所以这种句式应该是‘a是’”……

---

① 王路著，《“是”与“真”——形而上学的基石（修订版）》，人民出版社2013年版，第99页。

② 王路著，《“是”与“真”——形而上学的基石（修订版）》，人民出版社2013年版，第99页。

③ 王路著，《“是”与“真”——形而上学的基石（修订版）》，人民出版社2013年版，第100–101页。

从以上引文中我们可以看出来，王路先生对“S是”的看法显得相当犹豫不决。一方面他注意到亚里士多德明确把它作为独立的句式（并多次提及），另一方面又因为对它“不太容易理解”、“不太容易确定它的位置和作用”而认为它“不那么重要”、与“S是P”的句式“尽管不同，区别却很小”，要么它只是“S是P”的省略形式，要么区别在于它的主项一般是专名（而“S是P”的主项一般是类名）。

我认为，“S是”这个形式是亚里士多德有关“是”的用语中最典型、最纯粹的表述方式，也是比“S是P”更基础的句子的构造形式。“S是”不仅不是“不那么重要”，恰恰是最重要的，王路先生反而在这一点上没有把他讲得最多的“是”的构造语句的意义贯彻下去。

二、“S是”的是。

我很赞同不能把“S是”理解为“S存在”的观点。如前所述，“存在”是语义层面的东西，“是”是更基础的句子构造形式层面的东西，应是先有句子的构造形式，然后才有句子的语义层面的东西。但王路先生对“S是”的理解是不准确的，问题出在他把“S是”这个独立的句式理解成“S是P”的省略形式。

实际上，“S是”不仅先于“S存在”，也先于“S是P”。因为，在我们说S“是什么”之前，它自己作为一个“东西”必须先“是起来”！反过来讲，如果S“都不能说是一个‘东西’”，又怎么能谈得上“这个‘东西’是什么”呢？好比前面的例子，在谈论一个房子是不是美观舒适之前，该房子先必须是建起来了（或能够建起来）的，必须作为房子是“是起来”了的——其反例是，一堆砖瓦材料就没有作为房子“是起来”，更谈不上作为房子是否美观舒适。亚里士多德曾经谈到过“纯粹意义的是”和“一般意义的是”。我认为，“S是”的“是”是“纯粹的是”，“S是P”中的“是”则是“一般意义的是”。“S是”中的“纯粹的是”指什么？就是指“是起来”的是。什么叫“是起来”？就是指“是”这个系词的句子构造性发挥出来了、“构造起来”了。也就是说，“是”这个系词虽然没有含义（也不能有含义），但能够把句子构造起来。考虑到这一点，使用“纯粹”、“一般意义”来修饰“是”是不恰当的——这样的修饰仍是从语义上作出规定，而“是”作为系词没有语义，只有句子的构造性。出于方便，以下仍然沿用“纯粹的是”、“一般意义的是”以示区分。一旦我们真正理解了“S是”中的“纯粹的是”，立即就将发现，这样的“是”才是最有价值的、最不可替代的因而是最值得研究的。

说“S是”中的“是”是“是起来”，那么，它的反面（不“是起来”或“是不起来”）又是什么意思呢？只有与它的反面进行对比，才能真正理解“是起来”的意义。亚里士多德不仅提供了大量的“S是”的正面例子（如前文提到的），尤其是提供了它的反面例子。他在两部著作中都提到的“羊-鹿”的例子（他还提到过“人-马”），当然不是随便说的，实际上就是一个非常形象、非常具有说服力的有关“S是”的反例。我们都知道“羊不是鹿”、“鹿不是羊”，正如王路先生对巴门尼德的解读那样，巴门尼德认为我们不能说“某物既是又不是”。亚里士多德特别造出的这个“羊-鹿”就属于“既是羊又不是羊”、“既是鹿又不是鹿”的情况，因而是“不能说”的情况！那绝不是（如王路先生所说）“以此表示一种没有的东西”，而是表示“那是不能说的、连‘东西’都不是的”。因为它必须先“是一个东西”、然后我们再来谈“它这个东西有没有”！而“羊-鹿”在我们的语言中根本就不能成其为一个能让人理解的符号（由于不能称之为“东西”，哪怕是称之为“没有的东西”也是不行的，我们姑且称之为一个符号）。能不能“是起来”？无关乎“实际上或现实中有或没有”，而是指我们能不能作为一个“东西”说出来、在我们的意识中能不能作为一个“东西”的表象显现出来！也许有人会说，“羊-鹿”能不能指代羊与鹿之间的某种哪怕只是想象中的杂交品种？不能。比如骡子，就是马与驴的杂交品种，但是，虽然是杂交品种，但它是作为骡子“是起来”的。骡子是骡子，马是马，驴是驴，没人能说骡子“既是马又是驴”！好比一个孩子无论与他的父亲、母亲长得有多么相像，没人能说“他既是他的父亲又是他的母亲”。可见，“羊-鹿”就属于没有“是起来”（即我们无法作为一个“东西”说出来）的情况。

同理，亚里士多德提到的“人-马”，国内一般译为“半人半马”，这个译法是不对的（相比之下王路先生给出“羊–鹿”的译法而不是“半羊半鹿”的译法，就显得更加专业）。因为对“半人半马”，我们还能想象出诸如“人头马身”那样的东西，该东西其实是可以“是起来”的（如古希腊神话中代表野蛮粗暴、做了许多坏事的“半人马”那样）。因为“人头”那样的形状与“马身”那样的形状之间并无矛盾，可以拼接在一起。但“人–马”则跟“羊–鹿”一样，是不能“是起来”的。

对于不能“是起来”的“符号”，除了“羊–鹿”、“人–马”，我们还能举出诸如“圆的方”这样的例子，由于圆不是方、方不是圆，“圆的方”也是一个不能说、没有“是起来”的符号。需要再次强调的是，这些“符号”之所以不能“是起来”，原因不是因为它们是“一种现实中没有的东西”，而是因为对它们，我们根本就“说不出来”、“想象不到”。

第四节　是者的意义以及是、有、存在的层次关系

理解了亚里士多德的“是者怎是”，我们来对是者下一个一般性的定义，然后再基于是者的不同种类来区分有、存在的层次关系。

一、何谓是者？

说一个东西“有没有”或“存在不存在”，我们需要先澄清“有”、“存在”指的是什么意思？由于“存在”这个词被极度地“深奥化”了，我们只谈“有”这个词，即当你问一个东西“有还是没有”的时候，你必须先说清楚，你究竟是问“在物理世界中有没有”？还是问“在语言（思维）世界中有没有”？——这就体现出我们一开始设定“把物质、精神和语言当作不同的东西”这个初始前提的必要性。比如你问“哈姆雷特这个人是有还是没有”？简单的回答是“在外部世界中没有这个人”但“在语言世界（或小说世界）中有这个人”！但是，即使“在外部世界中没有这个人”，“哈姆雷特”作为“一个人”的表象，在我们的思维中却是“是起来”了的！因为我们一直把“他”作为一个王子、一个多愁善感者、一个为父报仇者等等来谈论的（我们不仅能说“他”，而且是以说一个历史上的人物一样的方式来

说“他”）。亚里士多德对“S是”的句式所列举的主项都是专名，比如“荷马”、“月亮”等，原因倒并非“S是”的主项只能是专名（如王路先生所说），而是为了更清楚、更突出地表明“S是”中的“是起来”的涵义。因为大家都认同“荷马”、“月亮”是“一个东西”，因此说“荷马是”、“月亮是”不会有异议。他如果列举出“阿波罗是”、“雅典娜是”（这两个句子也是可以说的），由于“阿波罗”、“雅典娜”是神话中的人物，有没有？存在不存在？会有一些不必要的争议，因此，他就选用大家都认可的已经“是起来”的东西作为“S是”的例子。实际上，“阿波罗”、“雅典娜”也是“是起来”了的。

再比如“金山”这个词，由于“金”与“山”不构成矛盾，因此，“金山”也是可以“是起来”的，我们也完全可以想象出一个由金子做成的山。虽然它是“在物理世界中没有的东西”，但在我们的“语言世界”中，它完全可以作为一个对象被清晰地、明确地想象出来。我们不能说“‘圆的方’是圆的”，但我们可以说“金山是金的”，后者之所以为真，绝不是因为我们可以设想在某个未知的星球上（或某个“可能世界”中）会有一座“金子做成的山”（那样的话，我们也可以说在某个未知的星球上可能会有一个“羊-鹿”），而是因为在我们的语言世界（更确切地说是思维世界）中，“金山”是可以说的、能够想象出来的，正如我们可以说“哈姆雷特是一个王子”一样。在弱一点的程度上，我们也可以说“飞马”这个词（因此“飞马会飞”为真），因为除非我们“固执地”认为“马”的概念中包含了“不会飞”的涵义，否则“飞”与“马”不矛盾，因此也能够“是起来”。毕竟，在我们的古代传说、神话故事里，都出现过“飞马”。

有了以上“是起来”的观念，对“是者怎是”，就容易回答了：使“S是”得以成立的S就是“是者”。是者是思维中的东西，反过来说也对：只有在思维中能够成为一个表象的，才是是者。这是最为纯粹的从句子构造形式所能做出的回答，因为我们原本此时所能谈论的，就只是句子的构造形式（系词用法）。这个“是者”与“存在”（无论是哪个意义上的“存在”）根本就是无关的，只是能够作为主词而为我们所理解、所述说的，就是是者。尤其要说明的是，我们仍然是在“句子的最基础的构造形式”的意义上讲的，即不涉及语义，只要是符合句子的构造要求，就能够“说出来”、“是起来”。

基于以上分析，我们可以明确地说：“S是”是比“S是P”更为基础的句子构造形式，我们不可能找出比这更基础的句子了，因为单独的“是”只是没有语义的系词，单独的“S”只是一个符号，如果我们说“S”有什么语义的规定性，也必须在它与“是”构成一个句子形式之后（哪怕是在它之后省略但隐含着一个“是”）。可见，当我们说“S”是一个概念或专名时，其实隐含了对“S是”的理解方式，即“S”（在我们之能理解它的方式中）作为概念或专名的表象是“是起来”了的。我们之所以认定“苹果”这个词（而不是没有语义的符号），就是因为在我们的思维中，它作为（指称一种水果的）“苹果”“是起来”了，我们对“苹果”这个东西的最初的第一个“思维”就是“苹果是”。更明确地讲，“S是”是思维的最基础的单元，或者说，有“S是”，思维才得以开始。

康德说：“‘我思’必须能够伴随我的一切表象”[①]。从“S是”作为最基础的思维单元、最小的思维活动而言，我们可以套用这句话来说明“是”的作用：“是”必须能够伴随我的一切表象。因为，无法在我的意识中“是起来”的东西，就是无法成为“我的表象”的东西。反过来，我的一切表象都能够用“是”来予以述说。结合前面“苹果”这个词来说，就是所有的有语义的词、概念，作为我们意识中的表象，都应该是这样的形式：“苹果（是）”、“苏格拉底（是）”、“荷马（是）”、“哈姆雷特（是）”、“金山（是）”……我们以往对这些词的使用，其实是省略了、隐含了“（是）”。甚至于，如上所述，面对“苹果”这两个字，如果我们不想仅仅把它们当作是两个符号，而是当作“一个表象”，正确的书写方式就应该是：“苹果（是）”。

如此一来，让我们再次回到“使‘S是’得以成立的S就是‘是者’”——这句话要说的其实是：使“S是”得以成立的S是（且仅是）思维

① [德]康德著，《纯粹理性批判》，邓晓芒译，杨祖陶校，人民出版社2004年版，第89页。

中的表象，也即康德所说的"'我思'能够伴随的""一切表象"。"羊-鹿"之所以不是是者，就是因为它无法在思维中形成相应的表象，也即无法在思维中被想象成一个对象（即"内感官对象"）；苹果、月亮之所以是是者，也就是因为它们能够在思维中形成相应的表象，也即能够在思维中被想象成一个对象。当然，准确地讲，作为外部事物的那个被称为苹果或月亮的东西还不是是者，它在思维中形成的表象才是是者。但我们可以说"哈姆雷特"、"孙悟空"这些所谓"虚拟事物"是是者，因为他们本来就只是思维中的表象，并非外部世界中的事物。是者完全是思维中的东西，与它们在外部世界中有无对应物没有关系（即既可以有对应物，也可以无对应物）。

在用语上，是者可以与"思维中的表象"通用，不过，在后面我们将谈到，思维中不是只有表象，还有把表象与表象联系起来的"性质"（就像数字需要用运算符号联系起来才成其为数学一样），"性质"也是是者（也可以被述说），因此，完整的表述是：是者是思维中的表象及其性质。

也许有人会说，好吧，"羊-鹿"、"人-马"或"圆-方"确实不能作为一个对象而在思维中被我们所想象，确实不是是者，但是，你反复说"荷马是"、"哈姆雷特是"或"上帝是"，又有什么意义呢？既然它们已经"是起来"了，还说它作甚？有一个很大的意义，大到每时每刻都需要我们意识到"我是"、"你是"、"他是"。这一点在下一章再详述。

二、不、否或非。

我们来谈谈另一组重要的语词：不、否或非。我认为，"S是"中的这个"纯粹的是"，是唯一的、作为基底的"我思"，没有一个"纯粹的不是"与之对应。正如必须先有"S是"才谈得上"S是P"一样，必须先有"纯粹的是"，然后才能在"S是P"的意义上谈"不是"（或否、非），也即形成"一般意义上的不是"（这是有的、可以说的）。理由很简单：对于"S是"这个句式，我们不能使用"S不是"这个句式，或者，我们可以说"S是"是不成立的（比如可以说"羊-鹿是"是不成立的），但不能说"S不是"是成立的，比如不能说"'羊-鹿'不是"是成立的。因为"羊-鹿"既然是不能说的、不能称为"东西"的X，我们又怎么能用"S"去指称一个根本不能称为“东西”的X？当我们说“‘羊-鹿是’是不成立的”时，尽管里面也提到了“羊-鹿”这个符号，但这句话就是要说出“不能用‘羊-鹿’这个符号来指称一个‘东西’”这层意思——如同我们可以说“‘咿呀唔’这个符号是没有意义的”一样（“咿呀唔”是由三个汉字拼接起来的符号，“羊-鹿”也是由两个汉字和一个连接号拼接起来的符号）。而不能说“羊-鹿不是”是成立的，就意味着：不能针对“纯粹的是”使用“不”，也即没有“纯粹的不是”，只有“一般意义的不是”——进而也意味着：所谓“不”、“否”或“非”，是从“纯粹的是”上派生出来的概念，是从属的、非对称的。我们通常使用的互为对偶的“是”与“不是”，是针对“S是P”这个句式（如上所述，这个句式是以“S是”为先决条件），是“一般意义的是”与“一般意义的不是”。

以上对“不”、“否”或“非”的从属性的澄清，是从形而上学的意义上讲的，不涉及作为逻辑常词的“不”、“否”或“非”（它们都是在“S是P”句式上的用语）。为了显示这番澄清的重要性（并非多余），我们来看一下莱布尼茨的那个著名的问题：“为什么存在存在而非存在不存在”？对此，按照王路先生的主张，这个问题本来应该翻译成：“为什么是者是而不是者不是”。但是，有了上述澄清之后，王路先生的这个翻译就有问题了。因为，如果莱布尼茨确实用的是“是者是”这个表述，当然就是在“纯粹的是”的意义上讲的，那么，根据上述分析，由于本来就没有与“是者”相对应的“不是者”，因此莱布尼茨的那个问题是不存在的或者说问那个问题本身就是非法的——假设莱布尼茨正确地理解了亚里士多德的“是者怎是”，那么，他要让自己的表述能够成立，只能是在问“为什么存在存在而非存在不存在”？毕竟，如我们马上要讨论的那样，对“存在”的语义来说，“非存在”是可以被谈论的。

概括地讲，在“S是”与“S是P”这两个句式中的“是”尽管也都是系词、也都是“是起来”的构造性，但构造的对象却各有不同：“S是”中的“是”要构造的是S，“S是P”中的“是”要构造的是S与P的谓述关系。因此，虽然我们可以把“S是”中的“是”称为“纯粹的是”、把“S是P”中的“是”称为“一般意义的是”，但从同为系词、同有“是起来”的构造性上讲，它们又都可以笼统地称为“是”而无须用两个词来予以区分。如上所述，“纯粹的是”、“一般意义的是”都还是从语义上做出的描述，不符合“作为系词的是乃是没有语义的”判断。因此，更为准确的、严格按照系词的构造句子形式的性质来叙述的说法是：所谓“纯粹的是”，是指让主词“是起来”的是；所谓“一般意义的是”，是指主词和谓词的谓述关系“是起来”的是——这样就不再是从语义上去理解“纯粹”、“一般意义”，而仅仅是一种语词上的便利的区分。实际上，也是出于表达上的便利，由于我们只能说“S是”，而不能说“S不是”，我们也只好用“一般意义的不是”来表示“‘S不是’是不成立的”这个意思。比如对待“羊-鹿”，我们也只能说“不能‘既是羊又不是羊、既是鹿又不是鹿’”——这句话里的“是”、“不是”就是用“一般意义的是”和“一般意义的不是”来表达那种不能用“纯粹的是”来“否定”的情况。

为了简略地表示“S是”与“S是P”之间的关系，我们可以用这样的方式来呈现：S（是）是P——以说明“S（自身先‘是起来’之后再）是P”。

三、是者的种类以及是、有和存在的关系。

我们已经看出，我们思维中的是者有两个种类，一是如“月亮”、“苹果”这类表象，它们在外部世界中有对应物，二是如“哈姆雷特”、“孙悟空”这类表象，它们在外部世界中没有对应物。在我们明确区分了表象（是者）和表象在外部世界中的对应物之后，很显然，我们需要两个词来分别述说表象和对应物的最基础的特性——既然它们是两种不同的东西。这就涉及到“有”、“存在”的用法。我们来梳理一下这当中已经清晰可辨的关系：

首先，我们明确了“是”的系词用法的意义在于句子的构造形式而非词典含义，只有句子被构造起来，才谈得上“有”、“存在”的语义或词典含义。可见，“是”是比“有”、“存在”更基础的系词，系词的作用（而非语义）是“是起来”；其次，当“S是”成立之后，我们总需要有一个词来述说“S是”这个句子所带来的最初的语义，于是，我们用“有”来表示使“S是”成立的是者的最基础的语义，或者说，“有”表示的是“是者是”的这个语义，即：我们可以说“是者是有的”，如“哈姆雷特是有的”；第三，既然有一些是者在外部世界中有对应物（如苹果），如何述说那些对应物？也需要另外的一个词，于是，我们用“存在”这个词来述说是者在外部世界中的对应物，即我们可以说“是者在外部世界中的对应物是存在的”，如“月亮是存在的”，再如“哈姆雷特是有的，却是不存在的”——这个区分简明清晰。

当然，这里的“有”和“存在”的用法是基于约定，也可以约定用“存在”来述说是者、用“有”来述说是者在外部世界中的对应物——都是可以的（只要不与“是”的基础性用法纠缠不清就好），只是取决于日常的习惯，但总是需要一个约定来区分这两种用法而不是有意地加以混淆（以显出其思虑之深奥莫测）。我们选取前面的约定。

有了约定之后，再来看“是者”、“有”和“存在”的使用范围。我们仔细推敲一下“苹果是存在的”这句话，严格地讲，这句话应该说“‘苹果’这个是者是有的，它在外部世界的对应物是存在的”。但是，我们谈论任何一个外部对象，必定是思维中有它的表象（否则就无法谈论它），在述说它时就不必特意区分它的表象和对象，因此，在日常习惯中（出于简便的需要）才会指着桌子上的那个东西说“那是苹果”，此时，不会有人矫揉造作地要求你澄清：“你说的究竟是‘苹果’这个概念还是‘苹果’这个词所指称的外部世界中的对象？”因为我们对概念（在后面我们将会谈到，概念在思维中的形式也是表象）、表象和对象的区分以及“那是苹果”这句话的涵义都心知肚明。也正是基于这个简便的需要，如王路先生所引述的亚里士多德也使用“荷马是”那样，虽然严格地讲，思维中“荷马”那个表象才是是者，但要说“荷马”这个名字所指称的那个人是是者，也无不可（我们同样对有关区分心知肚明）。当然，在本书后面的叙述中，我们将严格地把是者这个词用于思维中的表象及其性质。这里要说的意思是，日常表述上的习惯并不妨碍我们对是者的严格界定。

基于同样的日常习惯，我们有时也说“桌子上有一个苹果”而不必咬文嚼字地说“桌子上存在一个苹果”。这当中的原因还是上面说的、（出于简便）我们把是者所指称的外部对象也称为是者，把“有”也习惯性地用于该对象就不足为奇了。相反，尽管我们也可以说“我的脑子里存在一个想法”，但总不如“我的脑子里有一个想法”来得自然。这也是有原因的：因为我们对“虚拟事物”之有无不会产生疑问，但对它们“存在与否”，却是当作严肃的问题来对待的。毕竟，我们能自然而然地理解“哈姆雷特是有的，却是不存在的”这句话，但对“哈姆雷特是存在的，却是没有的”这句话就会生出疑惑。可见，“有”的用法比“存在”的用法更为宽泛。

如此一来，是、有和存在之间的关系就清楚明确地呈现出来，即：是是最基础的系词用法，有是“是者是”的语义，存在是“是者所指称的外部对象”的语义，其中的层次关系是清晰简明的。这里要说明一下：我们对“有”、“存在”，都说它们是“语义”（分别述说是者和是者在外部世界的对应物），因为我们一直谈论的是思维中的是者，不涉及外部对象的性质，也就不能贸然地把“有”、“存在”当作是属于外部对象的规定性。“有”、“存在”是不是我们从外部对象中感知到的东西？不是，我们只能感知到外部对象的形状、颜色等，从不曾感知到外部对象的“有”或“存在”（至于从感知到的形状、颜色上理解出“有”、“存在”的语义，则是另一回事），因此，到目前为止，我们只能老老实实地说：“有”、“存在”分别是我们对内感官对象和外感官对象的述说，也即来源于我们对对象的认识过程。

我想再次重申的是，是、有和存在的上述层次关系绝非凭空设定，而是从以往对希腊文einai这个词的用法的研究中借助“有依据的论证”而必然得出的结论：如果你承认这个词的系词用法，那么，你将不得不承认“是”的句子的构造性的基础意义（因而是先于语义的，也没有什么“是本身”）；如果你承认“是者”这个词（即“使‘S是’这个最基础的句子得以成立的东西”），那么，你将不得不承认“S是”这个最基础的句子的最初始的语义是“有”（总需要一个词来对这个语义命名）；如果你承认有的是者指称的是思维中的表象（即“内感官对象”，也即通常所说的“虚拟事物”，如哈姆雷特、孙悟空等）、有的是者指称的是外部世界的对象（即“外感官对象”，如月亮、树木等），就总是需要为这两类是者的性质做出区分，那么，你将不得不承认它们有别于对应的是者的“有”的基础性语义是“存在”（同样地，总需要一个词来对这个语义命名）——如此一来，是、有和存在的依次递进的层次关系就是不可避免的。

第五节　笛卡尔的怀疑与“柏拉图的胡须”

以上述简明的方式区分出是、有和存在的层次关系，有着显而易见的重要意义，比如可借以澄清以往的诸多疑难问题，这里试举两例。

一、为什么说笛卡尔是在谈论“存在”？

有了上述语义澄清之后，对笛卡尔到底在谈论“是”还是“存在”，就容易区分了。王路先生认为笛卡尔在谈论“是”，并且把他的那句名言改译为“我思故我是”。在这里我们只略做说明，即不分别引述笛卡尔和王路先生的文本，只谈谈几个要点。

首先，笛卡尔承认自己在思考（这不言而喻），既然在思考，表明思维中必定有可供思考的诸多对象即表象（及其性质），也就是说，表象作为是者已经在他的思维中了；其次，笛卡尔也承认他感知到（看到、听到或触摸到）某些对象，令他怀疑的是那些对象（如看见的房子等）有可能并非如他所以为的那样、是真实存在于外部世界中的客观事物，因为他想到了梦境作为反例，在梦境中他也能清楚地看见某些东西——在这里，当他说他看见（无论是否在梦境中的）房子时，房子已经作为是者在他的思维中形成了，而且，梦境中的房子跟他以为自己亲眼看见的房子完全是一样的房子，可见，房子作为是者，与它在外部世界中有无对应物是不相干的（所以才引起笛卡尔的怀疑）。他也想到了“受魔鬼欺骗”的反例，即魔鬼用不存在的虚假的幻象来欺骗他、让他误以为是真实存在的——这也构成他怀疑的理由，但同样的，哪怕是虚假的幻象，也是作为思维中的表象显现出来的——否则笛卡尔无法思维、也无法述说它们，也就谈不上“魔鬼用虚假的幻象来欺骗他”这件事情；第三，笛卡尔从怀疑感官对象是否真实存在（那些对象作为是者是无可怀疑的，否则连怀疑的对象都无从谈起，比如我们能怀疑“羊-鹿”什么？），进一步怀疑到“我”是否真实存在。他并非如王路先生所说的、怀疑“我是不是某种东西？”、“难道我不是什么东西吗？”[①]，他完全清楚地知道“我是笛卡尔”、“我是法国人”等等（否则就有造作之嫌）。他仍然是基于“梦境”、“魔鬼欺骗”等反例来怀疑“我以为我是笛卡尔，但也可能（如庄周梦蝶那样）是蝴蝶在做梦的时候所梦见的笛卡尔——如同我做梦时梦见自己是一只蝴蝶那样”，由此带来的问题是“我是否真实存在”（而不是“我是不是某种东西”）；第四，笛卡尔用“我思考”这件无可怀疑的事情来证明“我”是存在的（因此还是“我思故我在”的意思），然后通过推出“上帝是存在的”，再依据“上帝”的语义中的“完美性”即“上帝不会欺骗”来担保“我”的所见所闻的真实性。可见，笛卡尔的目的仍然是想确保（感知中的）外部事物是存在的。而所有这些思维、论证的过程，都以“我”、“外部事物”、“上帝”作为是者已经在思维中“是起来”为前提——否则的话，是“什么”向完美的“什么”要求对“什么”予以担保？根本无从谈起。

笛卡尔作为近代认识论哲学的开创者，给后来的人留下了“心物二元”的难题。如我们在绪论中提到，所谓“二元分裂”，前提是既承认“心”是可知可感的，也承认“物”是可知可感的，但无法在两者之间建立起由此及彼的联系，使“心”与“物”割裂在无法逾越的鸿沟的两端。可见，笛卡尔的难题不是“心”、“物”能否“是起来”、能否成为是者，而是各自成为是者之后却无法建立起关联（但事实上两者又确实是有关联的）。所谓建立起关联，最起码的就是能从思维中的“是”推出外部对象的“存在”，但如前所述，“是”能确保“有”（因为“有”是“是者”的语义），却不能确保“存在”（因为有的是者与外部事物是没有对应关系的）。因此，笛卡尔所谈论的，确实是“存在”。

至于王路先生把贝克莱的那句“存在就是被感知”也改译成“是乃是被

---

① 王路著，《“是”与“真”——形而上学的基石（修订版）》，人民出版社2013年版，第151页。

感知”，则走得更远。“哈姆雷特”、“孙悟空”不是因为可以被感知而成为是者的，“羊-鹿”、“人-马”也不是因为无法被感知而不能成为是者的，但“存在”的东西却是可以被感知的。

二、为什么“柏拉图的胡须”不再是谜、不再是问题?

蒯因在《论何物存在》中所说的“柏拉图的胡须”的所谓“非存在之谜”，在澄清了“是者”、“是者在外部世界中的对应物”以及是、有、存在的层次关系之后，将不再是谜、不再是问题了。

蒯因说：“现在假设有两个哲学家，麦克西和我，对本体论有不同看法。假定麦克西主张某个东西存在，我却主张这个东西不存在。麦克西可以把我们的意见分歧说成是，我拒绝承认某些东西，他这样讲是完全符合他自己的观点的。当然，我会提出抗议说：他对我们意见分歧的表述是错误的，因为我认为，根本没有他所断言的哪一类东西需要我承认；但是我发现他对于我们的意见分歧的表述是错误的，这并不重要，因为不管怎样，我总是认为他在本体论上是错误的。另一方面，当我试图来表述我们的意见分歧时，我似乎又陷入了困境。我不能承认有些东西是麦克西赞同而我不赞同的，因为如果我承认有这样的东西，那么便会同我自己否认有这些东西自相矛盾了”（蒯因《论何物存在》，下同）。这番略显复杂的表述换成“飞马”的例子就比较清晰了：“麦克西认为，如果飞马不存在，那么我们使用这个词时就没有谈到任何东西；因此，即使说飞马不存在，那也是没有意义的。他认为这样就已证明，否则飞马是不能自圆其说的，于是便做结论：飞马是存在的。……飞马必定存在，因为如果飞马不存在的话，那么我们使用这个词时就并没有谈到任何东西，因此，即使说飞马不存在，那也是没有意义的”，如此等等。

现在看来，蒯因的问题是可以被消解的：首先，“飞马”（如同“哈姆雷特”一样）是是者，因而作为是者是有的；其次，“飞马”在外部世界中没有对应物，因而是不存在的；第三，当“麦克西主张某个东西存在”时，他说出了“某个东西”，因此“某个东西”作为是者是有的（这隐含在他的句子当中，蒯因也大可承认之），他之“主张某个东西存在”，指的是

“‘某个东西’作为‘外部对象’是存在的”。当蒯因反对这个主张、认为“某个东西不存在”时，他不是反对“某个东西是是者”（既然他们两个人都说出来了，它当然是是者），而反对这个是者“作为‘外部对象’是存在的”——这个分歧很容易化解，只要蒯因要求麦克西把“某个东西”指给他看即可。可见，上述“从历史上看来，它一直是难解决的，常常把奥康剃刀的锋刃弄钝了”的“非实体不存在之谜”其实只是对“有”和“存在”的语义的混淆混用（如同分析哲学批评传统形而上学的命题那样）所带来的结果。

当然，我不认为在这里通过澄清“是”、“有”和“存在”的语义就能从根本上解决“非实体不存在”这类由来已久的难题——尤其是在本书刚刚开始的时候，毕竟千百年来人们曾为之煞费苦心、殚精竭虑。人们（比如“存在论”者们）多半也会因着这个区分，得过于简明清晰而“本能地”予以拒绝（当人们习惯了在深邃莫测的洞穴里摸索，会对乍现的阳光所带来的清楚明白感到刺眼的）。本书将立足于比语言、思维以及物质更深层次的基质，来更为清楚明白地“指认”出“是者”、“是者的对应物”以及“是”、“有”、“存在”等分别说的是什么“东西”——如果这些工作是能够成立的，那么，我们一方面从希腊文einai的翻译问题以上述方式推演出“是”、“有”和“存在”的层次关系，另一方面又从语言、思维以及物质的共同的基质“指认”出这三个词分别对应什么“东西”从而进一步确认了它们的层次关系——从“讲道理”的角度看，再固执己见的人恐怕都无法回避上述清晰简明的层次关系的可能性吧。

第二章　巴门尼德的“真理之路”

我们在绪论中谈到了巴门尼德的诸多贡献，在那些贡献当中，除了打破自然哲学的“武断地宣称”的惯常做法、建立起“有依据地论证”的哲学传统这一项无可争议之外，通常所认为的另外三项贡献，即以两条道路或两个世界（本质世界和现象世界）的划分确定了后来西方哲学所关注的基本方向、将“存在”确立为哲学研究的对象、用“作为思维和作为存在是一回事”的命题确定了理论思维或思辨思维的基本形式等，这三项贡献该如何理解，则都是有疑问的，其共同的症结在于一个问题（如王路等学者已经提出来的那样）：巴门尼德究竟是不是在谈论“存在”？在本章，我们接续上一章取得的进展，明确支持“巴门尼德是在谈论‘是’而非‘存在’”这个主张，同时把该主张往前推进一步，认为巴门尼德不仅谈论、而且只谈论“是”、“是者”，从未谈论“世界”、“世界的存在”、“世界的本原”等内容，并且借此为人类应当以什么方式去认识世界确立了第一条原则，该原则凭借其重大意义而堪称人类理性的第一块基石，该基石铺就了他所说的“真理之路”。

第一节　是者及是者的性质

我们在上一章讨论了亚里士多德“S是”这个最基础的句式以及“是者”

的意义，回头再看巴门尼德的思想，就比较容易理解了（亚里士多德是巴门尼德的直接继承者）。王路等学者认为巴门尼德是在谈论“是”、“是者”而并非“存在”。我对此很赞同，但他们的主张还需要往前再推进一步。

一、残篇8到底在谈论什么？

有关巴门尼德，争论最多的是关于他的残篇第二部分的一段话。这里只引用两种中译文做一个对比。

“译文7：一条是存在而不能不存在，/这是确信的途径，与真理同行；/另一条是非存在而绝不是存在，/我要告诉你，此路不通。/非存在你不认识，也说不出，因为这是不可能的”。①

王路先生的译文是：

“译文11：一条路乃是是，且不可能不是，这是确信的道路，由它得出真；另一条路乃是不是，且必然不是，我告诉你，这是完全走不通的路，因为你认识不了不是的东西，这是不可行的，也是不可说的”。②

经过上一章对“S是”的构造形式及其要求的分析，译文11显然是更为恰当的译法（尤其是译出了“不可说”的含义）。在“句子的最基础的构造形式”的层面上，并不涉及作为语义的“存在”。巴门尼德不仅是在谈论“是”，而且是在谈论“S是”中的“纯粹的是”，即“是起来”。对比前面的反例，巴门尼德说“你认识不了不是的东西，这是不可行的，也是不可说的”，指的就是“羊-鹿”、“人-马”或“圆的方”等无法“是起来”的符号，对这些符号我们当然“认识不了”、也说不出来。这样一来，对巴门尼德上面那些话就很容易理解了。

按照王路先生书中谈到的穆尼兹的观点，在上述这段话中，巴门尼德“并没有探讨任何专门的问题。从某种意义上说，他没有作出任何断定；他没有提出任何专门关于世界的知识陈述。他关于‘esti’所不得不说的仅仅是

---

① 王路著，《“是”与“真”——形而上学的基石（修订版）》，人民出版社2013年版，第63页。

② 王路著，《“是”与“真”——形而上学的基石（修订版）》，人民出版社2013年版，第65页。

一种框架，一种模式，一种逻辑形式……因此，一些解释者是错误的，因为他们以为，关于esti的这个陈述已经给我们提供了巴门尼德关于实在的形式、关于是或‘to eon’的观点的本质[①]”。我认为这个观点是有道理的（如果我对它的理解没有错的话），即在“是”的最基础的系词用法上，巴门尼德提出了如何构造一个具有普遍性的表达方式的问题，该构造的原则就是：“是不能不是”、不能“既是又不是”。

穆尼兹的这个观点看似也在谈“是”，但是，根据我们在前面对“S是”中的“是”与“S是P”中的“是”的区分，我们想知道的是，穆尼兹究竟是在谈前一个“纯粹的是”？还是在谈后一个“一般意义的是”？我认为正是在这个关键问题上的混淆，以至于进行到对残篇8的解释，王路先生书中的有关论述就显出某种犹豫不决、模棱两可了。

残篇8的第一段话是：

“只剩下一条路可以说了，即：是。这条路上布置了许多符号。是者乃是非创造的，也是不可消亡的，因为它是整体的、不动的和无穷的。它不是在过去，也不是在将来，因为它是现在，完全作为整体，一个一，持续的；因为你将寻求它的什么起源呢？它是如何生长的？来自何方？我也不允许你从不是者来说或思考；因为不是乃是不能说的，也是不能思考的。如果从不（是）开始，什么需要会驱使它在晚些时候而不是早些时候成长呢？这样它要么完全是，要么不是……然而是者如何消亡？是者又如何产生？因为如果它过去产生，它现在就不是，如果它在未来将是，它现在也不是。因此产生乃是消逝，而消亡乃不可想象”。[②]

王路先生说，“这段话被认为是巴门尼德关于本体论的一段非常重要的论述，受到研究者们的高度重视……巴门尼德谈论的乃是是者，这一点大概是一致的看法。问题是：这个是者是什么？”[③]。他认为，“这段话有些地方

① 王路著，《“是”与“真”——形而上学的基石（修订版）》，人民出版社2013年版，第71页。

② 王路著，《“是”与“真”——形而上学的基石（修订版）》，人民出版社2013年版，第73页。

③ 同上。

是非常清楚的，没有理解的问题，比如是者的那些性质：非创造的、不可消亡的、整体的、不动的、无穷的，等等。但是有些地方是不清楚的，不太容易理解的，而最不清楚和最不容易理解的是：是者怎么会有这样的性质？当然，这个问题与‘是者是什么’这个问题的联系是非常密切的”[①]。

如何解释巴门尼德的这些“清楚的”与“不清楚的”叙述？“穆尼兹强调指出……我们需要的基本线索是他在谈论世界的存在，确实是有一个世界。绝对重要的是，我们把世界存在的这一纯粹事实分离出来集中考虑，而不掺入其它被（错误地）看作与它同一的事实。世界的存在本身不是一个物体，本身也不是真。它不具有持续时间或形状，本身也不坐落在时空中。它本身不是多数或多重的对象或事件，本身并不经历任何种类的变化，在概念上不可分析为更基础或更进一步的构成概念，因此完全是独一无二的。按照穆尼兹的这种解释，巴门尼德这里确实是在谈论世界的存在，因此可以说，是的表述方式与世界的存在是相关的。”[②]

王路先生认为，上述“穆尼兹的解释本身是有道理的。但是他的这个解释有一个前提，即假设巴门尼德是在谈论世界的存在……一般来说，从事古希腊哲学研究的人接受这个前提是不困难的，因为大家都承认，古希腊哲学家主要是探讨世界的本原，并对世界的本原做出回答。特别是，巴门尼德在这里也明确谈到‘寻求’是者的‘起源’，因此假设这个前提似乎也是顺理成章的。此外，把非创造的、不可消亡的、整体的、不动的、无穷的等这些性质看作是世界的性质，乃是完全可以接受的，而且好像我们也只有把它们看作是世界的性质，否则，还能把它们看作是什么东西的性质呢？或者说，还有什么东西会有这些性质呢？”[③]。不过，王路先生还是有疑问，“即便如此，我觉得这里还是有一些问题：在这种情况下，为什么巴门尼德不明确地谈论世界的起源或世界的存在呢？为什么他偏偏要谈论是者呢？……说得通

① 王路著，《“是”与“真”——形而上学的基石（修订版）》，人民出版社2013年版，第73页。

② 王路著，《“是”与“真”——形而上学的基石（修订版）》，人民出版社2013年版，第73–74页。

③ 同上。

俗一些，为什么巴门尼德要用是者来表达世界或世界的存在呢？”

从以上引述看，王路先生承认穆尼兹的解释（即“巴门尼德在这里确实是在谈论世界的存在”）是有道理的，尤其是“非创造的、不可消亡的、整体的、不动的、无穷的等这些性质”也只能被看作是“世界的性质”，否则还有什么东西会有这些性质？但这就意味着巴门尼德是在谈论“存在”，与前面引述的残篇第二部分的“是”的译文就有冲突了。于是他提出疑问，既然如此，为什么巴门尼德不明确地谈论世界的起源或世界的存在而偏偏要谈论是者？王路先生找到某种“折中”的意见，即仍然认为巴门尼德是在谈论是者，只不过“可以用是表达的东西都可以叫作是者，因此，是者显然比世界或世界的存在的范围或含义宽泛得多。当然，也许在不少古希腊哲学家的眼里，世界是最宽泛的东西，或者说，世界是最根本的东西”。看得出来，王路先生无法否认“巴门尼德在这里确实是在谈论世界的存在”这一看法，但又不甘心于此，于是试图在接受这一看法的前提下想方设法把“是者”这个词与“世界的存在”发生某种联系，以便保持他的“求是”的连贯性。但是，他没有意识到还有一种可能性：既然承认“巴门尼德是在谈论世界的存在”，那么，前面一开始巴门尼德说的就是“存在”而不是王路等人主张的“是者”——这至少比王路等人的主张多一个优势，即前后一致性。

说巴门尼德是在“谈论世界的存在”以及上述性质是“世界的性质”，早已成为公论。比如罗素就认为“两千年来哲学、心理学、物理学和神学中实体不可毁灭性的思想是由巴门尼德提供的”、“他所谓的‘思维与存在是同一的’观点，给本体论提供了最好的也是唯一的方法，罗素称之为从思想和语言来推论整个世界”①。我们已经从王路等学者在上一章所提到的研究中看到，巴门尼德到底是不是在研究“存在”或“世界的存在”，是大有疑问的，但可惜的是，在有关“世界的性质”这个障碍面前，王路先生止步了，没有用他的主张去消除这个障碍并跨出关键的一步——我们马上就会看到，只要消除这个障碍、跨出这一步，我们对巴门尼德的理解将豁然开朗并进入一个全新的认识：巴门尼德不仅不是研究“存在”或“世界的存在”，他的

① 韩水法著，《康德物自身学说研究》，商务印书馆2009年版，第3页。

那句传世名言并非说的是“思维与存在是同一的”，而且，他的所谓“真理之路”（比之“意见之路”）也绝非“从思想和语言来推论整个世界”，而是谈论“对于认识世界，我们该如何迈出第一步”！

二、巴门尼德有关“世界的性质”指的就是是者的性质。

我认为，这里的焦点是“非创造的、不可消亡的、整体的、不动的、无穷的等这些性质”是否只能是“世界的性质”？如果只能是“世界的性质”，巴门尼德即使没有点明，也就是在谈论“世界的存在”，因为只要把巴门尼德使用的“to eon”译为“存在”，王路先生提出的疑问就不成立了（巴门尼德本来不是在谈论“是”，就没有“为什么不明确谈论世界的存在而偏偏要谈论是者”的问题了——只需把这个问题中的“是”译为“存在”就行了）。

实际上，“世界”怎么会有“非创造的、不可消亡的、整体的、不动的、无穷的等性质”？本来就是很奇怪的事情。我们从未亲眼见过“作为整体的世界”，见过的仅仅是日月星辰、山川大海、花草树木、飞禽走兽等等，这些东西都不是“非创造的、不可消亡的、整体的、不动的、无穷的（即使是沙漠里的沙砾也不是无穷的）”，大约正因为这些东西没有哪些性质，于是就在想象中反过来推测：既然如此，那一定是“作为整体的世界”有那些性质——这个推测是不合理的（好比听闻“某物是长生不老的”，因为人和动物都不是长生不老的，于是下结论说：某物一定指的是神仙——却不关心是否真有神仙），只是对“思想物”的臆想。那么，巴门尼德到底在谈论什么呢？他其实就是在谈论“是者”或“是者的性质”，并非谈论“世界的存在”，该“是者”不是别的，就是使“S是”得以成立的那个具有“纯粹的是”的是者，也是任何一个可以被称为“是者”的东西——任何一个可以被我们的思维清晰明白地感知到的表象，而非像不知为何物的“作为整体的世界”。因为，“非创造的、不可消亡的、整体的、不动的、无穷的等这些性质”就属于任何一个是者（如前面列举的“荷马”、“月亮”或“哈姆雷特”、“金山”等等），并非“世界的性质”——这才是正确（或重新）理解巴门尼德的关键点。尤其需要强调的是，巴门尼德讲的是者，是人的思维中的是者，并非世界中的对象，因为“使‘S是’这个最基础的句子得以成立”这件事情是发生在人的思维中的，至于思维中的是者与世界中的对象有无对应关系，那是“另一个问题”——或者更准确地说，巴门尼德是要以“是者使‘S是’这个最基础的句子得以成立”的方式来建立起是者与世界中的对象的对应关系。这事关我们如何认识世界的基本的出发点，稍后把他的“真理之路”与“意见之路”做出区分之后，就会发现他这样做的重大意义（并一定还会为之油然而生敬佩之感）。因此，要理解“非创造的、不可消亡的、整体的、不动的、无穷的等这些性质”是是者的性质，必须先理解这一点：是者首先是人的思维中的是者，或者说它必须先在人的思维中“是起来”，然后才谈得上它与外部世界的对象有无对应关系的问题——巴门尼德谈论的始终是在思维中先“是起来”的问题，而人们的误解的根源就在于把是者与世界中的对象两相混淆了。

以下我们分步来证明这一点，第1点是从是者的一般意义上证明它有哪些性质，后面几点分别以具体的是者为例，逐个证明该是者必然具有哪些性质。

1、是者的性质的一般性证明。

巴门尼德对是者（也即通常翻译的“存在”）的性质（换一个表述是：唯一的、连续的、不可分的、永恒的、不生不灭的、不动的、完满的等等）的论证，只要把人们通常翻译为对“存在”的性质的论证中的“存在”替换为“是者”，是完全说得通的。比如对“存在是永恒的，不生也不灭的”的证明换成是对“是者是永恒的，不生也不灭的”的证明：首先，从来源上看，是者无生成。假如是者是生成的，只有两种可能，或生于是者，或生于“非是者”，但这两种情况都不成立。因为如果它生于是者，就预先假定了一个是者，可见是者本来就有，何来生成？如果它生于“非是者”，则更加荒谬，因为“非是者”如“羊-鹿”、“人-马”，根本就不能述说，连“‘羊-鹿’是”或“‘羊-鹿’不是”这样的话都是不能说的，又怎么可能认为“‘羊-鹿’生成了羊或鹿”这样的话是成立的？从时间上看，是者也无生成。所谓是者，既不是过去曾经是是者而现在不再是是者了，也不是现在不是是者但在将来会是是者，而是始终都是是者。如果是者是生成的，就只能是在过去或将来是是者，但这是于理不通的。因为如果它在过去或将来生成，那它现在就不会是是者。所以无中不能生有，“生成是子虚乌有，灭亡同样不可言名”，是者只能是永恒的。

如果以上论证略显抽象，我们不妨以“巴门尼德”（专名）这个是者和“苹果”（类概念）这个是者为例来逐个澄清“是者的性质”。如果联系到亚里士多德的实体与偶性的观念，就更容易理解（当然，这倒不是说理解巴门尼德需要以亚里士多德的实体与偶性为前提——恰恰相反，后者之产生需要前者的前提，我之所以说把实体与偶性联系起来理解，仅仅是更直观一点）。如前所述，我们认为亚里士多德在“是者怎是”上，是直接继承了巴门尼德的。

2、是者是整体的、完满的。

“巴门尼德”这个“是者”当然是“整体的”、“完满的”。在我们的意识中、用语中，不存在“半个巴门尼德”、“三分之一个巴门尼德”，即使区分出他这个人的手、脚和身体，我们也只会说“巴门尼德的手、脚或身体”，而绝不会指着他的手、脚或身体说“这是十分之一个巴门尼德”、“这是九分之一个巴门尼德”、“这是四分之三个巴门尼德”。就算一个人（比如张三）由于某些不幸的原因被截去了双腿，他仍然是一个“张三”，不会被看作半个“张三”。

人名是专名，作为是者比较容易理解。我们说面前有一个苹果，这“苹果”（概念）也是是者。一个苹果（实则为“苹果”这个词所对应的外部对象）可以被切成两个部分，我们拿起其中一部分说“这是半个苹果”，是不是说“苹果”这个“是者”就变成了“半个”了呢？没有。因为，既然概念是是者，即使我们说“半个苹果”，“苹果”这个概念并没有被分割成“半个”（假设“苹果”这个概念有a、b、c、d这四个规定性，“半个苹果”中的“苹果”的规定性仍然是这四个，并没有缩减成a、b或c、d）。这样一来，个头上的“半个”、“大半个”等，就成了相对于“苹果”这个实体的偶性，偶性的变化不牵涉实体的改变；

3、是者是不变的、不动的、非生长的。

“巴门尼德”这个是者是不变的、不动的、非生长的。他小时候是“巴门尼德”，长大后仍然是“巴门尼德”。我们最多说“巴门尼德的身高变化了（长高了）”、“巴门尼德的体重变化了（增加了）”、“巴门尼德的智慧变化了（增长了）”……但我们不会说他小时候是一个“巴门尼德”，长大后“变成了”另一个“巴门尼德”。我们也不会说“十分之一个巴门尼德”生长成了“八分之一个巴门尼德”、再生长成了“四分之三个巴门尼德”。“巴门尼德”这个是者本身是“不变的”、“不动的”、“非生长的”，变的、动的、生长的是那个被称为“巴门尼德”的人的身高、体重、智慧等偶性的东西。在前面论证一般意义上的是者的永恒性时说“所谓是者，既不是过去曾经是是者而现在不再是是者了，也不是现在不是是者但在将来会是是者，而是始终都是是者”，指的是就是这里的“不变的”、“不动的”、“非生长的”。我们不能说“过去的巴门尼德不是巴门尼德”或“将来的巴门尼德不是巴门尼德”，巴门尼德从小到老，始终都是“巴门尼德”这个是者。变与不变的关系问题，是相当麻烦的问题，明摆着，任何一个人从小到大都是在变化的，但如何述说“这个人”和“这些变化”？却是一件足以引起严重分歧的大事情（我们马上就会谈到）。

概念的是者也是如此，如上所述，假如“苹果”这个概念有a、b、c、d四个规定性，概念本身没有生长的过程，不会从有a这一个规定性长大到有a、b两个规定性再长成有a、b、c、d四个规定性。概念在漫长的使用过程中当然会有改变，这样的改变不是生长的，而是个别概念的偶然改变或人的重新规定、重新定义，即用不同的语词指称同一类东西或用同一个语词指称不同的东西，是人的用语习惯的改变，而不是说概念本身是生长的或如同生长那样的变化着。

4、是者是不可消亡的。

“巴门尼德”这个是者也是“不可消亡的”。在“巴门尼德的身体（或生命）”消逝之后的2000多年，我们仍在谈论“巴门尼德”，以后还会继续谈论下去。哪怕是人们不再谈论他了，那也不过是遗忘了“巴门尼德”，并

非“巴门尼德”作为可谈论的对象就“消亡”了。我们可以说“巴门尼德这个人死了”，但如果说“巴门尼德这个是者消亡了”，恰恰说明“巴门尼德”这个是者仍然保留在我们的思维中——否则何以能说出这个专名来？我们只能是“遗忘了是者”。但“遗忘”并不等于“消亡”，一个被遗忘的人完全可能还活着。对巴门尼德，哪怕人们遗忘了一千年，如果一千年之后有人翻出有关他的文献，仍然可以重新谈论他，那时被谈论的仍然是我们现在谈论的“巴门尼德”。所谓“有关巴门尼德的文献”指什么？就是述说巴门尼德的文字、由“是”所构成的一系列句子，其实就是有关他的思维（只不过，在亲眼见过他的人那里，这个思维是经视觉获得的印象在头脑里形成的；在后世读书的人那里，这个思维是从书本上转移到头脑里的）。只要有关他的那些（由“是”所构成的）句子保留下来，“巴门尼德”这个是者就不会消亡。这里面隐含的前提是，是者之“不可消亡”，是针对它在其中作为是者的思维而言的，即在该思维中不可消亡。如果历史上所有关于巴门尼德这个人的文字等资料在今天全部都没有了、丢失了，那么，“巴门尼德”这个词因为从不曾在今天的我们的思维中出现过，也就谈不上他作为是者“在我们的思维中消亡了”——我们之所以能认识到“某人死了”这件事，是因为我们知道这个人曾经活过，一个从来不曾出现在我们的思维中的东西，何来“消亡”之说？

同样，对概念的是者来说，我们可以吃掉手里的苹果，但“苹果”这个概念并没有被吃掉，这个概念总是在我们的思维中。尽管如上所述，我们也可能遗忘某些概念，但遗忘的东西可以被重新想起来、用起来——跟以前使用它们时的意义一样。

当然，也许有人一定要说在遥远的未来人类可能消亡、思维本身可能消亡，是者的不可消亡自然也无从谈起。但如果巴门尼德坚持说是者的不可消亡是指“在思维中不可消亡”，与思维本身消亡与否无关，我们恐怕也很难反驳他。其实，巴门尼德只是要通过是者的不可消亡性来从这些变动不居的东西当中找出我们的认识赖以立足的“不动者”——我们马上会看到他所说的“真理之路”的真实含义和重大意义。巴门尼德是在为我们的认识活动奠定基础，原本就无意于超越我们的思维而去谈论什么“永恒不变的”“世界本原”那样的无从稽考、玄幻莫测的东西；

5、是者是无穷的。

是者当然是无穷的，“巴门尼德”是是者、“苏格拉底”也是是者、“哈姆雷特”是是者、“苹果”是是者、“梨子”也是是者等等，凡是能说出来的东西都是是者。

6、是者是唯一的。

如何理解是者的唯一性？是较为困难的，明摆着世界上有无穷的是者（如上所述），怎么能说“是者是唯一的”呢？这大概是促使人们把“是者”理解为“存在”的重要原因——赋予不知其为何物的“存在”以“唯一性”，总是比较容易的。但是，固然世界上有无穷的是者，可“巴门尼德”是不是只有唯一的一个？当然只有一个。从时间的纵向来看，那个被我们称为“巴门尼德”的人固然也经历了从小到大、到老的生长过程，但他始终就是那唯一的一个“巴门尼德”，我们不能说他小时候是一个“巴门尼德”，长大后又是另一个“巴门尼德”，对此的区分只能是“小时候的巴门尼德”、“长大后的巴门尼德”（或刚才所说的）。从空间的横向来看，即使有同名同姓的另一个“巴门尼德”，我们也能在思维中把他们区分成不同的人因而以不同的是者予以指称——对于两个同名同姓的人，难道有人会在清楚地知道他们各自的特征之后仍然当作同一个人来对待？不会。我们到底依据什么来定义、区分实体？是另一个问题（我们将定义实体范畴），但很显然，每一个人、每一个物体在我们的思维中都是唯一的，因而是者也是唯一的。

也许有人会说，这样的“唯一性”难道不是不言而喻、理所当然的吗？哪里还需要拿出来讨论、争辩？要知道，你之所以认为这样的“唯一性”是不言而喻、理所当然，是因为现在的你正不知不觉地走在由巴门尼德所指引的“真理之路”上。我们接下来就会看到，如果你始终不能清晰地意识到自己何以会认为不言而喻、理所当然，那么，在另一些事情上，你就很可能不知不觉地又走到曾被巴门尼德告诫过的另一条“意见之路”上去了——事实上也有很多人走在那条路上而不自知。

那么，既然有无穷的是者，是不是说是者是“多”不是“一”？换个角度看，对我们的思维来说，万事万物皆为是者，除了是者，别无他物。或者说，万物归于是者，万物同为是者，是者岂非又是“一”？可见，说是者是“一”或“多”，只是角度的差别。当然，我们也可以说巴门尼德以是者的形式达成了万事万物的同一。不过，这个同一只是在思维这一边，是思维“单方面”的结果，还不是我们在把物质、精神和语言当作不同的东西之后要在它们之中去寻找的共同的基质。德国古典哲学中的“同一哲学”完全忽视了“同一只是在思维这一边，是思维‘单方面’的结果”这个前提，想当然地要把这个“同一性”（在没有依据的情况下强行）过渡到外部对象中去，把外部对象与思维中的东西“视为并说成是同一的”。

7、是者是永恒的、非生成的（或非创造的）。

前面从一般意义上论证了是者的永恒性，从一般意义上讲的是者确实是永恒的、不能是生成的。我们也分析了“巴门尼德”这个是者何以不会消亡。但能不能说“巴门尼德”这个是者也是非生成的（或非创造的）？这恐怕是理解起来最难的地方。虽然我们在第1点一般性地证明了是者的永恒性、非生成性，但是具体到“巴门尼德”这个是者，就有问题了：在巴门尼德出生之前，世界上确实没有那样的一个“巴门尼德”，也没有“巴门尼德”这个是者。换个概念，在飞机被发明出来之前，世界上不仅没有飞机，也没有“飞机”这个概念，在那时的人的思维中就没有“飞机”这个是者。但是，只要我们始终清楚地意识到“是者首先指的是人的思维中的是者”这一点，其中的道理跟前面几点是一样的。

我们先来问一个问题：在一个房间里坐满了人，此时，走进来一个秃子，这个秃子对这个房间来说，是生成的、创造的吗？显然不是，因为在这个房间里并没有发生“这个秃子从出生到成长（以及变秃）”的“生成”或“创造”的过程，他一进来就是秃子。把秃子换成我们可以称之为“创造出来的”飞机也行，即使这个房间里进来的是飞机，由于房间里也没有发生“创造出飞机”这个过程，它一进来就是飞机。我们最多只会说“房间里多了一个秃子（或飞机）”。现在换成“巴门尼德”这个是者，巴门尼德这个人（作为外部世界中的对象）固然有从出生到成长的从无到有的过程，但是，“巴门尼德”这个是者对人的思维这个“房间”来说却是“从一开始就是‘巴门尼德’这个是者”，“房间”里并未发生生成、创造这个是者的过程，从他的父母给他（哪怕他还是襁褓中的婴儿）取了这个名字开始，从每个人第一次听说这个人开始，这个是者无非是进入到人的思维中来、思维中“多了一个是者”，并非思维生成或创造了一个是者。在这一点上，换成“苹果”这样的概念，是同样的道理，无须赘述。

也许有人会说，我承认第一次见到或知道巴门尼德这个人时思维中就有了这个是者，但是，当他的父母给他取这个名字的时候，或者说拼写出“巴门尼德”这个名字的字母时，难道不是生成、创造的过程吗？因为毕竟他们当初是可以取别的名字的。不错，拼写“巴门尼德”这个符号时确实可以被理解为生成或创造的过程，但“是者”的意义却并非符号本身。此时我写下“咕噜”这两个字，对大多数人来说，这两个字毫无意义，当然也就不可能在思维中形成一个是者。只有读过《魔戒》的人才知道，它指的是那个本名叫“斯密戈”的家伙，于是，“咕噜”作为思维中的是者才得以“是起来”。所以，巴门尼德的父母或许可以说是生成或创造了“巴门尼德”这个符号，但并没有生成或创造“巴门尼德”这个是者（即使他们在外部世界里“生成或创造”了巴门尼德这个人）。在后面对思维表象（是者）的构造的进一步研究中我们将看到，“符号”是一个是者，而作为“符号”的“巴门尼德”、“咕噜”等仅仅是“符号”这个是者中的序列的一个节点，作为序列的符号并没有“生成”的过程。这样一来就更容易理解了：巴门尼德的父母并没有创造“符号”这个是者，而只是为“符号”这个是者的序列中增添了一个内容。当然，要说清楚是者究竟在思维中是一个什么东西，还得等到后面有关是者构造的讨论取得必要的进展之后才有可能。在后面，出于表述上的习惯，我们也会说“形成是者”，所指并非“创造”是者，而是“新增”是者。

第二节 “作为思维和作为是者是一回事”

人们习惯于使用被当作巴门尼德的名言的“思维与存在是同一的”这个说法，并且从中引出无数的深奥的解读，这在人们拒绝把“何谓存在”说清道明的情况下，总是可以自由发挥的，如绪论中提到的那样，在“旋龟”与“蛊雕”分别是什么东西都不知道或各执一词的情况下，说它们是“同一的”或“有血缘关系的”，总能找到诸多说辞①。我一直很疑惑：如果巴门尼德真的认为在纷繁杂乱、变动不居的现象中有一个被称为“存在”的“常驻不变的东西”（以及该东西具备如此这般性质）是“真理性认识的对象”，这件事比之阿那克西曼德的“无定形”或赫拉克里特的“逻各斯”，也不过同样是一个未经论证的“武断的宣称”，他也就谈不上要把哲学从“武断地宣称”引向“有依据地论证”。这预示着一种可能性：巴门尼德所谈论的或许并非“现象中的‘常驻不变的东西’”。

一、是者才是“思想的对象”。

抛开“思维与存在”的诸多纠结，如果把巴门尼德研究的东西理解为“是者”，说“思维的对象只能是是者，不能是‘非是者’”就顺理成章了：“羊-鹿”这类“非是者”如何能被思维？如何能被述说？在我们的思维中、思想中的所有的东西都是是者，反过来说也一样，只有是是者，才能成为我们的思维中、思想中的东西——也就是在这个意义上，巴门尼德说的是“作为思维和作为是者是一回事”（这是王路先生的译法）！这本来是很简明的道理。

也许有人会“机智”地予以反驳：你说“‘非是者’是不能述说的”，这句话难道不是正在述说“非是者”吗？并非如此，当你说“思维的对象不

① 我们在绪论中要表达这样一个清晰简明的意见：请先行确认“思维与存在的关系问题”等同于“物质与精神的关系问题”——毕竟我们可以指着一棵树、一幢房子说“这就是物质”，并且清楚明白地知道我们脑子里的活动就是“精神”——在这种情况下，我们再针对后一个问题来展开研究。这正是本书要做的事情。

能是‘非是者’”的时候，这里并不是“述说‘非是者’”！所谓述说（比如述说S），指的是能以“S是”或“S是P”的方式来做出表达。“非是者”如同前面的“羊-鹿”、“人-马”一样，也只是作为一个标注的符号（就像康德说“物自体是X”，也只是给不可谈论的东西一个标注的符号而已），是巴门尼德在“如何认识对象”这个初始的问题上为人类理性提出的“警示牌”，告诉我们说：如果走“警示牌”背后的那条道路，不仅将是徒劳的，而且是危险的。

二、巴门尼德的论证。

这里有个问题：既然我们说巴门尼德开创了“有依据地论证”的传统，当他指出是者的上述性质以及“是者是思维的对象”等判断时，有无依据？有无论证？显然，他在残篇中对是者的上述性质是有过论证的（前面已经讨论过），若要问“是者是思想的对象”等判断的依据，每个人只需“扪心自问”即可：因为是者在每个人的思维中，每个人只要对自己思维中的任何东西“检视”一遍、看看它们是不是是者或者里面有没有“非是者”，就能获得证明。

三、思维中的是者与外部对象的关系。

既然是者只是我们的思维中的东西，与外在于我们的经验对象有什么关系呢？我们可以明确地回答：没有关系或者可以是没关系的！因为巴门尼德根本就没有谈论“世界”或“世界的东西”，而只是在研究思维、思维的表达方式以及我们马上要说到的“认识并述说世界的基础性的立场”，即“是者是”，也即“把一个东西看作并说成是一个东西而非变动不居的‘不同的东西’”！至于“这一个”、“那一个”是者在外部世界有无对应物，那是“这一个”、“那一个”是者在我们的思维中已经“是起来”之后才能谈论的下一个问题。我们在后面将要证明，以是者为其构成的思维世界是独立于外部世界的，具有自身的自发性和丰富性；它与外部世界的对象既可以有对应关系，也可以没有对应关系。而巴门尼德讨论的，是且仅是思维世界中的是者，与外部对象无关。因此，我想再次强调：巴门尼德的是和是者，是（且仅仅是）最基础的思维形式（即句子的构造）得以形成的东西，既不能想当然地引申出“世界中的某种普遍的‘是者’”，也不能进一步去追问什么“是本身”。

巴门尼德的另一个重要的论述被正确地译为“可说的和可想的必然是是者”[①]，与我们在前面分析亚里士多德的“S是”句式时提到的那些是者相吻合。月亮、荷马是可说的、可想的，阿波罗、雅典娜、哈姆雷特甚至金山、飞马也都是可说的、可想的。是者与存在、存在物并不等同，更不等同于“外在世界中存在的东西”或“现实存在的东西”。对这一点，我们在上一章已经说得比较多了。

四、“完美的真之不可动摇的内核”。

前面引述过，穆尼兹认为巴门尼德在残篇第二部分中那段话中“关于‘esti’所不得不说的仅仅是一种框架，一种模式，一种逻辑形式”（他同时又认为巴门尼德在残篇8中“谈论世界的存在”）。王路先生提出了一个疑问：巴门尼德在残篇1中说“一方面，完美的真之不可动摇的内核，另一方面，全无真可信的常人意见”[②]，如果说“完美的真之不可动摇的内核”是一种句子框架，“难道常人意见不是通过这样的句子框架结构表达出来的吗？”[③]。的确如此，“常人意见”也是以“S是P”这样的句子框架结构表达出来的，巴门尼德否定“常人意见”，就有些说不通了。

为此，王路先生认为，“巴门尼德想论述的并不是一般的句子框架，而是一种逻辑框架或逻辑结构，这种框架或结构能够保证我们得到真”[④]，只不过，“在他那个时代，逻辑还没有出现，巴门尼德也还没有能力创造出逻辑这门科学。但是，他确实想到并提出了一些与逻辑相关的非常重要的东西，

① 王路著，《“是”与“真”——形而上学的基石（修订版）》，人民出版社2013年版，第85页。

② 王路著，《“是”与“真”——形而上学的基石（修订版）》，人民出版社2013年版，第81页。

③ 王路著，《“是”与“真”——形而上学的基石（修订版）》，人民出版社2013年版，第82页。

④ 王路著，《“是”与“真”——形而上学的基石（修订版）》，人民出版社2013年版，第84页。

这就是句子中恒定的结构和真”[①]。我们提到过，王路先生在整部书中都自觉或不自觉地把形而上学问题引向逻辑问题（这符合他的“求是、求真是形而上学的核心”的判断），这里可以算是一个例证。我估计，当他说巴门尼德“确实想到并提出”“句子中恒定的结构和真”时，他自己“确实想到”但未说出：巴门尼德是现代分析哲学的先驱。但是，一种不同于“一般的句子框架”的“能够保证我们得到真”的“逻辑框架或逻辑结构”是什么？他却没有明确说出来。比较接近的选项是“A是A”（同一律），但他否认了，因为“如果巴门尼德在残篇2表达和谈论的是同一律，那么他的意思就会是说，令人信服的真值不可动摇的内核乃是‘A是A’，其它方式都是不可信以为真的，这样一来，他的绝大部分讨论就会是没有意义的，特别是残篇8”[②]。的确，如果只有同一律为真，那么就不会有综合判断，就不会有知识。更进一步，王路先生又对自己的看法提出了疑问，“应该承认，我这种理解也存在问题，最明显的问题大概就是对巴门尼德谈到的否定不太容易理解。直观地说，如果巴门尼德在谈论‘是’的时候想到的是一种逻辑结构，他认为由此可以达到真，那么他谈论的‘不是’就一定是指不符合‘是’这样的逻辑结构，因此他才会认为这条路走不通”[③]。的确，在逻辑当中，肯定的“是”和否定的“不是”都是逻辑结构，巴门尼德认为后者“走不通”，还是不好解释。

简言之，按照王路先生“把形而上学引向逻辑学”的努力，在巴门尼德这里实际上是行不通的。有两个困难（王路先生已经意识到的两个困难）：一是如果“esti”是一个“一种框架，一种模式，一种逻辑形式”，“常人意见”不也是以这样的“框架”等来述说的吗？怎么会是错误的？二是如果“esti”是一种“恒定为真”的“逻辑结构”，在逻辑中，肯定的“是”和否定的“不是”都是逻辑结构，巴门尼德却认为后者“走不通”，也无法

① 同上。

② 王路著，《“是”与“真”——形而上学的基石（修订版）》，人民出版社2013年版，第84页。

③ 王路著，《“是”与“真”——形而上学的基石（修订版）》，人民出版社2013年版，第85页。

解释。

问题出在哪里呢？我认为，出在esti作为“框架、模式、形式”的意义的误解上：对于上述第一个困难，其一，按照我们上面的解释，该“框架”指的是最基础的“S是”的句式，而不是“S是P”的句式；其二，巴门尼德不是在提供一个“框架、模式、形式”，而是要谈论“S是”这个句式得以成立的条件；对于上述第二个困难，esti作为系词用法的“是”，乃是“纯粹的是”即让“S”得以“是起来”的是。而王路先生所说的“恒定为真的逻辑结构”，指的是“S是P”的“一般意义的是”。巴门尼德是在形而上学的意义上谈论的“是起来”，王路先生是在逻辑的意义上所说的“是”与“不是”。按照我们在前面的分析，“纯粹的是”是没有与之相反的“否定”，即没有（或不可说）“纯粹的不是”。因此，巴门尼德“谈论的‘不是’”就不是“指不符合‘是’这样的逻辑结构”，而是说“试图说出‘纯粹的不是’的那条道路”是走不通的。

那么，巴门尼德所谓“完美的真之不可动摇的内核”究竟是什么呢？指的是让“S是”得以成立的“纯粹的是”，即“是者是，不能不是，不能既是又不是”！

通常的表述是把“是者是”与“是不能不是，不能既是又不是”分开来作为两个原则，我认为放在一起作为一句话会更为清楚、完整——可以把前者理解为表示“纯粹的是”（即作为是者的是），后者则是指成为“纯粹的是”的条件。正是这个“完美的真之不可动摇的内核”，为后世的我们认识世界的方式打下了第一块基石、确立了第一个原则——我们马上就会看到赋予其“第一块基石”、“第一个原则”的意义之所在。

第三节　“真理之路”与“意见之路”

按照巴门尼德的说法，“是者是”是“真理之路”，“是不是，且必然不是”（如上述译文11）是“意见之路”。两条路的区别在哪里？区别在于，面对当时人们已经认识到的事物的变化，我们可以采取两种截然不同的态度或立场，即（在巴门尼德看来）认为事物的变化中有一个不变的东西（是者）的，是“真理之路”；认为事物的变化中没有不变的东西（唯一不变的是变化本身）的，是“意见之路”——后者最典型的是赫拉克里特的主张，巴门尼德所说的“意见之路”就是针对他的。

一、人如何踏入“河流”？

我们只需引用一个例子就能说明这两条路的区别：赫拉克利特有句名言：“人不能两次踏入同一条河流”。这句名言两千多年来被广为传颂。但是，这句名言在巴门尼德看来，根本就是错的。如果我们理解了巴门尼德“是者是”这个原则的奠基意义，而且，当真找一条河流并且踏了进去，那么，我们恐怕会立即站到巴门尼德一边，因为我们立即就会发现，我们踏进去的不是“河流”这样的概念，而是作为个别事物的“某一条河”，比如“长江”。于是那句名言就引出了以下两个问题（无论赫拉克利特的本意是什么，两者必居其一）：

1、我们第一次踏入一条名叫“长江”的河流，第二次踏入的，还是不是“同一条叫‘长江’的河流”？第二次踏入的不可能成了“沱江”、“嘉陵江”或别的什么江吧？当然还是“长江”。什么叫“不是同一条河流”？长江跟沱江、嘉陵江等别的江就不是“同一条河流”。“一条江”仅仅因为我们踏进去了就立即变成了“另一条江”了，这太过荒唐，因此，那句名言自然不会是指这个意思（尽管这是其字面含义中的一种）；

2、我们第一次踏入一条名叫“长江”的河流，第二次踏入的，不再是那一条“长江”而变成了这一条“长江”？我们当然知道长江的状态（如水的流量流速、水中河沙等杂质的含量、河床的形态等等）无时无刻不在变化，但是，这些变化之于“同一条河”的意义是什么呢？如果把这个名字换成人名，就容易发现这里面的蹊跷：巴门尼德作为是者，如前面多次说过的，并没有“那一个巴门尼德”和“这一个巴门尼德”之分，我们可以说“那时的巴门尼德”和“这时的巴门尼德”，但世界上只有一个“巴门尼德”！同样，我们可以说“那时的长江”和“这时的长江”，又怎么能说“那一条长江”和“这一条长江”？世界上也只有一条“长江”，“那时的长江”和

“这时的长江”都是“同一条长江”！

问题出在哪里？那句名言要表达的当然是前后的变化并且因为发生变化而导致的差异。如果只是谈论“河流”这个概念，那么，由于水流的速度、河床流沙的厚度等情况出现差异，一分钟之前的那条河流与一分钟之后的这条河流当然不再是同一条河流。但这一个说法只适用于“河流”这个概念：如前所述，“河流”这个概念作为是者也是不变的，这里说的是，我们可以用“河流”这个概念去分别称呼“一分钟之前的那条河流”和“一分钟之后的这条河流”，于是，这两条“河流”似乎就是“不同的河流”。但是，既然是称呼，就需要命名，一旦命名，除非把“一分钟之前的那条河流”命名为“长江1”、把“一分钟之后的这条河流”命名为“长江2”（这显然又是没有意义的），否则又回到了“踏入长江”的问题上来了。实际上，我们也不可能“踏入”一个概念，只会踏入具体的某一条河，因此只能就某一条河来展开讨论。

为了说清楚这里的道理，我们再回到人、人名。如果我给你两张照片，里面各有一个人，你不认识，于是，你可以说“A照片里的这个人比B照片里的那个人胖一点，但两个人长得挺像的”（这里使用的就是“人”这个概念，跟那句名言中使用“河流”这个概念的情况相似）。而我认识里面的人，那是同一个人（张三）不同时期的照片，于是我就只能说“张三以前比现在胖一点”（或者“以前的张三比现在的张三胖一点”），而（从严格意义上讲）不能说“A照片里的这个张三比B照片里的那个张三胖一点，但两个张三长得挺像的”。为什么你能那样说而我却不能？因为你使用的是概念“人”（在你的思维中没有张三这个是者），可以指称不同的对象，但“张三”是专名，只能指称“一个人”而不能指称“两个人”（“重名”不构成反例，只需对作为符号的名字稍加处理，就可以避免同一个符号指称多人的情况），没有“这一个张三”与“那一个张三”的区分，只有“同一个张三”。同样，现在我们踏入的只能是作为个别事物的长江而非概念“河流”，一分钟之前的长江与一分钟之后的长江仍然是“同一条叫长江的河流”。但是，明摆着一分钟之前的长江与一分钟之后的长江相比是变化了的、是不一样的，那么，变化的是什么呢？这是一个颇费思量的问题。

二、人类认识活动所遭遇的第一个难题以及不同的解答。

如果抛开孰对孰错的评判，不难看出，在人踏入河流这件事上，在“一分钟之前的河流”和“一分钟之后的河流”还是不是同一条河流的问题上，人类的认识活动遭遇到了第一个难题——一般而言，这个难题就是：面对变动不居的世界，我如何认出并言说“一个东西”？因为，假如我指着某物说“这东西”，但在我说完那三个字之后，“这东西”还是不是我刚才想说的“那东西”？竟是一个问题。为什么说这是“第一个难题”？因为如果我们把“认识”理解为“理性的活动”，那么，在“认识”之前仅仅是感性知觉，我们凭借感性知觉就已经领会到了世界是变动不居的（这当中并不需要理性的参与），而要认识世界，首先必须能认出并言说“这东西”（并予以命名），然后才谈得上“这东西是什么”——恰恰在认出并言说“这东西”的事情上我们遭遇到了第一个难题。这个问题难在哪里？设想一下在赫拉克里特和巴门尼德的时代（那时还没有亚里士多德及其贡献），我们都清清楚楚地看到了事物的变化，那变化了的事物还是不是原来的事物？如果是，在明摆着的变化中，我们是根据什么认为事物没有变化？如果不是，我们为什么还能用同一个名字去称呼它？都是问题——也许有人会说，人确实不能两次踏入同一条河流，但能两次踏入同一条长江，因为长江是唯一所指的专名——这显然只是“第三种观点”，问题的焦点就在这里：既然前后不是同一条河流，我们为什么还能用同一个名字去称呼它？为什么又可以把长江、沱江、嘉陵江等分别命名为“不同的河流”？既然无时无刻不在变化，为什么又没有变到需要用另一个名字来命名的程度？这个界限在哪里？界限就意味着“不变的东西”（否则就不是界限），这不变的东西又是什么？既然变化中有不变，且变化受制于不变，我们又为什么相信“变”是比“不变”更本质的东西？等等。以上疑难的症结在于，“事物无时无刻不在变化”表明事物的“变”是不可否认的，同时，“我们用一个固定的名称来为一个事物命名”表明事物的“不变”也是不可否认的。如何对待这两个既矛盾又同样不可否认的事实？将事关我们认识事物、认识世界的基本立场、基本方向。

对此，赫拉克利特给出了一个方案。他主张一切都在变化，唯一不变的是“变化本身”，他要立足于“变化”来看“不变”、来谈“不变”：“世界是一团活火，它在一定分寸上燃烧，在一定分寸上熄灭”。这里的“分寸”被他称为“逻各斯”，字面的意思是“言说”，后来被引申为“规则”、“规律”乃至西方哲学“研究语言的传统”。这类引申也对，不过，要说他最初的意思，或许我们仍然可以回到其字面含义而把“逻各斯”解释为“一个对象中使我们得以‘言说’它的东西”——还是对上述“第一个难题”的回应。但是，赫拉克利特所据以“言说”一个对象的，是它的某种共性的“规则”、“规律”，他是通过“分寸”来认识“活火”的，因为“活火”本身变幻不定，我们只有借助“活火的规律”来认识它。但是，这个认识方式有一个问题：它只能说出共相的普遍的东西，却无法说出（或完全忽视了）任何一个殊相的具体的东西。比如在他的上述名言中，就只有“河流”这个概念，而没有具体的“长江”、“沱江”或“嘉陵江”，或者说，在他的眼睛里没有具体的一个个东西。

巴门尼德针对赫拉克利特提出了自己的主张：当我们指着某物说“这东西”时，它就是“这东西”且一直是“这东西”，而不是“那东西”，也不是“既是‘这东西’又不是‘这东西’”，更不是“既是‘这东西’又是‘那东西’”——因为“这东西”已经作为是者在我们的思维中“是起来”了，并且是者（如上所述）将具有“整体的、不变的、非生长的”等等性质。而变化是什么？变化是“是者的变化”，并非“变化的是者”。这就是巴门尼德的上述“完美的真之不可动摇的内核”：“是者是，不能不是，不能既是又不是”！或者说，从这个意义上获得的理解才是“完美的真之不可动摇的内核”！

对上述“第一个难题”，赫拉克利特和巴门尼德给出的回答的不同之处在于：前者依据普遍性来言说“一个东西”，后者依据思维“认出”的是者来述说“这东西”。关于变化，前者主张“变化的是者（是者因变化而不同）”，后者主张“是者的变化（同一个是者的前后变化）”。两个主张都是有道理的，但分属于认识事物、认识世界的两种基本立场、基本方向，由此带来两条道路之分野。巴门尼德显然自认略高一筹，因此把他的主张称为“真理之路”，把赫拉克利特的主张称为“意见之路”。这就解释了为什么巴门尼德没有把“真理之路”的反面称为“谬误之路”，因为该反面谈不上错误，只是“常人意见”、如“常人”那样为变化所迷惑，或者说只是看待事物的不同角度，尽管这个角度在巴门尼德看来是“行不通”的。

要说行不通的理由，也不难设想，粗略地讲，首先，“意见之路”的优越性主要在思辨的合理性上，而“真理之路”则有坚实的直观经验作为基础。即使是“意见之路”上的人，也会把赫拉克利特称为“赫拉克利特”，而非“既是赫拉克利特又不是赫拉克利特”；其次，如果以普遍性来言说事物，普遍性从何而来？只能来自具体的个别事情，还是需要先认识个别事物；第三，如何研究“变化本身”？也是问题，如果脱离了个别事物谈变化，就只能陷入空洞的概念思辨；第四，“真理之路”并不否认变化（当然也不否认运动等），只不过研究变化的角度与“意见之路”不同；第五，赫拉克利特的学生克拉底鲁认为“人一次也不能踏入同一条河流”，是“人不能两次踏入同一条河流”的逻辑必然，因为既然河流在变，人岂不也在变？他准确地理解了老师的思想，后来的人指责他不该做此进一步的“彻底的”推演，但该指责是没有道理的。如我们前面谈到的，任何理论都有义务把自己的主张贯彻到底，除非理论本身以其内在的依据设置了界限（否则就是“不彻底的”或“半吊子的”）。如何避免克拉底鲁的推论？也是赫拉克利特的后继者们要面对的问题。

当然，“真理之路”也有一个严重的困难，即：既然事物无时无刻不在变化，那么，事物中有什么恒常不变的东西能够让思维用一个恒常不变的是者来与之对应？即使是现代物理学把一个物体层层剖开到微观粒子，也是无法找出来的。古人虽不了解物质的物理构造，但见多了事物衰亡后消失殆尽、灰飞烟灭的现象，哪有什么“恒常不变的东西”能保留下来？正是试图化解这个困难，巴门尼德的学生芝诺才设计出他的著名的悖论——而他恰恰违背了巴门尼德的本意，并造成后来的人们对形而上学的长期误解。

三、“认出事物”先于“认识事物”。

事实上，巴门尼德本来就没有到事物的“身上”去找什么“不变的东西”，他超越于事物之外，回到我们的思维之中，为我们如何思维事物、如何述说事物确立一个初始的原则。因为，“认出事物”是先于“认识事物”的——如上所述，认出“这东西”必定先于认识“这东西是什么”。

按照赫拉克利特“一切都在变化，唯一不变的是变化本身”，那将意味着我们只能认出“变化本身”。但进一步思考将发现，就连“认出‘变化本身’”这件事也是做不到的。如果问：我们怎么是知道有“变化”的？似乎可以说：因为我们看见树叶黄了、花儿谢了、果实长大了等等，但是，要从这些现象中领悟出“变化”，前提是我们认出了“树叶”、“花儿”、“果实”。我们要踏入河流，前提也是我们认出了“河流”。我们从未感知到“变化本身”，感知到的无不是“某物的变化”——前提是我们先认出了“某物”。在这种情况下，巴门尼德把有关“变”与“不变”的思辨和争论放到一边，然后以最诚实的态度面对我们的直观以扪心自问：我一睁开眼睛是不是就认出了“这东西”？比如我是不是认出了“一个人”、“一棵树”或“一幢房子”？我只能诚实地回答：是的——那好，“这东西”或者“这个人”、“这棵树”、“这幢房子”就是在我的思维中“是起来”的是者，这个是者就是“是者是，不能不是，不能既是又不是”！——巴门尼德是且仅是谈论思维中的是者，是我们“认出事物”所得到的是者，根本不涉及“外部世界的对象”本身的性质，至于外部对象“变”与“不变”等问题，都是思维中的是者“是起来”之后的“下一个问题”。当然，人类并不是因为巴门尼德确立了“是者是”才能够“认出事物”的（在几千年里从未听说过巴门尼德的东方民族同样能够“认出事物”），而是说巴门尼德确立了“人能够以是者是的方式述说事物”这个认识方式和基本原则，从这个意义上，他在理论上奠定了人类理性认识世界的第一块基石。

芝诺误解了他的老师，把“（思维中的）是者是不变的、不动的、非生长的”理解为“（外部世界的）事物是不变的、不动的、非生长的”，于是设计出他的著名的悖论来予以辩护、论证，反而误导了后世的人们给巴门尼德的主张贴上了“孤立的、静止的、片面的”之标签。实际上，巴门尼德并不反对“事物的变化”（他根本就没有涉及“外部事物”的性质）——当我们理解并使用“事物的变化”这个短语时，其实恰好符合了他的本意：是“（同一个）是者的变化”，而非“变化的（前后不同的）是者”！他只是为如何“认识事物的变化”预先确立一个方式、一个原则。

要从根本上解决上述“第一个难题”，即“面对变动不居的世界，我如何认出并言说‘一个东西’”？或（更清晰的表述是）“既然事物无时无刻不在变化，那么，事物中有什么恒常不变的东西能够让思维用一个恒常不变的是者来与之对应”？只有在找到（外部）事物、人的思维和语言这三个被承认为不同的东西的共同基质之后才有其可能，这正是本书要做的工作。

第四节　亚里士多德和康德等人的贡献

真正继承巴门尼德思想并在“真理之路”上取得至关重要的成果的，是亚里士多德，因为他创立了范畴学说——容易想到的是，他用（不变的）实体与（变化的）偶性来解决了外部事物“变”与“不变”的关系问题；不那么容易想到的是，他的范畴学说是他一以贯之地解决（如上一章谈到的）“是者怎是”问题的必然结果。这个议题不是本书的重点，我们只粗略地提出观点，以说明巴门尼德的“真理之路”不仅是必要的，而且是有成果的。

一、实体说的意义。

“实体与偶性”学说的意义和重要性无须多言。尽管亚里士多德自己对实体的讨论“庞杂而分散”、“含混而反复”[①]，但公认的看法是，“亚里士多德的ousia最严格的意义是指实际存在的可感事物”[②]，也即他强调的“第一实体”即“这东西”，并且“这东西”是“最真的、第一性的和最确定的意义”的实体，指的就是我们拿在手里、看在眼里的能被称为“这东西”的

---

① 颜一，“实体(ousia)是什么？——从术语解析看亚里士多德的实体论”，《世界哲学》2002年第2期。

② 同上。

一个个具体事物。我们认为，实体说是亚里士多德对上述“第一个难题”（即“既然事物无时无刻不在变化，那么，事物中有什么恒常不变的东西能够让思维用一个恒常不变的是者来与之对应？”）的回应，他把一个事物之“是其所是”称为实体，或者说，他设想事物中有某个“是其所是”的恒常不变的东西，这个东西是事物的“实体”，也是思维之所以能够用一个恒常不变的是者来述说事物的、在事物之中的对应物，而偶性依存于“实体”，事物的变化是“实体”的偶性的变化。这样一来，具体事物的“变与不变”就得到了合理的解释。基于这个理解，亚里士多德对实体的各种不同的说法，就有一个核心内涵，也更容易贯串起来，比如他把事物的属、种说成是“第二实体”，又把实体分为质料、本性和二者的结合三类，或者把实体分为质料、形式和二者的结合三类[①]等等，就都只是认识具体事物的实体的不同方式，都能获得一个统一的解释。问题出在后来的研究者那里，他们在“实体”一词的含义中不断加入各种思辨的语义，比如斯宾诺莎的“实体即自因”，使它逐渐变成一种超验的东西，成了永恒不变的“上帝”、“本原”等超验对象的同义词，把“存在是什么”换成了“实体是什么”，从而使“‘实体’看来比‘存在’更加重要，甚至不啻于此”[②]，那是形而上学的一次次“偏航”。

我们必须承认，亚里士多德的实体说是处理事物的变与不变的最简便有效的方式。至于与实体说相对应的语言的主谓式语句是不是唯一的，或者说亚里士多德以来的形而上学家试图把所有的语句都归于主谓式语句的做法是不是正确的，则是另一回事。罗素就把形而上学的谬误归结到实体说所带来的主谓式语句的述说方式。本书将在第十八章“语言与对象的同构性、认识的可能性等问题”中讨论这个问题，借助在那一章之前所取得的进展，我们将从根本上解决“事物中有什么恒常不变的东西能够让思维用一个恒常不变的是者来与之对应”的难题，也从根本上回答“人言说世界、认识世界是如

---

① 颜一，“实体(ousia)是什么？——从术语解析看亚里士多德的实体论”，《世界哲学》2002年第2期。

② 同上。

何可能的”。

二、亚里士多德的范畴学说的缘起。

亚里士多德在《工具论》的《范畴篇》和《论辩篇》中分别给出两张范畴表，都是十个范畴，前一张表的第一个范畴是实体，后一张表的第一个范畴是本质，其余九个范畴相同，都是量、质、关系、地点、时间、位置、状态、活动和遭受[①]。一般认为，亚里士多德是从经验归纳当中“碰到”并“捡拾起”他的那些范畴的（如康德的看法）。关于为何有两张范畴表以及两张表之间是什么关系等问题，历来都有很多的研究，比如有一种比较普遍的看法认为“《论辩篇》的范畴分类是对谓词或谓述方式的分类，而《范畴篇》的分类是对一般语词的分类，或者说，它是对语词所表述的事物的分类”，即《范畴篇》是针对“S是P”中的S的，《论辩篇》是针对“S是P”中的P（或“是P”）的[②]。在这里简略地谈一下我们的看法。

首先，为什么亚里士多德会想出“范畴”这个词？本来，他已经有了属、种等类概念的用语，为什么还要用范畴来“对一般语词”或“对语词所表述的事物”进行分类？换一个问法：如果仅仅是分类，范畴这个词所带来的分类有什么作用？不难发现，无论是在研究中还是日常使用中，我们很少用到需要靠范畴来做的“分类”（语词中“男人”和“女人”的分类的作用明显大于“状态”、“活动”或“遭受”的分类）。而亚里士多德把范畴当作如此重要的概念提出来，有可能他就不是为了“分类”。

我认为，他是要用范畴来进一步回答“是者怎是”的问题。因为，巴门尼德的“不能不是，不能既是又不是”作为否定句，只是是者“是起来”的必要条件，还不是充分条件。我们能够举出满足必要条件却仍未“是起来”的“东西”，比如“窗户上的一个念头”、“善良的石块”、“健壮的50”……这些“东西”自身是不包含“既是又不是”的矛盾内容的，但它们跟“羊-鹿”、“圆的方”一样，无法在我们的意识中形成一个有意义的表

① 这里采用王路先生在《“是”与“真”是形而上学的基石》一书中的表述。

② 王路著，《“是”与“真”——形而上学的基石（修订版）》，人民出版社2013年版，第107页。

象。仅仅就单个来讲，我们当然知道为什么不能说“窗户上的一个念头”等短语，但需要一个一般性的公式来解决“是者怎是”的充分条件。亚里士多德在《范畴篇》中提出的范畴表，就是这个充分条件的最初的设想：该范畴表不是“对一般语词的分类”或“对语词所表述的事物的分类”而是构造“S是”中的S的逻辑结构——如果某物兼有实体、量、质、关系、地点、时间、位置、状态、活动和遭受的规定性，那么它就是是者！这是关于“是者怎是”的一个重要进展，或者说是继“实体与偶性”学说之后的、亚里士多德在巴门尼德的“真理之路”上取得的又一个重要成果。

依据这个充分条件，上述“窗户上的一个念头”等短语之所以不是是者，就能得到统一的合理解释了。也许有人会说，被当作是者的“虚拟物”比如“哈姆雷特”、“孙悟空”等，由于不存在于真实世界中，因此无“地点、时间、位置”可言，怎么还能是是者？原因不在于它们在真实世界中有无“地点、时间、位置”，而在于我们的思维用“地点、时间、位置”的规定性去述说它们，比如哈姆雷特是古代丹麦王国的王子，他的故事也在时间、空间中展开；再比如孙悟空出生于娑婆世界东胜神洲傲来国，是由盘古开天地时留下的仙石孕育而生，等等，也是按照谈论一个人的时空概念去谈论他。

当然，亚里士多德的范畴表并非“是者怎是”的完美解答。打个比方，数学上的哥德巴赫猜想至今未被确证，但是，自1742年该猜想被提出以来，数学家一直在不断地“逼近”其最终证明，如1920年挪威数学家布朗证明了定理“9+9”，由此划定了逼近最终证明的“包围圈”，目前最接近最终证明的，是陈景润的“1+2”。“是者怎是”的难度堪比哥德巴赫猜想，亚里士多德就是第一个划定“包围圈”的人，其贡献的重要性不言而喻。我们也把“是者怎是”视为形而上学的核心议题（而非以往所说的“存在”）。

至于亚里士多德的《论辩篇》中的十个范畴，我认为确实是针对“S是P”中的P（或“是P”），而且，为什么其中第一个范畴换成了“本质”？绝非偶然之举，那是亚里士多德有意识地用来与《范畴篇》中的第一个范畴“实体”相对应，以解决他所说的人对一个事物“最完全地知道”的目的，即用“本质”去谓述“实体”这个最重要的认识结果。对此，我们放在第二十章“形而上学作为自然的倾向是如何可能的”当中再详细讨论。

三、康德的贡献。

受制于初创者常有的局限，亚里士多德在不自觉中接续了古希腊自然哲学家们混淆语言和语言所指对象的做法[①]，并由此带来一系列的混淆与混用，比如把类概念混同于实体（那原本只是为“最完全地知道”“这东西”而采用的一种方式）、把本质（即对实体的谓述方式之一）混用于实体，以及诸如“第一实体不能作谓词，只能作主词”、“第一实体”“不谓述主体，不在主体之中”[②]等定义（很明显，“第一实体”是外部对象，不是语词，既不能作谓词，也不能作主词，更谈不上在不在“主体之中”），由此带来传统形而上学诸如“语词对象化”、研究自己赋予其语义的语词而非研究“世界的对象”等弊病。

笛卡尔首次在理论上划出思维对象与外部对象的界限，也就是划出语词与语词所指的界限，并且试图在两者之间建立起由此及彼的联系，这就是从思维表象的性质来论证该表象所指称的外部对象的客观实在性（即通过思辨来证明“外部对象是存在的”）。但他的尝试是不成功的。如上一章所说，笛卡尔立足于“是者是”，因此无须再谈“是”是什么。

康德接过亚里士多德用范畴来回答“是者怎是”问题的做法，他依据“人为自然立法”，认为“一切直观杂多都从属于统觉的本源-综合的统一的诸条件之下”[③]。换句话说，康德就是要用知性范畴去“统摄”或构造一切直观杂多——也就是用更小的“包围圈”去逼近“是者怎是”这个问题的最终解决。所谓更小，倒不是说范畴数量更少，而是范畴的来源和构成更为清

① 古希腊哲学家把从思辨中得来的某些语义赋予某个语词，然后把该语词当作“世界的本原”等外在的对象。详见本书第二十章“形而上学作为自然的倾向是如何可能的”中的讨论。

② 王路著，《“是”与“真”——形而上学的基石（修订版）》，人民出版社2013年版，第106页。

③ [德]康德著，《纯粹理性批判》，邓晓芒译，杨祖陶校，人民出版社2004年版，第91-92页。

晰、合理[①]。有所不同的是，亚里士多德把范畴当作事物本身的逻辑结构，康德把范畴当作人的认识能力的逻辑结构——如果说亚里士多德在巴门尼德的基石上用范畴学说竖起来几个支柱，也就是在这个意义上，我们说康德在支柱上又搭建了几个横梁。至于是谁“在别处建起了高楼”，黑格尔是其中的一位。我们不对“别处的高楼”做出得失评价，也无关乎黑格尔的伟大贡献，这里只是说明他并不是走在巴门尼德的道路之上而是走在赫拉克利特的道路之上。

综合以上两章的内容，我们认为，“是”是形而上学的基石（如王路先生所说），“是者怎是”是形而上学的核心议题，而巴门尼德的“是者是，不能不是，不能既是又不是”则是人类认识事物的第一个原则（后文简称“是者是”原则）。我们也知道，以上分析从文本考据的要求看是有所欠缺的。在如此重要的问题上，我们原本也无意于毕其功于一役。本书后文将以“是者是”原则作为初始的依据。当然，关于巴门尼德究竟在研究什么，难免还会有很多争议。但这并不影响后文的工作，因为无论巴门尼德是不是该主张，我们仍然遵从“是者是，不能不是，不能既是又不是”的原则——这个原则本身是无可争议的。

① 在这里，我们只是说明从亚里士多德到康德的承继关系，康德的划时代意义将体现在后面要谈的其它地方。

第三章　康德“先验感性论”的一个推论

如绪论所说，我们将“回到康德并重新出发”。按照一般的叙述方式，我们需要先对康德先验哲学的思想脉络做一个概述，对其局限性做一些说明（尽管在绪论中我们曾把其局限性概括地归于他的“哥白尼式的革命”的不彻底性）。但是，由于出发后有太长的路要走，我们不做耽搁（我们假设有关情况已成共识），直接着手于把康德的“革命”推向深入的工作。我们从康德的“先验感性论”谈起，我认为，那是先验哲学中最具创造性的部分（尽管其它部分也都具有各自的独特意义）——经过后面的工作，我们还将从中看到更多非同寻常的东西。要让这些东西真正呈现出独特的意义和绚丽的异彩，只需要在它们原有的基础上往前迈出一步、引出一个推论，先验哲学极具潜力的拓展空间就将被打开。

第一节　康德的时空观和牛顿的时空观的显著差异

我们先来澄清一个问题即康德的时空观与牛顿的时空观的关系问题，这当中存在一个由来已久的误解。

通常认为，康德的时空观与牛顿的时空观除了在时间空间的主客观性质上截然不同之外，其它特征都彼此契合一致[①]，或者说，康德的时空观“受到

① 邓晓芒，“康德时间观的困境和启示”，《江苏社会科学》，2006年第6期。

经典物理学（以及欧式几何学）的局限”，甚至“完全可以看成对牛顿时空观的一种再表述，因为牛顿的时间空间恰恰是无内容的纯背景，康德不过完成了一个由客体回到主体的变换”[①]。这类看法几乎成了定论，以至于因为牛顿的时空观已经被现代物理学证明为过时的，于是康德的时空观也变成了明日黄花、不值一提了。我认为情况远非如此。受那个时代的局限（牛顿力学无疑是当时最先进的科学），康德或多或少总是自觉地试图与牛顿时空观保持一致。但是，只要进一步发掘，将不难发现，康德时空观不仅具有比之牛顿时空观更大的可拓展性（因而也更为先进），而且其中所蕴含的深刻内容（如我们即将谈到的一个推论）即使在今天仍将是具有革命性的意义。

在康德所处的时代，牛顿物理学如日中天，得到那个时代最广泛的认同和赞美，康德本人也成功地运用力学原理提出了“星云假说”，因此，哲学在当时的主要任务就是如何把牛顿最先进的自然科学理论接纳进来、融入哲学自己的思想体系之中（就像今天的哲学的一个理应承担的任务是如何把相对论、量子力学等成果融入自己的思想体系之中那样），而远不是如何去超越它。在这种情况下，康德面对自己因“哥白尼式的革命”而带来的新的时空观，自觉或不自觉地使之与牛顿时空观保持一致，是可以理解的。如果因此连他本人也没有清晰地意识到（从而有意识地进一步发掘）他的时空观所蕴含的对于牛顿时空观的颠覆性意义，也是可以理解的。但尽管如此，康德仍然明确且反复否认空间时间的“绝对实在性”，他在《纯粹理性批判》中说“主张空间和时间的绝对实在性的人，不论他们把这种实在性看作是自存性的还是仅仅依存性的，都必然要与经验本身的原则不相一致”[②]，在《自然科学的形而上学基础》一书中也明确说“没有绝对空间”[③]。这类独具慧眼的观点足以把康德的时空观与牛顿的时空观清楚地区分开来。为了简明起见，我在这里不再完整引述已为人们所熟悉的康德本人对时间空间的有关阐明和论断，只对上述（或与之相类似）误解的得失略加分析，然后尽快进入到“进一步发掘”的工作中去。

① 吴国盛著，《自然时间与人文时间》，原载《诚品阅读》（台北）1994年10月。

② [德]康德著，《纯粹理性批判》，邓晓芒译，杨祖陶校，人民出版社2004年版，第40页。

③ 见康德著《自然科学的形而上学基础》的第一部分“运动学的形而上学基础”界说1之说明2。

一、海森堡对康德的理解。

物理学家海森堡是量子力学的开创者之一。他著有《物理学和哲学》一书，其中用较多的篇幅谈到康德。由于量子力学对经典物理学的诸多观念造成颠覆性的改变，海森堡试图站在哲学的高度来为新的观念寻找依据、予以辩护。他分析了“自笛卡尔以来哲学观念的发展”，似乎从中没有找到他想要的东西，因为他的结论基本上是否定的。他说：“和现代物理学的结果相比较，康德有一部分工作是重要的，这部分工作包含在《纯粹理性批判》（The Critique of pure reason）一书中。他提出了一个问题：知识是否仅仅起源于经验，或者还能来自其它的源泉？”①，然后介绍了康德如何区分“经验的知识”和“先天的知识”、“综合的命题”和“分析的命题”以及对“先天综合判断是如何可能的”之论证方式，指出“在物理学方面，除了空间和时间之外，康德认为因果律和实体概念也是先天的。在他的工作的后一阶段，他还试图把物质不灭定律、‘作用和反作用’相等，甚至万有引力律也包括在内。在这方面没有一个物理学家愿意追随康德，如果‘先天的’一词是在康德给它的绝对意义上来使用的话。在数学方面，康德把欧几里得几何学看作‘先天的’”②，最后得出结论说：“现在来将康德的学说和现代物理学做比较，首先，看起来好像他的‘先天的综合判断’的中心概念已被本世纪的发现完全消灭了。相对论已改变了我们的时空观念，事实上，它已揭示了空间和时间的全新特征，这些特征在康德的纯直观的先天形式中是一点也看不出来的。因果律在量子论中不再适用，物质不灭律对于基本粒子也不再成立。虽然康德不能预见这些新的发现，但是既然他确信他的概念是‘任何能称为科学的未来的形而上学的基础’，那么看一看他的论证在哪里错了，是有意义的”③。然后，海森堡举了因果律作为一个例子，来说明康德的论证

① [德]W.海森伯著，《物理学和哲学：现代科学中的革命》，范岱年译，北京：商务印书馆，1981.7（2021.5重印），第50页。

② [德]W.海森伯著，《物理学和哲学：现代科学中的革命》，范岱年译，商务印书馆1981版，第52页。

③ [德]W.海森伯著，《物理学和哲学：现代科学中的革命》，范岱年译，商务印书馆1981版，第53页。

“在哪里错了”，并且明确地说，“只有第一个概念集（即牛顿力学——引者注）完全按照康德哲学中的‘先天性’行事”，从而把康德哲学限制在经典物理学的领域内并排斥于现代物理学之外。

简言之，海森堡认为康德的“先天综合判断”的中心概念（即因果律、实体等范畴）“已被本世纪的发现完全消灭了”，相对论所揭示的“空间和时间的全新特征”也是康德所说的直观形式的空间和时间所不具备的——这两点实际上是以现代物理学的“新的发现”的名义相当彻底地否定了康德的有关学说。海森堡作为20世纪最顶尖的物理学家的权威性是不容置疑的，他或以他为代表的这类说法具有“盖棺论定”般的影响力。这恐怕是现代哲学家们几乎不再相信康德的有关学说的主要原因。

这当中有两个问题使得我们为康德做出辩护成为可能：一是康德的时空观的核心思想有没有得到准确的理解？（如上所述）康德在表述中自觉或不自觉地向当时最先进的牛顿物理学靠拢的做法是一回事（这方面我们无法苛责），他的主张本身依据其内在的合理性所蕴涵的革命性的意义却是另一回事。对后者的进一步发掘就属于他的“宏伟事业中未及完成、原本也应该由后继者来完成的工作”（如我们在绪论中所说）。比如，假如康德不把“物质不灭定律、‘作用和反作用’相等，甚至万有引力律”以及欧式几何学等当作“先天的综合判断”呢？于他学说的核心思想有无妨碍？如果没有妨碍，那他的有关表述就是“自觉或不自觉的做法”，无须苛责；二是因果律是哲学的概念，当物理学家谈论物理学的概念时，我们不会怀疑其正确性，但当他谈论哲学的概念并用它来解释物理现象时，是否有可能出现对哲学概念的误解误用的情况？毕竟，哲学概念并没有物理学概念那样清晰明确（因为传统形而上学本身的原因，概念很可能是含混不清的），也超出了他的权威之所在的领域。我们将在后面第十三章“现代哲学和现代物理学的‘反因果律’问题”那部分结合具体的物理学案例来详细探讨这个可能性。

实际上，海森堡有可能从康德那里想到过某种启发性的东西，比如他说“如果人们用这种方式（即赋予先天性以某种‘相对真理的特征’——引者注）重新解释康德的‘先天性’，就没有理由认为，知觉是给予的，而事物却不是”[①]、“在第四个概念集中，即量子论的概念集中，人作为科学的主体，通过用人类科学的先天性术语向自然界提出的那些问题而引入”[②]等，这些表述与康德的“理性必须一手执着自己的原则……另一手执着它按照这些原则设想出来的实验，而走向自然……以一个受任命的法官的身份迫使证人们回答他向他们提出的问题”[③]的说法有点接近了。既然在量子力学的“哥本哈根诠释”看来，微观的量子世界并无客观实在性可言（那些量子力学家们大多信奉马赫的实证主义，认为凡是无法观测、无法证实的东西，都不具有客观实在性，比如马赫就否认“原子是存在的”，因为它无法被直接观测到），是人的观测迫使“波函数”“坍缩”成微观粒子，那么，这离康德的“人为自然立法”已经不远了。但很可惜，上述想法在海森堡或许只是“一闪念”的东西，他并没有沿着这个启发性的思路进行下去，给人一种“与康德失之交臂”的感觉。

二、康德时空观与牛顿时空观的本质区别。

就先验哲学的现状而言，人们容易看到的区别是：牛顿的时间空间是客观的，属于外部世界，康德的时间空间是主观的，属于人的主观性状。基于“哥白尼式的革命”的需要，康德显然不能接受属于外部世界的时间空间，而必须把它们纳入到人的意识（先验自我意识）中来、作为“人为自然立法”的一个部分。但是，两个时空观如果仅仅是这个区别，那无非是颠倒了时间空间的来源，由牛顿的外部世界本来就有的、独立自存的时间空间颠倒为人赋予自然的、作为主观性状的时间空间，好比牛顿说“世界本来就是五光十色的”，康德却说“世界本来没有颜色，人的眼睛里天然戴着一副有颜色的墨镜，于是世界看起来就有了颜色”。如果仅仅到此为止，牛顿时空观的核心思想并没有被触及。该核心思想是：时间空间是外在于事物的、与事物无关的框架和背景。如牛顿在他的《自然哲学的数学原理》一书中说：

① [德]W.海森伯著，《物理学和哲学：现代科学中的革命》，范岱年译，商务印书馆1981版，第55页。

② [德]W.海森伯著，《物理学和哲学：现代科学中的革命》，范岱年译，北京：商务印书馆1981版，第68页。

③ [德]康德著，《纯粹理性批判》，邓晓芒译，杨祖陶校，人民出版社2004年版，第13页。

“绝对的、真实的、数学的时间本身，根据其自身的性质，均匀地流动，与任何外部事物无关”——在认为康德与牛顿的分歧仅在于时间空间的主观性和客观性的人看来，康德无非是把世界本来就有的框架、背景说成是由人的意识提供的框架、背景——这样的颠倒显然是无关宏旨的（这正是人们认为两个时空观相一致的原因）。但实际上并非如此。

我们先来看看海森堡所说的“相对论已改变了我们的时空观念，事实上，它已揭示了空间和时间的全新特征”中的“全新特征”是什么。依照我的相当有限的现代物理学知识来看，即使是爱因斯坦的相对论，在牛顿的“时间空间是外在于事物的、与事物无关（即不受事物的性状的影响）的框架和背景”这件事上，只是去掉了其中“与事物无关（即不受事物的性状的影响）”的修饰语，只是把牛顿的“绝对的、不变的”时间空间改变为与事物（质量、运动）有关的“相对的、可变的”时间空间。用一个形象的比喻来说，如果把时间空间比作舞台和幕墙，把物体比作演员，在三者的关系上，牛顿认为舞台和幕墙是坚固的、丝毫不受演员演出的影响（因而是绝对的）；而爱因斯坦则认为，舞台和幕墙不那么结实，演员的体重、跳动能给它们造成弯曲、变形，甚至于演员究竟是在“这个舞台上、这个幕墙前”还是在“那个舞台上、那个幕墙前”跳舞，都可以是“相对的”。但不管怎么说，爱因斯坦并没有对“时间空间是外在于事物的框架和背景”这最关键的基础语义做出改变——他与牛顿在这一点上是共同的，（无论三者之间有无影响），舞台和幕墙是外在于演员的，舞台仍然是舞台，幕墙仍然是幕墙，演员也仍然是演员。

但是，康德时空观中最核心的思想所要改变的（或能够改变的），恰恰是牛顿力学和爱因斯坦相对论都遵循的“时间空间是外在于事物的框架和背景”这个基础的观念：他认为，“时间空间是感性杂多的直观形式”。为了表述上的准确性，我用“一个物”来代替通常所用的“感性杂多”或“一个事物”，而且“直观”二字只是表明人认识到该形式的方式是直观（而非推理），因此，我把这句话等价地改为“时间空间是一个物的形式”。康德的这句被人们普遍忽视的话的深刻含义在于：时间空间并非外在于一个物，而就在该物的“身上”，是内在于一个物的可能性条件（尽管只是被当作“形式条件”）。对空间，康德说“空间被看作是现象的可能性条件，而不是一个附属于现象的规定，而且它是一个先天的表象，必然成为外部现象的基础”[①]。对时间，康德说“时间不是独立存在的东西”、“时间不可能是外部现象的任何规定”[②]。“可能性条件”与“附属于现象的规定”的区别在于，离开了“可能性条件”，现象将不能成其为现象（因为无法想象一个现象是没有“形式”的），但“附属于现象的规定”则不同，现象既可以有这个附属的规定，也可以有那个附属的规定，这样的规定是可以被替代的，对现象来说不是不可或缺的。既然如此，如果空间对现象来说是外在的，空间将仅仅是附属于现象的规定，并非现象之成为现象的可能性条件——这与康德的上述判断相违背。所谓“时间不是独立存在的东西”，指的是时间不是独立于现象的东西——既然时间不是独立于现象（并且又作为现象的“形式”），那么，只有一种可能性：时间就在现象的“身上”。因此，在康德看来，时间空间作为一个物的形式直接“构造”了该物——时间空间不是外在于它，而是内在于它、就在它的“身上”。请回想一下我们通常是怎么使用“形式和质料”这两个词的：对一座亚里士多德的石头塑像而言，我们会说，亚里士多德的模样是塑像的形式，石头的材质是塑像的质料，形式和质料的结合构成了亚里士多德的塑像——这是不是说“亚里士多德的模样”作为形式就在塑像的“身上”？这是不言而喻的。那么，当我们说“时间空间是一个物的形式”时，就意味着我们认为一个物与时间空间不可分离，离开了时间空间，无物可言，反之，离开了物，无时间空间可言——否则的话，时间空间就是外在于物的独立自存的东西，这是康德明确反对的。而且，“按照先验感性论，一切直观的可能性在与感性的关系中的最高原理就是：一切直观杂多都从属于空间和时间的形式条件”[③]。这表明（作为直观杂多的）一个物是被统摄于空间和时间的形式条件之中的，如同一个模具统摄

① [德]康德著，《纯粹理性批判》，邓晓芒译，杨祖陶校，人民出版社2004年版，第28–29页。

② [德]康德著，《纯粹理性批判》，邓晓芒译，杨祖陶校，人民出版社2004年版，第36页。

③ [德]康德著，《纯粹理性批判》，邓晓芒译，杨祖陶校，人民出版社2004年版，第91页。

着、规定着被塑造的质料从而使之具有模具的形式那样。该最高原理决定了直观杂多与空间和时间的不可分离性。在这里我们明确地看到，在康德时空观看来，时间是作为一个物的形式而存在的，并非作为“计时”的背景而外在于一个物；空间也是作为一个物的形式而存在的，也非一个物所占据的外在的框架，或者更直接地说，时间空间就在一个物的“身上”，一个物并非占据一个“空无一物”的空间，而是说一个物就是那个“占据”的空间。如此一来，康德的时空观与牛顿乃至爱因斯坦的时空观的差别就清晰可辨了。

康德提出“人为自然立法”，人所立之法其实是两个，一是用时间空间为“感官刺激”立法使之成为显象（感性杂多），二是用知性范畴为显象立法使之成为现象（这里采用李秋零先生所译之“显象”和“现象”）。所谓立法，先是时间空间作为直观形式使“感官刺激”显现为感性杂多，后是知性范畴统摄感性杂多使之成为现象。这意味着没有时间空间和知性范畴，就没有感性杂多和现象——显然，时间空间和知性范畴与感性杂多和现象的关系不能是舞台、幕墙与演员的彼此外在的关系，而只能是彼此内在的、构成性的关系。只不过，康德把知性范畴规定为“本源-综合的”最高原则的诸条件，似乎时间空间的直观形式只是从属性的东西，使得人们在谈论“先天性”、“先天的东西”时把注意力都集中在知性范畴上，忽略了时间空间的更为基础的意义。康德试图用图型法在时间和范畴之间建立起联系，只是为了解决来源于逻辑机能表的范畴何以能运用于感性杂多的问题。但是，如果时间和范畴之间能够建立起联系，那就存在一种可能性，即：能够从时间（以及空间）通达范畴，因而能够从时间空间推演出范畴——时间空间才是康德想要的至上法则。当然，这属于先验哲学未来如何发展的问题，在“时间空间内在于一个物”这个判断上，对康德来说是没有异议的（尽管他本人未必清晰地意识到）。

可以说，在时空观上，康德之于牛顿的差别比爱因斯坦之于牛顿的差别更为巨大。这就带来两种可能性：一是由相对论揭示出来的“时间空间的全新特征”或许也能从康德的时空观中揭示出来，二是通过对康德时空观的进一步发掘，或许还能得到时间空间的尚未被揭示出来的更多的“全新特征”。

第二节　一个物的形式和质料

如前所述，我们把“时间空间是一个物的直观形式”这句话等价于“时间空间是一个物的形式”，并且认为，时间空间并非外在于一个物，而就在该物的“身上”，是内在于一个物的可能性条件。我们就从这一点出发来展开进一步的推演。为了表述上的方便，以下把时间、空间分开来谈。

一、一个物就是一个时间。

试想一下，面对一个物，我们能说它是什么？首先是说出它的形式：如果一个物的形式是立方体，我们会说“这个东西是一个立方体”，如果另一个物的形式也是立方体，我们会说“那个东西是另一个立方体”——正是因为这个原因，从亚里士多德开始，形式就被认为是对象的本质。现在，我们抽象掉一个物的质料（有关质料我们随后讨论），当我们说“时间是一个物的形式”时，其实我们是在说“一个物是一个时间”，当然，“另一个物是另一个时间”，更进一步讲，“不同的物是不同的时间”。

我们或许不大习惯这个表述方式，这似乎意味着面前的任何一个东西都是“一个时间”，也都是不同于别的东西的“时间”的“另一个时间”。如前所述，这不仅不同于牛顿的时空观，也不同于爱因斯坦的时空观。比如面前桌子上的两个苹果，由于在同一个引力场中，同样处于静止状态，无论是牛顿还是爱因斯坦都会说“这两个苹果是在同一个时间当中”。而这里的看法则是：左边这个苹果是一个时间，右边那个苹果是另一个时间——至于两个时间如何协调一致，那是下一个问题。换成一个时钟和一个人，通常认为，那个时钟显示的是包括时钟和那个人在内的引力场的时间。但新的看法认为，那个时钟仅仅显示了它自身的时间，并未显示旁边的那个人的时间。

一个物是一个时间，不同的物是不同的时间，这是康德的时空观的一个必然推论——如果承认“时间空间是感性杂多的直观形式”，就是承认“时间是一个物的形式”，也就是承认“一个物就是一个时间，不同的物是不同的时间”（只要能用“一个”来修饰“物”，就同样能用“一个”来修饰“时间”，只不过不符合人们的习惯而已）。康德说“人为自然立法”，会不会指的是“整个自然、整个宇宙有一个时间的形式”？在这一点上，我相信他并未意识到这会是一个问题，毕竟（如前所述），鉴于牛顿物理学在当时如日中天的崇高地位，他难免希望与牛顿物理学保持必要的一致性。因此，他明确说过：诸现象“和两种不同的时间发生关系，存有就会在这两种不同的时间中并行地流逝：而这是荒谬的。因为只有一个时间，在它里面一切不同的时间都必须不是同时地、而是相继地被设定”[①]。时间的绝对性直到1905年爱因斯坦发表狭义相对论时才被打破，我们没有理由要求在那之前100多年康德就能够自觉地与之划清界限。不过，如果明确地把“整个宇宙是不是一个时间”这个问题提出来并要求康德回答，我想他的回答一定是否定的。因为“整个宇宙”这个词在康德看来根本就是一个“先验幻象”（即他所批判的第三个“理性理念”），不可能“整个地有一个形式”。时间是感性的直观形式，人的感性能力不可能以“整个宇宙”为对象，而只能是以眼前的一个一个具体的东西为对象。如果面前的桌子上有一个苹果和一个梨子，我们如何述说它们的形式？我们只能就“能够称为一个物”的东西来谈论它的形式：左边这个东西能被称为苹果，它具有时间的形式，于是我们说它是一个时间；右边那另一个东西能被称为梨子，它也具有时间的形式，于是我们说那是另一个时间。至于“两个时间”是不是“同一个时间”？反倒就成了一个问题。因为就一个物的形式而言，如果有人试图把苹果和梨子说成是“同一个时间”，不妨请他先说出“一个苹果和一个梨子”“合在一起”能被称为“一个”什么东西。

认为不同的物是不同的时间，一个摆在面前的问题是：如果是这样，不同时间的不同的物怎么能同时出现在我们的面前？也即：如果一个物（如桌子上的那个苹果）处在“过去”，另一个物（如桌子上的那个梨子）处在“将来”，我们怎么能“现在”都看见它们？这（如前所述）已经是“下一个问题”（即诸物如何获得同时并存性的问题）了，在回答这个问题中需要预先澄清若干个语词的含义，比如“过去”、“现在”、“将来”是什么意

① [德]康德著，《纯粹理性批判》，邓晓芒译，杨祖陶校，人民出版社2004年版，第175页。

思？“同时”又是什么意思？等等。我们不妨耐心地先行接受从康德的“时间空间是一切现象的直观形式”这个论断推出“时间是一个物的形式”、推出“时间作为形式就在一个物的‘身上’”以及“一个物就是一个时间”这个推演的过程（如果不能对这个推演本身做出有依据的反驳的话），再耐心地看一看有没有可能在进一步的研究中逐一化解这类很容易被想到的问题。这些问题在本书余下的内容中都将获得解答。

二、一个物就是一个空间。

空间与一个物的关系相对容易理解，因为一个物本来就具有空间的形态，我们也能在一个物的身上看见空间的形态——不像时间，我们无法在一个物的身上看见时间的“形态”，说“一个物是一个时间”就需要较多的解释。在空间与一个物的关系上，只有一件事情需要澄清：一个物除了有它的因其形状而呈现出的空间之外，是不是还占据了空无一物且大小相同的另一个空间？物理学给出肯定的回答（如前所述），而康德改变了这个最核心的观点，认为空间是内在于一个物、参与构造了该物的形式（如同雕塑的形式参与构造了雕塑一样，形式就在雕塑的身上）——没有外在于物且由该物所占据的空间。我们说一个物是一个立方体，在物理学看来，该物只是占据了一个空的立方体空间，一旦它被挪到别处，被占据的空的立方体空间还在原地。而在康德看来，该物就是那个立方体本身，在它“背后”并没有与之大小相同的空的立方体空间，一旦它被挪到别处，那个立方体空间就被挪到了别处，原来的位置上将出现别的东西的“别的空间”，并没有什么“原来的空的”立方体空间。或许有人会立即反驳说，明摆着那个立方体的东西挪走之后，原来的位置上空出来一个同样大小的立方体空间来，怎么能说“原来的位置上不再有什么空的立方体空间”？我想请问，谁能看见在原来的位置上有“一个空的同样大小的立方体空间”？假如该立方体东西的长、宽、高都是一米，你有没有看见在原来的位置上相应的地方有长、宽、高各为一米的“边框”来围出了“一个空的一立方米的立方体空间”？没有看见吧？既然没有“边框”清楚明白地围出“一个空的一立方米的立方体空间”，那么，该空间为什么就不是你自己想象出来的“空间”？因为面对一片空荡荡的所在（其实是看不见的空气出现在那里），你既可以想象“一个空的一立方米的立方体空间”，也可以想象有一个更大的“一个空的八立方米的立方体空间”，还可以想象有一个其它任何大小、任何形状的空的空间——在原来的位置上既然可以凭借想象获得这么多的“空的空间”，为什么我们一定要执着于那里有“一个空的一立方米的立方体空间”？何不把它跟其它的想象出来的“空的空间”一样也视为想象的产物？或许有人会说，一个房间堆满了货物，当货物被搬走之后，房间的空间不就是一个空的与原来的货物一样大的空间吗？这是典型的把空间视为框架和背景的思维方式，仿佛这样一来一个空的空间就有了“边框”，就变得实在起来。

这里还有一个问题：有没有“绝对的真空”？对这个问题的回答，需要分清两种情况：一是世界上是否存在“绝对的真空”？二是一个物是不是占据了“绝对的真空”？这是两个截然不同的问题，即使世界上存在“绝对的真空”（这个问题我们后面再谈），也不意味着一个物是占据了“绝对的真空”。

简言之，空间不是外在于一个物，作为形式，就是一个物本身。空间与空间之间的区别仅在于某种类似于密度的性状的区别（比如一个物的空间的密度就大于“空气的空间”乃至“真空的空间”的密度）。一个物的运动，并不是从它先前“占据”的空间运动到后来“占据”的空间，而是这个物的这个空间与别的空间改变了彼此的关系。就像一艘船在水中航行，不过是高密度的东西穿过低密度的东西从而改变了船与水的关系那样。而所谓真空，无非是密度最低的空间。这些情况我们在后面再专门讨论。

三、时间空间既是形式也是质料。

既然“时间空间是一个物的形式”，我们要问的是：一个物的相对于时间空间这个形式的质料又是什么？康德对此是语焉不详的，他在“先验感性论”一开始就说：“当我们被一个对象所刺激时，它在表象能力上所产生的结果就是感觉。那种经过感觉与对象相关的直观就叫作经验性的直观。一个经验性的直观的未被规定的对象叫作现象。在现象中，我把那与感觉相应的东西称之为现象的质料，而把那种使得现象的杂多能在某种关系中得到整理的东西称之为现象的形式”[①]。这段表述中所谓“与感觉相应的东西”是比较含混的，勉强可以替代的是“刺激”这个词，但“刺激”归根结底还是属于感觉，只能意会为来自物自体，似乎物自体以施加外部刺激的方式提供了与作为人的主观性状的时间空间的形式相对应的质料，从而形成感性杂多。但是，既然设定物自体是不可知的，又如何能让它（以不明不白的方式）作为质料参与到现象的构造中来呢？康德在这个问题上显得左右为难。一方面他必须坚持“空间和时间就先行于一切现象和一切经验材料，而反倒是使经验成为可能的了”[②]，因为空间和时间是“人为自然立法”的主观性状，所以现象的形式必须先于质料，否则如莱布尼茨所主张的那样，“质料是先行于形式的”、“首先就假定了诸物（单子），并在内部假定了它们的某种表象能力，以便接着在此之上建立起它们的外部关系和它们的状态（也就是表象）的协同性”[③]，这将意味着“诸物（单子）”独立自存于人，人的认识就只能回到“知识符合对象”的老路上去；另一方面，如果形式先于质料，甚至质料之所以称其为质料，也是以形式为其前提，我们将无法脱离形式来谈论“质料是什么”，于是他说“质料任何时候对于纯粹知性都不是什么对象，但那个可能作为我们称之为质料的这一现象的基础的先验客体，却只是一个‘某物’，我们连它是什么都不会理解，即使有人能够告诉我们”[④]。这样一来，我们还是不是在“形式和质料”的本来的意义上使用它们？就成问题了，因为在通常（或形式和质料的本来的意义上）的使用中，形式和质料都是可知的，也惟其如此，两者才得以结合为一个对象。康德在第二个“二律背反”中讨论复合物与单纯物时，也是针对作为物的质料（与作为物的形式的时间空间相对应）来谈的。可见康德不愿意放弃使用“形式和质料”这一对概念，又不得不用“感觉”、“刺激”这类空泛的词来对“什么是质料”做出含混的处理。齐良骥先生在《康德的知识学》中也讨论了这个问题：

---

① [德]康德著，《纯粹理性批判》，邓晓芒译，杨祖陶校，人民出版社2004年版，第25–26页。

② [德]康德著，《纯粹理性批判》，邓晓芒译，杨祖陶校，人民出版社2004年版，第240页。

③ 同上。

④ [德]康德著，《纯粹理性批判》，邓晓芒译，杨祖陶校，人民出版社2004年版，第247页。

“与感觉相对应必定存在有使一切关于自然界的知识可能的质料……出现在显现中，因为只要是作为我们的认识对象的质料，即使其来源在我们之外，也必在空间、时间中，不然不会成为我们的认识对象。但是，另一方面，却不能不承认其最终的来源和根据只能是物自身，是作为物自身的对象”[①]。然而，我们恰恰不能承认物自体是感官刺激的“最终的来源和根据”——那将被迫放弃“自在之物不可以被认识”的前提，因为一是我们至少知道“物自体是感官刺激的‘最终的来源和依据’”这一个知识，二是我们的感官何以能（仿佛有“特异功能”般）感知到“可知的形式”与某种“不可知的东西”结合为“可知的有形式和质料的感觉对象”？也是无法回答的。因此，对于如此关键的疑难，我们不能模糊含混，有必要进一步深究下去。

我们来梳理一下。对于让我们的感官获得“感觉”的“刺激”究竟是什么的问题。首先，该刺激不可能是“不可知的物自体”（那将意味着我们的认识对象是“不可知的物自体”）；其次，该刺激必然已经具有了时间空间的直观形式（否则我们的感官无法获得感受）。也就是说，所谓“与感觉相对应的东西”，本身已经在时间空间中了，并不存在一个先于时间空间的“感觉”等待着时间空间作为形式去规定它。康德在论证“实体的持存性原理”时用了这样一个思路[②]：时间不能被单独知觉到，只能通过作为基底的物（康德是指实体，这个问题我们随后讨论，这里一般地称为物）才能表象出时间的规定（相继性和并存性）。把这个思路用一句话来表述，就是“时间只有通过作为基底的物才能表象出它的规定性”。但是，任何物（之称其为物）已经具有时间的规定性，即便我们向其内部无穷尽地追溯下去：“该刺激由什么东西构成”？得到的回答仍然只能是“具有时间空间形式的东西”——无论怎么深究，我们能够说出来的，仍然是时间和空间。因此，康德的这句话就变成了没有意义的同语反复：“时间只有通过作为基底的具有时间规定性的东西才能表象出它的规定性”。而且除了时间空间之外，我们还能在这个世界上指认出其它的东西来吗？显然也不能（如果能，说明存在

① 齐良骥：《康德的知识学》，商务印书馆2011年版，第254-255页。

② [德]康德著，《纯粹理性批判》，邓晓芒译，杨祖陶校，人民出版社2004年版，第171页。

着不同于时间空间且能被我们所认识的其它的直观形式）。

打破这一困境的唯一办法就是：时间空间既是一个物的形式，也是一个物的质料，或者回到最简明的概念，“质料意味着一般的可规定之物，形式意味着该物的规定”[①]，我们不妨把时间空间当作互为形式和质料的东西：当时间作为空间的规定时，时间就是形式，空间就是质料；反之，当空间作为时间的规定时，空间就是形式，时间就是质料。

至此，我们得到一个可以被当作公理的断言：“时间空间既是形式也是质料且互为形式和质料”。本书后面的工作将能够证明，这个断言配得上一个“公理”的称号。

四、时间空间是一切现象的基质。

既然“时间空间既是形式也是质料且互为形式和质料”，那么，一切现象都是由时间空间（作为形式和质料）构造而成，因而，时间空间是一切现象的基质。

这意味着什么呢？意味着在这个被称为“自然界”、“世界”或“宇宙”的地方，没有“物体”、“物质”，也（如我们接下来要证明的那样）没有“力”、“能量”以及“人及其思维”等等——所有这些东西都不过是时间空间及其生成物。时间空间是世界的一切现象的基质，世界的一切现象都是时间空间这个基质派生出来的东西。

当然，为了方便起见，我们还将使用上述“物体”、“物质”等语词，但是，它们将不再是能够与时间空间相并称的东西，不再是世界的基础的要素，而是可以用时间空间来予以派生和解释的对象——我们接下来就将逐一展示其派生的过程。此外，本书使用的“现象”一词，是康德意义上的具有时间空间直观形式的东西，并非日常使用中的包括自由意志、道德行为等不具有时间空间直观形式的“现象”——我们把“人”（即物质性的躯体）和“人的思维”（即属于认识能力的思维活动，也即认识论所研究的对象）明确地归于时间空间的派生物，至于自由意志、道德行为等与时间空间有什么关系，那是“下一个问题”。

① [德]康德著，《纯粹理性批判》，邓晓芒译，杨祖陶校，人民出版社2004年版，第240页。

“时间空间是一切现象的基质”，如果说这个结论与康德的主张有什么不同，那么，也仅仅是把他有关“我们关于物先天地认识到的只是我们自己放进它里面去的东西”[①]的观念，转化为“我们关于物先天地认识到的只是我们与物共有的基质的东西”。这于先验哲学并无根本性的改变——至少是能够以并无大碍的方式实现转化，却是先验哲学从认识论推进到本体论时所迈出的关键的一步。

五、一个物的构造。

既然一个物是由时间空间构造而成，那么，作为形式和质料且互为形式和质料，时间空间是如何构造出一个物的呢？首先，空间的每一个部分都被时间所规定（即通常所说的“在时间之中”）；其次，空间依据其每一部分性状的变化让时间得以呈现出来（这正是康德把时间空间化的目的）。简言之，一个物是“一个时间贯串着一个空间”！

这里我们使用了“一个”，似乎用到了量的范畴（单一性）。这实际上只是出于叙述的形象和方便。我们可以不使用“一个”这个词，可以耐心地等到量的范畴被推演出来之后再使用它，这样一来，以上表述就是：物是时间贯串着空间——原本要表达的含义仍然成立（尽管看起来略显生硬）——包括上面更早的地方使用的“一个物”、“一个时间”、“一个空间”等表述也是如此。我们也可以把“一个”换成“这个”，“这个”从感性确定性的角度讲属于直观，而无须归入知性概念的量——因为此时还没到知性概念出场的时候。不过，为了更快地进入新的时空观，我们出于叙述的形象和方便的需要，在后面（在量的范畴出现之前）还将使用有“一个”这个词的表述方式。

“一个物是一个时间贯串着一个空间”，我们甚至在康德自己的文本中也找到了与这个结论相符合的表述：“时间空间不仅被先天地表象为感性直观的诸形式，而且被表象为（包含着杂多的）诸直观本身，因而是借助于对

① [德]康德著，《纯粹理性批判》，邓晓芒译，杨祖陶校，人民出版社2004年版，第二版序，第16页。

诸直观中的这种杂多的统一性而先天地表象出来的”[①]。当然，能不能把“诸直观本身”理解为与形式相对应的质料（从而使康德的这段表述等价于“时间空间既是一个物的形式，也是一个物的质料”这个结论）？还可以有歧义（比如“诸直观本身”究竟是指在人的主观这一边的作为感觉的结果的杂多表象、还是指在外部世界那一边的作为“一个物”的对象？还有待澄清）。学界也有“在康德哲学中形式就是内容”的说法，但这个说法是针对认识论意义上的知识而言的，即“形式就是知识”，与我们正在谈的是针对现象而言的质料，并不是一回事。

六、时间空间是时空的“一体两面”的性质。

所谓基质，就是最基础的东西，既没有比它们更深层次的东西，也没有与它们并列的东西——否则，前一种情况意味着现象的基质不是时间空间（而是更深层次的东西），后一种情况意味着现象的基质不仅仅是时间空间。当然，说时间、空间是两样东西，似乎也是在说时间和空间是并列的东西，也就有悖于基质的唯一性。对此，我们只需要明确一个简明的推论即可：既然时间空间互为规定性或互为形式和质料，那么，时间空间就是不可分离，是某种我们姑且称为“时空”的东西所呈现的“一体两面”的性质——好比斯宾诺莎可以把物质和精神当作上帝这个实体的“一体两面”的性质那样，把时间空间当作“时空”这个基质的“一体两面”的性质，仅仅从哲学上讲也无甚不妥。

当然，以上表述看起来是以“形式和质料的不可分离性”为前提的论证，于是引来该前提何以成立的进一步追问。实际上，换一个角度看，时间空间（之被认识）既然是来自于我们的直观，那么，时间空间的不可分离性也来自于我们的直观（即当我们直观到时间空间时就同时直观到了它们的不可分离性）。这样一来就不再有论证的问题。同时，时间空间的不可分离性也符合现代物理学提供的经验事实的支持（当然也仅仅是支持，而非“依据现代物理学得出时间空间的不可分离性”。本书的所有推演都不“依据

① [德]康德著，《纯粹理性批判》，邓晓芒译，杨祖陶校，人民出版社2004年版，第106-107页。

经验事实”或“依据现代物理学或数学”等经验科学。对此，我们保持着高度的“自觉”）。虽然不可分离，但为了研究或表述上的方便，我们也会分别谈论时间和空间——那并不意味着我们把它们当作两样彼此独立的东西来看待。

实际上，康德自己也有“空间和时间是一切感性直观的两个合在一起的纯形式”①的说法，因此，说时间空间互为形式和质料且不可分离，于康德也无根本的分歧。至于现代物理学也主张把时间空间统一为时空，那也只是对我们从“时间空间互为规定性”所得出的推论的一个经验性的佐证而已。但“时间空间不可分离”，则是新的时空观的重要原则。在这一点上，先验哲学的某些表述是需要被修正的——这个修正与先验哲学的基本主张并无冲突。比如“空间是外感官的一切现象的形式”、“时间是所有一般现象的形式”——仿佛内感官的一切现象没有空间的形式似的。由此带来的问题比如我们的内感官对象何以具有空间的形式？作为纯粹的思维活动的梦境中的东西何以同样具有形状特征？是难以解答的。现在，我们明确主张“时间空间不可分离”，在此基础上我们将化解原来的时间空间关系中的疑难——当然也带来新的疑难：你说“头脑中的一张钞票”与“口袋里的一张钞票”都具有空间形式，为什么前者不能被“取出来”当成后者来使用？这类问题将在后续的进展中获得解决。

七、时间空间也是一切现象的成因。

既然作为基质，没有任何东西能与时间空间相并列，那么，我们将不能把时间空间设想为某种“静态的”质料的东西而留待其它的“某物”在该质料上去塑造出一切现象。实际上，时间空间并非我们以往所以为的某种“静态的”东西，它们本身就具有能动性，因此，一切能动性也都来自于时间空间。因此，我们简明地用“时间空间是一切现象的基质”这个句子来概括“时间空间既是一切现象的基质，也是一切现象的成因”之类的表述。但在后面将看到，就连“原因”、“结果”等都将从时间空间中派生出来，又何须专门注明“成因”这个词？

① [德]康德著，《纯粹理性批判》，邓晓芒译，杨祖陶校，人民出版社2004年版，第40页。

说“时间空间是一切现象的基质”，意味着一切现象及其变化都将基于时间空间的性质而得到解释。这将带来若干的问题，比如这是否会导致机械决定论即世界的一切都只是时间空间的一场早已安排好的“独角戏”？如果时间空间的性质及其演变遵循理性的原则，康德“为知性划界”以限制其对理性理念的僭越的做法是否还有意义？等等。这里先不下结论，我们将在有关推演中得到相应的回答。

八、“时间空间是一切现象的基质”这句话作为全称判断的合法性。

这句话准确的表述应该是“时间空间是现象的基质”，只是康德在先验感性论中针对时间空间的直观形式使用了“一切”、“所有”这类全称，我们也在此沿用，因此说“时间空间是一切现象的基质”。这个全称判断是否合法？是合法的。首先，我们谈论的时间空间是先验的东西，并非从经验对象中总结、概括而来，是先于经验的，而所谓“先验的”指的就是普遍的、必然的（即全称判断的）。

其次，“时间空间是一切现象的基质”是从康德的先验感性论推导出来的推论，真正的源头是“时间空间既是形式也是质料且互为形式和质料”这个断言。这个断言当然是先验的东西，也是可以被当作公理的东西。这个公理的合理性和有效性既来自于人的直观，也来自于思辨理性，还来自于从该公理出发所能建立起来的体系——如果这个体系不仅合理地解释了哲学和自然科学的诸多问题（其合理程度超过以往的体系），而且还能提出可以验证的预言，那么，该公理就可以被认为是正确的。一个人或许可以不承认先验与经验之分，但如果连公理这样的形式都不予承认，那他很难被当作一个严肃认真的谈话对象。

九、物自体的问题。

我们仍然可以问“时间空间以外还有没有别的东西”？并且“有别的东西”是可以想象的（我们不能独断地宣称在时间空间以外绝无他“物”），我们也可以把它称为物自体，但我们对它无须“悬搁”，这里不再有“悬搁”的问题。我们在前面分析过康德的物自体的尴尬处境（既不能说它无，也不能说它有，而且，还需要含混不清地把它意会为现象的质料或“刺激”

的来源），我们现在摆脱了这个处境：我们可以谈论“对象本身”（即时间空间在外部世界中形成的现象），不再需要物自体这个逻辑上的替代品；基于时间和空间互为形式和质料，我们不再需要含混不清地把物自体意会为现象的质料或“刺激”的来源——质料就来自于时间空间。也就是说，排除物自体，我们可以做到理论本身的完备和自洽。那么，由于“时间空间以外还有别的东西”是可以想象的，我们不妨说：“时间空间以外的东西可以是有的，但不是我们依据来自时间空间的原理所能认识的”。至于“时间空间从哪里来？”之类的问题，对于“我们依据来自时间空间的原理”来说，问题本身也将被证明为非法的（在后面的章节再详述）。当然，我们不会再使用物自体的另一个别称“自在之物”，因为现在看来，每一个作为认识对象的现象都是“自在”的。

即使我们承认“时间空间以外还有别的东西”，那些“东西”与现象界也将是泾渭分明、界限清晰的“不同的世界”。这就像对待宗教信仰的对象，自然科学家也可以有宗教信仰，但自然科学在描述物理世界时丝毫不需要这些东西的参与，因此不会有人说“自然科学‘悬搁’了‘灵魂’、‘鬼神’”。同样反过来讲，严谨的科学家不会否认宗教信仰对人的意义和力量，那种企图用自然科学来解决人类的所有问题的做法，其实自身就是违背了科学精神因而是不科学的——如同用“依据时间空间而来的原理”去论证“时间空间以外的东西”一样，是不合法的。

在物自体的问题得到澄清之后，知性与理性的划界问题也将迎刃而解。如绪论中谈到，我们至今仍然低估了康德“为知性划界”这件事情的重大意义（从而也忽略了“理性理念对感性现实的肆意僭越”所具有的毁灭性的危害）。但康德的问题是，他把理性理念托付于不可知的物自体，不仅物自体与现象界之间（在“感官刺激”的质料等问题上）的关系“含混不清”，而且知性经“谬误推理”又将不可避免地得到理性理念，这就使得知性与理性（乃至感性与知性）的界限也是“含混不清”的。有了“时间空间是一切现象的基质”这个前提之后，我们将获得清晰明确的划界依据（见本书第三十一章）：理性的界限，就是时间空间的界限，反过来也一样，时间空间的界限就是理性的界限。在时间空间的现象界，理性将是完备的（将不存在二律背反的问题）[①]；而所谓“理性幻相”，如果有的话，将既来自于“时间空间以外”，也不适用“从属于时间空间的至上法则的原理和方法”，它与时间空间将“分疆而治”，无须因“从理性中留出地盘”而存在两相混淆的可能性。

十、“时间空间是一切现象的基质”不是“先验实在论”。

众所周知，康德把自己的理论称为“先验的观念论”和“经验性的实在论”，以区别于“先验的实在论”和“经验性的观念论”，这无须赘述。这里的问题是，康德有一段表述容易引起人们对本章正在展开的推论的误解，进而（未经思考就）以为该推论属于康德所反对的“先验实在论”。他说：与先验的观念论相对立的“是先验的实在论，它把时间空间看作自在地（不依赖于我们的感性而）被给予的东西。所以，先验的实在论者把外部现象（当人们承认它们的现实性时）表象为自在之物本身，它们是不依赖于我们和我们的感性而实存的，因而甚至按照纯粹知性概念也会是存在于我们之外的。这种先验的实在论者真正说来就是后来扮演经验性的观念论者的人，当他错误地对感官对象设置了这样的前提之后，即认为如果这些对象应当是外部的，它们就必须自在地本身哪怕是没有感官也拥有自己的实存，以这种观点来看就会觉得我们的一切感官表象都不足以使这些表象的实在性成为确定的了。”[②]在这里容易引起误解的是先验的实在论“把时间空间看作自在地（不依赖于我们的感性而）被给予的东西”这句话——因为，当我们说“时间空间是一切现象的基质”（而不仅仅是“人的直观形式”）时，似乎就是在说时间空间是某种“不依赖于我们的感性”的独立自存的东西。对此我们需要作出澄清。

康德所说的先验实在论针对的是笛卡尔，后者赋予上帝、灵魂以先验的实在性，时间、空间和一切物质只能依赖于上帝、灵魂的先验实在性才能获得它们真实存在的依据（“我思”显现“我在”、“全善的上帝”担保外

① 以往把理性强行区分为知性和理性，或感性、知性和理性，就将是没有必要的。

② [德]康德著，《纯粹理性批判》，邓晓芒译，杨祖陶校，人民出版社2004年版，第324页。

部世界的客观真实性）。因此，先验实在论所说的时间空间是“自在地（不依赖于我们的感性）被给予的东西”，指的是时间空间是外在于人的感性、人的理性乃至人的灵魂的东西。正是这个设定，使得笛卡尔为后世留下了“心物二元”的难题。康德要化解这个难题，当然要反对笛卡尔的先验实在论。而我们关于“时间空间是一切现象（包括人的思维）的基质”的推论，是把康德的工作推进到他不曾有意识地踏入的领域，并且将以更有效的方式解决他要解决的问题，同时又与他所反对的东西毫不沾边。首先，我们无须预设上帝、灵魂的先验实在性；其次，我们也不预设时间空间是外在于人的东西——因为人及其思维本身就由时间空间“构造”而成，何来两者外在与内在之分？至于承认时间空间的“独立自存性”（而不再只是人的直观形式），只是对他的工作的改进，并不构成与他的根本冲突。

十一、时间空间的“实在性”无可辩驳。

也许有人会说，正如“外物是否存在”是可以怀疑、有待证明的那样，时间空间是否存在也是可以怀疑的、有待证明的——并非如此。基于笛卡尔和贝克莱的怀疑所展示的可能性，“外物存在”确实是可怀疑、须证明的，但是，时间空间是比“物”更基底的东西，有无可辩驳的直观作为其“存在”或“有”的依据。因为，无论是笛卡尔式的怀疑还是贝克莱式的怀疑，都承认人有能力获得感知——哪怕感知结果可能是被欺骗的或虚假的，感知能力是毋庸置疑的（不承认这一点，就是“为怀疑而怀疑”的虚无主义，是不足道的），而所有的感知都以时间空间为其直观形式（离开时间空间，所有的感知都无从谈起），因此感知能力本身就是以时间空间为直观形式的能力。哪怕是做梦，梦境也是以时间空间的形式呈现出来的。哪怕我们的时间感、空间感出现偏差、受到欺骗，也是以“有”时间感、空间感为前提的。没有人能否认时间空间之存有。有人说过“时间是虚幻的”（比如某些归于著名物理学家名下的“玄想”），那也只是想把（不得不承认其“存在”的）时间的现象解释为物质及其变化的现象。罗素就想用直观感觉来对时间空间作出定义（见他的《我们关于外间世界的知识》一书第四讲），也只是没有认识到时间空间的基础性。可以说，任何“形而上学的玄思”都无法撼动时间空间的“实在性”[①]。这也就给“时间空间是一切现象的基质”的论断提供了扎实的、无可辩驳的基础。

概括地讲，上述诸结论将为我们的世界观带来某些深刻的变化，我们把由此得到的诸观念称为“新时空观体系”，据此，康德的“哥白尼式的革命”被推进到了本体论的领域。

第三节　时间空间作为一切现象的基质意味着什么？

从以上论述中我们得到了新的时空观的几个要点，即：时间空间既是物的形式也是物的质料、时间空间互为形式和质料以及时间空间是一切现象的基质等。这些观点与康德的先验哲学之间既是继承的关系（我们将在后文相关的地方逐个解释两者的融贯之处），也是发展的关系（并非“另起炉灶”）——惟其因为有了发展，康德先验哲学中遗留下来的诸多有争议的疑问或不足都将得到全面的化解。当然，在确立“时间空间是一切现象的基质”这个判断之后，我们并不试图从时间空间及其规定性出发去“推演”一切现象乃至整个世界（以重蹈莱布尼茨或黑格尔的老路），我们仍将（以“有依据地论证”的方式）坚持康德关于知识的先验和经验两个来源的观点。

从下一章开始我们将着手展开后续的推演工作。不过，在此之前我们先来看看，假如后面的诸多推演能够成立的话（我们有信心在每一个环节接受严格的审查），以时间空间作为世界的一切现象的基质这件事情会给我们带来哪些新的成果和观念。

一、从时间空间构建一切现象及其性质。

既然“时间空间是一切现象的基质”，那么，一切现象及其性质都将依据时间空间而被构建起来。这是康德“人为自然界立法”的一次重要的、有意义的推进。按照康德，人的立法实际上是分为两次的，第一次所立之法是

① 之所以给实在性等词加引号，是因为通常所说的实在性、存在、有等词反倒需要由时间空间作出规定，见本书第十六章。

时间空间直观形式，“感官刺激”依据时间空间直观形式而形成感性杂多；第二次所立之法是纯粹知性范畴，感性杂多依据纯粹知性范畴的综合统一而形成作为认识对象的现象。对第一次得到的感性杂多，康德使用的德文是Erscheinungen，公认比较恰当的译法是李秋零先生所译的“显象”（张志伟先生认为“显现”更准确，因为感性杂多尚无“象”可言）。对第二次得到的认识对象，康德使用的德文是Phenomena，普遍接受的译法是“现象”（邓晓芒先生译作“现相”）。对康德来说，范畴是作为外在于显象的东西来对它作出规定。这就给他带来一个很大的困难，即彼此异质且外在的显象何以能由范畴来作出规定？为此，他在《纯粹理性批判》的“先验演绎”部分从主观和客观两个方面做了十分繁琐的证明，所使用的“先验想象力”这个核心论据也颇受争议。

现在，在确立了“时间空间是一切现象的基质”这个原则之后，首先，不再有“二次立法”的问题，因为时间空间将派生出范畴，范畴之于感性杂多原本是同质且内在的东西，其综合统一之可能性变得不言而喻；其次，更重要的是，不再是“人为自然界立法”，而是由时间空间这个基质派生出包括人及其理性在内的一切现象。如此一来，康德的先验哲学不仅将彻底摆脱因“先验自我意识”、“先验想象力”等逻辑预设所带来的“唯心论”、“心理主义”等标签，而且其哲学形态也将发生根本性的改观并获得全新的研究领域。尽管如此，这些工作并非另起炉灶、另辟蹊径，而仅仅是先验哲学的进一步发展，因为我们仍然采用了康德的基本概念（比如范畴、时间样态等）和基本方法（比如综合的叠加性等），只不过把时间空间从主体的直观形式中抽离出来，成为主体和客体共同的基质，从该基质逐层逐个构建范畴、物体、思维、语言等一切现象的原理和方法，仍然是“康德的”。

二、物质、精神和语言在时间空间的基质上达成同一。

我们在本书的前面约定“物质、精神和语言是不同的东西”时曾经说过，先把它们当作不同的东西（因为明摆着是不同的东西），然后再在更深的层次上找到它们之间的同一性的依据。现在，我们找到了（并将在后面证明）这个依据，即这些不同的东西都建立在时间空间的基质之上（至于在基质之上如何建立起来的？后面也将逐一讨论）。物质、精神和语言在时间空间的基质上达成了同一，这将从根本上解决被认为是哲学的首要任务的“物质与精神的关系”问题。第一，物质与精神将不再是相互之间存在无法逾越的鸿沟的此岸与彼岸的二元分裂关系；第二，由于有时间空间这个共同的基质，物质与精神之间的相互作用也成为可能；第三，“物质第一性还是精神第一性”的问题不复存在，因为“时间空间是第一性的，物质、精神作为派生的东西是第二性的”；第四，凭借共同的基质，康德在《纯粹理性批判》中提出的“纯粹理性的总课题”将得到根本性的解决：不仅可以一般性地回答“先天综合判断是如何可能的”，还可以在本体论（而非以往认识论）上逐个地回答“纯粹数学是如何可能的”、“纯粹自然科学是如何可能的”乃至“逻辑是如何可能的”、“自由是如何可能的”等等至关重要的问题，“人认识世界之可能性”也因此变得不言而喻。而且，这样的回答将是破天荒地从本体论意义上展开的，而不是仅仅停留于认识论领域的“先验阐明”（如康德所做的那样）。

三、哲学将摆脱“语言的宿命”，首次与自然科学在相同的意义上研究相同的对象，从而真正实现“为自然科学奠基并提供前提和准则”的目的。

我们在绪论中谈到过传统形而上学乃至哲学对语言的依赖，这种依赖不可避免地带来与现实无关的抽象概念以及“俄罗斯套娃”之类的游戏（即预先把某些语义人为地放入某个语词中，然后再从该语词的语义拼接中“研究”出某些成果）。哲学想要“解释世界”，一个基本的前提性的要求是：所研究的东西必须与世界有关。另一个已经公认获得对世界的解释权的学科是自然科学，自然科学不仅解释了世界，也改造了世界，还以其辉煌的成就证明了它的解释和改造是卓有成效的——那么，世界为什么还需要哲学的解释乃至于哲学的改造？对这个问题最有意义的回答莫过于交由哲学卓有成效的成果来完成。姑且不说其完成的情况，以哲学的“自我定位”来说（如果不考虑它谦卑地把解释权让渡出去的另一种姿态的话），它被认为是“哲学是元科学，是追求最原始、最根本、最先也是最终的东西的科学。在此意义上，元科学即原始的科学或科学的科学，一切科学都从它派生，而不是相反”[1]以及类似的表述（比如黑格尔就认为他的哲学是比经验科学更为“科学”的科学——如他在《精神现象学》序言中反复阐明的那样）。但这里有几个简单的、基本的问题：哲学的“元科学”或“科学的科学”的意义和价值在自然科学中是否以及如何体现出来？“一切科学都从它派生”这件事进展如何？有没有人当真试过从“元科学派生出数学、物理学等科学”？

无论是“派生”出一切科学，还是“为自然科学奠基并提供前提和准则”，最起码的要求是，哲学的研究对象与自然科学的研究对象是有关系的。有关系的一个简明的标志是，哲学（哪怕是在其开端处）所使用的概念在自然科学的研究对象上是有相同的意义、相同的指称和相同的性质的——两者谈论的是同一个东西，才说得上是有关系的。但是，姑且不谈古希腊的自然哲学，对比一下与自然科学同步诞生的近代哲学的用语，无论是上帝、实体、本质、思维、存在、单子等核心概念，还是物质、广延、感觉等一般性的概念，都是按照哲学特有的语义来表述和运用的，都是“哲学的，太哲学的”，对自然科学家来说“不知所云”。即便用的是相同的语词（如物质），与该词在自然科学中的含义都相去甚远。比如自然科学家从不在“不以人的意志为转移”这类语义上使用“物质”这个词，哲学家除了在做经验性描述时使用“物体是有广延、有质量”这类句子以外，也从不依据这类句子推出关于“物质”的任何原理或规定[2]——也正因为如此，我们在绪论中说，传统形而上学与其说在研究世界，不如说在研究“世界”这个语词及其人为赋予的语义（如同这里，与其说哲学在研究物质，不如说在研究“物质”这个语词及其人为赋予的语义）。既然哲学从来都是在研究语言，当它说它作为“元科学”在“追求最原始、最根本、最先也是最终的东西”时，自然科学家就有权怀疑那“东西”不过是语言中的或思维中的东西，并不存在于外部事物之中（尤其是在“思维”与“存在”不被预设为“同一”之时）。不错，哲学可以（如胡塞尔所规定的那样）研究意识中的意向性对

① 张汝伦，“海德格尔的《存在与时间》为什么重要”，《中国人民大学学报》2010年02期。

② 以“物质”这个词为例，我们在后面第二十章关于“形而上学作为自然的倾向是如何可能的”部分再予详述。

象，但是，从这样的哲学中如何“派生”出包括以外部事物为研究对象的自然科学在内的“一切科学”或者最起码与它们发生关系？就成了问题（遗憾的是，似乎从未有人把这当作问题）。在这个问题得到有效的证明之前，又如何指望哲学家的说辞能够得到自然科学家的理解与尊重？

现在我们看到，康德为哲学创造了一个前所未有的可能性，即借助于时间空间（时空）这个研究对象，使得哲学首次与自然科学在相同的意义上使用相同的语词并研究相同的对象。海德格尔曾经试图把康德的时间空间的意义引向他的那一条艰涩难解且去向不明的歧路上去，比如说康德的空间“并不是通常所理解的三维的‘广延’或‘地点’，而是‘去远’和‘定向’，这是此在作为‘因缘整体性’中所包含的‘场所的空间因缘’，而‘空间首先就在这样一种空间性中随着在世而被揭示。认识活动基于如此这般得到揭示的空间性才得以通达空间本身’”[①]；再比如批评亚里士多德传统时间观的“不可逆性”和“均质性”，并且形成了一种以“瞬间-时机”（Augenblick）为核心和基准的循环时间观，声称“时间本身是一个圆圈”，还把时间的“消逝”（Vorbei）理解为“先行”（Vorlaufen），等等——有什么依据能证明“时间本身是一个圆圈”？有没有必要把清晰、直观的东西弄得如此复杂？难道这就是哲学的宿命？恐怕也只是“一家之言”吧？既然这件事在哲学家那里是驰骋想象且各执一词，那就听听自然科学家的意见：时间空间在自然科学当中是什么特性？不是说“哲学是‘科学的科学’”吗？为什么不是“神话是‘科学的科学’”？要让人相信前者而不是后者，哲学总该有义务证明自己哪怕是在某种“最低限度”上跟自然科学所研究、所谈论的是同一样东西吧！实际上，从康德的文本来看，他所说的时间空间就是自然科学家所说的时间空间，他所研究的时间空间的性质就是自然科学家所承认的时间空间的性质。我们不妨简单明了地确立这个前提，然后（拿出足够的耐心和勇气）据此出发——这将意味着哲学首次摆脱对语言、语义的依赖，而把自然科学家所承认的东西当作自己形成概念、展开推演的唯一的依据，从而彻底地摆脱传统形而上学的上述“俄罗斯套娃游戏”式的“语言游

① 邓晓芒：“康德空间观的两层含义”，新建筑，2009年第06期。

戏”！哲学将立足于清楚明白且无可辩驳的东西（这些东西在自然科学家那里有着相同的理解和意义），并在清楚明白且无可辩驳的理性原则的指引下（这些原则以同样的方式指引过自然科学）被引向一个崭新的更加广阔的天地——那里是如此广阔，不仅有自然科学之赖以确立的依据（如回答“自然科学是如何可能的”、“数学是如何可能的”等等），更有自然科学所无力涉足的领域（如“先验”、“自由”以及基于这些语词的道德议题），而其中的所有概念、术语都将以清晰可辨且环环相扣的方式被追溯到时间空间的基质上去或被安置在时间空间所规定的界限之外，使得它们无论显得多么抽象、仍然与世界及其一切现象保持着确定无疑的关联（就像现代数学已经完全脱离了经验的直观，已经看起来高度的抽象化和符号化，但仍然确定无疑地与自然数保持着关联并借助自然数与经验对象保持着关联那样——那个关联正是我们后面论证“数学是如何可能的”要解决的问题），反过来也将使得那些来历不明但蛊惑人心的东西显现出它们作为幻相乃至谎言的真容——这是一件值得期待的事情，既然康德已经展现了它的可能性，后继者就应当有勇气沿着康德的道路继续走下去。

四、新的时空观有望带来新的科学进步。

前面我们说过，在时空观上，牛顿认为“时间空间是外在于事物的、与事物无关（即不受事物的性状的影响）的框架和背景”，爱因斯坦认为“时间空间是外在于事物的但与事物有关的框架和背景”，康德认为“时间空间是一个物的形式因而内在于一个物之中”——要说彼此的差异，康德之差别于牛顿，远比爱因斯坦之差别于牛顿要更大。现在，即使是最前沿的物理学，仍然把世界的构成分成时间、空间和物质（在现代物理学中被以“场”、“力场”等方式所描述），而在新的时空观看来，没有物或物质（以及力、能量等），只有时间空间，物或物质（以及力、能量等）都只是时间空间派生出来的东西！这个新的时空观是革命性的，也是与自然科学有关的——按照在新的时空观，物理学家可以在他们的理论和公式中取消“物质”（以及相关的“力场”、“能量”等）概念，把“物质”、“物体”、“能量”等都理解为时间空间的派生物，并最终以时间空间的规定性来构造他们的理论和公式——这也是一件值得尝试的事情。当然，我们也知道，对于时间，有些物理学家基于“形而上学的玄思”（而非物理学的论证），曾有过诸如“时间是虚幻的、不真实的”之类的看法（比如一些被归于爱因斯坦名下的说辞），或者也只是把时间看作是四维宇宙或多维宇宙中的一个维度而已（本书将对此作出解释），这表明时间的基础性意义尚未得到物理学家的普遍关注，也反过来体现了我们正在谈论的“新时空观体系”的意义之所在。要改变这一状况，并不取决于物理学取得更多的新发现——就好比天文学上再多的新发现，都能在托勒密体系中获得解释（尽管是越来越复杂的解释）那样，只有借助“哥白尼式的革命”所带来的观念上的突破，才能使物理学家以新的视角来重新审视以往的成果并获得新的理解和新的研究方向——这意味着康德的“哥白尼式的革命”有可能借助物理学家（因他们的时空观发生改变）而被拓展到物理学领域中去。从这个意义上讲，本书也是写给物理学家的。

以上四个方面的新的成果和观念仍不足以概括新的时空观所具有的全面性的意义（本书将对此作出进一步展示）。当然，这一切能否成立，还取决于新的时空观（即时间空间是一切现象的基质）能否被“有依据地论证”为合理的、有效的、可以成立的。好在哲学是“讲道理的”，人们可以基于相同的前提、相同的依据和相同的方法来谈论并证明一个判断、一个主张的合理性和有效性。任何仅仅出于自负的傲慢感和自诩的权威感而对新的成果、新的观念刻意做出不屑一顾、不值一哂的姿态（以维护自封的“一亩三分地”之不受侵扰），不仅有悖于哲学“爱智慧”、“求真知”的精神，甚至缺乏专业人士应有的好奇心（亚里士多德不是说过吗？“哲学起源于好奇”），恰恰是一种怯懦的表现。

第四章　初始条件和推演方法

在开始有关工作之前，为了避免重蹈传统形而上学“自说自话”的覆辙，我们必须极为小心地清理在出发点上所使用的前提乃至语词是否被预设了某些我们原本想要推出的东西。我们需要回到某种尽可能纯粹的初始状态，即在我们开始认识活动之际、尚未取得认识成果之时的初始状态，并梳理清楚哪些东西是我们在该状态下是可以拥有的初始条件，哪些东西是我们在该状态下不应该拥有而是从该状态出发之后才能获得的后续成果。显然，我们将把时间空间当作出发点，但与此同时，我们还需要在语词或概念以及思维规则上对初始条件预先作出说明——这使得我们据以出发的初始状态不同于以往的哲学所说的“开端”。此外，从初始状态的初始条件出发，我们据以向前推进的方法（如推演范畴的方法）是什么？本章也将清楚明白地开列出来。

第一节　哲学的开端问题

明确地讲，我们将把“时间空间是一切现象的基质”这个断言（如前所述，我们可以把它当作一种直观）作为本书将要展开的研究的出发点，或者说，时间空间将是这些研究及其成果的“开端”。但是，哲学的开端是如何可能的？却不仅是由来已久的难题，而且（据我看）也鲜有成功的先例（如果不考虑“意见之路”上的某些尝试的话）。我们来谈谈这个问题。

一、哲学应开始于三个初始条件。

对应于我们一开始作出的“物质、思维和语言是不同的东西”的清楚明白的预设，哲学应开始于三个初始条件。举例而言，在现代宇宙学中，“宇宙大爆炸”理论迄今为止仍然是被广泛接受的理论，在这个理论看来，宇宙是由一个致密炽热的“奇点”于137亿年前一次大爆炸后膨胀形成的。把这个“奇点”当作宇宙的开端，应该（至少目前看来）没有问题。但是，看一下物理学家们是如何研究“奇点”的，会发现他们用到了另外两样东西，一是包括数学在内的语言（姑且把数学视为语言），二是据以展开研究的原理（比如相对论、量子力学的原理）。没有语言无法述说，没有原理（属于思维）无法研究。好在物理学基于实证科学的特征，并不要求在研究物理世界的“开端”时对语言和原理的“开端性”予以审查，哪怕相对论、量子力学是在对大爆炸之后形成的物理世界的研究中得到的原理，只要这些原理在对“奇点”的研究中得到的成果能够做出可检验的预言、该预言能被证实，我们仍然可以说物理学家对“奇点”的研究获得了进展。如此一来，物理学家所据以展开研究的“开端”仅仅是作为外部世界的开端的“奇点”。但是，如黑格尔在《小逻辑》导言一开始所说，“哲学缺乏别的科学所享有的一种优越性：哲学不似别的科学可以假定表象所直接接受的为其对象，或者可以假定在认识的开端和进程里有一种现成的认识方法”[①]——现代宇宙学在这里的优越性就体现在可以把相对论、量子力学等理论当作“现成的认识方法”来研究“大爆炸奇点”这个“直接接受的对象”。而哲学所要求的开端则更加苛刻，不仅需要考察“某物”何以能成为开端，而且还面临如何述说开端、以什么为依据从开端出发进行演绎的问题。述说开端涉及到使用语词，语词涉及到概念，如果使用的语词、概念是理应出现在哲学的开端之后才能得到的东西，把它们用于对开端的述说就是不恰当的。比如，用原本可以被追溯到范畴的语词、概念用于对范畴的推演，就属于这种情况。从语言学的角度讲，语言体系本身没有开端一说（不大可能有某个词是整个语言体系的

① [德]黑格尔著，《小逻辑》，贺麟译，商务印书馆1980年版，导言，第1页。

源头）。不过，固然我们不能从像“水”这样的词推出像“石头”这样的词或用前者去解释后者（“水”、“石头”多半是并列的关系），但有两点证据支持语言体系存在某种层次分明的内在结构：一是（至少就部分语词而言）语词与语词之间有演化的渊源关系（如哲学上经常出现的对概念的希腊文词源的追溯），二是句子的结构先于句子的语义（如我们在前面讨论希腊文einai的系词用法时分析的那样）。但不管语言学的立场怎么样，哲学的概念之间是必定有着派生、推演的关系的（如我们在前面已经尝试从“是”推出“有”再推出“存在”的语义层次，这就有一种可能性，即继续据此推演下去并构成体系）。因此，我们对开端所能述说的第一个词或虽并列但都属于“初始条件”的第一组词必定能够解释在后续的述说中用到的词（而不是相反）。

同样，从开端出发进行演绎的依据从哪里来？也是问题。康德试图在运用理性之前先对理性本身进行“理性的”批判，好比在运用工具之前对工具的可靠性先作出检验。但是理性不同于日用的工具，检验日用工具的可靠性可以依据理性，但检验理性的可靠性又能依据什么？该依据本身是不是也要经受批判？这就有可能陷入无限后退之中。康德是依据形式逻辑对纯粹理性进行批判（他虽然用先验逻辑发展了形式逻辑，但包括范畴表来自于逻辑机能表，也包括基于形式逻辑在“二律背反”中遭遇了障碍而为知性划界等，都可以说明先验逻辑立足于形式逻辑，因此我们可以简略地说康德是“用形式逻辑对纯粹理性进行批判”），但形式逻辑本身要不要先经受批判？也应该被追问，而要对形式逻辑乃至逻辑本身追问其来源、依据，这在“逻辑至上主义”者看来是不可想象的事情。事实上，对以语言为研究对象的传统形而上学来说，在开端问题上始终摆脱不了对逻辑的依赖，没有逻辑的依据，它们即使找到了某个“纯粹的语词”，也无法从该语词进一步展开推演以得到后续的丰富内容——即使它们想要不断地往该“纯粹的语词”的语义中添加新的内容（即我们后面要说的传统形而上学之弊病的“语义的主观综合”），添加过程也需要符合逻辑规则的要求。而逻辑是什么？那些规则为什么是可以接受的？仍然是需要回答的问题。对此，我们在后面有关“逻辑是如何可能的”第二十六、二十七、二十八那三章再来讨论。

二、黑格尔的未竟事业。

一定有人会说，黑格尔哲学的辩证开端就已经化解了哲学开端问题上的悖论，何须在此旧话重提？但我们不认为那是一个完美无缺的范例。考虑到不同道路上的不同语境，这个问题很难讨论清楚。不过，我倒觉得黑格尔研究专家不妨暂时从“人类历史发展进程”或“黑格尔的现代性”等宏大叙事中摆脱出来，耐心地回到黑格尔的文本，重新检视他是如何从《精神现象学》的“感性确定性”一步步推出《逻辑学》的“有”或“纯有”、再一步步推出“绝对精神”乃至整个体系的，因为对这个过程，马克思有一番令人赞叹的批评。如果说罗素等人的批评（后文略有提及）尚可被嗤之为“不懂”的话，马克思的批评则不能不说是精湛的和独到的了。

邓晓芒先生在《思辨的张力》一书中概括了马克思对黑格尔的批评，比如马克思认为“黑格尔有双重的错误”并把这两方面的错误称之为“汇集了思辨的一切幻想”，也就是说，“一方面，‘意识，也就是作为知识的知识，作为思维的思维，直接地冒充为异于自身的他物，冒充为感性、现实、生命’；另一方面，‘所以他又重新通过这个外化的形态确证精神世界，把这个世界冒充为自己的真实的存在，恢复这个世界，硬说他在自己的异在本身中也就是在自己身边……黑格尔的虚假的实证主义即他那只是徒有其表的批判主义的根源就在于此’”[①]；比如“马克思在《神圣家族》中以更明确的方式揭示了黑格尔哲学的这一‘秘密’。他在‘思辨结构的秘密’一节中指出，黑格尔实际上是把从具体事物（如苹果、梨等等）中抽象出来的一般概念（如水果）当作脱离具体事物并独立存在的一种本质、‘实体’；而通过这个抽象实体的‘自身进展’，他表面上似乎又把具体（苹果、梨等等）还给了一般观念，似乎抛弃了空洞的抽象，但‘他事实上也只是在表面上越出了抽象的圈子而已’，他不过‘把现实事物的名称加在只有抽象的理智才能创造出来的东西上，即加在抽象理智的公式上’，‘他把自己从苹果的观念推移到梨的观念这种他本人的活动，说成“一般果实”这个绝对主体的自我

① 邓晓芒著，《思辨的张力》，商务印书馆2016年版，第163页。

活动’”[①]；再比如马克思特别分析了《精神现象学》中的这种颠倒过程：“黑格尔把人变成自我意识的人，而不是把自我意识变成人的自我意识，变成现实的人即生活在现实的实物世界中并受这一世界制约的人的自我意识。黑格尔把头足倒置起来，因此，他就能够在头脑中消灭一切界限；……全部《现象学》的目的就是要证明自我意识是唯一的、无所不包的实在”[②]。以上每一条批评都是尖锐的甚至是致命的，无论是以“意识”（而且是他自己的“意识”）来“冒充异于自身的他物，冒充感性、现实、生命”，还是“不过是把现实事物的名称加在抽象的理智才能创造出来的东西上”，或者把自我意识和现实的人“头足倒置起来”，这些严重的批评都足以指向一个结论：黑格尔从《精神现象学》开始的推演是不成立的——问题来了，既然如此，黑格尔那一番推演又何以会生出“合理的内核”？毕竟我们无法想象一个冒充的虚假的推演能得出正确的、合理的结论（比如在抽象的理智活动之外“僵硬冰冷的石头呼喊起来，并使自己超升为精神”是如何可能的？难道不需要论证一下？）。

这恐怕是黑格尔研究专家们迫切需要解决的问题。比之从黑格尔的思想中不断地发掘出深邃的、丰富的内涵，更紧迫的事情或许是：把颠倒了的“头足”再颠倒回去、把冒充的东西替换为真正的“感性、现实、生命”，然后把开始于《精神现象学》的所有推演和论证再推演一遍、再论证一次，从而以“有依据地论证”的方式从真实的“感性、现实、生命”通达到那“合理的内核”上去——否则的话，在马克思的尖锐批评没有得到有意义的有力的回应之前，仍然执迷于用宏大叙事去阐发黑格尔“博大精深的思想内涵”，就显得既是对马克思也是对黑格尔有失敬重了——毕竟，那或许正是黑格尔的未竟事业，有待后继者去完成，而不是躺在黑格尔已有的成果上去做漫无边际的“玄思”。

三、分别对应于物质、思维和语言的初始条件。

既然被认为是已经化解了“开端的悖论”的黑格尔哲学仍然存在诸多

① 邓晓芒著，《思辨的张力》，商务印书馆2016年版，第164页。

② 邓晓芒著，《思辨的张力》，商务印书馆2016年版，第164–165页。

疑难，那么，我们重新探讨哲学的开端问题就仍然有其必要性和重要性了。回到我们前面的判断，哲学在追求唯一的开端时，实际上必须有三个初始条件，它们分别对应物质、思维和语言这三样被我们设定为不同的东西。

以某个思维以外的对象作为开端，需要三个开端：一是在对象上，即能够成为开端的某物；二是在语词上，即能够述说该开端的用语必须体现出相应的初始性。某个词A对应作为开端的某物，另一个词B对应从开端派生出来的东西，那么，后一个词B的含义就不应该被包含在前一个词A的含义之中。比如假如范畴是需要被推演出来的，那么，用于该推演的词就不能是从属于某个范畴的概念；三是在思维原理上，即我们的思维能够用于从该开端出发进行推演的依据的原理。任何推演都需要依据，这个依据又不能来自形式逻辑（或别的逻辑），否则仍然超不出康德直接从逻辑机能表转化出范畴表的老路（我们在绪论中说过，这个转化与依据形式逻辑逐个推演出范畴，实际上是一回事）。但是，什么东西既不是形式逻辑的、又能成为依据的？这个问题就有些挑战性了。简言之，如果把开端设定在思维以外的某物上，除了该物，还需要在语词上和原理上也分别需要某些足够初始的东西，相当于在物质、思维和语言这三样不同的东西上分别找到具有开端性质的东西。比如，如果以“大爆炸奇点”作为开端，则“奇点”是物质领域的开端，述说该“奇点”的那第一个或第一组语词是语言上的初始条件，从第一个或第一组语词出发进行后续推演时所依据的第一个或第一组原理，则是思维上的初始条件。

有没有可能仅仅以某个语词为开端？如黑格尔在《逻辑学》中以有或存在这样高度抽象的词作为开端，则需要上述“在语词上”和“在原理上”这两部分的具有开端性质的东西。但这样一来，如何从语言和思维通达物质世界的彼岸？又是一件更加困难或不可能完成的事情了。如我们在后面“形而上学作为自然的倾向是如何可能的”那一章将要讨论的，仅仅在语词之间建立起某个体系，有可能仅仅是思维中自圆其说的“自说自话”罢了，与它所声称要研究的世界并无关联。因此这个可能性我们不予考虑。

基于以上分析，接下来我们将分别从“语言的初始用语”、“思维的初始原则”和“时间空间的直观形式”三个方面来对我们的认识活动提出据以出发的尽可能纯粹的初始条件。

第二节　语言的初始用语

我们先来梳理一下能够作为初始条件来使用的第一组语词是什么。这样做不是要为语言体系梳理出它的脉络或结构（能够使用语言是认识活动的不言而喻的前提）。在这里所讨论的“语言的初始用语”，就是要找出可以用在“更为基础的东西”上的那些语词，而无关乎那些语词在语言的体系中是不是“初始的”或“基础的”。

一、是、是者、不（不是）、有。

既然能够使用语言是认识活动不言而喻的前提，所谓“能够使用语言”，就是指能够说出“S是P”——这是最自然的述说方式（至于分析哲学对这个句式的批评和改造，不过是为了减少可能的歧义而用更多的“S是P”来述说一个“S是P”。或者说，尽管“S是P”有可能出现歧义、我们也应该想办法去消除歧义，但是，如果一个人无法理解“S是P”这个句子，也不可能理解那些旨在消除它的歧义的句子。对此，后文谈罗素的摹状词理论时会涉及），这就用到了系词“是”。基于我们在前面对系词“是”的讨论，我们认为，“S是”是最基础的句式，然后才有“S是P”。有关结论是：一、“S是”中的是，是“是起来”的是，是最基础的是；二、“不”是以“S是”的是为先在的条件的，两者不是并称的对偶，“S不是”是不可说的；与“不（是）”并称的是“S是P”的是，“S是P”与“S不是P”相对应；三、是者是使“S是”得以成立的东西，“作为思维和作为是者是一回事”，因此，是者首先是思维当中的东西，并不必然地指称或意谓物质（外部）世界中的某个对应物。在后文中我们会使用“东西”这个词，它实际上是是者的方便用法；四、“S是”的最初始的含义是“有”，即系词“是”完成句子之后所表达的最初始的含义是“是者是有的”。“有”也首先是思维当中的东西，也不必然地指称或意谓物质（外部）世界中的某个对应物。

基于以上结论，我们认为，是、是者、不（是）、有这些词是符合我们要求的初始用语。在这里，它们还都是思维当中的东西，并不必然地指称或意谓物质（外部）世界。我们接下来要做的，就是要在物质（外部）世界中为这些初始用语找出它们的最初始的对应物。

二、“反思概念表”。

康德在《纯粹理性批判》的“原理分析论”末尾提供了两个附录：“由知性的经验性运用与先验的运用相混淆而引起的反思概念的歧义”和“对反思概念的歧义的注释”，提出了“反思概念表”，用以区分“在对我们的表象作任何进一步的讨论之前首先一个问题就是：这些表象共属于哪一种认识能力？使它们得以结合起来并加以比较的是知性呢，还是诸感官？”[①]，这些“反思概念”是“相同性和差异性、一致与冲突、内部和外部的关系，最后是可规定的和规定（质料和形式）的关系”。康德认为，比较诸表象的这四种关系属于人的“提出比较和进行比较的认识能力”，借助该能力，我们能够辨别诸表象是属于纯粹知性还是属于感性直观。据我看，辨别并说出这四种关系的能力正是“当我们说人有意识活动或认识能力时”所指的能力。这个能力属于认识能力，是先于作为认识结果的对象的范畴、概念等内容的。简言之，我们无须通过范畴去阐释什么是“相同性和差异性、一致与冲突、内部和外部、质料和形式”，而是相反，承认我们有认识能力，就是承认我们先天能够辨别并说出这四种关系。

康德也认为辨别这四种关系的能力是先于作为认识结果的对象的范畴、概念等内容的，他说：“先验的正位论所包含的只不过是前述一切比较和辨别的四个条目，它们与诸范畴的区别在于，通过它们，并不是对象按照构成它的概念的东西（量、实在性）得到了描述，而只是对先行于物的概念的诸表象的比较在其一切杂多性中得到了描述”[②]。简单地说，就是对象在“物的概念”形成之前、“在其一切杂多性中”就能够借助这四种关系而得到“描

① [德]康德著，《纯粹理性批判》，邓晓芒译，杨祖陶校，人民出版社2004年版，第235页。

② [德]康德著，《纯粹理性批判》，邓晓芒译，杨祖陶校，人民出版社2004年版，第241-242页。

述”。此外，既然这四种关系既可以用在纯粹知性也可以用在感性直观，那么，它们就应该是比纯粹知性和感性直观更基础的东西。

我们再对辨别并说出四种关系的能力的基础性略加分析。首先是相同性和差异性。所谓意识，最初的能力是什么？就是从混沌一片中区分出不同的东西来——没有比辨别“相同”、“不同”（即“差异”）更基础的能力了；其次是一致和冲突。人的感官（比如触觉）对外部刺激最直接的意识就是“一致和冲突”：当我们的手伸进流动的河水中，如果逆向划动，手上的感觉就是“冲突”，如果同向划动，先前的“冲突”没有了，手上的感觉就是“一致”；第三是内部和外部。一个有自我意识的人，当他清楚地区分出“我脑子里想的东西”和“我身体以外的东西”时，他就有最基础的“内部和外部”的意识。即使是一只猴子，当它拿到一个花生，也知道要剥去花生“外面”的壳、吃壳“里面”的花生仁——这说明连猴子也是能够辨别“内部和外部”的。对人来说，不仅辨别，还能自己设定内部和外部，即根据不同的视角，设定不同的内部和外部的关系。比如，人能够分辨出，一个陶器是自己“身体以外”的东西，但它放在山洞里，它就是“山洞里面”的东西——同一个陶器，即使摆放在同一个地方，但由于人的视角不同了，它的“内部和外部”的关系也就改变了。可见，内部和外部的关系是依据人的视角来设定的，并无“绝对内部”之说（康德说“质料的依照纯粹知性的绝对内部也只是幻想”[①]）；第四是质料和形式。这同样是意识之成其为意识的“题中应有之义”（只不过比之前面三个关系，辨别“质料和形式”或许只是人才有的意识）。据说动物学家有这样一个试验：动物学家通过反复示范，让大猩猩学会了用装在桶里的水浇灭篝火。随后，篝火被转移到了一条河边，但给了大猩猩一只空桶，由于桶里没有水，大猩猩无法浇灭篝火——它意识不到河里的水就是桶里的水、也能够用于灭火。根源就是大猩猩不具备辨别“质料和形式”以及把两者脱离开来的能力：在这里，桶是形式，水是质料，大猩猩模仿的仅仅是“用桶里的水浇灭篝火”，无法辨别“桶”和“水”是可以分开、能灭火的是“水”、河里的“水”也能装进“桶”里成

① [德]康德著，《纯粹理性批判》，邓晓芒译，杨祖陶校，人民出版社2004年版，第247页。

为“桶里的水”。人无疑具有辨别“质料和形式”的能力：连一个小孩子都知道既可以用泥巴捏出一匹小马、也可以用木头削出一匹小马——这足以证明他能够辨别“质料和形式”的关系。

以上略显多余的解释只想说明，辨别“相同性和差异性、一致与冲突、内部和外部、质料和形式”这四种关系是人的意识活动的基本能力，或者说就是人的感性直观能力，是可以作为认识活动的初始条件来使用的第一组语词——这里及后面之所以用“反思概念”这四个字的表述，主要是表明它们在康德那里的出处，实际上它们不是“概念”，所谓“概念”，是后续进一步推出的东西。

实际上，在以上表述中，我们一直在使用一个词“关系”（如“反思概念表”的四种关系等），这个词是“相同性和差异性、一致与冲突、内部和外部、质料和形式”之所以能被辨别的前提，即两样东西先要有关系或放在一起对比，才谈得上相同与否等等。因此，我们把康德的“反思概念表”及其前提“关系”也都列入“初始的用语”之中。我们将在后面质的范畴中基于时间空间的样态来定义什么是“关系”，那是在物质或精神的对象中找出了关系这个词的对应物，而我们这里说的，是在语言中基于“反思概念”得到关系这个词的语义——在把物质、思维和语言预设为不同的东西的情况下，这当中的界限是很清楚的。

归纳一下，作为“初始的用语”，我们可以根据“反思概念表”而增加“关系”以及“相同与差异”、“冲突与一致”、“内部和外部”以及“形式和质料”这些语词。对于形式和质料，康德曾给出一般性的定义，“质料意味着一般的可规定之物，形式意味着该物的规定①”。因此，我们把“规定”与“被规定”当作“形式和质料”相等同的词也列入“初始用语”之列。

三、变化。

变化同样是可以从“反思概念”中引出的语义。对我们的知觉来说，从对相同的感知到对差异的感知（或者相反），就是变化。同样，从一致到冲

① [德]康德著，《纯粹理性批判》，邓晓芒译，杨祖陶校，人民出版社2004年版，第240页。

突、从内部到外部、从形式到质料（或者相反），也是变化。要特别说明的是，这里的“变化”指的是作为用语的“变化”这个词，而在后面，我们还将谈到发生在对象身上的“变化”——我们将在后面对“变化”作出新的定义，是不同于这里的作为用语的“变化”这个词。

至此，我们仍然只是在语词的关系上做了简单的梳理。一般地讲，我们可以把上述初始用语（是、是者、不、不是、有、变化以及关系、四个“反思概念”）等同于人的认识能力，即当我们说人有认识能力时，作为最基础的要求，就是在说人具有使用上述初始用语的能力。

四、上述初始用语都将在时间空间中获得各自的意义。

在上一章我们得到了“时间空间是一切现象的基质”这个至关重要的判断，这意味着包括物质、思维和语言（这三样被我们预设为不同的东西）都将依据时间空间及其性质来获得其意义，因此，上述被我们当作（等同于认识能力的）初始用语的语词也将在时间空间及其性质中得到解释。比如“是”这个词在时间空间中的意义是什么？“是者”在时间空间中的构造是什么？“不（非）”在时间空间中的性质是什么？甚至“形式和质料”的相互关系是如何可能的（比如为什么同一个“形式”能够与不同的“质料”相结合？等）？都将在时间空间及其性质中得到阐明——这将充分展示出时间空间作为一切现象的基质的基础性和原初的构造性。但是，这一切后续的工作并不妨碍我们最初（作为认识能力本身而）把初始用语用在认识开始之际的初始状态中。

第三节　思维的初始原则

我们在前面讨论了理性的尺度的问题，显然，我们不在一般意义上把形式逻辑作为在出发点上可以不言而喻地加以运用的工具，因为如前所述，康德从逻辑机能表直接转化出范畴表，与黑格尔等人所希望的依据逻辑逐个推出范畴的做法，并无本质区别，都是以形式逻辑为前提。正如我们在前面已经谈到的那样，既然范畴的来源都可以追问，形式逻辑乃至逻辑的来源为什么就无须追问呢？实际上，即使从直观上看，范畴与逻辑究竟哪一个更基础？也是大有疑问的。因为如果没有范畴，逻辑所赖以推理的概念从何而来？除去概念，逻辑还能剩下什么？反过来，想要追问逻辑的来源，除非是某种带着独断性的直观、断言，如果要一五一十地说出理由来，离开了逻辑，理由又如何能成其为理由？与其依靠独断的东西，那还不如依靠逻辑——这里的问题是，能否找到某个既不是独断又不属于逻辑、还能一五一十地说出理由来的更基础的东西？是一个挑战。因此，我们想要的尽可能纯粹的初始状态，比之以往任何一种哲学的开端（包括黑格尔对开端所提出的要求）都更为艰难：如果要追溯范畴的来源，就必须追溯形式逻辑的来源（否则何必做这件事情？康德的范畴表本来就来自形式逻辑）；如果要追溯形式逻辑的来源，需要进行推演、找到依据，但有什么依据离开了逻辑还能被称为依据？难以设想。不过，对于这个困难，我们并非束手无策。

经过我们在前面对巴门尼德所做的新的解读之后，当我们说巴门尼德的“完美的真之不可动摇的内核”即“是者是”原则是他为人类理性奠定的第一块基石时，其奠基性意义不仅体现在让人类得以认出并说出“这东西”，而且还体现在为逻辑的诞生创造了初始的条件。也许有人会说：“是者是，不能不是，不能既是又不是”的原则不就是形式逻辑的矛盾律吗？并非如此。这不仅是因为巴门尼德提出“是者是”原则远远早于亚里士多德创立他的形式逻辑（如果矛盾律与它有什么相似之处，只能是“矛盾律来自于‘是者是’原则”，而不能说“‘是者是’原则就是矛盾律”），更主要的是因为在前面第一、二章的讨论中，我们已经“有依据地论证”过“是者是”原则的理由，即：每个人能够说出并相互理解“这东西”的这个事实，就构成“是者是”原则的依据。而“说出这东西”显然是先于包括矛盾律在内的所有逻辑的东西的。可见“是者是”原则是自洽的，无须依靠别的原则来获得证明。反之，这同一个事实却不能成为矛盾律的依据——因为说出并理解“这东西”这一事实无关乎判断的真与假，也是远比“判断”、“真”、“假”这些用语更为基础的东西。

于是，我们在思维的原理上为认识活动的初始条件找到了初始的原理，即巴门尼德的“是者是，不能不是，不能既是又不是”的原则。当然，尽管这个原则无须依靠其它的原则来获得证明，但是，在后面的进展中，我们也将基于“时间空间是一切现象的基质”而为其在时间空间的性质中“指认”出相应的意义。毕竟，这个原则首先是关于思维的和语言的，而我们将致力于把思维、语言和（物质）对象都建立在时间空间这个共同的基质之上，因此有必要在时间空间的性质上为巴门尼德的这个原则找到其可靠的依据，这个过程不是在思维和语言中对该原则进行论证（因此不会陷入“循环论证”），而是跳出思维和语言，在时间空间中为它找到对应的意义，以至于我们能够得出结论说：时间空间的性质也遵循“是者是，不能不是，不能既是又不是”。这将使得这个原则获得其客观性，而非仅仅是人的主观选择。

第四节　时间空间及其样态

在外部对象（或宽泛意义上的物质）方面，不言而喻，时间空间是我们据以出发的初始条件。我们说“时间空间是一切现象的基质”，现象除了外部对象（或宽泛意义上的物质），还有我们的思维及其对象，不过，在这里，我们可以从无可置疑的外部对象（它们具有时间空间的直观形式）开始谈起，后面我们再经过清晰明确的推演而得到我们的思维及其对象等其它现象究竟是在什么意义上是以时间空间为基质的。

一、时间空间的“杂多性”。

康德认为，时间空间是我们通过感官所获得的感性对象的先天直观形式。即使站在先验哲学的立场上，我们也需要进一步思考：当我们说“感性对象（因我们赋予而）具有先天直观形式”这句话时，究竟指该感性对象“具有”什么？好比我们用渔网在河里捕到了鱼，对于不知道渔网为何物的人而言，我们需要解释渔网具体是什么样子——我们不是用“渔网”这个词在捕鱼，而是用“渔网”这个词所指称的东西来捕鱼。同样，我们当然不是仅仅拿着“时间”、“空间”这两个词去给感性对象做出规定的——当我们不假思索地使用这两个词时，我们以为它们的所指是不言而喻的。我们赋予感性对象以时间空间的先天形式，该形式就是感性对象在时间、空间上的规定性，就是时间空间所具有的基础的样态。实际上，时间空间不是“无规定的形式”，不是“混沌一片”或“铁板一块”，本身是包含着“内在的杂多”的。康德说，“空间在作为对象被表象出来时（我们在几何学中实际上就需要这样做），就包含有比直观的单纯形式更多的东西，这就是把按照感性形式给出的杂多统摄在一个表象中，以致直观的形式就只给出杂多，而形式的直观却给出了表象的统一性……既然时间和空间通过它（由于知性规定着感性）而首次作为直观被给予，那么这种先天直观的统一性就属于空间和时间，而不属于知性概念”[①]。由于这里谈论的是“空间在作为对象被表象出来”这件事情，这里的杂多不可能是指作为外部现象的感性杂多（因为在空间被表象出来之前，无外部现象可言），那只能是作为空间自身的样态的杂多性。以上论述不是康德“偶然为之”的表述，他在早先“对先验感性论的总说明”中说“时间空间不仅被先天地表象为感性直观的诸形式，而且被表象为（包含着杂多的）诸直观本身”[②]，他特别说明时间空间被表象的诸直观本身是“包含着杂多的”。在这句话中，康德是把时间空间“被表象为诸形式”与“被表象为诸直观”相并列的，表明时间空间既是“诸形式”，又是“诸直观”（此中深意，似乎可以被认为是包含了新的时空观中的“时间空间既是形式又是质料”），而作为“诸直观本身”所包含的杂多，显然不是作为“诸形式”所统摄的“感性杂多”（否则前后两段话就说的是一个意思而不能并列而论）。

康德为什么要强调时间空间本身包含着“杂多”？他或许是基于以下考虑：假如时间空间本身是单纯的、是无差别的“整全”，它们又是一切现象的直观形式，那么，一个显而易见的问题是：为什么一切现象会是纷繁复杂的杂多？形式是规定性的来源，如果形式是单纯的，该形式所统摄的感性直观又怎么可能是杂多的？因此，时间空间本身必须包含“杂多性”，而它

---

① [德]康德著，《纯粹理性批判》，邓晓芒译，杨祖陶校，人民出版社2004年版，第107页注释。

② [德]康德著，《纯粹理性批判》，邓晓芒译，杨祖陶校，人民出版社2004年版，第43页。

们又不可能是被“组成的”（那样的话，就还有比它们更基础的东西），那么，只能是它们的样态是杂多的，也即它们的显现方式是多样的。如此一来，上述问题就化解了：感性直观的“杂多性”来自于时间空间的样态的“多样性”。对此，康德明确提出了几个“时间的样态”。

二、时间的样态。

康德在图型法中使用了时间的序列、秩序和内容等样态，同时又说：“时间的三种样态是持存性、相继性和同时并存”[①]。为简洁起见，我们把时间的样态概括为以下三点：

1、相继性。时间是依次地展开的，构成一个序列，体现出前后相继性。我们可以用“时间序列”这个词来指代时间的相继性。

2、并存性。康德也称为“同时并存”或“同时性”[②]，体现时间中的同时并存的关系。

3、持存性。康德把持存性解释为时间的内容，即在时间中的在场（时间因某物的“持续存在”而被占据）。我们要稍加改变，把持存性理解为“时间把时间的性质实现出来”。因为按照新的时空观，没有“在时间中的在场”或“时间因某物的‘持续存在’而被占据”这类说法，一个物就是一个时间，不是“在时间中的在场”，也不是被“占据”。

康德的图型法中还有“时间总和”，我认为它可以从其它样态派生出来，不属于基础的样态。

康德对时间样态的精辟归纳，超越了人们（至今仍）抱有的“时间是由瞬间构成”的观念。罗素在《我们关于外间世界的知识》中谈到“连续性理论”时就指出，“数学家把空间和时间看作是由点和瞬间构成的”，他通过分析芝诺悖论等问题，也认为“空间和时间如果是实在的，就一定不能认为是由点和瞬间组成的”[③]。尽管（我们后面将谈到）罗素对“连续性”的理解

① [德]康德著，《纯粹理性批判》，邓晓芒译，杨祖陶校，人民出版社2004年版，第166页。

② [德]康德著，《纯粹理性批判》，邓晓芒译，杨祖陶校，人民出版社2004年版，第166、171页。

③ [英]罗素著，《我们关于外间世界的知识》，陈启伟译，上海世纪出版集团2008年版，第85页。

是不准确的，但他确实看到了“把空间和时间看作是由点和瞬间构成的”所带来的困扰。因此，我们不采用“时间由瞬间构成”这个说法，而采用康德现成的对时间样态的归纳。至于这三个样态有何规定性？康德无暇分别予以阐明，我们到后面再专门研究。

三、空间的样态。

康德没有明确指出空间的样态是什么，但他指出了纯粹几何学与空间形式的关系，认为“既然像几何学家所设想的那样的空间，完全是我们先天地在自己里面所发现的感性直观形式，而且这种形式包含着一切外在显象（在形式上）的可能性的根据，所以，这些显象就必然地并且精确地与几何学家的命题相一致”①、“外部显象绝不能包含某种别的东西，只能包含几何学为它们规定的东西”②，那么，我们可以从几何学中反过来寻找空间的基础样态。

几何学（无论是欧式几何或非欧几何）的三个基本要素是点、线、面。从三者之间的生成关系（所谓点生线、线生面）看，点是最基础的，因此，点是空间的基础样态。此外，线包含了点，还不够纯粹。这里略抽象：点虽然没有大小、界限，但是，既然我们能指着一条线里的“这里”、“那里”而说出“这个点”、“那个点”，就说明“点”与“点”是可以被区分出来的（否则“点”将无从谈起），那么，用以区分“点”的那个规定性，就是比线更基础的东西，我们称之为“位差”。面以及立方体等，都描述的是空间中的形状、形体，抽掉可以用来对它们加以确指的规定，我们用一个“形”来加以概括。于是，我们可以把空间的基础样态概括为以下三点：

1、点。点的意义对应着几何学中的点的意义。

2、位差，即用于区分点的规定性。位差不是距离，但可以派生出距离，距离是量的概念。位差也不是线段，因为在几何学中，线被认为是由点派生出来的（尽管这个说法只有观念的意义而无公理或定理上的意义），因此不能与点并列而为基础的样态。从“把点区分出来”这层意义上看，位差是具

① [德]康德著，《未来形而上学导论》，李秋零译注，中国人民大学出版社2013年版，第31页。

② [德]康德著，《未来形而上学导论》，李秋零译注，中国人民大学出版社2013年版，第30页。

有某种能动性的性质。或者更简明地说，位差是“形成间距以便把点区分出来的能动性”。因为很显然，离开了这个能动性，我们将无法认识甚至无法指认出“点”——那样的话，“点”就不过是“观念物”。在几何学中，我们能说出一个“点”，总离不开“两条线的交叉”或“一条线的一端”等描述。这表明“点”的意义离不开“位差”的意义，因此，我们不妨把点与位差理解为相辅相成的东西。在后面，我们将谈到“空间是由点构成的”观念，这个观念不仅带来了至今未解的芝诺悖论等疑难，而且忽视了一个最基本的问题：点构成空间是如何可能的？几何学明明主张点是没有长宽高的规定性的，一个没有尺寸的东西加另一个没有尺寸的东西怎么能得到一个明摆着有长宽高的规定性的空间来的？因此，出于简单明确的考虑，我们把点与位差都规定为空间的样态。

3、形。按照康德在空间时间的“形而上学阐明”所采用的方法，我们除去“形状”、“形体”等经验性概念中的感觉成分，把“剩下”的纯直观的东西称之为“形”。形在几何学上对应面或体，是后者的抽象（因而不完全是“形状”、“形体”那样的东西），包含了“形式”这个抽象的涵义。阿那克西曼德认为世界的本原是“无定型”的“阿派朗”，我们设想“阿派朗”的反面，一个物是定型了的因而是有形的，那么，那个构成其“定型”的空间的纯直观，就是这里的这个“形”。我们将在后面阐明，形可以由点和位差派生出来，但前提是点和位差必须借助时间的性质才能生出形来（见第十二章）。既然形与点和位差没有直接的派生关系，就空间本身而言，我们完全可以把形与点、位差并列为空间的样态。

简言之，空间的上述点、位差和形这三个样态正是几何学的点、线、面（或体）的“纯直观”。当然，必须予以说明的是，以上论述并不是“以几何学为依据”。我们没有“依据”几何学（无论是欧式几何或非欧几何）的任何一条公理、定理，而是追溯几何学有哪些基本要素——无论哪一种几何学都不能否认它的基本要素是“点、线、面”。这就好比我们谈论“人的感觉”，尽管经验论立足于“感觉经验”、说“一切知识来源于感觉经验”，但是，当我们说“人的感觉由视觉、听觉、触觉、嗅觉、味觉这五个基本要素构成”时，却与经验论没有关系。

四、时间空间的样态的意义。

至此，对前面的问题的回答是：当我们说“感性对象（因我们赋予而）具有时间空间先天直观形式”这句话时，指的是该感性对象具有时间的相继性、并存性、持存性的样态和空间的点、位差、形的样态——当然，在我们推进到新的时空观时，我们可以更明确地指出：时间等价于时间的相继性、并存性和持存性的样态，空间等价于空间的点、位差和形的样态。

这里需要强调的是，所谓样态，不是指构成物或构成要素，而是指性质或显现方式。时间空间不是那几个样态构造而成的，而是有着那几个样态的性质，并以那几个样态的方式显现出来。一个人会弹古筝、会下围棋、会写草书、会画山水，对这个人而言，弹古筝、下围棋、写草书、画山水就是他的性质，也是他之成为他的显现方式。但我们不会说他是由“弹古筝”、“下围棋”、“写草书”、“画山水”这几样东西构成。既然我们不是用“时间”、“空间”这两个词来当作直观形式，那么我们总要问：我们是如何直观到时间空间的？现在的回答就是：我们通过相继性、并存性或持存性直观到时间，通过点、位差或形直观到空间——就像我们可以通过“弹古筝”、“下围棋”、“写草书”、“画山水”这几件事情来认识一个人一样。反过来讲就是：时间有相继性、并存性和持存性的性质或显现方式，空间有点、位差和形的性质或显现方式。与构成物不同，作为性质或显现方式，意味着只要有时间（或空间）的一个样态呈现出来了，时间（或空间）就呈现出来了。比如说，当我们意识到“一个点”时，我们就得到了空间的直观（而不是要等到把点、位差和形三者组合起来才有空间的直观）——同样的比喻是，一个人在弹古筝，他（依据他在音乐上的素养）就已经作为我们认识的那个人呈现出来了（我们不会要求他当场再下一盘棋、写一幅字或画一幅画才能确认他是谁）。这是一个重要的进展，将有助于我们更准确地理解时间空间的叠加性和不可分离性。接下来我们就对此做进一步解释。

也许有人会问：时间空间的样态为什么是上述六种？我的回答很简单：一是找不出其它的样态来，二是其中每一个都是必要的、不可或缺的。对此质疑的唯一办法是：找出其它的或减少其中的。否则的话，不妨耐心看一看，从这六种样态出发，能带给我们哪些意料之外的东西。

第五节　推演的方法

既然时间空间是（对象方面的）初始条件，就是说时间空间的六个样态是（对象方面的）初始条件，也是我们推演范畴等工作的出发点。

一、时间空间样态的叠加性和还原性。

时间空间样态的叠加性是不言而喻的，因为当我们说“时间有相继性、并存性和持存性的样态（或显现方式）”以及“空间有点、位差和形的样态（或显现方式）”时，就是在说“时间是由相继性、并存性和持存性叠加而成”以及“空间是由点、位差和形叠加而成”。于是，我们说诸样态具有叠加性。

我们来设想一个彩色的玻璃球，里面有红、黄、蓝三种色块（三种色块是能被区分的，否则就是一个单色的玻璃球），我们可以变换看玻璃球的视角，既可以同时透过红、黄、蓝这三个色块，看见玻璃球“显现”出黑色，也可以只透过其中两个色块，比如透过红色块去看蓝色块，看出紫色的效果，于是我们说该玻璃球“显现”出紫色来；透过蓝色块去看黄色块，就能看出绿色的效果，于是我们说该玻璃球“显现”出绿色来……我们来分析一下这个玻璃球的这些情况：首先，一般而言，颜色是不能脱离物质而单独存在的。红、黄、蓝那三个色块不能脱离玻璃球而单独存在，它们是玻璃球的诸性质；其次，那些叠加后得到的颜色也是存在着的（当然也没有脱离玻璃球而单独存在），透过红色和蓝色，我们确实看见了紫色，紫色也可以归入玻璃球的性质；第三，红色与蓝色叠加成紫色，这个叠加中并没有黄色的参与。同样，蓝色与黄色叠加成绿色，这个叠加中也没有红色的参与，如此等等。这表明红黄蓝这三原色可以两相叠加而无须全部叠加；第四，叠加后得到的颜色还可以再与其它颜色相叠加，由此得到绚丽多彩的丰富颜色；第五，由于所有颜色都依存于玻璃球这个整体，即使我们单独谈论其中的某个颜色，其隐含的前提是“颜色依存于玻璃球”，而不能因单独谈论而被理解为“颜色独立于玻璃球而存在着”——“颜色不能脱离物体而存在”这个前提始终是被满足了的。

如果把玻璃彩球换成时间和空间，时间的三个样态就好比时间这个玻璃球中的那三原色的色块，空间的三个样态就好比空间这个玻璃球的那三原色的色块，既可以是三个样态同时叠加，又可以只有两个样态相互叠加（那样叠加出来的东西跟上述紫色、绿色一样是真实显现出来的东西）。更进一步讲，既然我们说“时间空间不可分离”，就好比时间空间共同构成一个玻璃球，该玻璃球中就同时有六个样态，同样地，既可以是六个样态同时叠加（得到“时空”），又可以只有其中两个样态相互叠加（也将得到一些真实显现出来的东西），比如点与相继性的叠加、点与并存性的叠加等等，我们将在后面对这些叠加得到的东西做出详细的说明。这就是样态间相互叠加的意义之所在。

反过来讲，时间空间的样态既然具有叠加性，当然也具有还原性，如同红色与蓝色叠加成了紫色，同时紫色又可以被还原为红色与蓝色一样。所谓认识一个对象，就是在思维中把这个对象还原为它的叠加的成分以及这些成分之间的关系。

以上是从玻璃彩球形象地说明了时间空间样态的叠加性和还原性，这是不是（如传统形而上学那样）通过比拟、类比或比喻来展开推演呢？绝非如此。之所以从玻璃球说起，仅仅是出于理解或表述上的方便。要说样态的叠加性和还原性的依据，直接的依据是几何学的直观，比如两个正方形叠加在一起得到一个长方形，该长方形又可以还原为两个正方形。几何学说“点生成线、线生成面”，以这里的“叠加性”而言，就是点叠加成线、线叠加成面。这是几何学的直观，无须过多论证。而且，这个直观也无关乎几何学的某些原理、定律（当然也无关乎欧式几何学与非欧几何学的差异）。既然空间的点、位差和形是从几何学的要素中抽象而来，这一个直观对空间的样态而言也是不言而喻的。至于时间样态的叠加性，如果我们承认（如康德所说的）时间具有相继性、并存性和持存性的样态，如果不把时间视为这三个样态的综合（叠加），还能在什么意义上说“时间具有相继性、并存性和持存性”？当我们说时间既具有前后相继的性质又具有同时并存的性质时，其实就是在说“时间是相继性和并存性的叠加”（这里姑且不谈其中如何包含“持存性”的叠加的问题）。

至此，我们认为，一切现象（包括物质、能量、思维、表象、观念等等我们所能想到并谈论的东西）都是由时间空间的样态相互叠加而成的。这并非不可想象，因为简简单单的红、黄、蓝三原色就能叠加出大千世界绚丽多彩的五光十色来。在这个问题上，难的不是做此想象，而是一五一十地通过逐个的叠加或综合来把“一切现象”以确定无疑的方式实现出来。

二、样态间叠加的自发性原理。

既然时间空间的样态具有上述叠加性和还原性，这里有个问题：那些样态之间的叠加有何规则？或者说，有没有什么规则来限定哪些样态之间可以叠加、哪些样态之间不能叠加？这里有两个层次的问题：其一，既然我们承认时间的性质是由相继性、并存性和持存性叠加而成，承认空间的性质是由点、位差和形叠加而成，那么，同样是叠加，为什么相继性、并存性和持存性这三个样态可以叠加而其中的两个样态之间却不能相互叠加（比如相继性与持存性相叠加）？为什么点、位差和形这三个样态可以叠加而其中的两个样态之间却不能相互叠加（比如点和位差相叠加）？既然时空是不可分离的，为什么时间的样态和空间的样态能各自叠加而时间的样态与空间的样态之间却不能相互叠加（比如点与相继性相叠加）？其二，如果有两个样态之间是可以相互叠加的（如相继性与持存性相叠加），为什么其它样态之间又不能叠加？对这两个层次的问题的共同回答是，由于时间空间是最基底的东西，是构成一切现象及其规则的基质，我们不能设想还有什么更基底的“规则”来对样态之间的叠加做出限定。既然承认时间空间的样态具有叠加性这个前提，那么，任何两个或多个样态之间都是可以相互叠加的——因为我们找不出理由以“规定”某两个样态之间是“不可叠加的”，正如上面回答“为什么时间空间是那六个样态”时所说“因为找不出其它能够增加的样态，也找不出其中可以减少的样态”一样。因此，六个样态之间凡是可以设想且找不出否定理由的相互叠加都是可以实现且必然得出某种有意义的东西。为什么说是“必然得出某种有意义的东西”？同样的道理：如果你承认某两个样态相叠加可以得到某种有意义的东西，却说另外两个样态相叠加无法得到某种有意义的东西，也必须给出某种限定的理由来，而不可能有比时间空间的样态更基底的东西能够成为限定样态的性质的依据了。

我们把“六个样态之间凡是可以设想且找不出否定理由的相互叠加都是可以实现且必然得出某种有意义的东西”这个结论称之为“样态间叠加的自发性原理”。这将在后续的推演中发挥重要作用。

三、范畴、现象（物和事）等一切“东西”的推演方法。

在前面我们谈过，范畴的来源问题的本质是范畴与逻辑孰先孰后的问题，要推演范畴，必须要有推演的依据，该依据从何而来就成了问题（如果不依据逻辑的话）。现在，我们找到了一个方法，即：通过找出时间空间的性质及其样态的综合来为找到的东西命名——这个过程如果说依据了什么原则的话，只有前述巴门尼德的“是者是”原则，而无须借助被归入逻辑的那些东西（那是后来派生出来的东西）。而命名的依据就是把我们语言系统中现有的语词、概念与物质、思维的对象建立起对应关系，看看哪个语词与找出来的东西相适宜。

如前所述，我们不能假装站在“宇宙大爆炸”的“奇点”上去推演所有的东西。与以往的哲学体系的做法不同，我们为那一场“从头开始”的运动预设了一个旁观者，这个旁观者没有带着他自己的规则（如语言学的规则），而只是负责为从开端（如“奇点”）开始自发演化出来的东西在语言中找到对应的语词——具体而言，从时间空间的性质中每演化出一个东西，我们就在现有的语词中找出一个可以用于指称它的语词（至于为什么是这个词而不是那个词，依据就是：如果承认语词有指称的话，其一，总有一个词适合于指称那个东西，其二，这个词比那个词更合适——除非你有理由给出其它的选项，但这也不过是选择上的差异）。如此一来，上述有关开端的困境（如外在的尺度问题等）都不复存在了。在这个过程中，我们基于上述三方面的初始条件，在物质、思维和语言之间建立起对应关系，把“世界的一切现象”以清楚明白的方式建立在（或追溯到）时间空间的基质之上——这就是我们要做的事情。

至于从开端出发后向前推进的“动力”，将来自于两个方面：第一个方面是时间空间自身的性质。这些性质从哪里来？来自于包括物理学在内的经验科学所承认的直观，比如时间是不可逆的。也许有人会（因着科幻的情结而）说“时光倒流”是可以设想的。我的回答是：不妨等科学家实现了“时光倒流”再来提出质疑——现在的事实且为科学家所承认的，就是“时间是不可逆的”。再比如前面把时间空间的样态归于那六个，也得到经验科学所承认的直观的支持——无论是牛顿力学还是爱因斯坦相对论，都承认时间具有前后相继性、同时并存性的性质（尽管没有谈到“持存性”，当然也没有反驳“持存性”）；无论是欧式几何学还是非欧几何学，都承认空间具有点、位差和形的性质。第二方面是所有可能的叠加方式，即上述“样态间相互叠加的自发性原理”。由此设想并呈现出“所有可能的叠加方式”、然后为其叠加出来的东西命名，就成为我们逐个地找到范畴等东西的另一个方法——依据时间空间的性质找到某个东西并为之命名，就是我们推演范畴等内容的方法。

我们的上述推演方法无须依据逻辑等现有的规则或原则——如果一定要说依据了什么，那就是巴门尼德的“是者是”原则。为什么需要“是者是”这个原则（即被我们归为“思维的初始原则”的东西）？因为，我们所谓从时间空间那里“找到的东西”，就是能被思维的东西，就是是者，不能是“既是又不是”的诸如“羊–鹿”那样的东西。这是一个根本性的问题。如前所述，面对一个物的显而易见的变化，我们面临赫拉克利特和巴门尼德的两种不同的解决方案（尽管如我们已经分析的那样，前者在相当大的程度上依赖于后者），而我们将明确地走上“真理之路”而非“意见之路”。

有关推演的依据，还有一点需要说明。康德把知识的来源归于感性直观和知性范畴。我们也会用到直观这个词，但这个词的含义是不是完全等同于在感官印象中一目了然、不证自明的东西？还略有不同。比如我们会谈到“点”或“时间序列”这类并非依据人的感官印象的东西（“点”离开了

“位差”将不会为我们所感知），也许有人会因此质疑其直观性。对此，一个简明的解释是：人的大脑也是时间空间，只要我们在思维中能够想到的一目了然、不证自明的东西，无非是大脑对自身的“反思”，也同样可以是直观的和不言而喻的。

四、范畴是在现象之中的客观实在的东西而不是人的思维或想象的产物。

不言而喻，既然一切现象是时间空间及其性质的派生物，我们从时间空间及其性质中找到并命名的范畴也就是在现象之中的客观实在的东西，当然也无须证明范畴何以能适用于现象的问题。这与康德的范畴不同，他出于“人为自然立法”的考虑，特别强调时间空间的联结和知性范畴对感性杂多的统摄是人的主观性状和主观能动性（先验想象力）的结果，是发生在人的“先验自我意识”当中的东西，这就使得他的范畴与感性杂多是两样彼此外在的东西，必须通过“先验演绎”来证明前者何以能适用于后者。对我们来说，范畴的客观实在性和普遍有效性是不言而喻的。

五、哲学和自然科学开始在同一个语境中说话。

上述基于时间空间样态的相互综合并由此推演出“一切现象”的做法是有依据的，而且其依据来自于时间空间的早已得到（包括自然科学在内的）公认的性质，即我们所说的时间空间的性质，就是自然科学所说的时间空间的性质，比如我们所说的时间的相继性，指的就是自然科学所说的“前后相继”的意思；我们所说的点，指的就是几何学所说的点的意思等等，比如我们下一章要谈到的“时间不可逆性”，指的也是自然科学的意义上的“时间不可逆性”，我们将从“时间不可逆性”推导出某些东西，也就是从自然科学的意义上的“时间不可逆性”推导出的东西——这不仅意味着我们的推演将在自然科学的意义上是“有依据的论证”（这就绝不是靠着主观臆断所作的象征、联想、比拟或附会），并且意味着我们完全可以与自然科学在同一个语境中说话。哲学将依据自然科学承认的前提来构建其理论体系。只有这样，才有可能实现“让哲学与自然科学在同一个语境中说话”，哲学才能真正实现其为自然科学提供“前提和准则”的使命。

我们相信这就是康德未竟之事业，也深知这是一项宏大而艰难的工作，尽管如此，最初的、哪怕是浅薄的尝试仍然是有必要和有意义的。在后面的工作中，我们将暂时把新的成果称为“新时空观体系”，等到本书的最后（结语）部分，我们再来讨论该体系是否就是康德所预期的“科学的形而上学”。

第五章　时间相继性和时间不可逆定律

到目前为止，我们从“反思概念表”、“是者是”原则以及时间空间三个方面获得了认识活动开始之初的初始条件，明确了时间空间（直观）形式的样态及其叠加性和还原性、后续工作的推演方法等内容。当然，更早的时候得到了包括“时间空间既是形式也是质料”、“一个物是一个时间贯串着一个空间”乃至“时间空间是一切现象的基质”等内容的新的时空观。我们将从这些已有的条件和结论出发，秉承“有依据地论证”的传统，展开我们的进一步探索。

前面说过，在一个物的构造（一个时间贯串着一个空间）中，时间空间互为规定性，即：空间的每一个部分都被时间所规定（即通常所说的“在时间之中”），空间依据其每一部分性状的变化让时间得以呈现。时间空间互为形式和质料的规定性是如何可能的？就是时间的相继性、并存性和持存性与空间的点、位差和形的各个样态之间相互约束、相互规定。从本章开始，我们将分别以时间的相继性、并存性和持存性的三个样态为视角，逐个分析它们对空间的样态所做出的规定。本章从时间的相继性说起。

第一节　时间不可逆性的意义及时间不可逆定律

我们来对时间做一个预设——我们无法对它做出证明，但它完全有理由被当作公理，即：时间是不可逆的。这个预设作为公理的理由，丝毫不逊色于几何学的那几个公理。尽管科幻作品不断地想象着时光倒流、回到过去之类的事情，但如果有人据以对时间的不可逆性提出“质疑”，那就属于前面提到的真正意义上的“没有理由怀疑但仍然拒绝相信”的虚无主义——对此，我们的回答是：等你或科学家实现了时光倒流再来质疑不迟。我们的推演就从时间的不可逆性开始——该不可逆性也是物理学所承认的性质，我们将践行前面谈到的“依据自然科学所承认的对象的性质作为依据来展开哲学的推演”的做法。

一、时间不可逆性的意义。

时间不可逆涉及的是时间的相继性，相继性是指时间依次地展开，构成一个序列，体现出前后相继性。前面说过，我们可以用“时间序列”这个词来指代时间的相继性，也解释了时间与时间序列的关系（时间是连续展开的，时间序列是以有间隔的节点来对时间作出的表述；时间不等同于时间序列，因此时间并非由“瞬间”构成）。如同水文观测点记录了那个位置的河流的状态，时间序列的每个节点也记录了在那个节点上的时间的状态——所谓时间的状态，如前所述，也就是空间的状态。因此，假设就以标注节点的符号来表示该节点的内容（即时间或空间的状态），我们发现可以有四种序列，一是同一个元素的重复排列，如1、1、1、1、1、1……；二是类似于自然数的序列，如1、2、3、4、5、6……或者a、b、c、d、e、f……这种序列的特征是其中每个元素都是不同的，没有重复的。这里的1、2、3或a、b、c等当然首先是表示作为一个序号的符号（1、2、3跟a、b、c一样只是符号，不是作为量的范畴的自然数的意义），其次也表示序列在那个位置上的内容（下同），也就是说，其中每个元素的差异是就内容而言的；三是杂乱的排列，比如1、2、4、1、3、2……或者a、b、a、d、c、b、f……这种序列的特征是其中的元素的内容是有重复的，杂乱的；四是虽无重复，但杂乱无规律，如1，2，4，9，15，23……。时间序列究竟属于哪一种序列？显然属于第二种序列，即每个元素（就内容而言）都是不同的和没有重复的。因为这才能与时间的不可逆性相对应。为什么不是第一种“同一个元素的重复排列”的序列？因为那意味着时间没有发生改变。时间的改变至少从“前后相继”这个词中体现出来：我们说出的“前”、“后”的差异，就是对时间发生改变的最基础的述说。为什么不是第三种“杂乱的排列”？对于“1、2、4、1、3、2”这个排列，第一个元素与第四个元素都是“1”、第二个元素与第六个元素都是“2”，这意味着“时间走到第四个位置时回到了第一个位置、走到第六个位置时回到了第二个位置”——即出现了时间的逆行。为什么不是第四种序列？虽然该序列的内容没有重复，但是，每两个节点之间的改变没有规则，改变的幅度也参差不齐，这与我们直观中的时间变化的均匀性相违背（至于时间的变化为什么应该是均匀的？我们后文提供依据）。

进一步看，按照一个物的构造，我们用状态1、状态2、状态3、状态4……分别表示在时间序列的各个节点所对应的空间的规定性（或者笼统地说是物的状态的规定性）。这里说的“节点”，是不是通常所说的“瞬间”？无关紧要。因为我们并没有预设“时间是由节点或瞬间构成的”，“节点”也好，“瞬间”也罢，不过是对时间序列的一个标注，时间是连续的、无间隙的，我们以一定的间隔标出一个一个单位，就好比每隔一个河段设立一个水文标识，用以记录河流在该位置的若干数据——尽管河流本身是绵延不断的。以下是“时间空间规定性的对应表”：

序列的节点	1	2	3	4	……	N
空间的规定性	状态1	状态2	状态3	状态4	……	状态N

（表一）

在上述对应表中，节点1被当作该时间的“开端”（我们将在后面分析，每一个时间都是有开端和结束的），节点N被当作该时间的“现在”，节点N之前的节点被当作该时间的“过去”，节点N之后可能出现的节点则被当作该时间的“未来”。一个时间的序列更恰当的表述应该是颠倒过来：

序列的节点	N	N-1	N-2	N-3	……
空间的规定性	状态N	状态N-1	状态N-2	状态N-3	……

（表二）

不过，出于表述上的方便，我们在后面仍将使用表一的形式。这样一来，我们可以说一个时间序列的最末端的节点N是它的“现在”，最末端之前的节点是它的“过去”。“未来”在时间序列中是无法描述的，一个时间总是在现在的节点上呈现出来。

概括地讲，时间的不可逆性意味着：对一个物而言，一个时间在一个空间中前后相继、依次展开形成时间序列，该时间序列的每个节点上的空间的规定性将是前后不相同且不重复的。

“空间的规定性”具体指的是什么？指的是由量、质等范畴所决定的空间（也即物）的性质。这些性质的定义我们将在后面逐一推出，这里只笼统地称之为“空间的规定性”。

二、时间不可逆定律。

在上述“时间空间规定性的对应表”中，节点1的状态必不同于节点2、节点3的状态……，节点2的状态也必不同于节点3的状态、节点4的状态……以此类推。如上所述，如果各个节点的状态相同，将意味着时间是静止的；如果后面的某个状态与前面的某个状态相同，将意味着后面的某个时间回到了前面的某个时间，将违反时间的不可逆性。也就是说，对一个时间而言，后面的任何一个节点的状态都必将不同于前面的任何一个节点的状态。此外，我们无法想象一个时间会出现自行终止的情况。比如我们设想在太空中漂浮着一颗金刚石，它在不受外力干扰的情况下将“无限制”地存在下去（不能想象它的时间会自行终止），也就是说，一个物的节点的状态不仅与前面的每一个节点的状态不相同，而且该状态的变化的可能性还不能是有限的。因为如果该可能性是有限的，那将意味着该时间必然会自行中断。因此，归纳起来，前面的任何一个状态对后面的任何一个状态形成一个不可违反的约束，即前后状态必须是不相同的、不重复的且无限制的——我们把这称为“时间不可逆定律”：一个物的任何两个时间节点上的空间规定性都必须是不相同、不重复且无限制。当然，这里所说的时间不可逆性要求，是针对同一个时间（同一个物）而言的。一个物与另一个物在时间上的关系，我们后面再讨论。

这将是一个基础性的定律（它配得上一个定律的称号），它将带来一个明确并且强大的约束条件。请设想一下，一个时间无论其跨度有多大，其中任何两个节点上的空间规定性（实则是物的规定性）都必须是不相同的、不重复且无限制的，这意味着时间本身必须是某种“有机的整体”，其中贯串了某个约束机制，以确保后续任何一个节点的空间规定性绝不可与前面任何一个节点的空间规定性相重复（比如空间在第10001个节点上应该有什么规定性，必须“自发地”避开前面已经出现过的所有10000个节点的规定性，才能确定该节点上应该有的规定性），那么，时间本身将是一个“有机的整体”、一种受着严格约束的能动性。我们看到，康德的主张与此相一致，他说“在先的时间必然规定随后的时间”①。如何规定的？他没有细说。现在我们可以明确地讲：“在先的时间”依据“时间不可逆定律”“必然规定随后的时间”。

按照以上定律，一个物即使没有任何外部的影响，其自身的状态在任意两个时刻之间都将是不同的。打个比方，让一颗金刚石在太空中悬浮着，即使没有任何物质或引力的干扰，就“物的规定性”而言，它在任何时刻都将是不同的。这个观念显然只能存在于康德（经上述推演后）的时空观中。在物理学的时空观里，由于时间外在于事物，事物的状态与时间无关，时间的不可逆性也与事物的状态无关，因而理论上存在绝对静止的东西（某物除非有来自于外部的力量或内部的能量带给它变化，否则将是不发生变化的）。现在看来，按照通常的（不准确的）表述，只要说一个物“在时间中”，就是说该物在任意两个时刻之间的状态都是不同的。

这里还要稍作说明。我们在此使用的是相同性和差异性这一对“反思概念”，它们来自于我们的认识能力本身（即上述作为初始条件之一的“反思概念表”）。因此以上说法与范畴或逻辑无关。也就是说，我们现在和接下来讨论的内容并不以范畴或逻辑规则为前提。比如“变化”这个词，我们在后面会单独定义其含义，在此之前或许出于表述的方便而用到，但用到的地方都可以用“相同性和差异性”来取代。比如从“相同”到“差异”的过程（或者从“一致”到“冲突”的过程）就是“变化”——这个定义也是合

① [德]康德著，《纯粹理性批判》，邓晓芒译，杨祖陶校，人民出版社2004年版，第183页。

法的（因为“相同与差异”、“一致与冲突”都属于初始条件中的“反思概念表”），但该定义是“在语言这一边”，是基于初始条件中的语言所作的描述，我们将在后面的第七章给出更为本质的定义即“在对象那一边”去定义“什么是变化”；再比如我们正在使用的“时间不可逆定律”，并非“因为时间是不可逆的，所以一个物在各个时间节点上的规定性是不相同、不重复且无限制的”——这听起来像是用到了三段论推理甚至“因果性”范畴。其实不然。所谓时间的不可逆性，指的就是“一个物在各个时间节点上的规定性是不相同、不重复且无限制的”，两者是等价的关系（即对同一件事的不同表述），并非推理的关系或因果的关系。甚至于，如果有人认为“不可逆”这个词不属于我们前述的认识的“初始条件”，那么，我们还可以说，所谓时间的相继性，指的就是“一个物在各个时间节点上的规定性是不相同、不重复且无限制的”——这符合我们对时间这个词的最直观的理解，因为我们看到的世界每天都不相同、不重复且无限制——我们把时间的这种“不相同、不重复且无限制”的性质称为“不可逆性”。对时间不可逆原理的有关运用如果说一定依据了什么原理，那也是巴门尼德的“是者是”原则：既然时间是“时间的各个节点上的规定性是不相同、不重复且无限制的”，那么，具体的这个时间或那个时间也必定是“时间的各个节点上的规定性是不相同、不重复且无限制的”。还有一点，我们“过早地”使用了“一个”这样的量词，毕竟我们还没有推演出量的范畴。我们把量的范畴的推演集中到后面范畴推演的部分。如前所述，这仅仅是出于表述上的方便，后面的推演与这里对“一个”的使用没有关系——对于后面才会出现的东西是否过早地在前面用起来，我们将始终保持必要的警觉。

三、一个时间的开始和结束。

既然“时间不可逆定律”明确指出在一个时间中的所有节点上的空间规定性是不可重复，就涉及到这样两个问题：一是“一个时间”有无开端？似乎只能说是有的，因为时间如果没有开始的节点，就谈不上“所有节点的空间规定性不可重复”；二是如果“这一个时间”和“那一个时间”具有一个共同的源头，比如现代天文学所说的“宇宙大爆炸”的一刹那，那么，它们岂非是同一个时间，又何必区分“这一个时间”、“那一个时间”？

这要回到我们前面说“时间空间互为形式和质料”（即“时间空间互为规定性”）这个判断上：形式和质料不能分离开，不能各自独立存在；当时间规定空间时，空间得以呈现；反之，当空间规定时间时，时间得以呈现。从形式和质料的不可分，得出时间和空间的不可分。这与现代物理学把时间空间合称为一个概念“时空”，是相符合的——尽管为了表述上的便利，我们常常需要分开谈时间和空间，那也相当于从两个视角去看同一个东西。时间通过不可逆定律对空间的状态作出规定（后面的状态必定不同于前面的状态且不可重复），属于“当时间规定空间时，空间得以呈现”。如何体现“空间规定时间时，时间得以呈现”？因为离开了空间的规定性的变化，时间是无从谈起的。时间不能脱离空间而存在，从我们的感觉经验中不难想象。在对外观察中，如果不是我看见了四季景物的变化，我将无法知道时光在流逝；在内心反省中，如果不是我清楚地记得“我刚才想到了一个东西，现在想到了另一个东西”，我也将无法知道时间已经从“刚才”变成了“现在”。也就是说，我们不能直接感知到时间，而只能借助某种变化，反过来讲，是变化让时间得以呈现。在所有的变化中，空间的规定性的变化无疑是最初始的变化。

如此一来，从“空间规定时间时，时间得以呈现”来看，一个时间有开端并且有结束，就并非不可想象了：就“一个物是一个时间贯串着一个空间”而言，一个时间开始于它所贯串的空间形成之际[①]，其标志是该空间规定性的满足时间不可逆性要求的序列的生成；一个时间结束于它所贯串的空间瓦解之际，其标志是该空间规定性的满足时间不可逆性要求的序列的消失。

我们用一辆轿车为例。这辆轿车作为一个物，就是一个时间，但这个时间是如何开始的？假设这个轿车由100个零件组装而成，这100个零件分别是彼此不相干（比如被制造好之后分别放在不同的地方）的100个物，即100个

① 为了形象起见，我们也使用“有形的空间”这个说法，以区分以往观念中的“无边无垠的虚空”这个空间概念。实际上，在新的时空观中，空间就是空间，“无边无垠的虚空”反倒是需要解释的东西。

时间，遵循各自的时间不可逆性的要求（即时间序列各个节点的空间规定性“不相同、不重复且无限制”）。

现在，所有零件完成了组装①，形成了轿车“这个物”，由于组装在一起并共同完成轿车的功能，100个零件之间发生了关系，形成了交互作用（稍后我们在协同性范畴时再谈该交互作用力的意义）。以轮胎为例，安装前后的轮胎（作为一个物）将有不同的空间规定性或状态的系列（组装之后，它将因为车身的重量、车轮的滚动而得到组装之前所没有的空间规定性），而且，轮胎的状态系列还跟轿车的其它零件乃至整个轿车的状态相关联的（比如轿车开动后与开动前对轮胎的影响是不同的），因此，轿车作为一个整体，其状态将是由相互关联的各个零件的状态共同构成的。于是，轿车这个时间在每个时间节点上的状态，将是100个零件交互作用的结果，可以简单地表示为100个零件的状态之和。按照时间不可逆定律，该总和在每个节点上都是不相同、不重复且无限制的。

轿车这个时间是如何开始的呢？就是从“轿车的状态序列”形成的节点开始的。何谓“形成”？绝不是“视为并说成是”就可以了，比如面对散落在仓库里的一堆零件，我们把它们的状态拼接在一个序列中，似乎就可以得到“（想象中的）轿车的状态序列”。“一个时间”之形成，是说一个序列中的所有状态之间建立起了“不相同、不重复且无限制”的约束机制。这与不相干的零件的状态拼接在一起是不同的。如果仅仅是主观上把不相干的东西的状态拼接在一起形成某个“状态序列”，该系列将无法严格遵循时间不可逆定律。

同样，轿车这个时间是如何结束的呢？就是在“轿车的状态序列”不复存在（即该系列不再遵循时间不可逆定律）之际结束的。既然散乱的零件作为独立的物，是一个一个时间，不能被“视为并说成是”轿车这个时间，在

① 在这里，“现在”是什么意思？它没有（也无须）某个“绝对的时间”作为参照以得到“现在”。具体而言，它对零件1来说是一个时间节点（如n），对零件2来说是另一个时间节点（如m）——这句话的意思是零件1在它的时间序列中的第n个节点被组装进“汽车”这个物，零件2在它的时间序列中的第m个节点被组装进“汽车”这个物，等等。

轿车重新回到散乱的零件的状态时，轿车这个时间自然也就结束了。

这里有个问题：一旦轿车这个时间形成了，之前的那些零件的时间是否还保留着？可以说仍然保留着。这就跟两个力形成了一个合力，要问“形成合力之后的那两个力是否还存在”一样，我们可以简明地回答说仍然存在。

要说人这个时间，其开始和结束就更为清晰：一个人的时间之开始，是他降生之际（如果仍在母体中，就只是作为他母亲这个物的一部分而存在，因为他需要母体来供给血液和营养），时间之结束，是他死亡之时。我们从空间规定时间的角度一般地说：“一个时间”是在一个“有形的空间”及其“空间规定性的序列”形成之际开始，在一个“有形的空间”及其“空间规定性的序列”终止之际结束——可见，在我们的观念中，一个时间是可以开始和结束的。①

以上的一个“有形的空间”和“空间规定性的序列”是甄别一个时间的两个依据。把一个苹果的“空间规定性的序列”与一个梨子的“空间规定性的序列”拼接起来，虽然满足“不相同、不重复且无限制”，但之所以不能得到一个“从苹果到梨子的时间”，依据是一个苹果的空间并非一个梨子的空间，不符合时间的一个“有形的空间”的要求。借助人的想象力把实际景物中的某个部分想象成某个“有形的东西”，把其它部分想象成另一个“有形的东西”，这些“东西”虽然借助想象力被划分出“有形的空间”，但该空间内部的各个部分之间不存在一个时间不可逆的约束机制，自然也不能成为“一个时间”。

对于上述第二个问题即如果各个物的时间有一个共同的源头是否意味着同一个时间的问题，就不难回答了：判定一个时间是否存在，依据是它是否

① 这就带来一个问题：在时间有开始和有结束的情况下，如何理解上述时间不可逆性定律所要求的“无限制”呢？实际上，“无限制”的这个要求是基于“时间不会自行终止”这一点来谈的，一个东西要成为一个时间，其状态的变化的无限制性是先决条件（否则将导致时间的自行终止，而这是不可想象的），比如轿车这个时间，我们可以设想把它放在真空之中，就能一直存在下去。因此，轿车的状态的变化就是无限制的。如果某个东西不具备这个先决条件，就意味着在某个时刻它会自行消失，这个东西就不能被设想为一个时间。但“不会自行终止”并不等于“不会终止”，汽车这个时间就可以因为被拆卸而终止。

以自身的内在关联来形成一个满足时间不可逆定律的时间序列。一辆轿车虽然就其零件的来源可以追溯到金属材料乃至提取金属的矿石等源头，但那些东西与轿车的时间序列已无法遵循同一个满足时间不可逆定律的内在关联，因此不再是同一个时间。至于说，宇宙有没有一个“统一的时间”？这个问题本身就是“有问题的”，因为，在摆脱了绝对时空的旧观念之后，这个问题预设了“宇宙”是“一个东西”，但“宇宙”能在什么意义上被当作“一个东西”，却是说不清道不明的。我们应该把这件事倒过来看：首先，我们不预设“有一个宇宙”（这样的整全是康德所说的“先验幻象”），而是从面前的桌子、对面的楼房、远处的山脉乃至天上的日月星辰一点点扩展开去，从确定的近处推至不那么确定的远处，从而获得一个“经验性的宇宙概念”（与现代天文学的宇宙概念相同）；同样，我们也不预设“与宇宙相对应的统一的时间”，也是从面前的桌子、对面的楼房、远处的山脉乃至天上的日月星辰的那一个个时间一点点扩展开去，从一个个贯串确定的有限空间的时间（在其生生灭灭的过程中）生成一个能够贯串更大空间乃至足够大空间的时间，从而获得一个与“经验性的宇宙概念”相对应的“宇宙时间”。现代天文学“大爆炸”理论所说的“宇宙是由一个致密炽热的奇点于137亿年前一次大爆炸后膨胀形成”的那个137亿年的时间是什么时间？也不过是根据现在所有已知的一个个物（因而是一个个时间）共同生成的那个时间并倒推回去得到的时间长度[①]。这个过程与各个小的零件的时间组装成一个大的轿车的时间的过程是一样的。

① 如果立足于上述把一个物与一个时间等同起来的观念，这“137亿年”这个时间长度并非毫无疑问。因为，既然物理学家的“宇宙”作为一个物有一个生成和演化的过程，那么，“宇宙的时间”也相应有一个生成和演化的过程。我们将在后面的推演中看出，时间在不同情况下可以不是均匀地展开的，也即可以不是匀速地展开的，宇宙的现在的时间必定不同于过去的时间。一个本身生成并演化着的东西如何成为该生成和演化过程的尺度？是值得研究的。“137亿年”如果是以“现在的时间”去衡量“过去的时间”，那就会是不准确的结果。

第二节　物的规定性的组合性差异和生长性差异

进一步看，不同时间节点的空间的规定性是不相同且不重复的，其中的差异从哪里来？或者说，物（空间）的规定性的差异指的是什么？当然是指物的由量、质等范畴所决定的性质的差异。在经验科学中，对一个物（或一个系统）的状态的前后差异可以从形状、结构、能量乃至有序度“熵”等多种方式来度量。我们脱离经验对象的具体特征，从空间的三个样态的关系来做一般性的抽象的描述。

空间有三个样态，且这三个样态都是有空间的“质的程度”（康德用语）的规定性的（如前所述，“位差”并非量的概念，而是空间的“形成间距”的样态）。如何在点、位差及形所构成的空间中呈现出规定性的差异？我们有必要区分出差异性的两个不同来源。

一、组合性差异。

假设一个桌面有一平方米，我们一次一次把三颗黄豆撒在上面，每次黄豆的分布图案都会不同（比如第一次抛撒，三颗黄豆在桌面上可以连成钝角三角形的组合方式；第二次抛撒，三颗黄豆在桌面上可以连成锐角三角形的组合方式，如此等等）。如果抛撒一次算作一个时间节点，那么，每次得到的结果就是该节点上桌面这个空间的规定性。如果把这些规定性用一个序列记录下来，就可以得到类似于上述表一或表二那样的对应表。这里用到两个词：“图案”或“组合方式”，即黄豆呈现出来的钝角三角形、锐角三角形等，实际上是三颗黄豆的关系。“关系”这个词需要我们在后面做出定义，这里先行使用。这里关心的是相继出现的这些组合方式或关系的差异，即同一组黄豆的不同组合方式的差异，我们称之为“组合性差异”。该差异有两个特点，一是尽管概率极小，但仍然存在前后两次抛撒的分布图案相同的情况；二是三颗黄豆（或有限数量的黄豆）抛撒在一平米的桌面上，无论出现多少种分布图案，其总量一定是有限的。可见这样的序列作为时间序列是不符合“无限制”的要求的，也就是说，仅仅依靠“组合性差异”是不能满足时间不可逆性“不相同、不重复且无限制”的要求的。

再看一个物，我们说“一个物是一个时间贯串着一个空间”。空间的形是由点和位差凝聚而成（我们后面将在时间的持存性部分讨论从点和位差“凝聚成”一个形的可能性），物质的分子、原子、电子、质子或中子等已为物理学所证实的微观粒子就具有我们所说的点的性质——至于一个分子、原子或电子是不是一个“点”以及若干的“点”如何“凝聚成”一个“物”，这里暂不讨论。我们无意像以往的自然哲学那样试图对世界的具体构造展开想象——那显然超越了哲学应有的职责，而且那样的想象也因其不符合哲学自己的原则而为哲学本身所不接受（比如违背“有依据地论证”，比如以比拟、比喻乃至“拟人化”的方式在两个不相干的东西之间过渡、推演等，因为这样的由此及彼的过渡是没有依据的）。为什么我们说物质的微观粒子或者上述抛撒在桌面的黄豆具有我们正在讨论的空间样态的点的性质？依据在于，我们说空间的样态是点、位差和形，这三个样态源自几何学的“点、线、面”的基本要素（无论欧式几何或非欧几何都承认的基本要素）——其一，如果几何学能够把物质的分子、原子、电子、质子或中子等微观粒子以及桌面上抛撒的黄豆当作一个点来看待，那么，它们就具有我们正在讨论的空间样态的点的性质（因而“抛撒黄豆”就不是没关联的比拟）；其二，反过来，既然桌面上抛撒的三颗黄豆具有分布图案上的组合性差异，那么，作为空间样态的点（与位差）就应该具有分布图案上的组合性差异，当然物质的分子等微观粒子也就具有分布图案上的组合性差异。这里面的理由甚至不是“因为几何学上的一组点和线的分布方式有组合性差异，所以作为空间基础样态的点和位差的分布方式也有组合性差异”，而是“几何学上的一组点和线的分布方式有组合性差异”与“作为空间基础样态的点和位差的分布方式有组合性差异”这两句话原本就是一回事，说“点、线、面能构成任何不同的几何图形”与说“作为空间基础样态的点和位差能构成任何不同的几何图形（也即构成空间的规定性）”也是一回事；其三，物理学认为，物质有分子结构、原子结构。以原子结构为例，原子结构固然有一定的模式，原子核与电子以及电子与电子之间有一定的约束关系。在该约束关系之下，电子作为点的分布方式有没有组合性差异？当然是有的。一个原子有固定数量的电子，但这些电子可以分布在不同的能级（或轨道）上，还可以从一个能级跃迁到另一个能级——这就可以被理解为有限数量的对象的组合性差异。当然，到了分子结构，分子之间的约束关系更为紧密，分子的组合性差异也只会是更小而非没有。

二、生长性差异。

如上所述，组合性差异有可能出现重复，且数量是有限度的（无论这个数值能有多么巨大），因此仅仅依靠一个物的空间规定性的组合性差异还不能满足时间不可逆定律。如何摆脱组合性差异的这个局限？仍以桌面抛撒黄豆为例（依据上面的分析，这个例子绝非传统形而上学的“比拟”手法，因为“黄豆”可以被直接替换为一个物的基本粒子），有三种方法，一是每次都增加黄豆数量，比如抛撒的是四颗，得到的分布图案肯定会与抛撒三颗黄豆时得到的分布图案不同，而且四颗黄豆的任何一次分布图案绝对不可能与三颗黄豆的任何一次分布图像相重复。并且，如果黄豆数量每次都增加、还一直增加下去，就能够使其得到的序列的规定性满足“不相同、不重复且无限制”的要求；二是黄豆数量不变，但桌面本身在膨胀，即使后面出现与前面相同的图案，但至少在大小上是有差异的，也能确保分布图案满足“不相同、不重复且无限制”的要求；三是既增加黄豆数量，桌面本身也在膨胀。具体到一个物的最基础的空间的三个样态来说，这三个方法中最简明的是第二个方式，即保持微观粒子数量，空间不断膨胀——在不断膨胀的空间中，微观粒子的组合方式即使前后相同，仍然能够满足时间不可逆定律的要求。我们把这当中的不同于组合性差异的差异，称为“生长性差异”。什么是“空间不断膨胀”（我们也称之为“空间的生长性”）？在后面第十二章“时间持存性的意义和推论”部分对“虚空”的性质予以研究之后将看到，“虚空”并非“空无一物”，而是由某些东西所构造。所谓“空间不断膨胀”或“空间的生长性差异”，就是构成“虚空”的东西的不断增长，这里暂且笼统地称为“空间规定性的不断增长”。

这里有个问题：只要空间不断生长，其生长性差异足以满足时间不可逆定律的要求，似乎组合性差异就变得可有可无了。并非如此。一个物的生长性差异固然具有某种主导性，但组合性差异也是不可或缺的。我们将在第七章证明，仅有生长性差异、没有组合性差异，对一个“均匀展开”的时间序列来说，是不可实现的。实际上，最自然的情况是，一个物以生长性差异和组合性差异相结合的方式来满足时间不可逆定律的要求。

三、生长性差异和组合性差异的不同特征。

归纳起来，一个物满足时间不可逆定律的方式是生长性差异和组合性差异相结合的方式。不过，生长性差异和组合性差异又有各自不同的特点。

我们先看生长性差异。如果以体积这个形象化的尺度来描述“空间膨胀”这件事，我们能够设想的膨胀方式不外乎两种可能性（分别都能满足时间不可逆性的要求）：一是确定的方式，二是不确定的方式。确定的方式是指空间的“体积”以匀速或匀加速的方式增长（总有某个恒定的量可以度量）。不确定的方式是指空间的“体积”的增长情况时大时小、毫无规律。由于空间中贯串着同一个时间，这就决定了两件事情：一是在同一个时间节点上，同一个时间对空间的各个部分的规定（即我们将在第七章中定义的“力”）必定是相同的——否则就不是同一个时间；二是在不同的时间节点上，除非前后节点上时间的规定性是不同的（而我们找不到能够导致时间在前后节点上的规定性出现“不确定的变化”的因素），否则对空间各个部分的规定也必定是相同的。这两件事情决定了空间的膨胀方式必定是确定的[①]。由此我们看出，生长性差异是以确定的方式展开的。

再看组合性差异。假设一个物在某个时间节点上有可能出现N种组合性差异，实际出现其中任何一种都能够满足时间不可逆定律的要求——我们发现，除了时间不可逆性所要求的“不相同、不重复且无限制”的规定之外，我们找不到任何别的规定来要求在N种可能的组合性差异中必须出现其中的某一种而不是另外的其它N-1种，因为N种可能的组合性差异都满足时间不可逆定律的要求。由于我们正在谈论的是最基础的时间不可逆性，没有比它更基底的东西能够再对它的性质做出更基底的要求。因此，我们只能承认，一个

① 有关论证换成第七章中关于“力与变化”的关系来进行，就更加清晰简明。

物在某个时间节点上出现N种组合性差异中的哪一种，是不确定的。这是组合性差异的一个十分重要的特性。我们放在后面再展开来讨论。

这里有一个问题必须说明：在掷骰子的例子中，或许有人会问，既然时间不可逆定律要求空间规定性“不相同、不重复”，为什么掷骰子会出现相同的点数？或者说，当第一次掷出3点，第二次也掷出3点时，是不是违背了时间不可逆定律？当然不违背。因为首先，骰子的点数的差异并不等同于骰子这个物的空间规定性的差异（比如骰子这个东西的分子层面的差异），如果前者是不同的，后者必定也是有差异的。但即使前者是相同的，后者也必定是有差异的；其次，掷骰子这件事有两个参与的主体，一是骰子，二是掷骰子的人。这是两个物，也是两个时间，骰子出现的点数是两个物交互作用的结果，并非一个物在其时间序列中的不同节点上的状态。而时间不可逆定律指的是同一个物在前后相继的时间节点上的规定性的不可重复性，与掷骰子先后出现相同点数无关；第三，一个物在有外力施加影响的情况下能不能出现时间的倒流呢？就算掷骰子有两个主体参与，当骰子被掷出两次相同的点数时，就骰子这个时间而言，能不能认为是人所施加的影响造成骰子这个时间出现“倒流”了？也不能。从骰子本身来看，骰子的点数是它的组合性差异（即每次投掷时，骰子本身的变化是看不见的，只是有六个不同点数的面呈现出不同的方位，所谓掷出3点，指的是有3个点数的那一面呈现在最上面），如前所述，一个物在符合时间不可逆性的要求时，组合性差异是可以保持不变而仅仅出现生长性差异的（有这个可能性），因此，骰子的点数的重复，并不意味着骰子的时间的“倒流”。至于说外力能不能迫使一个物的时间出现“倒流”，回答是否定的，我们在后面关于力和变化的章节再予以说明。

考虑到我们反复指出康德先验哲学所说的时间空间，指的就是自然科学意义上的时间空间，所谓“空间是生长的”，指的就是自然科学意义上的空间是生长的——那么，如果有人因此联想到现代天文学中关于“宇宙膨胀”的学说，我不认为这个联想有什么不可逾越的障碍。我们可以把有关“宇宙膨胀”的为现代天文学所承认的事实视为先验哲学的某些经验事实，但很显然，我们并没有依据“宇宙膨胀”学说而得出什么结论。

四、时间不可逆定律的适用对象。

对一个物而言，为了满足时间不可逆定律的要求，必须无时无刻不处于变化之中。对一个物来说，既然变化是始终保持的，那么“不变”又是什么意思？既然时间不可逆性要求一个物的状态始终处于变化当中，在一个物的规定性中还有什么东西是不变的？好在时间不可逆定律是有适用范围的。

很显然，根据本章前面的论述，时间不可逆定律的适用对象是且仅是一个物，因为有关推演是从“一个物是一个时间贯串着一个空间”开始并在时间规定空间的过程中展现出来。如果我们谈论的对象不是“一个物”，而是不具备一个物的特征的某些对象化的东西（比如后面会推出的“关系”、“概念”以及质的范畴中的观念性范畴等对象），那么，那些东西将不遵循时间不可逆定律——因为那些东西不具备上述推演过程中所展示的诸条件，时间不可逆定律当然（对它们）就不成立。好比汽车只有组装完成后才具有汽车的功能，该功能是各个零件所不具有的。

第六章　由时间相继性推出实体、偶然性等范畴

基于上一章对时间相继性和有关结论，接下来我们将推出联结、生长性、随机性、实体等范畴。其中最重要的当然是实体范畴，我们将用新的方式定义“实体”以把这个词从千百年来关于它的含混不清的争议中拯救出来。同样重要的是，我们将提出两个被证明为“不可知”的新的范畴“随机性”和“偶然性”。赋予“不可知”的东西以合法地位，这在以往是没有的，以往的哲学家们也在谈论“偶然”并意识到它与机械决定论的显著冲突，却又始终拿不出令人满意的化解之策。随机性和偶然性一旦被确立为范畴，该冲突也将随之迎刃而解，并且带来诸多新的突破。此外，从时间序列的角度，我们也将谈谈新的运动的概念。

第一节　实体等范畴

我们在前面第四章提出了推演范畴将要采取的依据和方法，考虑到逻辑等现有规则本身之如何可能有待论证，我们不能依据逻辑等现有规则来推演范畴，因此采用的方法将是“通过找出时间空间的性质及其样态的综合来为

找到的东西命名”。现在，在“一个物是一个时间贯串着一个空间”[①]。在这个判断和时间不可逆定律的要求中，已经有一些东西呈现出来，通过对这些东西的命名，我们将得到一些范畴。

一、联结。

首先，在“一个物是一个时间贯串着一个空间”这句话中，“贯串”一词所指的东西是什么意思？我们把它命名为“联结”——之所以选择“联结”这个词，理由是在现有的概念、语词中，我们认为“联结”这个词最为恰当。因为在遵循时间不可逆定律这个前提下，一个物的规定性在时间序列中必定是有关联、有约束的（以达到“不相同、不重复且无限制”的要求），于是，我们就把一个物的规定性在时间序列中的这种有关联、有约束的关系称为联结，从而得到“联结”这个范畴。为什么说它是一个范畴？原因是我们认为它是如此基础，应该被当作范畴——如果有人要求先行澄清范畴一词的语义，我们也不妨简明地予以命名，即从时间空间的样态中所派生出的最初的、也是基础的东西就是范畴。所谓“贯串”，指的就是联结。出于更为形象的考虑，我们在后面仍然使用“贯串”这个词。这个词作动词使用，我们在后面还会使用“内在关联”这个形象的表述，是联结、贯串的名词化。

康德在“一般联结的可能性”里指出，“联结是杂多的综合统一的表象”、“是想象力的一种自发行动”、“是一种知性行动”[②]等。他认为联结是由主体的想象力所引发的“知性行动”，即“只能由主体自己去完成的表象，因为它是主体的自动性的一个行动”[③]，这意味着联结不在客体当中而是由主体的想象力所形成。这听起来像是说联结只是人的主观的东西，但康德的这个主张是他的“人为自然立法”的必要结果（当然也是他的“革命”的不彻底性的必然结果）。现在，我们得到了“时间空间是一切现象的基质”

① 我们将在第十二章“时间持存性的意义及部分推论”中提出，虚空是未完成的空间（时空）。因此，在这个判断中，我们无须对“有形的空间”和“无形的空间”作出区分，而一般性地说“一个物是一个时间贯串着一个空间”。

② [德]康德著，《纯粹理性批判》，邓晓芒译，杨祖陶校，人民出版社2004年版，第458页。

③ 同上。

这个公理，这使得我们能够就现象（客体）本身的性质来展开研究。我们突破康德的局限，从他的阐释中得到以下要点：联结是“杂多的综合统一”的基础，而且发生在客体之中，是客体自身的联结（无关乎人的想象力）。如果没有联结，就谈不上综合统一（这里说的“综合统一”将归于时间空间的样态的综合统一，也无关乎人的想象力），综合统一以联结为前提，因此，联结有必要被当作一个基础的范畴。从时间不可逆定律中可以看出，联结是有具体而明确的依据的，正是这个关联使得那各个节点的空间规定性之间能够建立起由此及彼的联系而并非不相干的“两个东西”（如上一章举过“从苹果的时间序列到梨子的时间序列”之不相干的例子，苹果的时间序列与梨子的时间序列是不联结的）。

二、生长性和随机性。

如上一章所述，作为满足时间不可逆定律的主要条件，一个物必须在时间序列的各个节点之间呈现出“生长性差异”。生长性的语义与我们所说的“植物是生长的”、“生命是生长的”等等表述中的语义是相一致的，所不同的是，我们认为即使是“僵硬的石头”那样的无机物也是“生长的”。我们就把一个物以生长性差异满足时间不可逆性的要求而呈现的这样一种能动性，称为“生长性”，并把它当作范畴。

同样地，作为满足时间不可逆定律的另一个条件，一个物可以在时间序列的各个节点之间呈现出组合性差异，形成这种组合性差异的能动性也具有范畴的基础性，也需要被命名，我们用“随机性”来指称这个范畴。如上一章所述，一个物出现组合性差异的方式是不确定的（因为时间不可逆定律是一个否定性的条件），因此，随机性这个范畴的意义也就是指称“不确定性的”。在经验现象中，有很多具有不确定性即随机性的现象，如分子的布朗运动等，其普遍性足以说明我们需要一个范畴来表达“随机的现象”。

三、实体、偶性和依存性。

亚里士多德提出实体学说，区分出“第一实体”和“第二实体”。（如第二章所述）我们认为，实体学说与巴门尼德的“完美的真之不可动摇的核心”有着清晰的一脉相承的关系，也是亚里士多德沿着巴门尼德的“真理之路”向前迈进所取得的第一个成果。有一点是清楚的，“第一实体”不仅是亚里士多德最为重视的研究对象（他称之为“最真的、第一性的和最确定的意义”），而且有清晰的指称，即指那些可以被称为“这东西”的物。或者说，我们抛开后来被以各种方式附会给“实体”一词的深奥涵义，就“实体”最初的语义而言，它指的就是“这东西”。我们先来谈“这东西”，至于能不能由“这东西”引申出那些深奥涵义，那是“下一个问题”。我们已经得到“一个物是一个时间贯串着一个空间”这个判断，我们将基于这个判断来谈实体的概念。

对一个物来说，贯串其中的根本性的东西是时间，也即时间序列。而且，该时间序列不仅仅是某些规定性的前后排列，而是遵循时间不可逆性的要求（因而有内在关联即联结）并且具有生长性、随机性的序列。因此，说“实体是一个物”，实际上是在说“实体是一个具有生长性、随机性和内在关联（即联结）的时间序列”——我们由此得到实体这个范畴。与之对应的，时间序列的每个节点的空间的规定性，就是实体的偶性——更恰当的用词是“实体的性质”，我们仍然沿用“偶性”这个词。我们所说的生长性差异和组合性差异，就是偶性的差异。从满足时间不可逆性要求来看，偶性无时无刻不处于变化之中，可见，某个偶性对实体而言不是决定性的，这完全符合我们对实体和偶性的关系的认识。从这个意义上讲，偶性对于实体具有依附的关系，即偶性不能独立存在，只能通过依附于实体而呈现出它的性质——这就引出了另一个关系范畴：依存性。

如果对依存性的语义稍作拓展，从一个对象不能独立存在、必须依附于另一个对象的意义上讲，依存性不仅适用于实体和偶性的关系，也适用于一个物与另一个物的关系，比如生物界大量的寄生现象。因此，我们仍沿用康德范畴表的做法，把依存性与因果性、协同性并列为关系范畴。

依照实体和偶性的上述表述，对于谈论任何作为经验对象的实体，将变得清晰简明起来。比如，说“苏格拉底是一个实体”，到底指的是什么？显然不是指他的身体，不是指他的灵魂（灵魂之有无不得而知），也不是指他的思想（思想充其量是该实体的偶性），而应该是指由他从生到死的所有经历、所有行为所构成的那个“具有生长性、随机性和内在关联的时间序列”——这是任何与他同名同姓、相貌相似甚至全盘接受他的思想的人所不可能拥有的，因而也是独一无二的。实际上，康德在《纯粹理性批判》的“对直观中一个给予整体的分割的总体性这一宇宙论理念的解决”部分，也谈到过实体的这样一个特征：“实体本来应当是一切复合的主体，而且即使实体的各个基质用来构成一个物体的那种空间中的复合关系被取消了，实体也必定会在自己的基质中余留下来”[①]。如何解释实体脱离“那种空间中的复合关系”而“在自己的基质中余留下来”？把实体理解为“一个贯串着有形空间的具有生长性和随机性的时间（序列）”，就十分清晰简明：那可以被取消的是作为偶性的空间的规定性（当然，这种取消只是在思想中），实体余留下来的“自己的基质”就是“一个具有生长性、随机性和内在关联的时间序列”。莱布尼茨也曾有过把实体理解为一个序列的思想，如他认为“所有单个的事物都属于一个连续系列……若给定了第1项和进展规则，其余各项也就依序产生出来了”[②]、“一个实体在每一瞬间的状态都是可以分解成无数谓项的……实体的现在状态同其所有的过去状态和将来状态都有关系”[③]。但是，他的那个序列仍然是思维中的东西，是外在于对象的一个“记事簿”——他强调了序列各项的内在关联，但是他设想的是肯定性的关联（即“若给定了第1项和进展规则，其余各项也就依序产生出来了”），而在我们看来，序列各项的内在关联只能是否定性的（即“不相同、不重复且无限制”）。我们给出的实体的上述定义，是基于“一个物是一个时间贯串着一个空间”这个论断，即：作为实体的那个“具有生长性、随机性和内在关联的时间序列”就内在于一个物的“身上”（而不只是外在于它的人的思维方式）！

有了新的实体范畴，再看我们在第二章里提出的“人类认识活动遭

① [德]康德著，《纯粹理性批判》，邓晓芒译，杨祖陶校，人民出版社2004年版，第428页。

② [英]罗素著，《对莱布尼茨哲学的批评性解释》，段德智等译，陈修斋等校，商务印书馆2011年版，第47–48页。

③ [英]罗素著，《对莱布尼茨哲学的批评性解释》，段德智等译，陈修斋等校，商务印书馆2011年版，第72页。

遇的第一个难题”即“面对变动不居的世界，我如何认出并言说‘一个东西’”？就不难回答了：一个实体有它的恒常不变的时间序列能够让思维用一个恒常不变的是者来与之对应，我们得以在思维的表象与该实体之间建立起对应关系，从而使我们能够认出并言说“一个东西”。当然，进一步的问题是：我们并不能直接感知到实体的“时间序列”，何以能认识到它？这有待于后面讨论了思维的构成并回答“语言描述世界是如何可能的”之后再予解决。

也许有人会说，时间序列随着时间的推移是逐渐延长的，怎么能说是“恒常不变”？稍后我们讨论实体的“变与不变”问题时再谈。

第二节　实体的同一性等问题

实体的上述定义，将澄清自亚里士多德以来关于实体的诸多歧义和误解。

一、同一性问题。

康德仍然沿用了“实体是持存不变的”的表述，并把实体当作时间的基底。尽管实体的这种持存性“在一切时代中”都被“假定为无可置疑的”，但如何理解实体的变与不变？却一直是一个难题。明摆着，被称为“第一实体”的一个个对象都是变化的。亚里士多德区分出实体和偶性的关系，实在是一个了不起的贡献（如前所述，正是在这个意义上说，实体和偶性学说是巴门尼德“真理之路”上的第一个成果），但是，如果把实体的恒常不变只是理解为类概念（“第二实体”）的恒常不变，毕竟类概念是思维的东西，它究竟是存在于思维中还是存在于对象中？本身就牵涉到诸多悬而未决的大问题（如“思有关系的问题”、“唯名论唯实论的分歧”等）。这才出现有研究者以相当正式的口吻否定同一律的情况——既然前一个时刻的张三已经发生了变化，又如何与后一个时刻的张三是“同一的”？类似的情况是，有一个著名的“忒修斯之船”悖论：有一艘在海上行驶了很久的船，由于不断维修和替换部件，当它的各个组成部分都不再是最开始时的材料时，它还是不是原来的那艘船？把船换成实体，对以往的实体范畴而言，悖论依然存在。

依照实体和偶性的上述定义，如果实体是“一个具有生长性、随机性和内在关联的时间序列”，这一类问题就不难回答：既然那艘船一直是海上行驶，无论它的部件如何被更换，它都始终是忒修斯原来的那艘船！因为“忒修斯之船”是一个包含着从出厂、下水、航行、维修等等状态的时间序列（该时间内在于该实体），船体只不过是该船作为一个实体的存在方式的偶性，偶性发生变化并不改变该实体的性质，恰恰构成该时间序列的状态的内容。也就是说，该船之所以是“忒修斯之船”，是因为船体所有部件被替换（但仍然作为船在使用）的内容与它自出厂以来的时间序列的内容共同构成了贯串着同一个内在关联的时间序列。

霍布斯从一个引申带来新的问题：如果用“忒修斯之船”上取下来的老部件来重新建造一艘新的船，那么两艘船中哪艘才是真正的“忒修斯之船”？按照我们的主张，有两种拆卸方式：一是持续不断地用新部件替换下老部件，但那艘船仍作为船在使用，等老部件攒齐了再组装成一艘新的船，那么，真正的“忒修斯之船”仍是前面那艘仍在使用的船；二是一次性把“忒修斯之船”拆卸完，再用老部件重新组装成新的船，则在拆卸完的时候，“忒修斯之船”作为时间序列已不复存在，该时间已终止，新的船即使被命名为“忒修斯之船”，也不过是“重名”，与原来那艘船（因不构成同一个时间序列而）不是同一艘船。

同理，从“一个具有生长性、随机性和内在关联的时间序列”而言，张三始终是张三，无论他在身体、容貌、思想等各个方面发生了什么变化，那些变化也都只是他的时间序列中的各个节点上的规定性。此外，假如张三跟李四都使用同一批次生产出来的同样材质和式样的杯子，张三不会把李四的杯子当成是“我的杯子”，原因就在于：李四的杯子自从成为“李四的杯子”之时开始，就是“李四的杯子的时间序列”（比如李四曾为它付钱，把它拿回家等等，这些都构成了“李四的杯子的时间序列”的内容），不同于“张三的杯子的时间序列”，这与作为它们的偶性的材质和式样相同与否无关。

可见，上述新的实体范畴能够简明地化解以往同一律所受到的质疑。

二、实体与思维中的是者的关系。

刚才说了，正是实体的时间序列与思维中的是者建立起了对应关系。这里有一点需要澄清：物质世界中的实体与该实体在我们的思维中的表象虽然具有对应关系，但却是两个不同的东西。实体是一个具有时间空间形式的是者[①]。物质世界中的实体与思维中的是者有对应关系，但前者属于物质，后者属于思维，是不同的东西。这是立足于我们明确地把物质和思维、语言当作不同的东西（然后为它们找出时间空间的共同基质）的基本前提的。我们必须清楚明白地承认，口袋里的一张钞票是物质世界中的实体，头脑里的一张钞票是我们思维中的是者（表象），它们虽然有对应关系，却是不同的东西——传统形而上学就是不由分说地把它们“视为并说出是同一的”，才造出诸多看似高深莫测实则言之无物的命题及其议论。至于思维中的实体的表象与外在世界的实体之间如何建立起对应关系？这个问题放在第十七章“思维表象的构造和思维世界的独立性”中再来讨论。

三、实体的变与不变的问题。

实体不变，偶性在变，这是简明的道理，但以往的困难在于，所谓“实体不变”是什么意思？能像“偶性在变”一样被清楚明白地指认出来吗？如上所述，实体的时间序列分明在不断加长，能说它“不变”吗？

首先，作为偶性的空间的规定性与“具有生长性、随机性和内在关联的时间序列”区分开来，在后者不变的前提下前者变化，是完全可以设想的；其次，关键在于如何理解“具有生长性、随机性和内在关联的时间序列”的不变性。我们可以说“1，2，3，4，5”这个序列与“1，2，3，4，5，6，7”这个序列不是同一个序列（毕竟序列的个数是不同的），但是，“1，2，3，4，5……”这个序列与“1，2，3，4，5，6，7……”这个序列却是同一个序列，因为都是自然数序列，该序列有固定的生成机制，也就是我们反复

① 在后面推出了实在性的范畴之后，更准确的说法是，实体是具有实在性的是者，而思维中的表象是具有观念性的是者。实在性和观念性都具有时间空间的样态，只不过构成方式不同。

在说的“具有生长性、随机性和内在关联的时间序列”所具有的特征。现在的我与两天前的我之所以是同一个人，无非是两天前的我的序列是“1，2，3，4，5……”，现在的我的序列是“1，2，3，4，5，6，7……”，仍然是同一个序列。

我们说“实体是一个具有生长性、随机性和内在关联（即联结）的时间序列”，但不能省略前面的修饰语而说实体是或只是一个时间序列。尽管我们依据“时间序列”来判定实体的同一性，但是，实体是一个贯串着空间的具有生长性和内在关联的时间序列，而非仅仅是时间序列。这就决定了实体之间的差异既来自空间的规定性（即偶性），也来自于时间序列的生长性和内在关联。这就避免了莱布尼茨无法分辨两滴水的“不可分辨律”的困境。两个相同材质和式样的杯子（如两滴水一样）不仅有“同一时间中地点上的相异”，而且，一旦为不同的人所购买、所持有，就与不同的人建立起不同的关系（在后面的进展中将会看到，“关系”也是物的时间并存性生成的东西，属于物的规定性），这些都成为其时间序列的不同的内容。综合以上两方面的规定性，一个实体与另一个实体的差异性由此形成。

也许有人会问：说“实体是一个具有生长性、随机性和内在关联的时间序列”，但就具体某个时刻来说，一块石头就是那个有若干重量、若干体积、若干形状等性质的东西，所谓它的“时间序列”中的其它记录在哪里？莫非在这块石头的内部还有一个“记事簿”、记录下它过往的经历以区别于另一块跟它有相同重量、相同体积、相同形状等性质的东西？如果在它内部没有这样的“记事簿”，那么它与另一块有相同重量、相同体积、相同形状等性质的石头就是不能区分的东西，谈不上是不同的实体——因为在那个具体的时刻两者是没有区别的（如果在那个具体的时刻拿不出它们的“记事簿”的话）。我们把两块石头换成两颗钻石（这仅仅是表述上的方便）。不错，在你初次见到它们的那个具体的时刻，你（哪怕借助精密的仪器也）无法作出区分。但是，当珠宝商以有案可查的方式告诉你说“左边这颗曾经在张三李四等人之间流转过，右边那颗是刚刚从一颗更大的钻石中切割出来的”，你是不是获得了关于这两颗钻石的新的知识？你是不是从此在心目中有了对它们的区分？如果你有兴趣，进一步追问左边那颗是否就是曾经在张三李四之间引起若干纠葛并被人广为谈论的“那颗钻石”，在得到肯定的答复之后，你是不是认为自己又增进了对左边那颗钻石的了解？如此这般之后，你将发现，你在“初次见到它们的那个具体的时刻”之所以不能作出区分，仅仅是因为你“不了解它们或没有关于它们的知识”，而并非“关于它们的过往经历的‘记事簿’是不存在的”，或者说，你所“不能区分”的仅仅是“左边那个作为实体的钻石”与“右边那个作为实体的钻石”在“那个具体的时刻”的偶性，而并非“两者作为不同的实体是不可能的”。同样，两粒砂子、两滴水珠，即使大小形状完全相同，也必定有不同的来历（因而是不同的时间序列），只不过我们无意去进行追溯罢了——它们只不过是在那个时刻具有相同偶性的两个实体。

当然，如果一定要问：我此时此刻看见的这个实体的“具有生长性、随机性和内在关联的时间序列”在哪里？那么，借助于“更高纬度”的想象力，我们完全可以把一个实体想象成拖着一个由长长的时间序列的规定性所构成的火车一样的东西。当一个个时间被对象化之后，这样的情景并非不可设想。

概括地看，什么是实体的不变性？指的是一个实体不会变成另一个实体，其自身是同一的；什么是实体的可变性？指的是实体的偶性无时无刻不在变化之中。

四、实体的形成和消失的问题。

按照“实体是持存的”观念，实体没有形成和消失的问题。康德在“纯粹知性一切综合原理的系统展示”中的第一类比“实体的持存性原理”部分对实体与变化的关系做了阐述。该原理是：“实体在现象的一切变化中持存着，它的量在自然中既不增加也不减少”[①]。如何理解这个原理？首先，现象有没有增加或减少的情况？当然有，一个现象消失，另一个现象出现，现象的此消彼长是这个世界的最普通的“现象”；其次，如果现象是增加或减少

① [德]康德著，《纯粹理性批判》，邓晓芒译，杨祖陶校，人民出版社2004年版，第170页。

的，如果“实体在现象的一切变化中持存着”，当现象消失时，在其中“持存的实体”又何以能“持存”？当现象出现时，在其中“持存的实体”又从何而来？第三，这个原理中的实体显然不能理解为亚里士多德的“第一实体”即一个物，因为“第一实体”不是“在现象的一切变化中持存着”（该实体就是该现象本身），而且“一个物的生成和消亡”是“自然中”的基本现象。那么，该实体只能理解为“第二实体”即类概念。固然，从类概念上讲，“它的量在自然中既不增加也不减少”，但是，类概念“在现象的一切变化中持存着”是什么意思？像实在论那样认为类概念（如共相）是“本身具有客观实在性的”、“先于事物而独立存在的”？势必陷入长期争论不休的问题当中去。

按照实体的新的定义，首先，由于我们抛开了“实体是持存的”这个预设，也无须把它作为时间的变化的基底，因此，“实体的形成和消失”完全是可以想象的；其次，实体的形成和消失的方式，我们在前面分析过一个时间如何开始和结束，实体形成于一个时间开始之际，也消失于该时间结束之时；第三，我们在前面讨论巴门尼德的是者的性质时说过，是者具有非创造性和不可消亡性。尽管在物质世界中，实体有生有灭，但在我们的思维中，是者是与思维本身是同一的（“作为思维和作为是者是一回事”），是者是非创造的，实体的是者也是非创造的（如前所述，那不过是用实体的规定性去对是者做出修饰，本身并不因为该修饰而“无中生有”）。同样，对于与某个物质的实体（如巴门尼德这个人）相对应的是者（如“巴门尼德”这个是者），即使物质的实体已经消亡，该是者也不会随之消失。这样一来，我们区分开了自然中的物质的实体与思维中的实体的是者，并且区分开了前者的有生有灭和后者的不可消亡性。当然，一个进一步的问题是：从时间空间这个基质的角度讲，所谓是者又是什么呢？这个问题我们留待关于思维的构造部分再来讨论。

这里要特别强调的是，实体与偶性是不可分离的。我们可以说实体的规定性是一个具有生长性、随机性和内在关联的时间序列——这是作为判断一个实体的依据，但是，这并不意味着一个这样的时间序列能够脱离它的偶性而独立自存。因为时间空间是不可分离的，一个时间序列当然也不能与它的空间的规定性相分离。坚持这一点，将避免我们把实体抽象为超越于经验现象之外的某种“理性幻相”（如上帝等）。

第三节　可能性、现实性、偶然性和必然性

我们再来看看时间不可逆定律所要求的空间规定性的组合性差异和生长性差异的特征所带来的独特意义。如上所述，生长性差异对应生长性范畴，组合性差异对应随机性范畴。这两个范畴是针对一个物的生长方式（即满足时间不可逆定律的方式）而言的。下面，我们针对一个物的某个具体的状态出现的条件来谈谈康德所说的模态范畴。

一、组合性差异中的可能性、现实性、偶然性和必然性。

上一章关于“生长性差异和组合性差异的特征”部分曾谈到，对一个物来说，在每一个节点上的组合性差异有若干种（假设有N种），但实际呈现出来的只有其中的某一种（假设第f种），时间相继性的不可逆性对出现何种差异只有一个要求，即组合性差异和生长性差异叠加后的状态满足“不相同、不重复且无限制”的要求，并不能对组合性差异中实际呈现出来的为什么是第f种而不是其余的N-1种作出规定。在时间相继性这个最基底的层次上，我们也找不到能跟它并列的限制条件（当然也找不到比它更基底的限制条件），同时，一个物的组合性差异又是不可或缺的（在第七章中予以证明）。这就意味着“组合性差异中呈现的是第f种而不是其它的某一种”这件事是没有原因的。我们只知道在该节点上，一个物可以有N种组合差异但只能是其中一种呈现出来，至于呈现出的是哪一种，则是不可知的。基于这个认识，我们来定义几个概念。

首先，我们把一个物在一个时间节点上满足时间不可逆性要求的所有组合性差异称为“可能性”；其次，我们把一个物在每个时间节点上呈现出来的状态，称为“现实性”；第三，我们把现实性与所有可能性中的其它可能性的关系，称为“偶然性”。偶然性是不可知的；第四，时间不可逆定律本

身是一个强制性的要求，即一个物后面的状态必须满足与前面的状态“不相同、不重复且无限制”的要求，这个要求意味着前面的状态将唯一地决定着后面的状态的所有可能性的总和（即排除了已经呈现出来的可能性的其它可能性的总和）。我们把前面的状态与后面的状态所唯一地对应着的关系，称为“必然性”。

我认为，存在不可知的偶然性，这是由时间不可逆定律推演出的另一个重要的结论。而且，这个不可知的因素出现在时间的不可逆性的要求之中，是不可能依据时间的性质来加以解释的——因为没有比时间更基础的基质。这意味着一切现象在其成因中包含了不可知的偶然性。这是不是否定了“凡事皆有原因”这个信念？我们认为没有否定。对此，我们将在后面有关因果性范畴的讨论中予以澄清。

“不可知的偶然性”是清楚明白的，反倒令人对必然性生出担忧来：上述定义中的“必然性”实际上是“否定的必然性”，即我们所能确定的是“必然不是”，还不是“必然是”。什么是“肯定的必然性”？就是基于前面的条件能够必然地得出后面的结果“是什么”（而非“不是什么”）。所幸的是，一个物为了满足时间不可逆性的要求，除了组合性差异之外，还有生长性差异。

二、生长性是必然的。

如上一章所述，一个物的空间的生长性是以确定的方式展开的，即空间的生长不可能是时快时慢、毫无规律的。生长性差异来自时间的相继性，康德谈到时间节点是“一个单位一个单位”数出来的时候，我们总是下意识里预设他在数的时候一定是“均匀的”、“等间距的”——下一章专门要谈的“力与变化等价性定律”将证明这一点。既然空间的生长是均匀的，它在每个时间节点所带来的“增加了的规定性”也将是相同的，这就意味着在每个时间节点上的生长性差异（就“增加了的规定性”而言）是唯一地确定了的，因而是必然的。

我们在后面还将谈到各个物的时间的差异性（即各个物的时间可以是不同的、有快有慢的），但是，生长性差异来自时间的相继性。各个物的时间可以不同，但每个时间的相继性却是相同的（这一点我们也将予以论证），因此，即使在后面我们提出了各个物的时间的差异性（甚至同一个时间的前后的差异性），仍然不影响这里所得出的“生长性是必然的”这个结论。

概括地讲，（如前所述）时间相继性的力带来一个物的生长性和随机性，一个物的实际的规定性都兼有组合性差异和生长性差异（两者的综合），既包含了偶然性，也包含了必然性，也即必然性和偶然性的综合。这样一来，现实事物中既包含“确定的必然性”，也包含“不可知的偶然性”。

三、偶然性的重要意义。

至此，偶然性作为范畴，首次获得了一个清楚明白的合法地位——它包含在现实事物的性质之中，也与必然性并行不悖。也就是说，偶然性与必然性是在事物的变化服从时间不可逆性要求中同时产生且相辅相成的。以往，人们（包括康德）对偶然性的表述是含糊其辞的，比如“偶然就是它的非存在是可能的”[①]。但这类表述仅仅只是就人的思想中的设想而言（即对偶然性的理解仅仅是在人的思想中），但在现象界，由于不可动摇的机械因果律的绝对统治，现象本身是没有偶然性的。如康德所说，“尽管我可以在思想中取消任何实存着的实体而不会自相矛盾，但由此完全不可能推出该实体在其存有中的客观上的偶然性，亦即它的非存在本身自在的可能性”[②]。因此，在康德那里，偶然性根本就不是一个范畴。而我们现在得出的“不可知的偶然性”，是“实体在其存有中的客观上的偶然性”，是发生在现象那一边的偶然性（而非人的认识局限所造成的偶然性）。这当然也带来了一个挑战：如何在不可知的偶然性与因果必然性之间达成融贯一致的解释——而非（在不明就里的情况下）玩起“既承认偶然性又承认必然性”这样的折中把戏？好在这个挑战也非不可企及。在这里，给偶然性以合法地位是为化解这个挑战迈出的关键的一步，而正确地阐释因果性范畴的意义，则是最后的完成。

在康德的范畴表中，没有偶然性这个范畴。如上所述，如何认识“偶然

① [德]康德著，《纯粹理性批判》，邓晓芒译，杨祖陶校，人民出版社2004年版，第221页。

② 同上。

现象”？对以往的哲学而言一直是一件困难的事情。现在，一个“不可知的偶然性”被清楚明白地推演出来，这将具有某种基础性的意义，也意味着我们真正在哲学上完成了对机械决定论的彻底的否定。

对于机械决定论，人们实际上始终处于左右两难的境地。一方面，人们不愿意承认无原因的自由，因为机械决定论意味着世间的一切，哪怕是一叶小草的枯黄、一滴雨水的落下，都是早已注定了的，人及其一切行为也不过是照着早已写好的剧本来依序演绎的木偶及其木偶的预定动作，人的自由乃至主体性都将荡然无存（康德希望在不撼动机械决定论的情况下为自由“留出地盘”，那是另一个尚有争议的思路）；另一方面，人们又无法否认自由是存在的，否则道德律从何而来（如康德所说“道德律是自由的存在理由，自由是道德律的认识理由”）？在一切现象的合规律性、因果关系的普遍必然性都是不能被放弃的情况下，“必然与自由”之冲突就成了哲学上的一个无法化解的难题。迫不得已，人们一直采取“既承认偶然性又承认必然性”的折中态度（不消说，两者何以能并行不悖的问题并未得到化解），这个态度是如此认真，以至于让人以为这个难题已经不存在了——就像前面谈到过的，同时汲取经验论和唯理论的“合理内核”（却不在乎它们何以能融贯一致）的做法反倒成了一种进步的思维方式。当然，诸如“必然性是以偶然性的方式从偶然性中回溯性建构出来”之类看起来更高明的说法似乎解决了必然性和偶然性的关系，但这种事后的“回溯性建构”不过是把偶然性说成是“事后诸葛亮式的必然性”——这跟一开始就把物质和精神“视为并说成是同一”于是解决了两者是否以及何以同一的难题的做法是一回事。如绪论中所言，哲学要获得真正的进步，必须自觉地抛弃那种通过承认某物“既是动物又是植物”来解决问题的思维习惯。我们必须在现象世界给偶然性以清楚明白的合法性，承认现实性是必然性和偶然性的综合，进而为自由找到充分的依据，让自由取得与因果律并行不悖的地位。对这一点，我们留待获得因果性范畴之后再来讨论。

当然，这里又出现了令人不快的“不可知”。与康德的“不可知的物自体”不同（物自体是在现象界以外某个X），“不可知的偶然性”是现象界以内的一种性质。康德毕竟认为现象界以内的事物都是可知的，却仍然遭到哲学家们的猛烈抨击，以至于“物自体的不可知性”至今仍是先验哲学公认的“硬伤”。相比之下，“不可知的偶然性”或许更加地不能被容忍了。我认为这样的态度在今天将是不合时宜的。就连历来在最严格的意义上追求确定性的物理学，也已经接受了量子力学对微观粒子的不确定性的阐释，哲学仍然在机械决定论上“守着一份矜持”，未必是合乎理性的态度。仍然需要说明的是，“不可知的偶然性”是来自新时空观体系内的“有依据的论证”，而并非附会于量子力学的某些理论——尽管我们并不反对在两者之间可能产生的某种联想。

这里需要强调一下，偶然性之不可知，指的是我们无法知晓“在若干可能性中何以是其中的哪一个可能性实现出来”这个问题的答案，即（如前所述）有N种组合性差异的可能性，我们不知道为什么是其中f种实现出来。这当中是不是因果性失效？未必，因为我们需要先弄清楚什么是因果性，这等到后面推演出因果性范畴时再来讨论。至于组合性差异有多少种可能性，则是我们可以知道的。为什么我们能够知道可能性？这要放到后面有关思维的构造和自发性部分再来讨论，这里预先区分清楚偶然性之不可知究竟指的什么。

这里顺便明确一下偶然性与前面的随机性范畴的关系。偶然性来自于随机性，但随机性是一个物满足时间不可逆性的要求的方式（也即一个物的生长方式），偶然性则是基于一个物的某个具体的状态之出现的方式与人的认识能力的关系而言的（即模态范畴的意义）。

四、“不可知的偶然性”并不必然地带来“不可知论”。

尽管对于一个物的状态，我们无法知晓“在若干可能性中何以是其中的哪一个可能性实现出来”，也就是说，我们无法预言一个物的下一个状态将是什么样子，但是，这并不意味着世界将是无规律的、不可预测的。有三方面的理由：

首先，一个物的生长性是必然的。这意味着关于一个物的状态的某些特征的变化是具有必然性的。

其次，“不可知的偶然性”来自于物的时间不可逆定律，来自于时间相继性对空间的规定性。如果要谈论的东西不涉及时间相继性对空间的规定性，那么就不包含“不可知的偶然性”。在后面我们将阐明数概念的来源并论证“数学是如何可能的”（分“算术是如何可能的”和“几何学是如何可能的”），数概念来自于量的范畴，量的范畴虽然来自于时间相继性，但并非来自于时间相继性对空间的规定性，因而不包含“不可知的偶然性”。几何学来自于空间的样态，也不包含时间相继性对空间的规定性，因而也不包含“不可知的偶然性”。可见，凡是能表述为数学的东西，也都不包含“不可知的偶然性”。后面还会分别谈到时间的并存性、持存性的力及其相关范畴，它们也不受时间不可逆定律的约束，因而也不包含“不可知的偶然性”——只要我们调整以往的观念（仿佛时间空间仅仅是一个“整全的语词”、没有对它的进一步规定）、从具体的样态的性质来看待和区分时间空间的性质，就很容易理解上述的理由。对后面的研究来说，能够认定“不可知的偶然性”是实体的状态所具有的性质，就足够重要了。

第三，上述分析表明，在现象界，机械决定论所指称的因果必然性与“不可知的偶然性”是并行不悖的。因此，当我们说规律时，需要澄清我们要的是什么规律；当我们要预测时，也需要澄清我们要的是什么预测。这不难区分，比如在物理学中，气体的单个分子的运动是随机的、不确定的，但并不妨碍流体力学去研究气体的规律性并作出某种预测。

五、现实性作为模态范畴的疑问。

在康德的范畴表中，在模态范畴那一部分，有可能性、现实性和必然性这三个范畴。以上述方法得到的可能性、偶然性、现实性和必然性这四个范畴能不能归于康德的模态范畴当中？如果我们继续沿用康德意义上的模态范畴这个类型，就有必要基于模态范畴的性质做进一步的甄别。我们发现，按照康德对模态范畴所做出的规定，（至少以上述方法得到的）现实性作为模态范畴就是有疑问的。

在康德看来，“模态的诸范畴具有自身的特殊性：它们丝毫也不增加它们作为谓词附加于其上的那个作为客体规定的概念，而只是表达出对认识能力的关系。当一物的概念已经全部完备了时，我却还可以对于这个对象提问：它仅仅是可能的呢，还是也是现实的呢，或者如果它是现实的，那么它是否根本就是必然的？借此并没有任何更多的规定在客体本身中被想到，所要问的只是，客体（连同它的一切规定）与知性及其经验性的运用，与经验性的判断力，以及与理性（在它应用于经验上时）处在怎样的关系中”[①]。也就是说，模态范畴作为谓词所表述的东西，不涉及客体本身的规定性，只涉及该客体与认识能力的关系。简言之，无论是被说成是可能的、现实的还是必然的对象，该对象本身“作为客体规定的概念”是“全部完备”的，也即是没有差异的——否则这三个范畴作为谓词就表达了对象本身的不同的规定性，可见差异只体现在人的认识能力这一边，人基于不同的认识能力作出某对象是可能的、现实的或必然的判断。比如对“人在天上飞”这件事，在飞机发明之前，受认识能力的局限，人们会说那是不可能的事情，但在现在却早已成为现实，这当中的前后差异只发生在人的认识能力这一边，与事情本身的规定性无关。

我们来看康德给三个模态范畴的表述：“1、凡是（按照直观和按照概念）与经验的形式条件相一致的，就是可能的。2、凡是与经验（感觉的）质料条件相关联的，就是现实的。3、凡是其与现实东西的关联是按照经验的普遍条件而得到规定的，就是（在实存上）必然的”[②]。从康德对以上表述的阐释来看，他的三个模态范畴的语义与日常对可能性、现实性和必然性的用法还有所不同（更加清晰明确），他把经验的形式条件和质料条件区分开来，以符合形式条件的为可能的，以符合质料条件的为现实的，以两个条件兼符合的为必然的。其中，可能的和现实的是并列的，并无从属关系，因为我们既可以设想某对象符合形式条件但不符合质料条件，也可以设想某对象符合质料条件但不符合形式条件。而在日常的语义中，可能性的范围明显大于并包含了现实性的范围，比如我们常说“这件事情是有可能的但并不现实”，

---

① [德]康德著，《纯粹理性批判》，邓晓芒译，杨祖陶校，人民出版社2004年版，第197页。

② 同上。

意为从理论上讲是有可能的事情但未必具备实现出来的现实条件，反过来，如果连理论上都不可能的事情，自然也不会有现实性。可见，现实性是从属于可能性的。但是，如果承认这个从属关系，又意味着具备现实性的对象的规定性多于仅仅具备可能性的对象的规定性，前者就增加了“作为谓词附加于其上的那个作为客体规定的概念”，就不仅仅是认识能力的差异。还有一个问题：被我们说成是“有可能但不现实”的事情是不是意味着就是“不可能的事情”？或者说这样的事情与“不可能的事情”有什么区别？无法说清楚。所谓“有可能的事情”，指的是“有可能实现的事情”——否则“有可能”是什么意思？所谓“不现实的事情”，指的是“不具备实现出来的条件的事情”，“不现实的事情”又怎么可能是“有可能的事情”？如果这些问题不能有一个清晰的说明，那么，“可能的”或“现实的”不过成了一些修饰的语词，如同“好的”与“比较好的”一类修饰用语一样，并无确切的所指，也就不能被归于范畴之中。

现在，我们以上述方法给出的定义，更加严格地遵循了康德对模态范畴所作的规定：

首先，可能的东西是指对象在它的时间序列某个节点满足时间不可逆定律的所有的方式，引申而言，可能的东西是指对象在某个时间满足已知规则的要求的所有的方式。全部或部分说出这些方式，完全取决于人的认识能力，与对象本身的规定性无关；其次，偶然的东西是指所有的可能性中将要呈现出来的那种可能性。能不能说出这个偶然的东西，也是完全取决于人的认识能力（我们认为人不具备这个能力），也与对象本身的规定性无关；第三，在所有的可能性中，有一个可能性是由对象的规定性所决定了的，是必然要呈现出来的，如果人能够认识到这一点，该可能性就是必然的。如果人不能认识到这一点，该可能性将无差别地混同于其它的可能性之中——可见必然性也只是取决于人的认识能力，也与对象的规定性无关。现在问题来了：现实性这个词指的是什么呢？指的是对象已经呈现出来的那一种状态——很显然，这个状态不只是停留在人的认识能力之中，而是已经呈现出来了。并且，它之所以呈现出来，要么是偶然的，要么是必然的，可见它是偶然性或必然性派生出来的次一级的东西，不能与偶然性和必然性相提并论。或者说，偶然性和必然性得以区分，就是依据“呈现出来”的方式来完成的（后者的方式是决定于对象的规定性因而是必定实现出来的，前者则不是）。实际上，所谓现实性，是等同于另一个词实在性的，而实在性属于质的范畴（我们将在质的范畴中给出明确的意义），属于对象本身的规定性。可见，我们应该把现实性从模态范畴中剔除出去，把它当作作为质的规定性的实在性的另一种表述。

实际上，在通常对现实性这个词的使用中，仅仅是在语气上对可能性和必然性的替换。比如说某件事是现实的，似乎是说它作为一种可能性相比其它的可能性具备更多的实现出来的条件，但那些条件仍然没有多到必然实现出来的程度。但是，其它的可能性是不是也包含了“现实性”？也包含，否则它就根本不应该被列入可能性之中。因此，这个语义上说的“现实性”其实指的是合理性。从这一点看，现实性也是不适合作为模态范畴的。

把现实性一词从模态范畴中排除出去，我们就可以更容易地谈论“有可能但不现实”的东西了：我们将在质的范畴中得到与“实在性”相并列的另一种关于质料的范畴“观念性”，它指的是所有只存在于思维中的东西的质料（我们将基于时间空间的样态来对这两种质的范畴的由来作出推演，并非出于主观的划分）。届时，我们将清晰明确地说，“口袋中的钞票”与“头脑中的钞票”具有相同的形式和不同的质料，前者的质料是实在性的，后者的质料是观念性的——所谓“有可能但不现实”的东西指的是依据我们的认识能力在思维中有可能出现但又不具备实在性的东西。

基于以上分析，我们得到三个模态范畴：可能性、偶然性和必然性。三者的关系是清晰可辨的：其一，偶然性、必然性都包含在可能性中；其二，偶然性指的是基于不可知的原因实现出来的可能性，必然性指的是基于确定的原因实现出来的可能性。

第四节　运动的概念

我们在上一章面列举的组合性差异和生长性差异有一个共同的特点，即：其差异都是针对前后时间节点的物的静止的规定性来做的比较。比如在桌面上抛掷三颗黄豆，前一次掷出的是锐角三角形的分布，后一次掷出的是钝角三角形的分布，两者的差异构成组合性差异——都是对静止的分布情况的对比而言的。运动本身是否构成物的规定性的差异？显然是构成差异的，静止与运动本来就构成差异——这是直观的判断，因此，可以明确地说，运动是运动之物的规定性。这里的问题是：什么是静止？什么是运动？我们都知道它们的涵义和所指，以往也有过定义。在这里，我们将依据时间空间的样态来对运动作出解释，反之，当然也就对静止作出了解释。

一、有关运动的表述在新的时空观中遇到的问题。

谈运动，离不开空间的位置变化。笛卡尔对运动的经典定义为："所谓运动，根据其通常意义而言，乃是指一个物体由此地到彼地的动作而已"[①]，就是从空间位置的变化来定义运动。从"此地"到"彼地"的位置变化产生距离或长度，这个距离跟这个物体有什么关系？如果在以往的时空观中，物体是以外在于它的空间作为背景、框架的，这个距离容易理解，即物体在作为背景的空间中运动的距离。但是，如果把"运动"视为"运动之物的规定性"，该规定性却要由外在于该物的东西所决定，那么，"运动"还能在什么意义上被当作"运动之物的规定性"？在新的时空观中，空间是内在于物体之中的，稍后在时间的并存性中我们将会看到，物与物之间的距离是由两者的交互作用而生成的，并不是外在于物的本来就有的背景，所谓"此地"、"彼地"倒成了"此物"与"彼物"共同派生出来的东西，也不是外在于物的本来就有的背景。因此，要谈物体的运动，我们将不再依据外在于该物的东西。既然运动是"物体的运动"，空间也是"物体的空间"，那毋

① 转引自邓晓芒《论康德对机械论自然观的超越》，见《华中科技大学学报（社科版）》，2017年第1期。

宁说在物体的运动中被观察到的位置变化也是“物体自带的变化”。位差是空间的样态，距离或长度是从位差的样态派生出来的。如果设定运动的位置变化是“物体自带的”，我们不妨把这一点归结到这个物体的位差这个空间样态上（而不必依据外在的位置变化），而位差当然也就是空间“自带的东西”。因此，新的时空观将把运动及其相关规定都当作物体自身的规定。本来，我们将在后面关于质的范畴的推演及其阐明那一章中，把运动作为观念性的性质（连同其它的性质一起）推演出来，考虑到在那之前就会用到运动的概念（如作为质的规定性在关于时间并存性和持存性那两章中将发挥作用），我们在这里先对它做出解释。

二、运动的新概念。

如上所述，谈运动离不开空间的位置变化。如果拿掉“位置”一词，运动就可以被理解为“空间的变化”，也即“空间的规定性的变化”。位差是空间的“形成间距”的能动性，运动无非是这个能动性被实现出来（在后面关于质的范畴的阐明中，这个“实现出来”的过程将被归于时间的持存性），也就是把“间距”作为空间的规定性在时间中实现出来——这样一来，运动就是运动之物自身的规定性，不再取决于外在于物体的空间位置或时间变化。一个获得了运动的物在它的规定性上有什么变化？当我们把位差（作为能动性）叠加在一个物的规定性之中时，有关该物的时间序列的每个节点的状态中也将增加一个位差的量——这个位差的量就是运动给该物带来的规定性。

在一个物中如何体现运动的规定性？一个物的时间序列及其规定性就好比一个记账簿，记录这个物在每个时间节点上的状态。如果以秒为单位来划分时间节点（如我们谈到过的，这个单位可以随意划定，但无论怎么划定，每个节点必然对应空间的一个状态），并且假定这个物体以1米/秒的速度运动，则该记账簿除了记录在该时间节点的物体的状态之外，还将多增加一条“形成1米间距的位差”，它可以形象地理解为从这个节点到那个节点空间将形成1米的间距，或者说，在这个节点上携带了形成1米间距的能动性。显然，这个位差的量的大小，取决于时间节点的划分单位，如果选取每秒为单位，一个节点上携带的位差表示为1米（即“形成1米间距的能动性”，以下简写为1米）；如果选取每分为单位，每个节点上携带的位差就是60米。我们仍以秒为划分时间节点的单位，时间序列将呈现以下的状态：

序列：　节点1　　　节点2　　　节点3　　　节点4……

状态：状态1+1米　状态2+1米　状态3+1米　状态4+1米

其中，“状态1”等表示空间在该节点下原有的状态的规定性（后文的有关表述中同理）。如此，相比以往的观念，我们通过位差的样态，把运动真正归于一个物的状态的规定性，运动的概念可以表述为：所谓运动，是指一个物自身所具有的形成间距的能动性。

这里似乎有一个问题：既然是速度，就有参照物，即该速度是相对于什么参照物来计量的？也就是说，一辆汽车在地面上以每秒1米的速度行驶，此时旁边通过一辆火车，火车以每秒10米的速度与汽车同向行驶，于是，对火车上的人来说，汽车的速度就是每秒9米（不考虑方向）——那么，在汽车的时间序列中，到底该记录“状态1+1米”还是“状态1+9米”？或者两个记录都保留？

这里涉及到新的时空观的另一个新的观念，即我们将在后面关于时间的并存性要讨论的，一个物与另一个物的距离、关系等规定性，都是两个物交互作用所生成的东西。在这里，汽车与地面共同生成了一个关系，该关系的规定性体现在汽车的空间状态上就是“状态1+1米”这个运动；汽车与火车上的人也共同生成了另一个关系，该关系的规定性体现在汽车的空间规定性上就是“状态1+9米”这个运动，两者并无冲突。这当中的顺序是：一个物与另一个物（因并存性）产生了“关系”，两者之间的相对速度就是该“关系”的诸规定性中的一个规定性，是具有该关系的物的规定性。

我们做一个一概而论的回答是：一个物与任何一个参照物的速度（只要两者能够形成“关系”）都将被当作是这个物的状态的规定性。也就是说，上面记录的“1米位差”仅仅是一个物众多的运动数值中的一个。这听起来或许很麻烦，不过，请设想一下，你一个人走在大街上，你有无数个“相对速度”（与周围的建筑、与来往的每一个行人和每一辆汽车等等都形成了“关系”），但是，你并没有因此感受到丝毫的负担，你只管走你的路，完全可以不用关心别人是怎样在替你计算速度。因此，你只要能为一个物说出一个相对速度，我当然也就能为它说出一个位差的规定性——就像你相对于路面的那个速度可以同时被理解为无数个“相对速度”一样。后面我们将看到，所谓关系，本身也是一个对象与另一个对象共同生成出来的东西。当我们说走在路上的你既与路面发生了关系，也与身边的每个人发生了关系（如“相对速度”的关系），那么，该生成出来的关系就包含了“叠加在你身上的‘相对速度’”的成分。

不难发现，运动的新概念在保持新时空观的一贯性的同时，对运动物体的描述上也能够覆盖笛卡尔式的“一个物体由此地到彼地的动作”的描述，尤其是随着后续的讨论，我们还将从这个新概念引出与运动有关的一些重要结论。

归纳一下，我们把本章得到的范畴做一个归类。康德的范畴表有四个大类：量、质、关系和模态。我们仍然沿用这四个大类，同时增加时间、空间、实体这三个大类，这三个大类分别用于归入属于时间性质的范畴、属于空间性质的范畴和属于实体性质的范畴（见本书附录“新范畴表”）。在本章，联结这个范畴就属于时间范畴，而能够被归于实体范畴的，本章已经得到可能性、偶然性和必然性这三个模态范畴，也得到“生长性和随机性”、“实体和偶性”这两组属于实体性质的范畴。这两组范畴之所以成对出现，跟康德把“依存性与自存性（实体与偶性）、原因性与从属性（原因和结果）、协同性（主动与受动之间的交互作用）”[①]当作一组范畴的考虑是相同的，即“生长性和随机性”、“实体和偶性”都是相辅相成、不可分离的。下一章我们将得到属于实体性质的另一组范畴“力与变化”，后续的章节也将陆续充实时间范畴、空间范畴、量的范畴、质的范畴和关系范畴。

---

① [德]康德著，《纯粹理性批判》，邓晓芒译，杨祖陶校，人民出版社2004年版，第72页。

第七章　力与变化的意义、等价性定律及其推论

在第五章，我们从时间的相继性得出了一个重要的原则，即时间不可逆定律。这个定律首次展示了时间对空间的规定性的意义——时间的不可逆性要求空间的状态的规定性必须在前后相继中满足“不相同、不重复且无限制”的条件。这使得看似无影无形的时间在空间的规定性上有了实实在在的表现形式。毕竟，所谓“空间的规定性”，可以被转化为一些看得见摸得着的东西，比如“树叶黄了”、“树叶落了”。尽管我们都能从“一叶落而知秋”这样的句子中理解到经验现象与时间变化之间的关系，不过，我们仍然需要把这个关系在时间空间的性质上予以阐明。时间不可逆性定律在这一点上迈出了关键的第一步。本章将立足于这个定律，进一步阐明“变化”、“力”的意义——我们认为它们是如此重要、如此具有基础性意义，应当被作为两个或一组范畴来对待（尽管它们在康德的范畴表中是没有的）。同时，我们还将引出关于力与变化的基础性的定律以及有着重要意义的推论，这个定律及其推论将为自然科学中的一些仅停留于“约定”的程度上的做法提供重要的理性的依据。

第一节　力和变化的意义和“力与变化等价性定律”

我们在前面曾提到“变化”这个词的语义（即“从相同到差异的过程”或“从一致到冲突的过程”等），现在，我们在语言以外为变化这个词找到了意谓或对应物。

一、力和变化的定义。

从与时间不可逆性相等价的“一个物的任何两个时间节点上的空间规定性都是有差异的”这个原理来看，空间规定性的差异也正是对时间的呈现方式所作的规定，这个规定就是差异性，而该差异性的相继出现就是“变化”，或者也可以更概括地表述为：变化是空间对时间的规定[①]。这个表述中，似乎没有了差异的表述，但这里恰恰想表明：空间对时间的规定本身就等价于变化——该规定不可能不是“变化”的。变化这个概念是如此重要，我们很难从康德的范畴表中派生出来。尽管康德提到了变化，但他把“范畴作为纯粹知性的真正的主干概念，也有自己的同样纯粹的派生概念”、把“纯粹的、但却是派生的知性概念称之为纯粹知性的宾位词”[②]，而且明确指出“把产生、消失、变化的宾位词从属于模态的云谓关系之下”[③]，但如果真要把“纯粹知性的谱系”“完整地描画出来”的话（尽管这对康德的《纯粹理性批判》来说是“另一项研究”），可以设想，我们很难以清楚明白的方式把变化这个概念建立在康德开列的范畴之上。

康德也提到了“力”这个概念，也把它归入“纯粹的派生概念”或“纯粹知性的宾位词”之中，并且说“把力、行动、承受的宾位词从属于因果性范畴之下”[④]。不错，用因果性范畴去定义“力”，确实是比较方便的，比如用我们刚刚得到了“变化”这个概念，可以简单地把力定义为“变化的原

① “规定”这个词，源自“反思概念表”中的“形式和质料”，是可以作为初始条件的语词来使用的。

② [德]康德著，《纯粹理性批判》，邓晓芒译，杨祖陶校，人民出版社2004年版，第73页。

③ 同上。

④ [德]康德著，《纯粹理性批判》，邓晓芒译，杨祖陶校，人民出版社2004年版，第73页。

因”（因为力总是带来变化）。但问题在于，力与因果性哪一个概念更为基础？如果让休谟来选，我估计他会毫不犹豫地选力，因为因果性是无法被我们直接感知到的（他因此质疑因果性不过是两件事情的前后接续），但是力却是我们能够感知的，当我们用手去推动桌子、椅子时，力就在我们自己身上，而且还能根据自己的意愿来施加“轻微的力”或者“更大的力”——我们显然是能够直接感知到力的。

现在，我们从时间空间来推出“力”这个概念。我们说“时间的不可逆性规定着空间的生长性差异和组合性差异”，实际上，这个“规定”就是力——形象地讲，如果说时间对空间“做”过什么以要求其服从时间不可逆定律，那就是施加了“力”。当然，这句“形象地讲”的话里面包含了“做过”、“施加”这些不必要的词，我们的一般性的定义就是：力是时间对空间的规定。因为时间对空间除了施加“力”之外，没有任何别的东西。我们总需要一个词来说出“时间对空间的规定”，这个词就是“力”，就是我们所理解的力，也是我们所理解的所有的力当中最根本的、最原初的力。因为生长来自于力，组合来自于力，差异也来自于力。

二、力与变化等价性定律。

力与变化是什么关系？既然“变化是空间对时间的规定”、“力是时间对空间的规定”，从时间空间互为规定性的角度讲，“变化”和“力”就是一回事，两者是等价的关系，这意味着有变化就有力、有力就有变化。我们由此得到（相比“时间不可逆定律”的）第二个基础性的定律：力和变化是等价的，有变化就有力，有力就有变化。我把这个定律称为“力与变化等价性定律”。后面将看到，这也是一个十分重要的结论，担得上一个“定律”的称号。

在这里，也许有人会说，变化、力是能够被我们直接感知到的东西，何须去推演？我们看见花开花落、逝水东流，不就是感知到“变化”了吗？我们往外推车子、往里拿杯子，不就是在施加“力”吗？不错，我们确实直接感知到了“变化”、“力”，但是，我们所感知到的却是（也只能是）“花开花落的变化”、“逝水东流的变化”以及“推车子的力”、“拿杯子的力”，但是，“花开花落”与“逝水东流”其实是完全不同的两件事情，我们怎么能都说成是“变化”？推车子是向外，拿杯子是往里，我们又怎么能都用“力”这个词去述说？这本身也是需要解释。但人们以往的做法是“花开花落”、“逝水东流”中“抽象”出“变化”、从“往外推车子”、“往里拿杯子”中“抽象”出“力”，而这个“抽象”依据的是什么规则？不得而知，其结果是，人们有过的无数的“抽象”不过是为主观意愿的断言找的一个托词——为什么从“花开花落”、“逝水东流”中“抽象”出的不是“运动”？为什么从“往外推车子”、“往里拿杯子”中“抽象”出的不是“动作”？根本说不清。现在，我们基于时间空间直接推出变化和力，把它们作为基础的范畴。更重要的是，这意味着一切现象的变化中最根本的最原初的变化是“空间对时间的规定”、一切现象中的力中最根本的最原初的力是“时间对空间的规定”——因为时间空间是最根本、最初始的基质。这里所说的力是不是我们推车子、拿杯子的力？或者说，这里所说的力是不是力学意义上的力？我们的回答是肯定的，只不过，推车子的力、拿杯子的力等力学意义上的力是由“时间对空间的规定”这个本质的力所派生出来的力。力学意义上的力一定是从属于这里所说的力的。或者说，这里所说的力涵盖了力学意义上的力，但并不仅仅是力学意义上的力。

说“力与变化是等价的”，是不是说“力和变化是同一的”？我们无意使用“同一”这个语焉不详的字眼，更无意采取“同一哲学”的某些只会使问题复杂化的思维方式。我们说时间空间不可分离，这是不是说时间和空间是“同一”的？当然不是，我们清楚明白地知道时间、空间分别是什么，不必去纠缠于它们是否具有同一性这样的无意义的问题——如前所述，我们认为，未加证明地把不同的东西“视为并说成是同一的”，并非有勇气的做法。如前所述，如果一定要有一种“哲学的表述”，不妨选取斯宾诺莎的“一体两面”的方式：时间和空间是时空的“一体两面”的不同显现，同样，我们说“力与变化是等价的”，也可以把力和变化理解为“时间空间互为规定性”的不同显现，也是时空的“一体两面”的不同显现。也正是因为力与变化的相辅相成、不可分离的特征，我们把“力与变化”当作一组范畴归于实体范畴之中。

能不能把上述“力与变化的等价性定律”表述为“力是变化的原因，变化是力的结果”？不能。因果关系问题我们留待后面再专门谈，这里有两点要说明，一是力和变化是比因果性更基础的东西，不能用后者去定义前者，反过来用力和变化去定义因果性才是合理的；二是如果秉持“前因后果”的观念，更不能说“力是变化的原因，变化是力的结果”，因为在上述等价性定律中，力和变化没有前后之分，不是先有力再有变化，而是说力和变化本来就是一回事，是时间空间互为规定性的体现，也是时间空间的“一体两面”的不同显现——正如我们不能说先有时间再有空间（或者反过来）那样，不能脱离空间谈时间或脱离时间谈空间。形象地理解，力与变化的等价性体现在同一个物当中，就是“一个物受力”与“一个物变化”是一回事。

正因为力和变化是等价的关系，当我们把量的范畴应用进来之后，我们还能进一步推出：一个力对应一个变化，反之，一个变化对应一个力。这同样是一个十分重要的结论，出于简明的表述，我们将这个结论合并到前面的“力与变化等价性定律”之中，该定律的完整表述为：力和变化是等价的；有变化就有力，有力就有变化；一个力对应一个变化，一个变化对应一个力。

三、时间的三个样态的力。

由于时间有三个样态，而三个样态又都可以作为时间来对空间做出规定，或者说，时间的力是以三个样态的力的方式呈现出来。很显然，我们可以把“时间对空间的规定”这个力区分为“时间的相继性（对空间的规定）的力”、“时间的并存性（对空间的规定）的力”以及“时间的持存性（对空间的规定）的力”。而时间的相继性的力正是推动并形成时间的不可逆性的力——另外两个力我们后面再研究。

四、对“生长性是确定的、均匀的”和“随机性是不可或缺的”之证明。

前面两次谈到“为什么一个物的生长性是确定的、均匀的”这个问题，现在我们依据“力与变化等价性定律”清晰简明地予以论证：首先，“时间不可逆定律”是基于时间前后相继的相继性所做出的要求（即时间序列的各个节点必须是“不相同、不重复且无限制”的，否则“前”“后”无差异就谈不上“前后相继”了），也就是时间的相继性的力所做出的规定；其次，一个物的生长性是满足时间不可逆性的必要条件[①]。它所带来的差异是时间的相继性的力所对应的变化；第三，假设在某个时间节点上，相继性的力所带来的空间的膨胀（空间规定性的变化）是X这个量（无论是什么量），那么，在下一个时间节点上相继性的力也必定带来相同的空间膨胀的量，因为，如果在下一个时间节点上相继性的力带来了的空间膨胀的量是Y，且Y与X不相同，就是出现了变化（即变化量的变化），这个变化是新出现的，根据“力与变化等价性定律”，该新的变化必然对应着出现新的力，但除非有新的因素介入，否则前后两个时间节点上的相继性的力是同一个力，因此不会出现新的力，也就不会出现“变化量的变化”这个新的变化——可知，前后时间节点上的新增的空间膨胀的量必定是相同的，因而一个物的生长是确定的、均匀的；第三，一方面时间相继性的力是最基础的力，不可能找出比它更基底的力再去对它做出规定，另一方面，我们在后面将看到，时间并存性的力有可能与相继性的力形成“合力”从而影响一个物的生长性，但前提仍然是时间并存性的力（如质量）也是确定的、并非忽大忽小的，或者说在相同的时间并存性的力的合力之下，一个物的生长性仍然是确定的、均匀的。

在前面第五章，我们谈到“只要空间不断生长，其生长性差异足以满足时间不可逆定律的要求，似乎组合性差异就变得可有可无了”的问题，也给出了否定的回答。现在来讨论一下。

假设一个物有（且只有）四个构成元素，其分布呈现正方体的组合方式，并且该正方体的边长为1。设想该物仅仅依靠空间的生长性差异来满足时间不可逆定律的要求，那么，在时间序列的各个节点，该物的空间规定性将始终保持四个元素呈正方体的组合方式，只不过各个边长均匀地增长（为了与时间的均匀性相对应，总要有某个均匀的增长的量），从1增长到2、从2增长到3……。我们来计算一下该正方体的体积的变化，分别是：1立方单位、8立法单位、27立法单位……这表明空间的生长是以超出几何级数的方式不

① 生长性是沿着时间节点逐个展开的力，随机性是在某个时间节点上带来空间的组合性差异的力，这里谈的是前后的时间节点的变化，因此只谈生长性而不谈随机性。

断加速，而且每个时间节点的空间规定性（体积）的差异是非恒定的。我们知道“变化是空间对时间的规定”，空间生长的这种非恒定性意味着时间相继性的力所对应的变化是非均匀、非恒定的，时间的展开也是非均匀、非恒定的。这与恒定的时间相继性的力对应恒定的时间序列展开方式的前提相冲突。可见，一个物仅仅依靠生长性差异（完全没有组合性差异）来满足时间不可逆定律的要求，是与时间展开的均匀性和恒定性相违背的，因此，一个物的生长不可能没有组合性差异，也就不可能没有随机性。在这里，我们做一个明确的表述：时间相继性的力带来一个物的生长性和随机性，生长性和随机性是相辅相成的关系。

也许有人会说，照上述分析，一个正方体的物体是不是总会自行生长为别的形状？并非如此，因为上述分析是就一个物的基础性质而言的，即假设它只有四个构成元素，而一个物体内部有无数的构成元素，这些元素的组合性差异也发生在其内部，是可以在保持该物体的外形特征的情况下在内部形成组合性差异，无须改变外形的正方体来满足时间不可逆定律。

实际上，由于我们谈论的是时间相继性的力满足时间不可逆性要求的最基础的问题，既然兼有生长性差异和组合性差异这两种方式，最自然的无非是两者同时出现。如果刻意地要排除其中一种、保留另一种，反倒是需要解释的。就如前面第四章关于“样态间叠加的自发性原理”时所说，如果三个样态是可以相互叠加的，为什么其中两个样态不能相互叠加？反倒是一件需要解释的事情。而在时间空间的样态以及相继性的力满足时间不可逆性要求这样的最基础的问题上，最自然的方式是最简明、最合理的方式。与之相违背，反倒需要某种“更基底的理由”——但没有比时间的样态的力更基底的东西了。因此，即使不做上述证明，说“生长性差异和组合性差异共同满足时间不可逆定律”，也是最自然的方式。

此外，再回到前面第五章掷骰子的例子中有关能否借助外力来改变时间的不可逆性的问题，现在我们可以明确地予以否认：因为没有比“时间的相继性（对空间的规定）的力”更基底的力，因而没有力能改变由时间的相继性这个力所决定的时间不可逆性。

五、力的叠加性和还原性。

力的叠加性和还原性是不言而喻的。时间的力就是相继性的力、并存性的力和持存性的力叠加而成，反之，时间的力可以还原为相继性的力、并存性的力和持存性的力。既然最根本、最原初的力是具有叠加性和还原性的，由该力派生出来的力显然也具有叠加性和还原性。既然时间这个最基础的力具有叠加性和还原性，因此，由时间的力派生出来的物理学意义上的力，也必定具有叠加性和还原性。这就解释了物理学的力的合成与分解何以可能的问题。

但是，时间的力的叠加也是有条件的。我们可以说一个时间的力与另一个时间的力相叠加，却不能说“一个时间的相继性的力与另一个时间的相继性的力叠加而成为第三个时间的相继性的力”——尤其不能说“这第三个时间的相继性的力是前两个时间的相继性的力的合力”。因为一个物是一个时间，两个物相叠加得到的仍然是一个物（一个新的物），一个物当然只对应一个时间的相继性。

特别强调一点，这里说的力的叠加性和还原性，并不是从物理学的力的合成与分解的原理派生出来的（恰恰相反，是这里的力的叠加性和还原性反过来证明了物理学意义上的力之所以具有合成与分解原理的缘由），而是由时间自身的性质所决定的，因而是力的十分基础的性质。

第二节　力与变化等价性定律的推论

从力与变化等价性定律出发，我们得到一个推论，即：相同的力对应相同的变化，反之，相同的变化对应相同的力，即相同特征的力与相同特征的变化是一一对应的。

一、推论的依据。

根据力与变化等价性定律，既然有变化就有力、有力就有变化，并且，一个力对应一个变化，一个变化对应一个力，那么，如果一个相同的力对应不同的变化（即“变化”发生了变化），就会导致有变化却没有力的情况；

同理，如果一个相同的变化是由不同的力所带来（即力发生了变化），就会导致有力却没有变化的情况。基于“是者是”原则，这些情况将是不被允许的。因此，相同的力对应相同的变化，反之，相同的变化对应相同的力。

这个推论的运用方式是，如果一个力带来了一个变化，那么，具有与该力相同特征的力将始终带来与该变化具有相同特征的变化。反之，如果具有与该力相同特征的力没有带来与该变化具有相同特征的变化，这件事本身就意味着发生了“变化”，那将意味着有新的力的介入使得应有的变化发生了“变化”。这个推论在我们后面的研究中将发挥重要的作用。

二、推论的重要意义。

这个推论有以下重要的意义：

第一，它在已知的过去与未知的将来之间（或者更一般地说，是在已知和未知之间）构建了一道有迹可循因而是清晰明确的桥梁。根据这个推论，如果一个力过去带来了某种变化，那么，我们将有理由相信跟这个具有相同特征的力现在以及未来将带来与该变化具有相同特征的变化。

熟悉“休谟问题”的人或许立即会产生疑问：这个推论是不是意味着“归纳法总是有效的”？我们在后面会专门谈“休谟问题”，我们将依据“力与变化等价定律”以及新的因果性范畴来对该问题作一个根本性的化解。由于有关论证涉及的内容比较多（如“将来与过去的时间是否相同”等诸多环节），我们将用一章的篇幅来谈。在这里，从“在已知与未知之间构建了一道有迹可循因而是清晰明确的桥梁”的意义上讲，归纳的做法是否有效（我们姑且不从一般意义上谈“归纳法”），取决于它所归纳的对象在力和变化上是否具有前后的一致性，比如我们找到了造成“太阳东升西落”的力，从该力带来“太阳东升西落”这个变化的角度讲，我们就能够从“今天太阳东升西落，可知明天太阳也将东升西落”。但是，如果归纳的是“天鹅都是白色的，所以所有的天鹅都将是白色的”，这个归纳只涉及“天鹅”的概念，不涉及力与变化，当然不能适用于力与变化等价定律及其推论。

之所以说以上推论“在已知的过去与未知的将来之间构建了一道有迹可循因而是清晰明确的桥梁”，就是因为我们可以根据某个特征的力在过去、现在的表现推知它在将来的表现。这一步跨越至关重要，这在以往的思辨哲学中是不可想象的。即使该力在将来出现其它的不同的表现，我们也不会退回去，而是根据同一个推论得出“必定有其它的力对该力构成干扰、形成新的合力”，只需找出其它的力即可，我们的认识因此也将获得新的进展。至于这道桥梁的合法性和稳固性，当我们为一切现象找到时间空间这个基质时，就已经为这道桥梁打好了地基。有关细节我们在后面讨论“休谟问题”时再议。

第二，在哲学（特别是在希腊早期的自然哲学以及中国古代哲学）中，类比、类推的方法即从一个情形中的规定性过渡到相似情形中的规定性的方法是比较常见的。比如人类分男女，自然分天地，气候分冷暖，古代中国人以类比的方式将这些相似的情形中的男女、天地和冷暖等规定性抽象概括为阴阳两极。这种类推的思维方式是传统形而上学的惯常手法（我们将在第二十章“形而上学作为自然的倾向是如何可能的”中借助罗素对新康德主义者布拉德莱的批评来分析传统形而上学把类比作为推论的依据的思想方法）。现在，有了力与变化等价定律的推论即“相同的力对应相同的变化”，我们为所有的类比的合法性找到了一个判定的依据：一个情形中的规定性能否“类推”为另一个情形中的规定性，不能只凭“直观的”或“形象的”相似性，必须比较两个情形中是否涉及相同的力和相同的变化。如果不能从两个情形中找到可比较的力和变化，其类比、类推就将是无效的、非法的。

第三节　力与变化等价定律及其推论对时间的性质的阐明

我们现在来对时间的一个重要性质作出阐明，这个性质就是它的均匀性。我们总是预设时间是均匀地展开的（康德也沿用了这个预设），但是，为什么如此？有没有可能改变匀速的方式？对后一个问题，我们在第四节中针对物理现象时再谈，这里谈前一个问题。

一、对时间的均匀性的阐明。

首先，我们是从“时间空间既是形式也是质料且互为形式和质料”这个基础的公理推出力与变化等价定律的，因此，我们有权用这个定律及其推论去对时间的性质作出阐明。

其次，时间作为一个序列，用自然数的不同组合来表述，可以有1，2，3，4，5……这样均匀展开的形式和1，2，4，9，15，23……这样非均匀展开的形式（这类序列各个节点的内容虽然是不重复的，但相邻每两个节点之间的增长幅度杂乱无序）。现在的问题是：时间为什么一定是前一种形式而非后一种形式？因为，根据“力与变化的等价性定律”，如果相邻每两个节点的增长幅度出现变化，比如上述非均匀序列中从第二项与第一项之间的1，变为第三项与第二项之间的2，又变为第四项与第三项的5等等，都必须找出与该变化相对应的力。而作为最基础的时间相继性的力，是不可能被设想为杂乱无序地随时变化着的力，它只能是一个恒常不变的力（因为如果是变化的力，就必须在比该力更基底的东西上去找出带来该变化的新的力，但没有比相继性的力更基底的力了），因此，对同一个时间来说，其展开的序列必定是均匀的即各个节点之间的幅度是不变的，因此不可能出现诸如1，2，4，9，15，23这样的杂乱无序的序列。

因此，从时间的相继性来看，我们可以认定时间的展开是均匀的。

二、时间的差异来自时间的并存性和持存性。

既然相继性的力是恒常不变的，时间也总是均匀地展开，那就意味着时间的前后相继性与具体的一个个物是无关的（因为在每个物那里，时间都以同样的方式均匀地前后相继），也意味着时间的前后相继性超越于一个个物，那么，“一个物是一个时间，不同的物是不同的时间”这句话还有何意义？何不更简明地把时间设定为一切现象的背景、框架（即回到牛顿的时空观）？从经验现象上看，不同的物的时间有差异以及同一个物的时间在前后也有差异——这些是完全可以想象的。

所幸的是，我们刚才谨慎地“把时间的相继性的力所对应的变化的恒定的量认定为该时间的展开的均匀性（也即匀速性）”，而时间的样态除了相继性，还有并存性、持存性。按照力是时间对空间的规定的定义，并存性和持存性也将对空间作出规定，也将是力。一般意义上的时间的力显然应该是时间的相继性的力、并存性的力和持存性的力相互叠加、综合的结果——这些力之所以能够“叠加”、“综合”，并非依据什么物理学的合力的概念，而是依据我们在前面作为初始条件之一的“综合的叠加性和分析的还原性”的原则——我们在前面对这个原则何以可能是有过论述的，与物理学的原理并不相干（除非我们希望把力学的合力概念建立在这个原则之上）。我们在后面讨论时间的并存性时将指出，时间的并存性的力取决于一个物或物与物的空间的规定性。这意味着时间的相继性的力是恒定不变的，但并存性的力则是因不同的物的规定性而不同的，因此，不同的物的时间的力可以是不同的，一个物的时间的力在前后也可以是有差异的——这就排除了以上两个问题。

三、不同的物的时间的差异与同一个物的时间的变化。

我们知道，狭义相对论的“双生子佯谬”是关于一对孪生兄弟的思想实验，说的是其中一个留在地球，另一个搭乘飞船巡游宇宙，若干年之后回到地球，会发现巡游宇宙的人比留在地球的人要显得更为年轻。狭义相对论的解释是，在宇宙飞船那样的高速运动的物体中，时间将会变慢。之所以选择“双生子”，无非是希望排除在衰老的快慢上不同基因、不同体质的人之间可能存在的个体差异。但是，如果我们对不同生活条件的人群（比如生活条件优裕的人群与生活条件艰苦的人群）实际展开对比研究，实际上很容易发现这样一个十分常见的事实（无须借助宇宙飞船那样的特殊条件）：同样是孪生子（也包括普通人之间的对比），无论哪个年龄段，生活条件优裕的人群总是比生活条件艰苦的人群要显得年轻。不仅仅是一般人对外貌的观感，如果进一步测量人体各个器官的衰老程度，也总能得到同样的结果——而且这种“更年轻”的特征无论从哪个方面讲都不逊色于“双生子悖谬”中的“更年轻”的显著程度。对于这个常见现象，以往人们局限于“时间外在于一个物”的旧观念，认为不过是生活优裕的人“显得”比生活艰苦的人“更年轻”。但“显得”是什么意思？明明在相貌、生理特征上都有衰老程度上的明显差异，为什么说是“看上去显得更年轻”？如果跨越到我们正在谈论的新的时空观，就很容易理解：“一个物是一个时间，不同的物是不同的时间”，生活优裕的人的时间就是比生活艰苦的人的时间要慢——根本无须借助宇宙飞船那样的特殊条件。这是为新的时空观提供佐证的经验事实。其它的经验现象，比如一块岩石旁边长着一棵树，树的状态变化显然快于岩石，我们通常根据旁观者的时间来描述树和岩石，但换个角度看，未尝不可以认为树（自己）的时间快于岩石（自己）的时间。还有一种情况，同一个人因前后生活状态的变化而显出衰老快慢上的差异。比如，一个人前半生养尊处优，跟他处于相同生活状态的人在衰老快慢上保持一致，但因为某些变故，他的生活状态变得艰难起来，因此也衰老得更快一些——这个过程也可以颠倒过来，从生活艰难的状态改变为生活优裕的状态，他的后半生就比他以前的同伴衰老得更慢一些。

对于上述情况，我们用以下四个时间序列的不同呈现方式来加以概括，以说明不同的物的时间以及同一个物的时间出现差异、变化究竟意味着什么。我们以自然数序列与偶数序列作为比拟，来说明时间的差异以及变化的情形。

时间一：	节点1	节点2	节点3	节点4	节点5	节点6	节点7	节点8……
状态：	1	2	3	4	5	6	7	8
时间二：	节点1	节点2	节点3	节点4	节点5	节点6	节点7	节点8……
状态：	2	4	6	8	10	12	14	16
时间三：	节点1	节点2	节点3	节点4	节点5	节点6	节点7	节点8……
状态：	1	2	3	4	6	8	10	12
时间四：	节点1	节点2	节点3	节点4	节点5	节点6	节点7	节点8……
状态：	2	4	6	8	9	10	11	12

对比时间一和时间二，我们可以在两个意义上形象地看出它们的差异。首先，时间二在节点1、节点2、节点3上的状态，分别是时间一在节点2、节点4、节点6的状态，这意味着时间二每展开一个节点所达到的状态，时间一需要展开两个节点才能达到，或者说，时间二在节点1的状态，对在时间一的节点1的状态来说，是其“未来”节点2才有的状态（以此类推）……我们从这个意义上讲，时间二比时间一要快；其次，从节点与节点之间状态所发生的变化的量来看，时间一的每两个节点之间的变化幅度是1，时间二的每两个

节点之间的变化幅度是2，时间二的状态比时间一的状态变化要大，我们也从这个意义上讲，时间二比时间一要快。对两个不同的物来说，两者在任何节点的状态都不会相同，因此，一个时间比另一个时间快，将是在上述第二个意义上讲的，即一个时间的状态在每两个节点之间的变化幅度要大于另一个时间的状态的变化幅度。对同一个物来说，则有可能呈现上述时间三或时间四的方式：时间三的前面节点较慢而后面节点（从第5个节点开始）变快，或者时间四的前面节点较快而后面节点（从第5个节点开始）变慢。作为经验事实，一个人前后生活状态出现显著差异时，他的衰老快慢出现前后的变化，也是完全可以想象的。

何以出现以上四种情况？有了“力与变化的等价性定律”，问题就仅仅是：对第一、第二个时间来说，两个时间的力所对应的变化是不同的，意味着两个时间的力是不同的。我们设定了两个时间的相继性的力是恒定不变的，力的差异将来自时间的并存性的力或持存性的力；对第三、第四个时间来说，变化都发生在时间序列的第5个节点，就需要在第5个节点找出足以让时间变快或变慢的力，具体而言，就是找出在那个节点开始时间的并存性的力或持存性的力发生改变的力。这些事情有待我们讨论了时间的并存性的意义之后再予以解决。这里要表达的只是，我们承认时间有以上四种不同的形式。

四、什么是时间的过去、现在和未来?

前面有一个问题适合在这里来回答：既然“一个物是一个时间，不同的物是不同的时间”，那么，什么是时间的过去、现在和未来？一切现象一旦失去了一个共同的时空背景，针对它们来谈论过去、现在和未来，就会因为没有一个共同的参照而无从谈起。我们有必要予以说明。

过去、现在和未来只能是针对同一个时间而言，只能在一个时间中谈这三者及其关系。因为在同一个时间中，过去、现在和未来三者之间是有明确的关系的（即时间不可逆性所要求的空间规定性上的“不相同、不重复且无限制”），这个关系就能取代作为背景的绝对时空来对过去、现在和未来做出规定。从生长性看，在同一个时间的空间规定性上，只能是过去生长出现在，现在生长出未来——惟其如此才能符合时间不可逆定律。因此，某个状态能被称为“现在”的“过去”，必定是因为该状态对“现在”的状态产生过影响，或者说，该状态以某种方式决定了“现在”的状态。这是一个清楚明白的标准。

对于不同的时间，有没有可能出现各自的过去、现在或未来的彼此“错位”？从上述时间序列的形式来看，由于时间序列中不会出现“未来”（没有发生的东西不会被列入时间序列），但两个时间序列出现“错位”，似乎也可能出现一个时间的“现在”对应着另一个时间的“过去”的情况。好比两列同向而行的火车，如果速度不同，一列火车的车头就有可能对应着另一列火车的车头后面的车厢。如果把车头比作时间序列的最新的节点即现在，这类现象似乎意味着一个时间的“现在”对应着另一个时间的“过去”。在火车的例子中，在这一列火车车头的人可以抛一个东西给那一列火车的车厢里的人，似乎是这个时间序列的“现在”与那个时间序列的“过去”发生了关系，甚至（就前者“抛一个东西”给后者的比喻而言）是前者影响了后者——这无疑是荒唐的。这里我们从两个方面来说明。一个方面是，我们有必要澄清什么是“一个时间的现在”。一个简明的定义是：有力和变化的时间节点就是该时间的现在。这意味着“过去”既不会有力的出现，也不会有变化的出现——因为“过去”已经有过了力、有过了变化，不会再有力和变化——我们甚至无须使用有“新的力和变化”的说法，因为根本就没有“旧的力和变化”来与之相提并论。这个定义排除了“现在”影响“过去”的可能性。因为“现在”固然能够施加“抛出一个东西”的力，但是“过去”却不能有与该力相对应的“变化”发生（只有“现在”有力和变化）。这一列火车的车头上的人“抛一个东西”给那一列火车的某个车厢里的人并且后者“接住”了那个东西，则后者发生了“变化”，说明这一列火车的车头与那列火车的车厢都是在“现在”；另一个方面是，两个时间（比如上述两列火车的比喻）之间的关系，是依靠时间的另一个样态即并存性来建立的，时间并存性的力将对两个时间在“现在”这个时点上的关系施加实实在在的决定性的力，这就意味着我们不能随意去想象两个时间（如两列同向行驶的火车那样）出现“现在”与“过去”错位的情形。

另一个问题是，如何看待我们在夜空中看见的明亮但或许已不存在的恒星？那些恒星所发出的光线就成了从那个火车头“抛出来”的东西，我们成了在这个车厢里“接住”那东西的角色。首先，在那颗恒星发出光线的时候，一定是在它自己的“现在”，绝不是在它自己的“过去”；其次，我们说我们看见的某颗恒星“现在”已经消亡了。这里说的“现在”仅仅是我们的“现在”，与那颗恒星无关，因为它已经没有“现在”了；第三，对于确信其仍然存在的恒星，我们从它那里得到的光线确实是它“过去”发出的，这意味着我们看见了它的“过去”。但是，“看见过去”并不是一件稀罕的事情，我们每天都可以“看见过去”——如果你拿出自己小时候的照片的话。问题在于，“看见过去”并不等于我们的“现在”与恒星的“过去”是“同时”的，正如你看见你小时候的照片并不等于你与小时候的你同时并存一样。这涉及到什么是“同时”的问题，后面我们讨论时间的并存性样态时再做说明；第四，对于夜空中某颗恒星（它自己的）“现在”，我们不能说它自己的“现在”与我们的现在是同时的（当然这取决于是否符合我们后面要谈的“同时并存”的概念），因为我们谈论那颗恒星自己的“现在”，跟谈论我们自己的未来一样，只是分析的、推理的或猜想的。尽管我们在白天相当确信“未来会是黑夜”，这也仅仅是依据地球与太阳的关系（当然是天文学意义上的关系）所做的推理，这跟“预报明天要下雨”的推理在性质上是相同的，只不过后者的可靠性远比前者为低。同样，我们并没有直接观察到恒星的“现在”，也只能根据我们已经掌握的资料对它从它的“过去”可能演化成的样子进行分析、推理或猜想，所得到的判断的可靠性丝毫不大于我们对自己的未来的判断。

简言之，我们明确了每一个时间的现在的定义，即有力和变化的时间节点。这是一个清晰简明的标准，有了这个标准，不同的时间之间的关系就将通过时间的并存性而建立起清晰明确的关系，不会出现上述“错位”等情况。这留待后面再谈。

第四节　力与变化等价定律及其推论对物理定律的阐明及推演

如前所述，我们曾经许诺，要依据哲学的原理来对自然科学的成果作出合理的解释。在这里，基于“力与变化的等价性定律”，我们不仅可以得到一些解释，可以得到一些推论。

一、对牛顿第一、第二定律及其关系的解释。

我们先来看看力与变化等价性定律对牛顿第一、第二定律的解释。按照牛顿第一定律（惯性定律）认为，“任何物体都要保持匀速直线运动或静止状态，直到外力迫使它改变运动状态为止”，换个说法就是，一个物体在不受力的情况下将保持匀速直线运动或静止状态。静止状态无须多言。假设我们从某个初始位置（即不再受力的位置）开始观察，物体到达该位置时有速度并且是直线运动。惯性定律说的是该位置之后该物体将保持匀速直线运动。从我们的角度看，物体在初始位置有速度，基于力与变化的等价性定律，如果该速度发生变化，必须要有力的出现；如果物体不受力，则物体的速度将不会发生变化。同样，物体在初始位置是直线运动（即“运动的方式是直线的”），如果物体运动方式要从直线改变为“非直线”，出现该变化也必须出现相应的力，因此，在不受力的情况下，物体的直线运动的方式也不会发生变化。可见，依据力与变化等价性定理是可以对惯性定律做出解释的，即使有人援引“非欧几何”说“没有直线运动”，这个解释仍然是成立的：无论初始位置的物体是什么状态（无论运动或静止、直线运动或非直线运动），在不受力的情况下，它还将保持原来的状态——这听起来似乎更具普遍性。也许有人会问：即使是“匀速直线运动”，其位置也是变化的，在物体不受力的情况下，这个“位置的变化”对应了什么力？我们只需要问问这个物体的速度是从哪里来就知道了：这个“位置的变化”对应的就是让物体获得速度的那个力，比如物体最初受到了撞击，该撞击力就是物体位置的这个变化所对应的力。

对牛顿第二定律（F=ma）的解释也是一样的：根据上面的推论“相同的力对应相同的变化”，一个力对应一个变化，在物体受到一个恒定的力的作用的情况下，它发生的与该力相应的变化是速度的变化，速度的变化就是加速度，在力不变的情况下将保持该变化，也就是保持同一个加速度。

牛顿定律被认为是适用于宏观领域，而力与变化等价性定律及其推论则是普适的。即使是在微观领域，在牛顿定律被认为是不适用的地方，我们相信也能找到使之不适用的新的力和新的变化。我们也无意对更多的物理学定律作出解释，这里只选取两个与下面的推论有关的定律作为示范。上述对牛顿第一、二定律的解释，具有重要的象征意义。在物理学中，在宏观领域牛顿第一、二定律之所以成立，其实只是源于经验观察。现在，我们依据源于时间空间的基质的定律来对它们作出了解释——哪怕只是“形而上学的解释”。

二、“量的一般性守恒原则”。

我们在前面已经得到“运动”的新概念。进一步看，与运动有关的量有三个：距离、速度、加速度。从这些量的概念中知道，距离不包含速度，速度不包含加速度，但反过来，加速度包含速度，速度包含距离。也就是说，加速度的变化必然有速度的变化，速度的变化必然有距离的变化，但反过来则不然，距离的变化未必有速度的变化，速度的变化未必有加速度的变化。我们把这些物理量之间的关系视为逐层涵盖的关系，距离的上一层是速度，速度的上一层是加速度。这个关系很容易识别并建立起来，因为加速度的定义里面包含了速度，速度的定义里面包含了距离。按照力与变化等价性定律，既然“一个力对应一个变化”，当一个物理量出现变化时，一定有一个力对应着这个物理量的变化，但该物理量的上一层的量则理应保持不变——否则的话，一个力就对应了两个变化，因为原本该物理量变化时，它的上一层的物理量是可以不变的——我们姑且把这个推论称为“量的一般性守恒原则”。

以此来看牛顿第一定律，一个力如果是造成物体从静止到出现位置的变化（如撞击，力对物体的作用具有瞬时性，一旦脱离接触，该撞击力就消失。在撞击力存续的瞬间，物体获得加速度，则适用于下述对牛顿第二定律的讨论），那么，距离的上一层的量（速度）就将保持不变——也即保持匀速运动，这就是牛顿第一定律。一个力如果是造成速度的变化（如持续的推动力），那么，速度的上一层的量（加速度）就将保持不变——这就是牛顿第二定律的内容。

也许有人会说，牛顿的运动定律一是只适用于宏观物体，不适用于微观粒子；二是只适用于惯性系，不适用于非惯性系。上述“量的一般性守恒原则”岂不也有这类局限？该原则即使成立，放在现代物理学中也已过时——并非如此。上述原则能够解释牛顿第一、第二定律，并不意味着牛顿第一、第二定律的局限就是上述原则的局限。对于惯性系与非惯性系的区别，我倒认为爱因斯坦的等效原理恰恰是力与变化等价性定律在经验领域得以运用的一个例证。等效原理认为重力场与以适当加速度运动的参考系是等价的。因为力（哪怕是重力）与变化是等价的，以适当加速度运动所带来的变化可以等价于重力所带来的变化进而等价于重力场。至于宏观物体与微观粒子的差异，是因为宏观物体用距离、速度和加速度的量来表述该物体的变化，微观粒子应该用什么量来表述该粒子的变化，则是另一个问题——比如用熵来描述一个系统的“内在的混乱程度”而不是逐个描述系统内的粒子的轨迹。一旦物理学家确定了另外的量来表述粒子的变化，我们仍将有信心把上述“量的一般性守恒原则”对其加以运用。

能不能把距离、速度、加速度这个逐层涵盖的关系继续扩展开去？是可以的。因为如果力本身是变化的，这件事也将意味着另一个力的出现，也即“力的变化也等价于（另一个）力”。因此我们得到扩展了的“距离、速度、加速度、力”的逐层涵盖的关系，然后（容易想见）从力又进一步扩展到物理学意义上的能量等概念。现代物理学已经为各种现象建立起来一个严密的物理量的体系，如质量的量、能量的量以及运动的量等等。我们据此设想一种情况：既然一切现象都以时间空间作为最基础的基质，那么，一切现象的所有规定性将呈现一个以时间空间的规定性为基础的逐层涵盖的体系，就类似于“距离、速度、加速度、力”这样的逐层涵盖的体系——于是我们问：在这个体系当中，一切的力（当然不仅仅是力学意义上的力，而是可以归入“时间对空间的规定”的力）所能改变的那个最高的量是什么？依据类似于“改变距离，则速度保持不变，改变速度，则加速度保持不变”的递推关系，我们可以得出一个推论：一切的力所能改变的那个量的更高一层的量一定是恒常不变的。我们可以把“量的一般性守恒原则”更完整地表述为：现象中的力所能改变的那个量的更高一层的量是恒常不变的；一切的力所能改变的那个量的更高一层的量一定是恒常不变的。

这一番思考有什么意义？我们知道，在物理学中有几个“守恒定律”，比如机械能守恒定律、质量守恒定律、能量守恒定律、质能守恒定律、动量守恒定律以及角动量守恒定律等等。比如机械能守恒定律，是指在只有重力或弹力对物体做功的条件下（或者不受其它外力的作用下），物体的动能和势能（包括重力势能和弹性势能）发生相互转化，但机械能的总量保持不变；再比如能量守恒定律，一个封闭系统的总能量保持不变，总能量为系统的机械能、热能及除热能以外的任何能形式的总和，等等。这些守恒定律有两个特点，一是都是在某个特定条件下或某个封闭系统中；二是根据已知的研究成果，部分守恒定律之间具有从属的关系（即一个是另一个的特例），比如机械能守恒定律归属于能量守恒定律、质量守恒定律和能量守恒定律又归属于质能守恒定律等等。这就令人产生联想了，似乎这些物理学中的守恒定律都可以被归入我们上述的“量的一般性守恒定律”之中：特定条件或封闭系统意味着特定的某个力发挥作用的特定范围（特定的力改变特定的量），这就像是一个力如果只是“距离的变化”的原因，那么高于距离这个量的速度、加速度等量就是“守恒的”，并逐级递推。不同的守恒定律仅仅是指出了特定的力所改变的特定的量的更高一个量的恒常不变。不难设想，如果逐级递推上去，我们相信，在一切现象的所有规定性所形成的体系中一定在某个最高的量上是守恒的。我们对此判断的信心还来自于：既然一切现象的基质是时间空间，那么，其所有规定性都将立足于时间空间的规定性并形成一个逐级构成的完整体系，这个体系将为我们呈现那个最高的量。

以上分析及其结论是容易验证的，物理学家完全可以来做这件事情（如果他们能改变观念以便给某些量子现象赋予某个用以恰当地描述该现象的量的话）。这对于我们刚刚展开的工作来说，无疑也是具有挑战性的——我们差不多一开始就把自己的工作置于某种可以证实或证伪的境地之中。这是一件需要勇气的事情。

第八章　时间并存性的意义及相关范畴

在新的时空观中，我们抛弃了外在于现象的作为背景的时间空间的观念，认为“一个物是一个时间，不同的物是不同的时间”，这就带来一个问题：对于不同的物来讲，“同时并存”指的是什么意思？比如，我们说A和B两个物“同时并存”的这个“同时”，究竟是指“同”A的这个“时”还是指“同”B的这个“时”？抑或“同”另外的某个“时”？这是我们本章要探讨的问题。

第一节　康德对时间的并存性的解释

康德在“纯粹知性原理体系”中，用时间的持存性、相继性和并存性分别对应于关系范畴的实体性、因果性和协同性。当然，他采用的是图型法的思路，即实体性的图型是时间的持存性，因果性的图型是时间的相继性，协同性的图型是时间的并存性，也即这三个关系范畴是通过持存性、相继性和并存性的图型来与感性杂多建立起联系的。我们现在已经往前推进了，认识到一切现象的基质是时间空间，不再需要把范畴和感性杂多当作两个相互外在的对象来建立联系。因此，图型法对我们来说是没有必要的。

我们先来看看康德对时间的同时并存的解释。他主要在《纯粹理性批判》的“纯粹知性一切综合原理的系统展示”部分关于“经验的类比”的

“第三类比”中阐述了“按照交互作用或协同性的法则同时并存的原理”，即“一切实体就其能够在空间中被知觉为同时的而言，都存在于普遍的交互作用中”。康德想要解决的问题是“我们如何能够知觉到实体的同时并存”，在他的大部分论述中都在回答这个问题。但我认为，这个问题是不必要的，无须回答，也无法回答。

在第一版的证明中，康德一开始就说：“当经验性直观中一物的知觉能够与另一物的知觉交互地接续时（这在诸现象的时间序列中，正如在第二原理那里曾指出的，是不可能发生的），两物便是同时的”[①]。这句话意思很明白，用知觉的“交互地接续”来说明“两物是同时的”。但是，什么是知觉的“交互地接续”？要解释起来就不那么容易了。我们可以接受“先指向月亮，然后指向大地”或者颠倒过来，但如何一般性地概述这两个动作的意义？康德说“想象力在领会中的综合将只会把两个知觉中的一个指定为这样一种知觉，即当另一个知觉不存在时它在主体中存在，以及交替地这样来做，但却不会把这两个客体指定为同时并存的，即当一个客体存在时另一个客体也在同一时间中存在，并把这种情况指定为必然的，以便这两个知觉能够交互地相互接续，这样一来，就需要有关于这些外在的彼此同时实存之物的诸规定交互接续的一个知性概念，以便能够说，诸知觉的这种交互接续是在客体中有根据的，由此来把同时并存表象为客观的”[②]。这段话与其说是解释我们如何能够获得两个客体的同时并存的知觉，还不如说由于我们无法“直接”知觉到“同时并存”（我们只能在获得对一个客体的知觉时把另一个客体的不存在的知觉通过“想象力在领会中的综合”来把它“想象”为“在主体中存在”——简单地讲就是“记忆”，却不能把这个状况“直接”当作“同时并存”）、因此需要有一个知性概念来把这种情况“指定为”“彼此同时实存之物的诸规定交互接续”。这个解释听起来过于“主观”，于是康德在第二版的证明中试图在实体自身的规定性中找到某种“客

① [德]康德著，《纯粹理性批判》，邓晓芒译，杨祖陶校，人民出版社2004年版，第191页。

② 同上。

观”的东西，以便能使实体的同时并存性也成为客观的东西，因此说“每个实体（既然它只能就其诸规定而言是一个结果）都必须是另一个实体中的某些规定的原因性，并且同时自身包含有另一个实体的原因性的诸结果，就是说，它必须（直接或间接地）处于力学性的协同中，如果这种同时并存要在任何一个可能经验中得到认识的话……所以对于现象中的一切实体，就它们同时并存而言，都必然处于相互的交互作用的普遍协同性之中”①。康德要表达的意思是：由于一个实体中包含了另一个实体的某些规定的原因性，该原因性必然对应另一个实体的某些规定性，因此，当我们知觉到这个实体时就同时“知觉”到了另一个实体（我在看见这个实体时因“同时”也看见了“另一个实体的某些规定的原因性”、该原因性意味着另一个实体是存在的，因而也等于是“看见”了另一实体），反之亦然。

我认为，康德的解释是比较勉强的。首先，这个解释需要以因果性范畴作为前提，同时并存的协同性似乎就成了因果性的一个特例——两个实体互为因果；其次，康德特别强调（估计是为了突出同时并存的客观性），“它必须（直接或间接地）处于力学性的协同性中”——如果“要在任何一个可能经验中得到认识的话”。但是，我们的知觉真能感知到一个实体与另一个实体的交互作用吗？我能够先看一眼月亮，再看一眼大地，然后再颠倒过来又看一遍，这个过程究竟是月亮与大地的交互作用还是我自己的两个“交互接续”的动作？恐怕只是我自己的动作。我们能知觉到月亮有什么东西是大地造成的“一个结果”以及有什么东西是大地的某些规定的“原因性”？恐怕不能知觉到。我们是在牛顿之后才知道月球与地球之间有引力（但人类在那之前很长时间里就有感知能力了），引力是思想物，不是人的感觉经验。

康德的几个角度的证明都不成功，问题出在哪里？在于“我们如何能够知觉到实体的同时并存”这个问题本身是无须证明的。因为，当我们说一个物具有时间这个直观形式时，就已经是说这个物具有相继性、并存性和持存性的性质——也就是这个物可以被知觉为同时并存，何须再从知性概念去做

① [德]康德著，《纯粹理性批判》，邓晓芒译，杨祖陶校，人民出版社2004年版，第192–193页。

出证明？说时间是直观形式，就等于是说时间的包括同时并存在内的性质是直观的——否则我们从时间中直观到什么？总不能仅仅是“时间”这个词吧？

其实，关于同时并存，康德一开始就说出了最重要的一句话：“一切实体就其能够在空间中被知觉为同时的而言，都存在于普遍的交互作用中”。他进一步把交互作用设定为协同性：“只要诸对象都应当被表象为同时实存地结合着的，那么它们就必须在一个时间中交互地规定它们的位置，并由此构成一个整体……通过这种交互联系，诸现象就其相互外在却仍然处于结合之中而言，就构成了一个复合物（compositum reale），而这样一类的复合体是以诸多方式成为可能的。因此，一切其它关系由以产生出来的这三种力学性关系，就是依存性关系、一贯性关系和复合性关系”[①]。也就是说，在康德看来，交互作用的协同性是被当作与依存性、一贯性相并列的复合性关系。我认为，仅仅把交互作用设定为协同性是过于简略了，这当中还有值得细分的关系。

第二节　时间并存性定律

我们把康德关于“普遍的交互作用”这层意思稍微推进一点：既然“力是时间对空间的规定”（如前所述），时间的相继性体现了时间不可逆性对空间规定性的“不相同、不重复且无限制”的力，那么，同为时间样态的并存性是时间以同时并存来对空间所做出的规定，并体现为空间与空间之间的交互作用，或者说，“时间的并存性”就等价于“交互作用的力”。

为了便于后面的引用，如同时间的相继性所对应的“时间不可逆定律”（实际上“时间的相继性”与“时间的不可逆性”或“空间规定性变化的不可逆性”也是等价的关系）那样，我们把这个等价关系称为“时间并存性定律”，其表述为：诸对象的同时并存，指的就是它们之间有交互作用的力；

① [德]康德著，《纯粹理性批判》，邓晓芒译，杨祖陶校，人民出版社2004年版，第194页。

反过来，诸对象之间有交互作用的力，它们才是同时并存的。在这里，我们使用了一个较宽泛的词“诸对象”，表示但凡能被称为“同时并存”的东西，大到一个物，小到一个物的时间序列某个节点上的构成空间规定性的诸要素（也就是说，我们既可以说两个物同时并存，也可以说一个物的这个偶性与那个偶性同时并存）。因为并存性跟相继性一样，都是时间的样态，因此同样是在时间空间的样态的层次上发挥作用。

一、交互作用的性质。

所谓交互作用的力，包含两层意义，一是交互性，二是（交互作用的）力。先说交互性。

什么是交互作用？康德给出了相当复杂的解释，比如“除了单纯的存有之外还必须有某种东西，A通过它来规定B在时间中的位置，反过来B也通过它来规定A在时间中的位置，因为只有在这一条件下，上述实体才能被经验性地表象为同时实存的。现在，只有那本身是另一个东西或它的诸规定的原因的东西，才规定另一个东西在时间中的位置”[①]，等等。这主要是因为（如上所述）康德不仅要论证什么是同时并存，还要论证什么是交互作用。实际上，一个简明的办法是，既然同时并存（被我们认为）是直观，那么，何不把交互作用与同时并存当作同一个东西、同一件事情？即当我们说“同时并存”时，指的就是“交互作用”，反之亦然，两者是完全等价的。

如果形象地类比一下，交互作用有点类似于牛顿第三定律中的作用力和反作用力，但又不完全是那样的力。同时并存的交互性体现在两点：其一，交互作用发生在两个对象之间，“同时并存”显然是指两个对象的关系；其二，交互的力是一对共生共灭的力，无施力与受力之分，两个对象在交互作用中是对等的关系。这一点不同于物理学的作用力和反作用力的，我把手放在墙上，不用力就不会感到墙的阻力，用多大的力就会受到多大的阻力，可见我施加的作用力是主动的，墙的反作用力则是被动的（否则何来“作用力”与“反作用力”之分？）。而并存性的交互作用的力就没有主动与被动

① [德]康德著，《纯粹理性批判》，邓晓芒译，杨祖陶校，人民出版社2004年版，第192页。

之分；其三，如果说“共生共灭”这个词还有不清楚不简明的地方，那么，交互性指的是对每一个对象而言，施力与受力是同时发生的——对同一个对象来说，我们可以使用“同时”这个词，因为在这个对象的时间中，施力与受力出现于同一个时间节点上。至于一个对象在其自身同时发生的施力和受力又如何过渡到这个对象与另一个对象的施力和受力关系的同时性和共生性，我们在接下来“交互作用的机制”部分再谈。

此外，从两个对象看，时间的并存性的力也不同于相继性的力，后者是对象自身变化的不可逆的要求，体现为对象自身的生长性和随机性，不是发生在“两个对象”之间。我们把“交互作用”等价于“同时并存”，用“交互作用的力”作为时间并存性的客观依据，即不同时间之间是依据“交互作用的力”来建立起同时并存的对应关系，有一个优越性立即就显露了出来：交互二字意味着相互作用的力是并存的。如果只有单方面的施力，施力者无法获得“反作用力”，两者就不是并存。很典型的例子就是夜空中的繁星，那些星星当中有许多“现在”（这当然是我们的“现在”）早已不存在了，仅仅是因为它们在消失前（单方面）发出的星光经过若干光年的旅行，“现在”才到达地球，跟地球没有交互的关系，因此那些消失了的繁星与地球就不是同时并存的。这是一个简明的认定方式。我们来进一步讨论一下同时并存的交互作用力的一些性质。

二、并存性作为力何以是交互作用的?

我们在前面把力定义为“时间对空间的规定”。这里就有个问题：“时间对空间的规定”当然指的是“一个时间对一个空间的规定”（因为这句话源自“时间空间互为规定性”的原理，一个时间首先是与它所贯串的空间互为规定性），一个时间的并存性的力又如何能对别的时间所贯串的别的空间做出规定?

只要细加考察不难发现，在我们把时间分为相继性、并存性和持存性的样态之后再谈“时间”，就不会再把它当作一个“整全”的东西来对待了：它将被分解为三个样态所分别对应的性质。比如相继性，作为力，它当然只能贯串同一个时间序列，因为在同一个时间序列中才存在着前后相继的内在关联（联结）。而并存性呢？以下步骤将证明，不仅一个时间的并存性的力能够“贯串”别的时间，而且该并存性的力必定是交互作用的：

其一，“同时并存”本身就包含了两个（或以上）的对象（否则何来“并存”？），本身就等同于两个（或以上）对象“交互作用”这件事情——同时并存与交互作用是等价的。这意味着时间本身就具备借助并存性的力与其它的时间建立关联的能力（即借助并存性的力去“贯串”别的空间的能力）；其二，何以证明时间具有这个能力？这个世界存在复合物就是一个证明。显然，我们承认世界上存在复合物。哲学家们会质疑“单纯物”是否存在或复合物是否由“单纯物”构成等问题，但没人会质疑复合物是存在的（大到太阳系，小到火车飞机，都是复合物）。一方面，诸构成物是借助各自的时间并存性的力的交互作用而保持着相互的关系，另一方面，复合物作为一个物，又是“一个时间贯串着一个空间”。这两方面的情况说明，诸构成物借助各自的时间并存性的力彼此“贯串”起来，形成复合物这个新的时间；其三，诸构成物（作为彼此独立的对象）之间有着固定的约束关系，该约束的力是交互的，因为拿掉其中任何一个对象，原来所构成的整体都将（因为减少了构成的部分而）发生改变。如果一个对象对另一个对象只有单方面的力，后者的消失就不会对前者有任何影响——反过来证明，并存性的力是交互作用的；其四，交互作用的力必定是两相等同的，即两个物的施力与受力是等同的。因为如果施力与受力不等同，两相抵消后就会出现一个物对另一个物“单方面”的作用力，因而失去其交互性。基于此，我们把上述“时间并存性定律”补充为：诸对象的同时并存，指的就是它们之间有交互作用的力，反过来，诸对象之间有交互作用的力，它们才是同时并存的；并且诸对象的施力与受力是等同的。

这个论证与前面谈到的康德的几个证明是不同的，康德的证明之所以是不必要的，因为他想要证明时间的同时并存是否可能，而这个可能性在我们说出时间时就已经包含在这个形式当中了（因此无须证明），而我们承认对象与对象的同时并存是可能的，在此前提下进一步证明时间的并存性不仅是力，而且是交互作用的力——我们要证明的是同时并存的力的交互性。当然，我们也可以更为直接地表述为：对象与对象的同时并存就是时间对各自所贯串的空间所做出的交互性的规定。这个表述可以把时间的并存性与“时间对空间的规定”（因而与“力”）建立起直接的联系。更为形象的理解是，时间并存性使得一个空间具备了施加作用力和接受作用力的能力，就好比一块磁铁，磁性是它自带的，但该磁性又是在该磁铁既对外施加作用、本身又感应到其它磁铁的作用的过程中显现出来——同样，同时并存的力首先是一个时间的性质，但又是在一个时间所贯串的空间与另一个时间所贯串的空间的交互作用中才得以显现的东西。这个力使每个对象自身都具备了施加作用力和接受作用力的能力，从而使诸对象得以成为同时并存的。

三、交互作用的机制（力的可传递性）。

以上论证和表述回答了“是可能的”，接下来的问题是“如何可能的”，也即时间的交互作用的力的形成机制是什么？我们将依据前面已经取得的进展来说明。

我们以物与物的直接碰撞为例。假设A物体去撞击B物体，A物体是运动的，B物体是静止的，两相碰撞后A静止，B运动。按照我们的运动的概念，在A的时间序列中，每个节点都具有某个位差（作为该节点的状态的规定性），假设A是匀速运动（是加速运动也无妨，后面的解释同样适用），速度是1米/秒，即它的以1秒为间隔的时间节点的规定性中将有1米的位差。在碰撞之际，首先，由于物的不可入性，B的不可入性形成对A的斥力，这个斥力作用在A的身上，形成对A这个空间的新的规定，也对应着A的规定性的一个变化，这个变化就是A原来的时间节点中的1米的位差消失了；其次，反过来看也一样，A原来的时间节点中的1米的位差消失（变化）对应着或转化为一个新的力，这个新的力就是A的不可入性对B的斥力，这个斥力作用在B的身上，形成对B这个空间的新的规定，也对应着B的规定性的一个变化，这个变化就是在B原来的时间节点中增加了1米的位差（即节点中的规定性中从位差为零变化为位差为1米）——据此，A从运动到静止，B从静止到运动。至于A的不可入性对B的斥力为什么一定等于B的不可入性对A的斥力？上面已经论证过，交互作用中的诸对象的施力与受力必定是相同的（这被我们归入“时间并存性定律”）。

以上分析是针对物与物直接碰撞的斥力的交互作用的机制。正是在这个机制中，一个物的力经交互作用传递给另一个物并形成这个物的力，两个物的力是对等的。这表明力具有可传递性。不过，细究这当中的论证，力之所以可传递，来自于两个物的不可入性所引起的对等的斥力，是同一个交互作用力在两个物中的不同表现，从而实现力的传递（所谓传递，不过是遵循了以往约定的说法而已）。不难看出，力的传递的前提是交互作用，即只有物与物发生交互作用，力才有传递的可能性。

如果把以上分析中的斥力换成引力（比如物理学的万有引力），其中力的对等性和传递性是否相同？交互作用的机制是否也相同？我们放到后面协同性的部分再讨论。

既然是交互作用的力，必有相对应的变化。物与物的距离、位置等可以被感知到的变化自不必说，两座山上的信号旗因同时并存而具有交互作用的力——该力的变化又是什么？其实这个问题很简单，你只需要问物理学家：两个信号旗之间有没有引力？当然有（因为它们都有质量），但很微弱，我们的感官无法感知到。既然每个信号旗都受到引力，这个力会不会给它们带来变化？当然也会。一个物受外力作用，必然在其内部的微观特征造成变化——如同该力不能为我们直接感知到一样，该变化也不能为我们直接感知到。

四、同时并存在交互作用中体现出的意义。

本章一开始提出了一个问题：我们说A和B两个物“同时并存”的这个“同时”，究竟是指“同”A的这个“时”还是指“同”B的这个“时”？抑或“同”另外的某个“时”？在接下来有关协同性的讨论中我们将看到，如果A和B借助协同性构成了复合物，那么，作为该复合物的一部分的A和B的“同时并存”，将“同”的是该复合物的“时”。在这里，我们先从一般意义上来谈谈交互作用对“同时并存”意味着什么。

我们谈到，某颗夜空中的明亮的星星虽然“现在”被我们看见，但有可能早就已经消亡了。在该星星消亡之前所发出的光，直到“现在”才到达地球并被我们的眼睛接受到。这是不是意味着我们看见了这颗星星的“过去”？或者说，我们的“现在”与这个星星的“过去”是“同时”的？这类问题对于我们的新的时空观来说，是需要回答的。我们主张“一个物是一个时间，不同的物是不同的时间”，既然时间是不同的，那就意味着有快慢之分。两块手表虽然可以是“同时”的，但具有或快或慢的可能性。如果两个时间的快慢必定是相同的，就是一个时间，并无两个时间之分（稍后我们研究这种可能性及其成因）。按照时间序列的排列，慢的时间的“现在”就有可能对应着（比如“看见”）快的时间的“过去”，就好比两列并行的火车，如果我们把车头对应车头视为“现在”对应“现在”，那么，慢速的火车的车头就无法对应快速的火车的车头，而只能对应后者后面的某节车厢。这就带来一个问题：既然我亲眼看见的某颗星星其实已经不存在了，那么，我又何以能确信我看见的远处的那一座山在“此时”仍然是存在的呢？物与物的同时并存性一旦失去了一个共同的背景作为依据（如牛顿的绝对时空），这类问题总是难以回避的。然而，我们（源自康德）把“同时并存”与“交互作用”等同起来，为化解这些问题创造了条件。

首先，我们前面说过，所谓现在，指的是一个时间序列的最末端的节点；所谓过去，指的是一个时间序列最末端之前的节点。按照时间不可逆定律，一个时间的过去以“不相同、不重复且无限制”的要求规定着它的现在。因此，一个对象不可能对另一个对象的“过去”施加作用力——因为“过去”规定着“现在”，如果另一个对象是在它的“过去”接受到作用力，那就意味着它将有两个“现在”：一个是由被施加了作用力的“过去”所决定的“现在”，另一个是由没被施加了作用力的“过去”所决定的“现在”，而这是不可能的；其次，（如前所述）交互性指的是对每一个对象而言，施力与受力是同时发生的。稍作引申，交互性不仅是指一个对象的施力与受力是对应的，也是指一个对象对另一个对象的施力与另一个对象的受力是对应的；第三，如果一个对象的施力与受力（及其变化）是发生在这个对象的“现在”（即它的时间序列最末端的节点），那么，另一个对象的施力与受力（及其变化）也是发生在该对象的“现在”，可见，两个对象的“现在”是彼此对应的——这指向一个结论：当我们把“同时并存”与“交互作用”等同起来时，意味着我们把“一个物与另一个物的同时并存”规定为“一个物的时间的现在与另一个物的时间的现在在有交互作用时是相互对应的”。这就是与交互作用等价的同时并存的一般性意义。

这样一来，我们不必纠结于A物与B物“同时”是“同”的哪一个“时”，也无须设想一个快的时间与一个慢的时间如何能达成“同步”，两个时间在“现在”（即各自最末端的节点）借助于交互作用是对应的，就是同时并存的。

五、吸引力和排斥力。

按照通常的划分，既然是力，就有吸引力和排斥力之分，说“时间的并存性等同于交互作用的力”，对于两个以上的对象来说，它们的交互作用的力既可以是相互吸引的力，也可以是相互排斥的力——时间的并存性的交互作用力究竟是吸引力还是排斥力？显然，无论是吸引力还是排斥力，都能体现出诸对象的“同时并存”，我们也没有比时间的并存性更基底的依据来对此作出取舍。好比在伸手不见五指的地方，有人推了我一把或者拉了我一把，都能让我知道旁边“有一个人并存着”。因此，我们认为，时间的并存性的交互作用力既可以是吸引力，也可以是排斥力。在后面我们将看到，时间的并存性的这两种力将对应着现象的不同的性质、不同的范畴。

当然，如果秉持我们一贯的“追根究底”的做法，就要进一步追问：为什么时间的并存性可以是吸引力和排斥力这两种？毕竟，到目前为止，我们之所以能说出这两种力，也只是出于对经验现象的观察（自然界中有这两种力）。的确如此，我们需要在时间空间自身的性质中找出有这两种力的依据。这个工作，我们留待第十六章“质的范畴及其阐明”中有关“交互性”的成因中进行解释。

六、物理学的引力作为时间并存性的交互作用力的疑难。

同时并存的诸对象的交互作用的共生共灭的性质虽然容易理解，但要解释经验性的力的实例，却有着意外的困难。显然，物与物的机械碰撞是交互作用的力，但是，物与物不相接触的超距作用是不是交互作用的力？却是有疑问的。我们刚才谈到夜空中繁星的光线，固然，那些早已消失但仍被我们看见的恒星因为交互性的缺失而被排除在与我们“同时并存”之外（这一点没有问题），但是，那些至今仍然存在的遥远的恒星是否以及如何与我们“同时并存”？却也是一个问题：因为光的传输是有速度的，这意味着地球与那些遥远的恒星凭借光的传输来获得的交互性是有“时差”的，也意味着在这个“时差”的间隙中地球与那些恒星并无交互作用因而不是“同时并存”——这使得该“同时并存性”是“时断时续”的。我们以物理学的引力为例来讨论一下。

当康德说“一切实体就其能够在空间中被知觉为同时的而言，都存在于普遍的交互作用中”时，他一定想到了把诸对象之间的引力作为交互作用的依据（他在“论证”地球与月亮的同时并存性时用到了源自两者的引力的因果性）。在他的时代，引力仍然被认为是“瞬时的超距作用”，这样的话，引力的交互性是理所当然的。在牛顿的体系中，引力的传输速度是无限的，如果太阳突然从太阳系中心消失，所有的行星都会瞬间被抛入太空，其方向是瞬间的切向速度。但牛顿无法解释为什么会有这种神秘的、瞬时的、超距的力，“他承认自己无法理解引力如何能够越过虚空产生作用……他发表《原理》的时候，承认引力的原因‘迄今未知’。引力不是世界的构造成分，是超自然的但数学可以把握的力量”[①]。几个世纪后，爱因斯坦的广义相对论揭示了造成引力神秘力量的原因，而且还设定了一个上限。他指出，一方面，引力不是一种“力”，而是时空弯曲的一种效应；另一方面，引力的传输速度并非无限，而是以光速为上限，即引力的传输速度等同于光速。爱因斯坦找到了引力的形成机制，不过，如果人们的理解是正确的，即爱因斯坦确实认为引力的传输速度是光速，在这里就带来一个问题：有传输速度的引力还是不是交互作用的力？我们知道，太阳表面的光到达地球需要8分钟，常见的一个思想实验是，如果太阳突然消失，地球将在其消失的8分钟之后才会被抛入太空——这个思想实验与牛顿的差别在于，把牛顿设想的“瞬间”换成了“8分钟之后”。这8分钟的延迟似乎足以说明引力不是交互作用的，因为在那8分钟里面，地球受到的引力是单方面的（太阳已经消失，不会再受

①　陈嘉映著，《哲学 科学 常识》，中信出版集团2018年版，第207–208页。

到地球的引力）。在2015年，科学家测到了引力波，引力波传播速度无疑是光速，这也为引力的传播速度的上限提供了确凿的证据。以上科学事实为我们关于交互作用的观念带来了困扰。尽管我们讨论的是先验哲学[①]，无意涉足科学的领域，但是，如果我们所说的交互作用的力在经验现象中找不到足够的支持，总不是一件能够被人接受的事情。如果把时间的并存性视为交互作用的力，又只有直接接触的机械碰撞符合交互作用的条件，那岂不是说只有物与物的直接碰撞才能被称为同时并存？而那些在空间上分隔开，同时又清楚明白地被我们看见的东西，就不能依据“交互作用的力”而被认定为同时并存。问题出在哪里？

七、引力是交互作用的，只有引力的改变才是需要传输的。

我认为，也许我们可以换一个角度来看上述科学事实：在爱因斯坦的理论中，光速是信息传输速度的上限，这意味着还有另一种可能性，即引力是交互作用的，而引力的改变的传输速度则是光速的（而不是引力的传输速度是光速的）。因为迄今为止的所有科学事实是（且仅是）引力的变量的传输速度是光速的。比如引力波，是遥远的天体碰撞、爆炸或别的某个原因造成的——既然是碰撞、爆炸这类原因造成的，其结果是“在时空弯曲中的涟漪”，该“涟漪”的出现只意味着一件事情，就是原来的时空状态被改变了，因此，传输到地球上来的是“时空状态的改变”（这个“信息”）而非那种被称为引力的传输速度。引力既然是时空弯曲的一种效应，我们可以设想，物与物因为时间的并存性的力而在它们之间形成了弯曲的时空，这个弯曲时空带来的效应是引力，对共同参与并导致时空弯曲的诸物而言，引力就是交互的，没有传输的问题，不需要无时无刻都在“相互传输”，而是说“弯曲时空”一旦形成，引力就已经“在那里”了（需要“传输”的只是引力的变化），而且依据质量关系，一个物对另一个物的引力与后一个物对前一个物的引力是完全对等的——我们正是在这个意义上说引力是交互作用的力。就好比路面上出现了一个陡坡，陡坡一旦形成，车子开到那里，自然

① 或者说是基于新的时空观的先验哲学。为了表述上的方便，我们在后面将采用“新时空观体系”这个词，以便与以往的先验哲学相区别。

就会遭遇前行的阻力，而不是说“陡坡无时无刻不在释放阻止车子前行的力”。引力的改变，就好比该陡坡被加高或削平，这个改变的过程当然是有速度的上限的。因此，我们完全可以设想引力无时无刻不是交互作用的，只有引力的变化是需要传递且有传递的速度的——要知道，现代物理学的“引力波”还可以被解释为“引力的变量的传递”而不是“引力的传递”。

至于“太阳突然消失”的思想实验，则根本就是不成立的，因为你要先解释清楚什么是“突然消失”？无论是物理学还是哲学，都不接受一个东西“突然消失”的可能性——一个物既不可能凭空出现，也不可能凭空消失。设想（无论是理论上还是现实中都）不可能发生的事情，跟设想“如果变形金刚出现在身边，我们该如此这般应对”一样是没有意义。太阳即使消失（哪怕换成“爆炸”这个看似更有可能的词，也不存在“突然爆炸”），也将是一个逐渐改变过程，无论该过程是快是慢，只要是过程，就可以被理解为交互作用的力的变化而不是消失，也就不存在“8分钟里只有太阳对地球的引力、没有地球对太阳的引力”的可能性。也许有人会说，即使是“引力的变化”需要传输（且有传输的上限），假如太阳对地球的引力突然减少了某个量（比如十分之一质量所对应的引力），仍然意味着在8分钟里地球受到的太阳引力比太阳受到的地球引力多出了这个量，相互的引力仍然是不对等的。但问题在于，太阳的引力怎么会“突然”减少某个量？是因为“十分之一的质量突然消失”了吗？这跟“一个物不可能凭空消失”一样是不可能的。太阳的引力即使减少，也同样是一个过程，同样可以成为“交互作用的力的改变”而不是某一方的引力的单方面改变（比如两者距离变大，那无非是根据新的距离算出新的引力来，而不是某一方单独改变了某个量）。能不能把科学家监测到的引力波看作遥远天体施加给地球的引力？不能。这里只有两种可能性：一是遥远星球与地球之间原本就有引力，那这个引力波传输的仍然是“引力的变化”；二是遥远星球与地球之间原本只有微弱的引力，那这个引力波只是地球受到的一次来自外部的冲击，如同有人在太空中朝地球开了一枪，这个人与地球之间的这一颗子弹的冲击并不构成两者的交互作用。而且，在我们新的时空观中，这里说的“8分钟”指的是哪个物的8分钟？既然“一个物是一个时间，不同的物是不同的时间”，由于宇宙没有一个统一的时间，这8分钟是太阳的时间还是地球的时间？完全可以设想的是，太阳和地球共同形成了一个新的时间——这8分钟是这个新的时间的“时间”（复合物就是一个新的时间）。

以上分析提供了一种新的视角，即物理学的引力符合同时并存性的交互作用的要求，它不是“以光速传播”的，只有它的变化（变量）才是“以光速传播”的。这是一个新的观点，即使对物理学而言恐怕也是有其独特意义的。如果我们把“引力是时空弯曲的一种效应”这个观点更加彻底地贯彻下去，那么，引力或许并非只是“一个物与另一个物之间的引力”，而可以被设想为由那两个物参与构造得更丰富、更复杂的空间特性在那两个物之间的一个显现方式——我们观念中的空间或许具有远比我们想象中的要更丰富、更复杂。

至此，时间并存性的交互作用力不仅可以是对象之间的直接接触（比如机械力），还可以是对象之间的“超距作用”（比如物理学的引力，还比如后面要谈到的诸对象“共同构造”出来的东西）。并存性的力是有经验事实作为基础的。

第三节　协同性范畴

我们来看协同性这个范畴。康德关于协同性范畴的真正意义有两个要点：一是诸对象的交互作用，二是它们“必须在一个时间中交互地规定它们的位置，并由此构成一个整体”，这个整体就是复合物。也就是说，康德把构成新的整体的“交互作用”称为协同性。我们赞同并保留协同性的这个定义：协同性是诸对象构成一个整体（即复合物）的交互作用。只是协同性不等同于交互作用，交互作用还有“不构成复合物”的情况。也就是说，在康德那里，时间的并存性唯一地对应着协同性的范畴。而我们认为，时间的并存性的交互作用力有不同的类型：从作用力的方向上看，分为吸引力和排斥力两种（如前所述，两个对象相互排斥也能体现出它们的同时并存性）；从交互作用的效果上看，分为构成复合物和不构成复合物两种。协同性只是这些类型中的一种，既是吸引力的那一种，又是构成了复合物的那一种。

协同性的典型例子是地球等行星围绕太阳旋转形成太阳系这个整体、各个零件组装起来成了轿车这个复合物等。进一步看，协同性如何使诸对象构成复合物？或者说，如何判定诸对象是不是构成新的整体？总不能凭借人的主观认定（即看起来是一个新的整体）。我们来探讨一下协同性的客观依据。

一、内部与外部。

我们来看看复合物的特征。通常，复合物是与单纯物相对应的。单纯物是否存在？康德的第二个“二律背反”指出了这个问题的矛盾之处，这里不涉及，可以确定的是，我们触目所见，从眼前的桌子、椅子，到遥远的太阳系、银河系，都是复合物。在物质的分子、原子结构已成为常识的今天，这是不言而喻的。这些物质的一个个分子或原子就是构成物质这个复合物的“诸对象”。不过，一个桌子是一个复合物，四、五个桌子重叠在一起，我们也说那是“一堆桌子”，这“一堆桌子”是不是一个复合物？却是一个问题。这需要我们为复合物确立一个客观的标准。我们可以从内部与外部的划分方式入手。

内部和外部是被列入我们认识活动的初始条件的“反思概念表”之中的，但是，即使我们不必定义什么是内部和外部，仍然需要给出划分内部和外部的依据。不过，要找到这个划分的依据并不是一件容易的事情。莱布尼茨提出过一个依据，按照康德的表述就是：“在一个纯粹知性对象上，惟有那与任何某种与它相异之物（在存有方面）完全没有什么关系的东西才是内部的”①。这个依据是有说服力的。我们通常说一个物（这里不对“纯粹知性对象”和一般的物做出区分，因为“纯粹知性对象”并不具有独立于一般的物的意义），指的是这个物的整体，这个物以其整体性来与有别于它的东西发生关系。反过来看，既然这个物以其整体性对外发生关系，其内部的东西就不再单独地、分别地对外发生关系，因为如果内部的东西继续单独地、分

---

① [德]康德著，《纯粹理性批判》，邓晓芒译，杨祖陶校，人民出版社2004年版，第239页。

别地对外发生关系，只能说明该物不具有整体性，因而也不成其为一个物。莱布尼茨从这个依据出发，得到了他的“单子”，即某种绝对是内部的东西（进而“要么本身就是一种思维，要么是与思维类似的东西”[①]）。但是，划分内部和外部的这个依据有一个问题：既然“内部的东西”不与外部发生关系，我们将无法认识到一个物的“内部的东西”。对此，康德认为，“凡是应归于它的内部的，我都在它所占据的空间的一切部分中，以及它所产生的一切效果中去寻找，这些效果当然永远只能是外部感官的现象”，由此“虽然不拥有任何绝对内部的东西，而只不过拥有比较性的内部的东西”，但“质料的依照纯粹知性的绝对内部也只是一种幻念”。也就是说，通过一个物所占据的“空间的一切部分”以及所产生的一切效果，反过来寻找认识一个物的内部的东西的依据。这样得到的虽然只是“比较性的内部的东西”，但“绝对内部的东西”并不存在，只是“幻念”。康德的这个想法，用一个例子来说，好比一个球体，从这个球体占据的空间（为了形象的考虑，仍沿用牛顿时空观的表述），可以反过来得知“它的内部的东西占据了如此这般的空间”——这是对其“内部的东西”的一个认识；但是，仅凭占据的空间，我们无法知道这个球体是实心的还是空心的。于是，我们称一下球体的重量（重量属于该球体“所产生的一切效果”），依据该球体材质的密度和占据的空间，可以推算出该球体是实心的还是空心的——这也是对其“内部的东西”的另一个认识。照这个想法，我们部分地解决了如何认识一个物的“内部的东西”（哪怕是一个“比较性的内部的东西”）的问题，但更关键的是，如果我们承认“惟有那与任何某种与它相异之物（在存有方面）完全没有什么关系的东西才是内部的”这句话，一个更尖锐的问题是：一个物一旦被剖开、其“内部的东西”一旦呈现出来，由于它们此前与外部“完全没有什么关系”，它们将如何与外部的一切建立起关系？一个苹果被切成两半，它内部的果肉、果核与苹果以外的任何东西从未发生任何关系，当它们呈现出来的一刹那，对我们的世界来说，完全是“无中生有突然冒出来”的

① [德]康德著，《纯粹理性批判》，邓晓芒译，杨祖陶校，人民出版社2004年版，第239页。

东西！我们的世界大到天体、小到尘埃，都是处于千丝万缕、无所不在的关系当中（我们不是说吗？“一颗尘埃的突然消失足以让世界坍塌”），“无中生有突然冒出”东西怎么与这个世界建立关系？在苹果被切开的一刹那岂不是要发生什么足以让全世界的所有关系都被改写的“石破天惊的事情”？

要解决这个问题，可以从康德的论述中找到线索：他否定了“绝对是内部的东西”（单子）的“单纯性”，在承认“惟有那与任何某种与它相异之物（在存有方面）完全没有什么关系的东西才是内部的”的同时补充说道：“反之，空间中一个substantia phaenomenon的内部规定无非是关系，而现象实体本身也完完全全是一些纯粹相关性的总和”[①]。也就是说，“内部的东西”是作为“完完全全是一些纯粹相关性的总和”而与外部相异之物“完全没有什么关系的”。这段话联系到康德对协同性的论述，“只要诸对象都应当被表象为同时实存地结合着的，那么它们就必须在一个时间中交互地规定它们的位置，并由此构成一个整体……通过这种交互联系，诸现象就其相互外在却仍然处于结合之中而言，就构成了一个复合物”[②]，结合我们上述关于协同性的分析，就不难理解了：诸对象因“同时实存”而具有“交互作用的协同性”并构成了“一个复合物”，反过来，诸对象成为该复合物的“内部的东西”，该复合物本身就成了诸对象之间诸多“交互作用的协同性”（即康德所说的“一些纯粹相关性”）的总和，该总和也成为该复合物本身与外部的一切发生关系的新的协同性。总和的协同性是各个交互作用力的“合力”。这样一来，“内部的东西”与外部的一切的关系问题就迎刃而解了：首先，诸对象由于已经共同生成了一个新的协同性的力，不再单独地、分别地与外部的一切发生关系（诸对象单独与外部的关系因而也可以被认为是消失了的、“完全没有什么关系”的）；其次，一旦新的协同性（合力）消失（如一个物被剖开、“内部的东西”显现出来），诸对象的力又重新独立地显现

① [德]康德著，《纯粹理性批判》，邓晓芒译，杨祖陶校，人民出版社2004年版，第239页。

② [德]康德著，《纯粹理性批判》，邓晓芒译，杨祖陶校，人民出版社2004年版，第194页。

出来（即恢复出来），而并非“无中生有突然冒出来”。好比力学中的两个力形成一个合力，我们既可以说有了合力之后另外两个力“消失”了（因为起作用的只有合力），当然也可以说两个力仍然存在（因为一旦不构成合力，另外两个力仍将单独呈现出来）。

上述分析为复合物的内部和外部的划分提供依据。复合物将以自身的整体性（即作为一个物）来与相异于它的其它东西发生关系，而不再是其中的一个个对象单独地、分别地与其它东西发生关系。汽车作为复合物，它的全部特征就是其所有零件之间的协同性的总和，反之，每个零件不再作为单个零件而存在，而是作为汽车的一部分而存在——当它碾过路面，我们不会说“四个轮胎碾过路面”，而是说“一辆汽车碾过路面”（尽管跟路面接触的只是四个轮胎），从实际效果看，“一辆汽车碾过路面”也不同于“四个轮胎碾过路面”。至于汽车内部的零件，比如发动机，它与汽车以外的“相异之物”也是“完全没有什么关系”，哪怕汽车因为发动机提供的动力撞上一棵树，树与发动机也没有发生关系，而是与“有动力的汽车”发生关系。

容易引起歧义的是另一类现象，如海水潮汐。我们知道，潮汐是由太阳和月亮对海水的引力造成的，原本均匀覆盖在地球上的海水，在受到太阳和月亮（如大潮）的引潮力之后垂直涨起来。这个现象还可以有另一种解释：是太阳和月亮对地球施加了引力从而使地球的海平面朝着它们的方向隆起。也就是说，并非作为地球内部之物的海水与太阳、月亮发生关系，而是作为内部之物的关系的总和的地球在与太阳月亮发生关系（受到吸引力）之后，表面有海水覆盖的地球自身变形为海水隆起的样子。这个说法与物理学的原理并无冲突，海水涨潮本来就是太阳、月亮和地球对海水的引力的合力的结果，并非仅仅是海水受太阳月亮的引力的结果（即海水作为地球“内部的东西”与太阳和月亮直接发生了交互作用），那么，我们把表面覆盖着海水的地球视为一个复合物，把潮汐现象视为这个复合物自身（在太阳月亮的引力下）的“变形”，即使从物理学角度讲也并无不妥。但这样一来就保持住了“惟有那与任何某种与它相异之物（在存有方面）完全没有什么关系的东西才是内部的”这一论断的合理性。

这里还有一个问题需要澄清。内部与外部的划分似乎也可以是主观的、带有随意性的。比如一栋写字楼，以大门和墙体为界，划分出大楼的内部和外部。但大楼里面，各个房间又划分出若干个“内部和外部”，而房间的设计、建造，完全取决于设计者的主观意愿。按照上述分析，如果内部与外部的划分具有主观随意性，那么协同性岂不也具有主观随意性？首先，在日常生活中，对“内部”、“外部”这两个语词的使用确实具有主观随意性，比如对人际关系中的“圈子”、“阶层”乃至“阶级”的认定，就存在划分内部与外部的主观随意性（主观随意地认定某人是“圈子内部的人”、某人又是“圈子外部的人”）——消除这样的主观随意性，恰恰是哲学的一个尚未被清晰地意识到的繁重任务；其次，协同性的客观性取决于诸对象的交互作用的客观性。如果交互作用是主观臆测的，其协同性乃至诸对象的整体性也就是主观臆测的；第三，在上述分析中，协同性不是主观认定，诸对象“成为内部的”将意味着它们单独地与外部对象所发生的作用的消失的过程，“成为外部的”也意味着它们单独地与外部对象所发生的作用的恢复的过程——在这两个过程中诸对象的力都发生了变化。依照“力与变化等价性定律”，有变化就有力的出现与消失。该过程所包含的变化，也对应着某种力的出现与消失——这个力就是协同性的力，可见，协同性及其力的效应是不同于诸对象单独与外部发生的作用的量的加总，而是一个新的力、一个新的可以作为对象的东西。

二、协同性的力是指向内部的吸引力。

在前面，我们谈到时间的并存性的力既可以是相互吸引的吸引力，也可以是相互排斥的排斥力。具体到协同性的交互作用力，究竟是吸引力还是排斥力？依据又是什么？

康德把协同性视为交互作用的力或交互联系，隐含地把这个力当作吸引力，即协同性的交互作用力是指向内部的吸引力。他说：“作为纯粹知性的客体，每个实体都必须拥有内部的规定和指向内部实在性的力”，不过他没有对此作出解释（即为什么协同性的力是吸引力而不是排斥力）。从上述分析看，协同性的力形成一个复合物，就是形成一个复合物的“内部”（或形成内部与外部的区分），该力只能是促使复合物形成“内部”而不能是促使复合物消除“内部”，相互吸引的力是促使复合物形成“内部”的力，而相互排斥的力是促使复合物消除“内部”的力，可见，协同性的力是诸对象指向内部的吸引力。

对于太阳系这样的复合物，协同性的吸引力表现为各个星体之间的引力；对于汽车这样的复合物，协同性的吸引力（就其整体效果而言）表现为各个零件之间的机械力；对于一个由分子组合而成的物体这样的复合物，协同性的吸引力表现为分子间作用力（分子的弱静电相互作用，即“范德华力”）——所有这些力有一个共同的特征，即促使复合物形成并保持下去——依据这一特征，它们都被归入协同性范畴之下，我们将在一般意义上使用“协同性的力”这个词。

三、协同性与物的质料和不可入性。

如前所述，具有分子、原子结构的物质都可以被视为复合物，一个个分子、原子就是构成其内部的协同性的力的“诸对象”。我们抛开分子、原子这样的经验对象，只在一般意义上使用“诸对象”这个词。

首先，依据复合物的性质，一个物的所谓质料表现为以下两个方面：第一个方面，诸对象之间的分布、组合的方式各不相同，构成物与物的差异。比如石墨与金刚石，有相同的碳原子，但碳原子之间的结构不同，就构成石墨与金刚石之间不仅作为不同的物的差异，也作为不同的性质的差异。我们在前面用“组合性差异”来表述同一个物的状态的前后差异，这个差异同样可以用来表述物与物的差异；第二个方面，一个物的协同性的力（作为指向内部的力）是促使该物形成并保持下去的力。从直观上讲，这个力有量的差异。比如一块玻璃容易被敲碎，一块花岗石就不容易被敲碎，我们可以理解为玻璃内部的促使它保持完好的协同性的力弱于花岗石内部的协同性的力。协同性的力的差异就体现在它保持自身完好性的力的差异，也构成物与物的另一个差异。从这两个方面，概括地讲，一个物的质料就是其内部诸对象的组合方式即协同性的力的总和。

其次，当我们把协同性的力理解为“复合物内部促使该物形成并保持下去的力”时，一个物的不可入性从何而来，就不言而喻了：假如一个东西进入复合物内部，必然改变其内部诸对象原来的交互作用的关系、改变该复合物原来的状态，原来的协同性的力出于“促使该物的状态保持下去”的性质，必然阻止原来的关系和状态之被改变，从而对这个东西的进入构成斥力——这个斥力就是物的不可入性。

现在，我们依据时间并存性的力解释了一个物的质料和不可入性。至此，与前面时间相继性的力相结合，一个物的主要性质在时间空间的基质上建立起来了。

第九章　从时间并存性推出的范畴、概念和推论

上一章分析了时间并存性及派生的协同性范畴的意义。本章进一步谈谈与时间并存性相关的范畴和概念，同时也将得到两个具有物理学意义的推论，还将基于协同性的范畴，阐明所谓“观测”的意义，这将有助于我们理解“人的观测”在微观世界中的影响力（即在现代物理学中通过“薛定谔的猫”等现象所引起的困惑）。

第一节　生长性和协同性的关系

如前所述，协同性的力是“复合物内部促使该物形成并保持下去的力”，不过，复合物也是一个物，也是“一个时间贯串着一个空间”。于是我们要问：协同性的力与复合物的生长性的力之间是什么关系？又如何满足复合物这个时间的不可逆性要求？接下来探讨一下。如前所述，我们通常所说的一个物，实际上都是复合物，因此以下就使用“一个物”。

一、生长性和协同性相冲突的意义。

一个物从时间的相继性中获得生长性[①]，从时间的并存性中获得协同性。

① 我们稍后再谈从相继性中获得的随机性，它在与协同性的关系中以另一种方式发挥作用。

显然，生长性和协同性都是力，这两个力是一致的还是冲突的？不难看出，比之协同性的力是指向内部的，生长性的力是指向外部的，两者是不一致的。但是，同样来自时间的样态，两个力为何会发生冲突？冲突的意义又在哪里？

我们来设想一下，假如一个物只有生长性这一个力的推动，会发生什么情况？我们看前面的一个物的时间序列表，节点1对应状态1，节点2对应状态2，节点3对应状态3……实际上这里面有一个问题：在满足时间不可逆性的要求之下，节点1的下一个对应的状态为什么会是状态2而不是状态3乃至状态30、300？也就是说，我们总是设想一个物的状态是渐次展开的，为什么会是这样一个渐次的过程而不是大幅度的跨越比如从状态1直接跨越到状态30（即用状态30去对应节点2）？这个渐次展开的依据是什么？不难设想，如果一个物只有生长性这一个力的推动，生长性的力本身并不必然地带来这个渐次的过程。如果把一个物换成一个植物，问题就变成：植物的生长为什么是一个逐步展开的过程而不是一步到位达到其成型的样子？只有生长性这一个力，意味着其生长没有阻碍（也即“冲突”——这个与“一致”相对的概念），既然没有阻碍，为什么还会逐步展开而不是一步到位？也许有人会说，植物的生长所需的养分要逐步获得、提取，但同样的问题是：汲取养分作为生长的一个部分，既然没有阻碍，为什么还要逐步获得（而不是“一下子”获得）？有了以上对协同性的力的分析，这个问题就容易解释了：协同性的力是促使该复合物形成并保持下去的力，而生长性的力带来生长性差异，该差异是对该复合物的状态的改变，则必然受到保持其状态不变的协同性的力的阻碍。可见，协同性的力是与生长性的力相冲突的，也正是两个力的对抗、综合，一个物的生长才呈现出渐次展开的过程。以植物为例，植物的种子有促使它形成并保持为种子的协同性的力，但生长性的力大于该协同性的力，使得种子被改变并生长为根茎。同样，花蕾有促使它形成并保持为花蕾的协同性的力，生长性的力大于并克服协同性的力使得花蕾逐步凋谢以让位于果实。协同性的力来自于时间的并存性，生长性的力来自于时间的相继性，两者是同一个层次的力，可以构成冲突的关系。

但是，同一个时间怎么会生出两个相互冲突的力？这并非不可理解，而且是必不可少的。一方面，这当中多出了空间的规定性，相继性的力与空间的规定性无关，并存性的力则与空间的规定性有关。既然时间空间互为形式和质料，相继性的力之所以能呈现出来，必须借助于空间的规定性的变化，既然有空间的规定性，就有使该空间得以形成的协同性的力（由于该力是促使一个物形成并保持下去的力，我们不妨称之为“物的协同性的力”）。可见，时间的相继性的力与物的协同性的力的冲突，恰恰体现了时间与空间之间规定与被规定的关系；另一方面，如果时间没有内在的一致与冲突的因素，如前所述，我们将无法解释一个植物的生长为什么不是一步到位而偏偏实际表现为逐步展开的一个过程（对一个物的变化来说也是同样的情况）。因为要解释时间的相继性何以是逐步展开而非一步到位，除非我们进一步为时间的相继性找到其“逐步展开”的机制，否则是无法回答的。而找到该机制将意味着存在有比相继性更基底的某些要素在决定着相继性的展开方式，但这是不可设想的。刚好，我们找到了同为时间的样态的并存性所派生出的协同性的力，这个力与相继性所派生出的生长性的力相冲突（通过此消彼长来形成约束），从而解释了一个物（如植物）的生长乃至时间的变化何以是逐步展开而非一步到位的问题。这不能不说，“同一个时间会生出两个相互冲突的力”的上述思路不仅是可能的，而且是必需的。

至此，我们基于“有依据地论证”而得出结论说：时间空间或事物本身具有内在的对立统一的矛盾运动——只有到了此时，我们才能有根有据地使用这类习以为常的语句。

二、惯性的本质。

物埋学家会说，一个物的变化之所以不能“一步到位”，原因是一个物具有惯性，惯性会成为阻止一个力“一步到位”的因素。但问题是，惯性又是什么？又何以能成为那样的因素？从“新时空观体系”的角度讲，仍然需要解释。在物理学中，惯性是物体保持其运动状态的性质，是物体的固有属性，与外部因素无关（包括与运动的速度等无关）。而物理学意义上的质量，则可以被视为物的协同性的力的一种度量方式，不难看出，协同性的力越大，质量也越大。从“物体保持其运动状态的性质”的表述看，惯性与我们说的协同性（即“促使一个物形成并保持其为该物的力”）是一致的。我们认为，惯性是协同性范畴的经验现象，或者说，惯性的本质是物体自身的协同性的力。

三、协同性的力与物的时间快慢的关系。

回到“一个物是一个时间，不同的物是不同的时间”这个论断。前面提到过一个问题：是什么因素造成“不同的物是不同的时间”？现在比较清楚了：首先，时间相继性的力恒常不变；其次，时间并存性所生成的协同性的力与物的构成部分和构造方式有关，可见，协同性的力将因为不同的物而出现差异；第三，相同的相继性的力与不同的协同性的力形成冲突（前者是指向外部的力，后者是指向内部的力），将会得到不同的生长性差异。这意味着，一个物的协同性的力越大，指向内部的协同性对指向外部的生长性的抑制就越大，该物的生长性差异就越小，因而时间就越慢（反之亦然）。简言之，一个物的时间的快慢与该物的协同性的力呈反向相关性。这就解释了为什么“不同的物是不同的时间”这个论断。

四、加速度与物的时间快慢的关系。

我们再来看加速度对时间快慢的影响。对于同一个物来说，我们在前面以自然数序列变为偶数序列或偶数序列变为自然数序列为例，讨论过其时间加速或减速的含义。现在我们来谈谈其可能性。

我们假设一个以2米/秒速度运动的物体受到力的作用而获得2米/秒^{2}的加速度。按照在第六章“运动的新概念”那部分中体现“运动属于运动的物体”的表述方式，我们得到以下时间序列（节点选取每秒为单位，假设在第三个节点获得加速度，忽略物体在各个节点的其它规定性，只列举该节点携带的不同位差）：

时间节点	1	2	3	4	5	6	……
状态	2米	2米	4米	6米	8米	10米	……

（表三）

上面的表三中，第1、2个节点保持每秒2米的位差，从第3个节点开始，加速度导致每个节点的位差将增加2米。这个表中的时间节点始终保持每秒的单位。不过，对于加速度导致节点位差增加这件事情，我们其实还有另外的一种表述方式，即保持每个节点的位差不变（保持为2米），但缩短节点之间的单位（秒）：

时间节点	1	2	1/2	1/2	（1/3	1/3	1/3）	（1/4	1/4	1/4	1/4）	……
状态	2米	2米	（2米	2米）	（2米	2米	2米）	（2米	2米	2米	2米）	……

（表四）

以上表四当中，从第3个节点开始，时间序列的单位从1秒改为到1/2秒，表三当中的第3个节点被拆分为表四当中的第3、第4两个节点，原来1秒间隔中4米的位差，变成了两个1/2秒间隔的节点中的两个2米位差。同样，表三当中的第4个节点被拆分为表四当中的第5、6、7节点，原来1秒间隔的节点中6米的位差，变成了三个1/3秒间隔的节点中的三个2米位差……

在表述“一个以2米/秒速度运动的物体受到力的作用而获得2米/秒^{2}的加速度”这件事上，上述表三和表四是等价的。但是，在表四当中，时间序列从第3个节点开始，相当于前述的时间序列从偶数序列变为自然数序列——而这意味着该物体的时间变慢了！这当中，我们能够找出与时间序列的单位的变化所对应的力，就是给物体带来加速度的力。

当然，上述表三、表四都只是粗略的表述，如果把物体在每个节点的生长性差异和组合性差异所构成的规定性考虑进去，每个节点所增加的位差将只是该节点的状态的规定性的一部分，以上述表四通过缩小节点的间隔来“抹平”各个节点新增的位差的方式，所造成的节点单位的缩小的程度将大打折扣（而不可能大到从1秒缩小到1/2秒那样的幅度）。很显然，加速度带来的新增位差这个规定性在物体的状态的规定性中所占比例越小，节点单位缩小的程度也将越小——我们可以说，在通常情况下或物体常见加速度下该比例很小，小到节点单位缩小的程度微不足道，但是，我们只需要得到一个结论：一个物的时间的快慢与它的加速度有关，且呈反向相关性。这个结论与狭义相对论的结论是一致的。

五、“黑洞”的本质。

既然时间的相继性的力与物的协同性的力构成冲突并且存在量的对比关系（即协同性的力越大，相继性的力所带来的生长性差异就越小，物的时间就越慢），一个无法回避的问题是：物的协同性的力能否大于时间的相继性的力？

我们认为，物的协同性的力可以随着物的质量等因素逐渐增大甚至接近时间的相继性的力（导致物的时间越来越慢），但是，前者不可能大于后者。因为，一旦物的协同性的力等于时间的相继性的力，时间将停止（不再以生长性差异来呈现出时间的前后相继）；时间停止即时间消失，时间消失则空间也将消失（时间空间不可分离，没有独立于时间之外的空间），当然物也就不成其为物（自然也不再有“物的协同性的力”）——这一切将意味着，在原来“有一个时间和一个空间”的“地方”将出现“没有时间也没有空间”的“状况”（之所以加引号，是因为既然没有时间空间，对我们来说就是不可描述的，因此姑且以这些字眼去指代）。该“状态”是不是虚空？不是。我们将在第十二章“时间持存性的意义和推论”专门谈什么是虚空，这里不妨明确地说，虚空也是有时间空间的（虚空有空间的点和位差的样态、有时间的相继性和并存性的样态，但属于“未完成的时间空间”）。

既然不是虚空，当物的协同性的力等于时间的相继性的力之时，那个“地方”的那个“状况”又是什么或意味着什么呢？我们来设想一下，原来“有一个时间和一个空间”的“地方”变成“没有时间也没有空间”的“状况”会是什么结果？首先，当然不可能变成虚空，因为虚空是有时间空间的；其次，我们说过，我们可以把虚空设想为宇宙的背景（这个背景当然不同于牛顿所设想的绝对空间，因为虚空中的物并不依赖于虚空而获得时间和空间，就好比一个人在游泳池里游泳，他身体的运行机能和生理特征等与游泳池里的水没有关系）。原来的那个物好比浸泡在虚空当中，现在，该物变成一个“没有时间也没有空间”的“状况”，意味着原来围绕着该物的虚空将与“没有时间也没有空间”的“状况”发生关系，其结果只能是在虚空被“凿出”一个“没有虚空”的“洞”；第三，虚空遭遇“没有虚空”的

“洞”会怎么样？回到有一个物的情况：假设该物左边的虚空为A，右边的虚空为B，该物如果向上移开，左右两边的虚空将相遇并合拢（就好比游泳池里的水在我们游过的地方合拢一样）。现在，该物的“地方”变成了“没有虚空”的“洞”，其一：A虚空与B虚空不能维持原状，因为那意味着仍然保持“A—物—B”的关系，但物已经不存在了；其二：A虚空、B虚空将不能相遇并合拢，因为两者相遇并合拢意味着“物只是移开了”，但在这里物并没有“移开”；其三，只有一种可能，A虚空与B虚空相向合拢却永远无法相遇——这意味着A虚空和B虚空将被“没有时间也没有空间”的“洞”所吞噬——就好比游泳池底部被“凿出”一个大洞，池子里的水将从洞中倾泻而出。这个“没有时间也没有空间”的“洞”，或许就是物理学中所说的黑洞。

“虚空被吞噬”是黑洞形成的机制。这就解释了光子不承受吸引力却仍然无法逃逸的现象：是因为光子在其中运动的空间（虚空）被吞噬了——就好比水被倾覆，水里游的东西也将随之被倾覆。当然，我们无意对物理学的研究对象（即经验现象）妄加揣度，这些完全是基于“新时空观体系”的原理推演出来。不过，如果一定要加以联系，我们可以这样来表述：物理学的黑洞的本质是时间空间的丧失。

归纳起来，以上分析得出了三个与似乎与物理学有关的结论，即“一个物的时间的快慢与该物的协同性的力呈反向相关性”、“一个物的时间的快慢与该物的加速度呈反向相关性”和“黑洞的本质是时间空间的丧失”。我认为这三个结论是有意义的，这是“新时空观体系”基于自己的原理推演出来的结果，是哲学以自己的方式突破牛顿的绝对时空观而建立起来的对时间空间的新的观念。有关论证当然不是科学的或物理学的，却是思辨的或哲学的。爱因斯坦的相对论有相似的结论，如物体的质量或加速度越大，时间越慢，但我们无意与之相比附。上述论证的各个环节没有涉及到现代物理学所能提供的任何经验事实作为其依据，我们也恪守着先验哲学的领地，即只谈论时间空间样态和知性范畴及其相互关联，无意进一步“僭越”到经验对象的领域、物理学的地盘中去。也许有人会说，你是预先从相对论那里获得了“时间可变”的观念然后再进行有关的推演、得出有关的结论——我不认为这样的指责是有意义的，除非能够清楚明白地指出我的上述论证是“以结论为前提推出了结论”，或者指出其中的某个环节是不成立的。退一步讲，我们被告知某个地方埋有黄金，然后去那里挖出了黄金——这件事跟“那个地方本来就有黄金”又有什么关系呢？因此，上述论证及其结论至少能够说明一点，新的时空观“本来就是”与现代物理学的时空观相一致的（假如不是领先的话）。而且，目前我们已经采用和后面将要采用的推理和结论，没有援引现代物理学的任何成果，完全是依据对康德思想的丰富内涵的深入发掘，因此可以设想，如果康德本人有足够的时间，或者被当作康德的第一个继承者的费希特能够准确把握康德的思想脉络（比如从先验感性论推导出“时间空间是一切现象的基质”这个结论并进一步推演下去，如我们正在做的那样），那么，本书至今已经取得的以及后面还将取得的与现代物理学相近的时空观念，完全有可能在200多年以前就已经取得了。

六、自然界的“不可知的偶然性”。

现在来谈谈复合物中的诸对象如何满足复合物这个时间的不可逆性要求的问题。实际上，除去物体这样的小的复合物和太阳系这样的大的复合物，这个问题真正有意义的讨论对象是地球这个复合物，因为其中包含了人类社会和与之休戚相关的自然界的“诸对象”，这些对象共同构成了地球这个复合物、这个时间——为了满足这个时间的不可逆性的要求，我们将不得不面对一个怎样的现实？就成了一个有意义的议题。

我们设想地球这个包含了人类社会和自然界的复合物是由若干个独立自存的对象经协同性的力构造而成。这当然是一个极为复杂的复合物，诸对象之间也有着极为复杂的关系。构成这些关系的影响因素有物理学意义上的作用力，更有人的主观能动性所带来的作用力。越是复杂的影响因素，给这个复合物造成的前后相继的差异性就越大。我们来分析最简单的情况即只有两个物发生交互作用形成一个复合物（这完全是为了表述上的简明），看看在这种情况下需要如何来满足时间不可逆性对复合物状态的“不相同、不重复且无限制”的要求。把复杂的现象简化为简明的模型，也是科学研究的常用方法。

复合物作为一个时间，如何满足时间不可逆定律？与一个物不同，复合物由多个物复合而成，这就带来一个问题：是不是其中每个物满足了时间不可逆定律的要求、复合物也就满足了时间不可逆定律的要求？回答是否定的。原因在于：每一个物作为实体，有内部和外部之分，这个物满足时间不可逆性要求是借助其内部的状态的差异性，但是，当这个物作为独立自存的实体来与另一个实体发生交互作用时，其内部的状态的差异性是无法在交互作用中体现出来的——如前面分析协同性时所说，“在一个纯粹知性对象上，惟有那与任何某种与它相异之物（在存有方面）完全没有什么关系的东西才是内部的”①。既然内部的东西与外部的东西“完全没有什么关系”，前者的差异性对后者来讲也是没有效用的。这样一来，两个物所构造的复合物的状态在前后两个时间节点上的差异性将不能指望由两个物内部（即分别保证它们满足时间不可逆性要求）的差异性来获得。那么，如何体现复合物的状态的差异性？仍然来自两个方面：一是复合物的生长性差异，二是复合物的组合性差异。前者是确定的、均匀的，后者是不确定的、随机的，同时两者相辅相成、缺一不可。这里只讨论复合物的组合性差异所带来的随机性。

形象地看，对于复合物的时间序列，各个节点的状态的规定性应该是：

节点1：物一的状态1 + 间距1 + 物二的状态1

节点2：物一的状态2 + 间距2 + 物二的状态2

节点3：物一的状态3 + 间距3 + 物二的状态3

……

根据时间不可逆定律，从节点1到节点3的状态必然发生“既不相同又不可重复”的变化，其具体表现就是物一与物二在每个状态中的间距作为复合物状态的规定性来发生变化，于是，我们看到，物一与物二的间距也将随同物的状态的变化而出现变化（间距1≠间距2≠间距3……）。这正是复合物的组合性差异所带来的变化，而且该变化是不确定的、随机的。把两个物扩展

① [德]康德著，《纯粹理性批判》，邓晓芒译，杨祖陶校，人民出版社2004年版，第239页。

到若干个物，这个运动就只能是类似于水分子的“布朗运动”。这个运动使得若干个物所呈现出来的相互关系具有不可知的偶然性。

我们再来考虑另一个力，即两个物借以构造出复合物的协同性的力。协同性的力是“促使一个物形成并保持其为该物的力”，是一种保持该物的状态的稳定性的力。简单地讲，以上分析中时间相继性（为复合物）所带来的随机性是促使两个物呈现随机的、杂乱的“布朗运动”的力，而协同性的力则与之相冲突，是保持状态的稳定性的力。两者冲突的结果分两种情况来看：如果协同性的力比较小，该复合物中的两个物就将呈现随机的、杂乱的类似于“布朗运动”的状态。显然，两个物本身的规定性（如质量、尺寸等）越少，它们之间的协同性的力就越小，它们呈现的状态的随机性就越大。这就解释了水分子那个层面上的运动的随机性和不确定性；如果协同性的力越大，该复合物中的两个物受协同性的影响就越显著，其状态的确定性也就越大。典型的例子是太阳系中的各个行星，因为质量很大，相互的协同性也很大，它们之间的间距的相对变化就呈现出确定的关系（以各自确定的轨道围绕太阳旋转）。但是，在前面有关“黑洞”的讨论中我们知道，协同性的力只能趋近于时间相继性的力，在绝大多数情况下，前者不会达到后者的程度并两相抵消。因此，一个明显的推论是：协同性的力可以增加复合物内部诸对象的关系的确定性，但无法完全抵消时间相继性的力所带来的偶然性。

再来看地球这个复合物的情况。地球这个复合物中有地壳内部各种物质此消彼长的运动，有地面上动植物的生长与繁衍，有天空中的刮风下雨、电闪雷鸣，当然还有人类上天入地、改天换地的各种活动。把这一切的根源简化为两点，仍然是满足地球这个时间的不可逆性要求的生长性的力和保持地球的稳定状态的协同性的力，而且后者不可能完全抵消掉前者，因此，一个简明的结论是：自然界的一切现象中包含了无法消除的“不可知的偶然性”。这就从根本上否定了机械决定论所设想的（如拉普拉斯所想象的）“只要知道当下每个原子的状态，我就能预测未来的一切”的可能性——这绝不仅仅是技术手段上的限制，而是原理上的不可能。至于人类社会的一切现象，由于极大地受到人的主观能动性和自由意志的影响，存在“不可知的偶然性”则更是不言而喻的——当然，对我们来说，还需要解释人的主观能动性或自由意志之为何物，不过，由一切现象最基底的时间相继性的力所决定的“不可知的偶然性”（也包括否定性的必然性）是无法消除的。尽管可以借助协同性来增加现象的确定性的成分，甚至对宏观世界来说，确定的必然性还可以显著地大于不可知的偶然性（这无非是协同性较多地接近于时间的生长性），但承认现象的“不可知的偶然性”（无论其大小）显然也是理所应当的。这有助于我们摆脱机械决定论的幻相，增进对世界的客观认识。

同样的，现象中的“不可知的偶然性”与“凡事皆有原因”的因果性观念有无冲突？我们将在后面讨论因果性范畴时加以说明。

第二节　关系的范畴和状态、条件的概念

以上讨论了协同性及其运用。如前所述，协同性是时间并存性的交互作用的一种，是构成了复合物的那一种。我们来谈谈没有构成复合物的交互作用。虽然没有构成复合物，但既然有作用，总要生出点什么东西来。在这里，我们谈谈关系这个范畴和状态、条件这两个概念。

一、关系的范畴。

我们曾经把关系这个词当作初始用语，现在要讨论的是，当关系发生在现象中时，它在时间空间上意味着什么。

所谓关系，总是发生在两个（及以上）对象之间的。显然，关系是以时间的并存性为前提的。我们在前面把一个实体的规定性依据时间相继性而建立起来的前后的关联称为联结，同样地，我们把两个（及以上）对象之间依据时间并存性而建立起来的关联称为关系——“关系”这个概念是如此基础，当然配得上范畴的基础性的地位。形象地讲，两个对象只要是同时并存的，就是有“关系”的——关系是由时间并存性派生出来的东西。这样，联

结与关系就是从前后相继和同时并存两个角度建立起来的一对关联[①]。

这里要稍作说明："对象"这个词既可以指外部世界中的一个物，也可以指思维中的表象，还可以指一个物或一个表象中的某个规定性，其中都是时间并存性在发挥作用。这样，我们既可以说太阳和月亮的关系，也可以说贾宝玉和林黛玉（作为虚拟物，都只是思维中的表象）的关系。此外，虽然张飞与岳飞是两个朝代的人，不可能同时并存，但是，我们的思维中却同时兼有张飞的表象和岳飞的表象，因此可以建立两个表象之间的关系，也就可以说"张飞杀岳飞，杀得满天飞"（这个句子是有意义的）。

我们把关系当作与联结并列的范畴，都归于作为类的时间范畴之中，这符合它的基础性的特征。进一步看，既然关系是时间并存性的交互作用，该交互作用将产生什么东西？接下来再分析。

二、物与物之间的间距是物与物共同构造的"关系"。

这里我们讲一个由时间并存性派生出"关系"这个东西的例子，即物与物的距离。前面谈到太阳表面的光到达地球的时间时提出过一个问题：那8分钟究竟是什么东西的8分钟？是太阳那个时间的8分钟？地球这个时间的8分钟？还是某个公共时间的8分钟？如果是一艘飞船，这8分钟当然是飞船这个物的时间的8分钟，但飞船达不到这个速度，只有光子能有这个速度，而光子算不算一个物，却是有疑问的（这一点我们以后再说），因此不能简单地把这8分钟归于光子。实际上，太阳与地球之间的这个距离也存在同样的问题：这个距离属于太阳和地球之间的空间吗？但这个空间既不是太阳这个物的空间，当然也不是地球这个物的空间，对我们的时空观来说，"太阳与地球之间的空间"是什么意思？由于没有一个先在的时间空间作为万物的背景、框

① 我们不必追问"什么是关联"，无须对语词进行不断后退的追溯。因为如前所述，我们推演范畴或概念的方法不是借助语词的组合，而是在时间空间及其生成物中找到并指认出某个对象或性质，然后予以命名。比如这里对联结和关系的命名，有两个对象，如果在前后相继中建立起关联的，就是联结；如果在同时并存中建立起关联的，就是关系。至于"关联"这个词，在联结中的关联，指的是时间不可逆性的要求，在关系中的关联，指的是时间并存性所要求的交互作用，都有确定的所指，因此无须一般性地定义"关联"这个词。

架，而是“一个物是一个时间”，当然也就是“一个物是一个空间”，那么，“太阳与地球之间的空间”这个既不属于太阳也不属于地球的空间究竟是什么空间？承认这个空间不属于太阳和地球，似乎就意味着在“一个物”之外还有作为背景、框架的空间。当然，我们也可以简略地说成是属于虚空的空间（如前所述，我们把虚空的空间与物的空间视为并列而存的关系），但是，如果我们同样简略地把太阳到地球平均14960万千米的距离和光跨过这段距离所需的8分钟都说成是虚空的空间的距离和时间，除非我们能够把这个距离和时间列入虚空这个时间的时间序列，否则，这仍然是把虚空当作置身于该虚空中的物的计算时间、确定位置的背景和框架。这对我们的时空观来说像是一个权宜之计，是不必要的。尽管把虚空的时间空间与物的时间空间视为并列而存的关系，这件事情已经足以把我们的时空观与以牛顿时空观为代表的物理学的时空观拉开了距离，但我们还可以有更为清楚明白的解释。

既然我们无意把太阳和地球之间的这14960万千米的距离归于虚空的空间，那它从哪里来？而且（如弗雷格所说的那样）这个距离是客观的，既然是客观的，那它就是“在那里的”，但它从何而来？我们认为，这个距离是由太阳和地球共同构造出来的。这不仅仅是因为概念在语义上的归属关系（“太阳和地球之间的长度”在语义上归属于“太阳和地球”），而是因为，如果离开了太阳和地球，在虚空的那个“位置”上是没有那个距离的。

在人们以往的观念中，那个距离本来就在那里，只不过太阳和地球出现后把那个距离显现、标注出来了。换一个例子，我用两手的食指在空中比划出一段距离，这个距离是不是我的两个手指构造出来的，取决于在我收回手指之后，在空间的那个位置上还有没有这个距离，在以往的观念中是有的。但我要问：何以知道这个距离离开两个手指之后“还在”那个位置上？显然是看不出来的，因为那里空空如也。那就只能靠想象？但如果我在空中想象出一个恐龙（这并不比想象那个距离更困难），这个恐龙能是客观的吗？也许有人会说，把手指头换成两个铅笔，也能比划出同样的距离，这说明这个距离与手指头无关。但手指与铅笔有一个共同的性质，即都是“两个物”，无非是换一个说法“两个物构造出了这个距离”。哪怕拿出我们所在的房间的图纸（这已经为这个长度设定了一个参照物），在上面用两个点画出这个长度，也是“两个点构造出了这个距离”。而（如前所述）距离是由空间的样态位差派生出来的东西，物与物构造出了距离，在某种意义上讲也就是构造出了空间——以上分析说明了一件事情，即两个看似并不相关的东西实际上共同构造出了某些东西（比如距离）。从共同构造出东西来这一点上，我们也把这归于协同性。在两个物曾经所在的位置是不是本来就有那一段距离？这个问题就好比一块大理石与大卫像之间的关系，那块大理石里面“本来就有”一个大卫像还是米开朗琪罗雕琢之后才有大卫像？显然是后者——尽管人们可以在大理石当中想象出一个大卫来。

回到关于同时并存的一个最常见的例子：在桌子上隔着一段距离摆放的两个苹果，是依据什么而被认为是同时并存的？也就是说，我们需要找到两个苹果之间的交互作用才能认为它们是同时并存的。苹果与桌子之间的交互作用是清楚的，即苹果的重力和桌子的支撑力。两个苹果之间有物理上的引力，尽管站在先验哲学的立场上，只要物理学承认两者之间有引力（无论实际是多么微小），我们就可以把“交互作用”托付给这个引力，据此认为两者是同时并存的，不过，两个苹果的同时并存是如此清楚明白，我们不打算依靠两者之间的微弱到常常被物理学家忽略的引力来为这个清楚明白的事实提供依据。如果把桌子上的苹果换成视野中两个山头的两面重量更小但颜色鲜明的信号旗，我们就更加难以把两者的并存性托付给更加微弱的引力了——尽管两者之间确实存在着物理学意义上的引力，哪怕是极其微弱的。或者说，两者之间的物理学意义上的引力只是保证了两者的交互作用的最低限度的可能性。

有两个办法可以获得两个苹果的并存性依据。一个办法是把桌子、两个苹果视为一个整体——“一张放有两个苹果的桌子”（当然，从更大的视野上看，桌子、苹果都参与构造了地球这个复合物，从而构成“一个有着这一张放有两个苹果的桌子的地球”这个复合物）。这是上述“诸对象的交互作用构造了一个整体”的协同性（桌子和苹果之间的交互作用是清楚明白的），在一个整体当中的诸对象，在这个整体（复合物）的时间中是同时并存的。对于两个山头的信号旗来说，它们通过山体与地球形成一个整体，即地球这个复合物本来也包含了在它之上的所有东西，它们在地球这个复合物中是同时并存的。这个办法无须多言。

另一个办法是两个苹果或两面信号旗共同构造出了某些东西，比如（除了引力之外的）两者之间的距离。在脱离了以往的预设了背景和框架的时空观之后，我们需要秉持一种基本的方法，即无论是质的东西还是量的东西，我们都要问一问它从哪里来以及如何生成的——我们立足于时间空间的基质，而把一切现象都看作是由该基质生成而来的。既然太阳和地球之间的14960万千米的距离是太阳和地球生成出来的，我的两个手指头在空中比划出的这段距离也是我的两个手指头生成出来的——而且都是依据了“并存性的交互作用的力”（既然生成了距离这个东西，当然需要力的介入），那么，两个苹果或两面信号旗就依据它们生成出来的距离而成为同时并存的——无须像上面说的方法那样借助于共同构造了地球这个复合物。当然，该方法同样有效。

我们不妨把“引力是时空弯曲的一种效应”这个观点更彻底地贯彻下去：因为时间并存性的交互作用，两个手指头在空中比划出一段距离，视野中两座山上的信号旗标示出一段距离，太阳和地球在虚空中生成出“太阳与地球的14960千米的距离”，等等，所谓“距离”，是空间样态位差的派生物，因此，一般而言，两个物首先是以生成距离的方式生成两者之间的空间，然后再借助其质量进一步生成空间的弯曲性等规定性，从而形成引力。这就是说，两个手指头在空中比划出一段距离与两个物形成物理学的引力，这两件事情本质上是一回事，都是生成两者之间的空间，只不过引力所生成的空间的规定性更多、更复杂。因此，我们可以把引力的本质归于时间并存性对空间的规定性的力。我相信，空间的规定性或许远比我们想象的要丰富、复杂。一只停留在树叶上的小小的蜗牛，它与整个大树的关系清晰可辨（它被我们多么清晰地看见，该关系就有多么清晰地存在着），不会仅仅依据它与大树之间的微不足道的物理引力，它一定以某种清晰可辨的方式参与到包括它和大树在内的空间的构造当中。

可见，这里能够明确指出的是，物与物以其相对“位置”构造出了距离等东西，从这个意义上讲，它们是同时并存的。也就是说，桌上有苹果，地上有椅子，墙上有画框，等等，我们不必细究它们之间有多大的物理意义上的引力，凭借它们共同构造出了一个有桌子、椅子、地面、墙壁以及苹果、画框等内容的空间——通过构造它们之间的距离，并且那些距离组合起来，形成有诸多内容的空间，就可以被认定为同时并存的。

三、状态与条件的概念。

太阳与地球之间的距离是两个对象的交互关系所产生的东西，如果多于两个对象呢？它们之间的交互关系又能产生出什么呢？

有三个苹果，最初是并排摆放，然后挪动位置，摆成等边三角形的样子，再摆成直角三角形的样子——显然，三个苹果（以交互作用构造出了距离等东西而）是同时并存的。不过，并排摆放、等边三角形摆放以及直角三角形摆放，可以理解为同时并存的方式上的差别，于是，我们为“诸对象同时并存的方式的总和” 或“诸对象之间的关系的总和”赋予一个概念，姑且称之为“状态”，也即我们在前面使用的“物的状态”、“空间的规定性的状态”等表述中的“状态”。

状态及其差异显然是有明确的意义的，在前面关于“时间不可逆定律”的讨论中，状态的差异被分为组合性差异和生长性差异，体现了时间的前后相继和不可逆性。有了“状态”这个概念之后，前面判定两个苹果或两面信号旗的同时并存性的两个方法就能简明地合而为一：两个苹果或两面信号旗通过生成它们之间的距离以成为同时并存的，该距离构成了两个物参与构造的地球这个复合物的状态的一部分，也构成了地球这个复合物的组合性差异。

回到前面“太阳的光到达地球的8分钟”究竟是哪个物的时间的8分钟的问题：既然距离是太阳和地球共同生成的状态，那么，对于光子这样的尚不能确定为何物的东西来说，穿越该距离所需的时间长度也就是太阳和地球共同生成的时间中的8分钟[①]——这样一来，我们不依赖任何作为背景和框架的

① 这个时间还可以换个角度来看，即太阳和地球共同构造的太阳系这个复合物的时间，也是一回事，所不同的是要不要考虑太阳系除太阳和地球以外的行星的参与。

时间或空间来计算时间。换成地球上的距离就更容易理解了，无论是从一个山头到另一个山头，或从一个城市到另一个城市，跨越这些距离所需的时间长度，将是地球这个复合物的时间长度——因为这些距离都是地球这个复合物的状态的规定性。

我们再来看什么是条件。把苹果换成多米诺骨牌，假设有100块牌，它们在地板上可以有任意多种摆放方式，每种方式构造了一种状态，其中有一种状态是100块牌以一定的间隔沿着一条线直立排列着，此时，第1块牌被推倒，接着后面的99块牌也相继倒下。如上所述，从第1块到第100块相继倒下是一个事件[①]，这个事件能够发生，依赖于一个状态，即那100块牌必须以一定的间隔沿着一条直线直立排列着，其它的状态（比如间距过长）都不足以让这个事件发生，可见这个状态比之其它的状态多出了某个“东西”，这个“东西”就是100块牌相继倒下这个事件之所以能够发生所依赖的“条件”。我们可以给“条件”这个概念下一个一般性的定义：条件是指某个事情或事件之所以发生所依赖的状态——当然，如果有人说“依赖”这个词还没有预先被定义，我们也可以换成另外的定义：条件是指某个具备了使某事发生的可能性的状态。条件归属于状态，从状态中区分出条件来的一个简明的方法是，在有的状态中发生了某些事情，在另外的状态中没有发生某些事情，于是，我们就把发生了某些事情的状态称为那些事情的“条件”。如前所述，我们推出范畴、概念的主要方法是，在外部世界中找到某些具有清晰明确的规定性的东西，给这个东西以命名，就得到了范畴或概念。一个在其中有某些事情发生的状态与一个在其中没有某些事情发生的状态的区别是显著的，我们就把前一种状态比后一种状态多出来的东西，命名为“条件”这个概念。

条件这个概念很好地解释了诸如一个植物的生长与土壤、阳光、水分的关系这类情况。这个关系难以用因果性来解释。能不能说阳光是植物生长的原因？不能，因为阳光本身（如果没有土壤和水分）不能直接带来植物的生长。土壤、水分也是如此。但我们通常所说的因果性（接下来就会谈到），原因是直接而且必然带来结果的，如果离开了必然性，因果性的意义

① 事件这个概念我们放在下一章再给出定义，这里以通常所理解的含义来使用。

便不复存在。土壤、阳光、水分之于植物生长的必然性如何体现？在多米诺骨牌中，前面的牌撞击后面的牌，后面的牌必定是要倒下的（除非被卡住，这构成新的原因和新的结果）。阳光、土壤或水分都不能单独地带来植物的生长，只有三者合在一起才能做到。显然，三者合在一起体现的是协同性。条件这个概念有其基础性的意义，在康德的“理念体系”中，先验理念就是“有条件者”通过对条件序列的回溯的综合而达到的“无条件者”。因此这个概念有必要给予清楚明白的定义。但是，条件序列与因果序列之间是什么关系？则较少被论及。在以往的研究中，一件事情之所以发生，通常会谈论其因果性，对事情发生所需的条件则较为忽略。有一个近似的表述：“内因”，即通常所说的“外因通过内因起作用”。不过，这仍然是把条件归于因果性当中。在这里，我们把条件归于与因果性并列的协同性的范畴。这将有助于我们换一个角度去理解条件在事情发生过程中的重要性。

四、物理学中参考系的意义和对惯性定律的解释的补充。

如果说两个东西之间的距离是两者构造出来的，改变该距离就需要力的介入。这是从“力与变化等价性定律”得来。这就引出一个在参考系中的物与一个不在参考系中的物之间的有趣的差别。

假设太空中只有两个星体，它们距离遥远，也小到仅相当于两个点，不足以生成共同的复合物。但两个星体之间有距离，也即两者之间有交互作用的力。如果要改变该距离，当然也需要力的介入，也即我们推动其中的一个星体，试图改变它与远处的另一个星体的距离，必须施加作用力。换一种情况，假设太空中只有一个孤零零的星体，远处没有那个只是跟它生成距离的另一个星体。现在的问题是：在这种情况下我们再次推动这个星体，是否还需要施加作用力？由于这个星体是孤零零的、周围没有任何可与它生成“距离”的参照物，因此，推动它不会带来任何量的改变（忽略它本身的质量等惯性因素），又何来与变化等价的力？但是，同样是推动这个星体，前面说了、如果远处有一个星体能与它生成距离，改变距离就需要力，难道仅仅因为远处有和没有一个参照物，对同一个东西的同一个动作就会出现需要施加作用力和不需要施加作用力的巨大差别吗？

事实是这样：一个物如果没有另一个物作为其距离等参照，本来就没有“位置改变”这件事情，就不需要改变位置的力——因为在我们的时空观中没有作为背景的时间空间，一个物的空间指的是它自身的大小、形状等性质。但是，“在太空中只有孤零零的一个星球的情况下推动这个星球”这句话是什么意思？如果有一个推动者，这个推动者就与这个星球构成了“同时并存”的关系，两者就生成了相互之间的间距，所谓推动，无非是改变这个间距，当然也就需要有对应的力。可见，一个在参考系的物与一个不在参考系中的物之间确实存在着区别。反过来看，物理学通常所说的参考系并不是只有“约定”其中物体的空间数值的参考，本身还具有时间的并存性的交互作用力的意义。

回顾前面对惯性定律的解释，的确，对一个物的自身的空间规定性来说，它是静止也好、匀速直线运动也罢，由于同样都没有改变任何规定性，因此都不需要力的作用。现在需要补充的是：惯性定律真正严格适用的情况是“一个不在任何参照系中的物的静止或匀速直线运动”，如果该物在某个参照系中，哪怕是远处有某个物与之生成了距离，该物的静止的状态与匀速直线运动的状态是有区别的，即由于该物的匀速直线运动改变了与参考系中的其它物的距离，因此也是需要有作用力的。反过来讲，处于一个参照系中的物体的运动因其改变了该物在参照系中原来的状态而带来新的受力，故此，它将不能始终保持匀速直线运动。

这就带来一个问题：物理世界中究竟有没有一个物的完全意义上的匀速直线运动？因为要测量一个物的运动，必须要有参照系，但有参照系（如上所述）就不可能有匀速直线运动。实际上，“力与变化等价性原理”保证了一个物在不受力的情况下将保持匀速直线运动，只不过该物被放在一个参照系中，则总是受到（因改变它在参照系中的位置而）力的作用。这与羽毛和铁块的下落的速度在真空中是相同的但在空气中就出现差异，是一个道理。因此，我们仍然可以保留惯性定律，而把物在参照系中因位置改变的受力当作有附加条件的运用（如物体下落时所处的真空或空气的附加条件那样）。

也许有人会说，运动本身就意味着位置的改变，一个物只要是运动的，即使不在参照系中也是有位置的改变，岂不总是受到由位置改变带来的阻力？至于“直线”，更是一个空间的概念，如果不在一个参照系中，何来“直线”可言？这是把空间外在于一个物的时空观才有的疑问。在新的时空观看来（如前所述），空间是一个物“自带”的东西，一个物的运动也不是该物在一个外在于它的空间中的位置变化，而是一个物自己的性质，其表现是该物的时间序列中的每一个节点上增加了一个位差的规定性。至于何谓“直线”，倒是值得斟酌。既然运动是物体自身的性质，或者说位差作为空间的样态是最基础的东西，用运动或位差去定义“直线”，倒是更合理的选择。对此，我们在“几何学是如何可能的”那一章再讨论。这里仍然沿用惯性定律对直线、运动和作用力的表述方式。

以上关于物体在参照系中的受力，是“新时空观体系”的一个具有物理学意义的发现。要理解其中的意义，关键是必须基于新的时空观而把“距离”、“位置”等在以往的时空观中被当作外在于一个物的东西理解该物与参照系共同生成的东西，因此“距离”、“位置”的改变必然“牵动”该物自己的运动，从而使该物获得受力——从物理学的角度讲，这个力或许极其微小，但它是存在的。这意味着一件有趣的事情：在一个参照系中，一个物即使没有受到现有可度量的力的作用，它仍将无法保持匀速直线运动——因为它还受着因改变它在参照系中的位置而生出的阻力。

第三节　观测或测量的意义

如果我们认同两个食指在面前比划出的那个线段是由两个食指构造出来的、并非面前空中本来就有的，那么，从相同的意义上讲，我说“我看见一个苹果”又是什么意思呢？很显然，这个动作的前提是“我”与“苹果”之间发生了关系，这个关系的结果又是什么呢？

一、“看见及看见之物”是我与对象之间交互作用的结果。

假设桌子上有一个苹果，我站在离它一米远的地方。根据前面的分析，我（作为物质的躯体）与苹果就如同两个山头的信号旗一样，构建起了那个长度为一米的距离——我和苹果共同生成了那个距离。如果在我站的位置换上一根木桩，木桩与苹果也能构建起那个长度为一米的距离，并没有什么区别。但是，当我站在那里时，“我清楚地看见了苹果”，这件事是替换我的木桩所不能做到的。这意味着“我看见了一米远的苹果并与它构造了那个长度为一米的距离”这件事与“木桩与苹果构造了那个长度为一米的距离”这件事是不同的——前者比后者多出了“我看见”这个动作。那么，“我看见”是什么意思呢？指的是在我的脑子里呈现出了一个苹果的影像。在后面我们推演质的范畴时将清楚地表明，“脑子里的影像”（表象）这个东西绝不是虚幻的、似有若无的，这个东西将对应着某种具有质的规定性的东西，我们完全应该把它当作一个具有质的规定性的东西来看待——尽管它的质的规定性不如桌子上的苹果那样清晰、实在。在这里，我们姑且先使用这个观点（对该观点留待后面第十三章里讨论“不定型的类波”时再予阐明），即“脑子里的影像”是一个有质的规定性的东西。反过来讲，如果我没有“看见”，则脑子里就不会呈现出那个苹果的表象——两相比较，这当中就出现了一个具有质的规定性的“变化”，依据“力与变化等价性定律”，就意味着出现了力。回到“时间并存性等价于交互作用的力”的原则，以上分析将带来这样一个新的认识：不仅我与苹果同时并存意味着交互作用的力（那是把我换成木桩也是一样有的力，该力将产生“我与苹果之间的距离”这一个东西），而且“我看见苹果”还意味着我与苹果之间有着新的交互作用的力（对此，如果我们弄清楚了“脑子里的影像”这个东西的质的规定性，得到这个推论就将是不可避免的）。反之，如果我闭着眼睛，脑子里没有苹果的表象，则不会有这个新的力，我与苹果的关系就等同于木桩与苹果的关系——木桩与苹果之间的“同时并存的力”只产生“木桩与苹果之间的距离”这一个东西。因此，我的脑子里的苹果的表象将是“我看见苹果”这件事带来的新的交互作用力的结果。

也许有人会说，“脑子里的影像”也可以是一些虚幻的东西，比如我此时幻想“看见”一个天上飞着一条龙，难道这样的影像也对应着某种“力”？确实是对应某种“力”，因为只要思维中有影像的变化，就有相应的力的出现，只不过跟亲眼看见某物所形成的表象相比，力的来源有所不同罢了。首先，我看见的桌子上的苹果是如此清晰明确，绝不是想象中的幻觉（如想象中的“龙”）所能替代，也不是哪怕最逼真的梦境所能替代，该苹果的影像必定对应着我的脑子的状态的一个或一系列变化，而变化则对应着力，这是由普适的“力与变化等价性定律”所决定的；其次，我的脑子的状态也会因为我的某个幻想而改变，这没有问题，该变化也将对应别的力，但不会对应我睁眼看见的东西（因为幻想之产生及内容与眼前看见的东西无关），因此，即使有力，也不是与眼前看见的东西的“交互作用的力”（而是完全属于我的思维活动中的力）。

二、“观测”这件事带来的变化既可以发生在思维中、也可以发生在对象上。

一般意义上说的“观测”、“测量”，其本质上与“我看见”是相同的，即在对象以外形成影像、数据等信息（比如相机拍摄照片、影像在底片上感光），按照上述认识，也是在观测者与被观测者之间形成新的交互作用的力，该力所带来的变化则是形成观测的结果。我们知道，观测或测量在量子力学中具有重大意义。著名的“薛定谔的猫”的思想实验讲的就是观测（即看与不看）对实验结果的决定性的影响。海森堡的“测不准原理”也表明测量这个动作本身将决定哪个量是能测量的、哪个量是不能测量的。在微观量子领域，对观测这件事情的影响的解释，通常是说观测所需要的光照射在微观粒子上再反射回来形成影像，在这个过程中光子的撞击将改变微观粒子的状态，从而造成部分数据的“测不准”现象。也就是说，观测这个动作干扰了被观测的对象。这个解释是不准确的，或许适用于在黑暗的地方用手电光探测对象的情况，即对象原本没有被光的照射，观测带来光的照射从而干扰了对象。但是，假如观测并没有带去新的光的照射，是不是说观测这个行为就没有干扰、就不会有“测不准”现象了？不是的。问题不在于观测行为对观测对象的干扰，因为如果是干扰问题，那么，在“薛定谔的猫”的实验中，薛定谔只要附加一个简单的条件：有猫的箱子里原本就有足够的亮度，打不打开箱子，与光的干扰与否无关——猫的命运就将不再取决于人看或不看的观测了。换成刚才的苹果，放在桌子上的苹果本来就处于足够的光线当中，我站在它面前，是睁开眼睛还是闭上眼睛，丝毫不影响苹果所受到的光线的干扰，但是，“我看见苹果”这件事仍将带来我与苹果之间的新的交互作用的力（只不过这个新增的力小到根本无法对宏观物体产生可分辨的影响）。但如果把观测对象换成微观粒子，微观粒子是如此之小，因为观测（在意识中形成新的表象的变化）所带来的交互作用的力就完全有可能对它施加实实在在的影响从而决定它的哪些性质能被测量或不能被测量——这才是所谓观测或测量的作用，即因为在意识中形成了新的表象而带来了一个新的交互作用的力。

进一步看，观测这件事情还不仅仅是带来一个新的力，而且作为观测的结果，必定是我（因观测）在思维中形成的表象与被观测对象是符合一致的——否则要么意味着我看不见任何东西，要么意味着我看见的东西都是我自己的主观臆想，而这两者都是可以被排除的（在有关推演达到现在的程度之后，我们必须承认我们能看见作为对象的现象）。也就是说，“我看见一个苹果”这句话不仅带来了新的交互作用力，而且还决定了这个力在我的思维中的表象将是“一个苹果的表象”。实际上，“观测的结果要求我思维中的表象与被观测对象符合一致”这一点是有两种可能性的：其一，如果被观测对象是一个物，那将使我在思维中形成一个相应的表象来与之符合一致；其二，如果被观测对象是不定型的某物，那么，就只能是被观测对象被交互作用的力“定型”为一个与我的思维的特征相符合的某物来达成“我思维中的表象与被观测对象符合一致”的这个要求。

我们来仔细分析一下。“我看见一个苹果”这句话所代表的意思是：外面有一个苹果，我的意识里有一个苹果的表象。我说这句话时，我确信外在于我是有一个苹果的，于是这句话里面就包含了一个关系“因为外面有一个苹果，所以我才能看见一个苹果”——建立如此的对应关系的决定的一方在“外面的苹果”（我的意识里不一定会有苹果的表象，因为如果外面换成了梨子，我的意识里就是梨子的表象）。可见，在这个情况下，“我看见一个苹果”这句话所带来的新的交互作用力决定了在我的意识中形成一个苹果的表象（而不是梨子的表象）。现在的问题是，这个对应关系中的决定的一方有没有可能换成我（或我的意识）？有的，那就是：如果外面的那个东西是“不定型的”、还不确定自己要成为什么，那么，这个对应关系就变成了“我能把它看成什么、它就是什么”。有没有这样的“不定型”的东西？有的，在新的时空观的体系中，有我们后面有关时间持存性的部分要研究的“类波”（那将是从时间的持存性必然推出的东西）；在经验科学的领域，量子力学为微观粒子所找到的波函数大约就是这样的东西！而“我能把它看成什么、它就是什么”这句话的前提是什么呢？前提是“我”（及其思维）是什么。既然“时间空间是一切现象的基质”，当然也是“我”（及其思维）的基质。并且，时间空间的性质首先派生出范畴，然后由范畴构成一切现象的规定性，“我”（及其思维）也不过是范畴的派生物，思维的活动也就是范畴的规定性的变化——我们将在后面“质的范畴及其阐明”和“思维中的概念等表象或是者的结构和性质”那两章进一步推演出人的思维也将是由（观念性）范畴所构成，有关结论在这里先行使用——这样一来，一个“不定型”的微观粒子的波函数被“我看见”这件事就变成了“我以范畴的规定性把它看成了范畴的规定性”，而（后面我们将论述）范畴的最初始的规定性是“单一性”，对应的思维中的最基础的表象是“一个点”。因此，一个“不定型”的微观粒子的波函数被观测（即“我看见”）之后立即就“坍缩”为一个“点”的单一性、因而“坍缩”为一个“粒子”。这当然也是一种变化（从波函数变为“粒子”），这个变化所对应的力，正是“我看见”这个观测所带来的一个新的交互作用的力。只不过，“我看见”一个苹果时，该变化发生在我的意识当中，而“我看见”一个“不定型的东西”时，该变化发生在对象身上（关于“不定型的东西”，我们将在后面“时间持存性及其部分推论”那一章推出“不定型的类波”）。

以上结论是从我们一贯的原则中必然得到的，其中有清晰明确的推论过程，概括如下：一是“我看见”是一件在我与对象之间生成关系的事情，也是带来新的交互作用的力的事情；二是作为与该力相对应的变化，在我这一边体现为脑子里增加一个表象；三是作为“我看见”的结果，我思维中的表象与被看见的对象必定符合一致；四是如果“我看见”的对象本身是定型了的一个物，那么对象是什么，我的思维中就把它呈现为什么；五是如果“我看见”的对象是不定型的、还不成其为一个物的，那么“交互作用的力”在它那一边所带来的变化就是，我的思维中有什么，它就被定型为与之“符合一致”的什么。之所以有此结果，根源在于“新的时空观”关于“同时并存是交互作用的力”这个观念，也只有这个观念才能以上述的方式理解“我看见”这件事的真正意义。

三、人能“看见”，猫能“看见”，老鼠也能“看见”。

在量子力学的哥本哈根诠释中，观测行为对微观粒子施加的影响被笼统地理解为人的意识所施加的影响。但什么是意识？黑猩猩的“意识”也有同样的影响力吗？老鼠的呢？意识又是如何施加影响（让波函数坍缩）的？这在物理学家当中引起长期的疑问。现在，我们更为具体地指出了观测行为之所以施加影响的成因，在于“看见”这件事情，而不涉及更复杂的意识活动。所谓“看见”，就是对象在主体（的思维）中形成对应的表象——也惟其如此，交互作用的力才会带来相应的变化。黑猩猩的“观测”能不能施加同样的影响力？只需要考察黑猩猩能不能“看见”东西，事实上它是能“看见”的，这表明在它与对象之间将发生同样的交互作用的力及其变化。猫和老鼠也是能“看见”的[①]。这就带来一个问题：在薛定谔的思想实验中，猫其实是跟人一样的观测者，在它睁开眼睛的一刹那，量子就已经“坍缩”了，无须等到人打开盒子去观测的时候。因此，没有“薛定谔的猫”的问题。猫、老鼠这类有一定智能的动物有大脑，“看见”意味着所见之物在它们的大脑中有成像——这是观测之发挥作用的关键。如果低等动物比如虾子、螃蟹究竟能不能在这个意义上“看见”，还有待于动物学家的意见。从保险的角度讲，薛定谔最好选择一种没有眼睛、不能“看见”的动物，比如蚯蚓，

① 至于像虾子、蚂蚁等低等动物能不能（在人或黑猩猩的意义上）“看见”？这是容易通过实验来证明的。由于我们弄清楚了“看见”在观测中发挥作用的机理（即在脑子里形成被看见的物的表象），就可以摆脱对“意识”的笼统解释，仅仅针对该机理是否存在来下判断。

“薛定谔的猫”应该改为“薛定谔的蚯蚓”。

总而言之，以上分析是具有物理学意义的，它可以被用于解释量子力学中的一个至今无法解释的现象即人的观察何以使“波函数”坍缩为粒子。在整个分析中，我们都依据自己的原理和原则，是“新时空观体系”本身的推论。

此外，从“‘看见及看见之物’是我与对象之间交互作用的结果”这个判断出发，尼采凭借他天才的直觉（而并非“有依据的论证”）所开创的“视角主义”获得了它的在“新时空观体系”中的依据——简单地讲，不同的人有不同的思维状态，既然“看见”这件事及其结果是主体与对象之间交互作用的结果，面对同一个对象，不同的人“看到”不同的结果就不难理解了。不过与以往的视角主义不同的是，我们承认有“同一个对象”，而且，由于人的思维基于范畴有基础的、共同的构造，该对象将在诸范畴的性质上达成最低限度的“共同的真相”。

第十章　因果性范畴及其阐明

接下来我们讨论一个十分重要的范畴，即因果性。我们将涉及这几个方面的内容：首先，依据新的时空观，我们也将从时间空间的样态推演出因果性范畴。在康德那里，因果性范畴的图型是时间的前后相继，但我们没有在上述时间的相继性那部分讨论它，却放在时间的并存性之后来谈，而且是在明确了生长性、协同性、事情、状态和条件等范畴或概念之后再谈因果性，这是因为在我们看来，因果性并非单纯取决于时间的前后相继，不如说是时间的相继性和并存性共同构造的结果；其次，基于新的因果性范畴，我们将对因果性的性质获得一些新的认识；第三，我们还将探讨因果性、因果链与条件、条件序列的关系，以及命运或宿命的意义、空间构造的“合目的性”等问题。

第一节　事情、事件和关系的概念

在讨论因果性之前，我们先基于时间并存性的交互作用来定义几个常用但未曾被说明的概念。

一、事情。

我们有一个常用但从未被清楚明白地说明其含义的词：事情。我们定义了“什么是物”（即“一个物是一个时间贯串着一个空间”），还没有定义

“什么是事”。两者被统称为“事物”，这个词其实很含混，有时候用来指“物”，但更多的时候用来指“事”，哲学上的一些含混不清的问题就是源自对“事”与“物”的混淆混用，因为“事”与“物”原本是两样不同的东西，在被“事物”这个词混为一谈之后，一些明摆着只属于“物”的性质，却被堂而皇之地当成是“事”的性质。比如关于黑格尔辩证法，我一直有一个疑惑：他从“实体即主体”这个预设和能够被指认出来的“这个”的感性确定性出发所展开的推演，是在什么时候及什么情况下把作为实体且能被指认出来的“物”转换成为并非实体且不能被指认出来的“事”的？从“物”的性质推演出来的“对立统一”原理又如何能够以“凡事要一分为二”这类方式被运用于“事”？这恐怕是后来的研究者应该予以补充的工作。另一个方面，既然“事”与“物”被长期合称、混用，两者又必定有某种相似的性质，这相似的性质又是什么？也即“事”与“物”这两样不同的东西是在什么意义上能够被当作同样的对象来对待？这些都有必要搞清楚。

我们先来看“什么是事或事情”。“我”、“水”都是一个“物”，但“我喝水”却是一件“事”。我们说“我看见一个台球撞击另一个台球”，“看见”这个谓词的宾词既不是“一个台球”，也不是“两个台球”，而是“一个台球撞击另一个台球”这一件事情，并且这一件事情，跟“一个台球”一样，都被我们当作一个对象来对待。把台球换成汽车就更容易理解，我们不能从其中一辆汽车或两辆汽车的偶性（因碰撞而）变化来单方面描述整件事情，因为对一辆汽车，我们只能以“汽车是什么”的方式来说出它的性质，但整件事情无法成为它的性质或别的什么。比如我们可以说“汽车A的保险杠是弯曲的”以及“汽车B的前车灯是破损的”，无论是单独的一句话还是这两句话放在一起说，仍然不能说出两车相撞的这件事情的全部含义（因为即使两句话合起来，我们仍然不能知道汽车A和汽车B之间有什么关系，因为它们的状况还可以是被汽车C撞击的结果），但我们可以用“车祸”这个词来概括这件事情，可见“车祸”这个词一定包含了比关于汽车A和汽车B的那两句话更多的内容，并且以单独的对象的形式发挥其作用，也在事实上成为我们的对象。比如“车祸”堵塞了交通，造成你上班迟到，你向主管解释原因时，只会说是“车祸”堵塞交通而不是“汽车A的保险杠是弯曲的”、“汽车B的前车灯是破损的”或两句话一并说出。同为对象，要么是物，要么是物与物发生关系。因此，我们在此给“事情”做出定义：事情是指物与物之间的交互作用。当然，有些用语不是直接体现出交互作用，但可以归于交互作用。比如撞击这个词，在两车相撞中，是汽车A撞了汽车B，汽车B则是被汽车A撞了，这里面有通常所说的主动与被动的区分，但“撞”与“被撞”都可以归于交互作用。因此，“汽车A撞了汽车B”或“汽车B被汽车A撞了”也都是一件事情——它们是“两车相撞”的不同表述。此外，所谓交互作用，本来就发生在“物与物之间”，而且，“车祸”这个事情是可以脱离汽车A和汽车B而被理解的（汽车C与汽车D相撞也叫“车祸”），可见，“事情”这个词所指的，是“物”以外的东西。因此，我们可以简明地表述为：事情是指物与物的交互作用或归于交互作用的对象。这个定义比之时间的同时并存的含义（“诸对象之间的交互作用”）多了一个“对象”，可以简单地理解为“同时并存”的对象化，也即：两个东西“同时并存”本身就是“一件事情”。哪怕是两座山上两个信号旗因同时并存而生出两者间的距离，这也是一件事情。

维特根斯坦说“世界是一切发生的事情”、“世界是事实的总体，而不是事物的总体”、“发生的事情，即事实，就是诸事态的存在”[①]。这几句话涉及到事情、事物、事实、事态这几个概念。首先，他（在这个译本中）说的“事物”是指的“物”，即不同于以往观念认为世界是由花草木石、山川河流、日月星辰等“物”构成，他认为世界不是由“物”构成而是由“发生的事情”构成。他用的是“发生”而不是“存在”，说明事情的出现是有某个动态的因素或过程（如果只是静止的，则只需用“存在”）；其次，“发生的事情，即事实，就是事态的存在”，以事实、事态来解释事情，刚才因为“发生”这个词而获得的一点“动态”似乎又可有可无了，因为“花是红的”、“草是绿的”这些都是事实，但这些事实是不是“发生”的？或者该是“存在”的？似乎要看怎么解释或怎么约定（康德就说过“某物发生了，

① [英]维特根斯坦著，《逻辑哲学论》，贺绍甲译，商务印书馆1996年版，第25页。

亦即某物或某种以前还没有的状态形成了"[①]，似乎就没有区分"发生"和"存在"这两个词）。这对维特根斯坦来说是无关紧要的，他之所以要把世界说成是"发生的事情"并且把事情归于"事态"或"原子事实"，是基于"语言与世界是同构的"这个前提[②]而把世界归于一个个简单的陈述句。这样一来，上述"车祸是轻微的"与"汽车的保险杠是弯曲的"、"汽车的前车灯是破损的"一样，都是简单的陈述句或基本命题，都是维特根斯坦说的事态。可见，他仍然无意去区分"事"与"物"——因为在他看来，没有什么"物"，一个物是一系列陈述句的总体。比如只说"花"这个词并不能带给我们对"花"的了解，只有进一步说出"花是红的"、"花是香的"、"花是美的"等等，"花"才得以呈现出来。但即使从语词的角度看，如维特根斯坦自己所说，有的词在外部世界中有对应的东西（如苹果这个词），有的词能在某些东西的特征中找到它的所指（如红这个词），有的词则完全找不到对应的东西（如5这个数字）——恰恰是据说没有多大意义的"物"这个词在外部世界中有对应的东西，倒是据说能让我们理解"花"的意义是"红的"、"香的"、"美好的"以及5等数字却无法在外部世界中找到对应的东西。这就带来一个疑惑：语言究竟是从在外部世界有对应物的词开始还是从在外部世界没有对应物的词开始？对一个咿呀学语的幼儿，如果我们不能指着一个东西教他说"这是花"，我们又如何能把"红的"、"香的"等词赋予那东西并让他理解它们与"花"这个词的关联？因此，一个物以及指称一个物的语词应先于事情、事实或事态以及指称它们的语词。在此，我们不评价维特根斯坦的观点，只是想说，他说的事情与我们这里定义的事情不是一回事。

我们把事情定义为"物与物的交互作用所生成的对象"，能够清楚明

① [德]康德著，《纯粹理性批判》，邓晓芒译，杨祖陶校，人民出版社2004年版，第178页。

② "语言与世界是同构的"在维特根斯坦那里是一个未经证明（也无法证明）的预设，以这个预设作为出发点，到语言和世界两个方面去寻找各自的符合该预设的东西或形式。我们将在后面第十八章讨论这个预设，并将从语言和世界的共同的基质来对两者的同构性作出证明。

白地把“事”与“物”区分开来。这意味着只有物与物之间发生交互作用才能成为“事情”。“花是红的”不是事情，而是作为物的花的特征、状态（或许可以用一个不太常用的词“物态”来指称）。但“梨树开花了”却是事情，因为梨树是一个物，花也是一个物，梨树开出花来，是两个东西之间发生作用、发生关系（如前所述，我们简明地把种子、树、花蕾、花朵和果实区分为不同的东西）。“两球相撞”是事情，“台球滚动”不是事情，而是台球这个物的特征、状态（当我们明确地把“运动”归于物体的性质时，这一点更加清晰）。不过，“台球在桌面上滚动”却是事情，因为台球与桌子这两个物发生了作用和关系。另外，地球等行星围绕太阳旋转，这是一件事情；把各种零件组装成汽车，这也是一件事情，这两件事情与“一个台球撞击另一个台球”的事情不同，它们生成了太阳系和汽车这样的整体或复合物。我们稍后分别讨论这两种不同的情况。

把事与物区分开来的上述方法，有一个简明的依据，即物与物发生交互作用生出了仅仅用对物的描述所不能涵盖的内容，自然需要一个不同于物的词来说出这个内容。基于我们后面要讲的理由，哪怕是两个物体并排放在一起，这个状态也生出了超出两个物体的偶性的内容来。不过，事情这个词使用很频繁、很宽泛，人们有时也把一个物的偶性的变化说成是事情，比如交通信号灯变绿了、枫叶红了或某人死了等等，都被称为一件事情。我们不必过于拘泥语言表达上出于便利的某些习惯。既然我们都承认有不少语词在外部世界中没有对应物，也就是承认并非所有语词都与外部对象有着一一对应的关系，一些用语的习惯性归类当然就有可能与外部对象本身就其特征应有的分类不相一致，比如在汉语中，黄牛、水牛都是牛，但蜗牛却不是牛。由于牛的分类依据足够清晰，我们不必想方设法把蜗牛的特征也纳入到牛的分类依据中去。

也许有人会说，诸行星围绕太阳旋转是一件事情，但同时又构成了太阳系这个复合物，复合物是一个物，这岂不是说一件事情就等于是一个物？不是的。因为“太阳系”这个复合物并不等同于“地球等行星围绕太阳旋转”这件事情，我们可以说“作为复合物的太阳系是由地球等诸行星的偶性与诸行星围绕太阳旋转这件事情生成的东西”。因此，对于事情与复合物的关系，正确的表述应该是：地球等行星围绕太阳旋转这件事情生成了太阳系这个复合物。之所以做出区分，是因为有的事情生成了复合物，但有的事情则没有生成复合物。

二、事件。

再来看另一个例子多米诺骨牌游戏。第1块牌撞击第2块牌，是一件事情；第2块牌撞击第3块牌，也是一件事情……假设总共有100块牌，也就有99件“牌与牌相撞击”的事情。之所以把两块骨牌相撞称为事情，因为它们之间的交互作用是清楚明白的，而间隔开的两块牌之间是没有交互作用的——在第100块牌受到撞击时，它无法给予第99块牌以前的任何一块牌以反作用力。这里有一个明显的情况：从第1件事情到第99件事情，它们之间是有关联的。这个关联是我们本章要推演的因果性，这里暂时只使用“内在关联”这个词（至于“内在关联”具体是什么，我们稍后再分析）。在推倒第1块牌的时候，1公里以外的地方有一个车子撞上了路边的电线杆，无疑，我们不会认为这件事情与骨牌相继倒下有关联，因为我们能直观地区分“有无关联”。于是，我们把“有内在关联的一系列事情的总体”称为“事件”——之所以使用“内在关联”而不只是“关联”，是因为当我们说“一个事件”时，已经包含了整体性的涵义，即相互关联的一系列事情构成了某种整体，该关联相对于事件的整体，就是内在的。这里的多米诺骨牌游戏就是由99件事情组成的一个事件。

进一步看，事件既然是“有内在关联的一系列事情的总体”，有关联意味着事情之间存在由此及彼的派生关系，并且一系列事情是前后相继地展开的，因此，作为总体的事件呈现出具有内在的派生关系的事情的时间序列，这个时间序列与一个物的时间序列有相似之处，即每个节点之间的规定性具有前后联结的特征。一个物的时间序列中的内在关联是共同遵循时间不可逆性的要求，一个事件的时间序列中的内在关联又是什么呢？接下来要定义的因果性当然是一种关联（但一个事件的关联实际上还有其它的可能性。这一点我们后面在有关合目的性的部分再来讨论）。可见，从内在关联和时间序列的角度看，一个事件与一个物在作为对象的要求上是一致的。至此，我们才有理由把“事”与“物”并称为“事物”而成为外部世界的对象。不过，既然我们明确了“事”与“物”在什么意义上具有相似性而并列为外部世界的对象，同样也明确了两者在什么意义上作为对象而具有不同的性质。这个性质的区别来自于，一个物体具有一个有形的空间，一个事件则没有一个有形的空间。

以上对事情、事件这两个概念的区分是十分必要的。在后面将看到，事件作为“有内在关联的一系列事情的总和”将是因果性与条件共同生成的结果，相比单个的事情，它包含着“目的”或“合目的性”（下一章我们专门谈），有望成为未来从理论理性向实践理性过渡的一个媒介——我认为，如果说理论理性的研究对象是物和事情，那么，实践理性的研究对象就将是事件。

三、事情的规定性及事情的完成。

我们在第九章得到“关系”这个范畴。作为“物与物的交互作用所生成的对象”的事情，（物与物的）关系就是事情的规定性。比如车祸这件事情，“A车与B车发生相撞的关系”就是车祸的规定性，只有用A车和B车的相撞的关系（而不是C车与D车的相撞的关系）才能说明“这次车祸”是指的什么事情。我们说事与物并列为世界的对象，物（作为实体）这个对象以偶性作为它的规定性，同样，事情这个对象也以关系作为它的规定性。

进一步看，基于“同时并存性定律”：诸对象的同时并存，指的就是它们之间有交互作用的力，或者说同时并存就是交互作用。实际上，A车与B车在相撞之前就是同时并存的，相互之间就是有交互作用的力的，当然也是有“关系”这个规定性的（如同前述两座山上的信号旗，因同时并存而生出了两者之间的“距离”一样），而且在相互靠近的过程中，该“关系”也是在变化的——两者交互作用的力（所对应）的变化是距离的变化，直到两相碰撞。于是，从“关系”这个规定性来看，如果一个物的规定性因时间不可逆性的要求而发生变化那样，一个事情的规定性也发生变化直到该事情“完成”（即作为“车祸”显现出来）。因此，我们把物与物的关系发生变化直到以某个形式呈现出来的过程，都称为“事情”。比如车祸这件事情理解为从两车的关系形成、发展直到完成的过程——“相撞”是“车祸”这个事情的完成（而不是全部）。

也许有人会说，物与物无时无刻不处于相互的关系（交互作用）之中，何来“完成”不“完成”？何以识别这个事情、那个事情？依据很简单：我们把我们的感官能够识别出来的交互作用及其变化当作事情。就好比一条连续的绳子，其中打了一个结，于是我们就感知到的差异称那个结是“疙瘩”，尽管它跟绳子是一体的、连续的，但因为这个差异而成为单独的认识对象。后面我们将专门谈时间空间的连续性，时间固然是连续的，但我们凭着能感知到的间距，划分出1天、1小时或1分钟，也是依据能否被感知来对连续的东西作出分割，以便于获得对该东西的认识。物与物之间的交互作用固然是无所不在、无时不在的，我们也以“能否被感知到的”来划分这个事情、那个事情——因此，一个能被感知到的事情之结束，就是该事情之完成。也正因为这个区分，我们就把“两座山上的信号旗形成两者的距离”这类观察不到（但实际上存在着的）变化的事情排除在通常所说的事情之外。

我们说事情有一个完成的过程，是符合日常经验的，我们常常谈论一件事情的来龙去脉，谈论它的开始和结束。在这里，我们明确了关系是事情的规定性以及关系的不断变化的过程，就是为事情这个对象提供了可供描述的依据——好比我们是用形状、材质等规定性来描述一个物，我们现在是用构成事情的物与物的关系及其变化来谈论描述一件事。

四、事情的组成部分。

既然有开始和结束，事情就有它的组成部分。我们知道，一个物是一个时间贯串着一个空间，其结构是实体作为时间序列贯串着各个时间节点的作为空间规定性的偶性，或者说偶性依附于实体。那么，事情的结构又是什么呢？很显然，从关系的意义上看，该结构应包含以下特点，一是至少有两个物（对象），且两个物是各自独立存在的，因而是对等的。这不同于偶性之于实体的依附性（偶性脱离了实体是不能独立存在的）；二是两个物在发生关系时生出了比两个物本身的规定性更多的东西。如上所述，对事情的述说不能通过对实体及其偶性的述说来替代；三是两个物的交互关系是变化的，直到形成某个有显著特征的对象即某个事情，那些变化也就成为该事情的组成部分。

更为具体地讲，骨牌1撞击骨牌2这件事情的组成部分是什么？我们不能仅仅把两块骨牌的撞击的瞬间称为事情，这件事情的组成部分将包括：骨牌1倒下、骨牌1撞击骨牌2。因为在这件事中，骨牌1撞击骨牌2是由两个动作连贯而成的，一是骨牌1倒下，二是撞击骨牌2。因为没有前一个动作，就没有后一个东西，两者是不可缺少的组成部分。为什么没有把“骨牌2的倒下”也算作“骨牌1撞击骨牌2”这件事情的一部分？因为“骨牌2的倒下”对形成“骨牌1撞击骨牌2”这件事情并非必不可少的要素——“骨牌1撞击骨牌2，骨牌2保持不动”的情况是有可能的（假如骨牌2足够稳固），但“骨牌1不动且骨牌1撞击骨牌2”却是不可设想的，可见“骨牌1倒下”与“骨牌1撞击骨牌2”是不能分离的，但“骨牌2倒下”则是与之可以脱离开的。

在定义事情、关系等概念时顺理成章地讨论一下事情的结构，是必要的，在后面有关论证中将会用到这个结构。

第二节　原因与结果的对象

有了对物和事的区分以及在什么意义上两者能被并称为对象的说明，我们再来看看，我们通常所说的原因和结果究竟是物还是事？在这一点上，以往人们的有关表述十分含混。比如罗素就有过“我们可以说：‘砒霜是致死的原因’”的表述，就是把原因说成是一个物（罗素有关因果性有诸多错误的举例，我们稍后专门讨论）。但在我们看来，砒霜不是原因，“下毒”这件事才是（这就解释了为什么警察会逮捕下毒的人而不只是销毁砒霜）。我们只需一个理由就足以说清楚这当中的区别：因果性具有必然性（这是公认的性质），砒霜本身并不必然带来死亡（有砒霜并非总有死人），被束之高阁的砒霜不会带来任何伤害，但是，下毒则必然带来死亡。按照我们对因果关系的惯常理解，对多米诺骨牌游戏，骨牌1撞击骨牌2，骨牌2撞击骨牌3，骨牌3撞击骨牌4，等等，其中的因果关系是：骨牌1撞击骨牌2这件事是原因，骨牌2撞击骨牌3这件事是结果；骨牌2撞击骨牌3这件事是原因，骨牌3撞击骨牌4这件事是结果，等等。这是以事情为原因、以事情为结果的情况。还有另一种情况，我们常说的“太阳晒石头热”，“太阳晒石头”是事情——太阳必须晒到那块石头，那块石头才可能发热。“石头热”是石头这个物的偶性的变化（温度无疑是石头的偶性）。这是以事情为原因、以物的偶性的变化为结果的情况。

如此一来，就出现两种情况：原因必定是事情，但结果却既有可能是事情，也有可能是物的偶性变化。不过，进一步分析不难发现，原因（事情）一开始带来的结果，是物的偶性的变化，至于该物是否与其它物发生关系、形成新的事情，那是另一回事。在骨牌游戏中，骨牌1撞击骨牌2这件事情的结果，其实是骨牌2倒下，是骨牌2的偶性的变化。至于骨牌2与骨牌3发生交互作用、形成骨牌2撞击骨牌3这件事情，那是骨牌2的偶性变化之后的事情，而且是可有可无的，因为骨牌2倒下时也可能不撞击骨牌3（如果没有骨牌3或其位置不合适的话）。

由此，我们得到一个经验性的结论：原因是事情，结果是（物的偶性的）变化。至于从时间空间的性质如何得出相关的结论，稍后再谈。

二、康德论述中的原因和结果。

在康德那里，原因和结果是事情还是物的偶性的变化呢？我们只能说“语焉不详”，康德（依照以往的传统）在多数情况下并没有区分“事”与“物”，而是笼统地使用“事物”或“现象”这类用语。比如在《纯粹理性批判》的“按照因果律的时间相继的原理”部分，“某物发生了，亦即某物或某种以前还没有的状态形成了，这一点，如果不是有一个不包含这一状态的现象先行发生的话，并不能被经验性地知觉到；因为一种紧跟一个空的时间的现实性，因而一个没有任何事物状态先行于之前的产生，正如一个空的时间本身一样，是无法领会的”①，在这一段话里，他就使用了“某物”

① [德]康德著，《纯粹理性批判》，邓晓芒译，杨祖陶校，人民出版社2004年版，第178页。

（发生了）、“现象”和“事物”这三个用法。那一部分专门谈“原因与结果是如何可能的”，还有“一切发生的事情都有原因”、“我们设想在一个事件之前没有任何它按照一条规则必须跟随其后的东西先行发生”、“诸对象（作为可能的知觉）的这种关系——按照这种关系，后继之物（发生的事情）是被某种先行之物在其存有上必然地，并且是按照某种时间规则而被规定了的”等表述，又有“事情”、“事件”以及“（先行发生的）东西”、“后继之物”、“先行之物”的用法[①]，还有“存有”的用法，如“除了按照因果律而出自给予的原因的那些结果的存有之外，没有任何存有可能会在别的被给予的现象的条件下被认作必然的。所以这不是物（实体）的存有，而是物的状态的存有”[②]——特别需要注意的是，在这段话里，康德在原因和结果中排除了“物（实体）的存有”，而强调说是“物的状态的存有”，这一点将在后面印证我们对他的因果性的一个从未被提起的理解方式。

康德在“温暖的房间”和“被球压出凹陷的床垫”等例子中，有这样的清楚明白的表述：“这个炉子作为原因与其结果即房间的温暖是同时的”、“如果我把一个放在膨起的床垫上压出一个小凹陷的球看作原因，那么它与结果就是同时的”[③]。他之所以做此表述，一是因为在传统的概念当中，“事”与“物”历来就没有区分，二是或许因为他认为可以在“客体”或“表象”的意义上把“事”与“物”概括起来了，如他所说我们“可以把一切东西、甚至每个表象，只要意识到了，都称之为客体”[④]，也就是说，无论“物”还是“事”，只要能作为一个对象而被意识到，就都是一个客体。比如前述“车祸”这件事情，即使不同于“汽车A的保险杠是弯曲的”或“汽

① 这里说的“现象”、“事物”等语词当然都是就《纯粹理性批判》的中译本来谈的。不过，对这些语词，译者邓晓芒先生必不是随意使用。

② [德]康德著，《纯粹理性批判》，邓晓芒译，杨祖陶校，人民出版社2004年版，第206页。

③ [德]康德著，《纯粹理性批判》，邓晓芒译，杨祖陶校，人民出版社2004年版，第185页。

④ [德]康德著，《纯粹理性批判》，邓晓芒译，杨祖陶校，人民出版社2004年版，第177页。

车B的前车灯是破损的”这样的“一个物的偶性的改变”，但只要“车祸”被当作一个对象来谈论，它就是一个跟“保险杠弯曲的汽车”或“前车灯破损的汽车”一样的客体，似乎就没有必要予以区分了。这跟黑格尔用概念这个词泛指“事”与“物”（在概念上把两者统称为“事物”）是一样的道理。但是，“事”与“物”在某个意义上可以被统称为“事物”是一回事，（如前所述）“事”的规定性与“物”的规定性并不相同则是另一回事。从上述“屋子里的炉子”和“床垫上的铅球”的例子中不难看出，“事”与“物”的混淆已经给康德的因果性范畴带来了一个并非微不足道的困难，即：原因和结果在时间上究竟是前后相继的关系还是同时并存的关系？这一点显然必须作出明确的认定。

康德意识到了这个困难，他说“在这里还表现出某种疑点，是必须提出来的。现象之间因果连结的原理在我们的表达方式中是局限于现象的相继序列上的，但在其运用中却有这种情况，即也适用于诸现象的相伴随，而原因和结果可以是同时的”[①]。要知道，康德在第二类比“按照因果律的时间相继的原理”的前面部分花了很大的篇幅来论证“在时间的前后相继上原因与结果是如何可能的”，现在轻易地说“也可以是同时的”，似乎不能令人满意。为了说明“为什么也可以是同时的”，康德接下来的论证又给人一个印象：原因和结果不只是“可以是同时的”，而且还“必须是同时的”：“在自然中，绝大部分的致动因都是与它们的结果同时的，而结果在时间上的继起，只不过是由原因不能在一瞬间就完成其全部结果而导致的。但在结果最初产生的那一瞬间，它总是与其原因的因果作用同时的，因为假如原因在前面一瞬间停止存在，该结果就根本不会产生了”[②]。后面这段话的意思是说，如果原因和结果不“总是”同时的，结果根本不会发生。为了把因果关系中的“前后相继”和“同时并存”统一起来，康德又提出“时间序列”与“时间过程”的区分、第一瞬间与第二瞬间的间隔以及变化的连续性等等，显得

---

① [德]康德著，《纯粹理性批判》，邓晓芒译，杨祖陶校，人民出版社2004年版，第185页。

② 同上。

相当复杂。

现在，既然我们清楚明白地指出了“事情是指交互作用或归于交互作用的对象”以及“原因必定是事情”，我们就可以清楚明白地认定“原因与结果是前后相继的”（稍后我们再进一步澄清其“前后相继”的不同于以往之理解的由来），而无须做出“也可以是同时的”这类折中（因果性范畴是如此重要，容不得模棱两可），并且把“同时的”东西简明地交给协同性及其派生的概念。

康德关于“在自然中，绝大部分的致动因都是与它们的结果同时的”说法是对的（不是“绝大部分的致动因”，而是“所有的致动因”）。这也正是我们没有在前面“时间的相继性”部分而是放在“时间的并存性”部分来讨论因果性范畴的考虑：原因和结果之所以发生，确实必定要有某个“同时”的环节，而我们刚好把这个环节交给了“交互作用的事情”，即把“交互作用”独立出来作为“事情”，然后再来谈原因和结果的关系，就显得既清晰又简明了。首先，康德说“按照因果性原理，动作永远是现象的一切变更的最初根据，因而不能包含在本身变更着的某个主体之中，否则就会需要有其他的动作和另一个规定这种变更的主体”[①]。他明确了动作在因果性当中的作用（“最初依据”），同时又指出这个动作“不包含在本身变更着的某个主体”，那就只能是外在于主体的、也就是交互作用的；其次，由于交互作用被当作单独的一个对象“事情”，物与物发生交互作用的力和过程（如“第一瞬间”、“第二瞬间”或变化是否连续等）都只是“事情”内部的构成问题，无关乎因果性范畴的有效性了；第三，物与物必定是先有交互作用（否则“致动因”如何“致动”？），然后才谈得上它们产生什么影响，康德在没有区分“事”与“物”的情况下简略地直接把因果性范畴的时间图型归于前后相继，反而陷入原因与结果到底是前后相继还是同时并存的上述两难境地。对此，当我们把“同时的交互作用”交付给“事情”这个对象，然后把“事情”当作原因，就达到了这样的效果：既保留了因果关系建立之际

① [德]康德著，《纯粹理性批判》，邓晓芒译，杨祖陶校，人民出版社2004年版，第187页。

不可缺少的交互作用的环节，同时也维护了康德把因果性归于时间的相继性的判断。比如康德的上述两个例子，“房间温暖”的原因不是“烧热的炉子”，而是“烧热的炉子烘烤着房间”这件事情，这件事情无疑是先于“房间温暖”的；“床垫凹陷”的原因不是“床垫上的铅球”，而是“铅球被放在床垫上”这件事情，同样，这件事情也是先于“床垫凹陷”的。

三、为什么物的偶性及其变化都不能被当作原因?

以上分析基本上都针对具体的经验事实，我们能不能从原理分析上对物的偶性及其变化都不能被当作原因给予一个有说服力的依据？尽管前面我们已经给出了理由，我仍然想强调一下：因果性的基本特质是必然性（这是以往哲学的基本信念，而我们在后面有关休谟问题时将给予“有依据的论证”），一个物的偶性及其变化均不具有原因对于结果的必然性。如果我们以一个物的偶性或偶性的变化为原因，将无法实现“同因同果”的必然性（否则必然性从何而来？）。同样的砒霜，被束之高阁和被投入水杯，结果迥异。而以交互作用为特征的事情却具有“同因同果”的必然性——每一个人喝了掺有砒霜的水都将被毒死。稍后我们会谈到条件在因果关系中的作用，如果想要避免条件对“同因同果”的影响，同样也不能把一个物的偶性及其变化而只能把事情当作因果关系中的原因——除非物的偶性的变化形成了对另一物的力，但这样一来，一个物的偶性变化就与另一物形成交互作用并称为“一件事情”而不再只是一个物的偶性和变化。这个进展对后面的推演很重要，因此我们有必要从以上分析中单独列举出来强调一下。

四、因果性的一般性定义。

我们来给因果性下一个一般性的定义。前面引述了康德关于“动作永远是现象的一切变更的最初根据”、“绝大部分的致动因都是与它们的结果同时的”、“这种因果关系引出了动作的概念，动作则引出了力的概念”等表述。康德是借助动作这个概念来引出因果性与力的关系，只不过在他那里，“力”是比因果性、动作次一级的概念。而我们把力当作一个基础的范畴——“力是时间对空间的规定”。显然，在因果性当中，有“力”的成分，当然也有“变化”的成分。直观上讲，原因之所以被称为“致动因”，就是因为原因施加的力，带来某种变化作为其结果。在前面，我们得到一个经验性的结论（仅仅依据经验观察），原因是事情，结果是变化。所谓事情，是“诸对象交互作用所得到的对象”，其中就有“交互作用的力”的成分。现在，我们抛开经验性的结论，仅仅从前面已经获得的原则、原理出发，看能不能得到因果性范畴。

首先，我们说“力是时间对空间的规定”、“变化是空间对时间的规定”且“力与变化是等价的”，这里所说的力、变化，都是就同一个物而言的，是一个物的时间和空间的相互规定。其次，两个物的力对应两个物的变化——我们需要一个新的范畴来描述这件事情（因为这也是一件基础性的事情），这个新的范畴就是因果性。

由此，我们得到因果性范畴的一般性定义：所谓因果性，就是物与物之间的交互作用的力和变化的前后相继，其中，“物与物的交互作用的力”对应的就是“物与物的交互作用所得到的对象”即事情，因此，在前的物与物的交互作用的事情是原因，在后的物与物的变化是结果。这与我们前述认为原因只能是事情的看法是一致的。把“在后的物与物的变化”设定为结果（在后面我们将简述为“在后的变化是结果”），也与我们前述认为结果一开始是（物的偶性的）变化的看法是一致的。当然，该结果所说的变化，是两个物都有的变化。至于“前因后果”中的“前后”之分从何说起？我们放在稍后再做阐明。

我们以“滚动的台球A撞击静止的台球B并使台球A静止、台球B滚动起来”这件事情来阐释上述因果性的定义。首先，台球A从运动到静止，出现了变化。有变化，就必有力，可见“台球A从运动到静止”的变化必然“显现”出了力[①]；其次，台球B从静止到运动，也出现了变化，可见在台球B的身上也出现了力（因为该变化发生在台球B身上，这个力也出现在台球B身上）；

① 按照通常的表述，或许会说“台球A从运动到静止”的变化带来了力。但这个表述隐含了“变化”是原因、“带来力”是结果的，但按照“力与变化等价性定律”，变化是力，力是变化，两者是“时间空间互为规定性”的不同呈现方式，并不包含“前因后果”的区分。因此，这里使用“变化必然显现出力”的表述。后面使用“显现”一词也基于同样的考虑。

第三，台球A带来的力不可能凭空消失、台球B出现的力也不可能凭空获得，且“台球A撞击台球B”这件事情中包含了交互作用的过程（因为该事情是两个台球交互作用所生成的对象），台球A与台球B构成施力与受力的关系；第四，从原因与结果来看，“台球A撞击台球B”这件事情是原因，其中的交互作用的力分为施加在台球A的力和时间在台球B的力。作为结果，前一个力对应的变化是“台球A从运动到静止”，后一个力对应的变化是“台球B从静止到运动”——合起来讲，“台球A撞击台球B”这件事情的原因导致了“台球A从运动到静止”和“台球B从静止到运动”这两个结果（其实两者合起来是一个结果）。

仔细的人或许会发现，我们在上面使用了“台球A从运动到静止的变化必然‘显现’出了力”，该力在两个台球之间交互作用，最后又说结果是“台球A从运动到静止”和“台球B从静止到运动”——其中“台球A从运动到静止”岂不既是原因又是结果？当然不是！我们有必要对此再做一个说明：首先，上面说“台球A从运动到静止的变化必然‘显现’出了力”并不是在讲“原因”，因为我们反复说过“变化不是原因”，只有事情（即这里的“台球A撞击台球B”这件事情）才是原因；其次，台球A“带来”的力也不是原因，只有“交互作用的力”（并被对象化为“事情”）才是原因；第三，以上过程之所以从“台球A从运动到静止的变化必然‘显现’出了力”说起，正是为了强调在因果关系发生的全过程中“力”与“变化”作为“同一个东西的不同显现方式”的全过程——我们之所以略显繁琐地描述了因果性的上述形成过程，就是因为该过程包含了由“力与变化等价性定律”所保证的必然性（对此，我们放在第二十三章再进一步讨论）；第四，严格地讲，如上所述，“两球相撞”这件事情是从“台球A滚动、台球B静止”时就开始了的（如果愿意，还可以往前追溯），相对应，“两球的距离逐渐缩小”这个变化也是同一件事情的结果。但是，基于前面谈到的理由（即通常所关注的对象），我们只把事情完成之后的变化当作事情的结果。这只是约定的问题，无关紧要。

第三节 因果性范畴的阐明

针对以上因果性范畴，我们还需从以下几点做出阐明：

一、明确地把因果性限定为物与物之间的关系。

我们在前面讨论“力与变化等价性定律”时说过，对一个物而言，发生在该物身上的力和变化不构成因果关系，因为“时间空间互为规定性”这个基础的原则将推出力和变化的等价关系而不是通常所理解的“前因后果”的相继关系。因果关系是不是一定要限定为一个物与另一个物的关系？这看似是一个约定的问题，好比要不要把种子约定为植物的原因、把植物约定为种子的结果，似乎无关紧要。实际上，这涉及到一个范畴体系如何保持清晰明确的条理关系从而避免范畴的混淆混用的问题。哲学要呈现出清晰明确的面貌，需要从范畴体系的清晰明确开始（如前所述，真正深刻的东西绝不来自概念的混淆混用）。我们不把种子和植物的关系称为因果关系，而称为生长性的关系，因为生长性有不同于因果性的其它运用。至于生长性和因果性有什么共同之处，我们的前提仍然是承认它们的差异之后再来讨论的事情。实际上，在我们为一切现象找到了时间空间这个最基础的基质之后，我们不再急于寻求对象与对象或概念与概念之间的“同一性”，完全可以从容不迫地立足于时间空间而在一切现象、一切概念之间建立起条分缕析的关系。

二、“前因后果”中的“前后”之分的由来。

在上述“事情的规定性及事情的完成”和“事情的结构”两小节的分析，我们分析了事情有一个完成的过程（该过程以作为其规定性的物与物的关系的变化为特征）。以“台球A撞击台球B”这件事情为例，该事情并不只是相撞的一刹那，还包括之前的“台球A滚动、台球B静止（在特定位置上）”的组成部分。这就解释了通常所说的“前因后果”中的“前后”之分的来历：事情的形成过程先于事情的完成，通常是把事情的一个在先的组成部分理解为原因了。比如把“台球A滚动”当作原因（它当然在台球B被撞走之前），实际上它只是事情的一个组成部分，该事情直到两球相撞才完成并成为原因的。

严格地讲，事情在其完成过程中，物与物之间都有交互作用的力（两个台球哪怕相隔很远，当我们说它们同时并存时，也就是在说它们之间有交互作用的力），当然也相对应的（物与物的关系的规定性）的变化。这些变化与被我们当作结果的（相撞后）“台球A静止，台球B滚动”原本构成了“交互作用的力”与“物与物的变化”的连续的过程。但是，正如第十章所述、我们依据能否被感知到的标准来从“连续不断的事情”中区分出“这个事情”、“那个事情”一样，我们也依据能被感知到且为我们所关注的标准，来从“变化的连续的过程”中区分出我们真正关注的、在事情完成之际所发生的变化并以该变化作为结果。

三、谈论因果关系的合法性问题。

明确地把变化当作结果，这将意味着我们只能追问“变化”的原因。这是一个重要的成果。相比之下，我们不能追问其原因的是什么呢？比如“物（实体）的存有”就是不能追问原因的，比如“苹果为什么会存在”或“苹果存在的原因是什么”这类问题将是不能依据因果性来做出回答的——因为我们定义的因果性中的结果只能是“变化”而不能是“存有”。我们可以问“这张桌子上为什么会有一个苹果”？因为其含义指的是“为什么这张桌子上多出一个苹果”？是就桌子上的东西的变化来发问的，因此，“因为张三放了一个苹果在这张桌子上，所以这张桌子上有了一个苹果”的因果关系的运用就是合法的。当然，有些关于“存有”的问题是可以还原为“变化”的问题（因而是可以追问的），或者说，即使问的是“存有”但回答的是“存有的变化”，我们也是可以接受的。比如问“世界上为什么会有骡子这种动物”？如果回答“因为马与驴的杂交能够生出骡子”，是合法的。因为世界上原本是可以没有骡子的，这个问题问的也是世界从“没有骡子”到“有骡子”的变化。对于上述“苹果为什么存在？”这个问题，如果换一个角度去理解：“世界上为什么会有苹果这种水果？”如果回答“因为有人种植苹果树”，也是合法的，也是从“没有这种水果”到“有这种水果”的变化来提问。但是，如果问“这个世界为什么存在”？就是不能用因果性意义上的“为什么”来问了，因为我们无法把这个问题还原到“变化”上——世界的“不存在”是不可想象的。或者说，我们基于“以时间空间为基质的现象界以外的东西是不可知”的原则，认为“世界以外的东西”也是不可知的。“世界为什么存在”的“原因”如果在“世界以外”，则不可谈论；如果在“世界以内”，则该问题正确的问法应该是“世界为什么变成现在的样子？”——这是可以谈论的了，因为我们问的还是“变化”的原因。当然，准确地讲，世界是唯一的，我们无法使用因果性范畴来谈论唯一的世界，因此，“世界从何而来”的问题或许可以被归入生长性范畴，从生长性来予以回答。

简言之，通常所说的“凡事皆有原因”是可以接受的，但所谓“事”只能是我们意义上的包含了交互作用的“事情”。但是，如果把“事”理解为通常的“事物”，又从“事物”引申到“物”，变成“凡物皆有原因”，那就超出了因果性范畴的合法的使用范围了。

对于以上分析，如果我们要到康德的思想中找出渊源，那么，前面我们引述康德的一段话：“除了按照因果律而出自给予的原因的那些结果的存有之外，没有任何存有可能会在别的被给予的现象的条件下被认作必然的。所以这不是物（实体）的存有，而是物的状态的存有”①，就是很好的依据。在这段话里，康德排除了把“物（实体）的存有”当作原因和结果的可能性，强调说原因和结果只能是“物的状态的存有”。“物的状态”是物的偶性，偶性是可变的，“物的偶性的存有”就可以还原为“物的偶性从别的存有变为这个存有”的变化——比如问“为什么这个苹果是红的”，看似问苹果的红这个偶性的存有，实际上可以还原为“为什么这个苹果是红的而不说青的、黄的或别的颜色”——还原为追问颜色的变化。

此外，一些属于生长性或协同性范畴的现象有时也被构造成“为什么”、“原因和结果”的句子，是日常语言不严谨或出于便利的用法，与因果性范畴无关。比如“为什么会存在太阳系？”这个问题的正确问法应该是

① [德]康德著，《纯粹理性批判》，邓晓芒译，杨祖陶校，人民出版社2004年版，第206页。

“太阳系是如何形成的？”人们也会把诸如“因为太阳吸引九大行星围绕它旋转所以形成太阳系”等句子当作回答，看起来也是“因为，所以”的句式，实际上是属于协同性范畴所生成的复合物的现象。

四、因果性传递的可终止性。

我们知道，在亚里士多德以来的西方哲学传统的观念中，尽管机械决定论并不令人信服，但是，从过去到未来，一切现象中存在环环相扣的因果关系，似乎已成为世界的规律性和确定性的基本保障。亚里士多德从环环相扣的因果链中推出“不动的动者”（隐德莱希），牛顿从施力与受力的因果链中推出“第一推动力”等等。但是，因果链当真是环环相扣、从过去一直延续到未来吗？我们在经验现象中很容易举出反例，比如我往水塘里扔一颗石子，水面出现一圈圈向外漾起的涟漪，然后逐渐恢复到以前的平静状态——我要问：我扔出石子的这个因果链到哪里去了？人们会在水的分子层面去想象“我往水里扔石子”这件事继续发挥作用的某些情形，但是，那些情形是完全不可观察的，甚至从物理学的角度去深究也得不到任何有意义的结果——水分子呈现杂乱无序的“布朗运动”，一颗石子引起的有序的运动很快就消失在先前的杂乱无序当中，即使当真去测量水分子的“熵值”，也丝毫不会有前后差异。那么，设想“我往水里扔石子”这个因果链的那些后续的延绵不绝的情形，就完全是“形而上学的玄思”，与现实情况并不相干。这类现象在经验世界中比比皆是，但形而上学却始终固守着“因果链环环相扣、无限延续”的观念。其中缘由，我认为有二：一是以往的因果性概念不仅无法解释因果关系终止的可能性，还无法解释由此带来的一系列新的难题，比如既然一个因果关系是可以终止的，那其它因果关系是怎么开始的呢？总有某些事情是没有原因的；二是如果离开了强大而无处不在的因果律，世界还是否有规律？规律还是否具有确定性？似乎都将无从谈起。在以往的观念中，因果性就等同于规律性，等同于确定性。正因为如此，传统形而上学家们宁愿罔顾经验现象中屡见不鲜的具体的因果关系在传递过程中的终止，而选择在一般意义上相信一切现象中必定有着某种更深层次的因果关系在支配着现象的发生和转化。这就让人有权追问：形而上学所说的因果关系到底是不是经验现象中的因果关系？如果不是，有何意义？

现在，新的因果性范畴能够解释因果关系的终止及其后续问题：首先，既然原因是“交互作用的力”所对象化的“事情”，结果是交互双方的变化，那么，该变化能否成为下一组因果关系的原因，显然是需要条件、并非必然出现的——因为只有该变化能够形成新的“交互作用的力”，因果关系才有可能延续下去，否则原有的因果关系就将终止。而能否形成新的“交互作用的力”，不仅取决于变化的物，还取决于外在于该物的足以建立交互关系的他物，他物既然是外在的，是否出现就不取决于变化的物，并无必然性可言，因此因果链的延续也无必然性可言。其次，这是否意味着以往的“世界的一切现象的规律性和确定性”的观念将遭受到削弱？现在，在我们为一切现象找到了最基底的基质（时间空间）之后，我们不必把世界的确定性和规律性寄托在因果性这一样东西上了。世界的确定性和规律性将由时间空间的性质来予以保障，而因果性仅仅是由时间空间派生出来的诸范畴之一。以往，人们仅仅是把同样具有确定性和规律性的其它范畴的性质都未加分辨地归于因果性了，比如一件事情之开始的依据就可以是生长性、协同性等其它范畴所规定的东西。我们需要的恰恰是在时间空间这个基质之上，为以往可能被混淆混用的各个范畴建立起清晰明确的关系并把它们归于恰当的位置之中。在上述区分中，因果性并没有丧失其必然性，只是我们把它的必然性限定在一个合理的范围之内。

反过来看，如果因果性是可以终止的，且因果性的传递是有条件的，那么，贯串整个世界的一切现象的唯一的因果链将是不存在的，“不动的动者”和“第一推动力”这类东西也将是无法被推演出来的，试图由此得出“上帝”等理念，从逻辑上讲就是不可行的。

五、亚里士多德的四因说。

根据以上因果性范畴，亚里士多德的四因说中只有动力因是因果关系，其余的都不是因果关系。形式因和质料因分别从形式和质料两个方面构成一个事物之所以成为该事物的原因，是“一个事物之存在”的原因，与新的因果性范畴不相容。所谓目的因，尽管有不同的解释，但当它被运用于自然对象时，也都是针对“物的存有”所追问的原因，比如问“天上为什么下雨”，如果回答的是“因为地上的植物需要雨水”，那就是在回答“为什么世界上会有雨水这种东西存在”，这在新的因果性范畴看来也是非法的。

六、“一因多果”的问题。

所谓“在后的变化”这个结果，并没有（也无法）限定为“受力的物的变化”，而只能是“在物与物的交互作用之后的变化”。根据前述“交互作用的机制”看，物与物发生交互作用之后，参与的诸物都是必定要发生变化的。可见，作为结果，并非仅仅是“受力的物的变化”，同时也是“施力的物的变化”。比如在“A球撞击B球”这件事情被当作原因之后，A球在改变了B球的状态之际，自己的状态也发生变化了（如改变了滚动方向、速度等），可见作为结果的对应的变化是两个：A球的运动状态发生改变，B球的运动状态也发生改变。这并不是通常所说的“一因多果”。因为既然事情是物与物共同构成的一个对象，那么，两个物的变化可以被归于事情这个对象的变化。因此，通常所说的“一因多果”仍能还原到基于更基底的“一个力对应一个变化”的“一因一果”上。

以上是与因果性范畴的上述含义相关的几点说明，该范畴的有关推论则稍后再谈。我们将看到，以上述方式规定的因果性范畴还有其独特的优越性，比如在后面第二十三章化解“休谟问题”时发挥关键的作用。

第十一章　自因、自由、条件和合目的性的意义

本章讨论因果链如何开始或开始于什么的问题，从因果链的开端引出两个概念即自因和自由，再谈谈因果链得以延续的依据。在绪论中我们谈到，自由和因果律理应在同一个领域（如知性概念的领域）中得到并行不悖、兼容并包的阐明。本章将把自由放在与因果性范畴相并列的位置上回答“自由是如何可能的”问题——这个问题在康德那里是不合法的，因为他把“先验自由”归于自在之物，因而是不可认识的。本章将换一个角度来探讨自由与因果性并列而存的可能性。

第一节　自因或事情开始于时间相继性的可能性

我们说“（物与物交互作用的）事情”（而非一个物或物的偶性）是原因。如果要问事情的原因，当然也只能是事情。以多米诺骨牌游戏为例，骨牌1撞击骨牌2这件事是骨牌2撞击骨牌3这件事的原因——能不能说骨牌2倒下是骨牌2撞击骨牌3的原因？不能。在前面我们特别分析了“一个事的结构”，第2块牌倒下只是“骨牌2撞击骨牌3”这件事的组成部分，是骨牌2撞击骨牌3的方式。如果把“骨牌2倒下”从事情中独立出来作为“骨牌2撞击骨牌3”这件事的原因，就会出现一个对象的一个组成部分与整个对象相并列的

情况（因为原因与结果是并列的），将出现“部分与整体”并称的错误。我们可以说“骨牌1撞击骨牌2”这件事是“骨牌2倒下”的原因。这符合“在前的交互作用力”是原因、“在后的变化”是结果（“倒下”是骨牌2的偶性的变化），因为“骨牌2倒下”并不必然会出现“第2块牌撞击第3块牌”的事情的发生。现在的问题是：“骨牌1撞击骨牌2”这件事的原因是什么？能不能说是“骨牌1倒下”这个“变化”？同样不能，因为这还是犯了以“骨牌1撞击骨牌2”这件事的组成部分来与整个事情并列的错误。这就需要我们为“骨牌1倒下”这个变化找到原因，比如张三的推动（“张三推倒骨牌1”），但进一步追问：“张三推倒骨牌1”的原因是什么？有没有可能是不依赖因果性的呢？

一、作为因果链开端的自因。

我们换一个例子，看鸡蛋孵化时小鸡破壳而出的情形，我们问：为什么蛋壳会破裂？蛋壳破裂是物的偶性的变化，可以作为结果，其原因是小鸡顶破了蛋壳这件事情。如果问：小鸡为什么顶破了蛋壳？回答则只能是：小鸡长大了。如果再问：小鸡为什么会长大？恐怕我们就无法再从物与物的关系来回答了，但仍然可以回答（因为小鸡长大了，毕竟也是变化，我们仍能针对变化发问）：是小鸡生长发育了。能不能进一步问：小鸡为什么会生长发育？我们仍然可以勉强地回答：因为小鸡具有生长性。但如果再问：小鸡为什么会有生长性？这就超出了因果性的合法范围了——因为这不是对“变化”发问，而是对“存有”发问了。这一点，我们在上一章专门讨论过，那里的例子是我们不能就“世界为什么存在”的原因发问。另一方面，小鸡破壳而出之后，开始走动，开始觅食，甚至碰倒了多米诺骨牌的骨牌1——简言之，开始了一条有一系列事情发生的因果链，可见，在上述追问中最后的那个回答即生长性，就是因果链的开端。按照新的因果性范畴，该开端不再被追问在它之前的原因[①]。

① 当然，如果从生物学的角度进一步探讨小鸡生长发育的原因，那是另一回事。这里说的是（即使从生物学的角度）如此这般追溯下去，总会追溯到的某个作为因果链开端的原因。

以上分析启发我们思考：作为原因的“在前的交互作用力”，什么力有可能成为那最初的没有原因的力？回顾一下我们最早谈到力的地方即时间不可逆性，时间对空间做出强制性的规定，要求空间的状态发生变化且该变化必须遵循时间不可逆定律（即“不相同、不重复且无限制”）。这个力来自于时间的相继性，而相继性是没有“在前的（交互作用）力”的。因为按照定义，力是时间对空间的规定。带来时间不可逆性的力，就是时间的相继性对空间的规定。由于没有比时间更基底的东西，因此时间相继性的力就没有“在前的力”。进一步看，时间相继性对空间的规定分为确定的生长性差异和不确定的组合性差异，前者对应生长性范畴，后者对应随机性范畴。我们可以把时间相继性的力理解为确定的生长性的力和不确定的随机性的力的叠加（合力）。从一个物所能追溯到的最初的力来看，只能是时间相继性的力（该力显现为生长性的力和随机性的力的合力），因此，从一般意义上讲，一切现象都有一个最初的力，该力是没有原因的力，是自身（来自时间）的能动性的力。我们就把这最初的力称为“自因”。这个自因就是一个因果链的开端。

但是，这里要强调的是，之所以使用“自因”这个词，并不取其“自身的原因”的含义，而是说，我们找到了与之对应的“最初的力”，总需要一个词来命名，于是我们（从以往有过的语词中）选择了“自因”这个词。自因是一个因果链的开端，但并非该因果链的“第一个原因”。自因是最初的力，但该力只有与他物形成交互作用的事情，才能开启一个因果链。比如上面的例子，小鸡的生长是自因，它顶破了蛋壳，就是小鸡的生长与蛋壳形成交互作用、使得“小鸡破壳而出”成了一件事情，才从此开启了小鸡推倒第一块骨牌等因果链。从这一点上看，“自因”这个词最恰当的表述应该是“自力”，只是从来没有这个用语，我们仍然沿用“自因”。

自因（作为那一条因果链的开端）就是亚里士多德的“隐德莱希”，就是牛顿的“第一推动者”，只不过“隐德莱希”和“第一推动者”被认为是整个世界的一切现象的因果链的开端，自因则是每一个因果链的开端，这样的因果链蕴含在经验现象中。现在，根据前面的推演，既然“贯串整个世界的一切现象的唯一的因果链”是不存在的，那么，何不尝试接受“世界的一切现象由一个个可开始可终止的因果链构成，该因果链开始于该现象的自因”这个事实？这不仅是我们上述逐步达成的推演的必然结果，而且还有众多的经验事实作为依据。

二、自因这个概念与“凡事皆有原因”的判断没有冲突。

如果用“自因”来定义每个因果链的开端，我们将仍能保持“凡事皆有原因”这个判断：如上所述，自因是最初的力，只有与它的施力对象构成交互作用的事情，才形成因果链的第一个原因。如此一来，自因是力，不是“事”，即使不能追问“自因的原因是什么”，也无碍于“凡事皆有原因”。但是，我们可以问“自因是什么”并回答“自因是时间相继性的力即生长性和随机性的力的合力”，这是合法的。

第二节　自由的概念及自由与因果性并行不悖的可能性

我们来谈谈自由这个概念。在西方哲学史上，自由与自然（必然）的关系问题，是经久不衰的议题。自然界受因果律的支配，这既是事实，又是人类理性的基本信念，而人是自由的（奥古斯丁被认为“发现”了自由意志），具有以主观意愿支配物质性的躯体的能力，这就带来人的自由与自然的必然性之间的无法调和的矛盾。因为承认自由就是承认“无条件的原因性”，这与因果关系的必然性构成冲突。康德把这个问题视为“哲学的真正的绊脚石，哲学感到承认这样一类无条件的原因性有不可克服的困难”[①]。不过，康德仍然作出了他的贡献，即确立了自由意志的合法地位。但他的方法是把自然放在知性能力的领域内，把自由放在知性能力所不能涉足的理性理念当中去，“托付”给人的实践理性。至于自由意志从哪里来？自由是如何可能的？这些问题在康德那里是“悬置”的，因为在他看来，这些根本就不属于知识应该谈论的内容。但是，“悬置”意味着“未解决”，毕竟，人

① [德]康德著，《纯粹理性批判》，邓晓芒译，杨祖陶校，人民出版社2004年版，第377页。

既是精神的存在，也是物质的存在。一个精神性的自由意志如何可能存在于一个物质性的躯体当中并发挥作用？作为笛卡尔遗留下来的“心身二元”难题，总是需要面对的。如我们在绪论中所说，在日常经验中，自由与因果律从来都是在同一个对象之上、同一件事情之中并行不悖、兼容并包的。我们这就来谈谈这个问题。

对于什么是自由，有许多说法，我们这里只谈最基础的甚至是“物理”意义（而非通常的政治哲学意义）上的概念——之所以是在“物理”意义上来谈，是因为我们将把自由放在与具有物理意义的机械决定论相提并论的位置上来讨论“自由的可能性”。我们知道，在占统治地位的机械决定论面前，“自由意志”被剥夺了它的合法性。现代物理学发展出了量子力学，人们（像抓住救命稻草一样）把自由意志设定在不确定、测不准的“量子态”上，似乎为它找到了某个“寄人篱下”的立锥之地（即哲学靠着对物理学的某个成果的似是而非的解释来获得自己“安身立命”之依据）。这一状况对于面临“生存危机”的哲学而言无疑是雪上加霜的，仿佛佐证了它仰科学之鼻息的尴尬处境。这是不能接受的。哲学必须在自己的领地中凭借一以贯之的概念和原理体系来为自由找到一个正当的、合法的地盘，以便获得与因果必然性同等的地位——因为在我们的直观中，自由原本就是与因果必然性并行不悖的。在这个问题上，康德把自由归于人的实践理性，并赋予它是“由理论理性和实践理性所构建的人类理性大厦的‘拱顶石’”的崇高地位，无疑是迄今为止最好的解决方案。但是，物理学家们不会乐于接受这个设计，因为，当康德说自由以“调节性”的作用开启了一个新的因果链时，他们会执拗地坚持追问：对于人的物质性的躯体而言，这个“调节性”作用是如何可能、如何发生的？毕竟，那个驱使我此时此刻从椅子上站起来的“自由的念头”是以物理学的机械运动的方式实现的，物理学家有权追问这个物理过程的具有物理学意义的机制——追溯到源头，就是那个“自由的念头”如何开启由我站起来引发的新的因果链的。

邓晓芒先生有一个简明的自由概念：“通常我们讲的自由有广义的自由和狭义的自由。狭义的自由只有人才具有，是人和其它事物的一个本质的区别。至于广义的自由，我们有时候觉得自然界也有，自然万物都在自由生长。”[①]。概括地讲，狭义的自由是指人的不受约束、为所欲为的自由，“由着自己”，“依己不依他”；广义的自由则包含整个自然界万事万物在内的无原因、无条件、无限制的能动性。这里讨论的自由是广义的自由。广义的自由是狭义的自由的前提。人如果不具有作为一个物的无原因、无条件、无限制的能动性，也就谈不上作为人的权利的自由。

比如，此时此刻我有或坐着或站立的自由。抛开“坐着”和“站立”这两件事情在伦理关系上可能有的意义（如在法庭上当法官宣读判决时人们都应“站立”而不宜“坐着”，伦理学的意义是康德的自由概念发挥作用的地盘），我们仅仅针对“我何以能选择坐着和站立”的原因性来谈自由的可能性，就会发现，广义的自由与因果性（或者说自然）之间存在着无法调和的矛盾。因果性是前因必然地决定后果，我之所以能从椅子上站起来，是因为双腿肌肉收紧、骨骼伸直。但我做出“站立”的选择时，却可以是出于不受制于物理原因的自由的意志。一般地讲，如果世界上一切现象都是按照因果律而发生（而这事关世界的规律性和确定性），则自由将是不存在的。反之，如果自由是存在的，那么，对世界的一切现象而言，因果律就将不再具有无限制的普遍性，因而就失去了它的必然性。长期以来哲学家为此陷入两难，因为无论是在理论的还是实践的意义上，自由和因果性都是不能被舍弃的。如何把自由和因果性纳入同一个原理体系即达成两者的协调一致？成为一个恒久的难题。

一、康德的自由的先验理念。

康德在第三个二律背反中揭示了自由与因果性之间的矛盾，作为化解该矛盾的方法（即“把思辨理性从二律背反中拯救出来”），他把自由[②]设定为“宇宙论理念”，置于现象序列之外，作为“一个本身不是现象的条件”，

---

① 邓晓芒著，“什么是自由？”，《哲学研究》2012年第7期。

② 康德称之为“先验自由”。不过，我们很难设想除此之外康德还会愿意承认有“经验自由”。因为经验属于知性领域，作为理性理念的“先验自由”不可能以合法的方式“越界”来与经验相结合而成为“经验自由”。因此，我们在这里简明地使用“自由”这个词。

即把自由和因果性割裂开来，分别纳入不同的原理体系——因果性被归于知性范畴，自由被归于理性理念。他设想事情发生的“原因性”分为两种，“一种是按照自然的，一种是出自自由的。前一种是在感官世界中一个状态与它按照一条规则跟随其后的前面状态的连结……相反，我所说的自由在宇宙论的理解中就是自行开始一个状态的能力，所以它的原因性并不是按照自然规律又从属于另外一个按照时间来规定它的原因。自由在这种意义上就是一个纯粹的先验理念，它首先不包含从经验中借来的任何东西，其次它的对象也不能在任何经验中被确定地给予，因为一切经验的可能性本身的法则就在于，一切发生的事情都必须有一个原因，因而这个原因的原因性作为本身是发生或产生出来的，又必须有一个原因；而这样一来整个经验领域不管它延伸到多么远就都变成了单纯自然的一个总和。但由于以这种方式在因果关系中的诸条件的任何绝对总体性都不可能被弄清楚，理性就为自己设立了能够自行开始行动的某种自发性的理念，而不允许预先准备一个另外的原因再来按照因果联系的法则去规定这个自发性的行动”[①]。我们对康德在这个问题上的思路作一个简单的概括：首先，自由是存在的，这是无法回避的事实。何以知道“自由是存在的”？他说：“自由固然是道德律的ratio essendi[存在理由]，但道德律却是自由的ratio cognoscendi[认识理由]。因为如果不是道德律在我们的理性中早就被清楚地想到了，则我们是决不会认为自己有理由去假定有像自由这样一种东西的（尽管它也并不自相矛盾）。但假如没有自由，则道德律也就根本不会在我们心中被找到了”[②]。他认为我们是依据道德律来对自由获得认识的；其次，既然自由不能在知性领域中与因果性范畴并行不悖，那么，就把它放在理性理念里面当作一个先验理念。第三，知性范畴对经验对象起着建构性的作用，理性理念对经验对象起着范导性的作用。自由这个理念所起的范导性的作用就是，它不在经验对象的因果关系的序列之

① [德]康德著，《纯粹理性批判》，邓晓芒译，杨祖陶校，人民出版社2004年版，第433页。

② [德]康德著，《实践理性批判》，邓晓芒译，杨祖陶校，人民出版社2003年版，序言第2页注释。

中，而是“自行开始”一个因果关系的序列。这样一来，自由和因果性就都得以保全。

以上思路在康德的认识论的体系和“为知性划界”的原则之中是合理的。之所以这么说，仅就上述引文中“理性就为自己设立了”自由这个理念、“不允许预先准备另外的原因”等表述就可以看出：自由仅仅是被当作人的意识活动（或先验自我意识）中的对象而被谈论，因为只有意识活动或先验自我意识的对象才有可能是“理性为自己设立”的。这听起来像是在说自由是人的主观的东西，但联系到一切现象都从属于“统觉的综合同一性原理”的最高原则，自由也可以与现象一样具有客观实在性——只是在康德看来，现象的客观实在性是在理论理性中得到肯定，而自由的客观实在性是在实践理性中得到肯定（见《实践理性批判》中的有关阐述）。不过，这个思路仍然有一些问题有待进一步澄清。

康德所说的自由，是指人的自由，即“狭义的自由”，或者说，是只有人才会有的自由。因为他说的自由是与道德律相互之间构成“存在理由”和“认识理由”的东西，只有在人那里才有道德和道德律可言。人的无关乎道德律的自由（即“广义的自由”）是否可能及如何可能？仍是问题。比如我此刻决定是坐着还是站起的自由，就是与道德律无关却是与因果律有关的难题——我作出选择的那一个念头之由来是否遵循因果律？如果遵循，就无自由可言；如果不遵循，这样的自由与决定我身体肌肉的机械运动（分别导致我的身体的坐着或站立的不同状态）的因果律如何能够发生关系？当然，在人的问题上我们仍然可以说“自由的先验理念以调节性的方式自行开始了一个（机械运动的）因果关系的序列”，但仍有两个问题：其一，既然道德律是自由的“认识理由”，与道德律无关的自由之存有又是如何被思考的（如果不能认识的话）？其二，动物有没有“广义的自由”？无疑是有的。在动物学上的高等动物（一般是指身体结构复杂、组织和器官分化显著并具有脊椎的动物）的某些行为特征与人比较相似，特别是像狗、猩猩、大象等被称为“有灵性”的动物，它们同样具有诸如人选择坐着还是站立那样的自由（动物在行为上的自主的选择性，是能够通过实验证实的），我们却无法设想它们也有“自由的先验理念”并由该理念以调节性的方式“自行开始”一个因果关系的序列。

由此可见，要从根本上解决“自由是如何可能的”问题，必须针对“广义的自由”来谈，从而使“狭义的自由”在“广义的自由”的前提下成为可能。

现在，我们得到了以上成果，即“世界的一切现象由一个个可开始可终止的因果链构成，该因果链开始于生长性的自因”，同时又在更早的时候获得了其它一些成果（如时间不可逆定律），让我们得到了一种可能性：把自由与因果性清晰明确地区分开来并将它们放在同一个领域（即知性的领域）中来探讨它们的既并行不悖又相互作用的“共生”的机制，从而在根本上化解两者的矛盾冲突。由此，我们也将获得对自由的含义的进一步认识。

二、一个物的自因、自由和主体性。

在上面，我们谈到一个物的自因，即自因是时间相继性的力即生长性和随机性的力的合力。从一个物满足时间不可逆定律的要求看，生长性的力带来一个物的空间规定性的确定的生长性差异，随机性的力带来一个物的空间规定性的不确定的组合性差异。可见一个物的自因中既包含了确定性的差异，也包含了不确定的差异。所谓不确定的差异，我们在前面有关可能性、偶然性和现实性的范畴的讨论中分析过，就是“不可知的偶然性”。如前所述，假设在某个节点上，空间的规定性有N种满足“不相同、不重复且无限制”的条件的可能性，而在那个节点上实现出来的只能是N种可能性中的某个可能性，这个可能性之所以实现出来，比之其它的可能性绝无更多的依据，这就是“不可知的偶然性”——现在，我们站在这个物的角度看，它在那个时间节点上是实际显现出这个可能性或那个可能性，完全是不受限制的，也无法被规定的，因此，我们把这个物在这件事情上的无原因地呈现出其现实性的性质就称为自由。很显然，这个自由是无条件的、不受限制的，就是上面所说的“广义的自由”，但同时，它又遵循时间不可逆定律所要求的必然性（如前所述，即否定性的必然性）。

以上“广义的自由”之由来，说明了这样两个特点：

首先，这里说的自由是从时间空间的性质中派生出来的，与同样从时间空间的性质中派生出来的因果性是并行不悖的。也就是说，这是在康德意义上的知性的领域内的对象。我们当然不能研究“不可知的偶然性”，但是我们可以研究包含自由的现象与包含必然性的现象之间的关系——因为两者共处于同一个现象界。

其次，这里说的自由来自于一个物的自因（“一个物的时间相继性的力即生长性和随机性的合力”），因此它是一种力、一种能动性，且不受限制、不被规定（当然，这里说的限制与规定，是针对时间空间的性质而言）。一个物具有这样的力意味着什么？意味着它具有某种不受限制、不被规定的“自主性”。请设想一下，面对一个坐在椅子上的人，我们不知道下一分钟他会不会站起来、会不会抬头望天或伸展手臂，于是我们说他具有主体性。同样地，对于一个物将要出现的组合性差异，我们也不知道会是什么样子，因此，在这个意义上，我们也说一个物具有主体性。这很像是黑格尔的那句名言“实体即主体”，不过，我们是从时间空间的性质中推出的，并非基于独断的预设，而且，还只是说具有“主体性”，能否从“主体性”过渡到“主体”，且“实体”作为“主体”是否具有他所叙述的“辩证运动”，还有待进一步证明。

三、人的“意志自由”。

“意志自由”在康德那里是一个理性理念，但在这里是一个可以予以证明的客观知识。

一个人首先是一个物，然后才是具有意识的经验自我——这是不言而喻的，人的意识存在于人的物质性的身体当中——这也是不言而喻的。假设人的意识活动发生在人的大脑这个物当中（这个假设仅仅是表述上的方便），这个物同样必须遵循时间不可逆定律，其时间序列的每一个节点都具有自主地呈现其空间规定性的自由。容易想到的是，大脑这个物的空间的规定性的差异就代表着思维活动的差异，而思维活动构成了人的各种行为的原因（即由人的大脑这个物的生长性的自因所带来的原因，我们可以在大脑神经层面去探索作为交互作用的力的原因），从而呈现出人的“意志自由”。形象地讲，此时此刻，我是坐着还是站起来？这两个可能性都满足我的大脑这个物的时间不可逆性的要求，而我最终选择坐着，就是基于我的“意志自由”。这是人的大脑满足作为物的时间不可逆性要求所具有的自由。

但是，很显然，（自由的）“意志”已经不属于时间空间的派生物，（如上所述）大脑这个物在某个时间节点上的组合性差异有N种可能性，并且以“不可知的偶然性”的方式实际呈现出其中的某一种可能性，于是我们设想有某个“东西”在决定着从所有可能的组合性差异中“选出”其中的某一种，这个“东西”就是我们所说的“意志”，可见它只是我们的“思想物”，也即康德所说的“理性理念”，而上述工作的意义在于，我们首次找到了“意志”（即使作为理性理念）在现象界发挥作用的媒介和机制。

对于“自由意志”，我们似乎很难说它是“不受限制、不被规定”的。一个人哪怕是冲动犯罪，我们也总能从他的思想观念、人格特征、情绪刺激等方面找到某些根源。但是，这能不能说明“意志”也是有原因的？不是。比如一个人冲动之下提刀杀人，我们会解释说“是因为在言语冲突中他感觉尊严受到伤害”。这看起来有原因，但“尊严”是什么？同样是理性理念，同样不能被归于时间空间及其性质。哪怕是张三挨了李四一拳、张三反击他一顿拳脚，这当中看起来有“物理学”意义上的前因后果（同时也有张三的“自由意志”参与其中）。但是，“挨了一拳”这件事固然不属于理性理念，但它的意义却仍是可以归于理性理念的东西——张三不是因为“挨了一拳”，而是因为“挨了一拳”的意义（即李四的“敌意”）才反击的。如果是被熟悉亲密的人打了一拳，他能理解其中的“善意”，所以不会反击。可见，“挨了一拳”与“予以反击”之间并无必然的“物理学”意义上的因果关系。反之，凡是能被归于时间空间及其性质的原因，人所作出的反应也都不属于“自由意志”的选择。比如避险的本能，一辆汽车飞驰而来，路边的人本能地往旁边避让，这个本能就不是“选择的结果”。可选择的，就不是“本能的”。因此，用理性理念去解释理性理念，并不在时间空间的领域之内，仍然符合我们关于“自由”的定义——我们所说的“不受限制、不被规定”，从来都指的是受时间空间的限制、被时间空间所规定。

我们归纳一下，首先，包括人（的“意志”）在内的一个物的自由是以满足时间不可逆性要求为前提的，或者从一般意义上讲，一个物的自由是以遵循一个物的物质性的要求为前提的，绝不能违背一个物的物理性的限制——这是因为时间的不可逆性或一个物的物理的规律是不可违背的。此时我坐在椅子里，我的自由绝不包括“想飞起来就飞起来”的自由；其次，既然作为一个物的自由的界限是物理的规律，我们要问：一个人的自由的界限又是什么呢？刚才说，一个人的身心特点及价值观、道德观或社会习俗等因素也构成了对他的自由的限制。但问题的另一方面，这些因素中究竟哪些是作为人所必须具备的、哪些又是外界强加于他的？就值得研究。如果是外界强加于他的，那将意味着外界对他的自由的干涉。一个戴着镣铐的人固然受限于镣铐的物理性质，但该物理性的限制显然是外界强加于他的，并非他作为一个人所固有的——那么，到底哪些东西是作为一个人的基本的规定性且除此之外均为强加之物？就值得研究了，诸如从一个物的自由过渡到一个人的自由是否一定要经过动物的自由（这涉及到人性中是否以及在多大程度上包含了动物性等问题），也都是有趣的问题。这里无法展开讨论，不过，有两个方面可供后续的研究参考。首先，从一个人的价值观念、伦理道德、社会习俗等都可以被改变来看，一个人的自由的界限由一个物的物理性质的限制所构成。这个界限证明了两点：一是无论是物还是人，自由是有限度的，没有所谓的“绝对的自由”，二是一个人的可能的自由的范围比想象中的要大；其次，研究作为人的基本的规定性，可以从反面去研究那些足以让人自我毁灭（如自杀）的因素的某些共性的东西——什么东西的缺失足以使人不再成其为人？或许可以从中找到某些线索。

四、思维、意志、意识（精神）。

在这里，关于人的大脑，有三个名词需要澄清各自的涵义。首先是思维，我们把它与认识能力等同起来使用，即人获得知识的能力。康德是在知性能力的意义上使用认识能力、思维能力的，我们也把思维理解为在时间空间及其性质上认识现象的能力，当然思维本身也服从于时间空间及其性质的；其次是意志，上述解释了意志的来源，它不在时间空间及其性质的范围之内；第三是意识或精神，我们简明地把这两个词同等对待（姑且不论它们在别处有哪些区分），并且用来作为大脑的所有活动的总称。大脑中除了思维、意志，还有情感、情绪等内容，这些内容究竟与时间空间及其性质有什么关系，还有待进一步研究，我设想它们是从思维到意志之间的某种过渡性的媒介。

五、因果链开端中的偶然性以及各环节的因果关系的必然性。

前面说，自因是一个因果链的开端，而自因来自于时间相继性的力，该力包含了一个物的偶然性（即自由）。于是，一个因果链的开端中也就包含了偶然性的成分（或自由的成分）。这一点无须赘述。

这里的问题是：因果链的各个环节之间是否也包含了偶然性？假设一个因果链从自因A开始，因果关系的传递从A到B、B到C、C到D等等。既然物A的自因中包含了偶然性，物B、C、D在其自身的规定性中也包含了偶然性，于是，该因果链在B、C、D的环节中岂不也包含了偶然性——如此一来，因果链的传递的岂不因各个环节的偶然性而使得因果关系不再具有必然性？并非如此。首先，对一个实体而言，我们在前面仅仅是证明了它具有“主体性”，并没有承认它就是“主体”；其次，我们只需引用莱布尼茨提出、为康德所赞同、也为我们所使用的关于一个物的内部的划分依据，就能够予以否认。

莱布尼茨主张，“在一个纯粹知性对象上，惟有那与任何某种与它相异之物（在存有方面）完全没有什么关系的东西才是内部的”[①]。我们曾在时间并存性部分有关协同性的讨论中使用过这个依据——我们抛开“纯粹知性对象”这个特指，而把这个依据用于对经验对象的研究。除了作为开端（自因）的物A（它的自因已经对其外在的物B显现为“在前的力”而成为该因果链的第一个原因）之外，因果链中B、C、D等对象自身的满足时间不可逆性要求的生长性仅仅是该物“内部的东西”，即是“与任何某种与它相异之物（在存有方面）完全没有什么关系的东西”，可见，这些对象内部的偶然

① [德]康德著，《纯粹理性批判》，邓晓芒译，杨祖陶校，人民出版社2004年版，第239页。

性，与外在于它们的对象“完全没有什么关系”，因而不会显现出它的偶然性的影响，也就无损于该因果链中的因果关系的必然性。当然，这里所说的“内部的偶然性”无损于因果链的因果必然性，并不排除该因果链在展开过程中所获得的偶然性因素的干扰，比如我们在第九章“从时间并存性推出的部分概念及推论”中有关“自然界的‘不可知的偶然性’”部分的论述。这里只是要说明，因果链的偶然性并非来自自因中的偶然性。自因有偶然性即主体的自由，比如我有选择是坐着还是站起的自由，但是一旦我做出了选择（如选择站起来），就开始了一个因果链，而该因果链的传递是确定的、受制于因果关系。

六、在自因、自由问题上“新时空观体系”与康德原有思路的不同之处。

我们来总结一下。康德之所以把“先验自由”放在实践理性当中，首先是因为在理论理性中、在知性范畴中，他找不到自因、自由的合法位置——在这一点上，他的困难与机械决定论者的困难是一样的，其次是因为他可以借助超越了因果性范畴的理性理念，让物自体以“开启新的因果链”的方式形成自因、带来自由。固然，这也可以看作是康德（在一定程度上）化解了必然与自由的矛盾，但也留下了一些问题，比如同样作为感官刺激的隐蔽的来源，物自体为什么只给人却不给外部现象以自由或“自由意志”？或者说，为什么外部现象必须遵从自然法则的必然而人却可以具有理性法则的自由？有一种主张，认为人的意志中有与物自体相对应的“我自体”，“我自体”成为“自由意志”的来源。这并不能解决问题，因为“我自体”从何而来？与物自体是什么关系？无从谈起。此外，人的自由意志如何能在物质对象上“开启新的因果链”？也难以回答。

“新时空观体系”用前所未有的方式给予了随机性、偶然性在一切现象中以范畴的合法地位，认为在一切现象中都具有“不可知的偶然性”在发挥作用。这与现代科学的最新成果（比如量子的不确定性、生物基因突变的偶然性等）是相符合的。这使得一切现象具有了“广义的自由”。在此基础上，人的“自由意志”将获得融贯一致的解释。首先，人作为自然界的一个实体（物）拥有“广义的自由”的物质性的机制；其次，我们将在后面第

十六、十七章分别从观念性的自发性和思维的自发性两个方面阐明，有别于其它的物，人的思维具有自发性的能动性，该能动性将在一个物（即人的大脑）的最基底的组合性差异中发挥作用，使得该物的组合性差异之“决定因素”由“不可知的偶然性”替代为“不可知的自由意志”。相比康德原有的思路，这无疑是一个新的进步。

第三节　因果性与条件的关系

如同生长性和协同性是力一样，因果性也是力[①]。这就带来一个问题：因果性的力有没有度的“内包的量”？直白的表述就是，因果性的力会不会衰减？再来看看“因果性是物与物之间的交互作用的力和变化的前后相继”这个定义，这个定义中包含了时间的两个样态：“物与物之间”体现的是时间的并存性（物与物只有是同时并存的，才有可能发生交互的作用力），交互作用的力和变化的前后相继体现的是时间的相继性[②]。按照我们在前面协同性部分的分析，协同性的力和生长性的力是冲突的、抵消的（这导致不同的物在时间上的快慢差异）。同时，既然协同性是“复合物内部促使该物形成并保持下去的力”，那么，协同性就将对该物被改变、发生变化这件事形成阻碍。这就带来因果性与因果关系得以发生的条件的关系问题，我们将从因果性的力的逐渐削弱与因果链的终止这两个方面来讨论。

一、因果性的力是一个逐渐衰减直至消失的过程。

我们在前面定义了状态和条件这两个概念，即：状态是诸对象同时并存的方式的总和，条件是指某个具备了使某事发生的可能性的状态。作为条件的状态在两个方面影响着因果性的形成和传递。首先是因果性的形成需要依赖条件，其次是因果性的传递需要依赖条件。我们分别讨论这两个方面的情况。

在我们的新的时空观中，状态、条件不是“现成的”（即来自作为背景

---

① 本来，原因与结果之间就有力贯串其中，因此简明地说“因果性是力”并无不妥。

② 之所以反复强调“交互作用的力”这个短语，是为了突出该交互作用的对象化的事情才是原因，如前所述，是事情的完成过程与变化构成前后相继。

的时空），而是被物与物共同构造出来的。比如前面的例子，我伸出双手的食指在空中比划出一个距离，这个距离是我的两个手指共同生成的东西，并非虚空中本来就有这个距离。当我们说“物与物之间的交互作用的力和变化的前后相继”时，“物与物”首先是“同时并存”的，其次是发生了交互作用，第三是借助交互作用已经生成了“物与物的状态”，第四是具备使“物与物之间的交互作用的力和变化的前后相继”这件事发生的条件。现在的问题是：在“物与物之间的交互作用的力和变化”出现前后相继之际，作为条件的“物与物的状态”被改变了——这个变化意味着什么呢?

条件的这个变化能够清晰地对应着某些量的变化，比如作为条件的台球桌，在台球滚动及相撞过程中因摩擦而受到一定程度的损耗。根据“力与变化等价性定律”，“物与物的条件”的变化必定对应着一个力，这个力将是与因果性的力相冲突、抵消，即“物与物的条件”因时间的并存性而呈现保持其状态不变的性质（如同协同性是“促使该物的状态保持下去”的性质一样），必然阻止原来的状态之被改变，这就意味着：因果性的力为了克服原来的状态而被抵消掉与“物与物的条件”的变化相对应的那一部分力。可见，因果性的力在传递过程中会出现被逐渐抵消的情况，就像推动力在推动过程中会因为阻力而被逐渐抵消、消耗一样。这个阻力因条件的变化量不同而可以是不同的，因此，因果性的力就具备了度的“内包的量”。

以上叙述论证了因果性的力何以逐渐衰减的理由。如同一个滚动的皮球在地面上因摩擦力逐渐减慢并停下来一样，直观上讲，对因果关系在传递中逐渐受到削弱直至消失，本来是很容易理解的。但上述论证之所以略显繁复，却是为了在哲学上对这个直观的现象作出一个合理的解释——这件事在以往是不曾有人做过的。我们不会仅凭直观印象就下断言，而是希望把每个判断都建立在前后融贯的依据之上。

二、因果链的传递取决于作为结果的变化得以转化为新的原因的条件。

上一章我们谈到了因果关系（因果链）可以终止的问题，也说到作为结果的变化并非必然地转化为新的原因，因为，物的偶性的变化只有在与它物的交互作用中形成新的事情才能够转化为新的原因，这当中的一个决定性因素，就是条件（如我们在时间并存性的有关讨论中所定义的，条件是指某个具备了使某事发生的可能性的状态）。如果在因果关系的传递当中只要有一个结果（变化）不能转化为新的原因，该因果链就将终止。

三、因果性与条件之间既依赖又抵消的关系。

概括地讲，因果性的发生离不开条件，但条件的变化又阻止因果性的传递（不仅消耗因果性的力，而且随时可能导致因果链的终止）。因果性与条件的关系就好比是飞机与空气的关系一样，一方面前者离不开后者，机翼只有在空气中才能产生升力，另一方面后者又成为前者的阻碍，消耗着前者的动力。这个认识将有助于我们更深入地理解因果性范畴的性质。既然因果性的力与条件的变化构成冲突和抵消的关系，在因果关系的传递过程中因果性受到条件的抵消而逐渐衰减直至消失，就是可以想象的了。以往的决定论的观念把世界的遥远的过去与同样遥远的未来（经现在）都被纳入同一个环环相扣的因果链中，仿佛遥远的过去的每一件事情都能够参与决定着遥远的过去的每一件事情一样——因果性的传递与时间的间距没有关系。尽管人们在内心或许并不真正相信这样的丝丝入扣的因果关系，但是，哲学从未讨论过因果性的衰减直至消失的问题。

概括地讲，以上表述说明了因果链终止的两种情况，一是从作为结果的变化有可能不再转化为作为新的原因的事情来谈“因果性的传递是可以终止的”，二是指在因果链足够长的情况下因果性因条件的消耗仍将逐渐趋于消失来谈“因果性的传递是可以终止的”。正是在这两个意义上讲，因果关系与条件是既依赖又抵消的关系。

在经验世界中，因果关系在传递过程中逐渐衰减、消失的例子比比皆是。比如近年才被测量到的引力波，据说是遥远的天体剧烈碰撞或爆炸后在空间中产生出的“涟漪”。这件事情换个角度看就很清楚：如果爆炸的天体距离地球较近，其威力势必把地球完全摧毁；反之，我们今天只是受到微弱到难以测量的引力波而不是已经灰飞烟灭，只是因为该天体距离遥远以至于该威力在传递过程中消失殆尽——如何理解这个事实？“天体爆炸，行星毁灭”这个因果性在经过漫长的传递过程之后对地球而言已不存在了。地球不曾被毁灭甚至丝毫不受影响就是该因果性不存在的证据——谁能说其微弱程度远远低于地球上任何一次建筑施工带来的震动的引力波对地球、世界或社会有什么影响？好吧，“科学家第一次发现引力波”这件事情在科学家、知识界引起了巨大的关注（造成该次引力波的该次“天体爆炸”作为原因是以这样的方式影响了人类的情绪、观念或知识体系的完备性），但是，被发现的哪一次之前无数次和之后无数次的引力波呢？能不能说那么多次“天体爆炸”也好、“黑洞合并”也罢等等原本威力巨大的因果性是消失殆尽了的？恐怕只能如此。

也许有人会依据“天体爆炸”的能量在传递中的逐渐衰减直至消失而认为以上结论是不必要的。但是，以上分析根本不涉及“能量”等物理学概念即经验领域的东西，而是由“新时空观体系”自己的原理推演出来的结论。在物理学中，我们可以忽略一些实验中的干扰而抽象出某个不受干扰的条件并得出相应的结论，比如我们设想在没有空气阻力的情况下物体下落的速度是相同的。同样，物理学家会假设能量在传输中如果没有阻力会保持不变。但是，我们上述“因果性的传递是可以终止的”以及“因果性在传递中逐渐衰减乃至消失”却并非可以被进一步抽象为“不受干扰的情况下的恒常不变”，特别是因果性的衰减问题（因果性的传递可以设想每一个作为结果的变化都能转化为新的原因）。台球A撞击台球B即使在真空条件下，当台球A开始朝着台球B运动的时候，两者之间的关系、状态或条件就已经在变化了，该变化就已经对应着某个量的因果性的力的抵消了。这是由因果性本身决定的性质，没有可以通过抽象而被忽略掉的“干扰”。如果要把这个性质还原为物理学的规律，恐怕需要重新理解时空的意义——如前所述，空间或许比我们已经认识到的要复杂得多。

这里有个问题：在物理世界中，一个力所能传递的范围与它的量的大小成正比，与它要克服的阻碍的多少成反比，天崩地裂的“天体爆炸”或“黑洞合并”所引发的爆炸传递到遥远的地球上就只剩下几乎不能被觉察的引力波——这里的问题是：这样的力的量的递减究竟只是一个经验的现象还是一个先验的原则？我们的回答是后者即一个先验的、普遍必然的原则。

因果性的力在传递过程中必然与条件交互作用（如同飞翔与空气的关系），并且是条件发生变化，有变化就有力，即条件因自身的改变而对因果性的力所形成相冲突的阻碍，这个冲突势必削弱因果性的力（依据是前述“力的叠加原理”），其结果就是因果性的力在传递过程中必然会出现量的递减的效应。这看似不言而喻的事情如何又被认为是一个先验的原则呢？因为，这意味着在物理学上将不存在所谓“不受力”的理想状态。关于这一点，我们在前面第十一章“从时间并存性推出的部分概念及推论”中“对惯性定律的补充说明”时讨论过，这里不再赘述。

四、因果链的延续取决于条件的前后相续。

如前所述，即使因果性的传递会出现终止（无论是受阻于变化转化为新的原因还是自身逐渐衰减直至消失），并不意味着世界会走向死寂。因为，新的因果性将不断地开始于生长性，形成新的因果链。我们甚至可以设想这样一种可能性：因果链的末端的一个变化或因果性衰减成的一个信号激发了某个生长性，从而开始了一个新的但与前一个因果链或因果性有关的因果链，这个因果链或许就是前一个因果链或因果性的增强了的翻版。形象的比喻是古代的烽火台上的信号传递，在山巅突然点起的第一堆篝火，虽然自身的热量不能传递多远，但在遥远的另一个山巅的人看见了火光，立即点燃了第二堆篝火，绵延传递，仿佛那第一堆篝火直接在数百上千里之外呈现出来。第二堆篝火显然不是由第一堆篝火直接点燃的，这就使得烽火相连的因果关系不同于火柴点燃引线、引线引爆炸药这样的因果关系，而只能理解为一个个不同的因果链的前后相继。但是，由于它们传递的是同一个信息，因此，这些前后相继的因果链之间必定有着内在的某种关联，我们也可以因此近似地把它们视为同一个因果链。在这种情况下，尽管每一个因果性都有逐渐衰减乃至消失的性质，但由于一系列新的因果链以恰当的方式前后接续，实际上也达到了因果链的远距离传递的效果。我们把这称为“有序的条件序列”。这种情况并非纯粹的想象，很明显，有一种情况是可以做到的：那具有生长性的自因是一个人，人就有可能依据某个信号而不是物理性的推动力来开启一个新的因果链。我们还可以设想其它的这类情况，比如由同一个引线引爆的一串鞭炮，每个鞭炮的爆炸都是一个自因。只是，一方面我们需要清楚地意识到，这样的前后接续的因果链的序列是由于有具有生长性的自因的不断加入才得以呈现的（这使得我们对单个因果链的传递与因果链的序列的传递的区分是有意义的）；另一方面，什么东西在决定着由一个个彼此独立的自因所造成的条件的相继出现？就是一个新的问题了。

所谓条件的前后接续，就是说维持因果链得以传递下去的条件不是一次性呈现的，而是前后相继地出现的。预先摆放好每一块多米诺骨牌然后逐块被推倒，其条件是一次性呈现的。如果是第1块牌已经被触碰，有人快速地在合适位置上竖立第2块牌，在第2块牌被触碰之际，再在合适位置上竖立第3块牌，依次类推，我们仍然会看到多米诺骨牌这个因果链逐个传递的景象，但不同的是，作为条件的各个骨牌是在因果链开始传递之后才出现在相应的位置上的——比之预先摆放好所有骨牌的玩法（我们称为“静态的多米诺骨牌游戏”），我们把这称为“动态的多米诺骨牌游戏”——也就是前述古代“烽火狼烟”的同一个做法。稍后我们再进一步讨论“动态的多米诺骨牌游戏”的问题和意义。

五、同一个原因在不同条件下的结果是不同的。

既然确立了因果性和条件之间的既依赖又冲突的关系（如同飞翔与空气的关系），那么，同一个原因在不同条件下的结果出现差异，就不言而喻了。当然，这无损于“同因必有同果”的必然性，因为这里面本来就包含了“同等条件”的前提。这就好比物理学上说“物体下落的速度与重量无关”，但我们每天看见的情况都是：重的物体比轻的物体下落更快。这是物体受到空气阻力的结果，无损于物理学上的那条原理的正确性。

六、条件决定“前因”与“后果”的关系。

就因果性的定义而言，台球A撞击台球B这件事是台球B从静止到运动的原因，但是，台球B运动起来之后又撞击了台球C，台球A撞击台球B这件事还是不是台球C运动起来的原因呢？值得探讨一下。

我们来看两个因果链。一个因果链是多米诺骨牌游戏，从骨牌1撞击骨牌2到最后一块骨牌倒下，按照前面的分析，“骨牌1撞击骨牌2”这件事是“骨牌2撞击骨牌3”这件事的原因（直接的结果是骨牌2倒下，但骨牌2的偶性的变化顺利转化为“骨牌2撞击骨牌3”这件事并成为这件事的组成部分），“骨牌2撞击骨牌3”是“骨牌3撞击骨牌4”这件事的原因……如此，等等。现在的问题是：能不能把“骨牌1撞击骨牌2”这件事直接当成最后一块骨牌倒下的原因？按照通常的做法是可以的。为什么？因为从骨牌1倒下到最后一块骨牌倒下之间有着必然的关联，即前者的出现必然地导致后者的出现。我们在前面也把这样的“有内在关联的一系列事情的总和”称为“事件”，即一个多米诺骨牌游戏是一个“事件”，只不过其中的内在关联在这里是因果性。

另一个因果链是一句英国民谚：少了一个铁钉，丢了一只马掌；丢了一只马掌，倒了一匹战马；倒了一匹战马，败了一场战役；败了一场战役，失了一个国家。这句民谚据说出自英国国王理查三世逊位的史实，当然比较戏剧性，但在现实生活当中，与之相类似、只是不那么戏剧性的情况却是比比皆是的。同样的问题：能不能把“少了一个铁钉”当成是“失了一个国家”的原因？尽管逐个来看，“少了一个铁钉”这个原因确实有可能导致“丢了一只马掌”这个结果，依次类推，每一个环节都是有其可能性的，而且，在一场决定性的战役中，某个偶然的因素也确实有可能带来重大的甚至决定性的影响，但我们不会真正相信这个因果关系，因为这当中缺少了上述多米诺骨牌游戏那个事件中的必然性。即使真有人因为“少了一个铁钉”而“丢了一只马掌”，但也并非必然发生的事情，那当中还有其它的决定因素，如此等等——那么，其它的决定因素是什么呢？其实就是条件。

两个因果链之间的差异在条件所形成的条件序列上。所谓条件序列，指的就是前后相继的事情之能够发生的条件的前后相继的序列。这里要强调的是这个序列的前后相继性。多米诺骨牌游戏的每个骨牌被一次性摆放在合适的位置上，对骨牌逐个推倒的游戏来说，我们可以把“所有骨牌摆放在合适的位置上”看成是“一个条件”而不是“条件序列”。

上述在前一块骨牌被推动之后再在合适的位置上摆放下一块骨牌的做法（“动态的多米诺骨牌游戏”），才是前后相继的条件序列——是前后相继的条件构成的条件序列保证了因果链的持续传递。据此，我们再来看英国民谚的可能性：从其中的每一个因果关系（比如从“少了一个铁钉”到“丢了个马掌”）来看，用通常的表述讲，都是很有可能的事情（能否从可能性过渡到必然性，同样取决于条件是否充分），但是，要从“少了一个铁钉”到“失了一个国家”的因果关系实现顺利推进，就取决于保证该因果链得以持续传递的条件序列是否成立了。

因此，我们不妨在一般意义上作出规定：原因与结果是基于相同的条件而发生的前后相继的关系。如此，在上述“静态的骨牌游戏”中，由于所有骨牌都预先摆放在合适的位置上，这全部的内容（竖立的骨牌及其合适的位置）整个地构成了游戏的一个条件，因此，第一块骨牌倒下是最后一块骨牌倒下的原因。英国民谚从“少了一个铁钉”到“失了一个国家”这个过程中的每一件事情的相继发生必须借助于不断增加的新的条件，这些条件之间又不存在必然的前后相继性，因此，根据原因与结果必须基于相同的条件这个规定，“少了一个铁钉”不是“失了一个国家”的原因。

如果进一步区分，条件与条件序列在概念上的差异也是明显的。我们也可以明确地作出规定：条件对应于因果关系，条件序列对应于因果链（即因果关系的前后相继）。既然在空间上多个条件可以整个地构成同一个因果关系的条件（如“静态的骨牌游戏”），我们也可以设想在时间上多个条件可以前后相继地构成同一个因果关系的条件（如“动态的骨牌游戏”），前提当然是该条件序列的各个条件之间具有必然的联结关系，那样一来，条件序列就整个地成为对应的因果链的开端到终结的这一对原因和结果的一个条件。但这种情况在经验现象中只是诸因果链中的一种，对此我们稍后再进一步讨论。

综合以上各方面的情况，我们看到条件之于因果性的重大意义——首先，条件是“同因同果”的保障（在相同的条件下，因果性才必然地显现，尽管因果性本身是必然的）；其次，因果性的力在传递过程中必然会出现递减的效应——这是一个先验的原则；第三，条件序列是因果链得以延续的保障，或者说因果链只能在有序的条件序列中才得以延续。何谓有序，我们稍后讨论。

七、因果不是宿命，条件才是！

基于上述结论，我们需要纠正一个观念，即把命运理解为因果必然性的宿命的观念，不难看出是不恰当的。因为，如前所述，每个人作为因果链开端的自因上都是平等一致的，如果确实是“有其因必有其果”，如果由自己开启的因果链总是能够必然地传递下去，那么每个人都能把生活、命运掌握在自己手里。但是，因果链能否传递下去并非唯一地取决于该因果链本身的必然性，而恰恰还取决于外在于自因的保障因果链得以传递下去的条件序列，而在很多的情况下，作为自因的个人是无能为力的。要说宿命，真正令人对命运之不可抗拒深感无奈与敬畏的，并非因果，而是条件——条件才是宿命！现实是，一些才智卓越且一辈子艰辛努力的人始终不能得偿所愿，而另一些庸庸碌碌、不过尔尔之辈却总是占尽优势却尸位素餐乃至丢人现眼，这就是更宽泛的意义上的“条件”的区别——这才是令人深感无奈、敬畏乃至绝望的宿命。引申到人类社会，条件事关阶层、阶级等概念，也是更复杂的议题，这里不予讨论。

第四节　条件序列与合目的性

条件以及条件序列对于因果性是如此重要，它们究竟是什么？我们知道条件是“促使某事发生的状态”。而所谓状态，是诸对象同时并存的方式。归结起来，所谓条件序列，是前后有序的促使某事发生的诸对象同时并存的方式——同时并存的方式是空间的规定性，要么诸对象构成了复合物，其并存方式就是复合物这个空间的规定性；要么诸对象没有构成复合物，其并存方式就是诸空间的构造形式。因此，条件序列就是空间的结构在时间上前后呈现的方式的序列。如果联系到空间的生长性，简略地讲，条件序列就是空间在生长中所呈现出来的结构。一个个条件从哪里来？不外乎因果性、生长性或协同性的结果，但这一个个条件所构成的条件序列是否也是因果性、生长性或协同性的结果？却是一个新的问题。

一、康德的条件序列和绝对总体性。

康德在《纯粹理性批判》的“宇宙论的理念体系”中谈到了“条件序列”这个概念，不过，其含义与我们上述的条件序列有所不同。实际上，对条件一词的使用，康德也没有明确地加以限定。他把量（“一切直观的两种本源的量”即时间和空间）、质（即形式与质料）、关系（即因果性）和模态（即“偶然的东西”）这四个范畴的项目都设想为“有条件者的条件序列”，通过对这四个条件序列的追溯，得到四个宇宙论理念[①]。在这四种被康德统称为“有条件者”的所谓条件，尽管可以都被归于限制与被限制的关系的名下，但按照我们对范畴的运用，却分别有不同的意义。在时间空间中，他把时间的前后相继设想为“就过去的时间而言把当下的时间点只看作有条件的”、“由于空间的一部分不是由另一部分给予的，而只是被限制的，所以我们必须把每个受限制的空间就此而言也看作是有条件的，它预设了另一个作为它的边界条件的空间”[②]；在形式和质料中，“空间中的实在性、即质料就是一个有条件者，其内部条件就是它的各部分，而部分的部分则是更远的条件，以至于这里就发生了某种回溯的综合，它的绝对总体性是理性所要求的，这种绝对总体性只能凭借一种完成了的分割而发生，通过这种分割，质料的实在性要么消失为虚无，要么就还是消失为某种不再是质料的东西，也就是单纯的东西”[③]；在因果性中，“它对一个给予的结果呈现出一个原因序列，在其中，我们可以从作为有条件者的这个结果而上升到作为诸条件的那些原因，并能回答理性的问题”[④]；在“偶然的东西”中，“偶然的东西在存有中任何时候都必须被看作有条件的，并按照知性规则指向一个条件，在

① [德]康德著，《纯粹理性批判》，邓晓芒译，杨祖陶校，人民出版社2004年版，第353–354页。

② [德]康德著，《纯粹理性批判》，邓晓芒译，杨祖陶校，人民出版社2004年版，第351–352页。

③ [德]康德著，《纯粹理性批判》，邓晓芒译，杨祖陶校，人民出版社2004年版，第352–353页。

④ [德]康德著，《纯粹理性批判》，邓晓芒译，杨祖陶校，人民出版社2004年版，第353页。

这条件之下必然把这条件引向一个更高的条件，直到理性仅仅在这个序列的总体中找到那个无条件的必然性为止”[①]。在我们看来，以上第一种是联结，第二种是规定与被规定的关系，第三、四种则都属于因果关系（当然，康德所使用的“偶然”一词与我们所定义的偶然性不同，如前所述，从“其反面是可以设想的”来看，康德及以往的看法都把现实的都理解为偶然的），因此以上四种“有条件者的条件”也都不是我们所定义的条件的含义（即某个具备了使某事发生的可能性的状态）。

这里有个问题：康德为什么要设计这四个“条件序列”并引出四个理性理念？是因为，“理性作这种要求所依据的是：如果有条件者被给予了，那么它唯一曾由以成为可能的那整个条件总和、因而绝对的无条件者也就被给予了”[②]。这条原理的前提是“人为自然立法”：既然时间空间作为主观性状和范畴作为知性概念是人给予自然的，给予任何一个现象以这些条件，就必定意味着“那整个条件总和、因而绝对的无条件者也就被给予了”——否则如何解释这个现象与那个现象的“诸条件”能被“零碎地”给予而又能被“整个地”联结？但是，对新的时空观来说，这个原理不再是必要的，因为不再是“人为自然立法”，当然也就不再需要“整个条件总和”的前提，“绝对的无条件者”、“绝对总体性”以及“理性理念”就成了有待论证的东西——至少不再是必然的东西。

二、贯串条件序列的内在关联就是合目的性。

康德对“条件序列”的追溯（“回溯的综合”）采取两种方法以得到“无条件者”：“这个无条件者要么设想为仅仅在于整个序列，因而在这序列中所有各项无一例外地都将是有条件的，惟有其整体是全然无条件的，这样一来这个回溯就叫作无限的；要么这个绝对的无条件者只是这一序列的一个部分，序列的其它各项都隶属于这个部分，但它本身却从不属于任何

① [德]康德著，《纯粹理性批判》，邓晓芒译，杨祖陶校，人民出版社2004年版，第353页。

② [德]康德著，《纯粹理性批判》，邓晓芒译，杨祖陶校，人民出版社2004年版，第349-350页。

别的条件之下”[1]。前一种“回溯的综合”就得到作为绝对总体性的世界的概念（“世界这个词在先验的理解中意味着诸实体之物的总和的绝对总体性”[2]），后一种“回溯的综合”（针对上述四种条件序列）就得到“世界的界限”（即“世界的开端”、“世界的边界”）、“单纯的东西”、“绝对的自动性（自由）”和“绝对的自然必然性”这些理性理念。而且，对于因果关系，康德跟以往的观念一样，仍然设定世界的万事万物从古到今都处于同一个因果链之中（这是自然科学机械论的观念，人们承认自然界服从于因果律的绝对支配之中）。因此，对因果链的追溯必然导致“不动的动者”、“第一推动者”或上帝的理念。

对我们的工作来说，上述“整个条件总和被给予”的前提不存在了，情况就比较简明了：其一，在上述宇宙论理念的四个条件序列中，真正构成前后相继的序列的，只有因果关系的序列；其二，世界上有无数的因果链，这些因果链不仅是可以开始的，也是可以结束的。至于这些因果链能否归于某个“宇宙总体上的唯一的因果链”，那是另一个需要探讨的问题，不再是因“整个条件总和被给予”而被预设的东西；其三，作为因果链开端的自因，无须“回溯的综合”就能清楚明白地呈现出来，因此，在康德的上述两种“回溯的综合”中，只有第一种是可以考虑的方式，即“这个无条件者”“在于整个序列”，也就是外在于“整个序列”。现在的问题是：我们何以知道“这个无条件者”是有的？

很显然，条件序列比因果链多出了某些意义。比如上述“动态的多米诺骨牌游戏”，假设有10个人参与了这个游戏，即在第一块骨牌推倒之后再依次往合适的位置上竖立起新的骨牌。这里无非有两种可能性：一是10个人预先约定好各自要做的事情，即基于同一个要求，也即10块骨牌之相继竖立具有必然的联系，由此形成的条件序列就是前述可以被视为“一个条件”的条件序列；二是10个人没有预先约定（也即每个人之参与，都是互不相干的偶

① [德]康德著，《纯粹理性批判》，邓晓芒译，杨祖陶校，人民出版社2004年版，第355页。

② [德]康德著，《纯粹理性批判》，邓晓芒译，杨祖陶校，人民出版社2004年版，第357页。

然事件），只是因为某个神秘的“理由”不约而同地在合适的时间在合适的位置放一块竖立着的骨牌。也就是说，每一块骨牌之所以出现在相应的位置上完全是出于偶然（即不能用同一个因果性来作出规定）。这样一来，“促使这个动态的多米诺骨牌游戏得以完成的理由”就是比因果链中的因果性多出来的东西，它贯串着整个条件序列。这个东西需要被命名，我选取“合目的性”这个词，即合乎某个目的的性质。合目的性是贯串着条件序列中各个条件的内在关联。至此，我们无法找到外在于条件序列的“无条件者”，找到的是不同于因果性的合目的性。在前面我们说到“有序的条件序列”、“因果链只能在有序的条件序列中才得以延续”——实际上，因果链只能在前后相继的有序的条件序列中才得以延续。何谓有序？现在看来就是一个条件序列的合目的性。不难看出，合目的性与因果性是不同的东西，因果性是构成因果链的内在关联，合目的性则是因果链得以完成所必需的条件序列的内在关联。

这里已经呈现出一个有趣的东西：按照以上区分，合目的性有两种情况，一是条件序列中诸条件是预先规划好的，该目的也是预先规定了的；二是条件序列中诸条件没有预先规划、每个条件之出现都是与其它条件不相干的偶然事件——有趣之处在于，由偶然事件构成的条件序列同样达成了某个目的（使整个因果链得以完成），该目的又从哪里来？

三、世界作为复合物的偶然性。

另一方面，如果我们意识到上述合目的性是在怎么的“世界”中存在的，就会生出更多的好奇。世界（比如就地球上的一切而言）是一个复合物，包含了通常划分的自然界和人类社会。一个复合物作为一个时间，其所有规定性必须满足时间的相继性和并存性这两方面的要求，前者必须满足时间不可逆定律并形成该复合物的生长性和随机性，后者必须满足时间并存性定律并受制于协同性的力。其结果（简言之）从两个方面生成了不可避免的偶然性（即地球这个复合物的自主性或自由）：一是地球这个复合物本身的生长性和协同性的合力及其作用过程的偶然性，二是地球上的各个能够开启一个个因果链的自因所包含的偶然性。前者不言而喻，后者不仅包括地球自身的内部运动所造成的火山喷发、地壳运动等引发的自然界的一个个因果链，更包括人类社会中的每一个人开启或若干的人共同开启的一个个因果链。所有这些因果链中的因果关系是必然的，但因果链之传递所依赖的条件却是偶然的。由偶然形成的一个个或延续或终止的因果链中的条件所构成的一个条件序列，却是具有合目的性的——这样的合目的性的本质又是什么？

四、合目的性是不是知识的对象？

上面区分了条件序列的两种合目的性。对于预先规定好的那一种合目的性，实际上也是一种因果性，即条件序列中诸条件之相继出现，也是因果性的结果（尽管该结果是另一个因果性的因果链的条件序列）。因此，出于表述上的简明，我们把上述第二种合目的性即“贯串由偶然形成的一个个或延续或终止的因果链中的条件所构成的一个条件序列的内在关联”来特指“合目的性”。

以著名的俄狄浦斯王的悲剧为例，他的悲剧就是由这样一个偶然形成的条件序列在其一生中一步一步促成的，而且，似乎其中任何一个偶然性没有出现，悲剧都不会铸成：如果他母亲的仆人不是出于怜悯把襁褓中的他送给科林斯的牧羊人而是遵命杀死他，如果牧羊人不是把他送给没有子嗣的科林斯国王，如果一个大臣不是醉酒后辱骂他是“冒牌的王子”，如果他不是因此去请求神谕并离开科林斯去往他原来的国家，如果在三岔路口不是遇上他微服私访的生父，如果驾车的侍从不是因为他躲避不及就殴打他，如果原本坐在车里的国王不是不依不饶要亲手锤击他的头部，如果他不是愤然反击并杀死国王和侍从四人并让另一个逃回报信……只要这些偶然的事情有一件没有发生（这些事情本身又遵循各自的因果性，是各自的因果链中的一个结果），他的人生都不会那么悲惨。但问题就在于，所有这些偶然的事情都发生了并促成了一个贯彻始终的目的：神要让俄狄浦斯为他父亲的罪孽偿债。整个悲剧也印证了我们上述“因果不是宿命，条件才是”的观点：无论是俄狄浦斯还是他的父亲，都曾经想方设法要避免“弑父娶母”的神谕之实现，那正是他们以自己的努力（开启新的因果链）来逃避宿命的尝试，但是，“前因后果”的必然性终究输给了条件序列的宿命。

人们会说，这不过是索福克勒斯想象出来的一台戏剧，当不得真的。但是，每个人若回顾自己的一生，都不难发现该条件序列对自己人生的显著的影响。在人生的某些节点上，我们纯属偶然地遇到了某些人或某些事，我们的人生轨迹因此而被改变，并且该轨迹似乎总是指向某个“命中注定”的目标。现代生物学研究地球上出现“人”这个智慧生命的历程，也发现无论是外部环境的变化和生命基因的突变，都充满了“不可知的偶然性”，显示“人之出现是一系列内部、外部的偶然事件的结果”。如果把“地球上出现智慧生命”当作一个目的，那么，这个目的之达成，无疑是依赖于某个由偶然事件构成的条件序列作为前提。我们知道，以往人们受制于机械决定论的观念，总是把这解释为“暂时未知但必定存在的某些因果关系”。当我们已经以“有依据的论证”得出存在“不可知的偶然性”之后，如果仍然坚持这类想象出来的理由，未免就有抱残守缺之嫌。

五、宿命是合目的性，因果是人的主观能动性。

在上面我们有过“因果不是宿命，条件才是”的表述，在我们对合目的性有了清晰的阐述之后，更准确的表述是：宿命是合目的性，因果是人的主观能动性。对照每个人的人生经历和日常经验，这个表述是很容易理解的——如上面谈到过的那样。只不过一个目标之实现（即一个因果链之完成），所需要的往往不是一个条件，而是条件序列，而决定该条件序列能否呈现的，就是合目的性。对此，我们在后面谈到信仰的起源时还会涉及。

六、康德的自然目的论以及新的课题。

我们知道，康德的自然目的论是对自然科学机械论的自然观的超越，在他的那个时代，无论是在自然科学还是在哲学领域，机械论已经成为天经地义的教条。康德虽然提出了著名的康德–拉普拉斯星云假说，但仍然不能接受完全彻底的机械运动的世界图景——他被认为“可能是最早看出自然科学，或者今天所说的‘科学主义’对于人的道德的遮蔽作用的哲学家”[①]。康德把突破口放在有机体上，他注意到有机体（如“一个幼虫”）的“复杂多样

① 邓晓芒著，《论康德机械论自然观的超越》，华中科技大学学报(社科版)，2017年第1期，下同。

性”的行为特征无法用机械因果律来解释，他把这诉诸于上帝的“至高无上的智慧”所给予的“井然有序”的“协调关系”。如人们所评价的那样，康德在第一批判中把上帝驱逐到自然科学之外，却在第二批判中为了道德原则实践的客观性又请回了上帝。

康德对机械论的超越有三个方向，即道德的方向、审美的方向和自然目的论的方向。后两个方向都把依据寄托在“反思性的判断力”，即“试图从自然界本身里面看出某种超越机械论自然观之上的意义，这就是自然界对于人而言的‘主观合目的性形式’，它是由我们人自身的某种‘反思性的判断力’所发现的”，这种发现只是人所采取的新的视角，与“自然界对象的内容与实质是什么”无关。在这当中发挥作用的，仍然是人的想象力。这种脱离“自然界对象的内容和实质”而由人的想象力所完成的超越，无疑带有过于明显的主观性。康德的第一个方向即道德方向上的超越，是“承认机械因果性在现象世界中的统治权，但并不认为现象世界就是我们人类所面对的唯一世界，而是主张在此之外还有一个纯粹理性的理知世界。这个理知世界以自由意志、灵魂不朽和上帝作为自己的对象，并以此作为有限的有理性者在实践中采取行动的道德上‘应当’的法则，它是不能用经验世界中通行的机械因果律来衡量的。相反，机械因果律的知识在现实中所导致的幸福必须能够‘配得上’道德法则，从而构成我们有限的人类在两个世界之间追求‘德福一致’的至善的唯一可能的模式”。对于这种超越方式的问题，邓晓芒先生认为“就是现象界和本体界以及以之为对象的知性和理性之间处于断裂状态，带有很重的外在人为设定的痕迹；而且一旦设定，便不可通融。比如说，当我们觉得自然科学对人的道德本性形成一种遮蔽时，我们就把科学知识撇在一边，另起炉灶来谈道德法则；但道德不能当饭吃，当我们面对现实时，我们还得另外考虑科学知识的问题，这时道德又不得不靠边站了。人性就这样被分裂成两半，并不能达到防止科学主义的片面性以拯救人性的全面本质的目的。这样的超越其实是一种‘甩包袱’式的逃避，在现实生活中人并没有真正超越出来，只不过是增加了一种主观信念而已”。

从邓晓芒先生的以上分析看，康德的自然目的论有一种在强大的自然科学的成就面前不得已而为之的权益之策的意味（尤其体现在他重新“请回”已驱逐的上帝这件事上），因为他不得不承认“机械因果性在现象世界中的统治权”。他试图以有机体作为抵御机械论自然观的最后堡垒，但在今天的科学家看来，即使是有机体的生物学的行为特征，不仅没有上帝这个角色的参与，而且也是符合机械因果律的。但是，我们正在讨论的新的时空观提供了这样一种可能性，即“机械因果性在现象世界中的统治权”遭遇到根本性的否定，但同时，我们又找到了“自由”这个与因果性并行不悖的东西。在这种情况下，对机械论自然观的超越不必仅仅寄托于人的想象力或新的视角，也不必不得已在现象界和本体界、现实世界和理知世界之间制造人为的割裂（然后靠着主观信念来达成沟通），这是我们从新的时空观走向康德的“实践理性”的有利条件和新的课题。这就有待于今后的进一步研究了。

第十二章　时间持存性的意义和推论

在时间的三个样态中，最耐人寻味的，当属时间的持存性。按照日常印象，时间的前后相继和同时并存，似乎已经把时间的特征说清楚了，为什么还会有一个持存性？尽管我们需要一个“持存”的概念，但完全可以把“持存”当作一个物的特征，比如说“一个物是持存的”，或者说“一个物在时间中持存”，把时间作为一个物借以显现其“持续存在”的背景或媒介。但康德偏偏要明确地把持存性当作时间的样态，足见他对时间的理解是有深刻思虑的（尽管他本人未必真正把有关思虑充分发挥出来），也为我们进一步发掘先验哲学的深刻内涵留下了清晰的路径。在本章，我们还将谈到“新时空观体系”对两个物理现象所作的解释，一是（承接前面第九章中关于“观测或测量的意义”的论点来进一步）解释量子力学中“波函数”坍缩为粒子的现象，二是解释相对论中“光速恒定不变”的现象。当然，它们仍然是“形而上学的解释”而非“物理学的解释”。对此，严格的表述是：“新时空观体系”认为存在某种因被“观测”而从“不定型”到“定型”的现象，也存在某种没有“静止的质量”、相对于任何参照物都保持相同速度的“最小的物”。如果在物理学上有某些现象与之相似，我们只想表明那些现象在“新时空观体系”看来是具备其可能性依据的。

第一节　持存性的意义

何谓持存？按照最简明的理解，就是持续存在、一直存在。这里使用了存在这个词，只是出于以往表述上的习惯，这里的涵义要比存在这个词的涵义更为基础，因此我们不必先说清楚“什么是存在”、“什么是持续”之后再来谈“什么是持续存在”。“持存”或“持存性”是跟“前后”、“同时”一样的直观。

一、持存性是一个物得以显现的条件。

假如有一个人对我说，“刚才房间里有一条龙”，并且解释说我之所以没有看见是因为那条龙在空中“一闪而过”，快到没人能看见。但很显然，这样的“龙”与其说有，不如说无。但是，我们又确实知道这样的情况，即一个东西从眼前闪过，它的速度越快，对应着在我们眼前停留的时间就越短，我们就越是看不清楚。稍作推演，我们很容易理解，一个东西要显现出来并为我们所看见，需要“持续存在”一定的时间。这个要求是时间的相继性和并存性所不能满足的。如果第一个东西消失太快、第二个东西也消失太快，两个东西我们都没看见，它们的前后相继对我们来说就没有意义。同样，我都看不见某个东西，何以知道它与我“同时并存”？说时间是前后相继的，但“前”、“后”都是“瞬间”，都是时间序列中的“像点一样无长度”的节点，是什么把“前”、“后”的节点贯串起来从而让我们能够感受到“前后相继”？就是作为时间本身的样态的持存性。时间如果没有持存性，相继性将无从谈起。同样，两个东西各自如果没有持存性，当然也谈不上“同时并存”。因此，持存性跟相继性、并存性共同构成时间的样态。

一个东西怎样才算显现出来了？对人来说，就是能辨别它“是”什么——即使是那种稍纵即逝的东西，哪怕我们一晃眼只看出一个东西，也算辨别出它“是”某物了。从一般意义上讲，时间的持存性让现象显现出来，并在思维中作为表象“是起来”了。因此，我们把时间的持存性的意义与“是”相联系，即外部对象的持存性对应着思维表象的“是起来”。换言之，当我们说某物显现出来了，也就是在说：某物“是起来”了！“是”或“是的能动性”对应着时间的持存性。

二、持存性是把相继性的序列贯串起来的样态，也是实体与偶性之间的依存性的来源。

如上所述，相继性只是表明“前”、“后”相继，但是，如果“前”、“后”没有瞬间的停留（这完全是可以想象的），相继性的时间序列也就无法形成。因此，持存性是把时间相继性的序列贯串起来的样态，当然也是实体与偶性的依存性之可能性的依据。我们在前面讨论了实体和偶性的新的含义。实体的规定性固然是一个“具有生长性、随机性和内在关联的时间序列”，但实体也不可能脱离它的偶性而独立自存——这是基于时间空间不可分离的原则。我们说偶性对于实体是有依存性的，作为范畴的依存性与时间的持存性的关系就比较清晰了：是时间的持存性使实体与偶性的依存关系得以“是起来”，即依存性范畴来源于时间的持存性。如此一来，前述作为系词的“是”对应着（且只能对应着）时间的持存性，就意味着“是”在实体与偶性之间建立起依存关系。这一点对于后面要讨论的“语言与世界的同构性”等问题来说是很重要的一个结论。

此外，当我们在“是”与时间的持存性之间建立起对应关系时，巴门尼德的“是者是，不能不是，不能既是又不是”这个原则也首次与时间的持存性这个“客观的东西”之间建立起了联系，这将使得这个纯粹的思维规则在何以可能的问题上获得其客观的依据。这个问题我们放在第十七章来讨论。

三、作为范畴的“是”。

不言而喻，与时间的持存性相对应的“是”这个词对于我们的思维而言有着基础性的意义，在前面，我们反复强调它是且仅是系词，其意义在于构造一个句子（最基础的句子是“S是”）。在这里，我们把是这个系词“构造一个句子”的意义突出出来，给予它一个范畴的基础性的地位。毕竟“系词”只是语言学的概念，它在形而上学中对应什么？就是“是”的范畴。因为范畴在康德那里，原本就有构造性的意义——形象地讲，范畴就是现象得以呈现并被我们所认识的构件。因此，对于“是”的基础性的构造意义，我们理应给予它一个范畴的地位。“是”作为系词和作为范畴并无冲突，好比砖头砌成了墙，墙显然比砖头增添了诸多性质，这些性质来自于砖头实现了构造墙的意义——如同系词实现了构造句子的意义。就功能而言，我们说“那是墙”；就构造而言，我们说“那是一些砖头”。前者就好比作为范畴的“是”，后者好比作为系词的“是”。正如“联结”这个范畴对应相继性、“关系”这个范畴对应并存性那样，“是”作为范畴对应着持存性。我们说“是者”这个词，其中的“是”就是在范畴的意义（而不是系词的意义）上使用的。由于“是”这个范畴直接来自于时间的持存性，因此我们把它归于（如前所述的）作为类的时间范畴之中。

第二节　虚空的性质

进一步看，要研究一个物如何在时间的持存性中“是起来”（严格地讲，是一个物作为时间如何凭借其持存性显现出来并在思维中“是起来”），就需要先看看与“有形的空间”相对的“空的空间”的性质。按照前面的约定，我们把通常所说的“空的空间”称为虚空。虚空在以往是被当作物质、现象的背景来理解的。我们把新的时空观的诸观念进一步贯彻下去，会得到关于虚空的一些有趣的性质。

一、虚空不是真正意义上的空间。

首先，与其说虚空是空间，还不如说它是“待完成的空间”。我们需要扭转观念，虚空不仅不是作为物质的背景的空间（像空的舞台一样让演员呈现出来），而且它是未完成的空间——反倒是一个物的空间才是完成了的空间。

我们不妨思考一个问题：我们何以知道有虚空存在？实际上是来自诸物的参照。比如有了太阳和地球，我们才得以想象出“在太阳和地球之间的虚空”。也正是因为有了太阳和地球、金星、火星等行星，我们才得以把包括星球与星球之间的虚空在内的区域当作是太阳系这个复合物。可见，虚空是从物与物的关系之中生成出来的——如同前面的例子中所说，这个山头的信号旗与那个山头的信号旗生成了两者之间的距离，而并非该距离“客观存在”，只是靠两个信号旗把它标识出来——这说明什么呢？说明虚空没有自己的确定的“形状”，反倒是需要借助外在的他物来显示自身的存在。因此，相比一个物的空间有确定的形状显现出来，我们可以设想虚空只有空间的点和位差的样态（我们能够领会到“两点之间的距离”这个直观，因而可以设想虚空是有点和位差的样态的），但没有形的样态。

其次，同样是因为需要借助外在的他物来显示其存在，虚空本身并没有“持续存在”、没有“是起来”，可见从时间的角度看，虚空的时间也没有持存性的样态。有没有相继性和并存性呢？因为时间空间互为规定性，无法设想有空间的点和位差的样态却没有时间的相继性和并存性的样态。因此，虚空也是“未完成的时间”。

概括地讲，虚空有点、位差的空间样态和相继性、并存性的时间样态，是未完成的时间空间（时空）。根据前面的论述，空间的每一个样态都体现出空间的显现，时间的每一个样态都体现出时间的显现——并非具备全部样态才算空间或时间，因此，我们也可以把虚空当作空间和时间，只不过是“未完成的”，其中的点、位差和相继性、并存性就像是一堆有待组装的散乱的零件。

二、虚空的性质。

既然虚空有且只有点、位差和相继性、并存性的样态，我们可以简明地把虚空设想为“点+位差+相继性+并存性”的综合所得到的东西。很显然，它就不是通常理解中的虚无，这些样态将依据它们自身的性质而产生出某些“东西”。

首先，点与位差本身就是相辅相成的关系（即点与位差通过相辅相成才得以显现自身），如前所述，位差本来就是“形成间距”的能动性。其次，相继性、并存性作为“散乱的零件”尚不足以构成完整的时间，但是，相继性就是分出“前”和“后”的能动性（这是实现变化的前提），并存性就是两两交互作用的能动性（这是实现综合的前提）。现在，基于前述“样态间相互叠加的自发性原理”，当虚空的点、位差和相继性、并存性的样态相互叠加时，必然地会形成“某种有意义的东西”，也即必然形成“某种有意义的东西”并使该“东西”兼具这四个样态的性质（这正是所谓“叠加”或“综合”的意义）。

这会是什么“东西”呢？在几何学中，点是没有面积的，当然也没有长、宽、高。当位差与之叠加，容易想到的是位差给点带来了长或宽或高的间距。但（如我们反复强调的那样）位差不等于间距，而是某种“形成间距的能动性”（因为点与位差本身才得以在这个“形成间距”的过程中显现自身）。因此，所谓“位差给点带来了长或宽或高的间距”，并不是得到一个圆的有间距（或面积）的大的“点”，而是使这个“点”具有了“形成间距的能动性”。另一方面，虚空中的时间的相继性和并存性与之叠加，将为这个“点”带来“前后相继”、“同时并存”的性质，这些性质与点的“形成间距的能动性”相综合，将使这个“点”具有这样两个特点：一是形成间距且间距有着“前后相继”的变化，但该变化只有“前”、“后”之分，由于没有时间的持存性，因而该变化“前”、“后”之间无关联可言，完全是不确定的，因而间距的“大小”也是不确定的——形象地理解，这个“点”犹如闪烁不定的“光斑”；二是这样的“点”与“点”“同时并存”，进而整个虚空都是由这样的闪烁不定的“点”所构成。我们可以设想，由“点+位差+相继性+并存性”所叠加而成的“点”有如下图例为说明的无限多样的“图形”，当然这些“图形”不是静态的，而是闪烁不定的、规则或不规则的，而且由于没有时间的持存性和空间的形的样态，这样的“图形”将不能作为“一个东西”显现出来（如下图一）：

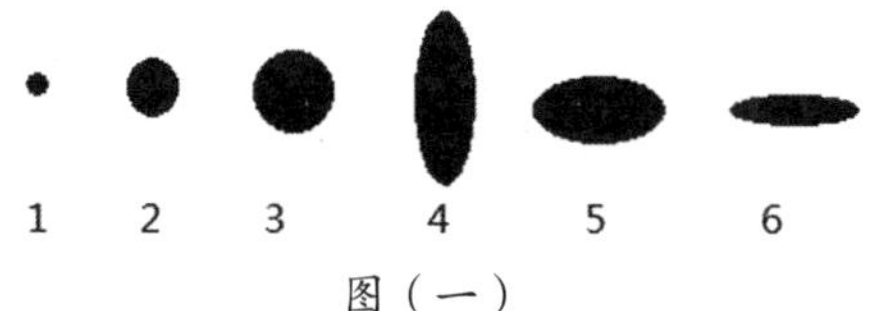

图（一）

请设想一下，当上述无限多样的“图形”（当然并不只是图中规则的圆或椭圆形状）无休止地“前后相继”、“同时并存”时，看似空无一物的虚空将是犹如“一锅沸腾的开水”，从不曾有一刻是“风平浪静”的。而这样的“无时无刻不在变化”这件事（如同“一锅沸腾的开水”）显然是满足其中的时间相继性有关“不相同、不重复且无限制”的要求的——谁能说“一锅沸腾的开水”在前后两个时刻的“规定性”是相同的、重复了的呢?

对于以上分析，有现代物理学常识的人会联想到量子力学的一个所谓“真空涨落”的现象，即真空中不断有虚粒子对的产生和湮灭以及转化的现象，该现象也已经为实验所证明（所谓“实验证明”，不可能是找到了或捕捉到了单个的“虚粒子”或“虚粒子对”，而是说虚粒子对的设想能够解释有关的现象，这符合我们关于上述“图形”不可能作为“一个东西”单独显现出来的认识）。当然，我们无意去比附物理学的前沿成果，我们将始终坚持以自己的原理推出自己的结论。如果一定要说两者真有什么相似之处的话，那不过是我们的新的时空观在经验事实中获得了某些支持并且与现代物理学的成果并无冲突。以上结论也不是孤立的、可有可无的，它还将带来另一些重要的结论。

三、“类波”。

如果我们设想一下图一的每一个闪烁不定的“图形”，不难把它们理解为某种“波动”，只不过该“波动”是不定型的，没有确定的波长和波幅[①]。由于我们通常所看到的“波”是可以被当作一个“东西”的（否则我们就不会看见），以上“图形”显然不能当作“波”，但总要有个名称去称呼它们，于是，我们称之为“类波”。也就是说，虚空是由无限多样的“类波”——如同“一锅沸腾的‘类波’”那样。既然没有波长和波幅可言、没有距离可言，“类波”就可以是“其小无内，其大无外”但仍然是原来的那个“类波”！也即：既可能复归于一个点，又可能充满整个空间，但仍然是那同一个“类波”。

从以上叙述中可以看出“类波”的一个特点，它既有“波动性”的潜质（即无定型的前后变化的位差），又始终是“一个点”，而（在后面“质的

① 之所以说是“不定型”的，因为在“点+位差+相继性+并存性”的叠加中，没有一个规定性能对“位差”带来的“间距”在幅度上、形状上做出限定。既然找不到这个限定，我们就判定它是无限定的、不定型的。

范畴及阐明”那一章将看到）“点”与持存性的综合将得到“粒子”、“东西”的表象，因此点是具有成为“粒子”的潜质的（比如一旦与持存性相综合，就能够获得点的表象。可以设想该表象与更多的样态相综合，最终得到作为一个对象显现出来的“粒子”。至于需要什么样的“更多的样态”才有可能，等到后面“质的范畴及其阐明”那部分推出实在性的范畴后，就比较清楚了）。可见，作为虚空的构成的“类波”兼具成为波和粒子的潜质。未来我们要推出的所谓“粒子”，在其构成的基质上本身就是兼具“波”和“粒子”的潜质的。也就是说，那些后来作为“一个东西”显现出来的粒子，先天就兼具“波粒二象性”（如果借用现代物理学的这个名词的话）。

四、“类波”是空间自身的性质，其对应的波动无须以空间为介质。

既然点与位差是空间自身的样态，它们与时间的“前后相继”和“同时并存”叠加而成的东西“类波”，显然是空间自身的性质。我们可以设想通常所说的波是由“类波”生成出来的——空间自身有了“类波”的性质，再派生出具有物理学意义的波，就不难想象了。对“类波”来说，它就是空间本身，它的波动无须（按照以往的观念）“以静止的空间为介质在其中传播”。波当然可以被设想为“可传播的”，但是，那将是空间自身的运动，而不是“以空间中的某个东西（比如以太）为介质来实现的传播”。在长达数百年关于光的波动说和粒子说之间的争论中，虽然在现代物理学的“波粒二象性”的观念中达成统一，但是，即使是“波粒二象性”的观念中，空间仍然是作为波或粒子的背景，而这里的主张是，空间本身具有波动的性质，无须别的东西作为波动的介质。我们在第三章关于康德的时空观与牛顿时空观的差异远大于爱因斯坦的时空观与牛顿时空观的差异的讨论中谈到过，康德把时间空间当作物体的直观形式时就意味着他把时间空间当成物体“身”上的东西，而不是外在于物体的背景、框架。现在，我们从时间空间的样态推出这个结论，更进一步论证并发掘出康德时空观的独到之处。

也许有人会质疑上述从空间样态推出“类波”概念等内容的思维方式，认为那看起来像是主观的想象。由于事关后面的工作，这里作两点回应：首先，回顾一下现代物理学家研究原子构造的过程，无论是汤姆森的葡萄干模型、卢瑟福的行星模型还是玻尔的量子轨道模型，其做法都是根据关于原子的当时已经掌握的诸多知识，想象出一个符合那些知识的可能的构造，看看能否既解释了那些知识，同时又能提出观测的预言。可见，问题不在于要不要想象，而是想象出来的可能的构造是否符合有关的要求。上述思维是基于空间和时间样态的性质，按照可能的组合方式得到可能的结果，符合我们一贯采取的“找到某个新东西并予以命名”的推演方法，与物理学家构建原子模型的做法并无根本区别；其次，我们正在讨论的是形而上学，并非物理学，所能采用的语言表达和思维方式当然也就是形而上学的——哪怕是谈论物质的基础的构造，要用物理学的标准（比如数量化的方式）去作出要求，本来就是缘木求鱼的事情——况且，在时间空间样态的层次上要去运用数学的东西，也不符合我们的原则，因为，时间空间样态是比数、数概念更基底的东西，后者不能运用于前者（就像一个人不能影响到他出生之前的事情那样）。

第三节　时间空间从“未完成”到“完成”是如何可能的?

上面的论述带来一个问题：如果说虚空是“未完成的时间空间”，那么，有没有可能或如何可能从“未完成”通达“完成”？毕竟，在我们的直观中，完成了的时间空间（物）是与未完成的虚空并存、交融在一起的——太阳、地球是存在于它们周围的虚空当中的，如果两者无法建立起由此及彼的过渡，或者说，“未完成”无法通达“完成”，那么，两者之间将不再有“未完成”与“完成”的关系，而变成两个不同质的东西了。换个角度讲，我们说，对一个物而言，时间空间既是形式也是质料，从时间空间的样态构造出一个物，就是不言而喻的事情——我们的时空观既然做出了这个判断，就需要回答“一个物依据时间空间的样态构造出来是如何可能的”。这个问题当然不是要进入到物理学的领域去研究“大爆炸”理论或质能转化理论等经验性的对象，而是基于“新时空观体系”自己的要求：既然做出上述判断，就需要对其可能性做出阐明——否则就违背了“有依据地论证”的原则

（而变得像某些格言式的哲学那样只顾下断言、从不做论证——尽管很多时候那都是一些相当精辟的感悟）。因此，以下的阐明仍将是思辨的，因而不应被指望是有“经验科学的根据”的——那原本就是两个不同的领域①。反之，如果我们试图从“兼具波和粒子性质”的“类波”出发去构建一个有着物理学意义的“粒子或物质的生成机制”，那对我们而言无疑又将是一种可笑的僭越行为，也正是我们始终保持警惕并予以避免的事情。我们能做的，是别的一些事情。

我们先来探讨“类波”具备的规定性。

首先，基于上述分析，我们得到了由点、位差和相继性、并存性相叠加而生成的“类波”这个“虚空的最小的单元”。这的确是一个好的开端。一方面它仍有着点的性质，另一方面它又有着位差的能动性，因此是一个有能动性的“点”。在后面第十四章“量的范畴及其阐明”中我们将指出，点对应着空间的量的单一性范畴，且点与并存性生出量的多数性范畴，在这里我们先行使用单一性、多数性的量的范畴。“类波”中兼有相继性，相继性中前后相继的节点构成时间的量的单一性范畴（即使那些节点没有持存性将它们贯串起来并建立序列关系，但它们仍然是“前后相继的节点”）。此外，“类波”中的并存性又构成了时间的多数性范畴（何以构成？在第十四章再作解释），因此，“类波”兼有时间空间的量的范畴，这不仅使我们可以称之为“一个类波”，同时，这“一个类波”也具有了量的规定性，即单一性和多数性，因此是一个有量的规定性的能动的开端。当然，它本身仍没有质的规定性（因为其内部没有可被称为对象的东西以形成“指向内部的实在的力”）。

其次，所谓一个物“是起来”了，就是有了被我们当作认识能力的初始条件的四个“反思概念”的特征：相同和差异、一致和冲突、内部和外部及形式和质料。一方面，一个经验对象得以与其它经验对象区分开来，都借助这四个“反思概念”（这可以从语言对经验对象的众多描述中得到证实），

① “思辨”绝不等于主观的想象或臆测。在后面，在我们为人的思维找到时间空间的性质的依据时，思维中的反思也就成了时间空间的性质的自我显现。

另一方面，在我们设定“人的认识能力就是指区分相同和差异、一致和冲突、内部和外部及形式和质料的能力”之后，所谓语言描述世界，就是指语言说出世界中的对象的相同和差异、一致和冲突、内部和外部及形式和质料的特征。这四个“反思概念”的特征是如此基础，以至于我们无法再用别的语词去定义它们，于是我们设想，“类波”作为最基础的虚空构成，也可以用这四个“反思概念”去述说。

第三，基于规定性的四个“反思概念”的特征，一个物要“是起来”，就意味着一个物要“是相同的”或“是差异的”、“是一致的”或“是冲突的”、“是内部的”或“是外部的”以及“是形式的”或“是质料的”。为了更好地体现“是起来”的能动性，我们不妨把“是”换成“成为”（只是表述上的强调），也即：一个物要“是起来”，就是要成为相同的或成为差异的、成为一致的或成为冲突的、成为内部的或成为外部的以及成为形式的或成为质料的。

第四，“类波”有相继性的力。“类波”兼有相继性，就兼有相继性的力。“类波”有了上述规定性，该规定性就必须符合时间不可逆性要求，即在前后相继的时间节点上的规定性“不相同、不重复且无限制”。在持存性的力的“成为相同的或成为差异的”，只能是“从相同的成为差异的”或“从差异的成为相同的”（其余三个“反思概念”以此类推）。

第五，“类波”有并存性的力。“类波”兼有并存性，就兼有并存性的力。就并存性的交互作用而言，一旦某物获得空间的规定性，其状态就必定形成协同性的“指向内部的实在的力”，进而展现出相应的质量、不可入性等经验性特征，最终作为一个物显现出来。

第六，在前面有关时间不可逆定律的讨论中明确说过，一个物必须满足时间不可逆性所要求的前后时间节点的规定性“不相同、不重复且无限制”。反过来讲，要成为一个物，必须满足时间不可逆定律。“类波”中包含了时间的相继性，因此具备满足时间不可逆性要求的前提条件。“类波”要向一个物过渡，就从时间不可逆定律发挥作用开始。在这里，并不是“类波”满足时间不可逆定律（这与该定律只适用于一个物的特征不符合），而是倒过来，时间不可逆定律发挥作用是“类波”向一个物过渡的方式（因此当我们在下面使用该定律时，不能被指责为超出了它的适用范围）。

归纳以上条件，以“一个类波”为开端，依据四个“反思概念”的“相互成为”的以下顺序，一个物将逐步而自然地呈现出来。预先声明的是，展示出以下顺序，并不是说在经验世界中的虚空将“自发”地从中生出一个个物来，而是说从前者中生出后者具备如此这般的可能性。至于经验世界中的一个个物从何而来，我们可以设想在具备某些条件（比如“大爆炸”）的情况下虚空有可能按照这个顺序生出物来。好比我们说石墨与钻石有相同的分子，只要按照某个方式把前者的分子重新组合成后者的构造方式，就能从前者得到后者，但并不是说一块石墨放在那里，它自发地就能变成钻石。

“类波”向一个物过渡，就是在时间不可逆性的要求发挥作用的情况下，通过前后变化来展开过渡的进程。以下展示有关的顺序：

一、从相同的成为差异的和从差异的成为相同的。

我们从虚空的“类波”开始。如前所述，点对应单一性，即我们可以说“一个类波”，但是，如同点本身没有质的规定性一样，“一个类波”、“一个类波”、“一个类波”……是没有区别的，只是在量的规定性（即单一性）上是相同的。现在，要从相同的成为差异的，由于“一个类波”只有单一性的规定，所能改变的也只有从单一性成为多数性，即从“一个类波”成为“多个类波”。

也许有人会说，“一个类波”就因为时间不可逆性要求而成为“多个类波”？那么放在桌上的“一个苹果”岂不是也能自行成为“多个苹果”？首先，苹果本身既有量的规定性，也有质的规定性，而且量的规定性也并非只有“一个苹果”的单一性，还有苹果的重量、水分含量、体积大小等等。因此，桌上的一个苹果要发生改变，可改变的规定性非常多，无须改变“一个苹果”的单一性。而“一个类波”的规定性只有量的单一性，所能改变的当然只有从单一性到多数性；其次，桌子上的“一个苹果”要变成“两个苹果”，由于另一个苹果也是有非常多的规定性（比如质的非常多的规定性），这将意味着这另一个苹果是无中生有的。但“类波”本身没有质的规定性，而且虚空中的“类波”是无所谓多一个或少一个的。我在一张白纸上用笔尖点了一下，然后问“这张纸上有多少个点”？任何人都会回答说“有一个点”。但我并没有问“有多少个黑点”，实际上白纸上可以有无限多的点（就像人们常说“一条线上有无数的点”一样），但为什么人们都只承认那个小黑点？原因是那一点点墨水对那个点做出了规定。如果我的笔尖一开始点了两下，那就显现出“两个点”。可见，一个空间原本可以有无数的点，点要呈现出来及呈现出多少，完全取决于它们如何被规定。因此，当“一个类波”要摆脱单一性的相同性而成为“多个类波”的多数性的差异性时，正是时间的（持存性和相继性的）力的规定让“多个类波”呈现出来——而并非像“另一个苹果”那样无中生有。

现在就有一个问题：如何能让“多个类波”显现出来（以有别于原来的“一个类波”）？显然，这里谈的“显现”与人的感知无关，因为人既看不见“一个类波”，也看不见“多个类波”，因此只能从思辨的角度看，只有在“多个类波”比“一个类波”增加了新的规定性的情况下，我们才能说“多个类波”显现出来了。

“多个类波”如何能够增加新的规定性？只有相互叠加。因为如果没有叠加，这“一个类波”与那“一个类波”互不相干，加之“类波”本来就是不定型的，这样一来，也就无所谓“一个类波”与“多个类波”之分了。“类波”的叠加意味着什么呢？意味着两个“类波”必然有相互的影响。所谓影响，就是使两个“类波”不能如同叠加之前一样不受约束（否则“叠加”就没有意义）。比如两个圆圈有一部分重叠，没有重叠的部分可以保留先前的性质（如弥漫整个虚空等），但是重叠的部分就不能再保留原样了，因为一个“类波”的重叠部分中包含了另一个“类波”的位差，该位差的能动性将施加于这一个“类波”，使之获得自身的位差所没有的能动性。可见，重叠的部分就出现了相比先前多出来的约束或限制——这多出来的东西，就是两个“类波”从相互叠加中得到的新的规定性。进一步看，如果是三个“类波”相叠加，显然又比两个叠加时增加了新的规定性。依次类推，若干“类波”相叠加又将获得更多的规定性。这些是不相叠加的“一个类波”、“一个类波”……所没有的规定性。

如此一来，在“类波”从单一性成为多数性的环节，就出现了两种可能性：一是“一个类波”、“一个类波”……没有相互叠加，虚空仍然是虚空；二是“多个类波”实现了相互叠加，从而实现了“从相同的成为差异的”这个“是起来”的重要步骤。很显然，“类波”实现相互叠加需要某些比虚空状态更多的条件。这些条件属于经验科学（如现代物理学的“大爆炸理论”、“质能转化原理”等）要探讨的问题，不在我们议题的范围之内。

接下来，获得了新的规定性的“多个类波”又如何从差异的成为相同的？当然不能再回到“一个类波”，这将违背时间不可逆定律，意味着“时间倒流”。只有一种可能性：从多数性成为全体性[①]，即“多个类波”依据其共同的规定性而被全体性范畴统摄为“一个形”。这样，“一个形”既不同于“多个点”，且与作为点的“一个类波”在单一性上是相同的，但该相同性又不构成前后重复，因为这“一个形”比“一个类波”多出了新的规定性。

以上从“一个类波”（单一性）成为“多个类波”（多数性）再成为“一个形”（全体性）的过程，从本体论的角度讲，就是在时间的规定的力之下，空间从点聚集而成为形的过程。这已经开始了从虚空过渡到有形的物的“生长的过程”。空间从我们通常所理解的虚空生长为一个物，是完全可以想象的——正如我们最初通过光在弯曲空间中遭受的阻碍所表明的，从经验现象看，我们通常所理解的虚空是有“类波”的，并非“空无一物”——既然如此，那些“类波”聚集而成为一个足以对其它东西造成阻碍的物，并非不可理喻。

二、从形式的成为质料的和从质料的成为形式的。

我们接着往下看。如上所述，两个“类波”相叠加所增加的规定性，具有对“类波”构成相互影响的限制，这个限制已经具有质的规定性。换个角度看，一个形在单一性上与一个点是相同的，但点本身没有质的规定性（只

① 全体性也是量的范畴，也在第十四章再作解释。好在我们的量的范畴与康德的量的范畴相似，都是单一性、多数性和全体性，这里可以先行使用。

有量的单一性的规定性），相比之下，“一个形”多出了什么呢？一是形式（“形”本身就是形式），二是“类波”叠加在相互之间构成的限制。显然，该限制与“一个形”的形式也是相辅相成的（“多个类波”既是因为有了限制才得以定型、成形，反过来，“一个形”的形式也依据其界限等因素而显现出该限制）。于是，我们把“一个形”比“一个点”多出来的限制性的东西，称为质料。之所以“多”出质料，也是“是起来”的要求，即相同的（单一性）成为（因质料而）差异的（单一性）。至此，由“多个类波”叠加而成的某物的形式和质料已经呈现出来了。

进一步看，一个有质料的形式要发生变化且遵循时间不可逆定律，将在形式保持相同的情况下让质料呈现差异，这使得质料因差异而获得了新的规定性，也即形式让质料“是起来”。反过来，获得规定性的一个有形式的质料要发生变化且遵循时间的不可逆定律，也将在质料保持相同的情况下让形式呈现差异，也使得形式脱离最初的“形”的规定性而呈现出更为丰富的规定性，也即质料让更丰富的形式“是起来”[①]。质料获得了规定性和规定性的差异，就“规定即形式”来说，质料本身又以不同的形式呈现出来，又成为形式。打个比方，“桌子”的质料有木头的，有塑料的，有铜的或不锈钢的，但是，“木头”、“塑料”、“铜”、“不锈钢”因为有各自的规定性，也称为“形式”——与这些形式相对应的质料，则是被统称为“物质”的东西，或者用物理学的概念来说，就是电子、质子、中子等微观粒子。石墨和金刚石的区分就很典型，它们共同的质料是碳元素，石墨和金刚石则是同一种质料的不同形式。这就是从质料的成为形式的。

反过来看，原本是形式的木头或塑料，又成为“桌子”这个形式的质料。就连“桌子”这个形式也可以成为其它东西的质料，比如“张三的

① 如同前面关于“苹果”在单一性范畴不变的情况下透过它的质的变化来满足时间不可逆定律一样（因而不必从单一性变到多数性），有人也可能会质疑这里的“从相同的形式中让质料呈现差异”过渡到“从相同的质料中让形式呈现差异”的过程——同样的理由，在“类波”如此基底的介质中，仅仅靠着形式的变化或仅仅靠着质料的变化是无法满足时间不可逆定律的（设想不出那些“无限制”的可能性），因此，只能在形式变化、质料变化的交替中进行）。

家”，对张三来说，他的“家”的性质、规定性或形式是“幸福的、温暖的、亲情的、安全的”等等，而质料呢？则是他的家人、房子、房子里的包括桌子在内的家具等等。这里的桌子，是以“桌子”这个形式而成为其中的质料的，并不是构成桌子的质料的木头或塑料——张三只会说“我家有张桌子”，绝不会说“我家有几块木头”。这就是从形式的成为质料的。

我们在前面多次谈到过，一是没有能脱离形式的质料，二是时间空间互为形式和质料。基于我们后面将要推演的质的相关范畴，任何形式也都有质料，形式也不能脱离质料而单独存在（见后面的论证）。既然如此，形式和质料是对同一个东西的不同规定，两者具有可互换的对应关系。

三、从内部的成为外部的和从外部的成为内部的。

形式和质料有了规定性，就有了规定性的差异（组合性差异或生长性差异）。差异来自对比，要对比就要确定是就哪些规定性来做出对比的，这些用以对比的规定性的总和，就是“范围”，就是“内部和外部”的区分——只有同为“内部的东西”的规定性才具有前后对比的意义（我们说苹果变质了，是对能被称为苹果的内部的规定性做出的前后对比，如果没有内外之分、把苹果和桌子的规定性混为一谈，我们就只能说“对比一个月以前的情况，在那一堆的规定性中有一部分的规定性‘变质’了”），于是“内部和外部”的规定性呈现出来了。

在前面讨论协同性的时候，我们谈到“成为内部”的说法，也即时间并存性的交互作用消解了内部诸对象各自与外部对象之间的交互作用，形成指向内部的协同性的力。如前所述，协同性的力是一个物抵御自身状态不受改变的实在的力，也是一个物的质量、惯性等经验性特征的本质。当一个具有形式和质料的东西获得协同性的力时，它已经兼具时间空间的全部样态，从时间上说它是一个时间，从空间上说它是一个有形的空间，因此，它就成为一个物。

至此，从一个点（“类波”）到一个形，形获得形式和质料的规定性，获得内部和外部的区分，再获得一个物的质量或惯性等规定性，进而成为一个物。

从外部的成为内部的，是复合物之所以形成的根源。原本彼此外在的诸对象在时间并存性的交互作用之下获得协同性，成为复合物的“内部”。反过来，我们从植物的开花、结果或动物的孕育、繁殖乃至自然界的火山喷发等现象，也清楚地看到“从内部的成为外部的”经验事实。从先验哲学的角度讲，“从内部的成为外部的”是一个物的生长性的力（遵循时间不可逆定律所带来的）可能的变化方式（当然也包括我们在前面谈到的变化方式），即把“内部”改变为“外部”，如同以上的几种变化方式一样。这让我们产生一个自然而然的推论：正如形式和质料具有互换的对应关系一样，内部和外部也具有互换的对应关系。一个人站在房间门口，他既在房间的外部，又在楼房的内部——这个例子仅说明“内部”与“外部”的相对性，而上述“成为内部”（或与之相反“成为外部”）则意味着实在的力及其变化，并非如这个人的情况，似乎他是“内部”或“外部”仅取决于旁人的“看法”。更典型的经验例证或许是克莱因瓶或莫比乌斯环，两者的共同点是，一个对象只要沿着瓶或环的路线推进，那个推进的过程就将为它实实在在地展示出什么是“从内部的成为外部的”和“从外部的成为内部的”。

至此，似乎遗漏了一个关键问题：以上过程如何形成（一个物的）一个时间？其实，“一个类波”就有“一个相继性”，相继性的力是时间不可逆定律之成立的对象。因此，上述“前后差异”的三个步骤只要围绕着“一个类波”的“一个相继性”来展开，就以上述方式形成了“一个时间”。

四、从一致的成为冲突的和从冲突的成为一致的。

一个物形成之后，物与物的关系也随之形成。关系就有一致与冲突的区别，物与物正是借助其关系的“从一致的成为冲突的和从冲突的成为一致的”以实现物质世界中的合并、分解、转化等生成、运动和发展的过程。比如一个物因不可入性形成对他物的斥力，但交互作用中的冲突也是复合物形成的一种方式。轿车这类复合物就是发动机、传动杆或轮胎等部件因保持其不可入性而构成了作为整体的一致性。

除了复合物之外，事情作为物与物的交互作用所形成的对象，其规定性“关系”也有着或一致或冲突的性质（这取决于交互作用的性质，如吸引与排斥）。这也导致事情以及事件借助其关系的一致或冲突来获得各自的生成、运动和发展的过程。

以上四个方面较为完整地展现了从虚空的“一个类波”如何依据时间的力的规定性而逐步构造出具有有形空间的一个物的过程，也就回答了“一个物‘是起来’是如何可能的”这个问题。从实体与偶性的角度看，实体“是起来”的过程也是实体的偶性“是起来”的过程。如上述“从形式的成为质料的和从质料的成为形式的”，就是一个物的偶性的形成与转化的过程。上述过程的每一个步骤都遵循我们一贯的原则、原理，因而是有依据的。同时，上述过程还表明，“虚空”（经由“类波”的叠加）具有自发地生成空间或物的可能性，即“未完成的时间空间”具有自发地通达“完成了的时间空间”的可能性，这意味着“类波”无须借助人的观测来“坍缩”成作为物质对象的粒子。

五、时间的持存性和空间的形的样态是派生的吗?

以上论述似乎指向一个结论：时间的持存性和空间的形的样态是由另外的样态派生出来的。我们不下此断言，因为：首先，以上论述如果把顺序颠倒过来（也是合法的），就成了从物体到虚空的过程。而这个世界究竟是由虚空生出物体还是由物体“消解”为虚空？我们没有依据来做出判断，因此，究竟是相继性、并存性“生出”了持存性，还是持存性“消解”为相继性、并存性？难下断言，但从上述四个过程来看，三者之间的关系是不言而喻的。其次，以上过程在经验世界中并不是无条件的、随时都在发生的，但我们在经验对象上确实又看见了时间的持存性与相继性、并存性相并列和空间的形与点、位差相并列的情况。第三，要说一个物“显现出来”、“是起来”，都是站在人的宏观的角度来讲的。比如一个物的形，我们看见它是球形的或立方体的形状，但是，如果设想我们的视力能看见物的原子，同一个物在我们看来又将是“一团漂浮着极小极小的‘悬浮物’的虚空”（在后面“几何学是如何可能的”那一章会再次谈到这件事），以前看见的“球形”或“立方体”的形状又都不见了。同样的，一个物的“闪现”过快，肉眼根本看不见，但借助快速摄像机，我们又能在拍摄的影像中看见它。可见，一个物的时间的持存性之有无也具有某种相对性。但是，我们不能停留在这个相对性上——如同巴门尼德不停留在变上，必须断然地找出一个参照点或立足点，这就是人的思维。既然在人的思维中一个物的表象需要有空间的形和时间的持存性才能形成，那么我们就说，作为物的空间和时间就具有形和持存性的样态。或者从简明且完整的表述看，可以说“未完成的时间空间的样态是相继性、并存性和点、位差，完成了的时间空间的样态是相继性、并存性、持存性和点、位差、形”。如此一来，这两个样态与其它样态之间的关系就成了后续的问题，而不至于从一开始就陷入孰先孰后的纠缠不清当中。

第四节　最小的物和最少的规定性

一个物的上述生成过程是从“一个类波”开始的，基于“成为差异的”要求，从一个“类波”成为“多个类波”（即从单一性生成为多数性），再基于“成为相同的”要求，再到“多个类波”成为“一个形”（即从多数性成为全体性）。“一个形”在单一性上与“一个类波”相同，却多出了质料，形也成为与质料相对应的形式，至此，具有形式和质料的一个物就呈现出来（时间的相继性和并存性为该物提供了生长性的力和协同性的力，从而带来不可入性等规定性）。在这里，我们要问的是：最小的物是什么样子？

一、从“最少的多数性”、“最小的形”到“最小的物”。

回顾上述生成过程，发现一个物的大小决定于从“一个类波”到“多个类波”时的多数性的环节，因为“多个类波”将“从差异的成为相同的”、从多数性的“多个类波”成为全体性的“一个形”，可见，“最小的物”将取决于“最小的形”，而后者又将取决于“什么是最少的多数性”。这里仅仅就空间的点和位差来谈“类波”（略去时间相继性和并存性的叠加）。不难看出，“一个点+一个位差+一个点”符合多数性的“多个点”的最小的情况是“两个点”，“两个点”是最小的“多个点”，但是，“两个点”何以能生成一个形？“两个点”本身无法显现，必须借助位差，多数性包含的是点与位差的综合，在多数性被当作一个整体时就得到全体性的形。可见，

“最少的多数性”是“两个点”与“一个位差”的综合，即“一个点+一个位差+一个点”的综合。具体到上述过程，最小的“多个类波”似乎是两个“类波”。但是，一个“类波”是“一个点+一个位差”，两个“类波”就有两个点和两个位差，仍然不符合“最少的多数性”的上述要求。但是，如果考虑到两个“类波”的叠加方式，我们可以设想两个“类波”的位差重叠为一个或共用同一个位差，呈现出“{一个点+（一个位差）+一个点}”的构造，也即这个综合由（一个点+一个位差）和（一个位差+一个点）这两个基于同一个位差的“类波”所构成——不可能有比这更小且符合多数性要求的结构了。由此，我们得到“最少的多数性”，进而得到“最小的形”以及“最小的物”。

对于两个“类波”的这个“{一个点+（一个位差）+一个点}”的结构，我们设想一下，当这个位差发挥其能动性时，该结构仍将呈现出“类波”的波动性，只不过其中的两个点限制了“类波”的波动方式（即不定型的或“其小无内，其大无外”的），使之看起来可能更像是“一段伸缩的橡皮筋”或者“一段伸缩的琴弦”。但是，由于点还不是能够作为对象的东西（点与点之间还没有时间的并存性的力，这是我们反复提到的），因此，其中的两个点之间（或“琴弦”内部）还不能生成距离、长度等需要借助并存性的力派生出来的东西，因此该“琴弦”无确定的长度可言。可见，对于这个“琴弦”，我们只能说：其一，作为最小的物，它具有“点”的单一性；其二，作为受限的“类波”，它具有“波”的性质（但还只是作为自身的性质，还没有通过波幅、波长等空间规定性显现为“波”）。我们需要为这个“最小的形”取一个名称，姑且称之为“咕噜”——尽管人们很容易联想到当今物理学上的一个时髦的词“弦”。“弦理论”据说是当今物理学非常热门、也非常成功的学说，它能解释足够多的现象，唯一的问题是不能像其它成功的理论那样提出可供验证的预言（而这对经验科学来讲是不可接受的）。如果“咕噜”与“弦”真有某些相似之处，那么，“弦理论”或许可以尝试把“弦”当作“未完成的时间空间”，而不是把它当作在时间空间之中的“东西”——说不定会解决它的困难。

显然，这个具有“{一个点+（一个位差）+一个点}”的构造的“琴弦”是“最小的形”。如何进一步成为“最小的物”？无非是叠加上时间的样态，“类波”本来就有相继性和并存性，两相叠加，我们得到“最小的物”的构造：{一个点+（一个位差）+一个点}+相继性+并存性。至于这个物的持存性从哪里来？在上一节我们谈到了相继性、并存性与持存性的关系，对于“最小的物”的持存性，我们可以理解为在“最小的物”成为“最小的物”的过程中，从相继性和并存性“生出”了持存性。

二、最小的物如何满足时间不可逆性要求？

既然是最小的物、一个已经显现出来的东西，“最小的物”也必须遵循时间不可逆定律和并存性定律。先说并存性原理，时间的并存性等价于物与物的交互作用的力。但对最小的物来说，其内部的两个点还不是作为物的对象，因此其内部谈不上“物与物的交互作用的力”，谈不上作为一个物的质料的协同性（我们在前面曾以协同性来宽泛地定义质量），也谈不上作为一个物的空间的规定性（如上所述，“最小的物”内部还没有生成距离、长度等空间特征）——这就是说，最小的物是没有质量的（用物理学的术语来说，就是没有“静止的质量”），也没有空间规定性的。这就带来一个问题：没有空间规定性就没有“组合性差异”和“生长性差异”，又如何能够满足时间不可逆性的要求？但另一方面，明摆着最小的物是可能的——因为最小的形是可能的。如何让最小的形成为独立自存的“一个物”？[①]我们在前面谈过，在一个物的状态的规定性中，除了空间的规定性之外，还可以有运动的规定性。即使没有协同性所对应的状态的规定性，运动的规定性也可以构成一个物的空间的规定性——这意味着最小的物有可能借助于运动所获得的状态的规定性来满足时间不可逆性，从而作为一个独立自存的东西显现出来。

---

① 这里之所以说“独立自存”，是指单独存在的、能构成“一个时间和一个空间”的物。如果该物不能单独存在，只是从属于某个复合物，它只需符合该复合物的时间的规定性的要求，就不在这里要讨论的对象之列。后面讨论物体的构成时会谈到使“最小的形”之“成形”的另外的可能性。

在前面有关时间并存性的章节，我们讨论过运动作为一个物的性质（而非由参照物所规定的特征）。我们将在后面第十六章中谈到作为观念性的表象的“运动”，其构成是“位差与持存性相叠加”，它属于观念性的质料，可以与实在性相叠加，通过限制性来实现对一个物的规定（限制性是实在性和观念性相综合）。在这里，我们先行使用有关运动的这些结论——一个运动的物，就是“一个实在性的物与观念性的运动相综合”。一个物是在其时间序列的各个节点中“自带”着一个运动的规定性，而且该规定性与空间规定性一起构成“一个物的状态的规定性”的，该规定性（作为质料）还参与到物的内部的协同性的力中，成为影响物的质量等性质的因素。

为什么运动的规定性也能够成为一个物的空间的规定性？除了一个物的限制性的根源之外，按照我们对运动的性质的分析，既然关系、距离等规定性都是物与物交互作用的结果，一个物的运动轨迹当然也是该物与其参照物依据交互作用的力而生成的东西，该物与一个静止的参照物形成一个轨迹，与一个运动的参照物也形成一个轨迹，或者与一个同向运动的参照物或另一个反向运动的参照物等，也都能形成各自的轨迹，如此等等，这些轨迹都将作为该物的规定性而被纳入到该物的时间序列当中。如果一个物（如这里正在讨论的最小的物）借助运动（即不断地与各种参照物“擦肩而过”）的方式来获得“不相同、不重复且无限制”的规定性，那么，它也将有可能作为一个物的时间和空间而存在。用物理学的质量、速度概念来说，就是一个没有静止质量的东西有可能借助运动而成为“一个物”。

这里要强调一点，“最小的物”必须借助于不断地与各种参照物“擦肩而过”才能与那些参照物共同生成用以描述运动的关系、距离等规定性以便构成其时间序列的诸节点上的规定性，这是它满足时间不可逆定律的方式。

进一步看。这“一个物”的时间序列将被表述为每个节点上都有一个运动的规定性作为与该节点对应的空间的规定性。很显然，这个运动的规定性的意义不同于以往任何一个物体中的运动的规定性，因为后者是在该物体本身具有内部的协同性因而具有内部的状态的规定性（也即本身就有质量等性质）的情况下增加的一个规定性，而这“一个物”的这个运动的规定性则是

"使该物在每个时间节点上获得状态的规定性"的规定性。这就带来一个问题："最小的物"的运动的规定性（为了直观起见，我们就使用"速度"这个概念）有没有一个最小或最大的限度？

先看最小的限度问题。显而易见，以往任何一个物体中的速度可以是无限小并直至为0的（因而其速度没有最小的限度），因为该物体即使在静止状态中仍然毫无疑问地作为"一个物"显现出来，但"最小的物"则不然。由于"最小的物"本身既无内部协同性，也无空间规定性，它（因无法满足时间不可逆性要求而）不可能静止地"存在于时间当中"，即它的速度不能为0。那么，它的速度有没有可能是无限趋近于零但又不等于0？不可能。因为，其一，0与有之间没有一个明确的界限，但"作为一个物显现出来"却是一件清楚明白的事情；其二，如果允许"最小的物"的速度无限趋近于0但又不等于0（即没有一个明确的界限），那么"最小的物"作为一个物就将是"若隐若现"或"从一个清晰可辨的物逐渐一点点变得不清晰直到依稀可见"——但这是不可能的。请设想一个物如何被我们看见。我们都有过因为距离远或有外物干扰而"隐隐约约"看见某个东西的经验，但是，这种情况是我们的观察能力或条件导致的结果，那个东西本身作为一个物一定是清晰明确地显现出来的——只有传说中的幽灵（就其自身而言）才是"若隐若现"、"时隐时现"的。即使是像闪电那样稍纵即逝的东西，很显然，当它出现时也一定是清晰明确的（例证是我们能拍到闪电的照片）。可见，"最小的物"要么不显现，要么只能是"一下子就清晰明确地"显现出来（不可能在"不显现"与"显现"之间有中间状态），因此，它的速度必定有一个最小的限度。这个限度意味着"最小的物"要显现出来必须达到这个速度（否则就无法显现）。

再看最大的限度问题。在达到最小限度的速度的情况下，一个"最小的物"有没有可能跑得比另一个"最小的物"更快呢？不可能。因为"最小的物"的运动对应的是时间的相继性的力，在前后相继的变化上没有比这更基底的力，而（如前所述）时间的相继性的力是恒常不变的，也是不可叠加的。于是，如果一个"最小的物"跑得比另一个"最小的物"更快，我们就要问：那增加的速度（变化）所对应的力从何而来？不可能出现一个时间的相继性的力比另一个时间的相继性的力更大的情况。在有关时间并存性部分的讨论中，我们谈到过一个物的协同性的力（即“指向内部的实在的力”）可以与相继性的力相叠加、因两者相冲突而导致一个物的时间与另一个物的时间有快慢之分。但是，一个时间的相继性的力却是不能与另一个时间的相继性的力相叠加的。既然时间的相继性的力是恒常不变的，那么，“最小的物”所能获得的运动的规定性（既速度）必然是恒常不变的——既不能少，也不能多。

三、“最小的物的速度是恒常不变的”意味着该“最小的物”对所有的对象将显现为相同的速度。

“最小的物的速度”来自于“最小的物”作为一个物显现出来所必备的运动的规定性。所谓显现，形象地讲，就是为人所看到、观测到（“看到”和“观测到”是一回事）。假设这个速度是C，一个“最小的物”对站在地面上的人来说，其显现所必备的速度是C，对坐在时速100公里的火车上的人来说，其显现所必备的速度也只能是C，无论这列火车的方向是与“最小的物”的方向相同还是相反：如果是方向相同的，火车上的人观测到的“最小的物”的速度不可能是“C-100公里/小时”，因为这将意味着这个“最小的物”对这个人来说达不到其显现所必备的最小限度的速度，因而是不可观测的；如果是方向相反的，火车上的人观测到的“最小的物”也不可能是“C+100公里/小时”，因为这将意味着这个“最小的物”对这个人来说超出了其显现所必备的最大限度的速度。

至此，我们很容易为“最小的物”找出一个经验性的对象，这就是光子，这个“最小的物的速度”就是光速。光速对所有的对象而言是恒定不变的，现代物理学家发现了这个现象，却无法解释其中的原因。对此，“新时空观体系”作出了上述解释——概括地讲，“最小的物”因为没有“静止的质量”（这在“新时空观体系”中是因为没有“内部的协同性的力”），就必须借助与其它参照物的运动关系来满足作为一个物的时间不可逆性要求，以便向每一个参照物显现为“一个物”；而要显现为“一个物”所需要的运动速度必然是恒常不变的，因此，无论其它参照物本身是否运动，“最小的物”相对于它的速度都是恒常不变的。

当然，严格地讲，我们并不断言作为经验对象的光子就是“最小的物”，如本章开头所说，如果某个经验对象具有恒常不变的速度，那么，这在“新时空观体系”看来是具有其可能性的。

四、“最小的物”是不是物质的最小的单元?

进一步看，物质有没有最小的单元？或者说，“最小的物”是不是构成物质的最小的单元？我们恐怕要给予否定的回答。上述“最小的物”指的是作为独立自存的对象中的最小的物，但要说物质是由那样的“最小的物”所构成，就并非理所当然了。因为“最小的物”是从“最小的形”来的，“最小的形”来自“最少的多数性”（即“一个点+一个位差+一个点”），但是，当一个物形成时，它完全可以从一开始就从更多的多数性以构成更大的“一个形”（比如由5个“类波”相叠加），而并不是必须由一个一个的“最小的形”逐步构造而成。这是其一；

其二，之所以有“最小的物”，是从作为一个独立自存的物的要求来谈的。如果在一个物的内部，比如它是由5个“类波”叠加而构成的“一个形”进而构成的“一个物”，那5个“类波”的构成能不能还原成一个个“最小的形或物”的叠加？不能，因为其中的“一个点+一个位差+一个点”这类构造由于没有作为独立自存的东西显现出来，当然也就谈不上是“最小的物”——只有在这类构造的东西作为一个物显现出来时，它才能被称为是“最小的物”。

其三，在一个物的内部，即使有“最小的形”那样的东西，由于那东西并未单独显现出来，也谈不上是“最小的物”。因此，说一个物是由“最小的物”构成，这句话是有矛盾的——那个东西在内部不能被显现为“物”，又如何能作为“最小的物”参与构造一个物呢?

因此，我们认为，物质不是由“最小的物”所构造而成，因此没有普遍适用的最小单元。

五、物质并非无限可分。

在第二个二律背反的注释中，康德谈到了“物质无限分割”的命题。在其后讨论化解该二律背反的方案时，他又提出“物质是无限可分的，却并不因此就是由无限多的部分所组成的”之论断。从这个论断不难看出，“物质无限可分”的观念跟“空间是复合的”一样，是多余的，无助于我们对物质的构造的认识。

“物质无限可分”的基本逻辑是：一个物占据一个空间，空间可以被分割为诸空间，而每个空间都对应该物的一个部分，因此，空间可以被无限分割，物也可以被无限分割。一丈的空间可以被分割成无限小的诸空间，占据一立方丈空间的物也可以被分割成无限小的部分。我们对物质做这样的分割除了数学上的量趋于无限小之外，究竟有没有意义？

首先，“一个物占据一个空间”这个说法（在新的时空观看来）是错误的。这无须赘述；其次，“一个物就是一个空间”这个说法中的“空间”能不能被“无限分割”（比如一丈的物的空间被分为10个一尺的部分）？也不能，因为那10个一尺的部分或许并没有作为物的意义。我们从来不会说“‘三分之一’个张三”、“‘四分之一’个李四”（这就是不顾分割出的部分有无意义的做法），而会说“张三的手”、“李四的脚”，因为“手”、“脚”具有作为物的意义。一个用毛线绕起来的线团，如果强行把它切割为10个等份，只会得到一些七零八落的线段（不具有作为毛线的意义），可见它也不适合“数学上的无限分割”。

在排除“对物质进行无限分割”的做法之后，康德提出了“分联体”的概念，为我们研究物的构造指出了一条路径。所谓分联体，“意为将一个整体分为不同的但又相关联的各部分”，“每一个（哪怕最小的）部分都是为着全体，全体也是为着每一部分，部分和全体处于不可分的关联中”[①]。这是一个十分有趣的概念。尽管康德的本意或许是指有机体，他认为“有机体不

① [德]康德著，《纯粹理性批判》，邓晓芒译，杨祖陶校，人民出版社2004年版，第429页注释。

可还原为与之‘分离’的无机的部分，但可向其无限追溯”。[①]但是，这个概念完全适合于一般物。按照“分联体”的设想，物质不是致密的单纯物，而是由“不同的但又相关联的各部分”构成，这样的部分就很接近于物理学上的分子、原子这样的构成物了。如果说，基于科学意义上的分子、原子构造来理解物质，物质无疑正是由分子这个彼此“不同但又相关联的各部分”所构成，而分子又进一步被“分联”为原子、原子又进一步被“分联”为原子核、电子……且不说德谟克利特的原子论，在近代科学史上，最早发现原子的，是英国物理学家约翰·道尔顿，他在1803年提出原子学说；最早发现分子的，是意大利化学家阿伏伽德罗，他于1811年发表了分子学说。康德发表《纯粹理性批判》是在1781年，可见他先于物理学的发现而从哲学上提出了层层“分联”的物质的“分联体”构造。从物质的内部空间要么被充满（因而是连续的量）、要么不被充满（因而是分离的量）来看，由于前者意味着致密的、均匀的、有广延的“单纯物”，已经为我们所否定，我们也只能选择后者（只能是不致密的、不均匀的、有空隙的“复合物”，就不再是“连续的量”而是“分离的量”），也就是分联体的内部构造。

相比“物质无限可分”，康德明确排除了分联体的“无限分联性”。他指出“如果认为在每一个被分联了的（被组织起来的）整体中每一个部分又是被分联了的，认为我们以这种方式在对诸部分进行无限析分时总是会遇到新的精巧组织，一句话，认为整体是被无限分联了的，这将是根本不可设想的”[②]。为什么“根本不可设想”？康德是从概念上来论证的，他以他一贯的风格做了言简意赅的分析，我们不妨稍加注释：

首先，物质的广延作为连续的量的无限可分性，是基于“物质本身不是自在地已经被划分了的”，只有它没有被划分时，才具有无限可分性（你可以划分的方式是无限多的）。但是，物质并非“不是自在地已经被划分了

① [德]康德著，《纯粹理性批判》，邓晓芒译，杨祖陶校，人民出版社2004年版，第429页注释。

② [德]康德著，《纯粹理性批判》，邓晓芒译，杨祖陶校，人民出版社2004年版，第429页。

的”。比如一个人，他已经被划分为头、身体、四肢等等。这就意味着我们不能对人做“无限划分”，因为抛开头、身体、四肢等现有划分方式，如果对人做“十等分”，所得到的“十分之一个人”是没有意义的；其次，但分联体作为分离的量，在概念上就已经被划分了的，其组成部分在数量上是确定的，这就从概念上排除了“无限分联性”。所谓“无限分联”就是“一个永远也不能完成的序列（无限的），然而却在一个总计中被看作完成了”，这是自相矛盾的。因此，“分联体”的“无限分联性”是不成立的。

康德的这个论证是十分巧妙的，他的结论是，从“一般现象的先验分割”上讲，分联体可以被逐层“分联”，但层次不可能是无限多的。至于分联到什么程度，那就是经验的问题了。

我们在上面对一个物“是起来”的机制的研究，与康德对物质的“无限分联性”乃至“无限可分性”的否定是相吻合的，比如从上述“最小的物”所具备的条件看，它不能再被划分为有意义的更小的部分，当然也就否定了物质的“无限可分性”。

第十三章 现代哲学和现代物理学的“反因果律”问题

本章谈谈“反因果律”的问题，之所以放在“时间持存性的意义和推论”后面来谈，是因为其中有的观点需要用到从时间持存性得到的结论。现代哲学基于反形而上学的立场，是反对因果性概念的，即不承认因果关系的客观必然性。这首先是因为“20世纪的分析哲学家以及维也纳学派的成员们是休谟观点的忠实拥趸”[①]，他们把休谟对因果关系的客观必然性的著名的批判视为反形而上学的先声，在无法对该批判予以有效的化解的情况下，不惜选择否定因果关系，并且把休谟的思想引向“规则性理论”，即无论是事物之间还是在心灵之中都不存在因果关系，也没有因果必然性，一切所谓的规律都不过是对事物之间的接近关系和接续关系的“齐一性”的描述。比如地球绕太阳转，我们不必知道（或假设）“太阳对地球有引力因而导致地球绕太阳转”，而只需要给出一个足以描述地球与太阳的接近和接续关系的方程式就够了。此外，现代物理学的一些前沿成果也呈现出反因果律的现象或理论，大到宏观宇宙尺度上，小到微观量子尺度上，都有一些现象被认为是不符合因果律或用因果关系无法解释的情况。这当中最著名的莫过于量子力学“哥本哈根解释”对确定的因果律的极为雄辩的否定。路易·德布罗意在给D·玻姆所著《现代物理学中的因果性和机遇》一书写的前言中说，“凡是

① 骆长捷著，《休谟的因果性理论研究》，商务印书馆2016年版，前言。

研究过现代物理学发展的人都知道：我们关于微观物理现象知识的进展，已使我们在对这些现象进行理论解释时，采取一种与经典物理学迥然不同的态度。在经典物理学中，曾经有可能这样来描述自然事件的进程：它是在时间和空间（或相对论性时空）的框架内按照因果性演变的……但是，现今量子物理学则杜绝任何这种类型的表述，并且使这种类型的表述变成完全不可能了。它只承认建立在纯抽象公式上的理论，而否认原子和微粒子现象中有因果演化的观念”[①]。尽管爱因斯坦终其一生都拒绝接受量子论的反因果律和不确定性的原则并竭尽全力与之抗争，但始终无法扭转量子力学成为现代物理学正统理论的时代潮流——确定的因果律在微观粒子领域遭到全盘否定，已是不争的事实。现代哲学早期的开拓者们大多有着现代物理学的深厚广博的学术背景（如石里克，本身就是研究相对论的物理学家），那些物理学成果必定更加坚定地支持他们从哲学上以反形而上学的方式反对因果性和因果律。

以上情况对于我们正在讨论的这一切是不利的。我们提出新的因果性范畴，还计划基于时间空间构造出其它的范畴并据此重建范畴体系。但是，如我们在前面引述海森堡在《物理学和哲学》一书中所说“因果律在量子论中不再适用”等表述，如果有人说：不仅因果性作为形而上学的概念已经被现代哲学所抛弃了，而且因果律也在现代物理学的最新成果中被证明为非普适的了，这样一来，因果性范畴是旧的也好，新的也罢，还有何意义？这是一个严重的问题，几乎严重到我们的讨论还有无必要继续进行下去的程度，因此必须予以澄清。

第一节　现代哲学的反因果性的问题

罗素以及逻辑实证主义者否认存在因果律、否认“实在的因果性”，也否认现代科学需要因果必然性的原则。“罗素认为，休谟无可辩驳地表明了，归纳原理不可能从经验或其它逻辑原理中推断出来。他完全赞同休谟拒

① [美]D·玻姆著，现代物理学中的因果性和机遇，秦克诚、洪定国译，商务印书馆1965年版，前言。

绝承认在现实世界中存在因果必然性或力的做法。他认为，现实中的确根本不存在因果律这种东西，而且，现代科学也并不以这个原则为基础。他主张用逻辑构造出包含几个变元的函项式，用它来科学地取代过于简单的传统因果律”[①]。显然，罗素不顾休谟本人的一再声辩而认为他“拒绝承认因果必然性”，不仅如此，在他看来，现代科学也不以因果必然性的原则为基础。他主张的用“包含几个变元的函项式”来取代传统的因果律，就是上述的“不必知道地球绕太阳转的原因，只要找出一个足以描述地球与太阳的接近和接续关系的方程式就够了”的做法。这是令人惊讶的主张。不仅是罗素，“维也纳学派的成员都赞赏休谟对形而上学概念的拒斥。卡尔纳普提出，哲学的唯一合适的工作就是逻辑分析。他称赞休谟在某种意义上表达的逻辑实证主义观点，即将任何不涉及事实的形而上学命题看作无意义的观点……卡尔纳普认为，在科学内部，因果性仅指某种函数的依存性。他进而批评一些物理学家和认识论学者常常认为科学不能满足于那些函数依存性，而必须发现‘实在的原因’的观点”[②]。同样，在卡尔纳普看来，因果性属于“不涉及事实的”、无意义的“形而上学概念”，科学发现只要能找出足以描述现象的函数就够了。洪谦指出“在自然科学发展的初期，‘规律’一词首先在严格的意义上被使用的时候，人们就已经指出，自然规律性肯定不能被归结为因果概念，或用这种概念来表达，因此，确立自然规律的那种形式是不适用的。我们可以在伽利略和牛顿那里发现这种观点，伽利略拒绝探究加速的原因；牛顿也一样，他放弃在因果意义上去理解引力和引力规律”[③]。这里面涉及到一些较深层次的问题，比如自然科学的数学化问题（如以上引述中罗素说的“‘包含几个变元的函项式’来取代传统的因果律”、卡尔纳普说的“在科学内部，因果性仅指某种函数的依存性”），牛顿第二定律的数学表达式是F=ma，在这个公式中，力、质量、加速度的量化关系呈现出来了，但并不包含、也不需要对因果性作出陈述，即从F=ma这个数学公式中根本看

① 骆长捷著，《休谟的因果性理论研究》，商务印书馆2016年版，第63页。

② 骆长捷著，《休谟的因果性理论研究》，商务印书馆2016年版，第63–64页。

③ 洪谦著，《论逻辑经验主义》，商务印书馆2010年版，第6页。

不出“力是加速度的原因、加速度是力的结果”的因果关系，这意味着，在现代哲学家眼里的伽利略、牛顿（以及近代自然科学家们）那里，“力是加速度的原因、加速度是力的结果”并不是所谓规律，而F=ma这样的数学表达式才是他们所要追求的规律。数学化对物理学而言是如此成功，以至于似乎数学完全可以替代物理学（比如“理论物理学”已经可以被称为“数学物理学”），而在数学表达式中确实不需要因果性的概念。

上述把规律等同于“齐一性”描述的思想，或许可以追溯到古希腊毕达哥拉斯的“数是万物的本原”的源头上去。在科学发展史上，自近代数学开始在自然科学中广泛运用以来，常有科学发现是先找到简洁优美的数学表达式、然后才发现其物理含义的例证。最著名的莫过于哥白尼提出“日心说”，此后的麦克斯韦的电磁方程组、爱因斯坦的质能方程式都以简洁优美著称，以至于物理学家们相信，只要数学表达是简洁优美的，就一定是正确的。物理学上的重大发现也不再遵循先有物理现象的发现、再有物理理论的归纳的惯例，而出现先有数学上的某个新理论，然后再在物理现象中找到其意义的做法。这些例证给人的印象是，数学已经成为物理学的主宰（理论物理学家让位给数学家，实验物理学家不过是为数学家的物理成果进行验证），至于有着物理学意义（更是有着形而上学意义）的因果性、因果律，则是不必要的东西。既然因果性的概念没有被写入数学公式中，既然某个现象的数学表达不需要因果性的概念，那就说明对该现象的认识无须依赖因果性，进而断言该现象中并不包含因果性——尤其是经过休谟的论证之后哲学家也更愿意相信这一点。

如何解释上述言之凿凿的事实和顺理成章的观点？我们从以下几个方面来谈：

一、离开对因果关系的研究，众多的物理定律从哪里来？

如果说现代的量子力学家们在他们的科学实践中不考虑因果性，我们尚可相信。但要说伽利略、牛顿“拒绝探究加速的原因”、“放弃在因果意义上去理解引力和引力规律”，则是难以接受的。伽利略难道没有回答过“为什么重的物体看起来比轻的物体下落得更快”、“为什么滚动的球体会逐渐停下来而不是一直滚动下去”这类问题？他难道不正是因为找到了造成这类表面现象的原因才得以拨云见日得到“物体下落速度与质量无关”、“在不受力的情况下物体将保持匀速直线运动”等定律的吗？牛顿确实是“放弃在因果意义上去理解引力和引力规律”，那是因为在他那个年代还无法理解引力的“超距作用”，除此之外的众多研究都是基于对因果关系的研究而获得的。我们不妨一般地说，至少在经典物理学的领域，科学家只有立足于对因果必然联系的探索，他们才能找到那些代表了自然规律的物理定律。因为所有基础性的物理定律都是对实验观测数据的归纳总结而得到的，没有对自然现象中的因果关系的认识，就不可能获得那些观测数据。实验物理学家难道不对因果关系先有个预判就完全随机地选择实验对象吗？牛顿力学中的定律不用说了，就连因其优美和简洁而被赞为“上帝本人写出来的公式”的麦克斯韦方程组，其数学推导的依据也是电磁现象的三个最基本的实验定律：库仑定律、毕奥-萨伐尔定律、法拉第电磁感应定律。因此，所有被“规则性理论”当作“齐一性”描述的数学公式只有在被发现之后才能被当作“齐一性”描述的，而先于这种描述的问题则是：那些数学公式是从哪里来的？这就好比一个寓言故事：一群老鼠聚在一起研究如何对付猫，有一个老鼠提出了一个相当高明的办法，他说“只要给猫的脖子上挂一个铃铛，以后不等猫走近，我们听见铃声就能逃跑”。大家都说“好极妙极”！最后有一只老鼠问道：“我们怎么能把铃铛挂上去呢”？类似地，相比如何解释规律而言，如何得到规律才是关键。所以，洪谦说“我们认为……因果性的存在问题具有实践的意义”——像是部分地通过赋予其“实践意义”来承认因果律在自然科学发展过程中的重要性——但他立即补充说“而不可能是理论上的事情”[①]。不过，换个角度看，如果一个理论不能解释一个“具有实践意义”的东西，该理论或许并没有想象的那么好。

二、数学是如何可能的？

给“规则性理论”以鼓舞的是物理学的数学化，那无疑是自然科学的一个伟大的成就，也代表了自然科学发展的一条正确的方向，怎么评价其意义

① 洪谦著，《论逻辑经验主义》，商务印书馆2010年版，第27页。

都不为过。但是，令人惊讶的是，面对如此伟大的和决定性的成就和方向，人们对其根基之是否牢靠或何以牢靠，竟然丝毫没有好奇和兴趣。在康德的时代，数学对物理学而言，还只是一种表述方式，还谈不上“物理学的数学化”，但他却破天荒地提出了“纯粹数学是如何可能的”这个意义深远的问题。尽管康德还仅仅是从“先天综合判断是如何可能的”角度来提出并回答这个问题，但这个问题本身将必然地被引向更广泛的意义上或者说本体论意义上的追问：数以及数学之能够适用于自然界的一切现象是如何可能的？

这个问题绝不会因为看起来像是一个形而上学的问题而被不由分说地指责为无趣的、无聊的和无意义的。首先，这是严谨的数学家们自己的要求。在代数学早已取得辉煌成果之时，为什么皮亚诺、戴德金、弗雷格等数学家和罗素、怀特海等哲学家要回过头去论证“1+1=2”？因为他们发现，数学虽然已被建造为一个蔚为壮观的大厦，但其根基却是建立在一些未经论证的经验性的规则之上，比如“1+1=2”、“加法和乘法的交换律、结合律和分配律”等规则实际上都是未经论证的。这些规则并没有几何学的那几条公理的直观性的支持，它们更像是一种约定。既然是约定，有没有可能换一种约定的方式并给代数学带来另一种面貌？是有疑问的因而是需要解释的。同样，当人们用数学去“主宰”物理学时，不难发现一些基础性的问题也是未经论证的。比如一个著名但并未被正确地解答的问题“数学究竟是发明还是发现”？对这个问题，我们放在后面“算术是如何可能的”那一章再详细讨论。这里要说的是，数的主观性和客观性是一件未经证实的事情。弗雷格在《算术基础》一书中用了大量的篇幅讨论“数是主观的还是客观的”，也只是分别罗列了支持其主观性和支持其客观性的各种理由，最后没有给出一个肯定的结论。不过至少说明了一点，连弗雷格都认真地加以讨论的问题（尽管听起来也像是形而上学），应该不是无趣、无聊和无意义的吧。简言之，物理学在数学化的进程中始终面对一些非常基础的问题，比如我们为什么能够把“苹果”、“手机”以及“想法”等不相干的东西都指认为“1”个？这恰恰是把“1”这个数字运用于那些东西的先决条件。也许有人会说，物理学的数学化取得了无数成果，这些成果足够证明“数学化”这件事本身是正确的、有效的——这是皮亚诺等严谨的数学家们所不能接受的说辞，因为代数学的成就之辉煌灿烂丝毫没有阻止他们去论证“1+1=2”和“加法和乘法的交换律、结合律和分配律”等规则，也丝毫没有削弱他们的工作的必要性和重要性。

既然如此，上述现代哲学中“规则性理论”的“齐一性”描述就立即显得不那么“大义凛然”了——他们的出发点也只是假定，也未经论证，这跟以往形而上学假定有因果性和因果律的做法相比，并无多大的优越性。在遭遇了上百年的不由分说的“拒斥”之后，当形而上学终于发现其对手并不比自己更理直气壮甚至并不比自己更讲道理之时，它恐怕会为自己先前的卑怯感到匪夷所思吧。其实这说明了康德的看法是对的，以往的形而上学本身没有“原罪”，它只是不“科学”而已——好比物理学一样，物理学也是从亚里士多德的不“科学”的物理学发展成为“科学”的近代物理学、现代物理学的。

在后文，我们将在比之康德更广泛的意义上回答“数学是如何可能的”并且更为详细地分为“算术是如何可能的”和“几何学是如何可能的”这两个问题。它们不是数学问题（所以皮亚诺等数学家的工作止步于数学的领域），也不是逻辑问题（所以罗素、怀特海等哲学家试图把数学建立在逻辑的基础上的工作是不成功的——因为逻辑与数学孰先孰后，本身就需要一个证明），而是真正意义上的哲学或形而上学的问题。

三、数学公式中真的没有因果关系吗?

如上所述，罗素等现代哲学家们之所以如此自信地拒绝承认因果性概念或拒绝把因果律当作世界的规律，认为用“包含几个变元的函项式”就能取代传统的因果律，一个重要原因是物理现象的数学表达式中没有因果性的概念（因而认识该物理现象无须因果性概念并据以说明该概念根本就不存在）。但是，那些数学公式到底在表达着什么呢?真的没有因果关系吗?

无论是追溯到毕达哥拉斯的源头还是我们的惯常理解，所谓的数或数概念，指的就是一个个数字，如自然数、整数、有理数等等。尽管我们“知其然不知其所以然”，但毕竟可以指着一个苹果或三个手机说“这就是1”

或“这就是3”。现在的问题是：数学公式（及其推导过程）中的“+”、“-”、“×”、“÷”以及“=”、“〈”、“〉”、“≤”、“≥”等等符号又是什么意思？我们必须承认那些符号不是数，那么，既然不是数，它们能是什么？颇令人奇怪的是，它们一直被视而不见，仿佛可以忽略不计。

我们知道，那些符号代表的是数与数的关系（罗素在《数理哲学导论》一书中用“一对一”的关系来定义数，就已经用到了“关系”这个未被定义的概念），但“关系”又是什么？该“关系”的含义能不能归于数并由数的含义来加以定义或解释？很显然不行，这表明那些符号是与数相提并论的东西。而且，那些东西有很多，有些可以由此及彼进行推演，但更多的则并不相干。即使是彼此可以推演的，但其含义也不能相互替代。比如都说“×”是由“+”派生出来的，举例而言，桌子上有3个苹果，如何得到这个3？有两个算法：一是“1+1+1=3”，二是“1×3=3”。似乎这两个算法是等价的，并且乘法是由加法派生出来。但是，“1+1+1”中的“1”指称的是“苹果”，而“1×3”中的“1”指称“苹果”，但3却指称的是3个“1”这个数字。如此一来，“1+1+1”中的“+”代表的是“1（个苹果）”、“1（个苹果）”、“1（个苹果）”之间的关系，而“1×3”中的“×”代表的却是“1（个苹果）”和“3（个1）”之间的关系——很显然这是两种不同的关系（“+”是同类对象之间的关系，“×”是不同类的对象之间的关系）。而且，只要有数字去指称对象，“+”两边的数字一定指的是同类的对象，“×”两边的数字一定指的是不同类的对象，因此两个符号必定代表不同的关系。而物理学中的数学公式既然被认为是描述了现实的世界，其中的数字及其运算符号又怎么可以“不指称对象”？至于像“大于”、“小于”这样的关系，其含义不仅从数概念中得不到的，也从四则运算的符号中推不出来的（在后面我们推演量的范畴时将看到，“大于”、“小于”与数概念源自不同的范畴，有着一个个数字所不包含的含义）。由此可见，众多的数学符号的意义也是众多的、不同的，如果把它们看作关系，则意味着数学公式中除了数概念之外还有众多的、不同的关系，它们与数概念相互独立且相互并列——问题始终在那里：那些符号所代表的关系之多、之不同究竟意味着什么？我们至少得到一个结论：一向被认为是纯粹的、不沾染经验内容的数学及其运算其实并不是纯粹的数，还包含了用数不能解释的别的东西。毕达哥拉斯在说“数是万物的本原”时，显然忽略了那些构成了数的运算的被理解为“关系”的符号。因为离开了那些符号，一个个数字并无多大的足以构造出万物的意义，而数作为本原又不能（如同我们从时间空间派生出“一个物”那样）派生出那些符号，因此关于本原，毕达哥拉斯似乎只能说“数及其关系是万物的本原”——这个表述又不像是在谈论那被理解为唯一的“本原”了。

另一方面，关系是一种范畴（无论是在亚里士多德或康德那里，还是在我们这里），而且因果性也是一种关系（因果性范畴被归于关系范畴）。这就令人迷惑了：反形而上学的人为什么反（作为“关系”的一种的）“因果关系”却又不反“关系”这个非数学的却更基础的东西？既然数学公式本身是“不纯粹”的，它不仅是接纳而且是离不开那些作为关系（或别的东西）的符号，那么为什么就唯独容不下因果关系？如此的厚此薄彼也是需要解释的。而且，谁能肯定在众多的不同的代表着“关系”的数学符号中，就没有一个符号指称着“因果性”这个关系？

这并非凭空想象，这里有一个例证。量子力学的奠基者之一的海森堡创立了矩阵力学，矩阵不满足乘法交换律的奇怪现象曾经让他百思不得其解，这就是著名的“$p\times q\neq q\times p$”，其中p是动量，q是位置。经过一番漫长且艰苦的思索，像是得到神启一样，海森堡突然意识到，$p\times q\neq q\times p$莫非就是要告诉我们，同时观测p和q是不可能的？因为，$p\times q$可以理解为先测量p再测量q，反之，$q\times p$则意味着先测量q再测量p，如果p和q不能同时获得精确的测量数据，那么，先测量一个再测量另一个，其顺序颠倒所得到的结果自然就是不一样的。这个理解直接导致海森堡得出了他那著名的“测不准原理”[①]。这件颇为戏剧性的事情说明了什么？说明在$p\times q\neq q\times p$这个算式中，“×”这个符号代表了某种具有因果性的含义，因为先测量p再测量q与先测量q再测

① 曹天元著，《量子力学史话上帝掷骰子吗》，辽宁教育出版社2008年版，第161-163页。

量p代表了不同的“前因后果”。当然，也许有人能给出其它的解释，但有一点是明确的：其中的意义绝不是仅仅依靠数或数概念就能得到阐明的——那么，一个“不纯粹”的数学表达式恐怕难以通过拒斥因果性来追求“数学化”的纯粹性吧。

第二节　现代物理学的反因果律的问题

真正让“确定的因果律”受到空前挑战的，是现代物理学特别是量子力学的前沿成果已经展现出无可辩驳的反因果律的现象和理论。这些现象和理论是如此令人信服，各种实验证据是如此不容置疑，有人用戏剧性的语言表述为这样一个“宣言”：因果性必须死，因为物理学需要生！[①]——在这样的背景之下，想要为因果性作出哪怕只是一点点的辩护，都会立即让自己生出“不自量力”的卑怯感来。但是，真的无可挽回了吗？令人稍感宽慰的是，那些伟大的物理学家们的物理理论、数学表达乃至实验证据当然是令人信服、不容置疑且令人赞叹、精美绝伦的，但是，当他们开始谈论因果性、因果律或因果关系等字眼时，却已经跨出了物理学的边界而进入了形而上学的领域——很显然，这些概念本身并不是物理学的研究对象，于是就有了这样的问题：那些物理学家们在物理学领域的权威性能否必然地确保他们在形而上学领域仍然拥有同等的不容置疑的权威性？更具体地说，那些物理学家们有没有在形而上学的领域中预先约定一个清楚明白的定义以便在所有的争论中清楚明白地使用“因果性”这个概念的语义？这恐怕是有疑问的吧。这就好比一个人非常崇拜作为物理学家的海森堡，却未必乐于接受他在治疗心脏病问题上给出的建议（就连关于铀235的“临界质量”，许多人也认为他是“真的算错了”）。当然，我宁愿相信，传统形而上学的领域是如此混乱不堪，在当时还没有做好必要的准备以迎接并款待那些伟大的客人，以至于只是仓促地拿出来一道不大像样的粗糙的点心，然后介绍说“这就是因果性”，于是客人们在不明就里的情况下开始品评这个“因果性”的奇怪味

① 曹天元著，《量子力学史话上帝掷骰子吗》，辽宁教育出版社2008年版，第201页。

道，口碑不佳，但实际上他们尝到的很可能是别的什么东西（并非真正的“因果性”）。也就是说，物理学家们提出的理论、实验观察到的现象等从物理学和数学的角度讲无疑是正确的（令人信服且不容置疑），但形而上学（或物理学家们所使用的形而上学）为它们提供用于解释那些理论和现象的概念则很可能是不恰当的。

这里列举四个例子，用以说明因果性范畴在现代物理学中的运用是错误的（至少是不恰当的）。对于量子力学等现代物理学的前沿领域，我深知自己的了解程度没有超出科普常识的范围，但是，这对我们正在谈论的问题来说已经是足够的。因为因果性范畴本来就是形而上学的东西，物理学家只需要对有关现象作出适合于以形而上学的方式去谈论的必要的描述就可以了，并不涉及现象背后的复杂的物理学或数学的内容，那些内容与我们的议题无关。如我们在绪论中说过的那样，人们是在什么意义上说因果律被现代物理学否定了，我们就在相同意义上为因果律作出辩护。

一、EPR佯谬。

爱因斯坦等三位物理学家为了证明量子力学的不完备性，设计了一个思想实验。他们设想有一个自旋为0的大粒子被分裂为两个朝相反方向飞出去的小粒子，为了保持总体守恒，两个小粒子的可能的自旋方向必定是相反的，一个为“左”，另一个必定为“右”，如果不去观测，每个粒子的自旋都处在一种左/右可能性叠加的混合状态，两种可能性的概率各为50%。现在我们观察粒子A，于是它的波函数一瞬间坍缩了，并随机选择了一种状态，比如“左”旋。但是因为我们知道两个粒子总体要守恒，那么现在粒子B肯定就是“右”旋了。问题是，在这之前，粒子A和粒子B之间可能已经相隔非常遥远的距离，比如说几万光年，它们怎么能够做到及时地互相通信，使得在粒子A坍缩成左旋的一刹那，粒子B一定会坍缩成右旋呢？爱因斯坦等人认为，既然不可能有超过光速的信息传递，那么说粒子A和B在观测前是“不确定的幽灵”显然是难以自圆其说的。唯一的可能是两个粒子从分离的一刹那开始，其状态已经客观地确定了，后来人们的观测只不过是得到了这种状态的信息而已，这与量子力学认为粒子的波函数只有在被观测时才随机地坍缩成一个粒子的说法是相违背的。这就是经过通俗化、形象化表述的EPR佯谬。

玻尔对此的反驳是，在观测之前，没有一个什么粒子的“自旋”。因为在没有定义观测的方式时，谈论自旋的粒子是没有意义的，它根本不是物理实在的一部分，不能用经典语言来表达，只有波函数可以描述。因此，在观察之前，两个粒子——无论相隔多远——仍然是一个互相关联的整体！它们仍然必须被看作母粒子分裂时的一个全部，直到观察以前，这两个独立的粒子都是不存在的，更谈不上客观的自旋状态。①

玻尔的解释得到物理学界的普遍认可，被公认为量子力学的正统观点。对我们来说，只想问一个问题：如果说玻尔的解释中用到了某个形而上学的范畴，该范畴应该是什么？特别值得注意的是，“两个粒子——无论相隔多远——仍然是一个互相关联的整体！它们仍然必须被看作母粒子分裂时的一个全部”，这个整体的全部的观念说明，两个粒子之“互相关联”的关系显然是协同性的关系而无关乎因果性。协同性和因果性（如前所述）当然是有关联的（比如在交互作用这一点上），但是，该关联绝不是说可以用因果性去替代协同性或者用协同性去替代因果性，它们是不同的范畴，有不同的运用——唯一能把它们统一并消解掉的，是它们的共同基质即时间空间的性质。当然，人们或许还不愿意接受本书对协同性和因果性的有关阐明（我猜原因主要是心理上的而非有依据的），那就回到康德的范畴表。康德清楚明白地把依存性、因果性和协同性并列为三个关系范畴，这三个范畴之间是不可替代的（尽管康德对协同性的阐释用到了因果性）——那么，关于EPR佯谬，玻尔的得到普遍认可的解释明明用到的是协同性范畴（如果一定要使用范畴的话），并非因果性范畴，又如何能用该现象当作“反因果性”的例证呢？或者说，EPR佯谬之所以被当作佯谬，就是把协同性范畴错误地当成了因果性范畴。

有研究者指出，爱因斯坦借助EPR佯谬所反对的，是量子力学的“非局域性”，即两个“纠缠”的量子在相距遥远的情况下能实现瞬时的信息传

① 曹天元著，《量子力学史话——上帝掷骰子吗》，辽宁教育出版社2008年版，第204-206页。

递，这违背了广义相对论中光速不可超越的原则。从“新时空观体系”的观点看，这个问题是不存在的。因为，在我们看来，空间并不是作为粒子的背景的先在的东西，它不是外在于粒子的，恰恰是粒子本身。如上所述，“两个粒子仍然是一个互相关联的整体！它们仍然必须被看作母粒子分裂时的一个全部”，只要两个粒子仍然基于协同性而构成母粒子的全部，那么在观测所引起的“坍缩”之前，它们并非“两个粒子”（因而谈不上“相距遥远”），而是像“类波”那样的“其小无内，其大无外”的“未完成的空间”（如上一章“时间持存性的意义和推论”中所阐释的那样），一个“未完成的空间”也谈不上有“长度”等概念，当然在其中也就谈不上有“超光速”的信息传递。

二、双缝实验。

再来看双缝实验。光的双缝实验最早由托马斯·杨在19世纪初提出，这个实验以光的清晰明确的干涉条纹无可辩驳地证明了光的波动的性质，从而奠定了长达两个世纪的光的波动说的主流地位。到了量子力学的时代，这个实验再次显示出光子、电子等微观粒子的某些相当诡异的特征。有关诡异之处，我们简单概括一下。首先，电子通过双缝时会产生明暗相间的干涉条纹，这些条纹的分布取决于两条狭缝的间距。其次，即使是一个电子通过双缝，虽然只会在屏幕上打出一个亮点，但是，亮点出现在屏幕上的什么位置，也是按照干涉模式的明暗光带的概率，比如有90%的机会出现在干涉条纹的亮带区，有10%的机会出现在干涉条纹的暗带区。这里的诡异之处在于：其一，一个电子只能经过一条狭缝，它在经过该狭缝时怎么会知道另一条狭缝的位置并且“自觉”地遵守两条狭缝所形成的干涉模式的亮点分布的概率？其二，在这个电子经过一条狭缝的同时，立即关闭另一条狭缝，这样，双缝就变成了单缝，这个电子经过单缝时将不会形成干涉条纹（不遵守干涉模式的亮点分布的概率）——问题是，当相隔遥远的另一条狭缝关闭时，这个电子在这条狭缝是如何得知并立即调整自己的运动方式的？对这两个问题，无论是把电子设想为一个粒子还是一个波，都难以解释。

如果要用形而上学的范畴来对这个现象做出解释，我们仍然只能运用协同性范畴（而非因果性范畴）。如同玻尔在EPR佯谬中所采取的方法，把一个电子、两条狭缝视为一个整体、一个全部（即前述由协同性所构成的复合物），把“一个电子在屏幕上形成一个亮点”当作用屏幕的感光材料来“观测”电子所得到的结果，那么，在电子到达屏幕之前（即被“观测”到之前），“一个电子、两条狭缝”是作为“观测”对象的整体而存在的，左右两条狭缝的间距、狭缝的开闭状态等都是构成这个整体的一部分，如此一来，对于“电子经过一个狭缝、同时另一个狭缝关闭”的情况，该电子无须被同时“告知”以便改变自己的运动方式，而是说，作为屏幕的观测对象，“一个电子、两条狭缝”与“一个电子、一条狭缝”原本就是两个不同的复合物，当然有不同的观测结果，而不需要假设“电子在经过一个狭缝时因另一个狭缝关闭而‘自觉地’改变自己的运动方式”这样的事情。因为，在电子到达屏幕之前（即形成观测结果之前），关闭一条狭缝或先关闭再打开该狭缝（甚至反复开合），都是无关紧要的。关键是，在电子到达屏幕从而形成观测结果的那一刻，该电子是来自“一个电子、两条狭缝”这个复合物还是来自“一个电子、一条狭缝”那个复合物，则必定是唯一确定的。而我们的所谓观测，其对象并非孤立的“一个电子”，而分别是“一个电子、两条狭缝”这个复合物和“一个电子、一条狭缝”那个复合物是两样不同的东西，其观测结果当然就是不一样的。

当然，物理学家之所以没有采用这个解释，原因或许在于，玻尔把两个相隔遥远的小粒子当作一个整体是可以理解的，因为它们本来就被设想为从同一个母粒子中分裂开来的两个部分，而电子、有狭缝的隔板明摆着是各不相同的东西，怎么能被当作“一个整体、一个全部”？他们如果接受了协同性范畴的意义，就会理解其合理性（这个解释要好于去想象某些神秘的超距作用）。既然太阳与地球等性质各异的各大行星能依据协同性形成“太阳系”这个复合物，电子、有狭缝的隔板共同构成一个复合物，也并非不可想象。

也许有人会说，不对吧，一只足球被直接射向球门，还是经过5个人的人墙被射向球门，对守门员来说，不都是“一个足球”吗？并不存在什么“一个足球与5个人的人墙”构成复合物的“整体”。差别在于，足球作为宏观物体，已经是“定型了的”，而电子作为微观粒子，（因其波粒二象性）是“未定型的”，两者没有可比性。

三、“延迟实验”。

约翰·惠勒在1979年提出所谓“延迟实验”，他通过改造双缝实验，用一种戏剧化的思路设想了一个被认为是否定了因果律的思想实验，仅仅5年后就在实验室里得到证实，因此，“因果律被否定”也成为一件被实验所证实的事情。

这个实验的基本思路是，用涂着半镀银的反射镜来代替双缝，一个光子有一半可能通过反射镜，一半可能被反射，这是一个量子随机过程，和双缝本质上是一样的[①]。“延迟实验”在表述上较为复杂，既然本质上是一样的，我们不妨仍然用双缝实验来重现“延迟实验”的过程。

刚才在双缝实验中谈到，以往认为，在一个电子经过一条狭缝的一刹那，同时关闭另一条狭缝，就等于是把双缝实验改成了单缝实验，电子就不应该遵守干涉模式的亮点分布的概率，这也需要电子在那一刹那间得知消息并立即调整自己的运动方式。现在，“延迟实验”发现，即使电子已经通过了两条狭缝中的一条，在它到达屏幕之前，如果还是把另一条狭缝关闭了，电子仍然会做出相应的调整，即从通过双缝的干涉模式调整到通过单缝的非干涉模式。这意味着原本应该是原因的东西（即关闭一条狭缝、让电子通过单缝），反倒在电子已经通过之后再做出决定、再发挥作用，而电子的反应仍然与之相符。人们进一步把这个思路运用到薛定谔的猫实验中，发现我们竟然能在实验结束之后再来决定猫是死是活。比如，原子在1点钟要么衰变毒死猫，要么就断开装置使猫存活。但如果有某个延迟装置能够让我们在2点钟来“延迟决定”原子衰变与否，我们就可以在2点钟这个“未来”去实际决定猫在1点钟的死活！[②]这听起来相当诡异了，却又是实验证实了的事实。人们

---

① 曹天元著，《量子力学史话上帝掷骰子吗》，辽宁教育出版社2008年版，第229-230页。

② 曹天元著，《量子力学史话上帝掷骰子吗》，辽宁教育出版社2008年版，第231页。

为此展开想象，提出所谓“参与性宇宙模型”、增强版的“人择原理”等解释。实际上，这里面有两个问题：首先，这件事仍然没有因果性的份儿，所能用到的范畴仍然是协同性；其次，我们必须澄清，我们用到的诸如1点钟、2点钟或者之前、之后等等，这些时间到底是谁的时间？

按照刚才的表述，把“电子、有狭缝的隔板”当作一个整体、一个复合物，电子与有狭缝的隔板之间是协同性的关系，并非因果性的关系。我们“观测”到这个复合物是在电子到达屏幕、在屏幕上出现亮点的时候，在那之前，“电子、有狭缝的隔板”这个整体是“不定型”的（隔板固然是定型的，但电子的波函数在坍缩之前是“不定型”的，因此，这个整体就是“不定型”的），这当中到底是电子经过一条狭缝之前、之际或之后关闭另一个狭缝，都是这个整体的内部的事情，不管是哪一种情况，在被“观测”之前，这个整体仍然是“不定型”的——“之前”、“之际”和“之后”的动作不能改变整体的“不定型”的性质，因为只有“观测”能改变，那个动作与“观测”无关。换个角度看，所谓“之前”、“之际”和“之后”是时间的前后相继或同时并存的含义，我们要问：这个动作的前后相继或同时并存所依据的是哪一个时间？当然是实验者的时间，这个时间显然不是“电子、有狭缝的隔板”这个复合物的时间，而对一个“不定型”的东西来说，既无空间可言，当然也无时间可言（否则它就已经在时间空间中“定型”了），因此这三种情况所带来的“不定型”的整体是无差别的（无时间的前后之分），它在电子到达屏幕时被观测到的当然也就是同一个东西——虽然“先关闭狭缝”与“后关闭狭缝”对实验者而言看起来像是两件事情。“电子、有狭缝的隔板”这个整体（复合物）的时间是什么时候开始的？当然是作为一个对象被观测到的时候[①]。

同样地，在“延迟”后的猫实验中，我们也要问：所谓“1点钟”、“2点钟”是谁的时间？当然（也只能）是实验者的时间，而并非箱子里的那个

---

① 要说这里的“时候”是什么意思，我们可以理解为观测者的时间中的“时候”。一个被组装好的汽车在北京时间某年某月某日的上午10点下线了，于是我们说该汽车的时间是开始于北京时间的那个时候。

猫的时间（如同那一个电子跟隔板形成一个“不定型”的整体一样，它也与处于衰变-不衰变叠加态的原子构成“不定型”的整体）。所谓“我们就可以在2点钟这个‘未来’去实际决定猫在1点钟这个‘过去’的死活”中的“未来”和“过去”，只是以实验者的时间去“想象”猫的时间中的“未来”和“过去”。整个实验的过程其实是：实验者自己的时钟走到了2点钟，按照他的计算，他现在做一个决定，让猫在1点钟死掉（他相信自己做此决定时猫在1点钟还“生死未卜”）。于是，他打开箱子，发现猫真的死了。但是，他是怎么知道猫一定是在他的1点钟时死掉的而不是在打开箱子之际死掉的呢？他无法回到自己的1点钟去检查，也无法预先在1点钟时设置某种可供观测的信息——那样的话，猫的生死在那时就已经被决定了。他仍然只有依据上述“延迟实验”的原理，推想出“我在2点钟关闭一条狭缝就能决定在1点钟经过狭缝的电子的行为”等理由。但是，同样地，如上所述，既然“猫、衰变-不衰变叠加态的原子”是一个“不定型”的整体，本身无所谓时间的之前或之后，实验者只是以自己的时间推想出“我在2点钟决定原子在1点钟衰变，因而猫是在1点钟死去的”，这一切在“不定型”的整体的内部并没有按照这个顺序发生过（因为1点、2点并不是这个整体自己的时间），而这个整体从“不定型”到“定型”的转变只发生在被观测的那一刹那（否则意味着除了观测还有别的因素能使波函数坍缩）。可见，猫即使是被判决为在实验者的1点钟死去，它其实仍然能一直活到实验者打开箱子观测的时候。实验者在2点钟决定的其实是在实验者的2点钟时“猫、衰变-不衰变叠加态的原子”这个整体是什么，而这个整体（如他所愿）成为什么时，总是在被观测的时候才会发生，也即在被观测时该整体作为复合物才作为一个对象（一个时间）显现出来。实验者当然是在做出决定之后才打开箱子观测，如果猫能活到打开箱子的时候，即使是按照实验者的时间，也没有违背前因后果的顺序。也就是说，即使在实验者的时间中把“实验者做决定”与“猫死去”看作因果关系，也没有违背前因后果的因果律。

按照以上分析表明三点，一、“延迟实验”并没有否定因果律，因为里面的关系不是因果性而是协同性；二、所谓在“未来”决定“过去”，所依据的时间只是实验者的时间，与实验对象的时间无关——这是依据“新时空观体系”所提出的“一个物是一个时间，不同的物是不同的时间”的新观念；三、如果换一个角度，我们是把“实验者做决定”与“猫死去”当作一对因果关系（而不是把“原子衰变”与“猫死去”看作一对因果关系），这两者在实验者的时间中也未违背前因后果的顺序。

四、镭原子发射α粒子。

如前所述，海森堡在《物理学与哲学》一书中用微观粒子的现象反驳康德的因果性范畴。他列举的例子是镭原子发射α粒子，他说：因果律“在原子物理学中也正确吗？让我们考察一个能够发射出一个α粒子的镭原子。发射α粒子的时间不能预测。我们只能说平均起来辐射将在大约两千年内发生。因此，当我们观测发射，我们并不实际寻找那个使得发射必定按照某种规律随之发生的居先事件……对这个问题可以作出两个可能的答案。一个是：根据经验，我们确信量子论的定律是正确的，如果这样的话，我们知道，作为发射在一个给定时间发生的原因的居先事件是无法找到的。另一个答案是：我们知道居先事件，但并不十分准确。我们知道，引起α粒子发射的是原子核中的力。但是，这种知识中包含了原子核与世界的其余部分之间的相互作用所带来的不确定性。如果我们想要知道为什么α粒子在那个特定时间发射，我们必须知道包括我们自身在内的整个世界的微观结构，而这是不可能的。由此可见，康德关于因果律先天性的论证就不再成立了”[①]。

要谈这个问题，必须先行抛开海森堡（作为反面意见）提到的“从逻辑上说，完全有可能寻找这样一个居先事件，我们不必因为迄今为止还没有人发现这种事实而沮丧失望”的说法——这个说法十分无趣，并且承认量子论的定律的正确性来自于“作为发射在一个给定时间发生的原因的居先事件是无法找到的”。这样一来，就“镭原子发射α粒子”这件事就找不到或没有原因来说，康德原有的因果性范畴的确“不再成立了”。但是，因果性范畴是可以（在康德的基础上）进一步发展的，根据我们对因果性范畴的更为准确的定义，海森堡的这个例子仍然与因果律没有冲突——因为它仍然是对因

① [德]海森伯著，《物理学和哲学》，商务印书馆1981年版，第53–54页。

果律的误用。

同样需要警惕的是，把因果性范畴运用于“未定型”的微观粒子，是否存在把协同性与因果性相混淆的问题。依据我们对因果性的界定，因果关系是发生在物与物之间的。而“未定型”的微观粒子能否或在什么条件下得以作为一个物而显现出来，是需要预先加以确认的，否则就谈不上因果关系，而有可能（如前面的例子那样）只是错把协同性当成因果性了，其结果就是把一个对象（需要借助协同性来）形成之前的东西混同于形成之后才有的东西。

在第十一章，我们在因果性范畴的基础上提出了“自因”的概念，即：自因是一个因果链的开端、自因就是时间相继性的力（生长性和随机性的力的叠加）。既然“镭原子发射α粒子”这件事不是因为其它粒子施加作用力的结果，而是由自身内部的因素引起（按照原子物理学，“引起α粒子发射的是原子核中的力”），那么，这件事就不适用于“发生在物与物之间的因果律”，而只应当被看作是镭原子自身生长的结果，其中起作用的就应当是作为自因的镭原子的生长性和随机性——在我们这里，生长性、随机性是与因果性、协同性相并列的范畴。进一步看，为什么时间相继性这个自因使得镭原子发射α粒子的时间不能预测？因为这个力中既包含了确定的生长性差异，也包含了不确定的组合性差异即被我们确立为范畴的随机性——在这个基础的力中，组合性差异是纯粹意义上的“随机事件”，是随机性的“几率”。海森堡说，量子论的“中心概念是几率函数，或者如数学家所称呼它的‘统计矩阵’”[①]。我们要说的是，作为一切现象的自因中，本身就包含了随机性这个范畴——这是我们在康德先验哲学的框架内通过严格的推演所得到的结论，与海森堡在否定因果律时所使用的“几率”等概念是完全一致的。因此，被海森堡当作否定因果律的“几率”的不确定性等理由，在我们看来是不成立的——我们已经解决了因果的必然性与自由的不确定性之间的矛盾冲突，使得因果律与自由在知性范畴的体系中得以并行不悖。

① [德]海森伯著，《物理学和哲学》，商务印书馆1981年版，第62页。

综合上述分析，现代物理学有必要重新思考已经取得的理论和实验成果的形而上学意义。我们不怀疑那些成果的正确性，而是怀疑在那些成果当中因果性范畴是否得到了准确的运用。我们有理由相信，以往关于“现代物理学反对因果性范畴”的说法是不成立的。反过来看，我们在“新的时空观体系”中依据其自身的原理所获得的成果（如因果性、协同性等范畴），恰恰是与量子论等前沿科学的观念相符合的，使得后者为我们正在讨论的“新时空观体系”提供了经验事实的支持。这不能不说是一件令人鼓舞的事情。

新时空观体系的超越与建构：康德哲学新探

（下册）

贵州出版集团
贵州人民出版社

目 录

（下册）

第十四章　量的范畴及其阐明

在前面，我们已经针对时间的相继性、并存性和持存性的意义分别做了研究，得到生长性、随机性、依存性、协同性、因果性等范畴。在这一章，我们来确立量的范畴，并做出必要的阐明。在推演量的范畴之前，有个问题，即："量"这个词从哪里来？或我们何以会想到它？在康德那里是没有这个问题的，因为他的范畴表直接从逻辑机能表转化过来，然后分别对四组范畴予以命名（即分别命名为量、质、关系和模态范畴）。现在看来，当我们说时间空间既是形式也是质料，或者说时间空间互为形式和质料，显然需要具体指出什么是形式、什么是质料——在这里，我们从一般意义上来说，量的范畴就是形式，质的范畴就是质料。

按理说，量应该作为最早推演出来的范畴，因为它能以最简明的方式从时间空间的样态中直接推出，其它的范畴则需要预先对时间空间的诸多性质做出阐明之后才能确立。不过，我们在前面先研究了时间的相继性和并存性的样态，这主要是能让我们更快地进入到由时间空间生成一个物及其性质的环节，因而能更快地展现出由时间空间生成一切现象的可能性，以避免在这个最令人关心的议题展开之前把过多的篇幅用于相关的准备。因此，我们在前面先使用了量的范畴（用到"一"、"多"的字眼）。好在量的范畴（如本章所展示的那样）是从时间空间的样态中直接推出，不需要以前面几章的成果作为依据，前面的使用不影响我们现在要展开的推演。

在推出范畴的过程中，我们也将推出数的概念，并对量与数的关系予以澄清，这为我们在下一章探讨数的本质及自然数的生成机制做好必要的准备。

第一节　量的范畴的推演

量的范畴直接来自时间空间的样态，部分是基于直观（如康德那样），部分是基于样态的综合（即叠加）。这当中用到了前面作为初始条件被提出来的“时间空间样态的叠加性和还原性”的原理。我们将分别从空间的样态和时间的样态得到“空间的量”和“时间的量”——这个区分是以往所忽略的。我之所以对每个量的范畴予以说明，是因为它们与康德意义上的量的范畴还稍有不同。

一、单一性。

单一性是如此基础的范畴，我们根本不能（也无须）“下定义”，而是在依据我们的直观能力所能获得的对象中直接予以指认：

空间的点的直观[①]就是单一性。我们能够区分并说出“点”，首先是我们对空间有单一性的直观能力，其次是空间有与单一性相对应的对象（即作为空间样态的“点”）。于是，我们在空间中获得“这个”、“单个”、“个体”的认识（我们总需要用一个词来述说对单一性的那种直观），并非先有“这个”等语词，而是我们先有对单一性的直观的领会，然后需要用某个词来述说该领会（后面的情况也是如此）。

时间的相继性（时间序列）中的“单位”，如康德在图型法中所说、时间序列中“一个单位一个单位”数出来。首先，此时还没有“一”或“1”，作为数字，还需要后面的推演，因此不宜使用“一个”这个数词；其次，此

① 因为基于共同的基质（时间空间），人的思维与外部对象是同质同构的，因此，人通过思维中的反思，也能获得对世界的某些认识（人本身就是世界的一部分）。严格说来，空间的点是没有面积、没有规定性的，我们无法直观到，但我们可以借助反思来认识它。不过，我们能在几何学中直观到线以及线与线的交叉，从某种意义上讲，我们也能直观到点（即线与线的交叉之处）。

处的“单位”，容易让人混同于计量单位的“单位”（如弗雷格在《算术基础》一书中讨论“关于单位和一的看法”时所谈的计量单位或概念），实际上指的是“时刻”、“瞬间”，如同我们能够领会并区分出空间的“点”一样，我们也能够对时间区分出“这时刻”、“那时刻”、“之前”、“之后”[①]，那么，我们总需要一个词来述说我们对时间区分出来的“这时刻”、“那时刻”、“之前”、“之后”，于是，康德用了“单位”这个词，但为了避免与计量单位的“单位”纠缠不清，我认为用“时点”这个词比较好（明确与空间的点的对应关系）。由于“时点”不是计量单位，不存在“单位是否彼此相等”的问题——问“这时点”与“那时点”是否相等，就如同问“这个点”与“那个点”是否相等一样，是没有意义的。简言之，我们只是需要用一个符号（这里用的符号就是“时点”）来表达我们对时间中的某种瞬间的直观，而这个直观就是单一性，也即：当我们在时间中区分并说出“这时刻”、“那时刻”或“之前”、“之后”时，我们依据自身的直观能力就获得了时间的单一性。于是，我们在时间中获得“这时”、“时刻”或“瞬间”的认识——同样，我们总需要一些词来述说对时间的单一性，这就有了“这时”、“时刻”或“瞬间”等。

分别从空间、时间中得到的“这个”、“单个”、“个体”或“这时”、“时刻”、“瞬间”，就是单一性范畴。对比一下，如果我们没有对空间的单一性的直观能力，面对一幅画、一张照片，我们将只能看到一堆斑驳纷乱、模糊不清的色斑、色块（甚至不能理解色块与色块的界限），而不能分辨出其中的“这个东西”。如果我们没有对时间的单一性的直观能力，对于连续敲击的钟声，我们将只能听见连续不断的嗡嗡声，而不能分辨出其中的“某次钟声”。单一性的重要性由此可见一斑。

---

① 任何人无法“假装”不理解“这时刻”、“那时刻”或“之前”、“之后”然后要求我们做出解释，那样的话，他还得继续“假装”不理解“时间”（这就没有谈下去的意义），因为离开了“这时刻”、“那时刻”或“之前”、“之后”，我们如何谈论“时间”？

二、多数性。

在空间上，空间的位差样态使一个一个点呈现出差异，即不仅有“这个点”，还有“那个点”、“这些点”、“那些点”。比如单一性让我们看到“·”的一个点，现在有位差的叠加，我们看见了“·、·、·、·、……”，我们的直观不再是“这个点”、“这个点”、“这个点”、“这个点”……而是囊括起来的“多个点”。于是，直观从“这个”提升到“这些”，得到多数性。既然是直观，“多个”点是我们一眼看见就领会到的，而不是一个点一个点地数过、再累计而得到的“多个”点。也正因为如此，我们一眼看见就领会到“·、·、·、·、……”与“·”是有差异的，而这个差异之处就是“多”——既然有差异，我们总需要用一个词说出其差异是什么，这个说出来的差异就是“多”，即前者比后者“多”。比如眼前有若干个苹果，相比“单个”苹果，任何人看了一眼就知道是“多个”苹果，而且“多个”苹果比“单个”苹果要“多”。对人的直观能力来说，“多个”比“单个”“多”出来的“东西”以及对那个“东西”的领会，就是空间上的多数性范畴。

在时间上，时间序列中“一个时点一个时点”前后相继呈现，作为内感官的形式，我们的记忆力保留着“之前”的时点和“之后”的时点，时间的并存性将这些单位在意识中并列起来，由此从“单个”得到“多个”。时间中的“单个”和“多个”，好比一个人在漫不经心的时候听报时的钟声，单一性让他“听出”一次一次钟声（而不是连续不断的嗡嗡声），多数性则让他“注意”到不是“某次”钟声而是“多次”钟声，而且“多次”钟声比“某次”钟声要“多”。对人的直观能力来说，前后相继的“多个”比“单个”“多”出来的“东西”以及对那个“东西”的领会，就是时间上的多数性范畴。

正是有了对多数性的直观，我们能够实现量的对比。我们设想给一台计算机输入有“·、·、·、·”的图案和“·”的图案，除非我们预先在程序上做出设定，否则计算机将无法做出相对大小的判定。反观一个动物，在争夺食物时，面对一大一小的两块或两堆，该动物将会选择大的那一部分，或者对个头比自己大的对手选择躲避，对个头比自己小的对手则选择攻击等，这些都说明动物具有量的对比的能力。动物不会数数，更不会计算，但能够做出量的相对大小（多少）的对比。这从一个侧面说明量的对比是一种直观能力，而非知性判断的结果。在日常生活中，面对两堆苹果或两头牛，我们并不是在一个个数过那两堆苹果才知道哪一堆更多（或相当），也不是在分别称过那两头牛的重量之后才知道哪一头更重（或相当），都是通过一目了然的直观。可见，多数性让我们实现从“单个”到“多个”的领会。

这里需要强调的是，多数性是对比的直观。“·、·、·、·”本身无所谓“多”，只有与“·”对比之后才能获得“多”的直观。如上所述，把“·、·、·、·”这些点的图案输入计算机，如果程序只告诉它识别“·”的方法（计算机仿佛因此获得了“单一性”范畴），那么它只能把这个图案“理解”为“·”、“·”、“·”、“·”，而绝不能“理解”为“·、·、·、·”比“·”要“多”——以计算机为例子，把我们不言而喻地拥有的诸多直观能力拆分开来，就容易看出其中的区分和由此及彼的层次。同样，多数性范畴让我们能一眼看出“·、·、·、·”比“·”“多”，这个对“多”的领会也让我们能一眼看出“·、·、·、·”比“·”“多”、“·、·、·、·、·、·”比“·”“多”等等。

三、由多数性、单一性派生来的数概念及第一个数“1”。

让我们进一步来看。我们已经能领会“多”，但是，“·、·、·、·”比“·”“多”显然又与“·、·、·、·、·、·”比“·”的“多”有差异（而我们能够分辨出“差异”），也就是说，我们不仅能够领会一个比另一个“多”，而且还能领会到这个“多”比那个“多”要“多”——这个“多”比那个“多”“多”出来的那个差异是什么？就是数——我们仍然是需要用一个词来述说“多”与“多”的直观的差异（也即多数性范畴所统摄的对象的差异），我们称之为“数”，也即以往所说的“数性”、“数觉”或“数概念”。也就是说，我们领会到，“·、·、·、·”比“·”“多”与“·、·、·、·、·、·”比

“·”的“多”的差异就是“数”的差异。这个“数”还不是具体的“1、2、3”那样的数字。对我们的认识能力而言，它是我们对“数”的直观领会，即主观的领会；对外在的对象而言，它是由多数性范畴所统摄的对象之间的差异，即客观的性质——“·、·、·、·”比“·”“多”与“·、·、·、·、·、·”比“·”的“多”的差异是客观的。由此，我们从多数性得到了“数”或“数性”。当然，“·、·、·、·”比“·”“多”与“·、·、·、·、·、·”比“·”的“多”的差异，也就是“·、·、·、·”与“·”和“·、·、·、·、·、·”与“·”在多数性上的差异——如此一来，更简明的表述即是：多数性就是数性、数概念。我们只有具备对“多”的领会，才能获得对“数”的领会（即如果不理解“什么是多”，就无法理解“什么是数”）。

更进一步讲，我们最初是从“多数性比单一性‘多’”中获得了“数性”——没有比这更基础的对比，既然是“多数性比单一性‘多’”生成了“数性”，我们有理由认为多数性和单一性都具有“数性”。由于多数性的“多”是对比的结果，既然是对比，就必须要有一个对比的参照（当我们说“多”时，总需要注明是“比某某多”，这个“某某”就是参照），于是我们约定，单一性的“数性”对应着“1”这个参照——同样，我们也需要有一个词来述说单一性的“数性”，于是称之为“1”这个数。这样一来，对于“多”这个词，即使我们不明确指出“什么比什么多”，我们仍然能理解它的含义——因为“多”隐含的对比是“1”（中文书写是“一”）。也就是说，“一”与“多”构成最基础的对比关系[①]。

前面我们曾提到，仅仅是单一性范畴，我们还不能用“一”或“一个”这个词（如不能对时间使用“一个单位一个单位”的表述），因为作为数词，“1”或“一”是需要被推出来的。单一性对应的是“这个”、“单个”或“个体”这类词，单一性（经多数性而获得）的“数性”对应的才是“1”或“一”这个数词。

① 在这里，我们从量的范畴、从“数性”或数概念所推出的第一个数字是1。我们将在后面从1这个数推出其它的数。

至此，我们从多数性推出了“数”（或“数性”、“数概念”），从多数性和单一性推出了“1”这个数。如果下一个一般性的定义，我们可以说：数是多数性的显现方式，1这个数是单一性所对应的数。

这两个定义或许不是数学或逻辑学惯常的表述方式。这是因为数学本身不需要一个“数概念”（它可能需要对1、2、3等具体的自然数的解释，但不需要一般意义上的“数概念”，因为它本身就建立在“数概念”的基础之上，不能反过来去定义“什么是数”）；逻辑学也无法给出比这更基础的定义，因为这两个定义是基于范畴，而没有比范畴更基础的概念了。也许有人会引述弗雷格关于“‘多’、‘集合’和‘众多’这些表达由于不确定，因而不适合用来解释数”[①]的叙述来反对这里把“数概念”归于多数性的做法。“多”的确是“不确定”的，它的确不能用来解释任何一个具体的数字（因为它是对比的概念），但用来解释“数概念”却是“唯一之选”。因为一是没有比范畴更基础的概念可用于解释数，二是只有领会到“一些比另一些多”，才能领会到“数概念”。在这里，我们得到了两样东西，一是数性或数概念，二是1这个数，前者是等价于多数性的直观，后者是1这样的数字。为了便于区分，我们在后面将用“数概念”表示作为直观的数性，而用“数”表示1这样的一个个数字。

再进一步说，既然有了“数概念”、有了“1”这个数，计量单位这个词就容易下定义了：既然是计数，那当然是以“1”这个数开始，而所谓计量单位或单位，就是依据单一性而能被称为“一个”或“1”的东西。这个“单位”的定义，消除了弗雷格在《算术基础》一书中以往的“著作家”关于“单位”的定义的全部疑难。

四、全体性。

在空间上，位差把点区分开来，多个点结合多个位差，形的样态把点和位差综合起来，就得到“一个形”。就好比单一性是“·”，多数性是“·”、“·”、“·”、“·”、“·”……对这多个“·”的综合就得到“……”，这是作为“一个形”的黑点并列的图案。这是从“多”（“多

① [德]弗雷格：《算术基础》，王路译，王炳文校，商务印书馆1998年版，第65页。

个点”）在更高的概括的层次上回到“单个”（“一个形”），是空间中的全体性范畴。简言之，全体性就是综合的单一性。

更进一步，一个形中的诸多位差（形是由诸多点和诸多位差综合而成）再单独综合起来得到“一个位差”，就是形的量的概念：长度（或另外的名称：宽度、高度）。长度是空间的量，也是由空间的全体性派生出来的概念。

在时间上，时间序列在意识中并列的“多个”时点，因时间的持存性而都在同一个时点呈现出来，形成综合。从A时点“持存”到C时点，是不同于从B时点“持存”到C时点的。既然单一性的时点对应的是1这个数，要区分从A时点“持存”到C时点与从B时点“持存”到C时点，显然就需要别的数（此时我们已经有了“数概念”），那么，从B时点“持存”到C时点可以理解为“1、1”的综合——我们用一个符号2来表示这个数；从A时点“持存”到C时点可以理解为“1、1、1”的综合——我们用一个符号3来表示这个数。直观上看，时间的持存性的显现就是各个时点的综合。到了这一步，就达到了康德在图型法中所说的“数是对一个单位一个单位（同质单位）连续的相加进行概括的表象”。比如3这个表象体现了“1、1、1”这三个时点被综合、累计为“一个表象”、“一个数”。简言之，时间的持存性对前后相继的时点发挥了综合的作用。这也是从“多”（“多个时点”）在更高的概括的层次上回到“一”（“一个数”），是时间上的全体性范畴。

这里有三个问题需要进一步说明：首先，为什么全体性对“一个时点”、“一个时点”……的综合所得到的是一个数（而不是别的某个词）？这是因为，前面多数性（与单一性的对比）已经生成了数概念，“一个时点”、“一个时点”……的综合具有多数性，也就具有数概念，对它们的（基于全体性的）综合所得到的当然也就是具有数概念的东西。到目前，与单一性有关的有两个词，一是“这个”这个代词，二是“1”这个数词。“一个时点”等价于“这个”，对各个时点的综合，就等价于对“这个、这个……”的综合，这个综合得到的不能仍然是“这个”，因而只能是某个具有数概念的东西，也即“一个数”（像单一性的数性所对应的“1”那样的数）。

其次，一个时点一个时点的综合为什么会得到2、3、4等不同的数？原因在于，由于我们具备分辨出差异的能力（作为初始条件的对“相同与差异”的直观能力），“1、1”、“1、1、1”、“1、1、1、1”、“1、1、1、1、1”……是不同的综合，既然是不同的综合，我们总需要用不同的数来与之对应，于是我们分别用“2”、“3”、“4”等不同的数词来与不同的综合相对应。我们在前面已经得到了“1”这个数，在此，我们把从1开始的“1、2、3、4……”这样的数称为自然数。这里要强调，并非我们脑子里本来就有“数词”这个概念、用它们去述说“1、1”或“1、1、1”等的综合。这里的顺序是，我们先从多数性获得了数概念，再从单一性获得第一个数“1”，而“1、1”或“1、1、1”等的综合所得到的无疑也是数概念的东西，“1、1”明摆着不同于“1”，于是我们就设定另一个数词2来与之对应，并以此类推得到3、4……。

第三，是不是所有的自然数都是“一个时点一个时点”综合而成？我们不下此断言。因为，我们是基于全体性来获得一个数，而全体性是直观，我们能不能直观到像37863这样的数（如弗雷格批评康德的那样）？是有疑问的。这里能够确定的是，其一，我们依据直观可以得到1、2、3、4等这些“小的数字”。简单地讲，人有十个手指头、十个脚趾头，说我们能直观到10以内的数字，应该是没有异议的；其二，我们无须一概而论地说，所有的数都是由直观得来的。康德的问题是他没有意识到数概念也是需要定义的，他把数以及数概念当作先天的无须说明的东西。这样，他既然把数归于直观，就不得不把所有的数都归于直观（否则就需要解释37863这样的大数何以不同于1、2或3这样的小数）。我们从多数性推出了数概念，也设定单一性所对应的数就是第一个数“1”，因此，我们完全可以依据多数性和1这个数派生出所有的自然数：有了1这个数，依据多数性我们能够设想“比1多1的数是什么”，于是得到2这个数；同样我们也能设想“比2多1的数是什么”，于是得到3这个数，依此类推，得到任何一个自然数（更准确地说，我们“依次类推”得到了若干若干的数，我们把这样得来的数称为“自然数”）。这个问题很有趣，我们甚至可以问“我们为什么能设想‘多1’的数是什么”。对此，我们将在下一章“算术是如何可能的”再进一步探讨——我们将提出一个从1开始生成所有自然数的更加完备的机制。

我们在前面给“数概念”和“1”这个数下了定义（即数是多数性的显现方式，1这个数是单一性所对应的数），在这里，我们也给数字或数词做一个一般性的表述：每个数都是单一性、多数性和全体性的综合。比如，如何解读3这个数？首先，基于多数性，我们领会到“3”是“数”（或具有“数性”）；其次，基于全体性，我们领会到“3”是“1、1、1”的综合（或者不无繁琐但更准确地表述为时间的相继性中的“一个时点，一个时点，一个时点”的综合）；第三，基于单一性，我们领会到“3”是“一个数”。

此外，我们也可以用时间的数来表达空间的长度（如上所述，长度是空间的量）。当我们以某个长度作为单位（即基准长度）去丈量其它的长度时，得到的就是该基准长度的一个单位一个单位的综合。在这当中，先是一个单位一个单位的丈量的过程，就是一个前后相继的过程；其后“一个单位一个单位的综合”，也与时间序列的一个时点一个时点在持存性中综合起来的过程是一样的，因此也形成了数，该数（附带上该基准长度的单位）成为该长度的度量。

概括地讲，无论是空间还是时间的全体性，都是从单一性提升到多数性再回复到单一性的过程。也就是说，全体性在空间的形和时间的持存性上完成了对“多个点”、“多个单位”的概括之后，其表象也是单一性。

以上是对量的范畴：单一性、多数性和全体性的推演。其中，我们也得到了数概念以及各个数字——康德在《未来形而上学导论》中说得很明确：“几何学是根据空间的纯直观的；算学是在时间里把单位一个又一个地加起来，用这一办法做成数的概念”①，只不过我们在此把数的概念具体实现出来，这仍然是一个有意义的进展，即我们明确而具体地依据量的范畴得到了

① [德]康德著，《未来形而上学导论》，李秋零译，第26页。

数的概念。此外，我们是分别从空间的样态和时间的样态推出三个量的范畴的，这个做法将有利于我们厘清量与质的关系。对此，我们稍后阐明。

第二节　量的阐明

我们得到上述三个量的范畴，有以下五个方面需要进一步阐明：

一、上述量的范畴的涵义与康德的量的范畴稍有不同。

比如全体性，康德原有的全体性范畴受制于逻辑机能表中对应的单称判断的意义的约束，似乎只能从单一内涵对应着足够广泛的外延的角度去理解，似乎只能是某一类具有同质化特点的对象的全体的囊括。实际上，只要设想一下面对感性杂多的初始状态，其时还没有概念，何来内涵与外延之说？真正具有普遍意义的全体性范畴，是相对的全体性，而不是绝对的全体性（人对“绝对”并无直观），是体现了意识对一个一个经验性表象的综合能力。这个能力来自于空间的形和时间的持存性的样态，因此，凡是我们能从中领会到空间的形和时间的持存性的对象，也都适用于全体性。比如，把一个个学生综合起来，就得到一个“班级”的概念；把“1、1、1”综合起来，就得到一个“3”。全体性既体现了是人的知性对感性杂多的综合、统摄的能力（这是从认识论的角度讲的），同时也体现了时间空间本身具有使感性杂多从“多数”成为“全体”的内在倾向（这是从本体论的角度讲的）。

当然，从一般的意义上讲，包括前面已经得到的量等范畴以及后面将要得到的质等范畴，我们与康德的范畴的根本区别在于，在康德那里，范畴是知性概念，是“先验自我意识”的诸条件，但在我们看来，范畴是以时间空间为基质的一切现象的性质，是在现象当中的东西。

二、来自时间样态的量和来自空间样态的量的不同意义。

量的范畴分别独立地形成于空间和时间，说明空间和时间都自在地具有量的属性，分别对应了我们在几何学意义上对“长度”的直观和在算术意义上对“数”的直观[1]，也意味着并非“空间在时间中”或“时间在空间中”才具有量的属性。上述多数性范畴推演中有一个地方容易被误解，似乎位差的样态之所以使点呈现出“多”个，是因为多个点在时间中“同时并存”才得以显现为“多”。这里与时间无关。因为位差作为空间样态本身就潜在地包含了“多”（前文对“位差”的解释就是“形成间距的能动性”，如果不包含“多”，何来“间距”？），只不过通过与点的样态的叠加（体现出“点与点的间距”）使之显现出来而已。时间那一边的多数性同样如此。这就再一次澄清了空间和时间的关系中诸如我们对一所房子的空间的领会需要“综合”在时间中从左到右的知觉的杂多之类的错误观念——除了我们已经指出过的“空间是直观不是综合”之外，在经验对象那里似乎是通过观察“拼接”而来的“总体大小”，但从先验概念来讲，我们之所以能“拼接”出那个量，是因为空间本身就具有量的属性，与时间中前后相继的观察没有关系。量在时间空间作为主观性状被赋予感性杂多时就“一并”赋予它们了。

三、量的“同质化”特征。

对于量和质的关系，康德多次明确指出，量的对象是“同质化的东西”或“同质的单位”。既然对象是“同质化的东西”，那说明“质”不在其描述的范围内。我们不妨进一步探究：为什么量只能针对同质化的东西而不能针对不同质的东西？这在经验范围内是习以为常的，比如同样是苹果，我们能说“两个”（苹果），如果遇到一个苹果、一个香蕉，我们也能在“水果”这个相同的质上说“两个”（水果）；但很显然，一个苹果是不能与一首乐曲、一个想法合在一起而计量出“两个”什么的——这是为什么？另一方面，虽然是不同的质，但都能显现出同样的量。如果把量、质都看作表象（却是不同质的表象），那就是说：量的表象总是伴随着质的表象——这又是为什么？或者说是何以可能的？

[1] 在上面的推演中，数概念来自多数性，并没有区分空间样态和时间样态的多数性，这里为什么要作出这个区分？是因为在后面“算术是如何可能的”那一章，我们将进一步根据时间的相继性从数概念中得到数字，而空间的样态却无法得到数字。因此，这里提前作出空间的量范畴对应几何学意义上对“长度”或“大小”的直观而时间的量范畴对应算术意义上对“数”的直观的表述。

如前所述，时间空间既是形式，也是质料。当它们作为质料时，显然，时间与空间就是两个本源的质，两者之间的不同，就是最基础的质的不同（在质上的不同，没有比时间与空间的不同更为基础的了）。再看上述三个量的推演，它们都分别独立地形成于空间的样态和时间的样态，这说明：从量的源头上决定了它的对象只能是“同质化的东西”——即空间的“点”只能与空间另外的“点”（而不能与时间的“时点”）构成多数性、全体性，反之，时间的“时点”只能与时间另外的“时点”（而不能与空间的“点”）构成多数性、全体性。这就解释了量的范畴在其运用中的“同质化”特征。

四、时间序列的生成。

康德在谈时间的相继性时，直接把相继性等同于时间序列。这没有问题，毕竟，前后相继的时点本身就构成一个序列。不过，如果更细致一点，我们可以认为相继性只是表达了时间的前后相继，时间序列的内容要记录前后时刻，也只能写成“一个时点，一个时点，一个时点……”或“前，后（前），后（前）……”——以某个时刻作为“之前”，其余的时刻既是前面时刻的“之后”，又是后面时刻的“之前”。这与我们习惯书写的“1，2，3，4，5……”的时间序列还有差距。因此有必要对时间序列的内容如何形成作一个说明。

时间序列的一个时点的量的范畴是单一性，多个时点借助持存性而得到的一个数的量的范畴也是经全体性回到了单一性，于是我们说时间序列的一个时点的量与一个数的量是相同的。这意味着一个时点一个时点展开“1、1、1、1、1、1……”的时间序列可以被表述为（或等价于）“1、2、3、4、5……”的序列，其中每一个数对应着时间的一个时点。

为了更清楚地说明时间序列“1，2，3，4，5……”的上述形成过程（即时间序列的这个书写方式是有其形成的依据的），我们有必要用图示的方式再加以表述：

原来的时间序列：一个时点，一个时点，一个时点，一个时点，一个时点……

（对应关系）	↓	↓	↓	↓	↓
形成的时间序列：	1	2	3	4	5……

首先，时间的相继性是指“一个时点一个时点”前后相继地展开的时间序列——由此得到上图中的“原来的时间序列”；

其次，基于多数性，我们获得数的概念；基于单一性，我们设定“一个时点”对应的数是1这“一个数”；基于全体性，我们设定“1，1”的综合所得到的数是2这“一个数”，“1，1，1”的综合所得到的数是3这“一个数”，“1，1，1，1”的综合所得到的数是4这“一个数”，“1，1，1，1，1”的综合所得到的数是5这“一个数”……

第三，“一个数”在单一性上对应“一个时点”，于是，我们把1，2，3，4，5……这一个个数分别与原来的时间序列中的“一个时点一个时点”对应起来，就得到我们习惯书写的时间序列，即“1，2，3，4，5……”

在这里，我们把从1这个数开始的时间序列中的数字称为“自然数”，时间序列中的数字就是自然数序列的数字。有一点需要说明，时间序列中的节点的数字（即“序号”）并非单纯的记号，不能以“a、b、c、d、e……”这类符号来替代。因为后面的节点是前面的节点的全体性的综合（如“2”是“1，1”的综合，“3”是“1，1，1”的综合等），而c不代表a、b的综合，d不代表a、b、c的综合。本来，时间序列中各个时点的内容之间是有联系的（时间不可逆性的要求），因此，时间序列的节点的序号之间也应该是有联系的，一般的记号、符号则不能反映出该联系，尽管各个节点之间在内容上的联系并不是各个自然数之间的那种联系，但很显然，自然数序列可以用来表示一个具有内在关联的内容的序列——这个结论是比较重要的，我们后面在谈“算术是如何可能的”时将用到它。

既然时间序列有着时间相继性的内在关联，该内在关联让时间序列成为一个整体，于是，全体性让整个时间序列成为“一个时间序列”，得到复合的单一性。“一个时间序列”对应“一个时间”，于是，基于“一个物是一个时间贯串着一个空间”，因为我们能够说出“一个时间”，所以，我们才得以说出“一个”“物”，也即“某物”的数是“1”这个数。这是从时间的角度解释了我们何以能对感性杂多说出“一个物”或指着“一个物”说出“1”这个数的理由。当然，我们还可以从空间的样态“形”的全体性（复合的单一性）来给出这个理由，因为单一性的数性所对应的就是“1”这个数。这个解释事关“数究竟是主观的还是客观的”等大问题，我们下一章再进一步展开。

五、量的范畴既是直观又是综合。

回顾量的三个范畴的生成过程，不难发现，就人的感知而言，量的范畴都是直观；就对象的构成而言，量的范畴又都是综合。或者说，在人的认识这一边，我们是以直观的方式获得量的范畴（如多个“·、·、·、·、·”的点直观地看作一个形状为“·····”的形）。而在对象那一边，作为范畴所对应的对象的性质，却是由时间空间样态所综合而成的东西（如一个形状为“·····”的形由多个“·、·、·、·、·”的点综合而成）。作此区分，还是为了贯彻我们把物质、精神和语言当作不同的东西这个前提（我们现在知道，它们在时间空间上达成了真正的统一）。如果像以往那样，我们只是不加区别地问：范畴是不是直观？就很容易把作为感知能力或结果的范畴与范畴在对象的构成中的对应物相互混淆了。

六、量的范畴与数及数概念的区别。

如上所述，数是量的范畴派生出来的次一级的概念。考虑到量与数常常被混淆混用，我们从以下方面对两者的区别进行阐明：

首先，从认识论的角度讲，量的范畴是知性对感性杂多的统摄的综合的能力，数则是综合的结果；从本体论的角度讲，量的范畴是时间空间的样态所具有的能动性，样态自身能动地显现出综合的自发倾向（不仅是量的范畴，其它范畴也是如此。我们将进一步探讨该能动性的各个具体的表现方式），数是该能动性、该自发倾向的结果；从经验与先验的角度讲，数是量的经验现象，量是数的先验范畴。尽管数并不对应某个实在的东西，但它可以作为实在的东西的某个相关的特征而被我们清楚明白地指认出来：我指着几个苹果说“这是5（个）”，任何人都能理解我说的意思（大人教小孩认出数字时就是这个方法）。尽管“指着”这个动作在这里有多个意思，比如“这是苹果”、“这是红”等等，但是，“这是5”无疑是其中的一个意思。相反，我们却无法指着任何东西说：“这是量（范畴）”。

其次，量只有三个范畴，对人的认识来说，这三个量的范畴都是直观，而且是清楚明白、毫无歧义且一望而知的直观（我们稍后关于数学家所要求的严格性时还会谈到，我们希望“直观”这个常用的术语有一个清晰明确的标准）。但是，数字却不是直观，而是被推演出来的概念。

除了前述等价于多数性的数性是直观以外，数（1、2这样的数字）是量的范畴派生出来的数概念，有无穷多个数，而且，既然是基于量的范畴而形成的概念，概念已经从属于知性，是推演的结果、思维的结果，而不再是直观了。弗雷格批评康德说，像2+3=5“这样的数公式被一些哲学家看作像公理一样是不可证明的和直接显然的。康德宣布它们是不可证明的和综合的……康德想借助手指或点的直觉，这样他就陷入一种危险；使这些句子与他的观点相反，表现为经验的；因为37863根手指的直觉无论如何绝不是纯粹的”①。弗雷格在这里主要是针对数公式，但也明确指出37863这个数不是直觉（直观），数公式被认为“是不可证明的和直接显然的”，也是基于“数是直观”这个判断。弗雷格的批评是对的。尽管（据我所知）康德并没有明确指出“数公式是直观”，我们也难以想象康德会认为“135664+37863=173527”会是“直接明了的”②，但当他用“先天综合判断”来解释7+5=12这个数公式是如何可能的时，实际上已经把数公式的生成机制交付给“先天综合能力”了。此外，康德没有清晰地区分量和数的关系（在他的表述中，量和数是混用的），更没有明确指出数的概念的来源。

既然数（以及数公式）不是直观，每个数、每个数公式就都需要具体地

① [德]弗雷格著，《算术基础》，王路译，王炳文校，商务印书馆1998年版，第15–16页。

② 同上。

指出其生成的依据。这当中的理由，比如对135664+37863=173527，倒不是如弗雷格所说的、无法“直觉”到这个算式的结果，而是因为这类算式有一套计算规则，每个人都需要学习这套规则（而非“天生的”）——既然有一套生成的机制，说明数公式已经属于知性能力要解决的问题，就不再是直观（直观是人的直接的领会）[①]。如此一来，数是如何生成的？数公式的那一套计算规则的依据是什么？就成为需要论证的问题。弗雷格以及其他数学家、哲学家也都希望对此做出证明。这方面的情况，我们稍后专门讨论。

七、从量的范畴派生出数的关系。

除了数，多与少、大与小、等于与不等于这些概念也都来自量的范畴，属于量的次一级概念。如上所述，多的直观来自多数性，反过来，少的直观也来自多数性。因为“多”来自两个对象的比较（原本就生成于“多数性与单一性的对比”），一个比另一个“多”，反过来后者就比前者“少”（既然存在“后者比前者”的量的关系，我们总需要有个词来述说这个关系，于是我们选择“少”这个字）。对长度来说，对“多”的直观就是对“大”的直观，反之，对“少”的直观也就是对“小”的直观——数与长度的关系如上所述是可以转换的。也就是说，基于多数性，在时间的持存性上，我们领会到“7”比“5”“多”（或“5”比“7”“少”）。正是因为我们依据多数性而对10以内的数字的多与少（大与小）获得了直观的领会（如弗雷格所说，人有10个手指头，是对10以内的数的直观的来源。这也正是我们认为人对10以内的数字有直观能力的依据——“10以内”这个说法的依据就是“人有10个手指头”。当然，如果有人一定要以“人不仅有10个手指头还有10个脚趾头”为依据，把人所能直观的数字扩大到20，也无妨，因为同样是“有依据”的），我们才得以基于10以内的数的对比来建立起一套计算规则，反过来又依据这套规则，将无论多么复杂的数还原到10以内的数的对比来得出数与数的多与少、大与小。这就好比欧氏几何学的五个公理之所以成立，是

① 这是区分人的直观能力和知性能力的对象的简明的标准：凡是需要借助于某个生成机制而获得的东西，都是知性能力而非直观能力的对象。比如被康德误以为是直观的对房子“从左看到右、从上看到下”的综合，因为这是一个生成的过程，因此不是直观。

基于直观，但以它们为依据建立起来的几何学原理体系，每个原理之所以被认为是真是假，也都是还原到那五个公理上去做出判断的。这就解释了为什么“7”比“5”大是因为直观，两个庞大的数的对比虽然不能一眼看出（直观），但两个数可以基于同一套规则被还原到10以内的数的对比的依据上去来进行比较、得出结论。因此，归根结底，我们仍然可以说，多与少、大与小的概念来自于多数性的范畴。

同样，在空间上，我们分辨出“·······”的形比“····”的形的长度要大，于是领会到前者比后者“大”（或者后者比前者“小”）。

基于相同和差异的“反思概念”，面对“7”与“7”、“·······”与“·······”，我们能分辨出两者是相同的，于是得到“等于”的概念；我们也能分辨出由多数性形成的多与少、大与小的差异，于是得到“不等于”的概念。

八、量的范畴为以变为依据找到不变提供了可能性。

在前面有关时间不可逆定律部分，我们提出了一个问题：既然变化是始终保持的，那么“不变”又是什么意思？既然时间不可逆性要求一个物的状态始终处于变化当中，在一个物的规定性中还有什么东西是不变的？现在我们可以明确地回答：量的范畴是恒常不变的。理由很简单：一个物的状态之所以无时无刻发生变化，是因为必须遵循时间不可逆定律、必须服从时间相继性对空间状态的规定性的力。而上述量范畴的形成过程中，没有时间相继性与空间样态的综合，因而不包含“相继性对空间的规定性的力”，当然也就不必服从时间不可逆定律，故此量的范畴本身将是恒常不变的。这就是说，除非有额外的力的作用促使量发生变化（比如一个物被外力一分为二），否则一个物的量是恒常不变的。不言而喻，由量的范畴所派生出来的数概念以及每一个数因而也是恒常不变的，这与通常所说的“数学真理恒常不变”这个观念相复合（该观念也在这里得到了论证）。弗雷格讨论过“变数”、“变量”这两个词，谈到数和量的变与不变的问题（弗雷格所说的“变量”，当然指的是数量、数值，并非量的范畴），但没有解释原因。这个问题在语言学的范围内是无法解释清楚的，因为需要先行澄清量的范畴和数的概念之间的上述派生关系。我们都说数学的思想是恒常不变的，通常认为“数不在时间中”，这个说法并不确切（与直接说“数是恒常不变”相比，并没有增加任何语义）。没有任何东西“不在时间中”，只不过量范畴、数概念不是由规定了时间不可逆性的时间空间样态所构成，因而能够在一个物的变动不居中得以保持其恒常不变性。

九、量的范畴是关于形式的范畴。

在第三章，我们从“规定与被规定”的关系上，说“时间空间既是形式又是质料且互为形式和质料”，也即：当时间规定空间时，时间是形式，空间是质料；当空间规定时间时，空间是形式，时间是质料。我们姑且把质料放在一边，仅仅从“时间规定”、“空间规定”上看，时间可以是形式，空间也可以是形式。上述量的范畴是各自独立地从时间、空间中派生出来（即分别得到“时间的量”和“空间的量”），可见“时间的量”是时间的性质，“空间的量”是空间的性质。因此，说“时间是形式”，就是说“时间的量是形式”；说“空间是形式”，就是说“空间的量是形式”。概括地讲，也即：量的范畴是关于形式的范畴。

考察一下我们以往在经验对象中使用“形式”这个词的情形，其实都是用归于量的范畴的东西来描述的。比如亚里士多德塑像中的形式部分，即那位哲学家的模样，是用长度及其关系的数值来描述的，比如眼睛的大小、鼻子的长度、嘴巴的形状以及相互的距离等等数值。因此，说“量的范畴是关于形式的范畴”，符合经验对象的形式的要求。为什么要作此说明？因为我们在后面将推出“关于质料的范畴”，那就是“质的范畴”。

第十五章　算术是如何可能的

有了量的范畴及其派生的数概念，我们着手解决“数学是如何可能的”问题，分成“算术是如何可能的”和“几何学是如何可能的”两个部分来谈。由于针对几何学的讨论中还将用到质的范畴，我们把几何学的部分放在稍后的位置，这里只讨论算术的部分。

对于数学的本质，历来有不同的主张，弗雷格、罗素等人认为是逻辑学，希尔伯特等人认为是形式系统，布劳威尔等人认为是心灵的直觉，当然，还有一种更为普遍的经验论的主张，认为数学是对经验事物的抽象、概括（这是离哲学最远的一个答案，它把一件需要解释的事情粗暴地交付给几个自身有待解释的名词就以为万事大吉了）。目前已有不少的研究，较为一致的判断是，这些主张既各有所得，也各有所失。本章将针对弗雷格在《算术基础》一书的部分主张简略地谈一点看法。我们无意过多评价以往的代表性的观点（那是一件容易引起争议的事情），只是想说明，关于数以及数学的概念、本质等问题，迄今为止还没有定论——这才有继续讨论下去的必要性。而我们从量的范畴推出了数概念以及1等自然数，这意味着我们把数学的基础建立在范畴之上。当然，这里的范畴指的是从时间空间推演出的范畴（而并非以往的范畴），因此，数学的基础归根结底是建立在时间空间之上的。这是一种新的主张，这个主张的显著的优势性将很快显现出来。

在当代，以弗雷格为代表的数学家、哲学家之所以研究数学（这里指的是算术，下同）的本质，如弗雷格在《算术基础》开篇所说的，是因为其严格性的不足："数学在长时间背离了欧几里得的严格性之后，现在又回到这种严格性，并且甚至努力超越它。在算术中，也许由于许多处理方式和概念发源于印度，因而产生一种不如由希腊人发展形成的几何学中那样严谨的思维方式……然而，后来的发展总是越来越清楚地说明，在数学中一种以多次成功的运用为依据的纯粹的道德信念是不够的。许多过去被看作是自明的东西，现在都需要证明。"①于是，他们想要做的，就是对数概念做出严格的定义，对数公式做出严格的证明，比如定义什么是数、什么是1这样的数以及证明1+1=2等算式和交换律、结合律等公式。也就是说，弗雷格之所以要研究"算术基础"，是因为数学没有获得如几何学那样的严格性。这里预先说明一点，我们在有关问题上的出发点是与此不同的：我们不是基于严格性的要求，而是希望换个角度重新探讨由康德提出的"纯粹数学是如何可能的"这个老问题——康德准确地提出了这个问题，但很可惜，他仅仅立足于认识论，从"先天综合判断是如何可能"的角度做了过于简略的回答。我们将把这个问题推进到本体论的领域来重新作出论证，并且认为，如果"数学的可能性"得不到准确的阐释，数学的严格性也将得不到有力的保障。这也是我们不惜冒昧地对弗雷格的有关工作做出评价的原因。

我们先来看看"欧几里得的严格性"指的是什么。欧式几何学所有结论均建立在几个公理、公设、定义之上，公理、公设、定义本身又是依据不言而喻、不证自明的直观。实际上，这个严格性就是巴门尼德所开创的"有依据地论证"的传统：所有结论依据公理、公设、定义，公理、公设、定义又依据直观。这个严格性所反对和杜绝的，就是"武断地宣称"——这也是本书要反对和杜绝的做法。那么，什么是直观（或直觉）？就是人人都能直接感知、一望而知的东西。我们在前面说过，有关我们对房子的空间直观来自于从左边看到右边、从上边看到下边的过程的说法之所以是错误的，就是因为这个过程包含了综合，而直观应该直接感知、一望而知，当中不需要思考，不需要综合、分析的过程。比如欧式几何的第一条公理：过相异两点，

① [德]弗雷格著，《算术基础》，王路译，王炳文校，商务印书馆1998年版，第11页。

能作且只能作一条直线。任何人只要理解了什么是点、什么是直线，都会对此确信无疑（理解“什么是点、什么是直线”与理解这个公理是同等的）。为什么第五公理后来被质疑并且引出了非欧几何学？原因就是它看起来并不“直观”。若两条直线都与第三条直线相交，并且在同一边的内角之和小于两个直角和，则这两条直线在这一边必定相交（另一个表述是：在平面上，过直线外一点，可作且只可作一条直线与这条直线平行）。这条公理包含了太多的内容，内角之和、直角之和、平行、有且仅有一条等，这些内容都不是能够“直接感知、一望而知”的。尽管对第五公理的不同预设引出欧式几何、罗氏几何和黎曼几何的不同体系这件事情本身带来了另一个更加严重（但几何学家并不关心）的形而上学问题，即对于同一个空间来说，过直线外一点到底有还是没有、有一条还是两条平行线——这是只能有一个确定的回答的问题（如果遵循巴门尼德“是者是”原则的话）[①]，不过这里谈的意思是，第五公理是因为“不直观”才成了问题的（这个问题应该如何回答则是另一回事）。几何学要求其公理必须是“直接感知、一望而知”的。

相比之下，数概念、数公式则不然。人不能清楚明白地直接感知到“数”这个东西（如后面要讨论的，数具有明显的主观性），也不能直接感知到“1+1=2”这类算式以及交换律、结合律的合理性（其合理性不是一望而知的）。数学家们想为数概念、数公式找到严格的依据，其严格性的标准就是几何学的做法——那么，我们把数学家可以接受的严格性概括如下：从可被“直接感知、一望而知”的直观出发，通过“有依据的论证”来获得任何结论。立足于时间空间的量的范畴不仅是“直接感知、一望而知”的直观（从主体的角度讲），而且是遵循思辨原则的综合（从客体的角度讲）。因此，把数学建立在量的范畴之上，是符合数学家对严格性的要求的。

第一节　弗雷格的数概念

弗雷格在《算术基础》这本篇幅不大的书中，先是较为详细地讨论了

① 对此，我们将在“几何学是如何可能的”那一部分做出回答。

“一些著作家对数概念的看法”，在差不多都予以否定之后给出了自己的数概念。他在给数下定义时展示出了一种新的思维方式，也就是他为后来的分析哲学所创立的以语句为对象的研究方法。在数概念这个议题上，我们可以比较出弗雷格的思维方式和以往的形而上学式的思维方式之间迥然有别的差异。

对于以往著作家们在“数是外在事物的性质吗？”、“数是主观的东西吗？”等问题上的主张，弗雷格都以较为充分的理由予以否定：如果说数是外在事物的性质，则数与颜色等外在事物的性质有着显著的区别。颜色是不依赖于我们的任意理解，但数却依赖于我们的主观选择。比如要问一叠牌的数是多少？就取决于我们主观上把它看作是“一副牌”、“四种花色”、“54张”还是“从1到13的点数或点数之和”等；如果说数是主观的东西，它又明显表现出某些不依赖于我们的任意理解的客观性。比如“如果人们说‘北海有10000平方里大’，那么用‘北海’和‘10000’都不是意谓自己内心的一种状况或过程，而是断定某种与我们的表象之类的东西无关的完全客观的东西……植物学家在说出一朵花的花瓣的数时，就像在说出它们的颜色时一样，都要说出一些事实。二者同样不依赖于我们的任意性。因此数和颜色之间有某种相似性；但是这种相似性并不在于可以通过感官在外界事物上感觉到它们，而在于两者都是客观的”[①]。基于这些分析，弗雷格得出结论说，“数既不能被想象为独立的东西，也不能被想象为外在事物的性质，因为数既不是某种可感觉的东西，也不是外在事物的性质”[②]。他认为，以往的看法错在试图把数看作是事物的性质，或者说，数被错误地赋予了事物，而数的真正的承载者应该是概念，数应该被赋予概念。“只要我们指定真正的承载者，即概念的合法地位，就会表明数是相互排斥的，如同颜色在其范围相互排斥一样。”[③]、“数被赋予的仅仅是那些把外在和内在的东西、时空和

① 以上引文见弗雷格《算术基础》§ 21– § 26.

② [德]弗雷格著，《算术基础》，王路译，王炳文校，商务印书馆1998年版，第76页。

③ [德]弗雷格著，《算术基础》，王路译，王炳文校，商务印书馆1998年版，第67页。

非时空的东西置于其下的概念”[①]。弗雷格要区分“处于概念之下的事物的性质”与“概念的性质”，或者说区分“概念的性质”和“概念的特征”，如同在亚里士多德的四谓词理论，定义是依据概念的性质（本质），与处于概念之下的事物的固有属性相区别。弗雷格举了房子的例子，石头、灰浆、方木料是处于房子这个概念之下的事物的特征，但坚固性、宽敞性、居住性是房子这个概念的性质。这样做有一个好处，比如弗雷格喜欢引用的0这个数，0可以被赋予“金星的卫星”这个概念[②]。因为如果数是事物的性质，则无法解释为什么会有0这个数。弗雷格在书中的任务是给数下定义，把数归于概念的性质（而不是事物的性质）则是他完成这个任务的出发点。要把数归于概念的性质不是没有问题的，弗雷格逐一回答了可能面临的问题，在确定了“数相等的意义”之后，给出了一个定义：“适合F这个概念的数是‘与F这个概念等数的’这个概念的外延”[③]。再依据这个定义，进一步得出“0是适合‘与自身不相等’这个概念的这个数”、“1是属于‘与0相等’这个概念的这个数”以及自然数序列等定义。这样，弗雷格就以概念和概念的外延的方式定义了0、1等正整数以及自然数序列。

在《算术基础》这本书中，弗雷格对数概念的研究给人的印象是，他对“以往著作家”的观点的批评是较为深刻的，而他提出的解决办法依照传统的思维方式来看，本身也有诸多疑问。我们相信这些疑问是弗雷格曾经想到并思考过的，也只有超越这些疑问才能理解他是如何以一种语言学的方法来研究数概念的新的思路（因而具有开创性的意义）。不过，这并不意味着这些疑问没有意义。如果仅仅研究语言、语句达不到增进知识的目的，那么，回到传统的思维方式（比如回到巴门尼德的“真理之路”）并进一步发扬光大，恐怕就是一件值得尝试的事情。我们从以下几个方面对弗雷格的思路和结论做一点分析：

---

① [德]弗雷格著，《算术基础》，王路译，王炳文校，商务印书馆1998年版，第68页。
② [德]弗雷格著，《算术基础》，王路译，王炳文校，商务印书馆1998年版，第66页。
③ [德]弗雷格著，《算术基础》，王路译，王炳文校，商务印书馆1998年版，第85页。

一、“数被赋予概念”这句话的意义。

按照这句话的表述，我们并不是从概念中生成数或数概念（如同我们从量的范畴生成数或数概念那样），而是说，我们预先知道“数”是什么，然后再把它“赋予”概念（否则不可能把预先不知道的东西“赋予”另一个东西）。这是“数被赋予概念”这句话的前提。但是，如果我们预先都知道了“数”是什么，又何必把它“赋予”概念呢？这是其一。

其二，弗雷格所说的“概念”是不是传统的逻辑学里面的那个“概念”？即是不是逻辑学“研究概念、判断和推理”中所指的那个“概念”？逻辑学所说的概念有内涵和外延两个部分，两个部分的关系及区分是清楚明白的。弗雷格既然要为数概念找到逻辑学的基础，所用的概念当然也应该是逻辑学的概念。弗雷格自己一开始也采用了逻辑学的概念的含义和用法，比如他说“当一个概念的外延增加时，它的内涵就减少；如果它的外延包罗万象，那么它的内涵必然会完全消失”[①]。这些叙述表明他说的概念（至少一开始）是逻辑学的概念。但事实上，弗雷格并没有打算严格按照逻辑学的概念关于内涵和外延的含义和用法，比如在进入给数下定义的部分，他就比较含糊地说“我相信，可以简单地用‘概念’来表示‘概念的外延’。但人们会提出两点反对意见：1、这与我前面的断定——个别的数是对象——相矛盾，因为像‘二这个数’这样的表达式中有定冠词；不可能以复数的形式谈论一、二等等，还有数只构成给出数时谓词的部分。2、概念可以有相同的外延，而不重合。尽管我现在认为，可以提出这两种反对意见，但是这可能引导我们远离主题，我假定，人们都知道一个概念的外延是什么。”[②]。从弗雷格的这个注释来看，首先，他需要用“概念”来表示“概念的外延”；其次，他也知道这样做会招致反对，也列出了可能的反对意见，并且承认这两种反对意见是“可以提出”的，但他（因为可能“远离主题”而）不打算为自己的做法做出解释。我不知道逻辑学家对此是否愿意接受。不过，这或许

---

① [德]弗雷格著，《算术基础》，王路译，王炳文校，商务印书馆1998年版，第48页。

② [德]弗雷格著，《算术基础》，王路译，王炳文校，商务印书馆1998年版，第85页的注释。

还不是最不能接受的。在后面我们将会看到，弗雷格不仅把“概念”与“概念的外延”等同起来，而且他还把“个别对象”与“概念”等同起来——这恐怕就不大像是“逻辑学的概念”了。形式化的数理逻辑要么不谈概念的内涵和外延，要么仍然在传统逻辑学的意义上使用概念的内涵和外延，并没有以取消内涵和外延的区分来“改造”概念的做法。弗雷格在讨论“一些著作家”关于数概念的看法时也是从内涵和外延两个部分来谈的，但到了他给数下定义的时候，概念、概念的内涵和概念的外延这三者之间的区分就不那么清楚了。

比如，“德国臣民”是一个概念，但“柏林时间1883年初的德国臣民”还是不是概念？就有问题了——后者应该是前者的外延而不是独立的一个概念。“拉皇帝御车的马”算不算概念？也许，从确实存在一类马、这一类马就是给皇帝拉御车，德国的皇帝需要马拉车，中国的皇帝也需要马拉车，似乎多少还有一点普遍性。但是，问题在于，如果“拉皇帝御车的马”具有这样的普遍性，这个概念就未必对应4这个数，因为中国的“拉皇帝御车的马”就不止4匹；如果“拉皇帝御车的马”不具有这样的普遍性、指的就是给德国皇帝拉车的马，那固然对应了4这个数，但“拉皇帝御车的马”恐怕就不再是概念，而是马这个概念的外延。尤其是，“数（Zahl）这个词的字母”、“数这个词的音节”等“概念”，都是唯一的所指，就需要澄清这种概念与“苏格拉底”、“柏拉图”或“亚里士多德”这类专名以及具体的个体之间有什么区别，数被“赋予”的，与其说是这种概念，还不如说某个具体的个体。

其三，概念本身并非必然地与数相对应。通常的大部分概念如“苹果”、“房子”等，它们的“数”是什么？无从谈起。另一方面，按照弗雷格，“木星的卫星”这个概念被赋予了4这个数，但是，为什么一定是4？那个代表着卫星的质量的数或者代表着卫星的运行周期的数为什么就不能入选？如弗雷格谈到的，“扑克”这个概念的数又应该是什么？1（副）、54（张）还是4（花色）？这就带来这样的事实：一方面并非所有的概念都能被赋予一个数，另一方面能被赋予数的概念又没有理由被赋予一个唯一的数。这个事实只能说明，“数被赋予概念”这句话具有双重的主观性：一是主观地选择概念，二是主观地选择“赋予”的数。

如果“数被赋予概念”这句话是基于主观选择的，那么，弗雷格在推理中所使用的“属于F这个概念的这个数，与属于G这个概念的那个数相等”等表述，就没有我们所以为的那种严格的意义了。

二、概念的来源及概念与事物的关系是什么？

弗雷格赞同斯宾诺莎关于“只有把事物归于共同的尺度下之后我们才能借助于数想到事物”[①]的主张，但批评他“错误地以为，只有通过直接对许多事物进行抽象才能获得概念。正相反，人们从一些标记出发也可以达到概念；而在这种情况下，就可能没有任何东西在概念下”[②]。弗雷格的意思是，“一个概念不是仅通过对处于它之下的事物的抽象而获得的”[③]，也可以从一些标记中获得。弗雷格从标记出发得到概念有一个好处，就是可以解释0这个数。因为如果坚持“对事物进行抽象才能获得概念”，那任何概念之下都有事物，“就绝不能否定存在，因而对存在的肯定也会失去其内容”[④]，也就无法解释0这个数从何而来。弗雷格并不否认“通过直接对许多事物进行抽象才能获得概念”，他只是做了一个补充，认为概念“也可以从一些标记中获得”。这就带来一个他或许并不关心但确实存在的问题：“从一些标记中获得”的概念究竟是主观的还是客观的？（因为他在前面讨论过数的主观性和客观性，这才有此一问。）

弗雷格主张概念的“标记”的来源，与他著名的三个原则之一的“必须在句子联系中研究语词的意谓，而不是个别地研究语词的意谓”有关。既然语词（概念）可以从标记中获得，该语词就是没有“意谓”的、在外在事物中找不到对应物的（否则概念就是从事物的抽象中得来）。这对弗雷格来说无关紧要，因为“对一个词的内涵无法形成表象，并不是否定一个词的意谓或排除这个词的使用的理由……对于一个词我们内心若是没有一个相应的

① [德]弗雷格著，《算术基础》，王路译，王炳文校，商务印书馆1998年版，第68页。

② 同上。

③ [德]弗雷格著，《算术基础》，王路译，王炳文校，商务印书馆1998年版，第69页。

④ [德]弗雷格著，《算术基础》，王路译，王炳文校，商务印书馆1998年版，第68-69页。

图像，这个词似乎就没有内涵。但是人们必须总是考虑完整的句子。实际上只有在完整的句子中词才有意谓……如果句子作为整体有一个意义，就足够了；这样句子的诸部分也就得到它们的内涵”①。他说这段话是为了说明数即使不是对象、没有表象或直觉（既然数不是“独立的东西”、不是“事物的性质”），仍然能够“在完整的句子中”获得“意谓”——我们要特别注意弗雷格的这些表述，因为他自己的数概念就将基于这些表述来获得。不过，这里面是有疑问的：一个“没有意谓”的语词“在完整的句子中”获得“意谓”是如何可能的？从几何学那样的严格性的要求来看，难道不需要作出解释？“距离最远的星星”是一个无法形成表象的词，而“距离最远的星星是最美的星星”这个句子不仅是完整的，而且是有意义的（不仅是有意义的，而且还是有诗意的），但这个句子的“意谓”是什么？仍然没有——如果不把某些诗意的联想也算作“意谓”的话。当然，这里的“意谓”是通常意义上的“意谓”，即语词所指的外部世界的东西。我们在后面会提出不同的“意谓”的所指。

简言之，如果把数的概念建立在“从标记中获得的概念”之上，数与外在事物的关系的问题仍将是悬而未决的（当然，这个问题也是形而上学的，弗雷格并不关心）。

三、即使数不是“外在事物的性质”，为什么就应该“被赋予概念”？

对于“数是外在事物的性质吗？”、“数是主观的东西吗？”这两个问题，弗雷格一方面用数的主观性的特点去否定数作为“外在事物的性质”的可能性，另一方面又用数的客观性的特点去否定数作为“主观的东西”的可能性——而且两个方面的理由都是成立的。这就存在另一种可能的情况：数既有主观性，又有客观性。当然，弗雷格不考虑这种可能性。我们几乎是要读完他的那本书的时候才明白，他既不想承认数有主观性，也不想承认数有客观性。他花那么多的篇幅来对上述两个问题予以辩驳，其实只有两个目的：其一，以往的著作家们的主张都是错的（因此需要重新研究数概念）；其二，只是通过否定把数归于事物的性质来把数归于概念（为给出他的数概

① [德]弗雷格著，《算术基础》，王路译，王炳文校，商务印书馆1998年版，第77页。

念作准备）。但问题来了：即使数不是外在事物的性质、不是主观的东西，怎么能进一步推出“数是被赋予概念的”？

从弗雷格所要求的严格性来讲，这个结论要么是清楚明白的直观（如几何学公理那样），要么是来自“有依据的论证”。能不能说“数是被赋予概念的”这个结论来自直观，即每个人都能“直接感知、一望而知”？恐怕不能。我们接下来就会看到，我们甚至无法为弗雷格关于数的定义举出任何经验性的事例（如果没有某些前提的话），我们对该定义的“直观”又能从何而来？那么，如何能够从“数既不能被想象为独立的东西，也不能被想象为外在事物的性质”这个句子推出“数是被赋予概念的”这个结论？弗雷格并没有对此做出论述，他只是反复从这个结论更有利于消除“单位”等概念的部分疑难的角度略作解说（即如果把数归于概念，将更容易消除那些疑难），比如“把一个概念称为与属于它的数有关的单位，难道不是最适宜的吗？这样我们就能够为关于单位的这个断定——它脱离周围环境并且不可分的——赢得一种意义。因为被赋予数的概念一般以明确的方式划清处于其下的东西……与一个有穷数有关的单位只能是这样一个概念，它把处于它之下的东西明确地分离开，而且不允许任何任意的划分”[①]。弗雷格用以下例子来说明数与概念的关系（或数“取决于”概念）：“在我看到同一个外界现象时，如果我能够同样真地说：‘这是一片树’和‘这是五棵树’，或者‘这里有四个连’和‘这里有500人’，那么这里发生变化的既不是个别的东西，也不是整体，即集合，而是我用的称谓。然而这仅仅表明是以一个概念替代了另一个概念……即数的给出包含着对一个概念的表达”[②]。这些例子似乎确实在证明“同一个外界现象”的数取决于我们所使用的概念。但是，如果有人坚持说“这些例子说明数取决于我们使用的计量单位（只不过弗雷格把概念当成了计量单位）”，我们又当如何解释呢？因为明摆着，数的多少首先是取决于计量单位，至于该单位能不能用概念来替代，则是另一件需要讨论

① [德]弗雷格著，《算术基础》，王路译，王炳文校，商务印书馆1998年版，第72页。

② [德]弗雷格著，《算术基础》，王路译，王炳文校，商务印书馆1998年版，第65-66页。

的事情。有一点需要预先明确：米、厘米、毫米等词是不是概念？如果它们不是概念（它们是“计量单位”这个概念的外延，本身不是概念），“数取决于概念”立即就有了一个反例：一根棍子的数是1（米）还是100（厘米）还是1000（毫米）？就只与计量单位有关（这里没有概念）；如果它们是概念，而概念（至少在大多数人的用法中）是指人对“事物的本质”的反映，米、厘米、毫米是什么意义上的“事物”？如果都是“概念”，那就是把“语词”等同于“概念”，概念还有何意义？——我不明白怎么会陷入这样的纠葛。这样的纠葛至少说明一件事情，即：“数取决于概念”这个判断不是基于清楚明白、一望而知的直观。

以上这些显而易见的疑难，弗雷格不可能没有想过，据我的理解，这是因为这些疑难对他的思维方式来说，都是不予关心的，因为他采取了一种开创性的构造概念的方式。

四、以句子为对象来研究数概念。

现在，我们来看看按照弗雷格的思路（就其理论的可能性而言）如何回应上面谈到的疑问。弗雷格的三原则之一是“必须在句子联系中研究语词的意谓，而不是个别地研究语词的意谓”。谁在“个别地研究语词的意谓”？传统形而上学家们，比如研究“存在”这个语词，而且还要脱离各种语境而去研究“存在本身”。弗雷格已经敏锐地认识到传统形而上学执迷于（诸如“存在”这类）“没有意谓”的语词“本身”的荒谬性，而所谓“必须在句子联系中研究语词的意谓”或“语词只有在句子联系中才意谓某种东西”[①]，其含义简言之就是：先说出正常人说的句子，然后再来谈语词是什么意思。后来的分析哲学正是遵循了这条原则并完成了哲学的“语言学的转向”。从这条原则首次在《算术基础》这本书中得到阐释来看，可以认为分析哲学发端于弗雷格（更具体地说是弗雷格的《算术基础》）。我们在前面也谈到过，传统形而上学家醉心于自己赋予某些语词以晦涩深奥的语义然后再用“俄罗斯套娃”式的方式研究它们。但是（我们想强调的是），要改变这个状况，即改变“个别地”研究“没有意谓”的语词的意谓的状况，并非只有

① [德]弗雷格著，《算术基础》，王路译，王炳文校，商务印书馆1998年版，第78页。

语言学这一条路可走——另一条路是抛开那些“没有意谓”的语词，把哲学建立在清楚明白的对象（如我们选择的时间空间）之上。

弗雷格如何以“句子”为对象找到“数概念”？经过上述分析，在弗雷格看来数是没有意谓的词，不过按照他的原则，只要找出包含了数这个词的“完整的句子”，“只有在完整的句子中词才有意谓……如果句子作为整体有一个意义，就足够了；这样句子的诸部分也就得到它们的内涵”[①]，也即只要包含了数这个词的句子“作为整体有一个意义”，数这个词作为“句子的诸部分”之一“也就得到它们的内涵”。如何构造包含了数这个词的“完整的句子”？弗雷格有两个途径。

一是归纳大量的日常句子。如“这是一片树”、“这是五棵树”、“这里有四个连”、“这里有500人”以及“金星有0个卫星”、“皇帝的御车由四匹马拉”等等，由于这些句子都是“完整的句子”，作为整体也有一个意义（我们每个人都理解这些句子的含义），包含在这些句子中的数概念虽然本身是没有意谓的词，但是作为有意义的句子的一部分，也因此而获得了它的内涵，于是，基于这些句子，“1”这个数被赋予“片树”、“5”这个数被赋予“棵树”、“4”这个数被赋予“连”、“500”这个数被赋予“人”、“0”这个数被赋予“金星的卫星”、“4”这个数被赋予“拉皇帝御车的马”……我们在前面引述这些句子时曾表示过疑惑：如果我们心目中预先没有数这个概念，我们怎么会想到把某个数赋予某个概念？比如对“金星的卫星”，我们首先想到的只会是“无”——这是形而上学的思维方式，但在弗雷格看来，无须我们心目中预先有数这个概念，只要“金星有0个卫星”这个句子是有意义的（我们理解这个句子的意义就是心目中预先有数这个概念），就能从这个句子的意义中得到“0”这个数的内涵并将之赋予“金星的卫星”这个概念。也许有人会说：好吧，金星的卫星数是0，这是客观事实，但是，“皇帝的御车由四匹马拉”就能得出“皇帝的御车”的数是4？未必吧，中国的“皇帝的御车”就是八匹马拉。弗雷格会说，你的意思是“中国皇帝的御车由八匹马拉”？这个句子也是既完整又有意义的，从这个句子

① [德]弗雷格著，《算术基础》，王路译，王炳文校，商务印书馆1998年版，第77页。

得到的数概念是："8"这个数被赋予"拉中国皇帝御车的马"这个概念——同样没问题的。也许又有人会问：为什么不是"16"这个数？一匹马有四条腿，四匹马有十六条腿，我们岂不也可以说"16"这个数被赋予"拉皇帝御车的马"这个概念？也可以，只要你能说出"拉皇帝御车的马有十六条腿"这个句子，也能把"16"这个数赋予"拉皇帝御车的马的腿"这个概念。也许还有人问：那"苹果"这个概念的数是什么？能说出被"赋予"它的数吗？弗雷格会告诫说，不要"个别地研究语词的意谓"，要把"苹果"这个词放到一个"完整的句子"里去，你如果说出"桌上有5个苹果"这个句子，就是把"5"这个数赋予"桌上的苹果"这个概念，等等。更进一步讲，弗雷格在哲学上是持经验论的立场的，针对上述这些句子和各个数的获得方式，他完全可以从当中归纳出一个一般性的结论："数是被赋予概念的"——我们前面问过，怎么能从"数不是主观的东西"、"数不是事物的性质"等判断推出"数是被赋予概念的"这个结论？（据我看）弗雷格认为无须从那些判断推出什么，他从那些判断中得到"数是没有意谓的词"就足够了，然后从上述"完整的、有意义的句子"中就能够归纳出"数是被赋予概念的"这个结论。

二是做一般性的表述。从日常句子中可以归纳出"数是被赋予概念的"，但还不能给数下一般性的定义（"0属于'金星的卫星'"还不能成为"0"这个数的定义）。弗雷格仍然要构造包含数概念的一般性的"完整的句子"。他先详细说明了一个例子，是关于"平行"和"方向"这两个概念的："许多教师定义说：平行线是具有相同方向的线……只可惜，这样做歪曲了事实真相！因为所有几何的东西最初必然是直观的。现在我问，某人是否有关于一条直线的方向的直觉"[①]。弗雷格的回答是人只有关于直线的直觉，没有关于方向的直觉，因此，不能用"方向"这个词去定义"平行线"，而是反过来，"从平行达到方向这一概念"。如何定义？弗雷格做了两个尝试：一是"如果存在一条直线b，它的方向是q，那么q就是

① [德]弗雷格著，《算术基础》，王路译，王炳文校，商务印书馆1998年版，第80页。

一个方向”[①]；二是“a这条线的这个方向是‘与a这条线平行’这个概念的外延”[②]。对前一个尝试，弗雷格承认“我们在兜圈子”、“一个对象的这样一个定义实际上没有对这个对象做出任何说明，而是规定了一个符号的意谓”[③]——这才是弗雷格想说的重点：虽然这个定义没有做出任何说明，但因为句子的“完整性”和“有意义”，其中的q这个符号的意谓被规定出来了——也就是说，即使是一个“兜圈子”的句子，只要完整地有意义地说出来，也能给其中的符号“规定出”意谓来。那么，后一个尝试又对“方向”这个词做出了什么说明吗？如果不使用“外延”这类“严格的表述”（关于外延的“严格性”，我们稍后再谈），那个句子的意思是：如果a这条线与b这条线平行，那么，a这条线的方向就是b这条线的方向——这个定义能让我们听出对“方向”这个词的什么说明？似乎也没有什么说明，但这个定义却没有错，因为“a这条线的方向”中没有包含“b这条线”、“平行”的语义，该定义就不是“同义反复”。

基于上述方法，弗雷格开始构造包含数概念的“完整的有意义的”句子。就像上述“方向”这个定义需要“平行”这个概念一样，弗雷格先要构造一个“等数”或“等数性”的概念（“为了获得数这个概念，必须确定数相等的意义”[④]）。什么是“等数”？就是一个概念之下的对象与另一个概念之下的对象有一一对应关系。撇开严格的表述，简言之，如弗雷格的例子所说，如何确定一堆盘子与一堆餐刀的数量相等？就是在每一个盘子的右边摆放一把餐刀，如果盘子、餐刀都没有多余的，就说明两者是一样多。按照弗雷格的表述，“F这个概念与G这个概念是等数的”与“存在一种关系，它使处于F这个概念之下的对象与处于G之下的对象相互一一对应”这个表达具有

① [德]弗雷格著，《算术基础》，王路译，王炳文校，商务印书馆1998年版，第83-84页。

② [德]弗雷格著，《算术基础》，王路译，王炳文校，商务印书馆1998年版，第85页。

③ [德]弗雷格著，《算术基础》，王路译，王炳文校，商务印书馆1998年版，第84页。

④ [德]弗雷格著，《算术基础》，王路译，王炳文校，商务印书馆1998年版，第78页。

相同的意谓[①]。尽管"等数"的关系与"数"这个概念还有一段距离需要跨越（就像从"平行"到"方向"还有一段距离需要跨越一样），但弗雷格用它来给数下定义了：

适合F这个概念的数是"与F这个概念等数的"这个概念的外延。[②]

如何评价弗雷格给数下的定义？首先，他仍然是在不单独对"数"这个词做出解释的情况下，通过"完整的句子"的意义来让数概念获得其意义的；其次，这个定义跟前面的"方向"定义一样，因为没有"同义反复"而获得了某种合法性；第三，尽管是合法的，但是，该定义对于我们获得或加深对"数"这个概念的了解提供了多少说明？恐怕是没有。或者说，前面的"方向"定义对"方向"这个概念做出了多少说明，这个数的定义就对"数"这个概念做出了多少说明；第四，考虑到弗雷格以及后来的分析哲学家们已经自觉地"超越"了哲学的认识论的领域，而把研究的目的放在"语言如何实现正确的表达"（或类似的说法）上，他们下定义原本就不是为了增进我们对概念的了解、增加我们的知识，因此，在他们看来，"我们能从数的这个定义中获得什么知识？"这个问题本身就是错的（他们常常用否定问题的方式来消解问题）。其结果就是，我们得到一个"合乎逻辑"但什么也没说的关于数的定义。

弗雷格的上述经验论（也即现代经验论）立场与近代经验论是有区别的，近代经验论所说的经验指的是人从外部世界中获得的感觉印象，现代经验论所说的经验指的是人的经验性的语言，语言就是他们想要的经验。实际上，当近代经验论者说到感觉印象时，说出的也只是一些语词（如"形状"、"颜色"、"香味"等），他们并不像自然科学家那样去手把手测量"形状"的尺寸、"颜色"的明暗或"香味"的成分，然后依据得到的测量结果来进行演算、归类以寻找其中的规则（自然科学才是真正意义上的经验主义），而是依靠语词的涵义以及对语词的涵义之间的关系的分析来展开研究，归根结底还是依靠语言的内容和特点，与语言所指称的东西没有直接

① [德]弗雷格著，《算术基础》，王路译，王炳文校，商务印书馆1998年版，第90页。
② 同上。

的关系——也因为这个原因，我们在绪论中指出，哲学并没有“语言的转向”，只有把哲学降格为语言学的分支的“语言学的转向”。弗雷格研究数概念的上述思路，充分展示了这个转向之后的思维方式和研究方法，即以句子这个语言现象作为研究对象来为概念下定义。“拉德国皇帝的御车的马是八匹”是一个语言现象，“拉中国皇帝的御车的马是十六匹”也是一个语言现象，从这两个现象中我们都能得到各自的概念（即分别是“拉德国皇帝的御车的马”和“拉中国皇帝的御车的马”），至于“马”这个更一般性的概念，不妨设想从更多或更一般的语言现象中去寻找。毕竟，所有的概念（包括一般性的概念）也都是借助语言说出来的，无非是重现人类语言形成概念、判断的过程。不过，这个思路有一个明显的问题是，这是以混淆概念的内涵和外延为其基本方法。这一点弗雷格也是知道的，只是他决心抛开以往把概念固定为内涵、外延两个部分的做法，重新定义“什么是概念”（如他定义“概念词”、“不饱和的概念词”和“饱和的概念词”等）。这个做法与传统做法的区别，似乎就只是不同的约定而已，即弗雷格约定他说的概念是他的那个意思，传统做法的约定是概念由内涵和外延两个部分构成、两者不可混淆。对我们来说，从简明的角度讲，我们仍然采用传统意义上的概念，因为在后面的研究（如对思维中的表象、概念的构造的探讨）中将看到，传统意义上的概念更适合于人的思维处理概念这个对象的方式。

五、自然数概念中的一个疏漏。

接下来，弗雷格开始给每个自然数下定义。他从0开始，用了一个机制来逐个生成自然数序列、生成每个自然数。

首先，他下定义说：“0是适合‘与自身不相等’这个概念的这个数”、“1是属于‘与0相等’这个概念的这个数”等等[①]。这样的定义确实能得到“0”这个数，但是，“适合‘与自身不相等’这个概念的0这个数”与前面的“适合‘金星的卫星’这个概念的0这个数”能有什么关系、是不是同一个“0”？就很难看出来了；

其次，他定义了“自然数序列中每两个相邻项的相互关系”：

① [德]弗雷格著，《算术基础》，王路译，王炳文校，商务印书馆1998年版，第92页。

“存在一个概念F和处于它之下的这样一个对象x，使得属于F这个概念的数是n，而属于‘处于F之下但不等于x’这个概念的数是m”

这个句子与“n在自然数序列中紧跟m”

这个句子具有相同的意谓。[①]

以上定义的作用在于，借助于自然数序列中两个相邻项一个紧跟另一个的关系，建立起一种递推的机制，即从0、1递推出后面的各个自然数。但是，“存在一个概念F和处于它之下的这样一个对象x，使得属于F这个概念的数是n，而属于‘处于F之下但不等于x’这个概念的数是m”这句话是有一点问题的：说“属于F这个概念的数是n”是可以的，但是，说“‘处于F之下但不等于x’这个概念的数是m”就未必可以了。因为F是一个概念，但“处于F之下但不等于x”则未必能被称为“概念”。

这就回到我们一开始希望明确的事情：弗雷格说的“概念”是不是逻辑学中的概念？如果是，那么概念就应该包含内涵和外延两个部分。如果没有内涵，就不成其为“概念”（而只能是用“这个”、“那个”来直接述说个别对象）。在以上定义中，对象x“处于概念F之下”，意思是说F是一个概念（有它的内涵），x是F这个概念的外延中的一个对象，但“处于F之下但不等于x”这个概念是什么意思？

假设F这个概念是某个班级，x是其中的某个同学。“处于F之下但不等于x”这个概念的意思是从原来的班级同学中除去x这个同学后剩余的人的概念。剩余的人作为对象仅仅是这个概念的外延，这个概念的内涵是什么？至少是能够说出来的。比如x这个同学眉心有一颗痣，于是，剩余的人所对应的概念的内涵应该是“属于某某班级但眉心没有一颗痣的同学”，外延则对应原来班级中除去x这个同学的人。对不同的且数量有限的人，或许还能通过在F这个概念的内涵中不断增加新的限制条件来获得某种能成为概念的内涵的语义，如果是希望通过这个方法来获得无限多的自然数，即使从理论上讲，“处于F概念之下但不等于x”这个概念将不可能始终具有可述说的内涵。如果把F这个概念的外延换成是一堆沙子，情况就更为明显：x是其中的一颗沙

① [德]弗雷格著，《算术基础》，王路译，王炳文校，商务印书馆1998年版，第95页。

子，我们能不能说出“属于F这堆沙子但不是x这颗沙子的沙子”这个概念的内涵是什么？也许少数几颗沙子还能区分出来（明显很困难），想一直用这个方法递推出无限多的自然数，则可以肯定是不可能的。尤其是，弗雷格在后面使用的是诸如“隶属于n结束的自然数序列”、“n属于以0开始的自然数序列”等这类概念，这类概念的外延本来就是一个个数，如何把一个数（比如5）从自然数序列中区分出来？需要说出这个数与其它所有数的特征的差异——请设想一下，如果能够说出该差异并作为限制条件添加到前一个（F）概念的内涵中去以形成新的概念的内涵，其实就已经把每个数的特征都述说清楚了，又何必还需要“自然数序列”的生成机制？因此，无论是以事物为外延的概念还是以数字为外延的概念，“处于F这个概念之下但不等于x”这个概念将不可能总是获得其应有的内涵，也将不可能总是符合作为概念应有的条件并符合“属于某个概念的数”这个定义——除非我们坚持要把“概念”与作为外延的对象混为一谈，那又何必使用“概念”这个词？

综上所述，无论这里所说的“概念”和作为外延的对象相混淆的疏漏是否存在，有一点是明显的：弗雷格为数概念及各个自然数所下的定义都与外在事物无关（如无法让“适合‘与自身不相等’这个概念的0这个数”与“适合‘金星的卫星’这个概念的0这个数”相互融贯）。弗雷格在全书的结论部分也明确地说：“在外界中，即在空间事物的整体中，没有概念，没有概念性质，没有数。因此数规律实际上是不能用于外在事物的：它们不是自然规律。但是它们一定可以应用于对外界事物有效的判断：它们是自然规律的规律。它们断定的不是自然现象之间的联系，而是判断之间的联系；而且这些判断也包括自然规律”[①]。弗雷格的这个结论是有疑问的。如果说“在外界中”没有数，那么数从哪里来？我们对数的感知与对面前的任何一个东西的感知一样的真切，如果说数不在外在事物当中，那就该在我们的心理当中（否则能在哪里？如果仍然做主客二分的话）。如果说数是我们对外在事物的判断，那该“判断”究竟是主观的还是客观的？判断之所以“客观”，是因为该判断与外在事物相符合（无论是“知识符合对象”还是“对象符合

① [德]弗雷格著，《算术基础》，王路译，王炳文校，商务印书馆1998年版，第105页。

知识”）。如果我们关于数的判断是客观的，外在事物中必定有某种东西与数相符合——从这个意义上讲，数就在外在事物当中（比如作为外在事物的性质）；如果我们关于数的判断与外在事物无关，那该判断只能是主观的、心理的。在该判断与外在事物的联系没有得到澄清之前，说数和数学“不是自然规律，是自然规律的规律，断定的不是自然现象之间的联系，而是判断之间的联系”，都将是语焉不详的。尤其是，现代物理学家恐怕很难同意数规律“不能用于外在事物”、数学“断定的不是自然现象之间的联系”等说法，因为物理学家们就是在通过数学来研究自然现象、表述自然现象，现代物理学也有充分的依据表明数学与自然现象之间存在着密切的相关性。

简言之，我认为弗雷格的方法无法解决数概念以及数与外在事物的关系等问题，因为他的数概念与外在事物之间还隔着语言这个必须被假定为与外在事物并不等同的东西。

第二节 “数学的本质是什么”这个问题的本质

如上所述，弗雷格等数学家、哲学家之所以研究数学的本质，是基于严格性的要求，即要让数学获得几何学那样的严格性。但我认为还有比这更迫切的事情需要做。

一、归于“纯粹理性的总课题”名下的不同问题有不同的本质。

康德在《纯粹理性批判》一开头，在“纯粹理性的总课题”之下提出了“纯粹数学是如何可能的”、“纯粹自然科学是如何可能的”和“形而上学作为自然的倾向（或作为科学）是如何可能的”这三个问题，很可惜他只是立足于认识论、从“先天综合判断是如何可能的”的角度做出了过于笼统、过于简略的回答（如“数学的判断全部都是综合的”、“真正的数学命题总是先天判断”以及“自然科学（物理学）包含先天综合判断作为自身中的原则”[①]、“在纯粹自然科学方面……只要我们看看在真正的（经验性的）物理

① 康德著，《纯粹理性批判》，邓晓芒译，杨祖陶校，人民出版社2004年版，第11、12、14页。

学开头出现的各种定理……那么我们马上就会确信，这些定理构成了一门纯粹的（或合理的）自然科学”[①]等）。简言之，康德的意思是，由于人具有“先天综合判断”的能力（当然，更严格的说法是，由于“先验自我意识”具有“本源-综合的统一的诸条件”），所以具有获得纯粹数学、纯粹自然科学和形而上学的知识的能力。现在，我们要从认识论推进到本体论，将会发现，归于“纯粹理性的总课题”名下的不同问题在本质上是不同的。

比如“纯粹自然科学是如何可能的”这个问题，在本质上问的是“作为自然科学的对象的世界为什么是有序的和有规律的”？因为，“世界是混沌无序的”这个可能性不仅是可以想象的，而且也为历史上某些观念所秉持，那样的话，自然科学也将无从谈起。这也就是在归纳的意义上理解的“休谟问题”所要质疑的议题。对休谟的质疑，我们将在后面“对休谟问题的化解”那一章中予以探讨。对“纯粹科学是如何可能的”这个问题，我们在本书最后的结语中再作概括性的陈述。

再比如“形而上学作为自然的倾向或作为科学是如何可能的”这个问题，在本质上问的是“作为形而上学的对象的世界为什么是可以被认识和可以被述说的？”在康德看来，形而上学的问题就是“纯粹理性向自己提出、并由自己的内在需要所驱动而要尽可能好地回答的那些问题”，或者说，那些问题不仅是“从普遍人类理性的本性中产生出来”，而且该本性还“自然而然”地要求回答那些问题是“如何产生出来”的——这被当作是“普遍人类理性”的“自然的倾向”，这种“自然的倾向”一旦经受了“理性的批判”，就“最终导致科学”，使得“作为科学的形而上学”获得其可能性的依据（见《纯粹理性批判》导言“纯粹理性的总课题”）。换一个角度看，“普遍人类理性的本性”也就是认识世界、述说世界的“自然的倾向”。因为，对分析判断和综合判断、先天判断和经验判断的区分及其可能性的阐明，都是基于“世界是可以被认识的和可以被述说的”的这个前提——四种判断不过是认识世界和述说世界的不同方式。同样的，其相反判断即“世界

---

① 康德著，《纯粹理性批判》，邓晓芒译，杨祖陶校，人民出版社2004年版，第16页注。

是不可知的和不可说的”不仅是可以设想的，也是某些观念所秉持的，那样的话，（作为科学的）形而上学也将无从谈起。本书对这个问题的回答，集中在后面“语言与对象的同构性、认识的可能性等问题”和“形而上学作为自然的倾向是如何可能的”那两章，前一章回答“语言（和认识）是如何可能的”，后一章回答“普遍人类理性的本性”或“自然的倾向”究竟指的是什么。

本章讨论“纯粹数学是如何可能的”这个问题，这个问题的本质也需要从本体论的角度来认识。

二、数学与自然界的一切现象之间的关系是“数学之可能性”的本质。

“纯粹数学是如何可能的”是要探讨作为人的思维成果的数学与自然界的一切现象之间究竟是什么关系，即如弗雷格所问：“数是主观的东西吗？”、“数是外在事物的性质吗？”等问题。“数学的本质是什么”这个问题的本质在于，必须从数、数学与自然界的一切现象之间的关系出发来回答“数是什么”、“数学是什么”（而不能撇开该关系来谈“数学是直觉的”或“数学是逻辑的”——哪怕是在语言上看似“自圆其说”）。“数学是如何可能的”（“纯粹”二字在这里是不必要的）这个问题的另一种表述应该是：数学何以能普遍地适用于人的思维以及自然界的一切现象？实际上，当整个自然科学（如物理学）把数学尊奉为最高的准则时，人们并没有对这件相当令人费解的事情做出必要的解答。自信满满的自然科学家在把整个自然科学“数学化”的时候，他们并没有提供“数学是如何可能”的有关论证——他们是在没有完成“可行性论证”的情况下就把自然科学“数学化”了，尽管目前看起来是成功的。

众所周知，近代自然科学之所以取得伟大的成就，是因为它把基础建立在数学原理和实验证明之上。实验证明的意义无须赘述，这里要谈的是数学原理。“牛顿之所以具有这么伟大的综合力量，是由于伽利略、开普勒、笛卡尔以及其他科学家已经在原则上选择了一个共同的方向。这个方向就是科学的数学化”①、“科学家和科学史家大都把数学化视为近代科学的主导

① 陈嘉映著，《哲学科学常识》，中信出版集团2018年版，第215页。

因素……‘自然科学的分支整个地转变为基本上是数学性的学科了。科学家也越来越多地使用数学术语、结论和程序，如抽象、推理等，这些被看作是科学的数学化’。同样的说法也是科学家挂在嘴边的。这里只引一句霍金：‘一个物理理论即是一个数学模型’”[①]。简言之，伽利略等人无疑做了一个正确的选择。但是，有一个问题始终没有得到足够的重视和正确的回答：为什么数学能成为自然科学的主导因素？或者说，为什么自然科学能够数学化？

陈嘉映先生对于“为什么是数学”的问题，是从“数学的优点常被人称道：数学概念的准确性、论证过程的严格性、数学真理的确定性和普遍性”这几个方面来加以分析的，但并不令人满意，因为上面的问题原本就是“为什么具有如此这般优点的数学能成为自然科学的主导因素”？既然“数学普遍性的深层含义是：在一切现象下面，都有物理结构，而这个物理结构只能用数学来表示”[②]。这个问题就变成：数学与一切现象、物理结构乃至自然界的关系是如何可能的？陈嘉映先生说“这似乎只能给出一个结论：自然界是按照一个合乎理性的计划设计的”[③]。这个结论当然更加不能令人满意，因为“按照”、“计划”、“设计”这类字眼仿佛是在说自然界是“被设计”、“被创造”的——不仅原来的问题没有得到回答，还生出“谁设计并造出了自然界”？一个“上帝”的角色就呼之欲出了。很显然，这类问题已经超出了自然科学所能胜任的范围，但又是自然科学家必须面对的——因为，当物理学家把数学方程用来解释物理现象时，他就面临“为什么是数学”、“数学与一切现象、物理结构乃至自然界的关系是如何可能的”等问题，难道他能心安理得地接受“自然界是由上帝用数学的语言设计而成的”这类说法吗？

有一个著名的问题：数学是发明还是发现？曾经有数学家认真地作过回答[④]，并根据创立数学定理时有无可选择的余地等因素，得出结论说“有

---

① 陈嘉映著，《哲学科学常识》，中信出版集团2018年版，第222页。

② 陈嘉映著，《哲学科学常识》，中信出版集团2018年版，第248页。

③ 陈嘉映著，《哲学科学常识》，中信出版集团2018年版，第244页。

④ 见约翰·查尔顿·铂金霍恩主编，向真译，《数学的意义》，湖南科学技术出版社2015年版。

的是发明，有的是发现”[①]。其实，这完全不是一个数学的问题，而是一个形而上学的问题。因为这个问题的实质是：数学（及其原理）看起来是人的主观意识的产物，而自然界万物的运动规律却是符合数学原理的——这是为什么？或者如上所述，为什么数学能成为自然科学的主导因素？所谓发明是指“原来没有，现在被人创造出来”（如自然界本来没有飞机，被莱特兄弟发明出来了），所谓发现是指“原来就有，现在被人找出来了”（如世界上本来有那一块大陆，被哥伦布找到了并且命名为“美洲”）。该问题难就难在：如果说数学是发明的，自然界万物的运动怎么会遵循由作为人的主观意识的产物的数学所描述的规律？如果数学是发现，无生命、无意识的自然物中哪里有数？哪里有数学？明摆着数学的诸多问题、诸多思想都是数学家坐在书斋里想出来的。这里面的难度，几乎等同于认识论试图化解心物二元对立的努力。请想象一下这件事情：我们从高处抛出一颗石子，该石子会分毫不差地沿着抛物线的轨迹落下。此事的神奇之处在于：抛物线是由数学公式画出来的，数学公式是人想出来的，而石子无知无觉，居然会完全遵照人为它预先描画的轨迹运动！据说爱因斯坦说过这样的话：“这个世界最不可理解的是，它是可以理解的”——假如此话真是他说的，他一定是惊讶于这一类神奇的事情。如果有人以“无数的科学实验都能证明‘自然界是合乎理性的、物理结构是能够数学化的’”来对这当中的疑问做出回答，那一定是因为他没有理解到这类事情的“神奇”之处。对此，著名的“休谟问题”早就提出了质疑，很难想象一个真正具有理性精神的哲学家（甚至一个真正具有科学精神的科学家）会置若罔闻[②]。只要设想自己正置身于1510年代，面对哥白尼提出的日心说，看看自己究竟该如何对待。相比托勒密体系，哥白尼的方案除了在数学上更加简洁、优美、和谐之外，一些显而易见又至关重要的障碍需要被排除，比如如果地球是运动的，人为什么不能感觉到？等等。这

① 见约翰·查尔顿·铂金霍恩主编，向真译，《数学的意义》，湖南科学技术出版社2015年版。

② 但休谟的怀疑是不彻底的，因为他仍然“独断地”相信数学知识的可靠性——不错，我们也相信数学知识的可靠性，所不同的是，我们希望能得到一个解释而非仅仅只是一个“独断的信念”。

些障碍在差不多100年以后才由伽利略来排除的。而在哥白尼的时代，抛开宗教的因素不谈，任何一个严肃、客观、理性的人都面临这样的选择，究竟是该相信日心说在数学表达上的清晰简明、还是该相信地心说在实验观察上的合情合理？依据在哪里？因为，如果相信数学，那就需要抛弃“亲眼所见的事实”；反之，如果相信“亲眼所见的事实”，那自然无须理会哥白尼的算法、只要去改进托勒密的体系就好。要知道，即使是今天，“亲眼所见”的实验观察仍然是现代自然科学的基石之一，为什么人们会以“事后诸葛亮”的轻蔑态度去对待16世纪的那些“亲眼所见的事实”？科学史家的一个较为一致的看法是，“哥白尼革命的一个主要动力是新柏拉图主义的信念：他的体系将揭示上帝创世的和谐对称的设计”①，这听起来似乎是说催生自然科学的伟大壮举是出于“对上帝的信念”——如果这是真的，为什么后来的自然科学要千方百计排斥上帝这个角色？如果这不是真的，自信满满的“科学主义”者们在对这个前提性的问题作出合理的解释之前就去“解释全世界”，又将从何谈起？当然，关于哥白尼革命，另一个更为具体的说法是哥白尼信奉“数是万物本原”的毕达哥拉斯主义（这个说法可以排除“上帝”这个角色）。《近代物理学的形而上学基础》一书明确把“哥白尼步骤的根本意蕴”说成是“毕达哥拉斯主义的复兴”，说哥白尼在意大利的6年间“渐渐熟悉了早期毕达哥拉斯主义者遗留下来的残篇……在古代，只有这些人敢于提出一种不以地球为中心的天文学……他逐渐确信，整个宇宙是由数构成的，因此凡在数学上为真的东西，在现实中或天文学上也为真。”②这个说法也不能让“科学主义”者们更为愉快，因为他们仍将不得不承认哲学（形而上学）的观念在哥白尼那场惊天动地的革命中所发挥的决定性的作用，承认自然科学需要“形而上学的基础”——而这正是我们在讨论的东西，并且我们正在做的事情是超越了毕达哥拉斯主义的，因为后者“数是万物本原”的说法仅仅是一个断言（尽管是天才的断言），我们却要证明“数”为什么是或

---

① 陈嘉映著，《哲学科学常识》，中信出版集团2018年版，第224页。

② [美]埃德温·阿瑟·伯特著，《近代物理学的形而上学基础》，张卜天译，湖南科学技术出版社2012年版，第39页。

不是“万物本原”。

以上分析说明了一件事情，即：数学是如何可能的？是自然科学乃至人类理性绕不过去的一个大问题。

第三节　数是什么？数学（算术）是什么？

实际上，我们基于时间空间的样态、从量的范畴推出数概念和自然数概念，是解决“数学是如何可能的”这个问题的一个全新的思路，也提供了从根本上予以化解的可能性。康德在《未来形而上学导论》中明确指出：“时间和空间就是这样的直观，纯粹数学把它们作为其既无可置疑的、同时也必然地产生的一切知识和判断的基础”①。既然纯粹数学把时间空间作为其“无可置疑”的基础，那么，其一，纯粹数学是由时间空间派生出来，将是“无可置疑”的；其二，纯粹数学作为先天知识在以时间空间为直观形式的感性对象中具有普遍适用性，也将是“无可置疑”的。不过，康德的这个重要的论断没有得到足够的重视。如同把康德的时空观等同于牛顿的时空观一样，人们把被康德视为“先天知识”、基于空间直观的几何学也等同于欧式几何学。随着牛顿力学和欧式几何学被后来的发展所超越，康德的先验哲学的“科学性”也连带着受到普遍的怀疑，仿佛如同牛顿力学和欧式几何学那样带上了某种“过时”的印记。实际上，我们原本可以清楚地把康德的空间直观与欧式几何学区分开来。对此，我们将在后面“几何学是如何可能的”一章中展开讨论。

我们正在做的工作，就是把康德的时空观进一步推进到本体论（即时间空间是自然界一切现象的基质）。对此，我们借助量的范畴已经获得了一个独一无二的成果：在数与自然界一切现象之间找到了一个共同的介质即时间。这将在根本上回答“数学的本质是什么”或“数学是如何可能的”的问题：

① [德]康德著，李秋零译注，《未来形而上学导论》，中国人民大学出版社2013年版，第26页。

首先，回顾前面的推演，数、自然数是从时间的相继性、并存性和持存性借助量的范畴得来，可以概括地说，数、自然数是时间的规定性；其次，在我们的新的时空观中，“一个物是一个时间贯串着一个空间”，自然界的一切现象都以时间空间为基质。既然数是时间的规定性，一切现象又以时间为基质，那么，数、数学普遍地适用于自然界的一切现象，就成为一件顺理成章的事情。

下面，我们就来具体看看数作为时间的规定性所具有的独特优势。

一、为什么能够说“某物”是“一个”或“1”？

要谈数与一切现象的关系，首先遇到的问题是，我们为什么能够把“某物”说成是“一个”或“1”？从弗雷格在《算术基础》一书中所说的情况看，这个问题让以往著作家们颇伤脑筋、颇费心机（见书中“III.关于单位和一的看法”）。弗雷格罗列了人们在这个问题上的诸多困难，除了提出“数赋予概念”，也没有好的解决办法。

按照我们已经展开的思路，可以用一句话来回答这个问题：凡是能够依据单一性范畴说出的“这东西”、“这一个”，都具有“1”这个数的规定性——因为单一性所对应的数就是“1”这个数。具体到“某物”来说，作为“一个时间”或“一个时间序列”，它具有1这个数的规定性——因此我们能够指着“某物”说“这是1个东西”。

当然，为什么与单一性范畴相对应的“1”能够在一个物的“身上”指认出来？不言而喻，范畴本来就属于作为外部对象的一个物。

二、为什么能够给若干对象数出一个数？

对于数与一切现象的关系，第二个需要回答的问题是，我们为什么能够给若干对象数出一个数？面对桌上的几个苹果，我们能够数一数然后说出是“5个”。这件再寻常不过的事情是如何可能的？其实也是一件需要解释的事情。

假设桌上有编号为A、B、C、D、E的苹果。如前所述，我们能够对“某苹果”说出1这个数（或者说“某苹果具有1这个数的规定性”）。我们从A苹果开始数，数到E苹果，我们得到5这个数。细究这个过程，我们指着A苹果说“1”，这没有问题（刚才分析过），但是，对着B苹果，同样的一个物，我们怎么能指着它说“2”（却指着A苹果说“1”）？首先，数出一个数，就是对“1、1、1、1、1”的综合（各个苹果都是“1”），数的过程就是前后相继的过程，对应的就是时间序列；其次，在前面“量的阐明”中，我们专门分析过时间序列“1、2、3、4、5……”的生成过程。该序列的生成就是基于对“1、1、1、1、1……”的逐步综合的过程，因此，对若干苹果的“1、1、1、1、1”的综合，就与时间序列具有一一对应的关系；第三，数出一个数，就是对时间序列“1、2、3、4、5……”的展开过程。对于桌子上的苹果，这个过程展开到“5”这个数就结束，于是我们得出结论说：桌上是5个苹果。

还有一个不称其为问题的问题：我们能“5个苹果”数出“5”，也能对“5颗星星”数出“5”，“苹果”与“星星”（以及别的东西）完全是不相干的东西，何以能从中数出相同的“5”？首先，只要是能够成为思维的对象的东西，都具有单一性等量的范畴，其次，上述给若干对象数出一个数的机制只与每个对象中都有的量的范畴有关——因此都能数出相同的数。

三、自然数序列的生成机制是什么？

在前面“量的阐明”中，我们区分了量和数的差异，量的三个范畴是直观，作为多数性的显现方式的数概念（数性）也是直观，但数不是直观，每个数都需要具体地指出其生成的依据。我们在前面得到了时间序列“1，2，3，4，5……”其中我们谈到，我们之所以能用这几个数字来对应不同的时点，是因为我们能直观地区分对“1，1，1”的综合与对“1，1”的综合是有差异的（我们具备直观到差异的能力），所以需要用“3”这个数来区别“2”这个数。但是，我们的直观能力是有限度的，如前所述，基于人有10个指头这件事，我们有理由相信我们对10以内的数字有直观能力，但对于37863这样的数字，特别是想用“1，1，1，……”这样的综合方式来区分37863和37864这两个数（即通过“一望而知”的直观来区分37863个“1”的排列与37864个“1”的排列的差异）是超出了人的直观能力的。因此，我们就需要有一个生成机制，以便把时间序列中的数字一直书写下去（以体现“每个数都有生成的依据”的要求）。

从19世纪数学家皮亚诺开始，数学家、哲学家们（如上述弗雷格等）就致力于给自然数下定义并把算术建立在经过严格论证的基础之上。前面讨论过弗雷格的方法，这里谈谈皮亚诺为自然数下的定义。

皮亚诺用两个无须定义的概念“0”和“后继数”及五个公理来定义自然数：

公理一：0是自然数；

公理二：每一个确定的自然数，都具有确定的后继数，并且后继数也是自然数；

公理三：0不是任何自然数的后继数；

公理四：不同的自然数有不同的后继数，如果两个自然数的后继数相等，那么它们是同一个数；

公理五：如果S是包含自然数的集合（S包含0），且S内所有整数的后继数也在S内，则S包含了所有自然数。

基于五个公理和自然数定义，皮亚诺还进一步论证了算术的加、减、乘、除以及交换律、结合律等的意义。对于数学家的工作，我们无力做出评价。这里要谈谈皮亚诺的前提条件——这超出了数学家的工作范围。

皮亚诺的前提条件包含两个部分，一是0这个数和后继数是无须定义的；二是五个公理必须成立。之所以说他的前提条件超出了数学家的工作范围，是因为数学家需要以这些前提条件是不证自明的来作为其工作的出发点——否则就不叫公理了。但对我们正面临的“数学是如何可能的”这个更为基础的问题来说，就需要进一步追问：1、0这个数是什么（公理一）？2、为什么每一个数都有后继数（公理二）？3、后继数是什么？4、为什么0不是任何数的后继数（公理三）？5、为什么后继数相同的两个数就是同一个数（公理四）？6、为什么每一个数具有相同的性质（公理五）？以及，7、基于这样的定义所得到的自然数与自然界的一切现象之间究竟有什么关系（我们把算术的可能性维系在数字与现象之间的关系上）？

这7个问题显然不是数学家需要回答的——他们把前六个问题设定为不言

而喻、不证自明的，而对第七个问题则根本不予理睬。我们认为，基于我们从量的范畴推出的数的定义，这些问题是可以回答的（也是需要回答的）。

首先，我们认为，第一个自然数应该是1，而不是0。皮亚诺公理也有其它版本把“1”设定为无须定义的第一个自然数。对数学家来说，选择从0或1开始，大约只是一个约定或方便的问题（因为如果选择0或选择1有各不相同的理由，那么无须定义的这个自然数其实就是有定义的了），但对我们来说，则需要有清楚明白的依据。1这个数对应的是单一性，没有比这个范畴更基础的量的范畴。这是其一；其二，1这个数是“这东西”的数，因为“这东西”具有单一性的规定，因而数也就作为“这东西”的性质，与所有能被称为“这东西”的一切现象之间有着直接的关系；其三，我们的认识只能从清楚明白的“这东西”开始，然后从“这东西”推出“这东西的无”（我们在关于亚里士多德的部分也分析过，“有”应先于“无”），而不能反过来、从“无”推出“这东西”。如果“无”对应的数是0，那么0这个数应该从1这个数中推出来的。因此，以1作为第一个自然数，再考虑从自然数如何推出0、负数等其它的数。这可以保证数这个东西从一开始就与自然界的一切现象之间有着直接的关系。既然数学家对此没有特别的要求，那么，基于上述理由而从1开始，就是一个更合理的选择。后面我们就以1作为皮亚诺公理的第一个自然数。

其次，为什么每一个数都有后继数（公理二）？这是有疑问的。既然是在定义“什么是自然数”，就需要假设我们不知道“什么是数”（因为没有比自然数更直观的数了）。我们之所以接受“每一个数都有后继数”这个预设，要么是因为我们理解到“数本来就应该是前后相继的”（这就需要我们理解“数”的某些性质），要么是因为我们（基于直观的要求而）相信真有某种东西是“前后相继”的，要么是所谓纯粹的约定、先约定有这样的东西然后再接着往下说（对此，我们将同样有权造出“每一个苹果都有一个后继的苹果”这样的句子来——除非你能说清楚为什么“苹果”这个词不行而“数”这个词能行，那样的话，大约也已经解释清楚“什么是数”了）。现在，我们站在皮亚诺这边，帮他回答这个问题，方法就是：指着世界上某个确定无疑的东西说“这就是皮亚诺所说的‘数’以及必定前后相继的后继数”！——数是时间的规定性，时间的相继性决定了每个时点（时刻）是前后相继的，有一个时点，就必定有下一个时点。在时间序列中，一个时点对应着一个数，因此，有一个数就必定有它的“下一个数”。所谓后继数，就是“下一个时点的数”。由此，我们得到一个重要的结论：时间的前后相继确保了每一个自然数必定有一个后继数。对于我们已经得到的“数是时间的规定性”来说，这本来是自然而然的事情。但是，一旦明确了数与时间的关系，数与一切现象之间的关系就建立起来了。

第三，为什么1这个数不是任何数的后继数（公理三）？如上所述，单一性是最基础的量的范畴，正如没有“在单一性之前的量的范畴”那样，没有“在1这个数之前的自然数”。

第四，为什么后继数相同的两个数就是同一个数（公理四）？因为时间是前后相继的，对一个时间来说，它的时点与时点之间只有前后相继的关系，没有并列的关系，即每个时点都只是“一个时点”，不可能出现在一个时点上并列着“两个时刻”。时间的并存性是指一个时间（一个物）与另一个时间（另一个物）之间的关系，不能用到同一个时间序列的同一个时点（节点）上。因此，如果有两个数的“下一个时点”的数是同一个数，则两个数必定是同一个数。

第五，为什么每一个数具有相同的性质（公理五）？因为时间的每一个时点的数性是相同的（都是从相同的量的范畴得来）。

第六，皮亚诺为了证明1+1=2，还预设了两个公理（加法公理）：一、如果n是自然数，那么，n+1=n’。二、如果n和m都是自然数，那么n’+m=（n+m）’。在这里，我们同样需要问：在第一个公理中为什么要约定n+1=n’？即为什么是“+1”而不是“+0”或“+别的数”？能不能有别的约定？比如象棋的规则，即使换一个约定也是可以的（比如允许卒子走斜线，或允许卒子一次走两格），象棋仍然可以玩下去。加法公理换成是“n+2=n’”行不行？如果不行的话，那么，加法公理就不成其为“公理”了（可以用反证法证明n+1=n’）——这些都是问题。而问题的本质是，一个自然数与其后继数之间相差的数为什么是且只能是1？我们的回答是，因为时间序列中的每一个时点就单一性而言都是1（也只能是1，因为单一性的数就是1），生成每个自然数的全体性所面对的综合的对象是“1，1，1……”，“下一个时点”为前面的诸时点所增加的综合的对象就是（且只能是）1，因此，一个自然数与其后继数之间相差的数就是（且只能是）1。

第七，1等自然数与自然界的一切现象之间究竟有什么关系？其实前面已经说过了：数是时间的规定性，既然“一个物是一个时间”，那么，数如同一个东西的颜色、形状等特征一样，是内在于对象的性质。我们可以下结论说：数是外在事物的客观的性质。但是，如何回答弗雷格对数的客观性的批驳呢？比如“扑克”这个概念的数就既可以是1，又可以是54，还可以是4等等。实际上，这些数都客观地在扑克这个东西当中存有着，所不同的是人愿意从中看出并说出哪个数，人们看出并说出哪个数则取决于他采用什么“计量单位”，“计量单位”又取决于什么呢？取决于人们使用单一性这个范畴的不同方式。

以上阐明既是对前述数概念（即“数是时间的规定性”）的合理运用，也与数学家的成果（皮亚诺公理）相互契合、相互印证。或者说，皮亚诺依据直观提出了“后继数”的概念并以“每个数都有一个后继数”作为前提的预设，我们则依据新的数概念为他的直观找到了独一无二的对应物即时间的规定性——只有时间才具有“前后相继”且“每一个时刻必定有一个后继的时刻”的性质。这意味着以上阐明绝非凭空想象，而是相当于这样一个过程：麦克斯韦在数学上预言了电磁波的存在，然后赫兹在实验室里找出了“对应物”并指着那一丝丝电火花说：“这就是麦克斯韦所说的电磁效应”。

四、计量单位取决于单一性的使用方式。

上面提到，弗雷格在《算术基础》一书中花了不小的篇幅讨论“单位”的问题。他评价了以往一些研究者的看法，比如把单位与“一”等同起来，用“不可分解性”、“分界性”来规定单位等等，指出那些看法所存在的问题，比如一天有24小时、一小时有60分钟，时间如何能被分解？如果“小时”因“不可分解性”成为一个单位，那它又如何能被进一步分解为60分钟；再比如单位是不是相等的？就是个难以回答的问题。如果不相等，如何能起到计量单位的作用？但明摆着世界上又“无论如何绝没有两个对象是完全相等的”。弗雷格的解决办法是把单位归于他的上述意义上的数概念。

按照我们的主张，计量单位来自单一性范畴。如前所述，在量的范畴中，单一性、多数性和全体性是相互转化的，从单一性到多数性，对多数性的统摄得到全体性，而全体性又复归于单一性（即“一个”整体），因此，我们对单一性的运用中借助全体性可以是多层次，比如扑克牌，当我们说它是54张时，是以每一个卡片一样的东西为单一性的对象。当我们说它是一副时，是借助全体性对所有卡片一样的东西的统摄而得到由全体性转化而来的单一性并用这个单一性指称它的全部。我们到底要说它是54张还是一副，取决于我们说话时的选择。弗雷格过多地强调了这种选择的主观性，其实，应该怎么理解这个过程中的主观性、客观性？还值得斟酌。作出不同的选择就是每个人的主观的东西？未见得。假设我们的口袋里有5枚币值不等的硬币，不同的人摸出不同的硬币，仅看这一点，似乎有每个人的主观意愿在里面发挥作用，但是，如果从“每个人的口袋里都有相同数量、相同币值的硬币”这个角度看，它又是客观事实。而且，每个人摸出的“一元硬币”或“五元硬币”等，又都是相同的“一元硬币”或“五元硬币”，不会出现张三的“一元硬币”是圆的、李四的“一元硬币”又是方的，可见这些硬币的特征也是客观事实。因此，我们完全有理由认为，对现象来说，计量单位是客观的规定性——等到推演出质的范畴之后，我们将更加相信，当我们说事物是什么时，事物自身当中真的就有什么。

把计量单位当作概念是为了解释有关问题时的一个较为牵强的权宜之计。范畴是比概念更基底的东西，把计量单位归于单一性范畴，无疑是最为本质的结论。在这里，我们仍然要问两个形而上学的问题：其一，我们为什么能把计量单位运用于一个对象？这个运用是客观现实的还是主观约定的？是客观现实的。因为一个对象之为对象，其基质本来就是时间空间的样态，包括量在内的范畴都是从时间空间的样态中派生出来的，说出一个对象的某个计量单位，不过是说出它本来就具有的量的特征；其二，我们为什么能把计量单位与数字联系起来？或者说，54是个数字，“张”是计量单位，我们为什么能把两者联系起来并说出“54张”？是因为数的概念本身也是来自于量的范畴的。1这个数也对应于单一性，由1（依据上述时间意义上的皮亚诺定理）生出了2、3等等数字，这些数字当然与单一性是有关系的，因而与计量单位也是有关系的。

以单一性作为单位的依据，化解了以往关于单位的看法的困难。比如单位是不是相等的问题，我们赞同世界上“无论如何绝没有两个对象是完全相等的”，但这句话跟单位的设定无关，因为我们不是以具体的某个对象作为单位，而是以对象所呈现出的单一性作为单位的依据。我们既可以指着一个大的苹果说“这是一个苹果”，也可以指着一个小的苹果说“这也是一个苹果”，并且把他们合称为“两个苹果”，就是运用单一性范畴的结果（和优越性）。

顺便说一下。弗雷格排除了时间与数的关系，他说“时间只是计数的一种心理要求，与数这个概念却没有任何关系。如果人们允许以空间或时间点来表现非空间和非时间的对象，那么这对计数的解释也许能够有好处；但是从根本上说，这里预先假设了数概念可以应用于非空间和非时间的东西”[①]，弗雷格是为了绕开一个难题，即数能不能用于“非物体的东西”？数显然能够用于“非物体”、“非空间和非时间的东西”（如“我的一个念头”、“我有两点意见”等），但如此一来，以往基于对象的特征（如“分解性”等）来定义的数概念，又只能运用于“物体的”、“空间和时间的”东西。因此，只有承认数与空间、时间无关，才能解释数被运用于“非空间和非时间的东西”的惯常现象。但是，对我们的新的时空观来说，“数是时间的规定性”，即使是思维中的东西，也包含了时间空间的样态，也是“空间和时间的东西”（因为时间空间是包括思维的东西在内的一切现象的基质。我们将在质的范畴及相关章节中予以详细说明），因此，“数是时间的规定性”丝毫不妨碍数被运用于通常误以为的“非空间和非时间的东西”。

---

① [德]弗雷格著，《算术基础》，王路译，王炳文校，商务印书馆1998年版，第60页。

五、圆周率π不是“一个数”。

数概念是以单一性范畴为基础，当我们说3.14这个数时，实际上是以0.01这个数作为单一性而获得的。但我们在所有的无理数中找不到这样一个能被当作单一性的数，因此，无理数并不是“一个数”，它只是生成该无理数的那种方式。比如圆周率，它的意义仅仅是圆的周长与直径之比，而不是“一个数”。我们可以说3.14或3.14159是一个数，但3.14……或3.14159……就不是“一个数”了。这一点，与以往数学家的观点有所不同。

六、发明与发现的问题。

至此，我们可以对“数学是发明还是发现”做出回答：数学是发现——因为数学作为时间的规定性，原本在世界及其现象之中就是有的，就是世界及其现象的规定性。

但是，如前所述，数学的思想完全是人们的思维的产物，数学的发展与经验世界可以说是没有关系的，数学家从来就只需要坐在书斋里苦思冥想就可以了——还是那个问题：一个思维的产物怎么能与外部世界的客观对象发生关系并且刚好就是客观对象的规律性？这原本是物理学在“数学化”之前就应当先行回答的问题。上面的论述已经证明，数学及其规则是时间空间的性质。既然思维与物质（在时间空间这个基质上）是同质的，人的思维活动也是时间空间的性质的显现方式（我们将在后面有关“质的范畴”的章节中做进一步说明），那么，由纯粹的思维活动产生出来的数学思想，就是把时间空间在量上的性质（更准确地说是在形式上的性质）呈现出来了。数学思想之所以是环环相扣、一以贯之的，正是因为时间空间的性质是环环相扣、一以贯之的。因此，数学的内容就是时间空间的性质的内容。这些内容显然是既在思维中，也在外部对象中，数学家坐在书斋里的苦思冥想，无非是思维能够通过“内省”来把它们呈现出来，它们所描述的时间空间的规律性，当然也是以时间空间为基质的外部客观对象的规律性。

以上论证解释了常常令数学家和科学家感到惊叹的一个现象：一些纯粹的数学概念或数学结构，竟然不可思议地对应着自然界的某些物理实在，比如黎曼几何对应于广义相对论所描述的物理实在。不仅如此，科学家们也相信，对于物理现象的数学描述只要是简洁优美的，就总是正确的。这个现象之令人惊叹，是因为那些数学概念或数学结构似乎只是人的思维的产物（甚至只是某些天才的“灵光乍现”），何以能与外在事物具有如此完美的契合？实际上，数学带来的惊叹，是从我们能指着一个东西说出一个数字这件事就开始了的。

七、有关论证的意义。

综上所述，以上论证是我们取得了“数是时间的规定性”、“数是量的范畴派生出来的概念”等等至关重要的进展之后的成果。也许有人会问：以上的“形而上学”的论证有什么意义？有两个意义：

其一，明确了数及数概念的本质是时间的规定性。比之把数学的本质说成是心理的、逻辑的等等，无疑找到了最为基底的坚实的依据。

其二，为数学与时间乃至“自然界的一切现象”之间建立起了由此及彼的融通关系。如同欧几里得的五条公理为几何学奠定了基础，皮亚诺的五条公理也为代数学乃至数学奠定了基础。如果上述论证是正确的，即从“数是时间的规定性”出发解释了皮亚诺公理的形而上学的意义，那就意味着数学可以被建立在“数是时间的规定性”这个原则之上，基于“时间空间是自然界一切现象的基质”，“数学普遍地适用于自然界一切现象”就成为一个顺理成章的推论——进而自然科学的“数学化”的合理合法性就得到了证明。当然反过来，如果上述论证是合理的，也说明“数是时间的规定性”这个原则对数学而言是可行的、有意义的——于是，我们把这个原则称为是“数学的本质”。

第十六章　质的范畴及其阐明

在第十四章中关于量的范畴的阐明部分，我们依据“时间空间既是形式也是质料且互为形式和质料”，并在“规定与被规定”的意义上指出，量的范畴是关于形式的范畴（因为“时间的量”是时间的性质，“空间的量”是空间的性质）。进一步看，当我们针对一个物来谈形式和质料时，形式是一个物的形式，质料是一个物的质料。而“一个物是一个时间贯串着一个空间”，简略地讲，一个物就是时间空间之综合。因此，一个物的质料就应该是时间的样态与空间的样态之综合，只有这样的综合才能作为质料来与单独来自时间样态的“时间的量”和单独来自空间样态的“空间的量”的形式相匹配，“关于质料的范畴”就将是时间的样态与空间的样态相综合得到的范畴。

此外，当我们说质料这个词时，总是与对象联系起来的，因为质料总是某个对象（东西）的质料。能被当作对象的，按照康德的区分，分为外感官的对象（即外部世界的现象）和内感官的对象（意识中的表象）。同为对象，没有理由人为地、生硬地规定外感官对象有质料、内感官对象没有质料（否则其“形式”是什么的形式？无法解释）。而两种对象的区分在于前者能被我们的感官所感知，后者则只能在我们的意识中呈现（即“看不见、摸不着”）。这样，我们对即将推出的质的范畴就有了一个期许，即能够区分出外感官对象的质料和内感官对象的质料。很显然，外感官对象即一个物的质料，必须包含时间空间的所有样态（以呈现时间空间的所有性质），而内感官对象则只能是时间空间的部分样态之综合（以呈现时间空间的部分性质）。由此我们得到质的两类范畴，前者是时间空间的所有六个样态的综合，我们称之为实在性，是外感官对象即外物的质料的性质；后者是时间空间的部分样态的综合，我们称之为观念性，是内感官对象即思维表象的质料的性质——这是康德的范畴表中没有的质的范畴，但很快能显现出它作为质的范畴的独特意义。第三类质的范畴则是观念性范畴对实在性范畴所作的规定，由此得到具有千变万化特征的各种外感官对象的各种质料，我们称之为限制性。

以上两方面既说明了量的范畴和质的范畴各自的来历和意义，也说明了推出质的范畴的机制和适用对象。再次显示出我们所得到的范畴都有其清晰明确的来源和机理，并非盲目地对样态进行叠加就能得到。康德没有预先解释什么是量、什么是质，就直接使用了“量的范畴”和“质的范畴”的短语（似乎约定了“量”、“质”是不言自明的词）。这个缺憾是需要被弥补的。

接下来，我们来对质的范畴展开推演。同样地，我们仍然采用在时间空间的规定性中找到某些性质并予以命名的方式来获得质的范畴。

第一节　实在性

康德说：“实在性在纯粹知性概念中是和一般感觉相应的东西；因而这种东西的概念自在地本身表明某种（时间中的）存在”[①]。鉴于“存在”这个概念的复杂性，我们可以更为简明地用实在性来表示能被人感知到的东西的性质，也即具有可视、可触、可听等感觉特征的东西的性质。对实在性的这个界定，比“某种（时间中的）存在”更加清晰明确，固然所指范围小于人们通常对“实在性”这个词的使用范围，比如我们只能把实在性用于物质的

① [德]康德著，《纯粹理性批判》，邓晓芒译，杨祖陶校，人民出版社2004年版，第142页。

对象，而不像日常语言中诸如“你的想法很实在”之类的用法。不过，日常语言的用法常常有比喻、比拟的特点，如形容一个人的意志“坚如磐石”，但这并不意味着我们在解释“什么是意志”时，就一定要把“磐石”的特性考虑进去。我们曾明确地把“存在”这个词的对象限制在兼具时间空间性质的对象上，对别的对象如想法、念头，我们可以用更宽泛的“有”这个词。同样，我们把实在性限制在物质的对象的性质上（该性质原本就需要一个范畴来表明），其它的仍可被当作质料的性质，我们不妨使用别的范畴。

从时间空间的样态来看，实在性就是时间空间的全部6个样态的综合。我们通常所说的“在时间空间当中”，指的就是时间空间因其6个样态兼备而呈现出的完整的性质。

第二节　观念性

这个范畴是康德的范畴表中没有的，但康德把先验哲学概括为“先验的观念性”和“经验的实在性”，他解释了先验、经验和实在性，唯独没有解释观念性，总不免是个欠缺。我们需要给内在于意识的、同属于知性对象的那一类对象赋予特定的范畴，而不仅仅是针对外在于我们的现象，或者把它们两者不加区别地混同起来。与实在性相对立的概念，不是“无”（那是与有相对立的概念），也不是“否定”（那是与肯定相对立的概念），而应是观念性。

如前所述，增加这个范畴的必要性是清楚明白的：同为对象，无论是外感官对象还是内感官对象都既有形式也有质料。口袋里的一张钞票的形式和质料是清楚的，形式是钞票所规定的样子，质料是特殊材质的纸张，那么，头脑中的一张钞票的形式和质料又是什么？形式跟口袋里的钞票是一样的，但质料呢？以往是说不出来的。如果说它没有质料（通常就是这么说的），又何以能成为“一个对象”？其次，在我们的观念中，时间空间不可分离，但它们的样态之间具有“综合的叠加性”，而且任何现象都“在时间中”，但是，有些东西却可以只是部分时间样态与部分空间样态综合、叠加而成（这样的东西也归于一个“在时间中”的现象，但自身只是时间空间的部分样态的综合）。于是我们要问：一是既然实在性是全部时间空间的样态的综合，那些部分样态的综合所生成的东西又是什么呢？我们将之归入观念性的范畴，或者说，部分样态叠加所得到的东西，我们姑且称之为观念或观念性——观念性也正是头脑中的一张钞票的质料；二是既然实在性是时间空间所有样态的叠加，叠加所得到的是指时间空间中的物质性因而外在于人的思维的东西，那么，那些部分样态的叠加所生成的东西又是存在于何处呢？其一，部分样态叠加的东西存在于全部样态叠加的东西之中，这是显然的。一个东西由A、B、C、D叠加而成，我们当然也能说其中包含有A与B叠加或C与D叠加的东西。因此，外在于人的一切现象中也都有部分样态叠加的东西；其二，人及其头脑也都是物质性的东西，首先具有物质的实在性，是全部样态叠加的东西。其次，人的意识又有其能动性（这一点我们采用通行的看法），因此又能意识到意识中的那些部分样态叠加的东西并把它们显现出来。也可以说，部分样态叠加的东西只有在人的意识中才作为独立的东西而存在。

既然是部分样态的叠加，那每一种叠加的可能性都应该呈现出来并且都有其各自的含义（否则我们就需要解释那些可能的组合中为什么有的组合是不被考虑的）。这里只谈两相组合的可能性，实际上有三个以上样态组合的可能性（当然，6个样态本身也是观念），由组合后得到的观念再与别的样态或观念相叠加的——这就构成了我们无限丰富的观念世界。两相组合的观念分为两类，一是时间的持存性与其它样态的叠加（我们称为表象），之所以单独用持存性与其它样态相综合，是因为持存性（如前所述）具有“是起来”的能动性——直观地讲，与持存性相综合的样态，都能在思维中（作为表象）“是起来”。也正因为如此，我们把持存性与相继性、并存性的综合也当作“是起来”了的表象（尽管我们在前面说，质的范畴是时间的样态与空间的样态之综合，但根据样态综合的自发性原理，持存性与相继性、并存性的综合必定也是有意义的，我们仍将其归于观念性）；二是持存性之外的其它样态之间的叠加（我们称为性质）。表象是思维的主体，性质也是以该主体为依托的。按照通常表述中“内感官的对象”，就是这里说的表象和性质。

一、表象。

我们在时间持存性的意义中把持存性与“是起来”建立起对应关系（持存性是在对象那边，“是起来”是在思维这边）——时间空间的样态需要“持续存在”才能显现出来，对象需要在思维中“是起来”才能成为表象。我们把时间的持存性分别与时间空间的其它5个样态相叠加，即表示该样态在思维中“是起来”并成为表象，就得到以下最基础的表象：

1、点与持存性相综合，“东西”的表象作为一个观念显现出来（“是一个点”、“是一个粒子”或“是一个东西”）。点本来在量的范畴中对应着单一性，当它借助持存性显现出来时，“一个点”、“一个粒子”或“一个东西”显现出来了。这里用“东西”这个词来命名这个表象，是因为在日常用语中，“东西”这个词更为基础。我们要描述一个对象，最简略的表述是“是一个东西”，这是思维中表象的最基本的形式。比如我们看见远处有一团黑影，下意识的反应是“那里有个东西”，然后走近了再分辨出“那是什么东西”，也即先是一个“东西”，然后再谈“是什么东西”。在我们的思维中有这样那样的表象，但这些表象的一个共同的特征，就是能够被理解并当作一个“东西”。也正因为思维有了这个观念，我们才得以分辨出思维的一个个“东西”或外部世界的一个个“东西”。“东西”这个表象与作为空间样态的点有什么区别？区别在于前者的点“显现出来了”，后者的点仅仅是一个样态。

2、位差与持存性相综合，“运动”的表象作为一个观念显现出来（即“是运动”）。亚里士多德把运动规定为“潜能的实现”。从“是起来”的意义上讲，持存性就是实现出来的意思。空间的位差是“形成间距”的能动性，时间的持存性与位差相综合，就是“把间距实现出来”的过程，也就是运动。我们在前面第六章从一个物“自带”的规定性的意义上定义过“运动”这个概念，即一个物在每个时间节点上增加一个“位差”的规定性，与这里的“位差+持存性”的定义相符合。

3、形与持存性相综合，“形式”作为一个观念显现出来（“是形式”）。这是重要的一步，这个“形式”一方面是几何学中的点、线、面、体等形状的来源，使得我们具备理解几何学所研究的全部对象的能力；另一方面也是一切现象的形式的来源，使得我们具备理解现象的形式的能力。为什么说“形式”也是点的来源？因为点只有在包括线在内的形中才能被区分、被认识（如前所述，是一条线的两端或两条线的交叉让点显现出来）。

4、相继性与持存性相综合，其内容前后相继的“序列”作为观念显现出来[①]）。这是一个重要的观念，对比一下洛克的“白板说”，就能很好地体现出“序列”的观念是如何让我们得以领会自然数、整数等数的序列乃至“历史”这个词的含义（即把一个个事件理解为前后相继的编年史）——“白板说”认为人的意识是一个空白的白板，外部对象在上面呈现出什么样子，我们就得到什么样子的认识。这在我们看来是不对的。人的思维不是“白板”，有自己本来的构造，这个构造决定了人认识对象的方式和认识的结果。在这里，“序列”作为一个观念性的表象原本就属于人的思维的构造，其不同于“白板说”之处在于，因为我们的思维有“序列”这个构造，我们才得以理解并认识“1，2，3”这样的序列。当然，外部对象原本也具有时间的相继性的构造，因而两相契合、达成认识与被认识的关系。两者的同构性问题，我们稍后进一步说明其作用。

特别需要指出的是，序列并不仅仅是诸内容的前后列举（比如1、2、3等数字按前后顺序排列起来就成了“自然数序列”），而是贯串在序列诸内容之间有一个内在关联即贯串其中的持存性（也就是“是起来”的是的规定性）。因为序列是时间相继性和持存性的综合，其中包含了持存性。“1，2，3”等数字之所以是“自然数序列”，其中有某种一以贯之的规定性，使得我们能从列举出来的数字推导出没有列举出来的数字，我们把这种规定性

① 在量的范畴中，多数性或数的生成是时间序列的“一个单位”与另“一个单位”的叠加，而这里是整个的一个时间序列与持存性的叠加，从而“是前后相继的‘一个序列’”。同样跟相继性有关，但叠加的内容不同，生出不同的“数”和“序列”。

称之为内在关联。这一点十分重要，有序列就必有贯串序列中的内在关联，也就是有时间的持存性。为了简便起见，后面凡是谈到序列的内在关联时，指的都是贯串其中的持存性或“是起来”的是的规定性（即在后文中不再每次都指明“内在关联是持存性”）。

此外，序列的内容既然是前后相继的，且来自于时间的相继性的力，那么该内容是不是“不可逆的”？并非如此。在后面的阐明中，我们将专门指出，相继性、并存性和持存性的力只有在作为整体的时间中才存在且发挥作用，当这三个样态单独构成观念性的东西时，它们将体现出该样态的观念性的特征而不具有相应的力。因此，序列的顺序是可以颠倒的，但关键是，我们能够理解每个顺序的意义，即贯串于其中的内在关联——这才是相继性在序列中发挥作用的方式。

5、并存性的样态与持存性的样态相叠加，其内容并排而立的“集合”作为观念而显现出来。集合这个观念不同于量的全体性，全体性是把多数性统摄为“一个”新的东西，比如把“·····”统摄为“一个线段”的形状，“线段”已不同于原来的“5个点”，在“一个线段”生成时，“5个点”就“消失”了。但集合的观念来源于同时并存性，是对同时并存的东西的汇集、汇总，也就是“一个物是一个时间贯串着一个空间”这句话中的那个时间序列的每个节点上的同时并存的空间规定性的汇集、汇总。其意义在于集合形成之后，其内部的元素得以建立起相互规定的关系，而不仅仅是各个元素被罗列在一起。

如此一来，序列的元素具有前后相继的规定性，集合的要素具有同时并存的规定性。①

① 对于“序列”和“集合”这两个观念，或许会有疑问：相继性和并存性都意味着时间的不可逆性和交互作用的力，为什么相继性和持存性的综合只得到前后相继的“序列”、并存性和持存性的综合只得到并排而列的“集合”——时间的力到哪里去了？简言之，之所以生成“序列”和“集合”，正是把时间的相继性和并存性的力去掉之后所能（且只能）得到的对象。至于为什么要去掉时间的力，因为这两个表象一是不完整的时间（分别是相继性与持存性的叠加和并存性与持存性的叠加），二是没有空间的规定性，因而不能通过空间去规定时间以引起变化从而表象出力。

上述5个观念构成了思维中的表象，是最基础的表象——因为它们是时间的持存性分别与时间空间的其它样态的综合，没有比这更基础的综合。5个表象之间的进一步叠加（综合）将派生出更多的表象，我们称之为复合表象。不过，就像复合物也被当作一个物一样，我们在后文也会把“复合表象”统称为表象。其中最重要的是“序列”和“集合”这两个表象的进一步叠加，将是外部现象在思维中的作为对应物的是者的基本构造，比如概念，概念在我们的思维中的构造就是“序列”与“集合”的叠加。这一点我们后面专门谈。当然，也包括前面第十三章“时间持存性的意义及部分推论”中谈到的点、位差与持存性三个样态的综合所得到的“类波”，也属于复合表象。正因为同样是时间空间的样态之间的综合，表象在我们的思维中得以“栩栩如生”，它们与外部对象的差别是部分样态的叠加与全部样态的叠加。比如我们想象中的一个房子具有空间的所有规定性，只不过这个房子的质料不是实在性，而是观念性——其成因就是空间的部分样态与时间的部分样态而非全部样态相叠加。

二、性质。

有另一类观念不是表象，但能够为我们所思维，也构成了表象之间的联结。这类观念属于对象的性质。按照康德，“‘我思’必须能够伴随着我的一切表象”，思维中除了表象不再有别的东西。对此，弗雷格明确予以反对，并反复强调“并非所有东西都是表象”。在这里，我们不在弗雷格的意义上谈表象，而是针对康德的表象，谈这样一个问题：如果只有表象能为我们所思维，那些让一个个表象发生关系并生成新的表象的东西又是什么呢？比如前面谈过毕达哥拉斯的“数是万物的本原”，即使我们相信这句话，仍然有困惑：那些让数与数发生关系以生成新的数的运算符号及规则又是什么呢？它们既不属于数，又非数所派生，是与数并列的东西，要么数不是本原，要么“数及其运算法则”才是本原。同样，如果思维中只有一个个表象，表象如何鲜活起来并为我们所思维？就是问题。因此，我们不妨承认另一类与表象相并列的观念，我们姑且称之为性质。

在时间的样态与空间的样态相互叠加中，除了三个空间样态和两个时间样态分别与持存性相综合（因持存性是“是起来”的能动性）得到上述5个表象，其余的样态之间两相组合所综合的东西，就都是6种性质。

1、连续性。

时间的相继性与空间的点相综合，得到连续性。对照我们通常对连续性的定义方式，就不难看出相继性与点的综合所得到的东西是与之相符合的。

罗素在描述运动的连续性时，把运动物体的位置表述为时间的一个连续的函数，从这个表述中体现出人们对连续性的理解方式：“运动物体的位置必是时间的一个连续的函数。为了精确规定这一点的涵义，我们可按下述来做。试想有一质点在时刻t处于点P上。任取质点行程上的微小部分P1P2，这个部分包含P。于是我们说，如果质点的运动在时间t是连续的，那么必能找到两个瞬间t1，t2，一个早于t，一个迟于t，从而在从t1到t2的整个时间（t1，t2都包含其中），这个质点都处于P1与P2之间。而且我们说，我们所取P1P2这个部分不论多么小，情形亦必是如此”[①]。这一段表述的简明的说法是，时间的每一个瞬间与空间的每一个点之间具有对应关系。因为运动的质点每经历时间的一个瞬间，就同样地经历空间的一个点。这正是“时间的相继性与空间的点相叠加”的意义。罗素还用过“在一个致密系列中，任何两个给定的项之间必然有无穷多的项”[②]的表述来解释连续性。不过这句话里的“致密系列”是什么意思、“两个给定的项之间”又是什么意思？何以能“有无穷多的项”？都是需要解释（却没有得到解释）的，关键是：是什么为这无穷多的中间项提供了可能性的保证？比如一堆99个的苹果与另一堆100个的苹果之间不会有“无穷多的中间项”，于是我们要问的是：为什么99和100这两个数被放进“致密序列”当中就“变得”有了“无穷多的中间项”？都是问题。以“时间的相继性与空间的点相叠加”，由于时间的相继性是连续的（无法设想时间的相继性中有“中断”，详见后面第二十四章“连续性的原

① [英]罗素著，《我们关于外间世界的知识》，陈启伟译，上海世纪出版集团2008年版，第90页。

② [英]罗素著，《我们关于外间世界的知识》，陈启伟译，上海世纪出版集团2008年版，第86-87页。

理”），空间的点以时间的连续的前后相继的方式结合在一起，所得到的性质当然是连续的、致密的。实际上，我们说“时间是连续的”和“空间是连续的”，考虑到时间空间的不可分离性，这两句话就统一在“时间的相继性与空间的点相叠加”所得到的连续性这一点上，由此得来的连续性，与“时间空间是连续的”是等价的。

连续性的问题涉及到一些有歧义的问题，我们后面再专门讨论。

2、相关性。

时间的并存性与空间的点相综合，得到相关性。白纸上有一个黑点，我们想到的就是“点”，如果出现另一个黑点，立即就增加了“这个点”与“那个点”如何相关的意思，如两者的间距；如果再增加一个黑点，也是增加了这三个点如何相关的意思，如三个点可以连成三角形、连成锐角三角形或钝角三角形等等。抛开间距、三角形等经验性的东西，我们把并存性与点的叠加所得到的性质称为“相关性”。

这里的相关性与我们前面得到的“关系”范畴有什么区别？在第九章，我们把关系称为两个（或以上）对象依据时间并存性而建立起来的关联。也就是说，只要说两个对象是同时并存的，它们就是有关系的。关系是时间并存性派生出来的东西，如同那一章列举的太阳和地球共同生成了它们之间的间距、距离那样，就属于时间并存性派生出来的关系。而这里的相关性指的是一种有能动性的性质，体现了时间并存性中的交互作用的力，关系则可以理解为相关性的名词化的表述。

3、否定性。

时间的相继性与空间的位差相综合，得到否定性。时间空间的6个样态中，时间样态都是具有某种能动性的，位差也是空间中仅有的具有某种能动性的样态，相继性与位差相综合得到的某种在时间和空间上都能带来变化的具有能动性的性质，在我们现有的概念、术语中，与之最为相符的，是否定性这个词，因此我们用否定性来命名之。在这里，所谓能动性是何意？按照前面对力和变化的定义，指的就是“带来变化的力”。否定一词本身就包含了打破对象现状、迫使对象改变的语义。

时间的相继性对空间状态的规定所带来的不可逆性的要求（时间不可逆定律）就是后一个状态对前一个状态的否定，仅仅就相继性本身（即与空间规定性相分离）而言，时间的“前”、“后”之别就包含了“不相同”、“不一致”等否定的因素（如果“前”就是“后”，就无前后相继可言）。而且这种否定就是以往所说的“自否定”（并非“一个物对他物的拒绝或排斥”）。从相继性作为对空间状态带来不可逆的变化来看，这种否定是一种客观的能动性。因此，我们说相继性体现了时间中的客观能动的否定性。而空间的位差（如前所述）有“形成间距”的能动性（位差不是静态的间距，而是动态的“形成间距”），既是对点的否定，也是对点的肯定（我无意使用“辩证的语言”，只是对“点与位差”的关系做一个表述），是空间中的能动性。我们把时间空间两方面的能动性综合起来，正好体现了一切以时间空间为基质的现象所具有的“客观能动的否定性”。

4、交互性。

时间的并存性与空间的位差相综合，得到交互性。设想一下两个具有能动性的位差同时并存，只有分离（即两个位差互不相干）和不分离（即两个位差有相互叠加）两种情况。如果是分离的，分离的两个东西又可以归于两个“点”，仍属于相关性的含义，因此只能是不分离的。同样，如果两个位差完全重叠成了一个位差，也不能带来新的意义，因此只有联结后各自保持着原来的能动性，同时这一个对那一个有“形成间距”的能动性，反之那一个也对这一个有“形成间距”的能动性——这只意味着一个东西，即交互作用。因此，我们把时间的并存性与空间的位差相综合所得到的性质，称之为交互性。

在前面第八章，我们把时间的并存性等价于“交互作用的力”，当时我们曾说，这个等价关系是我们基于康德的看法所作出的设定，但康德并没有对此作出进一步的解释。现在，我们为这个设定找到了依据：其一，“同时并存”的语义中必定既包含时间的规定性也包含空间的规定性（否则“并存”关系？），其二，正是时间的并存性让空间的位差实现相互叠加，并依据位差的能动性而产生出“交互作用的力”的意义。至此，“时间的并存性等价于交互作用的力”这句话在更深层的样态的意义上得到阐明。

也许有人会细究：你在前面说时间的并存性等价于交互作用的力，而这里又说时间的并存性与空间的位差相综合得到交互性，这岂不是出现了“语义循环”？并非如此。在上面的第一个依据中，我们说“‘同时并存’的语义中必定既包含时间的规定性也包含空间的规定性”，因为如果离开了空间，何处安放两个“并存”之物？我们一开始明确指出，时间空间是不可分离的。如果说对时间的相继性我们还可以仅仅谈论其时间序列及其各个节点，那么，对时间的并存性，我们就必须结合空间的规定性来谈论它的性质了。当然，如果一定要“仅仅就时间并存性本身”来追问它是什么，我们也可以做出如下表述：时间并存性是促使空间的位差的交互性得以显现出来的力。简明的公式仍然是：交互性是时间的并存性与空间的位差相叠加。离开了并存性，位差就无法显现出交互性——它与持存性相综合得到运动表象、与相继性相综合得到否定性。因此，前面第八章说“时间并存性等价于交互作用的力”作为简略的说法是没有问题的。

此外，在第八章我们还遗留了一个问题：为什么时间并存性的力是吸引力和排斥力两种力？既然交互性是并存性与位差相综合，作为“形成间距”的能动性，位差既可以通过“缩小间距的方式”来形成“新的间距”（对应吸引力），也可以通过“扩大间距的方式”来形成“新的间距”（对应排斥力），可见，时间并存性的力在其交互性上就具有吸引力和排斥力这两种力的形式。

5、叠加性。

时间的并存性与空间的形相综合，得到叠加性。同样，两个同时并存的形要么是分离的，要么是不分离的。如果是分离的，其含义不过是前述的相关性，不能带来新的意义，因此只能是不分离的。不分离又分两种情况，要么完全重叠，要么不完全重叠。如果完全重叠，重叠之后有一个形的规定性消失了，又变成了一个形，也不能带来新的意义。因此，只有两个形不完全重叠以生成新的形而又保持着各自原来的形，这才是叠加的含义。两个相等的正方体叠加成一个长方体，但两个正方体并没有消失，始终保持着自身。

或者，一个朝南的力与一个朝东的力形成合力，但两个力也没有消失，也始终保持着自身，这都是叠加性的含义。

6、替代性。

时间的相继性与空间的形相叠加，得到替代性。这个词以往只是经济学的术语，用于表示商品之间相互的替代关系，从不曾在哲学上被当作概念来使用过。但我认为，这应该是一个有意义的哲学用语，因为如果没有替代性这个观念性的性质，我们的相当一部分思维将无法完成。

我们在第四章谈到，包括“反思概念”在内的初始用语的意义都将是时间空间及其性质中得到阐明。从目前的进展看，“是”、“变化”、“相同与差异”、“一致与冲突”、“内部与外部”等语词已经在时间空间及其性质中找到了对应的东西。这里谈谈另一个问题：“形式和质料”的相互关系是如何可能的（比如为什么同一个“形式”能够与不同的“质料”相结合[①]）？这是从来不曾被提出来的问题。人们习惯于把“形式”对象化（比如柏拉图把“形式”对象化为“理念”），同时又把同一个“形式”与不同的“质料”相结合成为不同的东西视为不言而喻的事情。比如对于柏拉图的塑像，同一个模样（“形式”）既可以用石头塑造，也可以用木头塑造——当“形式”是某种对象化的东西时，这件事何以可能？就成了问题。柏拉图试图用“分有”的概念来解释从理念到经验事物的过程，虽然不成功（比如“分有”的介质因无限追溯而是无穷尽的），但他毕竟把那当作问题来解答过。既然“时间空间是一切现象的基质”，现象的“形式和质料”及其相互关系就应该在时间空间及其性质中得到阐明，因此，“为什么同一个‘形式’能够与不同的‘质料’相结合”就应该被当作问题来回答。在这里，由时间的相继性与空间的形相综合而得到作为观念性的性质的替代性，就给出了回答：同一个形（如第四章中所述，形具有抽象的形式的涵义）与相继性的不同的“前”、“后”[②]相继地予以综合而得到了替代性这个性质，一方面使得现象能够依据替代性而实现同一个“形式”与不同的“质料”的综合

① 形式和质料被加引号，是为了强调它们已经被对象化。

② “前”、“后”必定是不同的，否则就不是前后相继，而是恒常不变了。

（时间的相继性与空间的形相综合同样发生在现象当中），另一方面也使得思维具有替代性的性质，从而能够理解“同一个‘形式’能够与不同的‘质料’相结合”这件事情。

在思维中，我们能够理解用符号表示数字的所有算式（比如X+Y=Z，我们能理解该算式可以指代1+2=3、3+4=7等，即应变元、变量等观念），能够理解苏轼和苏东坡这两个专名指代的是同一个人，能够理解“说某地是中国的首都，就是说该地是北京”中的替代关系，等等，大量的思维活动得以实现，都是因为思维具有替代性这个性质——对如此普遍（尽管司空见惯）的现象当然需要有一个解释，当然也需要有一个术语来对该解释做出命名。

不仅如此，如果我们想对“人的思维何以具有抽象能力”这个问题做出解释，我认为也将依赖替代性这个观念性的性质。因为，当我们说“从若干事物中抽象出某个概念”（姑且不论概念是不是以这个方式获得）时，就是同一个概念能够与不同的事物发生关系——也是替代性的性质在发挥作用。

三、什么是思维?

以上5个表象和6种性质是时间样态和空间样态两相综合所得到的叠加方式。为什么我们能够得到这些表象和性质？这是样态间相互综合（叠加）的自发性所决定，即我们在第四章提出的“样态间叠加的自发性原理”。这些表象和性质与我们通常所说的思维是什么关系？所谓思维，就是人的大脑具有“东西”、“运动”、“形式”、“序列”、“集合”这5个表象且以连续性、相关性、否定性、交互性、叠加性和替代性这6个性质相互综合并建立起各种各样新的表象以及6个性质相互综合以建立起各种各样新的性质的意识活动。至于为什么是这5个表象和6个性质？因为那是在兼顾时间持存性的特殊意义的情况下时间的样态与空间的样态两相综合的全部可能性。

观念性范畴是思维的质料，思维的形式又是什么呢？是量的范畴。因为量的范畴分别从时间和空间样态中获得，比观念性范畴更具抽象性。因此，换一种说法，思维就是以观念性范畴为质料、以量的范畴为形式的构造物。

如此一来，当我们谈到思维时，不再是一个语焉不详的语词，而是有了清晰明确的所指——如同我们谈论时间，有了相继性、并存性和持存性的清晰明确的所指一样。

四、观念的自发性。

也许有人会说，一个物是由诸样态综合之后得到的复合物，这个原理是不是说任何两个物之间的叠加、综合都能得到某个新的物？比如有人和马，就一定有人头马身和马头人身的动物（即把“人头”、“马头”、“人身”、“马身”进行组合搭配之后得到的可能性）？并非如此。一个物是样态的复合物，（如前所述）它是物与物之间的并存性的交互作用的力的产物。一个物与另一个物能不能形成新的复合物，取决于两者之间交互作用的力能否构造出一个新的复合物。而上述原理所说的，是时间空间的样态之间的相互综合的可能性，由于找不出比时间空间的性质更基底的理由来排除其中任何一种可能的组合方式，因此我们说“凡是样态之间可能有的综合方式都是可以呈现出来并成为有意义的对象”。物与物之间的复合之能否成立，却是有理由的，因此不在上述所指的范围之内。有此说明，是为了避免人们用来当作反例。至于说，既然两个样态的相互综合是合法的，那么三个、四个、五个等等多个样态相互综合是否合法呢？也容易识别——这要看多个样态是否已经构成了一个物，如果已经构成了一个物，则物与物之间的综合（复合）是否成立，就取决于物与物之间并存性的交互作用力能否构造出一个复合物了。

但是，对于观念性的内容来说，两样东西能否相互叠加以成为一个思维中的是者，唯一的依据是“是者是”原则，我们完全可以在思维中构造出“人头马身”或“人身马头”的东西来。为此，作为对“样态间叠加的自发性原理”的进一步表述，我们得到“观念的自发性定理”：凡是观念性表象及其性质之间不违背“是者是”原则的可能的综合方式都是可以作为观念在思维中呈现出来的。

第三节　限制性

限制性是康德范畴表中原有的范畴，我们予以保留，但含义略有不同。康德的限制性范畴来自于判断分类表中的无限判断，即“S是非P”。他没有专门对作为范畴的限制性作进一步的说明。不过，他在谈到质料和形式时说过，“甚至就一般物而言未限定的实在性也曾被视为一切可能性的质料，而它的限制（否定）则被视为一物按照先验概念借以与另一物区别开来的形式”[①]。这里清楚地表明了限制性范畴的意义，即借助否定的方式对一个实在性作出规定。但是，康德同时又把否定作为另一个质的范畴。而否定却不只被用于质，也被用于量、关系等其它范畴，而同为质的范畴的实在性，就没有这么广泛的用法，比如不能用于对量的规定，谁也不会说“3”与实在性综合之后得到一个“实在的3”。这就令人产生疑问：既然同为质的范畴，为什么否定性比实在性有更广泛的适用对象？目前，我们采取的做法是，不把否定作为质的范畴，而是把否定归于从康德的“反思概念”派生的东西，如前面第六章“初始条件和推演方法”中所说的那样，我们把否定（不或非）限定在与“是P”相对偶的“不是P”的用法上。这就决定了否定是语言或思维中的东西而不是外部事物的性质。对此，我们在稍后的“质的阐明”中再予说明。

既然不再把限制性看作是“借助否定的方式对一个实在性作出规定”，那它又是什么呢？是借助“反思概念”的方式对实在性做出的规定。我们在前面把康德的“反思概念”视为“语言的初始条件”，即作为我们的认识能力等同的东西，我们能使用“相同与差异”、“一致与冲突”、“内部与外部”和“形式与质料”来做出表述——那么，当我们把这四个“反思概念”用于对实在性做出规定时，这个规定就是限制性。

实际上，关于质料，我们在本质上只有两种：一种是时间空间全部样态

① [德]康德著，《纯粹理性批判》，邓晓芒译，杨祖陶校，人民出版社2004年版，第240页。

综合所得到的质料即实在性，一种是时间空间部分样态综合所得到的质料即观念性。观念性的质料有很多，因为6个样态之间有很多种叠加的结果，而实在性似乎只有一种。但是，在经验现象中，同为质料，木质、铁质、铜质等等都是实在的，都是“时间空间全部样态的叠加”，但如何彼此区分？这些质料之间的差异虽然是经验性的，但这些经验性的特征也需要被归入某个范畴之下以获得其来源。显然，仅仅依靠实在性或观念性都做不到，这就有必要用到一个新的范畴，这就是限制性。回到康德的限制性范畴的“S是非P”语义，既然“非”的区分已经由否定来完成，确定“何为P”倒成了没有着落的事情了——这正好是质的范畴要解决的问题。

我们来设想一下，同为实在性的东西，如何能够获得差异（如同木质、铁质、铜质之间的差异那样）？实在性是时间空间的所有样态的综合，为了表述上的便利，我们仍以A、B、C、D、E、F这6个符号来代表6个样态，实在性就是A、B、C、D、E、F的综合。但是，“所有样态的综合”却并非只有这一种，诸如A、A、B、C、C、C、D、E、E、F这类情况是不是也属于“所有样态的综合”，当然也属于，这就在“所有样态的综合”这个前提下获得了差异。比之A、B、C、D、E、F的综合，“A、A、B、C、C、C、D、E、E、F的综合可以是“A、B、C、D、E、F的综合”与“A、C的综合”、“C、E的综合”的综合——前一个（即6个样态的综合）是最基础的实在性，后两个则显然是观念性，由此我们把实在性的差异的来源即限制性，设定为实在性和观念性的综合。这是一个肯定的表述（即限制性是实在性与观念性的综合），不依赖于否定的方式。因为每个经验现象都是以肯定的方式实存着，现象的每一个特征也都是同样肯定的，不应该是某些特征是肯定的（如“红的”）、另一些特征又是否定的（如“不酸的”），之所以出现否定的语义，只是因为我们没有找到一个合适的肯定的语词去表达那些特征——否定的语义只出现在思维这边，而不在对象那边。因此，限制性以肯定的方式构造出质料，是合理的。限制性中的观念性并不是说在木质、铁质、铜质等质料之中包含了观念的东西，只是因为那些在限制性中构成木质、铁质、铜质等质料的差异的规定性在人的思维中有对应的观念性与之相符。

如此一来，具有实在性的质料就不只是一种（即6个样态的综合），有了限制性，经验现象中的各种各样的质料就呈现出来了。形象地讲，对比“A、B、C、D、E、F的综合”的哪一种质料，“A、A、B、C、C、C、D、E、E、F的综合”的这一种质料的差异的来源就是某一种或几种样态在数量上的差异。正是这种差异导致了木质、铁质与铜质等质料的差异，而这种差异所产生的质料在数量上足够多，以至于完全能够与经验世界中的所有质料相对应。

第四节　现象（物、事）与思维（表象、性质）在质料上的构成

至此，我们有了量的范畴、质的范畴和生长性、因果性、协同性等关系范畴（当然也包括实体性等范畴），可以从一般意义上谈谈外部世界的现象与思维世界的表象的构成。

1、现象（物、事）的构成。

亚里士多德为范畴设定的所谓“存在论的意义”，如邓晓芒先生所说：“必然的本质，即范畴，如实体，以及性质、数量、关系、主动、被动、处所、时间等，这些都是任何一个事物身上的必然的（本质的）存在，因为任何一个东西都不可脱离这些方面的规定而存在，只要去掉了其中一种规定，它也就不存在了”[①]。也就是说，在亚里士多德看来，所有的十个范畴对一个实体来说是不可或缺的。用康德的主张来讲，实体（或现象）就是“先验自我意识”把感性杂多以纯粹知性范畴的方式本源地综合而成的东西——显然，没有一个范畴对实体（或现象）而言是多余的（否则这个多余的范畴意义何在？无法解释）。

康德对此也持相同的主张，所不同的是他为范畴找到了来源（而非亚里士多德那样用经验的方法在经验现象中“捡拾”得来）。他说，“赋予一个判断中的各种不同表象以统一性的那同一个机能，也赋予一个直观中各种不

① 邓晓芒著，“亚里士多德形而上学体系初探”，《哲学门》第1卷（2000）第2册。

同表象的单纯综合以统一性，这种统一性用普遍的方式来表达，就叫作纯粹知性概念。所以同一个知性，正是通过同一些行动，在概念中曾借助于分析的统一完成了一个判断的逻辑形式，它也就借助于一般直观中杂多的综合统一，而把一种先验的内容带进它的表象之中，因此这些表象称之为纯粹知性概念，它们先天地指向客体，这是普通逻辑所做不到的”[①]。既然是“人为自然立法”，一个现象是什么样子，并非它“本来是什么样子”，而是人借助于“纯粹知性概念”（范畴）的“同一些行动”，来把它构造成“一般直观中杂多的综合统一”、构造成一个客体，或者简明地说，客体就是依据范畴构造而成的——这正是我们在这里要谈的东西。

我们把亚里士多德借助经验、康德借助逻辑机能而得到的范畴替换为从时间空间的样态推演得到的范畴，这些范畴对于现象而言同样是构成性的和缺一不可的，这意味着我们能从现象中找出所有的范畴。因此，我们可以一般地讲，现象是所有范畴的综合。

具体而言，现象（即通常所称的“事物”）分为物和事。在我们的定义中，原因和结果（因果性）指的是事情之间的关系，只能用在事上面而不是用在物上面，因此，物是除因果性以外的所有范畴的综合。同样地，实体性指的是一个物的性质，只能用在物上面而不能用在事上面，因此，事是除实体性以外的所有范畴的综合。

2、范畴构造的唯一性原则。

现象不仅是范畴的综合，而且每一个范畴也是唯一的。也就是说，一个范畴之于一个现象是唯一的。

比如，一个物不仅是除因果性以外的所有范畴的综合，而且每一个范畴以唯一的方式参与到综合之中。形象的表述是：一个物是实体性+单一性+多数性+全体性+实在性+观念性+生长性+随机性+协同性等的综合，而不能是实体性+单一性+单一性+多数性+全体性+全体性+全体性等的综合。这也是不言而喻的。因为，有重复的范畴的综合方式是多余的，比如全体性，一个物作

① [德]康德著，《纯粹理性批判》，邓晓芒译，杨祖陶校，人民出版社2004年版，第71页。

为一个对象只能用一个全体性来概括它（否则就违反了全体性的规定性）；比如单一性，一个物作为一个对象只有一个单一性。一个水分子包含了两个氢原子和一个氧原子。能不能说这个水分子包含了两个“单一性”（就氢原子而言）？不能。因为当我们说“水分子包含一个单一性”时，是以“水分子”为对象的；当我们说氢原子时，就成了以氢原子为对象了，这个对象仍然只包含唯一的单一性。比如多数性，当我们说“一个水分子包含了两个氢原子和一个氧原子”时，这个水分子在原子的意义上就构成了“两个氢原子和一个氧原子”的多数性——对原子来说，仍然是唯一的多数性。再比如扑克牌，当我们以扑克牌为对象时，该扑克牌只有唯一的单一性即“1副”扑克牌，也只有唯一的多数性即“54张”卡片，当然也只有唯一的全体性即54张卡片被当作“1副”扑克牌。我们也可以“黑桃Q”那一张扑克牌为对象，但同样是唯一的单一性、多数性和全体性。

也许有人会从还原性的运用中看出异议：既然实体性可以被还原为观念性，那“实体性+观念性”的综合是不是就等同于“观念性+观念性+观念性”的综合了？并非如此。还原性的认识活动是思维中的活动，与一个实体的实在性实际被“拆分”为“观念性+观念性……”是两回事——那将意味着实在性被消解了。一个煎蛋与两片面包叠加而成一个三明治，鸡蛋蛋汁与面粉搅拌后烘烤为蛋糕，虽然三明治和蛋糕的成分都是“鸡蛋+面粉”，但你绝不能把三明治“还原”为蛋糕。“实在性+观念性”这个综合方式已经包含了在思维中把实在性还原为观念性的可能性，同时，对象的实在性并没有因此而消失。

在上述限制性范畴的阐明中，我们用到了因样态的重复组合而形成的无限丰富的实体的限制性的呈现方式，如相比“A、B、C、D、E、F的综合”的质料，“A、A、B、C、C、C、D、E、E、F的综合”也是另一种质料。这与这里所说实体中的范畴的唯一性并无冲突。就好比不同数量的原子构成一个分子一样，若干的样态也可以被归于一个范畴，如10个点构成唯一的多数性，20个点也构成唯一的多数性，并非两个多数性的叠加（尽管10个点的综合物与20个点的综合物在质料上显然又是不同的）。同样地，10个点中的所有的点也是唯一的单一性，而不是10个单一性的叠加。

以上这个澄清是十分必要的，它将在后面有关逻辑的讨论中发挥重要作用。为了便于后面的引用，我们姑且把实体中范畴构造的唯一性称为“范畴构造的唯一性原则”。

3、思维（表象和性质）的构成。

我们在作为质料的观念性范畴中区分出表象（以及由5个基础表象综合而成的复合表象）和性质这两个部分。明确地讲，思维就是由观念性的表象和性质作为其构成的质料。这不是说思维中有表象和性质，而是说思维本身就是由观念性的表象和性质所构成。这就否定了洛克关于人的意识（思维）的“白板说”，即人的思维不是空无一物的白板，它其实是由观念性的范畴构成的。

与实体的实在性的质料一样，观念性的质料也可以与量的范畴相结合得到其纷繁复杂的具体形态。因此，思维中的表象和性质是量的范畴与观念性范畴的综合，或者更一般地说，思维的表象和性质是由部分样态所派生的范畴的综合。

如前所述，量的范畴分别从时间的样态和空间的样态推演而成——那分别对应了数及数概念和几何概念（如大小、尺寸等）。观念性的范畴也是部分时间或空间样态的综合。同样地，表象中的范畴也遵循“范畴构造的唯一性原则”。

在前面第九章“从时间并存性推出的部分概念及推论”中，我们谈到“观测的意义”。打个比方来说，为了实现“符合一致”的要求，观测者与被观测者的关系好比是相对而立的两面镜子，一方面在观测者的思维中“照出”被观测者的特征，另一方面也在被观测者的规定性中形成并增加了“与观察者的关系”的特征。这样一来，如果被观察者是“不定型的”，那么，它就将在它的那面镜子中“照出”观察者的特征来，而人的思维本身就是范畴，因此它就将在时间并存性的交互作用的力中被“定型”为（最基础的）单一性范畴，也即被“坍缩”为“一个粒子”。

在以上3点，我们依据范畴的不同构造方式分别阐明了外部世界的实体与思维世界的表象的不同构造，意味着（如接下来要阐明的那样）外部世界与思维世界是两个既有关联又彼此独立的世界。正是有了两者的清晰的区分，两者之间的映射或对应关系才有可能得到清晰的阐明（稍后讨论），也将有助于我们在若干重要的问题上取得清晰的认识（从而避免以往因两者的混淆混用而带来的诸多困扰）。

第五节　质的范畴的阐明

实在性、观念性、限制性这三个范畴构成了我们对质的认识，这与康德范畴表不同的是，增加了观念性，取消了否定性。如前所述，我们把否定性与连续性等并列而为观念性中的性质。我们将在下一章说明，否定是思维中的观念性的东西，并不是外部对象本身的东西（外部对象的质是实在性）。以下我们对这三个范畴的相关问题稍作阐明：

一、物质、能量和思维、语言、精神的概念。

有了实在性、观念性和限制性的范畴，我们来为物质、能量和思维、精神分别下一个定义。

我们说，实在性是时间空间所有样态的综合，观念性是时间空间部分样态的综合，限制性则是实在性与观念性的综合，并且是限制性构成了实在性的质料的各种差异。有限制性的实在性固然是所有样态的综合，但是其中每一个样态在数量上却是可以不同的（并非每一种样态都只有一个）。仍采用上面的例子（以A、B、C、D、E、F分别代表时间和空间的6个样态），“A、B、C、D、E、F的综合”、“A、A、B、C、C、D、E、E、F的综合”、“A、A、B、C、C、C、D、D、E、E、F、F的综合”等等都是实在性的综合，显然，前一个综合是最基础的实在性，后面的综合可以被理解为有限制性的实在性即最基础的实在性与各种观念性的综合。于是，我们对物质的定义是：物质是时间空间所有样态的最基础的综合即质料为实在性的东西。形象地说，上述“A、B、C、D、E、F的综合”是物质，“A、A、B、C、C、D、E、E、F的综合”或“A、A、B、C、C、C、D、D、E、E、F、F

的综合”则是某些具体的材质。

能量的概念有与物质相提并论的重要性，这里也做一个定义：能量是实在性与否定性的综合。如上所述，否定性是观念性中的一个性质，是时间的相继性和空间的位差的综合。

思维的东西都是观念性的东西，一般的表述是：思维是时间空间部分样态的综合即质料为观念性的东西。思维中的是者包括观念性的表象和性质以及它们相互叠加而成的东西——人的思维就是由这些东西构成。

语言又是什么？语言是思维世界的表现形式，是思维中的表象及其性质的呈现方式。也就是说，语言与思维是同一的。精神的概念显然比思维更宽泛，一般是指人的思维、情感、意志等生命体征和一般心理状态。也即精神包含了思维，但有比思维更多的内容，比如意志、想象等等。在前面的叙述中，想象力被等同于思维中的表象的自发叠加和还原的能力。而意志这个词在叔本华的表述中被视为康德的物自体的显现方式，是非理性的、语言无法完全地加以述说的。既然如此，为了简明起见，我们把人的意识[①]中的思维以外的东西（即语言无法述说的东西）统称为意志（情感等语词则被归于意志的表现），然后立足于能说的思维来对精神做出描述，并且解释人的头脑中何以会有“思维以外的东西”即可：精神是思维与意志的总和；意志是人的大脑这个实体所表现出来的自由。

在前面，我们从因果性的角度定义了自因和自由。大脑是物质性的实体（这一点不言而喻），同样遵循时间不可逆定律，在该实体的时间序列的每一个节点上，空间状态的规定性同样呈现“不相同、不重复且无限制”的变化，在这个变化中，也同样具有不可知的偶然性。大脑的空间状态的规定性的变化，首先是思维活动所带来的变化，其次是实体的不可知的偶然性在意识中的表现就是“自由的意志”。

从上述定义不难看出，物质、能量和思维、精神在质料上是具有共同性的（即都具有时间空间的全部或部分的样态的性质）。这就为物质与精神的交互性提供了可能性：有相同的介质才可能有相互的作用。基于此，我们

① 意识这个词与精神这个词基本是重叠的，我们暂不加以区分。

不能说“物质决定精神”或者“精神决定物质”，因为物质和精神都是由时间空间的基质所构成，都决定于时间空间的性质。当然，按照一般理解，时间空间无疑是物理学研究的对象，因而是某种“物质性”的东西即“不以人的意志为转移的东西”。从这个意义上讲，要说“世界是物质性的”也无不妥。不过，从澄清概念的要求来看，我们毋宁说“世界是时间空间的”，因为只有清楚明白地坚持“时间空间是一切（包括物质和精神）现象的基质”，才有可能更为清楚明白地认识到物质与精神的关系——而不是停留在某些语词的空泛的语义之间的演绎之上。

二、观念性的表象及其性质的恒常不变性。

我们在第五章关于时间不可逆定律的适用范围的讨论中指出过，时间不可逆定律的适用对象是且仅是一个物。一个物的实在性是由时间空间全部样态的综合所获得（好比一辆完整的汽车），观念性的表象及其性质是由时间空间部分样态综合的结果（好比构成汽车的零件），一个物因遵循时间不可逆定律而无时无刻不处于变化之中（好比具有一辆汽车的功能），观念性的表象及其性质则不会随时间而改变（好比作为零件，不具有一辆汽车的功能）。这就解释了所谓思想、概念、数学、规律等思维领域的对象为什么会恒常不变的原因——通常所说的“不在时间之中”。它们不必如弗雷格那样、把思想世界从精神世界中分离出来才能获得恒常不变的性质。在我们看来，没有任何东西能够“不在时间当中”，只不过有些东西是具有观念性的质，不遵循时间不可逆定律因而不会发生变化而已。

基于同样的理由，除了观念性的质，前面的量的范畴和生长性、因果性范畴等，即使把它们对象化为某个东西，它们也不遵循时间不可逆定律。

三、限制性中的时间样态的唯一性问题。

如上所述，有限制性的实在性构成了各种各样、千差万别的质料。进一步思考不难发现，在一个现象中，空间的样态（点、位差和形）在数量上的重复是容易理解的，但是，时间的样态的重复就有问题了：一个现象中如果有两个以上的相继性、并存性或持存性，岂不意味着一个现象中有两个以上的时间？比如在观念性的性质中，序列是相继性与持存性的综合，集合是并存性与持存性的综合，当我们说概念是序列与集合的综合时，岂不是意味着概念这个表象中包含了两个持存性？是不是对应了两个时间？否则的话，一个时间怎么会有两个持存性？实际上，一个现象只会有一个时间（如我们说“一个物是一个时间贯串着一个空间”）。概念中被综合进序列和集合的持存性实际上是同一个持存性，只不过这个持存性与相继性综合显现出序列的性质、与并存性综合又显现出集合的性质。这就好比前面关于彩色玻璃球的比喻，玻璃球里面分别只有一块红色、一块黄色、一块蓝色，但我们观察该玻璃球的角度不同，就出现从一个角度看见“红色+黄色”，从另一个角度看见“黄色+蓝色”等。把“不同的观察角度”换成“不同的显现方式”，就会出现“相继性+持存性”和“并存性+持存性”的不同的性质（尽管始终只有一个相继性、一个并存性和一个相继性）。

两个表象也恰恰是基于相同的样态，所谓的样态综合，才能得到由相同的样态贯串起来的“一个东西”。比如概念，正是同一个持存性样态把序列和集合的表象贯串起来，才得到作为“一个表象”的概念。

四、限制性中的空间样态的多数性。

相比时间的样态的唯一性（即同一个时间的相继性、并存性和持存性都是唯一的），空间的样态中点和位差则可以是多数的——空间中不止有一个点，可以有无数的点，作为点呈现出来的方式的“位差”当然也可以有多数的。这就带来样态两相综合时的量的搭配的多样性。在时间空间的样态相互综合、叠加的方式中，我们可以说“一个点”、“两个点”或“一个位差”、“两个位差”与时间的某个样态相综合，却不能说空间的样态与“两个相继性”、“两个并存性”或“两个持存性”相综合——因为我们不能设想“两个相继性并存于一个时间之中”。因此，在样态的叠加方式中，我们可以对空间样态使用“一个”、“两个”的量词，对时间样态则不使用这样的量词。这种两相综合时的量的搭配，将依据上述基本的表象或性质，进一步派生出其它的观念性的东西。

举例而言，比如连续性这个性质，是“点与相继性的综合”（即“点+相继性”），但在几何学上，我们说一条线是连续的，一个面或一个体则是致密的。显然，“致密性”的观念从属于“连续性”的观念（在通常的表述中，前者是针对平面的或立体的东西，后者是针对一条线或能归于线的直观的序列）。因此，考虑到几何学认为“线是由点组成、面是由线组成、体是由面组成”的直观描述，我们在“连续性”这个观念之下还可以区分出“线性”和“致密性”，即“线性是一个点+相继性”和“致密性是多个点+相继性”。

再比如运动这个表象，是“位差与持存性的综合”（即“位差+持存性”）。我们同样可以进一步派生出“一个位差+持存性”、“多个位差+持存性”乃至“确定数量位差+持存性”和“不确定数量位差+持存性”的运动形式。每一个运动形式都有明确的所指。比如“一个位差+持存性”的运动，只可能是被称为“匀速直线运动”的“确定的运动”，因为如果速度有变化或者从直线变为曲线（哪怕是直线中的某一次偏差），都将意味着出现了新的力——这是由“力与变化等价性定律”中“一个力对应一个变化”的原理所决定的，就不再只是“一个位差”（这一点我们在后面“几何学是如何可能的”那一章还将谈到）。再比如所谓“不确定数量位差+持存性”的运动，对应的将是诸如物理学中分子的布朗运动那一种在其运动的规定性上“不确定”的运行形式。

从以上关于连续性和关于运动这两个例子中可以看出，在样态的综合中一旦引入空间样态的不同的量的搭配，将得到更为丰富的观念性的性质。

五、思维中的对象同样具有空间的性质。

思维以观念性范畴为质料，观念性中也包含了空间的样态，这意味着思维中的对象（即“内感官的对象”）同样具有空间的性质。这在康德那里是没有被论及的。康德认为，外感官对象兼有时间空间的性质，内感官对象则只有时间的性质（见《纯粹理性批判》“先验感性论”）。这意味着时间空间在内感官对象上是“可分离的”，也需要解释为什么我们在脑子里想象出的一张钞票与口袋里的一张钞票有完全相同的形象（只要闭上眼睛想一下，脑子里立即会出现一张钞票的相当逼真的形象，各方面惟妙惟肖，唯一欠缺的只是不能取出来使用）。从时间的图型法等内容看，康德似乎把时间看得比空间更为基础。他也谈到过内感官对象的“空间感”的由来，好比面前的一幢房子，我们先从左边看到右边，再从上面看到下面，这个过程是时间在发挥作用，对这些印象加以综合就得到思维中的“空间感”。这类表述似乎是在说空间是时间派生出来的东西。但是，空间并非综合的东西，而是直观，即不需要经历从左到右、从上到下的“认识”过程就能直接获得对房子的空间性质的理解（我们看一眼就能领会到房子的空间性质）。空间也不应该是时间的派生物——那样的话它将不具备与时间并列为“直观形式”的资格。

现在，我们可以对这个问题有清楚明白的解释：内感官对象可以具有“形式”这个观念性的表象（即时间的持存性与空间的形相综合），从而具有与外感官对象相同的形象特征，因此也可以说具有空间的规定性。

六、观念性与实在性的关系。

观念性与实在性并列而为对象的质料，所不同的是实在性（因具有时间空间的全部样态而）如通常所说的“在时间空间当中”，观念性（因具有时间空间的部分样态而）如通常所说的“在人的意识当中”——但“人的意识”也存在于物质性的大脑中，因而观念性归根结底也“在时间空间当中”。之所以两者能并列为质料，依据是清楚明白的：既然时间空间的6个样态全部综合起来（得到实在性）能成为质料，为什么其中的两个或部分样态的综合就不能是质料？可见两者之并列为质料，依据在于样态的综合的叠加性。

实际上，观念性体现了人认识事物的基本方式。首先，事物是时间空间的全部样态的综合；其次，都说人的意识具有主观能动性，这个能动性体现在哪里？体现在还原和综合的两个方面：一是自发的还原能力，即能够在意识中把时间空间的各个样态的综合的结果拆分、还原为部分样态之间的综合，比如面对一个“东西”，人的意识具有自发地将它还原为“点与持存性的叠加”并从中意识到这个“东西”具有点的单一性（因而可以说“一个东西”）和持存性的“是起来”的意义（因而可以说“一个东西是什么”）——还原的能力体现了人认识事物的能力；二是自发的综合能力，即能够在意识中把时间空间的各个样态之间的所有可能的叠加方式实现出来、形成表象。这一点我们稍后专门讨论；第三，人认识事物，并不能把事物整个地“搬进”大脑当中（比如前面讨论内感官的对象有无空间的规定性时所说的，人脑子里的房子并不具有“整个”空间的规定性，而只是具有空间的部分样态的规定性），就是把时间空间全部样态的综合的事物还原为部分样态的综合的观念——人通过把握观念性来把握事物；第四，人的认识为什么能够与事物建立起明确的对应关系？因为构成观念性的样态的综合本身也是参与构成事物的样态的综合，前者包含在后者之中，前者与后者之间的明确的对应关系，为人的认识与事物之间建立起明确的对应关系提供了根本的保障——后面我们还会谈到，正是观念性的范畴，从根本上化解了“人认识事物是如何可能的”这个认识论的基本问题。

简言之，实在性对应于物、是物的质料，观念性则对应于思维对象、是思想物的质料。或者按照我们的说法，所有是者的质料就是观念性，所有实体的质料就是实在性，实体在思维中相对应的是者的质料，则都是观念性。

对观念性和实在性这两个范畴的上述认识，实际上回答了千百年来关于共相与殊相的关系问题：共相作为以观念性为质料的表象，其构成材料是存在于作为以实在性为质料的对象之中的。观念性包含在实在性之中。对此，我们在后面关于思维表象（如概念）与外部对象的同构性讨论中再予说明。

七、对“直观无概念是盲的，思维无内容是空的”的修正。

由于思维本身就是由观念性的质料所构成，康德的这句名言就有问题了：首先，思维本身就由观念性的内容所构成，因此不可能是空的；其次，直观之形成，也离不开范畴作为先决条件——人是以范畴的方式去获得直观的。这个过程没有具体对象的概念（如苹果、树木等的概念），但有范畴的介入。康德的上述名言中的概念指的是范畴（知性概念），因此，我们认为直观从来不是“盲的”。

八、量与质的内在关联。

在“量的阐明”中我们谈到“量的表象总是伴随质的表象”的问题。以上推演已经表明，构成量与质的，是相同的一些材料——时间空间的样态。

既然两者之间存在着如此内在的联系，量与质不仅不可分离，而且也因此具备了相互转化的条件。

如前所述，对比“A、B、C、D、E、F的综合”的哪一种质料，“A、A、B、C、C、C、D、E、E、F的综合”的这一种质料的差异的来源就是某一种或几种样态在数量上的差异，不难看出，限制性中已经包含了量的内容。这两种质料的差异，是后一种质料比前一种质料多1个A、3个C和1个E。很显然，少1个A的“A、B、C、C、C、D、E、E、F的综合”是另一种新的质料，再少1个C的“A、B、C、C、D、E、E、F的综合”又是新的质料，继续少1个C的“A、B、C、D、E、E、F的综合”仍是新的质料。依照这个方式，将得到一个很熟悉的结论：量变导致质变以及质量互变的规律。

无论人们认为这样的推演是否成立，当量和质的范畴都建立在时间空间的基质之上时，量变与质变之间的转化是完全可以想象的。

第十七章　思维表象的构造和思维世界的独立性

有了作为质的范畴的观念性，我们来看看思维中的表象（复合表象）是如何从观念性的基础的五个表象和六个性质的相互综合中产生出来。思维中的常见的表象有：一是概念，二是外部实体的表象，三是外部发生的事情、事件的表象，四是一些符号的表象（如图案、字母、数字等，一些不能被当作概念、实体和事情来理解的东西）。这四类表象是思维中主要的内容。这些表象在思维中都是（且只能是）来自观念性的基础的五个表象和六个性质的相互综合——本来，思维中除了这些观念性的质料以外，也别无他物（情绪、欲望等东西属于与思维并存于意识中的意志，不是思维的对象）。这里不列举所有可能的综合方式，只对两种综合方式所形成的复合对象的基本构造作出阐释，一个是最常见的“符号+序列+集合”这个构造，用以生出实体、概念和事件等在思维中的表象；另一个构造是“符号+交互性+序列+集合”，用以生出事情在思维中的表象。这两种构造将较为充分地展现人的思维的一些重要性质，也将帮助我们从根本上解决“人何以能够认识外部现象”、“语言何以能够描述世界”以及“形而上学是如何可能的”等诸多重大问题。要预先说明的是，“符号+序列+集合”的综合是作为表象的符号、作为表象的序列和作为表象的集合的综合所得到的新的表象，不能把“序列”和“集合”的综合直接“通约”为“时间的相继性、并存性和持存性的综合”[①]。我们之所以认为概念等表象就是以这个综合为其构造方式，是因为这个结构（相比其它可能的结构）既能达到认识的目的，也能解释这些是者的所有性质。至于（如绪论中提出的）表象究竟是主观的东西还是客观的东西，从观念性范畴的角度讲已是不言而喻的了，在本章我们也会稍作说明。

弄清楚了表象的构造，表象与外在世界的对象之间的对应（或映射）关系就能清晰地呈现出来了。在本章，我们也将进一步探讨思维世界与外在世界之间的关系问题，我们认为，思维世界是独立于实在性的外在世界的观念性的世界，尤其值得关注的是它的独立性，因为相比两个世界之间的清楚明白的相互联系而言，思维世界的独立性意味着什么，则更加耐人寻味。此外，本章还将对前面第十一章遗留的“自由意志”在知性领域发挥作用的合法机制问题作进一步说明，并最终解决“心身二元分裂”中“自由意志”作用于物质躯体之如何可能的问题。

第一节　实体、事情、事件的表象

人的思维要认识对象，其认识的方式所带来的表象的构造必须与对象的构造是相同的，“符号+序列+集合”这个方式就与作为认识对象的实体、事情、事件的构造相同。

一、符号、序列和集合在表象构造中的意义。

这个表象的构造中，“符号”是该表象的标识（以区别于其它表象），其基础表象是“点+持存性”的综合所得到的“东西”的表象，这个表象包含了把某对象当作一个东西的意思。所谓序列，并不只是把某些东西按先后顺序列举出来，而是在序列的所有节点的规定性之中，必须贯串着某个共性的或内在关联的东西。“序列”是该表象所能涵盖的对象的序列（比如在概念的这个构造中，该序列就是其外延的序列），“集合”是贯串了序列的各个对象的内在关联的规定性的集合（比如在概念的这个构造中，该集合就是其内涵的各个规定性的集合）——正是这些规定性使得该表象的序列中的所有

① 见上一章关于“范畴构造的唯一性原则”中谈到过的蛋糕和三明治的比喻。

外延呈现出整体性的特征（我们把序列中的对象统称为外延）。我们也把序列的内在关联（如上一章所说的持存性或“是起来”的是的规定性）称为该表象的意义。意义这个词在后面还会专门谈，这里只引出一个定义。

由于序列是时间相继性与持存性的综合，因此序列中的所有节点的规定性之间是前后相继的关系，一个对象具有形的规定性（否则就不能成为对象），当该对象成为序列的外延时，意味着“相继性与形的综合”，而这是替代性的性质（见上一章中有关观念性的替代性），因此，序列中的外延具有替代性。这意味着作为外延的对象之间具有可替代性。

二、实体的表象。

我们说“一个物是一个时间贯串着一个空间”，这是就外在于人的对象而言的，这个对象在人的思维中的表象也必须与此同构。“符号+序列+集合”中的序列对应着对象的时间序列。集合对应着对象的空间规定性的内在关联，之所以用集合的形式来记录能够贯串序列诸外延的内在关联，因为对于同样的对象，如果基于不同的视角是可以得到不同的内在关联的（后面将给出例证），因此该集合同时记录了这些内在关联。符号则作为该表象的标识。正因为与对象的结构相同，我们才得以凭借序列与集合相综合的方式来认识对象、把握对象。

比如对亚里士多德这个人，我们是“符号+序列+集合”的方式来认识他：1、“亚里士多德”是表象的标识；2、在序列中，有“出生于色雷斯的亚里士多德”，有“受教于柏拉图的亚里士多德”、有“写《形而上学》的亚里士多德”、有“蓄胡子的亚里士多德”、有“不蓄胡子的亚里士多德”等等[①]。而且，正是因为纵向的序列的认识结构，才让我们能同时理解关于亚里士多德的不同的甚至相互矛盾的特征，比如“蓄胡子的亚里士多德”和

① 在序列的各个节点中，有关该节点的规定性也以集合的方式被记录。如“受教于柏拉图的亚里士多德”这个节点，以集合的方式记录了诸如“从17岁开始在雅典柏拉图学园学习了20年”、“在学院表现十分出色，被柏拉图称为‘学园之灵’”、“在学园中的诸多趣闻轶事”等等，属于叠加在“亚里士多德”这个表象的“符号+序列+集合”中的序列的各个节点上的更深一层的构造，正是这种重叠的纵深的结构，构成并丰富了我们对亚里士多德这个人的认识。

"不蓄胡子的亚里士多德"，我们不认为这两者是矛盾的，因为如上所述，我们已经证明了序列的作为外延的对象之间具有可替代性。如果按照通常对概念或对象的集合式的描述方式，如罗列其各种特征的"亚里士多德是出生于色累斯，是柏拉图的学生，是蓄胡子的，是不蓄胡子的……"，就会不可避免地导致规定性上的矛盾。当然，这也可以通过加上时间限制来区分（既然是序列，当然有各个节点的区别），如"某个时期蓄胡子的"、"另一个时期不蓄胡子的"，但是，这样的语句本身包含了前后相继的关系，不适宜（在通常的表达中）放入一个集合之中并指定为并列的关系；3、在集合中，"集合"记录了我们对亚里士多德这个人的"本质"的理解，也就是，能够贯串亚里士多德的所有经历和行为的内在关联、使我们谈到亚里士多德这个名字时就能想起的东西，如"创立形而上学的哲学家，创立传统逻辑学的逻辑学家"，等等，这些特征都可以作为不同的内在关联相并列地以集合的方式记录下来。谈到名字就能想起的东西，也包括我们对亚里士多德的主观判断，如"伟大的"、"天才的"等。换了其他人的，集合中也会包括"这是一个好人"、"这是一个坏人"等其它主观判断，而这些判断往往被我们当作"本质的东西"来把这个人的所有特征贯串起来；4、序列与集合的关系，体现在集合中所记录的规定性是贯串了序列中的所有节点上的内容的内在关联，也就是贯串于序列中的那个持存性（也即"是起来"）的规定性，这一点在后面谈到"序列+集合"的构造中都是相同的。

即使对所谓"虚拟事物"如哈姆雷特的表象，我们也是采取同样的"符号+序列+集合"的方式。比如哈姆雷特在表象的结构也是在一个序列的各个节点上有"父亲是丹麦国王的哈姆雷特"、"在德国威登堡大学的哈姆雷特"、"被召回国参加父亲葬礼和母亲与叔叔婚礼的哈姆雷特"、"在城堡高台上与父亲的鬼魂相遇的哈姆雷特"以及"计划复仇的哈姆雷特"等等——其结构方式与历史上任何一个真实存在过的丹麦王子毫无二致。也正是基于这样的思维方式，我们得以理解实体与偶性的关系：如同不同的偶性依存于实体这个时间序列的不同节点一样，不同的偶性被安排在序列的不同的节点上的集合中——哪怕那些偶性的变化的或矛盾的，也丝毫不影响我们把实体理解为作为一个整体的对象。

这里有个问题：以“符号+序列+集合”为其构造的思维的表象是否具备认识、描述实体及其偶性的可能性？这个问题我们放在后文谈“人的认识是如何可能的”时再予以说明。

三、事情的表象。

我们在前面第十章“因果性范畴及其阐明”定义了什么是事情，即事情是指物与物的交互作用或归于交互作用的对象。在思维中，该对象的表象的构造是“符号+交互性+序列+集合”。首先，事情被当作一个对象的表象来处理，如上所述，“点+持存性”的综合所得到的“东西”的表象包含了把某对象当作一个东西的意思，这里用符号来处理；其次，该表象中必定包含交互性这个性质（这个性质是前述6个基本的性质之一，即时间的并存性与空间的位差的综合）；第三，该表象必定能够记录事情发生、完成的过程，即通常我们所说的“事情的来龙去脉”，就用到序列的外延；第四，集合是记录该事情的性质的诸规定性，这些规定性既可以是客观的东西，也可以是人在认识该事情时所获得的主观判断，比如“这是好事”、“这是坏事”等。

四、事件的表象。

我们在第十章也定义了什么是事件，即事件是指有内在关联的一系列事情的总体。所谓关联，更具体地讲，就是贯串着一系列事情的因果性（当然，也可以是“合目的性”）。一个多米诺骨牌游戏就是一个事件，由“骨牌1撞倒骨牌2”、“骨牌2幢倒骨牌3”等一系列事情构成，同一个因果性贯串在这一系列事情之中。作为与思维相对应的表象，事件的表象是由有内在关联的一系列事情的表象按其先后顺序构造而成，因此其构造也是“符号+序列+集合”，该序列中的各个外延是一系列事情的表象，该集合是贯串于事件中的因果关系的诸规定性，这些规定性既可以是因果性的表象（思维对该事件的客观认识），也可以是合目的性以及好坏、对错等主观判断。

五、对象的本质。

所谓本质，就是在“符号+序列+集合”的表象中贯串于序列各个节点的内容的内在关联（也即“是起来”的依据），并且是记录在集合中的诸规定性。寻求本质是人的认识活动的本能，我们总是希望让序列中所有内容都在其本质（内在关联）中获得理解和解释，否则就会不理解那些内容、把握不住那些内容。

这里有个问题：本质与作为外部对象的现象之间是什么关系？从上述分析看，本质是贯串于思维的序列中的内在关联，也是表象之形成的依据（或称为“是起来”的依据），因此，本质是思维中的东西，并不属于外部现象，是思维对现象的理解方式（即在思维中建立起现象的表象的方式）。这就意味着所谓的本质是一些主观的东西，而且，对同一个对象，基于各自不同的理解方式（即表象中的序列可以有不同的“内在关联”），可以得到不同的本质。

第二节　概念的表象

一般而言，概念（就其内涵来说）是指所反映的事物的共同的本质、特征或属性，包含内涵和外延两个部分——我们采用传统的概念的定义方式。在现代逻辑学中，概念的用法不是由这两部分构成，如弗雷格的用法。我们认为，选取哪种用法本身并无必然的限定，而取决于便利和效用，即取决于该用法既方便又具有足够的解释力。概念不是外部对象，本身就是思维的产物，既然（如上所述）思维是采取“符号+序列+集合”这类综合方式来认识实体等外部对象，显然，思维也将用同样构造来生成概念的表象。

一、概念的内涵和外延。

在概念的“符号+序列+集合”的构造中，集合是内涵的诸规定性的集合，序列是外延的诸对象的序列。显然，内涵是贯串外延的诸对象的内在关联。为了清晰起见，我们把概念表象的构造写成“符号+（外延）序列+（内涵）集合”。

二、概念之间的属种关系和组成关系。

我们的思维如何认识概念之间的属种关系和组成关系？这要回到前面“质的范畴及其阐明”中涉及的部分内容。

我们知道，认识的对象的质料既可以是实在性，也可以是观念性，而概念作为思维中的表象，其质料是观念性。按照限制性，质的差异的来源就是某一种或几种样态在数量上的差异（这种差异导致了木质、铁质与铜质等质的差异）。我们仍然沿用以A、B、C、D、E、F来代表时间空间的六个样态。我们以实在性的质来谈（对观念性的质而言，原理是完全相同的），假设有这样几种对象，第一种是“A、B、C、D、E、F的综合”，第二种是“A、A、B、C、C、C、D、E、E、F的综合”，第三种是“A、A、B、B、C、C、C、C、D、D、E、E、E、F、F的综合”。这三种质的差别是明显的：第三种质包含了第一、二种质的全部规定性，第二种质又包含了第一种质的全部规定性。从概念上讲，第一种质所对应的概念与第二种质、第二种质所对应的概念就构成属种关系（前者是属，后两者是种），第二种质所对应的概念与第三种质所对应的概念也构成属种关系。如果两种质的概念之间的规定性不是包含全部规定性，而是包含部分规定性的关系，则概念与概念构成并列关系。比如“A、A、B、C、C、C、D、E、E、F的综合”与“A、B、C、C、D、D、E、F、F的综合”，两者在A、B、C、C、D、E、F这一部分样态的综合是相同的，其余部分是不同的。

同样的原理，我们还能构造出概念的相容并列关系、不相容并列关系以及交叉关系。能不能构造出全异关系？不难看出，实在性的质之间是不存在全异关系的，因为实在性要求所有6个样态的综合，任何两个实在性的质之间必定都包含这6个样态的综合，而不可能全然排斥。但是，观念性的质却能够构造出全异关系，比如连续性由相继性和点综合而成，交互性由并存性和位差综合而成，两者就不包含相同的样态，具有全异关系。

以上原理也解释了同一个具有实在性的对象何以能被归于不同的概念：首先，概念是一个思维中的表象，概念的表象取决于人的思维选取什么样的观念性的表象叠加而成这个概念的表象。如上面的例子，一个对象是“A、A、B、C、C、C、D、E、E、E、F的综合”，另一个对象是“A、B、B、C、C、D、D、E、E、F、F的综合”，两者在“A、B、C、C、D、E、E、F”这一部分样态的综合是相同的，于是就获得一个以“A、B、C、C、D、E、E、

F的综合”为内涵的概念并形成该概念的表象；同样地，思维也可以选取其中的某些相同的部分如“A、B的综合”或“A、B、C、C的综合”为内涵的概念并形成相应的概念的表象（前一个综合的概念是比后一个综合的概念更宽泛的概念，从而构成以前一个概念为属、后一个概念为种的属种关系），这样一来，同一个对象就被归于不同的概念了（如一个东西既属于水果的概念，又属于苹果的概念）。概括地讲，我们把概念的内涵或语词的含义一般性地定义为思维中的表象之间的联结——如前所述，联结是一个源自时间空间性质的范畴。

三、具有属种关系的概念的表象的叠加性。

以上说明了概念之间建立属种关系和组成关系的依据。如果从表象的构造上看，具有属种关系的概念仍是以“符号+序列+集合”的模式构成叠加的复合的表象。叠加性是6个观念性的性质之一，是时间的并存性与空间的形象综合。概念的对象都具有形的规定性（否则就不能成为一个对象），属种关系本来也具有同时并存性，因此，具有属种关系的概念的表象具有叠加性的特征，是不言而喻的。

比如“这个苹果”的表象处于“苹果”这个概念的表象的外延序列中的一个节点上，“苹果”这个概念的表象又处于“水果”这个概念的表象的外延序列中的一个节点上，“水果”这个概念的表象又处于“食物”这个概念的表象的外延序列中的一个节点上……正是这样的叠加关系，使得我们的思维能够循着其中的关联直接从“食物”这个表象通达到“这个苹果”的表象。

概念之间的组成关系（如相容并列关系等），则是不同的表象借助不同的观念性的性质（如交互性、相关性等）而建立起关联，仍然呈现出表象之间的可叠加性——与叠加成“一个表象”不同，是诸表象借助观念性的性质而成为类似于“事情”（即“符号+交互性+序列+集合”）那样的表象。

四、内涵是概念“是起来”的依据，也是概念“是什么”的依据。

在上面，无论是对实体等表象，还是概念的表象，我们都反复指出表象构造的集合中的规定性是贯串序列中各个对象的内在关联，实际上也就是该表象“是起来”的依据。我们说“是”对应的是持存性，一个表象依据什么才得以“持续存在”、才得以“是起来”？就是依据集合中的规定性。这也决定了一个表象能“是什么”和“不是什么”：一个表象只能“是”集合中的规定性，比如“S是P”这个句子，如果S表示一个表象，那么，P只能是该表象的集合中的规定性；反之，如果P不是该集合中的规定性，则S不是P。

这当中的理由是很清楚的：既然表象是凭借集合中表示内在关联的规定性而被贯串起来、被“是起来”，那么，当我们说该表象“是什么”时，只能说它“是”它的构造中表示内在关联的规定性。具体到概念而言，其表象中的集合所记录的内在关联是概念的内涵，因此，内涵是概念“是起来”的依据——也即：如果S是概念，那么，“S是P”中的P只能是概念的内涵中的规定性，反之，则“S不是P”。在后面第二十八章关于逻辑联结词的真值的讨论中将会看到，对表象（特别是概念的表象）“是起来”的依据作出以上明确的认定，将帮助我们化解一些纠缠不清的疑难问题。

敏锐的人立即会提出疑问来：说内涵是概念“是起来”的依据，又说概念是表象，那么，“内涵”这个东西在思维中以什么方式存在？也是表象吗？这个问题因为涉及到思维的机制，我们放在后面第十九章当中有关“思维是如何理解表象等内容的”部分一起讨论。

第三节　符号、专名的表象以及表象构造的灵活性等问题

一、符号和专名的表象。

这里谈谈符号和专名的表象。以往对符号、专名问题有过一些探讨。弗雷格在论文《什么是函数？》里花了不少的篇幅讨论了被用作“应变元”、“变数”或“变量”的符号的意义。我们通常用字母来表示一个“不确定的数”，比如用n表示自然数，用x表示“一根铁棍长度的数”。但弗雷格问“有不确定的数吗？应该把数分为确定的和不确定的吗？有不确定的人吗？难道每个对象不是必然确定的吗？……当然这里可以讨论不确定性；然而‘不确定的’在这里不是‘数’的形容词，而是一个副词，譬如修饰‘指

示'。人们不能说n表示一个不确定的数，但是大概可以说它不确定地指示数。因此，算术中使用字母的地方总是这样，只有很少几种情况（π，e，i）例外，这里它们作专名出现；但是在这种情况下，它们表示确定的、不变的数。因此没有不确定的数"①。关于专名（自然语言中的专用名词）和通名（自然语言中的普通名词），在描述理论中也有比较多的争论，比如专名有没有内涵？涵义是否决定所指？陈波先生谈到某些名称的使用以及涵义变化的情况，比如最初人们用"达特河口"（Dartmouth）来命名一个小镇，后来河流改道，那个小镇不再处于达特河的河口上，但"达特河口"（Dartmouth）仍然是那个小镇的名称，这就带来"Dartmouth"这9个字母所构成的符号所指称的对象在涵义上的矛盾：它本意是指称"达特河口"这个对象，但是现在的小镇并不在"达特河口"，却仍然被该符号所指称。②现在看来，如果我们为这类符号或专名在思维中找到对应的表象以及该表象与其它表象的关系，有关问题就不存在了。

作为"应变元"、"变量"的符号，其表象的构造是"符号+集合"，该集合就是用以表示这个符号所指称的对象的序列。比如我们用n表示1、2、3等数字，于是n这个符号所指称的就是"东西+集合"这个表象，其中，集合所包含的就是1、2、3等数字。"达特河口"这样的专名，在思维中已经被当作符号来对待，作为指称的那个小镇的表象构造"符号+实体性+序列"中的"符号"，至于其涵义，则可以被放在描述小镇历史（该小镇的规定性）的"集合"中去。

二、表象构造的灵活性。

运用"符号+集合"或"符号+序列+集合"的综合方式，表象在其构造上具有极大的丰富性和灵活性。比如有人问：什么是圆的？我们能列举出月亮、苹果、足球等等，我们的思维也是以"圆的"为符号，把月亮、苹果、足球等对象的表象放置在集合之中以构成一个复合表象。对于否定的"不

① [德]弗雷格著，《弗雷格哲学论著选辑》，王路译，王炳文校，商务印书馆2006年版，第49-50页。

② 陈波著，《逻辑哲学》，北京大学出版社2006年版，第183页。

是”（如“不是P”），也是相同的处理方式。比如有人问：什么不是圆的？我们能列举出书本、房子、汽车等等，我们也是以“不是圆的”为符号，以“书本、房子、汽车等”为集合的方式来进行思维、构造表象的。能不能说“不是圆的”这个语义贯串了书本、房子、汽车等对象并构成序列的意义？也无不可，无非是换成了“符号+序列+集合”的综合方式。此外，在“符号+（序列+）集合”的构造中的“符号”也可以是集合这个基础的表象（本来是“东西”这个基础表象）。这是因为不同的符号也可能完全对应于同一个是者，比如“苏轼”、“苏东坡”作为两个不同的符号，完全对应于北宋年间那位伟大的天才在我们的思维中所形成的是者。这样一来，关于那个是者，思维中的构造形式是“（苏轼，苏东坡）+序列+集合”。这只是体现了基础表象之间相互叠加、综合的自发性和灵活性，并无不妥之处。

思维中的表象还有其它的类型，但都不外乎观念性范畴的五个表象与六个性质的各种叠加、综合的结果。通过以上研究，我们把思维中的各种表象统一到了观念性的表象的各种综合的构造上来。

三、巴门尼德“是者是”原则的可能性依据。

在弄清了表象的构造和表象“是起来”的依据之后，我们也来谈谈巴门尼德为表象确立的“是者是”原则在时间空间中所对应的意义。假设表象S、其集合中的内在关联的规定性P。首先，一个表象有且仅有一个持存性，集合中的所有规定性都依存于这个持存性之上来贯串整个表象；其次，“是”对应持存性，“不”所否定的也是持存性，因此，“是P”与“不是P”将不可能依据同一个持存性来贯串同一个表象；第三，“S是P”与“S不是P”将分别依据不同的持存性来构造两个不同的表象——故此，S这个表象不可能“既是P又不是P”。

以上分析谈不上是对“是者是”原则的证明，但可以视为它的形而上学依据。回顾前述“巴门尼德的道路”和“赫拉克利特的道路”之分歧的由来，是基于对变化的事物的不同的认识方式：赫拉克利特立足于变化来看待事物，巴门尼德立足于不变来看待事物（以认识变化）。两者的分歧源于对经验事物的变化（这一经验事实）的不同的认识方式。而以上分析不涉及经验事实，无关乎对经验事实的认识方式的差异，所表明的意义是：只要承认“同一个时间，同一个持存性”这个前提，就必然导向“是者是，不能不是，不能既是又不是”。可以说，我们为“是者是”原则在时间空间中找到了对应的性质，从而增进了该原则的客观性。

第四节　思维的世界是独立于实在性的观念性的世界

我们接下来讨论思维世界的独立性问题。在传统形而上学在思维或语言与实在的外部世界的关系纠缠不清、混淆混用的情况下，我们有必要基于观念性和实在性的质的范畴来强调思维或语言的世界相对于外部对象的世界的独立性。两个世界的本质区别在于质的范畴上，思维世界是以观念性为质料，外部世界是以实在性为质料。观念性是时间空间的部分样态的综合，实在性是时间空间的全部样态的综合。限制性的范畴分别使观念性和实在性各自呈现出不同的丰富多样的形式。彼此独立并非彼此隔绝，独立性反倒是应该予以强调的。我们将从以下几点说明两个世界的关系，在下一章再具体来谈语言与世界的同构性等问题。

一、思维的构造性。

在弄清了表象的构造之后，我们可以对思维下一个一般性的定义：思维是观念性的表象及其性质的构造物。这个定义的意义在于，首次明确了“思维”这个语词不是一个先验的对象，而是由观念性的表象及其性质构造而成。以往我们只是谈到“思维中有表象”，现在我们为思维找到了它的构造成分及其方式。

弗雷格在《思想：一种逻辑研究》一文中花了很大的篇幅来谈表象与“承载者”的关系问题，并基于“表象需要一个承载者”、“每一个表象只有一个承载者。两个人没有同一个表象”等看法，得出表象是主观的甚至是“私人的”等结论，还依据“思想无须承载者”的理由，认为思想不是由任何表象构成、思想不属于人的内心世界从而划分出独立于“外在世界”和

“内心世界”的“思想世界”[①]。对于什么是思想，我们后面专门再谈。这里不难看出，“表象需要一个承载者”这个前提是不成立的。因为没有一个“我的思维”、“我的意识”这个在先的“承载者”去“承载”表象，恰恰是表象及其性质构造了“我的思维”。表象及其性质的客观性是不言而喻的，每个人的思维表象都由共同的观念性范畴派生出来。或者说，每个人的表象是由相同的构件构造而成，至于表象之间的差异，不过是因为不同的人在各自构造表象的过程中由于认识上的差异而增多或减少了某些构件所造成的，好比两个孩子用同一堆积木搭建同一个房子，一个小孩多使用了一块积木，另一个孩子少使用了一块积木，结果有差异，但绝不至于如弗雷格所设想的把“点”当作“面”的夸张程度。

此外，由表象及其性质构造出思维的设想提供了一种可能性，即撇开先验的“精神实体”的预设，从内部的构造性去生成“思维”、“自我意识”乃至以往称为“灵魂”的东西——那东西存在与否，取决于从“思维”到“自我意识”的构造过程能否进一步延续以便能生成某种超越“自我意识”的东西，这将只是“技术性”的问题而无须依靠思辨去揣测（如以往那样）。以往之所以不能这样做，是因为人们无法设想还有比“实体”更基底的东西。即使有人生造出某些语词，然后把它们说成是构造“实体”的成分，那也将只是一些无凭无据的主观臆想。现在，我们找到了时间空间这个最基底的基质，并且依据时间空间的性质来构造一个物、构造观念性范畴、构造表象及其性质，最后构造出人的思维——其中每一步都严格遵循“有依据地论证”的思想方法。尽管我们清醒地认识到，“自我意识”包含了目前被我们排除在时间空间以外的“意志”，“意志”与时间空间及其性质的关系仍有待进一步研究，但从“内在的构造性”的思路去“逼近”“自我意识”，无疑是一种更具合理性的新方法。

二、人为什么会有思维、想象等活动？

人的思维就像是一个堆满各种货物（表象）的仓库，但是，它里面的货

---

① [德]弗雷格著，《弗雷格哲学论著选辑》，王路译，王炳文校，商务印书馆2006年版，第129–156页。

物又不是静态地陈列着的，而是持续不断地生出各种念头、想法、想象等等思维活动来。这种持续不断的能动性来自哪里？其原初的能动性来自时间不可逆性。人的大脑本身是一个物，是一个时间贯串着的空间，而那些作为质料的观念性的表象和性质，就是这个空间的规定性，因此必须满足时间不可逆定律的“不相同、不重复且无限制”的要求，这就必然导致在大脑这个物的时间序列当中，每个节点上的观念性的东西（空间规定性）都是在“不相同、不重复且无限制”地变化着的——人的思维、想象等意识活动是满足大脑这个物的时间不可逆定律的表现。如前所述，构成思维的观念性的表象本身不遵循时间不可逆定律，但是，由观念性表象所构成的人脑这个物却必须遵循时间不可逆定律，在这种情况下，观念性的表象及其性质的生长性差异和组合性差异恰恰成了遵循时间不可逆定律的必要方式。

我们在前面“质的范畴及其阐明”那一章里谈到“观念的自发性定理”。观念的自发性从哪里来？人为什么会不断地作出各种想象、联想？意识的这种自发性归根结底就是来自于人脑这个物的时间相继性的力，它要求人脑这个物的状态必须每时每刻都在变化，并且该变化受着（时间相继性的力所包含的）偶然性的影响，具有偶然的、不确定的特征，比如思维中的前一个念头与后一个念头之间的相继关系可以是不确定的、任意的，当然也可以是确定的、有依据的，如同一个物的变化中既包含了偶然的组合性差异，也包含了必然的生长性差异。同样地，表象与表象之间的组合关系既可以是确定的（与客观对象相对应的），也可以是不确定的（即任意的联想、想象，比如完全可以把人与马的表象组合起来，形成“人头马身”的表象）。思维活动的这种偶然性与必然性的并存准确地体现了意识的任意性和规则性。在这当中，观念性的表象及其性质是基础构件，思维活动就是用那些基础构件不断地“装了又拆、拆了又装”，从而呈现出无比丰富且恣意驰骋的精神世界。

三、“自由意志”发挥作用的合法机制。

在前面第十一章，我们阐明了在一切现象的“广义的自由”的基础上的人的“狭义的自由”之可能性，也即人之所以拥有“自由意志”，首先是因为他具有一个物的“广义的自由”，其次是因为他有着有别于它物的东西从而进一步获得“狭义的自由”。这个有别于它物的东西，就是人的大脑中的思维。根据上述人脑这个物为遵循时间不可逆定律所自发形成的丰富多样的思维活动看，由于观念性的表象是时间空间样态的基础性的组合方式，思维在其基础构件上“装了又拆、拆了又装”的自发性的组合叠加，其实就是一个物的最基底的组合性差异上的组合叠加。这就意味着一个物的“不可知的偶然性”将通过思维活动的自发性和丰富性显现出来了。反过来看，就是“不可知的自由意志”借助物质性的“不可知的偶然性”所形成的思维活动来发挥它对人的躯体的干预作用。这个机制对于知性也即人的认识能力而言是合法的，也就从根本上解决了自笛卡尔以来“心身二元分裂”中“心”与“身”如何交互作用的难题。

四、思维世界的独立性。

经验论认为，思维世界是外部世界的反映，前者是后者的“镜像”，是摹写后者的“白板”，前者决定于后者。现在看来，这个问题要重新思考。

我们知道，以观念性为质料的表象来源于时间空间的部分样态之间的叠加，具体表现为上述六个表象和六个性质的不同的组合方式。观念性的质料在其生成上遵循“观念的自发性定理”（见第十六章“质的范畴及其阐明”），意识的能动性体现在观念的自发性上，就是一方面在认识对象的过程中自发地具有还原能力（分析能力），另一方面就是这里要说的自发的综合能力，即在思维中把时间空间的各个样态之间的所有可能的观念性的综合方式实现出来、形成表象——既然时间空间的每个样态之间都有相互叠加的可能性，不管外部世界中有没有对应物，我们仍然可以在思维中把它作为表象呈现出来。好比颜色，既然颜色之间有叠加的可能性，只要有红色、黄色，就有红色与黄色叠加的可能性，即使在外部世界中没有出现过橙色，思维中也能自发地把红色与黄色叠加起来并想象出橙色来。这就是人的想象力所发挥的作用[①]，也决定了人的思维世界中有着比外部世界的对象更为丰富的表象，这些表象与外部世界的对象之间没有对应关系，它们独立地作为是

① 关于想象力，反过来说也一样：想象力就是思维中的表象的自发的叠加和还原的能力。

者存在于思维世界之中。这就解释了人为什么能够创造出“飞马”、“金山”、“当今法国国王”等所谓虚拟事物以及林黛玉、哈姆雷特等文学形象。这些与外部世界没有对应物的表象作为是者是“有”的（尽管在明确了“有”和“存在”的语义之后，我们可以说它们是“不存在”的），它们具有其它与外部世界有对应物的表象（如“月亮”、“太阳”等）所具有的一切作为是者的性质（稍后我们有必要专门谈谈观念性这个范畴的重要意义）——所有这些表象构成了人的独立于外部世界的思维世界。

当然，说思维世界独立于外部世界，并非两者毫不相干，而是说思维世界并非一面“镜子”、外部世界有什么它就呈现出什么。思维世界中有许多东西是外部世界所没有的（反过来也是，外部世界中有许多东西是思维世界所没有的），而且思维世界的思维成果既可以是符合外部世界的，也可以是不符合外部世界的。这原本是不言而喻的事情。考虑到旧形而上学千百年来始终受困于语言、在语言的领域里“空转”（旧形而上学家以为那样的“空转”就是研究外部世界的途径），我们不仅需要予以强调，还需要予以“有依据地论证”。

这里要做一个约定：在上面针对实体、概念等对象时，我们一直使用“表象”这个词，如前所述，我们用“是者”来统称思维中的内容，是者包括观念性的表象和性质，是一个更具概括性的词。为了把观念性的性质也涵盖进去，在后面的用语中，我们将用“是者”来替代上述有关结论中的“表象”。

五、思维世界的独立性的证明。

证明如下：

对外部世界的一个物而言，按照时间不可逆定律，在它的时间序列中，它的各个节点上的规定性符合“不相同、不重复且无限制”的要求，某个节点上之所以呈现该规定性，是具有偶然性的，即（如前面第六章“从时间相继性推出实体等范畴”中的表述）在N种组合性差异的可能性中偶然地实现出该规定性（该规定性是N种可能性中的第f种）。对那N种可能性，我们有两种可能性：一是我们没有作出正确的认识，那么，关于错误认识的观念性表象自然就与该物无关；二是我们正确地认识到了，但其中只有第f种可能性因实现出来而成为外部现象，而关于那N–1种可能性的观念性表象仅仅就一个物的状态变化这个现象而言，必然是与外部现象不符合、不对应的。以上情况对外部世界中的复合物或事情、事件，都同样成立。

也许有人会说，假设时间足够长（比如无限长），那N–1种可能性岂不也都有可能实现出来因而它们同样有可能在外部现象中找到对应物？并非如此。因为，在一个物的时间序列中，这个节点上的N种可能性并非也是下一个节点上的可能性——当其中的第f种可能性实现出来之后，该节点上的状态较之前一个节点已经改变了，在新的状态下可能出现的组合性差异不会等同于旧的状态下可能出现的组合性差异。由于前后状态“不相同、不重复”，某个节点上的那N–1种可能性（作为观念性表象）将永远不会被实现出来。

因此，我们可以得出一个一般性的结论：思维中的有些是者完全有可能在外部世界中没有对应物，不仅现在没有对应物，而且永远没有对应物。

思维世界的独立性一旦确立，将在后面有关“形而上学作为自然的倾向是如何可能的”研究中为我们弄清楚“旧形而上学的思想观念究竟是什么”发挥关键的作用。

六、思维中的是者与外部现象之间的映射方式。

我们有必要再次强调思维的是者对外部现象的映射方式有其确定的形式。首先，外部的现象被认识的方式是在思维中形成相应的同构的表象，比如一个物的该表象具有“符号+序列+集合”的构造因而与一个物的“一个时间贯串着一个空间”的结构是相同的。就经验性个体而言，他对外部现象的认识可能是错误的（比如把红色当成灰色），但是，只要他把对象当作实体，他采用的表象的结构仍然是与实体的结构相同，至于错误之处，则体现在构成表象的序列中的规定性与实体的规定性不相符合。也因为其同构性，才使得表象与对象成为可以比较的两个东西，也才谈得上“符合与不符合”的差异；

其次，现象之间的作为力的因果性等范畴，但这些范畴在思维中的是者却是不具有因果性等范畴的实实在在的力（其依据与时间不可逆定律的适用范围的依据相似）。也就是说，作为力的因果性等范畴在思维中是通过观念性的性质而被认识的，这些性质不再是实实在在的力（请设想一下，我们在思维中想象着一个桌球撞击另一个桌球的因果关系，但想象中的桌球之间并没有实实在在的桌球之间才有的撞击力）；

第三，作用于实体的因果性、生长性、协同性等关系是彼此不同的，思维中的关系如何对它们做出区分？无非是用其它的表象的性质（如上述的连续性、否定性等六个性质）再予以不同的综合并由此形成不同的表象，以达到对实体中的不同范畴的力予以描述的目的。首先，按照前面的定义，因果性是物与物之间的力和变化的前后相继，其中，原因是事情，结果是变化。如果依据观念性的表象及其性质来把因果性“映射”到思维当中，不难发现，因果性的表象将包含交互性（因为作为原因的事情是交互性的）以及否定性（因为否定性是时间和空间的“能动的否定”的合二为一），因此，因果性表象的构造是“交互性+否定性”，也即思维是以这个构造的表象来映射作为外部对象的因果性的。同样的方法，我们得到生长性表象的构造是“连续性+否定性”，随机性表象的构造是“替代性+否定性”，协同性表象的构造是“交互性+叠加性”。连同前面已经得到的构造，我们把思维中的是者与部分外部对象之间的映射关系列举如下，这个关系表示部分外部对象是以相应的是者的方式而在思维中被认识的：

外部对象　　　　　　　是者（表象和性质及其叠加）

实体〈============〉符号+序列+集合

事情〈============〉符号+交互性+序列+集合

事件〈============〉符号+序列（事情的表象）+集合

因果性〈============〉交互性+否定性

生长性〈============〉连续性+否定性

随机性〈============〉替代性+否定性

协同性〈============〉交互性+叠加性

……

第四，在所有的范畴当中，除了外部世界中的具有实在性的力（如上述因果性等）之外，其它如量的范畴则同样为思维世界中的是者所拥有。因为思维的是者的质料是观念性，观念性是时间空间部分样态（而非全部样态）的综合，而量的范畴原本就是时间空间部分样态的综合，因此也可以为思维的是者所拥有。概括地说，对比外部世界的事物与思维世界的是者，事物中凡是有着实在性的质料的东西，在思维世界的是者那里都以对应的观念性的质料所映射，而没有实在性的东西，则保留在是者的规定性当中。

以上研究解释了前面留下的一个问题。我们在前面讨论康德的先验哲学的局限性时说到，经“哥白尼式的革命”之后，“对象符合知识”固然解释了人认识对象是如何可能的，却带来了人的认识何以会犯错误的问题。既然现象是感性杂多被“先验统觉”按照时间空间直观形式和纯粹知性概念的方式统摄为现象，因果性范畴如同量的范畴一样，在现象之成为现象时就已经被归于现象的性质并为人所正确认识，为什么量的范畴被正确地归于现象而因果性等范畴却不能被正确地归于现象？比如潮汐与月亮的引力的因果关系在伽利略之前（以及为数众多的因果关系在某位科学家之前）长期不为人所正确认识。现在，我们清晰地区分出了思维世界中的表象之间的关系与外部世界的对象之间的关系是各不相同的，如同表象与对象之间并不必然地存在映射关系一样，表象之间的关系不是因果关系，而是因果关系的表象，前者也可以与后者不相符合——尽管在外部世界中，潮汐和月亮之间有实实在在的因果关系（即因果性的力），但在伽利略之前，人们在思维中一直没有在“潮汐”这个表象与“月亮”这个表象之间建立起“否定性+交互性”的（指称因果性的）性质的是者。因此，即使我们仍然赞同“哥白尼式的革命”，人的认识之所以犯错，也就成为可能的了。

不仅表象之间的关系有可能犯错，更加值得我们关注的是，思维中那些合理的、合乎逻辑的或者更一般地说是“合乎理性”的东西也有可能与外部现象是不相符合的。黑格尔有两句著名的话：凡是合乎理性的东西都是现实的，凡是现实的东西都是合乎理性的。我们同意后一句话，不同意前一句话：合乎理性的东西未必是现实的。这正是我们强调思维世界的独立性的缘由。更多的说明放在后面第二十章“形而上学作为自然的倾向是如何可能的”再谈。

六、先有思维中的范畴，然后才有对外在世界的认识。

以往，关于观念论有一个误解，即把唯理论的“天赋观念”混同于经验性的观念，在个别经验和一般概念孰先孰后的问题上陷入争论，即究竟是先有“苹果”那样的一般概念我们才得以认出诸多个别的“苹果”，还是我们先对诸多“苹果”那样的东西的特征进行归纳、概括、抽象进而得到“苹果”的一般概念？人们在对前一种观点进行批评的时候，总是把康德的范畴学说捎带进去，认为他所主张的先有范畴后有认识活动的看法也是错误的，仿佛范畴也同其它的一般概念一样，也是从具体事物中归纳概括出来的。维特根斯坦在他的后期哲学中关于“5个红苹果”的例子中，实际上已经觉察到“从经验对象中归纳、抽象、概括出一般概念”是不可行的。“苹果”这个概念可以通过他在《哲学研究》一开始所引述的圣奥古斯丁式的“指物言事”的方式来获得了解，但对“5”，我们却无法指着“某物”说“这是5”——我们很容易看出，如果一个人不是先天具有数概念，你无论给他看多少种不同的“5个这样”、“5个那样”，他仍然不可能从中“抽象、概括”出“5”这个量词的。由此承认人具有先天的量的范畴（该范畴构成人的认识能力本身），原本是一个简明的解释。但维特根斯坦却不惜另起炉灶、提出“语言游戏”的观念。不仅如此，当他注意到语言的某些共同特征时，他仍然可以回到康德的简明的解释、把范畴当作语言的共同的本质，但他宁愿以类比、比拟的方式提出“家族相似”概念，并且断然否认语言具有共同的本质（即使部分语言之间有“家族相似”）。在这个问题上，维特根斯坦以少见的方式做了较多的说明（他的表述通常是言简意赅、提纲挈领、少有论述的），但很可惜他的说明仍然停留在类比、比拟之上——即使我们无法为所有的游戏（棋牌类、竞技类等等）找到某种共同的特性，但有一种可能性是不能被排除的，即“语言并非游戏”。

简言之，经验性的概念当然是从具体事物中归纳概括出来的，但恰恰是构造了思维的范畴为这种“归纳”、“概括”提供了可能性——正是因为我们先天拥有范畴（我们的思维就是由观念性范畴所构成），我们才有了从具体事物中进行归纳、概括的依据。如果我们说“先有思维，然后才有认识”，这大概不会有多少争议。但既然思维是以观念性范畴为质料、以量的范畴为形式的生成物，那么，说“先有思维中的范畴，然后才有对外在世界的认识”，实际上也是顺理成章的。

七、表达欲望、情绪、价值等“内感官对象”的语词。

在“质的范畴及其阐明”那一章，我们把思维与意志相并列合称为意识或精神（也对意识与精神这两个词不做区分）。我们的讨论只针对思维（以及作为思维成果的知识），也就是康德在知性的意义上讨论的东西。康德把人的感官分为外感官和内感官，外部世界的现象是外感官的对象，人的思维表象和意识活动是内感官的对象。显然，语言既被用于指称、描述外感官对象，也被用于指称、描述内感官对象。这样就出现大量指称、描述人的欲望、情绪、价值等内容的语词，比如意愿、惧怕、高兴、悲伤、好、坏、善、恶、美、丑等等。这些内容既不在康德意义上的知性的认识范围之中，也不在自然科学（对心理学姑且悬搁）的研究范围之中，它们的共同特征是不具有时间空间的形式，或者说，它们与时间空间之间的关系（或许有着某些深层次的派生关系）还有待进一步探讨，但显然不同于这里讨论的事物与时间空间之间的清晰明确的关系，因此我们目前只做一个简单的归类，即把它们悬置于时间空间以外。因为作为一项研究的基本步骤，我们不妨先把时间空间及其派生物的情况弄清楚，然后再来探讨欲望、情绪、价值等内容的来源以及与时间空间可能的关系（这是哲学的更为重要也更为迫切的任务，它涉及到道德哲学、政治哲学等能否被建立在“科学的形而上学”的框架之内的大问题。事实上，在这些哲学当中，人们对诸多基本概念如自由、平等、公平、正义等的理解之所以存在显著的差异甚至难以达成统一，就是因为人们至今没有找到一个共同的尺度。）。这就好比物理学研究自由落体现象，如果不把空气从落体过程中（哪怕是在理论上）排除出去，我们就永远得不到“轻重物体下落速度相同”这个一般性的认识。为了便于使用，我们把指称具有时间空间基质的外感官对象的语词称为“自然类语词”，把指称不具有时间空间基质、与意志相关的内感官对象的语词称为“意志类语词”。

正如自然界的物体总是与空气混杂在一起一样，人的思维中兼有“自然类语词”和“意志类语词”，这就不可避免地让人把属于内感官对象的“意志类语词”用到外感官对象上去，反之把属于外感官对象的“自然类语词”用到内感官对象上。事实是，在我们关于外部对象的描述（即形成该对象的表象的构造）中，往往混杂着“意志类语词”，反之亦然。比如对花朵的描述中，除了其物质性的特征之外，就包含了“好看”、“美观”等“意志类语词”的语义；对大米、玉米等农作物的描述中，除了它们的物理、化学意义上的特征之外，就包含了“可食用”之类“可满足食欲”的语义；对煤炭、矿物等原料的描述同样包含了“有用”、“有价值”等价值判断的语义。对于这样的混用，从有利的角度看，一是可以增强我们对对象的理解能力、把握能力（即为我们找到了贯串在表象的序列中的“内在关联”更为便利），二是当我们把属于内感官对象的语词被用于外感官对象时，诗意、美感就产生了。比如绪论中引述过的“夜是崇高的，白昼是美的；海是崇高的，陆地是美的；男人是崇高的，女人是美的”那类诗句。对于美感，我们尚不确定从何而来，但我们相信，美感不是从经验对象中“总结”出来的（如看了“美的花”、“美的人”、“美的风景”之后“总结”出“美本身”），这跟范畴不是从经验对象中“抽象”、“概括”而来是同一个道理：如果没有在先的美感，我们根本看不到“美的花”、“美的人”或“美的风景”。

从不利的角度看，一是当我们把属于外感官对象的语词被用于内感官对象时，旧形而上学产生了；二是当我们用“意志类语词”来对某个对象的“本质”下断言的时候，对对象的主观臆断的认识就出现了。对这两点，我们同样放到后面第二十章“形而上学的可能性是如何可能的”再来讨论，这里只作为思维世界的一个现象列举出来。

第十八章　语言与对象的同构性、认识的可能性等问题

在上一章，我们讨论了实体表象、概念表象以及符号、专名的表象的构造形式，本章来谈谈语言与对象的同构性、认识的可能性以及摹状词理论、“20世纪三大语义学难题”等问题。

在以往，我们见到过“语言与世界是同构的”这类表述，但那都是一些未经证明的断言或预设的前提。这类表述对以往（以语言为研究对象的）哲学来说是无法被证明的——如同不能证明“思维”与“存在”何以是“同一的”于是就独断地把它们“视为并说成是”“同一的”那样。因为要谈论两样东西有无相同的构造，必须是分别弄清楚它们各自的构造然后加以比较。我们何以知道世界的构造是什么？其实靠的都是语言的描述。比如我们说“汽车是由车身、发动机、控制系统以及车轮等部件构造而成”，似乎汽车的构造就知道了，但是，我们知道的，其实只是“汽车”这个东西的构造的语言描述。哪怕我把那些构件一样一样指给你看，你得到的仍然是“汽车的构造的语言描述”。你之所以相信语言的描述（据以相信汽车的构造就是如语言描述的那样），是因为你相信“语言能够描述世界”或者说“语言与世界是同构的”（因而前者能够描述后者），可见整个过程不仅没有证明语言与世界的同构性，反而需要以该同构性为前提。现在，我们要做的是一件前所未有的事情，即基于语言与世界的无可辩驳的共同基质，在分别弄清楚了

两者的构造之后再下结论说“语言与世界是同构的”。由此证明，“人认识世界是如何可能的”这个更为一般的问题也就获得了证明。

第一节　世界的构成

我们有必要先来谈谈世界的构成（作为与人的思维、语言相提并论的语词，这里说的世界显然是指外在世界及其对象）。我们知道，罗素等分析哲学家对传统的主谓式命题有过严厉的批评，这与他们对“世界的逻辑构造”的主张是密不可分的。因为传统形而上学是以实体这个范畴为主体的，对实体的述说就是主谓式的命题形式。分析哲学拒斥实体（乃至范畴本身），当然也要拒斥主谓式的命题形式。

一、罗素的批评。

罗素认为，传统形而上学的许多谬误的根源在于“认为一切命题都具有主谓的形式，换句话说，认为一切事实都在于某物之具有某个性质，这种想法或不自觉的信念曾使大多数哲学家不能给予科学和日常生活的世界以任何说明。如果他们真诚地切望提供这样一种说明，他们也许会很快就发现自己的错误；但是他们大都更热中于把科学和日常生活的世界判为不实在的，以便证明有一个超感性的‘实在的’世界，而并不急欲理解科学和日常生活的世界”[①]。也就是说，传统的主谓式命题是“不能给予科学和日常生活的世界以任何说明”，并且很容易发现这一事实，但传统哲学家却不愿正视这个事实，而宁愿判定世界是不实在的，然后去构想一个超感性的“实在的”世界。罗素的解决之道是把所有的主谓式命题改变为关系式命题，即“要创造足以完成这个使命的逻辑，第一步就是承认关系的实在性”[②]、“现存的世界是由具有许多性质和关系的许多事物构成的”、“当我谈到一个‘事实’

① [英]罗素著，《我们关于外间世界的知识》，陈启伟译，上海世纪出版集团2008年版，第30页。

② [英]罗素著，《我们关于外间世界的知识》，陈启伟译，上海世纪出版集团2008年版，第33页。

时，我不是指世界上的一个简单的事物，而是指某物有某种性质或某些事物有某种关系。因此，例如我不把拿破仑叫做事实，而把他有野心或他娶约瑟芬叫做事实"[①]，等等。此外，罗素把事实分为原子事实、分子事实这样的构造，与之相对应的是原子命题、分子命题。同时，他把原子事实归于感官知觉的事实，即"如果要知道原子事实，那么至少有些东西必须是不靠推论而得知的。这样得知的原子事实就是感官知觉的事实"[②]。罗素把"现存的世界是由具有许多性质和关系的许多事物构成的"这个结构称为"世界的逻辑结构"（以区分物理学所说的物质的分子、原子、原子核、电子等结构）。相比近代经验论，他除了承认感觉经验是知识来源，还承认逻辑也是（与感觉经验相并列的）知识来源——他的这两个知识来源如何可能？我们在后面第二十二章关于"现代经验论的悖谬"部分再讨论。他把他的这些主张称为逻辑原子主义。

罗素为什么要强烈地反对主谓式命题形式？是一件需要探讨的事情。如果仅仅是出于反形而上学的目的，比如主谓式命题形式对应着传统形而上学以超验的"实体"为核心的思维方式，就罔顾这样一个基本事实：主谓式命题形式在我们的思维和表达中是最常见的一种，则未必是合理的做法。传统形而上学试图把所有的命题形式都划归为主谓式命题形式的这个做法当然是错的，我们必须承认有关系式的命题形式。但是，像罗素这样一概取消主谓式命题形式的做法，固然从根子上铲除了"超验的实体"之可能性，显然又是因噎废食的。那么，能不能兼容并包、承认两种命题形式是可以并存的？这很容易想到，却对双方来说又都是无法接受（或无法自圆其说）的，因为这里面涉及到双方各自的"形而上学的前提"。一方面，传统形而上学的核心范畴是实体，而且实体是超验的、永恒不变的，主谓式命题正好对应着实体和偶性的依存性。现在平添一个关系式命题形式，何来实体以外的范畴与

---

① [英]罗素著，《我们关于外间世界的知识》，陈启伟译，上海世纪出版集团2008年版，第34页。

② [英]罗素著，《我们关于外间世界的知识》，陈启伟译，上海世纪出版集团2008年版，第35页。

之匹配？所以传统形而上学不能接受关系式命题。另一方面，罗素反对传统形而上学的实体范畴，除了它的超验性等因素外，主谓式命题中的主词隐含着“必有所指、必定存在”的前提，也引出“非实体不存在”等问题，他也只能反对主谓式命题形式。

对我们来说，这两方面的问题都被消解了：对前一个问题，新的实体范畴拒斥了实体的超验性，实体就是一个个可以拿在手里、看在眼里的“这东西”，主谓式命题的形而上学推论就失去了意义；对后一个问题，有思维的表象（是者）的介入，有“有”与“存在”在语义层次上的清晰区分，“何物存在”问题中纠缠不清的东西就不再出现了。因此，只有我们能坦然地既接受主谓式命题形式，也接受关系式命题形式。尽管我们这里谈的关系式命题与罗素说的关系式命题还有所不同，后者是指有逻辑连接词的分子命题，但我们说的关系可以涵盖罗素等人所说的关系，因此这里不做区分。

二、维特根斯坦的“图式论”。

维特根斯坦提出了他对“世界”、“结构”的一种表述方式。他在《逻辑哲学论》一开始对“世界的结构”作出了规定：“世界是一切发生的事情”、“世界是事实的总体，而不是事物的总体”、“世界为诸事实所规定，为它们即是全部事实所规定”、“在逻辑空间中的诸事实就是世界”、“世界分解为诸事实”、“发生的事情，即事实，就是诸事态的存在”等等，简言之，世界是由事情、事实、事态等逐级构成，事态类似于逻辑原子主义的“原子事实”，与语言的原子命题相对应，事实可以还原为一个个事态，事实就成为语言的原子命题的真值涵项，语言由一个个命题构成，世界由一个个事态构成，在事态与命题的对应关系的意义上，语言与世界达成了相同的构造，或者说“语言是世界的图式”。以往的（也是最直观的）观点认为“世界是事物的总体”，即世界是由日月星辰、山川河流、花草树木、鸟兽鱼虫以及人类社会等等一个个经验对象所构成。在维特根斯坦看来，这些经验对象（即一个一个的东西）不能构成对世界的规定。因为仅仅说出一个东西（如说出“苹果”这个词），实际上并没有说出什么含义，我们只有进一步说出“这个东西是什么”，才能让我们获得对这个东西的了解（反过来说这个东西才得到规定）。比如我们只有说出“苹果是红的”、“苹果是圆的”、“苹果是香的”等等，我们才是对“这个东西”做出了规定。即使我们能听懂“苹果”这个词的所指，也是因为在我们的意识中就是以“苹果是红的”等事态来规定“苹果”这个词的。于是，从本体论意义上讲，“苹果”这个东西被分解、还原为“苹果是红的”等一个个事态。从经验论的立场来看，对面前的这个“苹果”，我们首先看到的是“红的”、“圆的”或闻到的是“香的”、触摸到的是“硬的”，然后才从这些感觉经验获得对“苹果”这个对象的认识。直接的感觉经验对应于一个个简单事态或原子命题，一个物反倒成了“事态的总体”这样一个逻辑上的虚拟对象。罗素的逻辑原子主义就是持这样的主张。

三、有关研究揭示的问题。

以上主张在后来对罗素、维特根斯坦的有关研究中已经暴露出一些问题。比如语言与世界的上述同构性有一个逻辑前提，即语言的要素与世界的要素是相互对应的，语言的原子命题必须对应于世界的简单事态，或者说，世界必须存在某些不能被进一步分解的简单事态来与原子命题之间建立明确的指称关系。因为，如果世界没有这样的简单事态，即事态总能被进一步分解下去，那么，要么原子命题不是基础的（如果该命题是对世界的描述的话），要么语言是自说自话、与世界的事态无关。但事实上，我们在世界当中找不出这样的简单事态。比如“苹果是红的”是原子命题，但“红的”却不是原子事实，因为“红的”还可以被分解为“深红的”、“浅红的”、“桃红的”、“粉红的”等等。

四、新的时空观对世界的构成问题的回答。

世界的构成问题仅仅立足于语言，是说不清道不明的——以亚里士多德的（尽管是需要改造的）实体说为代表的主张“世界是事物的总体”还是如维特根斯坦主张“世界是事实的总体”，实际上两者都能（在相当程度上）自圆其说，也都只是一个形而上学的断言或者一个在各自看来更加便利地看待世界、解释世界的方式。只有当我们找到了时间空间这个包括语言和外部对象在内的共同基质，才能使这个问题得到根本的化解：其一，实体是存在的。按照“一个物是一个时间贯串着一个空间”的基本构造，一个物的实体性是体现在“一个时间序列”上，不能简单地视为诸偶性相互组合的关系（如“苹果”这个词与“红的”这个词组合成“红苹果”这个词那样）——否则的话，“忒修斯之船”等现象就会成为关于实体的悖论；其二，时间的相继性贯串着一个实体，时间的并存性构造了一个事情。因此，正如相继性和并存性兼而有之一样，作为实在的外部对象的实体和事情也是兼而有之的。其三，避免无谓争论的另一个办法是，面对同一个世界，看看自然科学是把事实还是事物当作世界的基本构造单元。自然科学既承认世界上有物体、分子、原子这类实体性的物，也承认世界上有作用力和反作用力这类关系性的事。如果哲学想要证明自己谈论的与自然科学谈论的是同一个世界、同一些对象（从而摆脱被更加成功的自然科学所拒斥的现实），在关于世界的基本构造单元的问题上自觉地与自然科学保持一致，又何尝不是一件值得认真对待的事情?

第二节 主谓式语句和关系式语句与外部对象的同构性

我们把世界的构成确定为实体（物）和事情这两个组成部分，再来看语言的情况。前面章节讨论了语词以及思维中的表象、是者的结构，它们与外部对象是同构的，现在具体来看看主谓式语句与关系式语句与外部对象的同构性。

一、一个物、一个事件与“S是P”这个主谓式句子的同构性。

如前所述，我们在时间的持存性（以及实体与偶性的依存性）与语言的最基础的语义“是”之间建立起了对应的关系。只需往前稍微推进一点，一个物与一个句子的同构性就昭然若揭了：

首先，从时间的相继性，我们得到实体的概念，即实体是一个前后相继的时间序列；其次，从时间的并存性，我们得到一个物的基于交互作用的状态的概念，状态的规定性对应的是实体的偶性；第三，时间的持存性不仅贯串起实体的时间序列（使得前后相继的时间节点上的规定性之间建立起“不相同、不重复且无限制”的内在关联），而且也是一个物的实体与偶性的依存关系得以建立的依据。因此，“S是”作为最基础的句型（如第一章所述）不仅能够表述一个实体之持存（因而显现出来），而且“S是P”也能够表述实体S与偶性P的依存关系；第四，语言中（作为基础句子之一的）主谓式命题是“S是P”，S是主词，对应的是“只能做主词不能做宾词的实体”，也即对应的是由时间的相继性所决定的实体；P是谓述主词的状态或性质的宾词，也即对应的是时间的并存性（协同性）所决定的偶性。当“是”被认为对应的是时间的持存性时，“S是P”这个句子以完全相同的结构对应着完整的一个物（即“一个物是一个时间贯串着一个空间”），因此，“S是P”这个句式与外部世界的“一个物”在构造上是相同的，而且是“本体论”意义上的相同，并非“逻辑结构”上的相同——因为如果深究外部事物的“逻辑结构”是什么？最终发现也不过是人“赋予”外部事物的，归根结底还是人自己的“逻辑结构”；第五，“S是P”这个句子与一个完整的物只是具有相同的结构，两者并非等同。作为主词的实体的结构是什么？是一个有内在关联的时间序列。反过来讲，具有内在关联的时间序列的对象，也能作为“S是P”这个句子的主词；第六，在思维中，凡是能够“是起来”的对象（如哈姆雷特），也都是“符号+序列+集合”的构造，也是作为主词而被“S是P”这个句子所描述，如“哈姆雷特是丹麦王子”；第七，根据前面的讨论，一个事件是有关联的一系列事情的总体，该总体同样呈现为一个有内在关联的事情的时间序列，因此，事件同样能够作为主词而被“S是P”这个句子所描述（如前所述，P是事件的时间序列各个节点的事情的规定性）。

基于上述七点分析，我们可以得出结论：一个物、一个事件与“S是P”这个句子是有相同结构的，因而以“S是P”为基础语句的语言是可以描述一个物、一个事件的。很显然，“S是P”这个主谓式命题中的主词S既可以是外部对象在思维中的表象，也可以是概念的表象，还可以是与外部对象没有对应关系的任何由思维自行创造出的表象（如“金山”、“飞马”等）——概括地讲，主词S是且只能是思维中的表象，与该表象在外部世界中有无对应物没有任何关系。下一章我们专门谈谈“非实体不存在”的问题。这再一次说明，我们决不能把语词与（外部）对象两相混淆（如把概念当作实体等做法）。语言首先是描述思维中的东西，至于思维中的东西与外部世界中的东西有无对应关系，与语言本身的语词、语法、含义等内容没有必然的联系。

二、一个事情和关系句子的同构性。

如上所述，罗素反对主谓式命题，他的做法是把所有的主谓式命题改变为关系式命题。这个问题在下一章关于他的摹状词理论时再讨论。我们（基于“新时空观体系”）既承认主谓式命题，又承认关系式命题，因为我们既承认实体的实在性，又承认关系的实在性。在我们的定义中，关系是由时间并存性派生的东西，即两个（及以上）对象之间依据时间并存性而建立起来的关联（见第九章），事情是指物与物的交互作用或归于交互作用的对象（见第十章），而交互作用也有清晰的所指——指向时间的并存性。可见无论是事情也好，关系也罢，都对应着有“实在性”的时间的并存性。因此，对于罗素用了大量篇幅来说明的关系式命题，如对称关系、不对称关系、传递关系、不传递关系的命题（如“这个车子撞了那个车子”、“A和B是兄弟”等），都可以统称为我们所说的关系式命题（对称等关系都属于我们所定义的关系），也对应着事情、关系等外部对象——我们把关系当作事情的规定性。比如“这个车子撞了那个车子”这个关系式句子的结构是：“这个车子”的词+表示交互作用的“撞”的词+“那个车子”的词，发生的事情的结构是：“这个车子”的物+交互作用（“撞”）+“那个车子”的物，两者的结构是相同的。可见关系式命题（因其同构性而）能够描述外部世界的事情。

简言之，如果说，“世界是由事物构成的”应该被更准确地表述为“世界是由事和物构成的”，那么，语言对世界的描述就包括以主谓式命题描述物、以关系式命题描述事。以上分析是我们对“语言与世界是同构的”这个从未被证明过的命题的证明。以往有关说法还都只是一个断言、一种信念，比如亚里士多德认为他的范畴体系与世界的体系是同构的，有多少个范畴，世界就有多少种存在方式。但这个问题在以往的哲学中是不可能获得真正意义上的证明的——前面谈到过，以往的哲学对这个问题的述说只能是“在语言描述中的世界的结构与语言的结构是相同的”。现在，我们从语言之外的时间空间的基质开始，分别得出了“世界的结构”和“语言的结构”，再两相对比，证明两者的结构是相同的——从而完成真正意义上的证明。

当然，尽管语言描述世界是可能的，但要倒过来、通过研究语言来研究外部世界，则是难以企及的。因为语言、思维有比之已知世界更为丰富、也更为庞杂的内容，这些内容与外部世界的对应关系不具有确定的对应关系，那些与外部世界之间有着确定的对应关系的语句淹没在大量与外部世界之间没有确定的对应关系的语句之中，我们将无从分辨（如果能够分辨，则说明我们已经知道外部世界是什么样子）。因此，“语言学转向”之后的哲学自觉地放弃了认识世界这个认识论的议题，是没有依据的——仅仅研究语言将无法认识世界。

三、系词就是系词，没有等同之义。

罗素在《我们关于外间世界的知识》的第二讲“逻辑是哲学的本质”中批评了黑格尔的逻辑观念，并且指出：“黑格尔在其《逻辑学》的这一部分中的论证完全是对表示谓词的‘是’（如在‘苏格拉底是有死的’这个句子）和表示等同的‘是’（如在‘苏格拉底是饮了毒酒的那位哲学家’这个句子中）的混淆上的。由于这种混淆，他认为‘苏格拉底’和‘有死的’必然是同一的。既然它们是不同的，于是他就不像别人那样推论说这里什么地方有错，而是认为它们显示了‘差异中的同一’。此外，‘苏格拉底’是特殊的，‘有死的’是普遍的。因此，他说，既然苏格拉底是有死的，由此可见特殊即是普遍，在这里他把‘是’字全都当作表示等同了。但是说‘特殊即是普遍’是自相矛盾的。黑格尔仍然不觉得这是一个错误，而是要进而把特殊和普遍在个别或具体普遍中综合起来。这是一个例证，表明那些庞大得堂而皇之的哲学体系是如何由于一开始就不当心而被建立在愚蠢浅薄的混淆上面，除非这种混淆是由于无心的过失（这是几乎难以置信的事实），人们是会把它们作做玩弄双关语游戏的。”[①]如果抛开对黑格尔的“宏大叙事”的

① [英]罗素著，《我们关于外间世界的知识》，陈启伟译，上海世纪出版集团2008年版，第26页注释[1]。

解读方式，回到他的文本中的每一步推导上，将不难发现罗素的批评是有道理的——正是语词、语句在个别与一般、特殊与普遍之间不断形成的对立和转化，构成了推动黑格尔辩证法体系建造的基本动力[①]，也构成了（黑格尔所说的）事物矛盾运动的基本动力——这两者在黑格尔那里被当成一回事。

我们很容易从黑格尔的文本中找出例证。比如《精神现象学》从感性确定性的“这个”（或“这一个”、“这时”、“这里”）开始说起，“这个”本来是一个指示代词，可以用来指示任何的东西，这个是房子，这个是树木。“指示代词可以指示不同的东西”这句十分普通的话可以“换一个角度看”：说“这个是房子，这个是树木”，就意味着“这个”既不是房子和树木，同时它又是房子和树木（“‘这时’既不是夜晚和白天，同时它又是白天和夜晚”[②]）——理解了这句话，就踏上了黑格尔的思辨之旅——从而引申出“一个这样的，通过否定作用而存在的单纯的东西，既不是这一个、也不是那一个，而是一个非这一个，同样又毫无差异地既是这一个又是那一个”[③]。也就是说，原本是我们拿来指示不同的东西的“这一个”，“换一个角度看”，就成了“普遍的这一个”不断自我扬弃的过程——我最初用“这时”来指示白天，当时确实是白天，因此“这时是白天”具有直接的真理性，但后来我用“这时”来指示夜晚，后来也确实是夜晚、也具有直接的真理性，于是，作为白天的“这时”“是过去了、是被扬弃了”、这个过程说明“这时和对这时的指出，其性质都不是一个直接的单纯的东西，而是一个包含着不同的环节于其中的运动；建立起这一个，但反而是建立起另一个，或者是扬弃了这一个。而这个另一个或者第一个的扬弃本身又要被扬弃，于是就又回复到第一个。”[④]——这已经有辩证法的味道了。如果进一步从张三眼中的“这一个”与李四眼中的“这一个”的“差异中的同一”（“作为自

① 所谓“转化”，就是对同一个语词、同一个语句“换到对立的语义的角度”去重新理解它，就会发现新的涵义、新的句子。如此不断地“换个角度去看”，新旧句子、涵义相辅相成，形成新的结论。

② [德]黑格尔著，《精神现象学》，贺麟、王玖兴译，商务印书馆1962年版，第74页。

③ 同上。

④ [德]黑格尔著，《精神现象学》，贺麟、王玖兴译，商务印书馆1962年版，第79页。

我的这一个和作为对象的这一个”）考虑进去，这个扬弃就从对象的“这一个”的否定作用过渡到自我（经验的自我和普遍的自我）的“这一个”的否定作用，又上升到自我意识的扬弃过程了，以此类推，最后得出对象的扬弃与自我的扬弃本来就是一回事[①]——如果事到如今你还是令人扫兴地坚持说：不就是“指示代词可以指示不同的东西”吗？你就是令人鄙视的“不懂”了。

我们曾在第四章里谈到马克思对黑格尔的批评。据我看，罗素的批评只是更为具体明确地解释了马克思所批评的“汇集了思辨的一切幻想”[②]，应当说也是十分尖锐且致命的。实际上，如果仅仅是混淆了表示谓词的“是”与表示等同的“是”，或许黑格尔还可以坚称那些句子的“是”就应该是表示等同的“是”。但我们这里要说的是：系词用法的“是”根本就没有“表示等同”的意思！

从上述语言与对象（外部对象和思维表象）的同构性证明看，该证明之关键在于，确立了系词“是”与时间的持存性之间的对应关系。这就必然地带来一个结论：“S是P”中的S与P是主词与宾述的谓述关系（即在外部对象那里是实体与偶性之间的关系，在思维表象那里是序列与各个节点上的集合之间的关系），因而“是”不是（且不能是）等同的语义——否则依据上述证明而建立起来的语言与对象的同构性将无从谈起。以往把“是”当作等同用法的那些句子，其实仍然是系词用法。这里来解释一下为什么说“苏轼是苏东坡”这个句子中的“是”仍然是系词用法。

首先，这个句子所指称的是苏轼这个是者；其次，（如上一章所述）是者的构造方式是“符号+序列+集合”，其中的“符号”部分原本就有“苏轼、苏东坡”这几个词（以集合作为符号）；第三，“苏轼是苏东坡”这个

---

① 除了把句子中的“是”当作等同，还需要加上“语词的对象化”这个技巧。更为典型的例子是黑格尔从“盐是一个单纯的这里，并且同时又是多方面的；它是白的并且又是咸的，又有立方的形状，又有一定的重量，等等”这句话通过不断地“换个角度看”然后一步一步推出“事物是无差别的被动的共性、是诸多特质之机械的集合”、“事物同样是单纯的否定性，是单一”等结论。见《精神现象学》第85、86页。

② “语词的对象化”这个技巧则属于马克思所批评的“把从具体事物（如苹果、梨等等）中抽象出来的一般概念（如水果）当作脱离具体事物并独立存在的一种本质”。

句子中的“苏轼”作为主词，指的是苏轼这个是者（即对应着历史上的那个伟大的词人），而“苏东坡”作为宾词，指的是是者的构造方式中的“集合”里的规定性（别号苏东坡），因此两者仍然是主词与宾词之间的谓述关系。当然，如果倒过来说“苏东坡是苏轼”，则苏东坡作为主词指苏东坡这个是者，苏轼作为宾词指是者构造方式中的“符号”，两者同样是谓述关系。

当然，我们也可以更为简明地说：一、是作为系词，没有等同之意；二、在系词表示的全部谓述关系中，有一种情况（即“苏轼是苏东坡”这种情况）可以理解为等同（如上所述也可以不理解为等同），但与“是作为系词没有等同之意”丝毫不冲突。就好比用男人这个词指称人类中所有男性，但男性中有好坏之分，这并不表明男人这个词中包含了好人或坏人的涵义。明确了这一点，下面要谈的“同一替换的困境”就根本不成其为问题了。

四、语言、思维与世界的关系。

从语言与思维的同一性看，正是因为人的思维与世界（在主谓式和关系式两种构造上）是同构的，语言与世界才在相同的方式上是同构的。可见，语言与世界发生关系，必须借助思维这个中介。这也很好理解，语言归根结底不过是一串文字符号或声音音节，只有在人的思维中它才获得意义。因此，说“语言是世界的图式”就显得过于笼统了。

从本质上讲，语言是思维的呈现方式。这就解释了为什么世界上有无数种语言但相互之间却能实现翻译和理解，原因在于人的思维是同构的。在古代中国的书面语言中见不到“S是P”的形式，比如“道可道，非常道”这样的句子就不是“S是P”，但那是经过修饰的书面语的表达方式（这样的修饰使得语句显得更加精练、典雅、华贵），并不妨碍古代中国人的思维中的“底层结构”仍然是（或化归为）主谓式和关系式两种（这从流传下来的一些市井小说中老百姓的日常用语就不难看出）。

第三节　句子的意义是是者（表象或性质）的规定性

上面分析了语言与世界（外部事物）的同构性（以证明“语言能够描述

世界”），并以观念性范畴作为语言的本质。这里来谈谈作为语言的句子的意义。

一、句子有无意义取决于它是否指称一个或多个是者。

如上所述，我们把句子分为主谓式和关系式（其余的则是这两种句子的复合）。首先，主谓式句子的意义是在思维中具有该句子中的谓词的规定性的主词所指称的是者（该是者的构造是“符号+序列+集合”）。该是者要么对应着外部世界中的实体（或事件），要么对应着思维中被我们当作实体来理解的“虚拟物”；其次，关系式句子的意义是在思维中具有诸对象以交互方式形成的是者（该是者的构造是“符号+交互性+序列+集合”），该是者在外部世界中对应的是事情，在思维中对应的是被我们当作事情来理解的对象。所谓无意义的句子，指的是我们无法理解该句子在说什么或指什么。如果一个句子在我们的思维中无法指称或形成一个可被我们理解的是者，也就是我们无法理解其说什么或指什么的句子。比如“圆是方的”这个句子，由于“方的”不能与“圆”形成一个是者（如同“羊-鹿”不是一个是者），于是，这个主谓式句子就无法指称一个是者，就是没有意义的。我们在前面曾经讨论过我们何以能说出“圆的方”这三个字（那等同于我们发出“咿呀唔”的三个音节）。同样地，“圆是方”等句子是由一系列的语词拼接而成，“圆”、“方”、“羊”、“鹿”都是有意义的语词（指称着相应的是者），把它们拼接在一起这件事是不受限制的（我们可以把任何几个词拼接在一起），但拼接在一起之后是否能得到一个新的东西并形成新的意义（即语词之间借助“内在关联”贯串起某个是者的规定性），则另当别论。如果拼接起来的句子不能形成新的意义（即语词之间找不到“内在关联”来贯串起某个是者的规定性），就只是“几个串在一起的语词”（我们仍然可以称之为“句子”，但被归于“无意义的句子”）。

就关系式句子而言，同样存在有无意义之分。两个对象能不能放在同一个句子中，也取决于两者在语义上是否具有交互性，比如“一个苹果和一个想法加在一起得到两个东西”，由于“苹果”与“想法”不可能发生交互关系，因此这个关系式句子也不可能为思维所理解并形成类似“一个苹果和一个梨子加在一起得到两个水果”这样的事情的是者。

一个有意义的句子当然也可以指称多个是者，如上一章所分析，表象的构造可以是镶嵌式的，“人”这个概念是一个表象，作为人的外延的张三、李四本身在思维中也有其表象，当我们说“人”这个概念的表象时，张三、李四的表象就被镶嵌在“人”这个表象的序列中作为外延被列举出来。因此，说“一个有意义的句子指称一个是者或多个是者”，只是针对表象构造的不同层次而言，并无本质差别，因此都可以成立。在后面，出于简便，我们使用“指称一个是者”的说法。

把语句、语词的意义与思维中的是者建立起对应关系，是一件十分重要的事情。打个比方，以语言为研究对象的哲学或逻辑，由于语言具有极大的丰富性、灵活性和模糊性，语词、语句之庞杂可谓浩若烟海，有关研究试图依靠语词、语句本身来找到某些规律性，就好比在大海上航行的船只，仅仅靠着海水本身来寻找航线一样，很容易迷失在波诡云谲之中。与思维中的是者的规定性建立起联系之后，就好比岸上有了一个灯塔，它可以为语言的研究提供外在于语言的参照物。这一点的优越性在后面讨论逻辑问题时将体现出来。

二、有量词修饰的是者与没有量词修饰的是者是不同的是者。

也许有人会问：一个句子一定是指称一个是者吗？“张三和李四都是球迷”是一个句子，但“张三和李四”却不是“一个是者”。实际上，这个句子不过是“张三是球迷”和“李四是球迷”这两个句子合并在一起说而已，当然分别对应着“张三”这个是者和“李四”这个是者。

这里特别要指出的是，有量词修饰的句子都不是指称一个是者，而是由量词所表示的诸句子的并称——如同这里张三和李四的例子一样。比如特称命题“有些人是球迷”这个句子，也表示像“张三是球迷”、“李四是球迷”等等“那些”具体个人为主词的若干句子，分别指称张三、李四等等“那些”具体个人的是者。同样地，全称命题“所有的人都是有心脏的”这个句子，也表示像“张三是有心脏的”、“李四是有心脏的”等等“所有”具体个人的是者——同样不存在一个“所有的人”的是者。也许有人会说，

“所有的人”就是“人”这个概念，“所有的人都是有心脏的”等同于“人是有心脏的”。在此，我们明确指出，这两个句子是不等同的，“所有的人”也不等同于“人”这个概念——前者仅仅是后者的外延。

首先，既然“所有”是量词，当它被用于修饰“人”这个概念时，一是只能表示“人”这个概念中有量的特征的部分（不能表示概念中无量的特征的部分，如内涵），概念中有量的特征的部分只能是它的外延；二是就因为“所有”这个词的量词的性质，使得“所有的人”也被赋予量的属性；三是“人”这个概念在思维中只有一个是者（从“是者是”原则的要求看，不可能有更多的是者），而“所有的人”（因被赋予量的属性而）不可能被归于唯一的是者——这三点结合起来看，“所有的人”指的是“人”这个概念中的外延序列中的“所有的外延”，当然不同于兼具内涵和外延的概念本身；其次，“所有的人都是有心脏的”是全称命题，“人是有心脏的”却是单称命题，不能被当作全称命题，可见从命题的类型上看，两者都是不同的。基于此，我们认为，一般而言，有全称量词修饰的概念不同于概念本身，后者指称的是一个是者，而前者指称的是该是者的序列所列举的各个外延的统称。

这个结论在后面论证逻辑联结词的真值的依据时将发挥重要的作用，在此预先作出明确的阐释。

第四节　摹状词理论和“20世纪三大语义学难题”

罗素的摹状词理论被认为是化解了“20世纪三大语义学难题”，分别是同一替换难题、排中律失效难题和非实体不存在难题。这三个难题被公认为是传统的主谓形式的命题无法解决并暴露出该命题形式的自身缺陷。而我们认为，罗素的摹状词理论并没有化解什么，因为那三大“难题”要么不是问题，要么（借助我们已经取得的观念性范畴、概念的新定义等成果）能够在主谓形式的命题中得到解决——其问题的成因与命题的主谓形式无关。

一、观念性范畴从根本上化解了“非实体不存在问题”。

我们在本书第一章区分了“是”、“有”和“存在”的层次关系（我们已针对蒯因《论何物存在》一文中谈过这个层次关系的意义），加之上一章阐明了思维世界相对于外部世界的独立性，“非实体不存在问题”（或蒯因所说的“柏拉图的胡须”问题）已经不再成其为问题。不过，既然被当作是“20世纪三大语义学难题”，这里仍有必要专门讨论一下，因为比之本书开始的时候，我们现在为是者之有，更为具体地找出了观念性范畴这个质料。

在以往的讨论中，斯特劳森对罗素的摹状词理论进行了猛烈的抨击。首先，他“揭示出摹状词理论的一些隐含假定，例如：在真正的主谓式语句中，其主词必有所指”等[①]，“罗素错误地把指称某个实体和断定这个实体的存在混为一谈。罗素认为，语句‘当今法国国王是贤明的’断定了‘目前存在一个并且只存在一个当今法国国王’”；其次，斯特劳森之所以认为罗素是错误的，是因为“我们在说出这个语句时，只是用‘当今法国国王’这个作为主词的名词性短语指称某个实体，假定有这个实体，或者说‘预设’（presuppose）这个实体的存在。在这里，斯特劳森继弗雷格之后，明确提出了‘预设’这个概念”[②]。第三，针对摹状词理论的这类问题，斯特劳森提出的主张是：“说出一个语词、语句是有意义的，它们的意义是关于如何使用该语词、语句的一些规则、约定、习惯和一般性指导，不依赖于语境，而来源于社会历史文化传统”、斯特劳森所说的“语词”和“语句”，“都是它们的‘类型’（type），而不是它们的‘标记’（token）。类型是一种抽象的语言形式，例如谈到对同一个语句‘当今的法国国王是贤明的’的多次使用，这里被多次使用的‘同一个语句’就属于类型；而对同一个语句的‘多次使用’就属于‘标记’，‘标记’是一种可感可触的物质性存在……”[③]

以上引述说明了两件事情：一是在以往的观念或用法中（当然也包括摹状词理论）确实存在着“在真正的主谓式语句中，其主词必有所指”的隐含假定。也正是这个隐含假定才造成了上述“非实体不存在问题”；二是对

① 陈波著，《逻辑哲学》，北京大学出版社2006年版，第168页。

② [美]希拉里·普特南著，《理性、真理与历史》，童世骏、李光程译，上海译文出版社1997年版，第169页。

③ [美]希拉里·普特南著，《理性、真理与历史》，童世骏、李光程译，上海译文出版社1997年版，第170页。

这个问题，斯特劳森等分析哲学家仍然试图用语言的方法、在语言的框架内来予以解决（因而才有上述“预设”、“多次使用”、“类型”、“标记”等概念或说辞）。我认为，这个问题之所以被弄得如此这般繁琐复杂，是因为分析哲学家们一方面使用“实体”这个概念，另一方面又断然拒绝了“范畴”这个形而上学的用语。在我们澄清了“有”和“存在”的语义层次并把观念性设定为质的范畴之后，这个问题变得清晰简明因而也不成其为问题了——我们再把有关思路归纳如下：

首先，如前所述，语言是思维的表现形式，语词或语句的指称是思维的表象及其性质，是独立于实在的外部世界的思维世界里的东西，并非外部世界的事物。至于思维世界里的东西与外部世界的事物之间有无对应物，则是“另一回事”。思维中的表象与外部世界的对象之间既可以有对应关系，也可以没有对应关系，因此，语言与外部世界的对象之间既可以有指称关系，也可以没有指称关系（因此，“在真正的主谓式语句中，其主词必有所指”的隐含假定是错误的）。

其次，主谓式语句的主词是是者（让“S是P”这个句子得以成立的东西），该是者必定是（在思维中）有的，但由于它在外部世界中可以是没有对应物的，因而其指称的对应物可以是不存在的。因此，“飞马”作为是者是有的，我们能够说出它（说出它并不意味着它是一个实体，仅仅意味着它是一个是者），但它作为外部世界中的事物，又是不存在的。是者等表象在形式上可以与外部世界中的事物相同（对一个不知莎士比亚为何人、也不知戏剧为何物的读者来说，有关哈姆雷特的叙述与有关历史上一个王子的叙述是没有区别的），但在质料上是观念性范畴，不同于外部世界中的事物在质料上的实在性范畴——两者的差别仅在于此。

第三，即使当今的法国没有国王，“当今法国国王”作为一个是者却仍然是有的——一个人说出它，跟莎士比亚说出“哈姆雷特”这个是者完全是一回事。至于“当今法国国王”是不是“贤明的”，也与“哈姆雷特”是不是“丹麦王子”一样，完全取决于最初说出它时的设定，只需找出谁是第一个说出这句话的人并且问他“你究竟是把‘当今的法国国王’设定为贤明的还是不贤明的”即可。如果有人一定要否定这个做法，然后自己去造出另外的一番说辞，就跟否认“哈姆雷特是丹麦王子”一样，就显得“颇为无聊”了。你可以考据出“哈姆雷特”影射了英国的某个王子，但“哈姆雷特”是且只能是丹麦王子。

通过以上三个方面的分析，“非实体不存在”的问题是可以被化解的。

二、同一替换的困境。

这个困境是这样的：若a=b，根据同一律，在任何命题中，a、b可以替换，而不会改变命题的真值。但是，在主谓形式的命题中，却会产生一个现实的问题。罗素给出的例子是，有这么一句话：“乔治四世想知道司各特是不是《威弗利》的作者”。现在，司各特是《威弗利》的作者，也就是说，司各特=《威弗利》的作者。此时，我们把后者与前者替换，就会出现“乔治四世想知道司各特是不是司各特”。一句正常的话一经替换就变成一句奇怪的话了。对此，罗素用摹状词理论把这段话改写为：“乔治四世想要知道是否有一个且仅有一个人写过《威弗利》，而司各特就是这个人”。或者说，可以把“司各特是《威弗利》的作者”这句话改写成：“有一个且仅有一个人写过《威弗利》，司各特是这个人”（更正式一点的表述是：①存在一个x，x写了《威弗利》；②对任意一个y，如果y写了《威弗利》，那么y就是x；③x是司各特。）。这是一个被公认为成功的改写。不过，罗素的做法实际上也有奇怪之处。

1、“是”是系词不是等同。

在上面我们从句子与对象的同构性出发证明了“是”是（且只能是）系词，不是等同。因此，在同一替换当中，依据“司各特是《威弗利》的作者”而得出“司各特”等同于“《威弗利》的作者”，是不能成立的，有关替换当然也是不能成立的。

2、混淆了语义和指称。

再看同一替换的上述说法，对于“a=b”，其中的“=”本来的意思指的是数量上的相等，正是由于把“是”错当成“等同”，才被引申到“是”的谓述关系中，由此而引出一些节外生枝的问题来：比如由于a、b是不同的语词，当你说a=b时，你所说的等同（=）是指两个不同语词的什么等同？即使如此，对于语词来说，本身必定包含三个内容，一是语词的符号（即构成语词的那几个字），二是语词的语义（如“司各特”是专名，“《威弗利》的作者”是摹状词，语义当然不同），三是语词的指称（如“司各特”指称的是那个叫司各特的人的是者，“《威弗利》的作者”指称的是写了《威弗利》的那个人的是者）。同一替换所说的“a=b”指的是这三个内容中的哪一个是相同的？显然，第一、二个内容必定是不同的，只能是指语词的指称是相同的，但实际上，对有关分析中的替换所谈论的问题，都是语义的替换带来的问题——这本来就是有问题，何须谈论？

我们来看一看，在“乔治四世想知道司各特是不是《威弗利》的作者”被替换成“乔治四世想知道司各特是不是司各特”之后被改变的是什么。首先，从“司各特是《威弗利》的作者”替换成“司各特是司各特”，句子的真值并没有改变。其次，替换后改变的是语义，但是，“司各特”与“《威弗利》的作者”本来语义就不同，这并不奇怪。第三，我们为什么会对“乔治四世想知道司各特是不是司各特”这句话感到不能接受？因为正常人都知道“司各特就是司各特”（这类表述本身也是正常的、有意义的），为什么还会“想知道”？实际上，乔治四世是有点冤枉的。因为他不知道“司各特是《威弗利》的作者”，对他来说，“乔治四世想知道司各特是不是《威弗利》的作者”不能被替换成“乔治四世想知道司各特是不是司各特”——因为他不具备可替换的前提，他“想知道”的东西被别人擅自改变了，一句正常的话被改成一句不正常的话。这才是整个事情中真正奇怪之处。

三、排中律失效的问题。

按照排中律，如果A不是真的，那么A就是假的；反之亦然；不能既不真也不假。但罗素举例说，“当今法国国王是秃头”这个句子就既不是真的（是秃头），也不是假的（不是秃头），因为没有当今法国国王，主词不存在，因此排中律在这里失效了。

我们在前面关于“非实体不存在问题”已经分析过，“当今法国国王是秃头”这个句子（跟“当今法国国王是贤明的”一样）的问题不在于“当今法国国王”不存在，跟“哈姆雷特是丹麦王子”一样，只是最初如何设定的问题——“当今法国国王”跟“哈姆雷特”是一样的（所谓虚拟物的）是者，作为是者在思维中都是有的。那些执着于“当今法国没有国王”的人，跟执着于“丹麦从来没有一个叫哈姆雷特的王子”并以此来抨击莎士比亚“胡说”的人，其实是一样的。只要接受“丹麦王子哈姆雷特”，就能在相同的意义上接受“当今法国国王”。至于他是不是“秃头”，只需找出第一个说出“当今法国国王”这个词的人，并问问他“照你的意思他究竟是不是秃头”即可——他原本就有义务赋予这个对象“是秃头”或“不是秃头”的特征（如同莎士比亚有义务说清楚“哈姆雷特”到底是哪个国家的王子一样），而且只能选“是”或“不是”，因此排中律并未失效。

四、摹状词理论只是用更多的主谓式句子去解释一个主谓式句子。

从以上分析看，“虚拟事物的存在问题”、“同一替换的问题”以及“排中律失效的问题”原本是没有问题的，因此，谈不上去解决它们（我们的工作也只是澄清它们不成其为问题）。那么，罗素的摹状词理论做了什么呢？在我看来，该理论是通过用更多的句子来区分一个“语焉不详”的句子的不同情况，它改善了语言的表达，就好比有个人说了一句莫名其妙的话，有耐心的人就设想那句话的各种可能性并用更多的话说出来，于是，那句莫名其妙的话就变得“没有歧义”了。准确地讲，罗素不是改写了原来的句子，而是通过把自己想知道的东西塞进去，然后得到自己想要的句子——但那已经不是原来的句子了。

罗素把“当今法国国王是秃头”这个句子改写为：①存在一个x，x是当今法国国王；②对任意一个y，如果y是当今法国国王，那么y就是x；③x是秃头。这个改写过程好比警察审讯嫌疑人，当嫌疑人说“当今法国国王是秃头”时，警察耐心地逐个追问：“你的意思是：至少存在一个人是当今法国国王”？“你的意思是：至多存在一个人是当今法国国王”？“你的意思是：谁是当今法国国王，谁就是秃头”？嫌疑人不得不对每一个追问给出“是”或“不是”的回答——如此这般的“对话”除了增加并确认某些信息之外，对语句的主谓式结构并无改变，因为无论是警察还是嫌疑人仍然只能依据“S是P”的句式来达成相互的理解。

实际上，警察的询问（或摹状词理论的改写）是有倾向性的、是把自己想要的东西塞进原来的句子中的。本来，“当今法国国王是秃子”这句话里并没有包含“存在”的语义——就像不包含“国王的性别、年龄、模样”等语义一样，是听的人想要知道“存在与否”，才自作主张地要求澄清。我们不妨进一步问一问：摹状词理论的改写或选择塞进原句子的东西的依据是什么？比如你为什么不更仔细地澄清“国王的性别、年龄、模样”等语义而只澄清“存在”的语义：“你的意思是：至少存在一个男人或老人是当今法国国王”等等？你会回答说有关国王的性别等语义无关乎排中律的有效性——那么，摹状词理论改写的依据就是排中律的有效性。但是，“当今法国国王是秃头”这个句子与“①存在一个x……”那一组句子是不同的句子，表达的也不是同样的意思（如前者不包含“存在”的语义），因此排中律在前者失效与在后者有效是两件不能相互替代的事情，即在后者有效并不能消除在前者失效。如此一来，摹状词理论并没有“拯救”排中律，只不过是依据排中律发明了一套符合排中律的表达方式。这样做的结果是掩盖了一个根本性的问题：既然排中律不具有普适性，为什么我们要相信“逻辑是普适的且堪当为数学奠基的大任”？换了物理学，如果有人发现某个定理失效了，那一定是一件令人震惊的大事，人们也绝不会满足于“换一个实验对象就能满足原来的定理”，而是用新的定理去替代原来的定理。但在逻辑学界，人们可以轻描淡写地说“同一律不成立”、“排中律失效了”，如此一来，又如何让人相信逻辑学是比数学或物理学更严肃、更严谨、更基础的学问（如现代哲学家们所认为的那样，或者他们自己也未必当真）？我们将在后面详细讨论逻辑的问题，逻辑确实需要被“拯救”，只不过不是以“换一种说法”的方式。

简言之，我们认为，主谓形式命题本来没有什么问题（“语焉不详”是命题内容的问题，不是命题形式的问题），也就谈不上对它的“修正”。摹状词理论除了主动澄清某些“语焉不详”的内容（从而按主观意愿新增某些内容）之外，并未改造该句式本身。

第十九章　思维的机制、知识的来源和指称理论的新思路

我们在前面谈了表象的构造、思维世界的独立性和自发性等问题，本章先讨论思维的运行机制（比如思维是如何获得对表象、涵义、思想等内容的理解的——表象等东西并非静态地被罗列在思维中，而是被思维“把握”住），再基于上一章有关“语言的本质”即语言是思维的表现形式的结论，谈谈语言的指称理论的一个新思路。此外，还回答一个基本的问题：既然“时间空间是一切现象的基质”，是不是只要从时间空间及其规定性出发，就能推演出一切现象及其规律？如此一来，感觉经验就失去了知识来源（或来源之一）的意义，似乎思辨哲学家只需坐在书斋里依据时间空间及其规定性进行推演，就能推出一切知识，这岂不又回到莱布尼茨的“智性体系”或黑格尔“以上帝的角色推出整个世界”的老路上去了？并非如此，思辨哲学家不可能扮演上帝的角色，在“新时空观体系”中，知识的来源仍将如康德所说的那样、有先验和经验两个来源并且缺一不可。

第一节　思维的机制和思想的意义

在前面第十七章讨论概念的内涵时，我们留了一个问题：“内涵”这个东西在思维中以什么方式存在？也是表象吗？现在我们从思维的机制来谈谈

内涵（涵义）、直观、思想等用语是如何被我们理解和把握的。

一、弗雷格强调“思想的真”、“思想世界的独立性”的缘由。

弗雷格从精神世界中分离出一个单独的思想世界，他说，“思想既不是外界的事物，也不是表象”[①]、“思想既不作为表象属于我的内心世界，也不属于外在世界，即感官上可感觉的事物的世界”[②]等等。在他看来，内心世界的表象是主观的、不确定的（他因此反复强调“并非所有东西都是表象”），而思想（如毕达哥拉斯定律或数公式）则是客观的、恒常不变的。为此，在讨论思维的机制之前，我们有必要先弄清楚弗雷格为什么要撇清思想与表象的关系的缘由。在绪论中我们谈到他对表象的主观性有过夸大的叙述，也留有一个问题：面对浅显的反驳，弗雷格为什么仍然要强调表象的主观随意性、强调“思想世界”的客观性和独立性？我的看法是，因为弗雷格据以带来“语言学转向”的新的研究语言的方式需要一个“真的思想世界”作为前提。这里我们概括地谈谈。

在传统形而上学看来，世界分为外在世界和内在世界，它要（或想要）研究的是外在世界（如绪论所述，实际上是研究由哲学家以思辨的方式设定的关于外在世界的语词及其语义）。语言来自人的内在世界，哲学家研究概念、句子，无论其真假的判定依据还是所要寻求的所谓真理，都在外在世界之中，都是外在世界的东西，好比物理学家运用数学和实验，他要寻找的规律是在外在世界之中、是外在世界的规律。弗雷格要打破这个传统做法，以一种新的方式来探讨语言所表达的东西，该方式就是区别涵义和意谓，即：句子的涵义是句子的思想，句子的意谓是句子的真值。王路先生把这个层次的区分概括为以下图式[③]：

---

① [德]弗雷格著，《弗雷格哲学论著选辑》，王路译，王炳文校，商务印书馆2006年版，第144页。

② [德]弗雷格著，《弗雷格哲学论著选辑》，王路译，王炳文校，商务印书馆2006年版，第152页。

③ 王路著，《逻辑与哲学》，人民出版社2007年版，第114页。

（语言）句子：专名　　　　　/概念词

（涵义）思想：思想的一部分 /思想的一部分

（意谓）真值：对象　　　　　/概念

弗雷格的新的研究方式就是，不再以外在世界（现象和本质）为研究对象和目的，而把语言的句子、句法规则等语言的东西作为研究对象，以便从中找到“是真的”东西。这就带来两个问题：一是抛开外在世界这个对象和目的，我们依据什么并且在语言中寻找什么？二是“是真的”东西又是什么？这两个问题在弗雷格那里是一个回答，即“真的思想”。在上述图式的三个层次中，他把中间的思想设定为客观真实的、独立存在的，真值则是对思想的述说，只要思想是恒常不变的，真值也就是客观的、绝对的。如果思想也是可真可假的，它的依据在哪里？仍然是外在世界的现象或本质？就又回到了传统的老路上去了。因此，需要在外在世界和内在世界之外有一个独立的、客观真实的“思想世界”（本来，数学公式等知识也确实具有其客观真实性，尽管未必一定要被放入一个独立的领域），“真的思想”当然也是客观真实的（即使有“假的思想”，也是依据“真的思想”而被判定为假）。进一步看，作为句子的涵义，思想当然也在句子之中，因此只需要研究语言的句子及其规则等语言现象，就能达到认识“真的思想”的目的。这就带来了（通常所理解的）哲学从传统形而上学研究“世界”到现代哲学研究语言的一次转向。从上述图式中不难看出，其中唯一与外在世界发生关系的是专名的意谓“对象”，但是，专名只是句子的构成部分，按照弗雷格的第二条基本原则“必须在句子联系中研究语词的意谓，而不是个别地研究语词的意谓”①，很明显专名所意谓的对象在句子中也处于从属的地位，人们要研究的不是对象，而是由对象构成的句子——落脚点还是在句子或语言上。或许有人会说，撇开外在世界的现象，有关研究岂非“空中楼阁”？并非如此，外在世界的“真实”现象本来也是体现在语言的句子中的，比如“雪是白的”这个句子为真，我们研究这样的真句子，其实并没有脱离外在世界的现象，由此得到的“真的思想”，当然也是“关于外在世界”的。在这里，

① [德]弗雷格著，《算术基础》，商务印书馆2016年版，序，第9页。

相比传统做法中来历不明、含混不清的语词以及附会上去的语义，语言的概念词、句法规则等反倒是更为清晰明确的研究对象，可以直接进入到逻辑的研究中去——这是非常巧妙的令人赞叹的思路！当然，以上分析仅是我对弗雷格的一种理解（他本人并没有作出清晰的表述），将有助于我们更好地认识到他对现代哲学所做贡献的重大意义。不过，我们现在知道了，这也是在哲学无法“直接研究”外在世界的情况下的一种权宜之计。

二、作为整体的思维。

我们先来看看“作为整体的思维”。如前所述，基于满足大脑这个物的时间不可逆性的要求，思维无时无刻不处于变化当中，这意味着思维不是一个装满了各种表象的静态的仓库（可以形象地看作一个“动态”的仓库），而是作为一个整体存在着，只有一个整体才谈得上前后状态的可比性、才能满足时间不可逆定律，因此，不断变化的思维是以各个表象之间不断出现的由此及彼的联系来体现其整体性的。也就是说，在思维中变化的，一是表象本身的构成，在其“符号+序列+集合”的构造中，有时记录着序列各外延的内在关联的“集合”中的内容可能发生变化（比如我们有时觉得张三是好人，有时又觉得他是坏人），有时序列的外延也出现增减。但是，这类变化不妨碍该表象仍然是原来的是者（如同实体的同一性那样，无须赘述）；二是表象之间的联系。比如对发生的某件事，我刚才认为是张三干的，现在又觉得是李四干的，“某件事”这个表象就先后与张三、李四的表象相继建立起联系。

三、思维是如何理解表象的涵义的？

在上述情况下，所谓理解一个对象，就是这个对象的表象在思维中能与其它表象建立起由此及彼的联系，并且与思维中原有的表象间的联系不相冲突。如果该表象完全融入到了思维的诸联系当中，我们就感觉“把握”住了该对象。一个语词的涵义（也包括一个概念的内涵）是用其它语词所描述的一些规定性，实际上就是该语词所对应的表象与其它语词所对应的表象之间建立起来的由此及彼的联系。比如“人是理性的动物”、“人是两足动物”、“人是会说话的动物”等，这些句子就是分别把“人”的表象与“理性”、“两足”、“会说话”、“动物”等规定性所对应的表象建立起了不同的由此及彼的联系，使得思维能把“人”锁定在这些联系之中。

我们来下一个一般性的定义：涵义就是语词的表象与其规定性的表象之间的由此及彼的相关性。首先，相关性属于观念性的6个基础性质之一，是“时间的并存性和空间的点相综合”，是一种性质，虽不属于表象，但可归于是者这个更宽泛的概念（如前所述，是者泛指思维的表象及其性质）；其次，相关性作为观念性的性质，也是一种能动性。当我说“我理解了这个概念”这句话时，指的是我看见这个概念时，思维立即“联想”到它的规定性的表象——所谓联想，也就是能从这个表象通达另一个表象，这正是相关性这个性质所带来的由此及彼的联系。我们可以形象地把由此及彼的联系设想为由此及彼的电路，当我们看到某个概念，思维就在对应的一系列电路中产生电流来作为响应，达成对该概念的理解。

同样地，面对一个人或物，思维也是在以往与之有关的表象建立起诸多由此及彼的联系，也是引发一系列电路中的电流以达到理解、把握的目的。反之，如果是陌生的人或物，思维就总是要想方设法把它的表象放在与其它表象的某种联系中，否则就有“无法理解”、“把握不住”的感觉。

四、思想是什么？

我们来看看思想在思维中以什么方式呈现出来。2+2=4、毕达哥拉斯定理都被当作思想，也被赋予客观性和真实性。我们认为，思想在语言上的形态是句子（一个句子或若干相互关联的句子），是思维中的形态是表象以及表象之类的联系。

2+2=4这个思想是一个句子，根据前述“一个句子有无意义取决于是否对应一个是者”的原则，这个句子也对应一个是者，即2+2与4这两个表象之间的相关性（作为观念性的性质）的是者，也即我们看见“2+2”这个表象就立即联想到“4”那个表象，就是用从“2+2”通达“4”的相关性的这个“电流”来对应、理解“2+2=4”这个思想的。同样地，我们看见“勾三股四”，就立即联想到“弦五”。对于更复杂的思想，无非是涉及的表象更多、表象之间由此及彼的过程更长，但同样是“由此及彼的联系”这个过程的一系列

“电流”来与之匹配。打一个比方，一个仓库里面堆满了各种货物，但货物之间必定留有通道，以便于货物的进出和管理。什么是思想？就是思维中各个表象之间由此及彼的联系或诸联系的总称。“我拥有一个思想”这句话的意思是，我的思维总能从包含在该思想中的一个表象通达到另一个表象——这种一系列的联系同样可以形象地理解为一系列电路中相对应的电流。复杂一点的思想也就是思维中一个表象通达另一个表象再进一步通达更多表象的“联系之网”（即诸联系的总称）。这里之所以使用通道、电路、电流这些词，是想强调思维中一系列联系所具有的类似于物理性质一般的牢固性或顽固性（从人的某些观念之冥顽不化就可见一斑）。

从以上分析看，思想就在思维当中，“思想世界”也就在思维世界当中。我们有必要仍然回到“外在世界”和“内在世界”的二分法，思想也是后者认识前者的一个结果，这样，思想作为知识，其真假的依据仍然回归到两个世界的对应物“符合一致”的标准上。

五、“世界观”是什么？

思维的上述机制表明，思维在其形成过程中已经获得了如何看待世界的一些固定的模式，这些模式就是通常所说的“世界观”（也可细分为“世界观”、“人生观”、“价值观”）。这些模式，好比堆满货物的仓库中纵横穿插的一条条通道，你只能借助这些通道才能拿到你想要的货物——更确切地说是反过来，在思维这个仓库中，是穿插于各种表象之间的一条条通道决定了你想要的“货物”。因为思维活动就是思维本身，没有某个外在于思维的“主体”想好了要什么东西、再到思维的仓库中去取那个东西，当思维活动借助表象之间由涵义、思想等构造出的由此及彼的一系列联系而呈现出来时，其结果就是你“想”要的结果。

思维表象间一系列联系所构造的固定模式，具有“物理性质”一般的顽强。比如对于一个陌生的人，你会用你看待一个人的固有模式（比如依据以往你所观察到的相貌、衣着与人品、能力之间的关系等）去揣测他；对于一个你以前知道的人，有关他的规定性已经（因被你知道并理解而）被“镶嵌”在你的各种表象的联系当中，那么他的所有行为都将依据你为他“定制”的各种表象的联系来得到解释。比如那些联系认定了他是“好人”，即使看见他做了一件放在别人那里一定是“坏事”的事情，你也会从你思维中关于“好人”的涵义中把它理解为“无心之举”甚至“表面看是坏事，其实在其深层用意中是好事”；反之，那些联系认定了他是“坏人”，即使他给你带来好处、送来利益，你也会用“黄鼠狼给鸡拜年——没安好心！”来解释（从马尔库塞的诸观念中可以找到足够多的例证）。正是因为这类情况，我们在后面谈到蒯因的整体论时认为，把“整个科学”当作一个整体远不如把人的“世界观”当作一个整体来得合理，因为，只有在“世界观”面前（而非“整个科学”面前），任何“顽强的经验”的挑战都将以“重新分配整体内部的陈述的真值”而被消解于无形。

进一步的问题是：思维的那些固定模式从哪里来？能否改变？首先，我们从小到大所受教育就是在为我们的思维设定表象间的诸多联系（如同在仓库的货物之间开辟一条条通道）；其次，每个人的人生经历也在参与设定表象间的诸多联系；第三，修改意味着在表象间舍弃以往的联系、建立新的联系（如同在仓库中挪开货物、开辟新的通道），其依据来自思维（这个整体）内部出现表象间联系是否出现相互冲突（即同一个是者“不能既是又不是”）；第四，有冲突未必总是带来修改，一个人的思维、言语即使出现自相矛盾，但（出于利益等因素）他未必愿意改变他的观念，所以才会出现大量“活在自相矛盾之中的人”（有时我们称之为“人格分裂”）。

六、思维的主观性和客观性。

弗雷格有个重要的观点，认为人的思维是主观的，思维的内容即思想是客观的。现在，基于已经取得的进展，我们来澄清一下这个问题。

首先，何谓主观客观？在以往，凡是跟意识有关的东西就是主观的东西，主观成了意识的代名词，同时它又与任意、想象、臆断等语词联系起来或合并使用。反之，客观则与外在对象的实在性相等同。这是把主观、客观与意识、实在预先就捆绑在一起。我们需要解除这种捆绑，以“因人而异”或“对同一对象有不同反应”来理解主观，反之则客观。海市蜃楼是主观的还是客观的？在我们看来就是客观的，因为许多人共同看见了天上的亭台楼阁，尽管那些东西并无实在性可言。

其次，思维是以观念性范畴为质料、以量的范畴为形式的构造物。所有人的思维都由相同的观念性范畴和量的范畴所构成，因此，就其构成和运行机制而言，人的思维是客观的。

第三，思维的主观性体现在它的内容上。我们将在第二十章“形而上学作为自然的倾向是如何可能的”当中阐释人的“认识的本能”，即由于人在思维中构造一个表象的方式是“符号+序列+集合”，其中集合是作为贯串于序列之中的内在关联的规定性，因此，人必须要找到足以贯串某个表象的诸规定性的内在关联，才能构造出该表象。该内在关联无所谓对错，只在于必须要有一个内在关联。思维的主观性就来自于每个人对同一些规定性所找到的内在关联的差异上，比如上述对待“好人”或“坏人”的同一个行为的不同理解。这是思维的主观性的一个来源。

如上所述，思维好比是一个装满货物的动态的仓库，观念（或思想，或世界观）就好比是货物之间由此及彼的通道，人们能从一件事想到另一件事，就是因为那两件事之间有那样的通道。一些人能从“乌鸦叫”联想起“灾祸到”，另一些人却无此联想。这是思维的主观性的另一个来源。当然，这个来源也与前一个来源有关，也是出于人的“认识的本能”，只不过前者是从构造表象的内在关联上形成，后者是出于把一个表象放在思维的整体中、使之与其它表象建立起联系以达成对它的理解的要求。

弗雷格所说的思想的客观性与此稍有不同，指的是同一个思想能为不同的人所共有、共享，比如一个人虽然不相信“乌鸦叫灾祸到”，但能理解（当然也即共有）这个思想。在弗雷格极力夸大表象的主观任意性（因而一个人不可能知道另一个人的表象）的情况下，思想在这个意义上是具有客观性的。对我们来说，这个意义上的客观性是不成问题的（即使是每个人思维中的表象，我们也能够彼此理解，因为它们是同样的构造），因此不构成区分主观客观的依据。至于“2+2=4”和毕达哥拉斯定理那样的思想所具有的客观性，在我们看来，也是因为“2+2”与“4”的联系、“勾三股四”与“弦五”的联系在诸思维中是普遍适用的、非“因人而异”的——之所以普遍适用，是因为那样的联系在思维的整体中是融贯的、不构成冲突的，比如我现在写下“2+2=5”，表明在这一刻我把“2+2”与“5”联系起来了，这是可以做到的，只不过这个联系与我思维中的其它观念如“2+3=5”形成冲突，于是我判定它是错的。反之，如果我相信“2+2=5”为真，那它就是只属于我的主观的思想。因此，一般而言，人的思维的内容既有主观的、也有客观的。

第二节　语言的指称问题

尽管前面多次谈到语言的指称，这里还是做一个明确的表述。如果我们清楚明白地承认“语言是思维的表现形式，是思维中的表象及其性质的呈现方式”即“语言与思维是同一的”，并且如上一章所论述的那样，“一个句子有无意义取决于它能否指称一个是者”，那么，有关语言的指称问题也将变得清楚明白起来（而非语言哲学家们反复争论的那样复杂难解）。

一、语言的指称是（且只能是）思维中的表象及其性质。

我们在前面已经指出了这一点，这里再做一个完整的表述。首先，语言与思维中的表象及其性质（即统称是者）之间具有明确的一一对应的指称关系——也即：当我们说语言的指称时，唯一确定的是语词或语句与思维中的是者之间具有一一对应的指称关系；其次，语言是通过思维中的是者来与外部世界的对象之间建立起对应的指称关系的。我们习惯于说“苹果”这个词与桌上的那个被称为“苹果”的水果之间有指称关系，其实不然，是“苹果”这个词与那个东西在思维中的表象之间有对应关系，由于该表象与那个水果之间有对应关系，于是我们才说“苹果”这个词指的是桌上的那个水果。语言首先对应的是思维中的是者，语词、句子本身与外部事物之间没有直接的对应关系，必须借助思维中的表象这个中介。这就解释了为什么“苹果”这两个汉字在中国人的思维中对应那个水果的表象，“apple”这五个字母在英国人的思维中也对应那个水果的表象（即使如此我们仍然说“语言与思维是同一的”），但英国人不认识“苹果”这两个汉字、中国人不认识“apple”这五个字母（如果他们没有学过外语的话）。汉字、字母作为符号可以不同，但人的思维中的表象却是相同的（因为所有人的思维都是具有相同基质和构造的）——这无非是“符号+序列+集合”这个构造中的“符号”不同而已；第三，思维中的是者可以与外部对象之间没有对应关系，因此，语言也可以与外部对象之间没有指称关系。也就是说，只要能够被理解，语言一定是有指称的——否则就失去了作为语言的功能（当然，不能被理解的符号如“羊-鹿”仅仅是符号，不具有语言的功能），只不过语言的指称首先是思维中的是者，然后再依据是者与外部对象的可能关系来与后者发生关系（即通常所说的概念、语词在外部对象中的外延、意谓）。

“语言（就其可以理解的功能而言）一定是有指称的，它指称着思维中的是者”，这是一个有意义的进展。在以往，人们没有认识到这一点，把语言的指称误以为是外部世界的对象。这就人为地在语词、语句中造成割裂，即有的语词、语句有指称，有的语词、语句又没有指称——既然有此迥然之别，前后两者作为语词、语句的性质岂非也有迥然之别？但为什么它们看起来同样是“语词”、“语句”？它们又在什么意义上同样是“语词”、“语句”？比如既然是“概念”，我们需要始终约定“概念是由内涵和外延两个部分组成”——对于如此重要且广为熟悉的用语，逻辑作为严谨严密的学问，必有从始至终、一以贯之的语义和用法，无论是谁（即使是弗雷格）恐怕都不合适轻易加以修改（他完全可以用另一个词来表示他想表示的东西）——但是，为什么有的概念有外延、有的概念又可以没有外延？这很明显是出于不得已的权宜之计——这也就同样明显地破坏了一门学问的严谨性和严密性。在经典逻辑中有“存在假定”，“即它的个体域非空，量词毫无例外地具有存在含义，并且单称词项总是指称个体域中的某个个体。如果语句和论证中出现了无所指的空词项，则人为地给它们指定外延：空集合。这是为了确保经典逻辑中的语句有且仅有一个真值：或者真或者假”[①]、“像孙悟空、福尔摩斯、铂伽索斯这一类非真实事物的名称，在外延逻辑中被给予了同样的外延——空集，即没有任何元素的集合”。[②]在这当中，不仅“人为

① 陈波著，《逻辑哲学》，北京大学出版社2006年版，第4页。

② 陈波著，《逻辑哲学》，北京大学出版社2006年版，第146页。

地指定”有过于明显的“打补丁”的嫌疑，而且意味着逻辑将无法谈论（或者无法有意义地谈论）语言中的大量的“非真实事物”甚至其“真实性”有待确认的事物，比如我说“苏格拉底的姨妈的儿子是一个胖子”——请问这个句子是真是假？不同于孙悟空等虚拟人物，历史上的苏格拉底完全可能真有一个姨妈、这个姨妈完全可能真有一个儿子、这个儿子完全可能真是一个胖子，但是，我们已不可能从史料的考证中对此下一个结论（如果碰巧真找到关于这个胖子的史料记载，我们还可以把这个句子进一步改写为“苏格拉底的姨妈的儿子的老婆是一个胖子”等），如果根据这个胖子是否确有其人、是否确有其事来赋予句子的真值，那么，我们将永远不能得到这个真值，这不仅意味着“二值原则”是失效的，而且意味着大量语句是逻辑所无法谈论的，逻辑将因此处于这样一种尴尬的境地：必须耐心地等到科学家、史学家等等别的专家从语句中筛选出哪些是“真实事物”及关于“真实事物”的句子然后再研究之。这当然是不可接受的。

二、以往的指称理论的困难。

在澄清了语言的指称是思维的表象之后，将不难看出以往的指称理论的困难之所在。弗雷格说“涵义决定所指”，如果按照上述“句子的意义是是者的规定性”来看，这句话是对的，即思维中的是者决定“所指”。但很显然他本人并没有充分理解其正确性：“弗雷格承认存在着有涵义却无所指的专名，例如‘奥德赛’、‘最弱收敛级数’、‘离地球最远的天体’。他把这类专名的出现归咎于自然语言的不完善，而‘在逻辑意义上完善的语言（逻辑符号系统）中，要求每个从已经引入的符号中按语法上正确的方式作为专名构造出来的表达式，实际上都指示一个对象’”①。弗雷格仍然把语言的所指理解为语词与外部世界的对象之间的映射关系，自然就会以为“涵义决定所指”这句话存在他所承认的不足。实际上，有涵义的专名都是有指称的，因为语言的指称就是思维中的表象及其性质（在这一点上自然语言并非不完善，而是没有得到正确的理解）。比如“离地球最远的天体”当然可以是思维中的一个是者，这跟“奥德赛”、“哈姆雷特”可以是一个是者是一

① 陈波著，《逻辑哲学》，北京大学出版社2006年版，第185页。

样的。至于思维中的表象及其性质与外部世界中的对象之间是否以及如何建立起一一对应的映射关系，是另一件事情。这样，无须像打补丁一样去“承认存在有涵义却无所指的专名”或“设定外延为空集”等等。

普特南在《理性、真理和历史》一书中也表现出类似的困惑。他一开篇就提出了一个奇怪的问题：沙地里一只爬行的蚂蚁十分偶然地爬出了一条曲曲弯弯、很像温斯顿·丘吉尔的漫画，“这蚂蚁画了一幅描绘丘吉尔的像没有”？他还对这个问题作出了回答：“多数人在稍作思考之后会说：没有。这蚂蚁毕竟从未见过丘吉尔，连丘吉尔的照片也没见过，而且，它也没有描绘丘吉尔的意向。它仅仅是画了一条线（即便这，也是无意的）、一条我们能‘看作’丘吉尔之像的线而已……那条线‘本身’并不表征某个确定的东西”[①]。为了反驳某种“神秘的指称理论”，他假设用宇宙飞船给另一个星球上的从未见过树的人“空投”一幅描绘树的图像，该图像对后者来说，“就像那只蚂蚁的丘吉尔‘漫画’并不是丘吉尔的图像一样……那些人仍然会具有同我对树的意象性质上相同的心理意象，然而它们并不可能是表征一棵树的意象，就像不可能是表征任何别的东西的意象一样”。[②]他还提出了著名的“钵中之脑”的思想实验，并依据他的指称理论做出“钵中之脑不能说出或想到‘我是钵中之脑’”的论证，等等。事情被弄得如此复杂，仍然是源自以往把语词的指称当作外部事物的观念。

在我们看来，符号本身并不表征什么外部对象，既然语言是思维的表现形式，是思维中的表象及其性质的呈现方式，语词作为符号的意义当然取决于具体的人的思维中所对应的表象——我们不能把语词或符号与人的思维脱离开来谈它的意义。蚂蚁画出的“漫画”对我们来说即在我们的思维中对应了丘吉尔的形象，当然就是我们的思维中的“丘吉尔的画像”，与蚂蚁有无“描绘丘吉尔的意向”并无关系——那是另一个问题即该曲线是否在蚂蚁

① [美]希拉里·普特南著，《理性、真理与历史》，童世骏、李光程译，上海译文出版社1997年版，第6页。

② [美]希拉里·普特南著，《理性、真理与历史》，童世骏、李光程译，上海译文出版社1997年版，第9页。

的“思维”中对应着丘吉尔的表象（这当然是不可能的）——只要理解符号（语言）的指称对象是人的思维中的是者，这个问题根本就是不存在的。好比有种植物开出了玫瑰花，人用那花来表达爱还是表达恨，都与它无关。如果有人要问“它为什么会开出象征爱情的美丽花朵？”或者问“它开出花朵是不是跟人送出花朵一样、都在表达爱意？”就跟普特南问蚂蚁是不是画“丘吉尔的画像”一样莫名其妙了。

此外，普特南也不必设想“宇宙飞船空投树的图案给另一个星球上没有见过树的人”那类离奇的情况，“苹果”这两个汉字作为符号没有在英国人的思维中建立起表象的对应关系，因此英国人看不懂“苹果”这两个汉字——跟另一个星球上的人看不懂树的图案是一回事，却于中国人把这两个汉字通过自己的思维中的表象而理解为一种水果没有丝毫的妨碍。这再次说明符号只能通过人的思维中的是者才有可能（但并非必然）与外部对象建立起联系——“苹果”这两个汉字只要通过中国人的思维中的“苹果”表象才能与那种被称为“苹果”的水果建立指称关系，与“苹果”这两个符号或普特南所说的“树的图案”（它只能通过我们这个星球上的人的思维中的表象才能与那种植物建立指称关系）本身有没有指称或指称什么，也是无关的——符号本身不指称任何东西，只有通过人的思维才能让它指称某物。

正是基于“语词与外部对象之间直接的指称关系”这个观念，普特南对“钵中之脑不能说出或想到‘我是钵中之脑’”的论证也是错的：按照他的说法，当“钵中之脑”说出“我是钵中之脑”这句话时，这句话的指称只是为“钵中之脑”提供“模拟感官刺激”的电信号，并不是旁观者面对营养钵中（作为外部对象）的“钵中之脑”时所说出的“钵中之脑”这个词指称的对象，因此并没有说出真正的“钵中之脑”。但是，如果照这个方法强行在语词与外部对象之间建立直接的指称关系，马上就会遇到一个有力的反驳，即当我说“我看见苹果是红的”时，请问我“看见”的到底是“红的”这个苹果的颜色还是一些波长在640-780nm的光波？难道“苹果是红的”这句话中的“红的”这个词指称的是与苹果无关的“一些光波”？事实上，颜色的指称对象已经无可辩驳地证明了语言的指称只能是人的思维中的是者，因为在

外部对象上并没有一种东西可以被称为“颜色”，颜色不过是特定波长的光波在人的思维中产生出的表象。如果“红的”能指称什么，那只能是思维中的表象而非特定波长的光波。

现在，我们来提供一个简明的解释，即其一，语词首先指称的是思维中的表象，来自苹果的光波在思维中形成“红的苹果”这个表象，因此，“红的”这个词指称的是思维中的“红的苹果”这个表象的性质；其二，如果“钵中之脑”是完全正常的大脑（即外部输入的“模拟感官刺激”能完全替代人的感官刺激——这正是普特南所假设的），那么，他说出“我是钵中之脑”这句话时所指称的，是他的思维中的一个表象，该表象跟我们作为旁观者在营养钵前所得到的思维表象是完全同样的，因此，他的指称与我们的指称也是完全相同的——都是各自思维中的“钵中之脑”的表象。

至于普特南的“内在实在论”所说的“同一个语句在不同的理论模型（语言系统）中都是真的，但语句的语词却可以有完全不同的指称”等说法，则同样是因为“语词与外部对象之间直接的指称关系”这个观念所带来的并无必要的麻烦。在一个系统中的“猫在草席上”这个句子即使在另一个系统中指称“樱桃在树上”，它们之为真，绝不是说作为语言的一个句子本身可以在不同系统中为真，而是作为符号的“猫在草席上”这个句子在一个思维系统（比如某种语言）中对应“猫”、“草席”及其关系的是者，在另一个思维系统（比如另一种语言）中对应“樱桃”、“树”及其关系的是者——同样地，我们不能把语词或符号与人的思维脱离开来谈它的意义。

简言之，把“语言一定是有指称的，它指称着思维中的是者”这一点作为指称理论的出发点，将极大地简化现有指称理论的一些复杂的设定，那些设定（如前所述）通常都是为了（在语词找不到指称的情况下）“打补丁”。

三、涵义与指称的关系。

如上所述，涵义就是语词的表象与其规定性的表象之间的由此及彼的相关性。思维理解一个对象的涵义，就是把它放在诸对象的关系当中，达到它与诸对象之间由此及彼的联系。这就解释了为什么同一个指称（是者）可以有不同的涵义——这是因为同一个指称可以与思维中不同的是者建立起不同的联系。比如晨星和暮星是同一个指称，但如果从思维中关于早晨的对象与之建立联系，就得到“早晨的星星”的涵义；如果从思维中关于黄昏的对象与之建立联系，就得到“黄昏的星星”的涵义。

人们通常所说的语境，指的也就是思维中诸表象建立起联系的可能性。比如我说“张三像个兔子”，别人无法理解我想说的是张三长得像兔子、胆子小像兔子还是跑得快像兔子。如果我是在谈到有张三参加的一场跑步比赛时说的这句话，无须解释，大家都知道我指的是“张三跑得像兔子一样快”——正是这里的语境，让大家轻松地把张三与“跑得快”（而不是与“长得像”、“胆子小”）建立起联系。

如此一来，关于新的指称理论，我们既澄清了指称是什么，也澄清了涵义是什么（也包括语境是什么），同为思维中的是者，前者是表象，后者是表象之间的性质。

四、近代观念论的困难及其化解。

新的指称理论与思维中的表象的构造相结合，将化解近代观念论的困难。按照以往的看法，近代的观念论是有难以解决的困难的。我们需要对此作出解释，以避免被轻易地混同于有着公认的困难的观念论。

“观念论认为，语词和语句的意义就是它们所代表的观念，或者说是它们在人的心中所唤起的一种精神表象。例如，当你看到一只苹果时，你的心中会产生一个苹果的观念，也就是你心中会产生一个由感知得来的关于苹果的图像……作为意义理论，观念论所面临的困难是：它必须证明：每个词语都有一个与之相应的观念或意象，并且人们对语词的使用满足下列条件：（1）说话者头脑里呈现出相应的观念或意象；（2）说话者使用某语词的目的就是为了使听话者了解此刻在他头脑中正呈现的观念或意象；（3）该表达式在听话者头脑中引起同样的观念或意象。但这些条件很难同时满足。‘观念’或‘意象’作为语词的意义，其缺点是太空泛和难以捉摸，很难在它们与相应的词语之间建立稳固的、必然的联系，从而使人们在理解和使用它们时可以有某种公共的（主体间的）标准。这是因为：（1）同样的词语有可能唤起不同的心理表象。例如听到‘三角形’这个词，不同的人也许会想到直角或锐角或钝角的三角形；听到‘中国’这个词，不同的外国人也许会想到‘小脚女人’、‘男人头上的大辫子’、‘长城’、‘故宫’等等。（2）不同的词语有可能会唤起相同的心理表象。例如说到‘宠物’，不同的人也许同时想到了‘狗’；（3）在很多情况下，有些词语并不唤起任何心理表象，例如‘情况’、‘词语’、‘心理表象’就是如此。”①

不难看出，在我们清楚明白地把概念等表象或是者的结构呈现出来之后，以上困难就将不复存在。

首先，每个人的头脑无论是物质性的部分还是精神性的部分都有着相同的构造（即都由基于相同基质的实在性、观念性和限制性等范畴所构成）。如上所述，所谓思维，就是观念性和限制性等范畴的构造活动；所谓语言，就是“思维的表现形式，是思维中的表象及其性质、关系的呈现方式”。因此，语言与思维的内容之间有着“稳固的、必然的联系”，说话者与听话者之间通过语言达成相互理解，这在我们找到了两个人的头脑的相同基质和认识模式的情况下，就是不言而喻的了。其次，由于概念等表象具有“符号+序列+集合”的构造，作为一个概念的表象，“三角形”这个词在不同的人的思维中有着相同的构造方式（如果不同的人受过相同的教育的话），只不过在听见这个词时，一个人想到的是这个表象的外延序列中的直角三角形的这个节点，另一个人想到的是锐角三角形的那个节点等等。对于同一个词如“宠物”，尽管它的表象的外延序列中还有其它的节点，但由于习惯，人们总是先想到“狗”的那个节点，这并不妨碍外延序列中还有附着在其它的节点上的“金鱼”、“鹦鹉”等宠物；第三，有些词语之所以并不唤起任何心理表象，是因为这些词语对应的只是符号等不构成图像式的表象（该表象仍然具有“符号+序列+集合”的结构，但外延序列只有一个节点），其中不包含图像，当然不能在思维中唤起一个像“狗”那样的图像。

① 陈波著，《逻辑哲学》，北京大学出版社2006年版，第138页。

第三节　“新时空观体系”的知识来源问题

本节谈谈“新时空观体系”的知识来源，要澄清的是：“时间空间是一切现象的基质”并不意味着仅仅从时间空间的性质出发（而无须借助经验）就能获得一切知识。

针对唯理论和经验论各执一端的情况，康德提出“知识开始于经验，但并非来源于经验”，确立了知识的感性经验和知性概念的两个来源。我们的以上论述为康德的这一远见卓识提供了证明。

首先，我们来为唯理论和经验论的分歧做一个（更为彻底的）了结。其一，思维不是等待摹写的“白板”（如经验论主张的那样），如果思维不具备观念性的质料以及是者的与外部对象相同的构造形式，它将不可能获得对外部对象的认识。观念性的质料及是者的构造形式无法在认识过程中获得，恰恰是认识活动得以实现的前提条件。这也解释了为什么灵长类大猩猩等高等动物的大脑不能理解概念思维、无法进行概念思维的原因：那些动物的大脑缺乏观念性的质料，这是一种物理意义上的先天不足；其二，唯理论之“天赋观念”，本质上还是把思维当作“白板”，只不过观念（即认识的前提条件）是由上帝外在地赋予该“白板”并使之成为具备认识能力的思维。实际上，思维之为思维，本身就以观念性的质料和是者的构造形式而具备认识的前提条件；其三，（上述成果所构成的）新的时空观体系具有唯理论和经验论各自的优势，同时也弥补了它们各自的劣势，当然，两者之间经久不息的争论也得到了化解。

其次，从思维世界的自发性和独立性看，人不可能仅仅凭借思维的活动来获得对外部现象的认识。这既从根本上否定了莱布尼茨-沃尔夫的“智性体系”（康德对其有过批判），也从根本上否定了试图从某个开端（依靠逻辑）来推演出整个世界的形而上学（如黑格尔）的思维方式和一切努力。该努力之信心的来源通常是基于所构建的体系在逻辑上的自洽性和完备性，其依据是：既然我们相信世界是合乎理性的或按照理性的原则、原理构成并运行的，那么，一个“智性体系”（或别的称呼）本身如果是合乎理性的，就将是与世界的构成和运行方式相一致的（我们无法想象有一个以上的不同的“理性”）。但是，如果仔细考察，“智性体系”之所以被认为是“合乎理性的”（或“自洽的”、“完备的”），简言之无非是被认为是“自圆其说”的。但什么是“自圆其说”？却是需要解释和甄别的。当人们使用“合理”这个词时，往往有各自不同的理解。从人分男女、气候分寒暑、自然分天地等二元对立的现象中归纳出“一阴一阳谓之道”，可以被视为合理的，由此发展起来的东方阴阳学说是能够“自圆其说”的；同样地，从四季交替、草木枯荣、生灭不已等循环往复的现象中认识到某种“一切存在着的东西由它而生，毁灭后又复归于它”的“世界本原”，也可以被视为合理的，由此发展起来的西方本体论当然也能够“自圆其说”。世界如此丰富复杂，每一个参与“摸象”的盲人都有可能仅仅依据自己“摸”到的某个特征而（依据思维的自发性）发展出自己的“自圆其说”的理论，但是，这些理论都仅仅是思维这个独立世界中的东西，除非得到持续不断的经验事实的印证，否则完全可以是与外部世界本来的样子没有关系。对此，我们在后面“形而上学是如何可能的”议题中还会谈到。简言之，因其自发性和独立性，思维能够产生关于外部世界的若干种同样“自圆其说”的解释系统（其中包括科学的、宗教的、文化的等等不同的解释系统），但其中哪一种符合世界的真实面貌，只有依靠对世界的经验观察来予以甄别、取舍。因此，人类认识外部世界，离不开感觉经验的这个知识来源。

第三，即使我们找到了时间空间这个“一切现象的基质”，我们也不可能仅仅从时间空间及其规定性中（以闭门造车的方式）推出世界的一切的经验现象。因为，我们首次从时间空间的性质和经验现象的并存关系两个层面确立了偶然性这个范畴及其现实的表现形式，偶然性是我们不能认识的，一个物的实在性（现实性）是该物的生长性和偶然性相综合的结果，这就决定了我们不能仅仅依靠可认识的生长性去推出一个物未来实际呈现的样子——必须借助经验观察的这个来源。此外，如我们正在采用的研究方法，时间空间的样态之间的相互综合逐个派生出范畴。尽管在基础范畴上我们能够穷尽有限的综合方式（如上一章中观念性的表象和性质就是列举了样态之间两两综合的全部可能性），但是在现象构造的更高的层次上，范畴与范畴之间两两综合、多项综合的可能性将逐渐趋于无限，仅仅依靠思辨的方法，如上所述，也有可能形成若干种能够“自圆其说”的理论，而现实世界究竟采取哪一种构造方式？还是必须借助经验观察这个来源才能够作出取舍、获得知识。

以上三点证明了关于世界的知识必须有（如康德所说的）先验和经验的两个来源。

也许有人会说，数学知识是纯粹的思维活动的产物，为什么就能够无须借助经验观察来获得？因为数学知识并非关于经验世界是什么样子的学科，它是且仅是关于世界的量的特征（即世界的诸特征中的一个而非其全貌）的知识，如前述“算术是如何可能的”那一章中所述，由于人的思维中本身就包含了时间空间的量的特征，人当然能够通过对自身的“反思”来获得数学知识。也包括我们正在讨论的新的时空观体系，也不是关于经验世界是什么样子的知识，而是关于世界的先验知识（即“科学规律之规律”），因此有可能从诸开端出发并以一以贯之的方式构建起来。尤其是，数学也不是纯粹依靠逻辑推导就能建立起来的知识体系，也必须依靠数学家从经验世界中获得的某些“综合”。对此，我们在第二十九章有关“数学是在先天综合中不断扩展的知识体系”的讨论中予以说明。

第二十章　形而上学作为自然的倾向是如何可能的

经过前面的论述，在我们弄清了思维中概念等表象的构成（乃至思维本身的构成）以及确立了思维世界的自发性、独立性和丰富性之后，再来谈谈“形而上学作为自然的倾向是如何可能的”。康德在“纯粹理性总课题”名下提出过这个问题。他说，“形而上学即使不是现实地作为科学，但却是现实地作为自然倾向（metaphysica naturalis）而存在。因为人类理性并非单纯由博学的虚荣心所推动，而是由自己的需要所驱动而不停顿地前进到那样一些问题……纯粹理性向自己提出、并由自己的内在需要所驱动而要尽可能好地回答那些问题”[①]，同时认为，“尽管它比其他一切科学都更古老，并且其他的科学全部在一场毁灭一切的野蛮的渊薮中被吞噬，它也会留存下来……在形而上学中，理性不断地陷入困境……在这里，人们不得不无数次地走回头路”以至于“成了一个战场，这个战场似乎本来就是完全为着其各种力量在战斗游戏中得到操练而设的，在其中还从来没有过任何参战者能够赢得哪怕是一寸土地、并基于他的胜利建立起某种稳固的占领。所以毫无疑问，形而上学的做法迄今还只是在来回探索，而最糟糕的是仅仅在概念之间

① [德]康德著，《纯粹理性批判》，邓晓芒译，杨祖陶校，人民出版社2004年版，导言，第16页。

来回探索”[①]。康德的这类表述对传统形而上学来说无疑是十分准确、精湛的。不过，他没有回答“形而上学作为自然的倾向是如何可能的”，或者说，他只是回答了“作为自然倾向的形而上学‘总是让理性陷入困境’是如何可能的”（比如总是带来世界有无开端等导致二律背反的问题），因为这正是他对纯粹理性的批判所要澄清和解决的问题。康德要建立“科学的形而上学”，因此在“纯粹理性总课题”名下真正与“纯粹数学是如何可能的”等相提并论的，是“形而上学作为科学是如何可能的”，他的回答如同其他课题一样，也是基于“先天综合判断是可能的”这个根据。对我们来说，“作为科学的形而上学”在本书的“新时空观体系”中已经展现出它的可能性，反倒是“作为自然倾向的形而上学”为什么一方面“总是让理性陷入困境”，另一方面却至今仍然“使理性沉溺于这种不知疲倦的努力，要把这条道路当作自己最重要的事务之一来追踪”[②]？成了一个需要认真地予以反思的问题。本章把这个问题置于“新时空观体系”中，从四个方面来进行探讨，一是什么是康德所说的“自然的倾向”？二是为了达成该“自然的倾向”所采取的方式，三是传统形而上学常用的研究方法，四是一个自圆其说或“融贯一致”的思想（理论）究竟是否具有客观实在性？这四个方面是一脉相承的，将有助于我们更为深入地认识到传统形而上学（特别是“存在论”）的本质之所在。

第一节　什么是人类理性的“自然的倾向”？

关于形而上学，康德多次谈到人的“自然的倾向”、“自己的需要”，却没有进一步解释该“倾向”、“需要”究竟是什么？或者说，是什么力量顽强地驱使人类即使陷入理性的困境也仍然要不知疲倦地、锲而不舍地沉溺

① [德]康德著，《纯粹理性批判》，邓晓芒译，杨祖陶校，人民出版社2004年版，第二版序，第14页。

② [德]康德著，《纯粹理性批判》，邓晓芒译，杨祖陶校，人民出版社2004年版，第二版序，第14页。

于对形而上学的探索当中？这是问题的关键。我们从人认识对象的基本方式说起。

一、“最完全的知道”的本能就是人类理性的“自然的倾向”。

有一个问题以往很少被留意到：在我们的认识活动中，对于一个对象，究竟怎样才算是“认识到了”它？在第十九章中有关“思维的机制”部分我们谈到，一个对象要被思维所理解、把握，就是它的规定性与思维中原有的表象之间建立起了由此及彼的联系。需要进一步思考的是，一个对象的规定性各有不同，也可多可少，我们的思维理解或把握了它的什么规定性或多少规定性才算“认识到了”它？比如一个陌生的东西被拿到我们面前，我们一眼就能看见它的大小、形状、颜色——这三样已经是它的规定性了，我们完全可以用这三样规定性与思维中原有表象建立起“由此及彼的联系”，但这是不是说我们就已经“认识到了”它呢？我们一定不会就此打住，一种本能的愿望就是还想知道“它是什么”，只有弄清楚“它是什么”，似乎我们的好奇心才得到满足，才真正感觉到“把握住了”它。对一个人也是如此。设想你坐在屋里，得到通报说门外有客人来访，并且有关客人的相貌、个头、衣着等等也被描述得很详细（这些都是客人的特征），但你始终感到“不得要领”，直到被告知“他是谁”，你才释然：“原来是他！”同样地，只有弄清楚“他是什么（谁）”，你才感觉到“把握住了”他。反之，对于陌生的人或物，我们也本能地想弄清楚“它（他）是什么”，只有把它当作一个“是起来”的是者与思维中原有的表象建立起由此及彼的联系，才达到认识它的目的——否则的话，我们总是本能地想继续去了解它以弄清楚“它是什么”，也就是本能地想把它的规定性与思维中原有的表象建立联系并用后者去理解、解释它。亚里士多德说：“当我们知道一事物是什么，比如人是什么，火是什么，而不是仅仅知道它的质，它的量或它的地点的时候，我们最完全地知道它”[①]，就是我们上面所表达的意思：我们只有知道“那东西是什么”，我们才能“最完全的知道它”。

① 王路著，《“是”与“真”——形而上学的基石（修订版）》，人民出版社2013年版，第112页。

进一步看，一个物是一个时间贯串着一个空间，人的思维通过以“符号+序列+集合”为构造的表象来认识它，该表象之“是起来”，借助贯串于序列各个节点上的所有外延之中的内在关联即“是起来”的规定性（由时间持存性为依据），这些规定性作为涵义被记录于集合之中。这个认识方式决定了思维本能地想要找到足以贯串序列的所有外延的各个规定性的共同特征，以便形成“是起来”的内在关联。举例而言，我们认识某个人，有多年交往，但是对他的一些行为感觉难以理解、难以把握，也感觉到对他“把握不住”，直到得出“他是一个好人”的评价，有了“好人”这个内在关联，才让我们得以把他的各种行为贯串起来，即把那些行为以“好人”这个视角去理解，这才感到对他有所“把握”。一个表象的序列的内在关联不是一成不变的，因为我们会得到关于该表象的新的集合（规定性），为了把新增的集合也贯串在同一个内在关联当中，就需要重新寻找一个新的足以贯串更多规定性的内在关联，而这个被认为是足以把所有集合贯串起来的内在关联，就是我们在前面第十七章中所说的本质。我们说“这个人本质上是一个好人”，就是想用“好人”这个本质（作为表象的序列的内在关联）去贯串他的所有行为的特征。

以上两个过程体现了人在认识活动中的本能：不仅本能地想知道对象“是什么”，而且本能地想用对象的“本质”去对其所有特征达成理解。这是由思维中的表象的构造所决定的，因为如果没有贯串于表象的所有规定性之中的内在关联，就没有“是起来”的依据，表象将无法作为表象“是起来”，当然也谈不上“最完全的知道”该对象。由此我们得出结论：所谓人类理性的“自然的倾向”，指的就是人的思维力求找到对象“是起来”的依据即本质以达成“最完全的知道”的本能，简言之，这就是“认识的本能”。

既然是本能，就不只是人的意愿（意愿有愿意和不愿意之分），而是指如果不找到贯串于对象诸规定性中的内在关联即本质，该对象将无法在思维中形成一个能被把握的表象，这就迫使人不得不去把那个本质找出来，而且那个被找出来的本质无所谓正确与否，重要的是“有一个本质”，哪怕是错误的甚至荒谬的，只要它能够让对象在思维中形成表象并得到理解就行。因为所谓本质，原本就只是人的思维中的东西（见第十七章），是思维理解、认识对象的一种方式，与对象本身并没有必然的联系。尽管如此，也正是本能的这股强大力量，驱使着人类去探索“世界的本原”、“现象的本质”或者“存在者背后的存在”。

二、从事物的归类到概念的形成。

从古到今，人类认识世界的一个方式就是给事物分门别类。最早的博物学就是先收集和鉴别事实，对其进行描述和命名，然后分类编目。这是寻找事物之间的共同特征的过程，也是用共同特征作为内在关联去贯串各个事物在思维中的表象的过程。如果不能把一个陌生的东西归于某个门类，就是找不到可以在思维中贯串它的表象的内在关联，我们就感到无法“认识”它——陌生感也由此而生。迄今为止，如果科学家在自然界发现某个不能归于现有门类的东西，那将是一项科学发现，并迫使他们要么调整原有的分类方式，要么增加一个新的门类。这都是出于“认识的本能”，人类还会不断地增进对各个门类及其相互关系，以便达成“最完全的知道”。

进一步看，门类之间（或贯串诸对象的内在关联）是分层次的，这是因为要用原来的内在关联去贯串新的对象，就需要找出比原来的内在关联更基底的内在关联。比如面对苹果和香蕉，我们用“水果”的语义去理解它们。后来对象中增加了面包，我们又用“食物”的语义把三者贯串起来；再后来又增加了桌子，我们再用“物体”的语义把四样东西贯串起来——在这个过程中，从“水果”到“食物”再到“物体”在语义上的递进，就是思维找到的内在关联由表及里逐层深入的层次关系。

每一个门类、每个层次的语义都需要有个名称，需要用一个词去表述“属”、“种”所指称的东西（即那些共同特征），于是就有了概念，并且从“属加种差”的定义方式看，属是所有种的基底的东西（更深入一层的内在关联是属，反之则是它的种），只有把握住了属，才能把握住种，这同样也是出于寻求贯串诸对象的内在关联的认识本能。我们说对概念的认识能力是人类区别于动物的基本特征，这就是源于人类认识事物的基本方式和由此形成的认识本能。

三、对“普遍联系”的本能追求。

以上述本能的方式找出贯串对象的规定性的本质（即内在关联），也是为了把它“嵌入”思维中现有表象的关系之中，从而获得对该对象的理解、解释。对这一点，我们在上一章关于“思维的机制”部分已经有过阐述。这个过程是上述“最完全的知道”的认识本能的构成部分。这里单独予以说明，是因为在建立对象与诸表象的关系的过程中，人的思维仍然有一种要找出贯串该关系的内在关联的本能。张三的某个行为固然可以在他的“本质”中获得解释，但是，如果联系到李四也有某个行为，人的思维就有把两个行为“联系起来考虑”的本能。如果能想到两者之间某种可能的“前因后果”，就会有某种“原来如此”的满足感，也仿佛获得了对张三、李四两人都增进了的“了解”。各种“阴谋论”之所以经久不衰，就是出于这个本能。这个本能表现在形而上学中，就是对“普遍联系”的本能的信仰和追求。

四、“自圆其说”是满足认识本能的基本手段。

进一步看，如何才能满足人的“最完全地知道”的认识本能？显然，不是依靠“与事实符合一致”。因为该本能想要的“内在关联”本来就是要“超越表面现象”、找出“现象背后的本质”，因而何谈与表面现象的“符合一致”？那么，靠什么来满足本能？靠“自圆其说”，也即依据“内在关联”能够获得对对象的“有道理的解释”。至于该“道理”是否合理、是否合乎理性，则只取决于每个人的个人素养，根本无据可依。某些“阴谋论”在一些人看来逻辑混乱、漏洞百出，另一些人则深信不疑，就是个人素养的差异。反过来也说明，对人的思维来说，上述“内在关联”原本也无所谓对错，只要“有一个内在关联”并能建立起对对象的理解就足够了。

五、“存在本身”的由来。

邓晓芒先生在谈到亚里士多德对形而上学的贡献时说：“亚里士多德认为，要解释各种事物的原因，首先应当建立一门有关‘存在’(或‘有’)的学问，看它们分为哪些种类和等级。当然，其中最高等级的存在或‘有’就是‘存在本身’(或‘作为有的有’)。这一提法表面上还是沿着自巴门尼德到柏拉图的思路，而承认了最普遍的、无所不包的‘作为存在的存在’在哲学上的绝对性和第一性，即认为任何各种各样的存在里面都含有一个使它们成为存在的‘存在本身’，这是首先应予肯定的。但接下来亚里士多德就和他们分道扬镳了，因为他提出了一个从来没有人提出过的、石破天惊的问题：‘存在是什么？’”[①]。抛开有关亚里士多德到底说的是“是”还是“存在”的争议，这段引文有两层涵义是清楚明白的：一是人类认识事物的方式是为它们建立起“种类和等级”，这与上述分析一致；二是“存在”来自最高等级，也就是我们的表述中的最基底的层次。所谓“任何各种各样的存在里面都含有一个使它们成为存在的‘存在本身’”从哪里来？在上面的例子中，就是不断有新的东西增加进来，从“水果”到“物体”的逐层深入的内在关联不断深挖出来，直到语义不再能表述，只剩下某种只有靠意会才能领悟的东西，从而使“最完全地知道”的本能转化成了某种信念：“一定有某种最基底的东西，尽管我无法述说它”。

必须要澄清的是，追寻“任何各种各样的东西里面都含有一个使它们成为存在的‘存在本身’”，并不是像物理学家不断解剖一个物体那样，先是发现分子，然后发现原子，再发现原子核、电子等等。因为形而上学家所说的“东西”、“存在者”，不只是外感官对象（不仅有物理学研究的物质，还有被归入现象的事情、事件），还包括内感官对象，也就是思维中的所有是者——把这一切都同称为“东西”、“存在者”的，是（且仅是）思维，在“存在者”与“存在本身”之间建立起语义关系的，也是（且仅是）思维，因此，“存在本身”并不是作为外感官对象和内感官对象的“东西”“里面含有”的，而是思维出于“认识的本能”、用“最基底的内在关联”把“任何各种各样的东西”贯串起来以达到“最完全地知道”目的的认识方式——简言之，“存在”或“存在本身”都只是思维中的东西，并非外在对象中的东西[②]。

有了或相信有了“存在（或存在本身）”这样东西，后续的奇思妙想就

① 邓晓芒，《亚里士多德形而上学体系初探》，《哲学门》第1卷（2000）第2册。

② “存在”的另一个近似用法是“有”，如我们在第一章中的分析，“有”也是思维中的语义（即“是者是”的性质），也不是外在对象中的东西。

进一步生发出来并蔓延开去了，比如生出“存在以缺席的方式在场”等等深奥的说法，然后一步步追问：为什么会有这么奇怪的说法？只要先相信该说法是对的，思维的自发性和丰富性就总能为它找出如此这般的缘由，并且总能继续为那些缘由找出如此这般的深意……当这些说辞逐层叠加起来并且看起来能够“自圆其说”的时候，一个博大精深的思想就诞生了——如同面对“树叶是绿的”这个再寻常不过的句子，当黑格尔坚持把“是”理解为“等同”的时候，就生出“树叶”怎么会跟“绿的”等同呢？一定有某种奇妙的理由，于是奇妙的思想就由此诞生了。现在，如果我们能够确信，作为外部对象的一切存在物并无“本质”，所谓“本质”仅仅是思维认识对象的方式、在且仅在思维之中，是思维“自圆其说”的诸尝试中的一种，那么，从认识世界的目的看，那些深奥思想较之一个围棋痴迷者试图用《发阳论》的奇招妙手来解释世界的做法，又有多大的“本质”区别呢？反正都是思维的自娱自乐，与外在世界并不相干。

此外，出于同样的“认识的本能”、同样在找寻“最基底的内在关联”，西方人找到了“存在本身”，而东方的中国人则找到了“道”、“阴阳”，印度人找到了“梵”。按照上述分析，这就不足为怪了——因为面对同样的诸现象，人们完全可以依据其不同的规定性的共性特征、从不同的视角去获得贯串其中的“最基底的内在关联”（我们反复说过，重要的是我们的思维需要一个“内在关联”来贯串诸表象，至于该“内在关联”是什么，则无关紧要）。我们很难区分、也无从区分“存在”、“道”或“阴阳”、“梵”哪一样更好，我们唯一能够确定的是：它们都是（且仅是）思维中的东西，是思维理解世界的方式。至于不同的视角，我们在前面粗略地提到过“视角主义”，在新时空观体系中，每个人与世界、与世界的对象之间在相互生成的“关系”上会有一些“私人”的成分，这也使得每个人满足“认识的本能”的方式是各不相同的。

第二节　语义的主观综合和语词的对象化

上一节谈了人类的“认识的本能”（也即康德所说的“自然的倾向”）如何驱使人们不断持续深入地寻求“任何各种各样的东西”的本质（也即“更基底的内在关联”）。这是传统形而上学锲而不舍的追求。接下来谈谈在这个追求过程中的两种互为反向的常用方法，一是以主观综合的方式生出一些语义，赋予某个语词，然后把该语词对象化为内在于事物之中的某种东西，二是把原有语义主观地予以逐层拆分，并且相信其中一定有某种无法再拆分的“最基底的语义”，然后同样把它对象化为内在于事物的某种东西——两种方法得到的东西都被当作“本质”或“事物本身”。之所以在“综合”和“拆分”之前都加上“主观”，是因为它们都不考虑得到的结果是否真实存在，只需在思想中把那结果对象化即可。

一、语义综合得来的“世界本原”和语义拆分得来的“存在本身”。

在古希腊的自然哲学中，人们之探索“世界的本原”，也是出于上述“认识的本能”即当世界被当作一个对象时想要获得它的本质，以便用它作为世界这个表象被人感知到的所有规定性的内在关联，让所有的现象在“本原”这个语义上都获得理解和解释。最初，泰勒斯把水当作世界的本原、万物的始基，尽管有他的理由，比如生命的生长离不开水，水是当时观察到的唯一能在液态、固态和气态（事物的形态虽然千差万别，但都能被归于这三类）之间相互转化（而不改变性质）的东西，但是他的困难也是明显的，比如不能解释“水”的对立面“火”如何能以“水”作为本原。泰勒斯的学生阿那克西曼德为了克服老师的困难，抛开水、火等可观察的事物，设想出“阿派朗”，从此开创了传统形而上学的以抽象的名义把诸语义主观地综合起来形成新的语词并将之对象化的做法，并一直延续到近代（直到康德以前所未有的方式提供了新的可能性）。

我们来模拟一下阿那克西曼德的思维过程（由于不是可观察之物，作为抽象物，他本人也只能有类似的思维过程）：首先，阿那克西曼德也把关注点放在万物的形态上，万物的形态千差万别，可以设想构成它们的本原的形态必定是“待定”的，如同泥土的形状“待定”，它才可能塑造出各种各样的雕塑。“待定的形态”也就是“没有定型的形态”，于是该本原应是“无定形的”；其次，可以设想本原应该是无限的，因为如果是有限的，说明它也是被规定的，也就不成其为本原了，于是该本原应是“无限的”；第三，既然本原构成或构造了物体，可以设想它自身也是物质的，等等。至此，他得到三个语义（仅以这三个语义为例，想进一步添加，没有丝毫障碍）：一是无定形的，二是无限的，三是物质的。这三个语义可以构成一个词，他称之为“阿派朗”，而且，这个词必定也指称一个东西（也即对象化为一个东西），于是，“阿派朗”指称的东西就是世界的本原。阿那克西曼德的这个成果在哲学史上得到了很高的评价，普遍认为他首次超越了水、火、土、气等实际存在的东西而把对世界本原的探索提升到一个新的高度，哲学也从此开始超越自然物进入到抽象思辨的层次上。

但是，在我们对思维世界的自发性和独立性有了新的认识之后再来看这个“阿派朗”，就不难看到它的问题：把原本并不相干的语义拼接或综合在一起，这只是观念性的表象和性质的一次自发的综合，这个过程与外部世界是否当真存在能被指称为“阿派朗”的东西没有丝毫的关系，也丝毫不考虑“无定形的”、“无限的”、“物质的”这些语义拼接在外部对象上是否具备起码的可能性。这就跟远古人类听见打雷，就想象有个雷神，看见下雨，就想象有个雨神，感觉到风吹，就想象有个风神。后来有一个聪明人，想象出一个更厉害的神，既管打雷，又管下雨，还管吹风，于是大家又去敬奉这个更厉害的神。提出“阿派朗”的做法跟这个聪明人的做法是一样的，只要能用于解释有关的现象就好，天上是否真有这个神，世界上是否真有“阿派朗”，同样是无须证明、不予考虑的。而所谓的解释，如上述思想的自圆其说一样，那也仅仅是在思维中获得了一种把有关现象贯串起来的理解方式。

既然有语义的主观综合，自然就有语义的主观拆分。上述对“任何各种各样的存在里面都含有一个使它们成为存在的‘存在本身’”的探索方式，就是把各种的存在或存在者的原本丰富多样的语义一层一层剥离掉所进行的主观拆分。比如对一个物体，物体有形状、有硬度，那么，在该物体内部必定有某种“没有形状”、“没有硬度”的东西是比该物体更为“本质”的东西。进一步看，既然在外部空间中的物体和思维中的表象都被称为“存在者”，那么，两种“存在者”内部必定有某种“超空间”的、“无形无相”的东西是它们的共同的“本质”——如此这般一直追溯下去，直到把“各种各样的存在”摆在一起，剥离掉它们各自的所有特征、依靠意会领悟出某种再也无法拆分的“最基底的语义”，再把该语义对象化，于是就得到了作为所有存在者的本质的“存在本身”。至于那些存在者“内部”是否真有那样的本质，则丝毫不予考虑——当然，既然只是语义的圈子里打转，无论被剥离到什么程度，我们也总能说出它“是什么”、它总有语义。

既然语义有主观综合和主观拆分两种做法，我们也需要给它们找出一个本质并对象化为一个东西，不妨就统称为“形而上学的玄思”。

二、莱布尼茨的单子说。

关于主观综合，我们再举一个例子。莱布尼茨的“单子”从哪里来？专业的莱布尼茨研究者可以追溯到一些深远的渊源，比如古希腊人对“一”的思考，但无论怎么追溯，所找到的东西都是在语词的语义上，如普罗提诺说“如果没有一，能有什么事物存在呢？如果事物缺少一，也就失去其本身……”，这段话如果放在人对语词的思维中来看，就很容易理解：我们能想到任何“一”个东西，都离不开“一”这个语义，并不是说“事物缺少一，也就失去其本身”，而是根本不能为我们所想到（我们能不能想到某物，与该物能否存在并无必然的关联——在康德之后，我们不会再为“心外无物”之类议题而纠缠不清）。莱布尼茨沿着以往的脉络继续推进，他得到“单子”这个概念的过程当然是复杂的（他直到晚年才定下“单子”这个名称），如果我们省略其复杂的过程，用最简明的方式来概括他的思路，大体上可以这样来表述：他本人提到了“实体的原子”、“物理学的点”和“数学的点”——显然，我们都知道有“物理学的点”和“数学的点”，但是，“物理学的点”是实在的，却能够被无限分割，而“数学的点”是不可分割的，却不是实在的。对这两个“点”的语义进行综合，就得到他所说的“形而上学的点”——它既是实在的，又是不可分割的——如他所说“只有形而上学的点或实体（由形式或灵魂所构成的东西）才是精确而又实在的，没有它们就没有实在的东西，因为没有真正的单元就没有复多。”[①]这样的综合充分体现了思维世界的自发性、独立性和丰富性：思维能够把“物理学的点”的实在性的语义与“数学的点”的不可分割性的语义综合成新的概念“形而上学的点”的语义并作为表象（是者）来对象化，至于外部世界中有没有能够与“形而上学的点”相对应的对象，（跟上面说的那个“既管打雷又管下雨还管吹风的神”是否存在一样）丝毫不在考虑之中（理由是“思辨哲学本来就是抽象的”）。或者说，靠着这样的综合，莱布尼茨找到了“物理学的点”和“数学的点”的共同的本质（这在思想方法上与阿那克西曼德找到“阿派朗”也是一样的）。当然，往深刻的方面去设想，还有另一层跨度更大的“综合”，即把千百年来一直困扰西方哲学家的相互对立的“个别”和“一般”综合在单子之中，规定单子既具有个别性，也具有一般性，于是，每个单子又被想象为“无限的”、“全息式的世界”（如同“一花一世界”），等等，以上两个综合基于同样的方法又被综合在一起[②]。从结果看，“单子”的被确定下来的“面貌”是：单子没有广延，单子是灵魂，单子有能动性，单子有知觉能力，单子是自因，单子是力，单子是无限多，单子是一切的一，单子是一的一切……面对如此深邃的内涵，我们能不能简明地理解为把“没有广延”、“灵魂”、“有能动性”、“有知觉能力”、“自因”、“力”、“一切的一”、“一的一切”等等语义拼接在一个新概念的语义中并得到一个新概念即单子这个本质？想要予以否认的人，恐怕需要拿出一个像样的理由来。当然，这种综合也必须（且只需）满足逻辑上的“消极的条件”即语义之间不相互矛盾即可，比如实在性与不可分割性之间不相

① 见莱布尼茨的《新系统》（1695）第11节，转引自丁耘先生“莱布尼茨——在德国古典哲学与现象学之间”讲座。

② 同样地，这个综合无须先行证明其可能性，而只是把不同语义“捏合”在一起以规定单子具有如此这般的性质。后来的“同一哲学”也是这个思路：无须先行证明“思维与存在”或“主体与客体”之“同一”何以可能而直接将它们“视为并说成是同一的”（然后以此作为开端来建构其体系。

互矛盾（其实，两者是否相互矛盾也取决于如何规定它们各自的语义）。

斯宾诺莎曾经不无自信地对莱布尼茨说：“一般哲学是从被创造物开始的，笛卡尔是从心灵开始，我则从神开始”。从起点上看，神显然高于被创造物和心灵。但是，神是什么？他给神下了定义：“神（Deus），我理解为绝对无限的存在，亦即具有无限‘多’属性的实体，其中每一属性各表示永恒无限的本质”、一切存在的东西都存在于神之内，神是万物的内因，而不是外因、“万物都预先为神所决定——并不是为神的自由意志或绝对任性所决定，而是为神的绝对本性或无限力量所决定”[①]。同时，他规定神是唯一实体，于是神的这些特征就成了实体的特征。这个过程也可以被理解为把无限存在、无限属性、无所不包、无所不能以及内因等语义综合起来赋予一个新概念即神——只要那些语义是不相互矛盾的。

当然，无论是斯宾诺莎还是莱布尼茨或其他旧形而上学家，他们以上述方式生出新概念或重新定义旧概念，都是有针对性的，比如斯宾诺莎是为了化解笛卡尔留下的“心物二元”问题，莱布尼茨是为了化解他所说的人类理性的两个迷宫（即自由必然迷宫和连续体迷宫）。我们无意评价（更无资格贬低）他们的工作的意义。这里要说的仅仅是，作为传统形而上学的思想方法，他们试图通过对概念的语义作出新的规定或新的组合来为要解决的问题建立起一套能自圆其说地予以解释的体系[②]，但这一切努力都只是在思维或语言的领域内“打转”，也都是在“自说自话”，于我们认识外部世界这件事情没有确定的联系（尽管他们以为自己在“研究世界”）。因为，如果仅仅就“解释世界”这个目的而言，东方人的“道”、“梵”乃至阴阳八卦、宗教神话等等，也都是在“解释世界”，尽管你可以说出后者的解释有诸多不足，但是，无非是解释能力的强弱之分，在“只是在思维或语言的领域内‘打转’”这件事上，却是两相一致的。

---

① 张志伟主编，《西方哲学史（第2版）》，中国人民大学出版社2002年版，第288页。

② 这当中也有后来研究者的贡献，他们在各个领域不断深入、愈发精细的考据工作，实际上是在把各自理解到或意会到的新的语义进一步综合到原有概念或原理当中，从而增强了原有概念或原理的解释能力。

三、对“本身”的追问和“本身”的对象化。

在形而上学后来的发展中，语词的对象化似乎成了哲学的基本功，从苏格拉底追问“美本身是什么”、“善本身是什么”、“勇敢本身是什么”等问题开始，哲学家们习惯于追问“事物本身”，比如“是本身”、“存在本身”，它们如同柏拉图的理念一样成了某种“自在自为”的“东西”，也被赋予某个东西才有的性质，如“在场”，于是哲学也变得深刻、深奥起来。如果有人令人扫兴地说“追问‘美本身是什么’，不就是在追问‘美’的定义吗？”那他多半会被认为是哲学的门外汉。

上述语义的主观综合的做法和语词的对象化的做法结合起来，成为后来的形而上学的基本方法（比如把诸多语义装进实体这个概念等等）。

四、不同语言中语义的综合形成特定的“语言优势”。

哲学界有一个说法，“德语是哲学的语言”。之所以有此一说，正是因为哲学（基于上述做法）过于依赖语词在语义上的主观综合，而刚好德语的有的语词综合了哲学家需要的某些语义，使得他们相信那些语义之间一定存在某种天然的联系。实际上，每种语言的语词都有各种多义词，那些多个语义之所以被赋予同一个词，很多时候仅仅是出于日常运用中的偶然现象，而且被赋予同一个词的各种语义之间既有可能是相关的，也有可能是无关的。比如在第一章里用过的例子，英语单词peach作为名词，指桃子、极好的人（或物）、特别漂亮的人（或物），作为形容词指桃红色的，作为动词指揭发、告密等，其中桃子的语义与揭发、告密的语义就不相关。但传统形而上学的思维方式是，既然桃子与揭发、告密用的是同一个词，出于“自然倾向”的本能，就认为英国人一定（以某种深邃的眼光）看到在桃子、揭发、告密的语义之间存在某种足以把三者贯串起来的“内在关联”并且费尽心机要去寻找——奇妙的是他们又总能找到。蒯因在《经验论的两个教条》中举过bachelor这个单词的例子，“bachelor”是指称“单身汉”，“bachelor of arts”又被用来指称“文学士”、“bachelor'sbuttons”还被用来指称“小的果味饼干”——这纯粹是偶然发生的语言现象，但传统形而上学家们总会探寻“单身汉”、“文学士”和“小的果味饼干”这几个语言之间的某种深刻的“内在关联”。我们时常看到这个领域的专家以繁琐的考据论证声称某位哲学家的某个用语不仅有某些“强”的语义，其实还有另一个“弱”的语义（从而更方便地解释某些疑难现象）时，我们很难分清这个新的语义是哲学家本人还是研究者自己添加进那个语词的（这两者倒也没什么区别）。至于“哲学的语言”，当人们在希腊文einai中看到“是”、“有”、“存在”的多个语义时，他们惊叹于希腊文在哲学上的独特优势。在康德之前的德国哲学家都用拉丁文写作，又必是认为拉丁文在哲学的表述上更具优越性。从目前的分析看，我们宁愿相信某种语言可能适合于某种哲学，但如果哲学是以这同一个世界（包括同一个自然界和同一个人类）作为研究对象，那么，任何一种语言只要具备描述世界的功能，它都是“哲学的语言”——尽管不那么适合于“某种哲学”。

第三节　分析的或类推的推理方法

上面是传统形而上学的概念的由来，接下来再说说传统形而上学的推理方式。如前所述，传统形而上学也是在研究语言（哲学不曾有过“语言的转向”），由于思辨哲学研究的是抽象物，传统形而上学的抽象物的来源只有语言。对于语言的研究对象，传统形而上学如何展开推理、论证？康德指出，形式逻辑只有“消极的条件”（即知识的“必要条件”），“只是日常知性的一种清洗剂”[①]，不能从中产生新的东西来。传统形而上学靠什么来获得新东西？只有靠对象与对象之间的比拟，再予以类推。因此，一般而言，其论证方法只有分析和类推这两种方式。

一、分析。

由于传统形而上学的概念都是按照使用者的取舍和偏好预先被“组装”进去若干的语义，有关的论证无非是把预先放进去的语义再分析出来。比如笛卡尔对上帝这个概念的使用，由于预先“组装”进去了“全知、全能、全

① [德]康德著，《纯粹理性批判》，邓晓芒译，杨祖陶校，人民出版社2004年版，第57页。

善”等语义，当他用来论证“外部世界是存在的”时，整个论证过程才能出现“上帝（因全善）不可能欺骗我们，故此外部世界是存在的”之类推理。这类似于小孩子玩的“俄罗斯套娃”，预先把那些小娃娃逐层组装起来（语义的主观综合），然后再逐层打开、一个个取出来（语义的主观拆分）——这个步骤看起来就相当有理有据。

二、类推。

传统形而上学要从一个概念通达另一个概念，只能依靠在相关对象之间进行比拟，再予以类比、类推。这种做法其实是不合法的。在第七章中，我们依据力与变化等价定律的推论即“相同的力对应相同的变化”，为所有的类推的合法性找到了一个判定的依据：一个情形中的规定性能否“类推”为另一个情形中的规定性，必须比较两个情形中是否涉及相同的力和相同的变化。在传统形而上学中，人们根本不考虑合法性，仅仅凭借“直观的”或“形象的”相似性就进行类比、类推，并作为由此及彼的依据，这样得到的结果仅仅发生在人的思维之中，与对象无关。

我们曾在绪论中提到罗素引用过布拉德莱在《现象与实在》一书中的稀奇古怪的论证。这里就以这个例子来稍加说明。罗素说：

“一个简短的例子足以说明布拉德莱先生的方法。世界似乎充满了许多的事情，这些事情彼此有各种不同的关系：左右，前后，父子，等等。但是，照布拉德莱先生看来，经过考察，关系被发现是自相矛盾的，因而是不可能的。他首先论证说，如果存在关系，那么必然存在具有这种关系的性质。对他的论证的这个部分，我们无须耽搁时间。然后他继续说：‘但是另一方面，关系如何能与性质相关，是不可理解的。如果关系与性质无关，那么这些性质就是没有关联的；如果这样，那么就如我们已看到的，这些性质就不复是性质，而它们的关系则成为一个虚无。但是，如果关系与性质有关，那么显然我们将需要一个把它们联系起来的新的关系。因为关系不大可能仅仅是它的一个项或两个项的形容词；否则，如果关系是关系项的形容词，那么这至少似乎是经不住批驳的。关系自身既然也是某种东西，如果它不是自身与关系项有关系，那么它又是以什么可理解的方式与关系项相关呢？但是在这里我们又被推入一个毫无希望的过程的漩涡，因为我们不得不无止境地去继续寻找新的关系。链环是由链环来联结的，这个联结的纽带，也是一个具有两端的链环，而其每端又各需要一个新的链环把它们与旧的链环联结起来。这个问题是要找出关系如何能与性质有关，但这是不可解决的问题'"。①

罗素把上述奇怪的说辞归于“靠纯粹思维就能以任何相反的观察都无法动摇的确定性建立关于整个实在的最惊人最重要的真理”的例子，同时又指出，其谬误之根源在于对“逻辑的功用”的使用不当。实际上，那些说辞中根本就没有“逻辑”，何来“使用不当”？问题出在两个方面：

一是语词的对象化。布拉德莱把“左右”、“前后”、“父子”以及“关系”、“性质”这些语词都对象化为“一个东西”，又因“东西”这个词可以用来指代“一个物质性的对象”而被赋予“一个物质性的对象”才应该有的性质，再把该性质附会到那些语词所对象化的“东西”上。比如当他说“如果关系与性质有关，那么显然我们将需要一个把它们联系起来的新的关系”时，这个前提性的预设何以成立、何以看起来理所当然？就是在于“关系自身既然也是某种东西”这一句设定。只有当“关系”和“性质”都是一个对象化的（隐含了“物质性的对象”那样的东西才应该有的独立自存性的）“东西”时，说它们之间有关，才需要作为中介、媒介的“把它们联系起来的新的关系”——后面这个“关系”也被对象化为那样的“东西”。这就出现“两个东西之间需要第三个东西作为媒介来联结，它们分别与这第三个东西之间的联结又需要第四、第五个东西作为媒介来联结，以至于无穷细分”这样的困境——也正是出现了这个困境（这来自柏拉图理念论中分有一词所遭遇的类似困境），布拉德莱先生才得出“关系被发现是自相矛盾的”这样的结论。如果认定“关系”和“性质”只是两个词，则两个词之间的关系无须媒介（作为一个东西）来“联结”（语词在语义上的相关，比如“关系”有a、b、c三个含义，“性质”有c、d、e三个含义，两者在c这个含

① [英]罗素著，《我们关于外间世界的知识》，陈启伟译，上海世纪出版集团2008年版，第3-4页。

义上是相关的，并不需要层层镶嵌的媒介），自然就没有这个困境；

二是对在“东西”与“东西”之间建立联系的方法进行比拟、类推。为什么对象化的语词、语句之间应该有第三个东西来联结？是因为“链环是由链环来联结的”这个关键性依据，这让我们立即联想到像锁链那样的环环相扣的东西，于是立即同意像“关系”、“性质”那样的东西也应该有“环环相扣”的构造。实际上，链环那样的东西与“关系”、“性质”这样的“东西”有什么可比性以至于都要有同样的联结方式？即使是两个东西实现联结，也未必一定要“环环相扣”，因为按照德谟克利特的原子论，原子大小不同、形状各异，也可以用彼此啮合的方式联结起来（就像中国古代木质建筑，不需要一颗铁钉，靠着榫头就能牢固地结合在一起），单单选择“环环相扣”（诸联结方式中的）这一种，其实还是预设了某个想法，然后用这个比喻来“论证”它——这差不多算是另一种形式的“俄罗斯套娃”游戏。

简言之，布拉德莱的上述引文是传统形而上学家惯用的语词对象化、用类推来完成推理[①]的典型例子，不过是语词堆砌的“闲言碎语”。罗素以如此“非理性”的说辞当作靶子来抨击“理性万能”的口号，实在是一件相当“非理性”的事情。

第四节　自圆其说的理论并不必然具有客观实在性

进一步看，传统形而上学家采用上述惯常做法要达到什么目的呢？尽管他们说是要“认识世界”，但实际上只是为了让他们的理论看上去能自圆其说，或者用他们的话来说，能融贯一致。不过，依照以上做法，要达到自圆其说或融贯一致的目的就比较容易了。但这里的问题是，一个自圆其说的理论是否总是具有客观实在性？

一、自圆其说不是问题，问题只在于人们愿意相信或不相信。

我们在上一章谈过什么是思想，即思维中各个表象之间由此及彼的联系

① 这些手法在黑格尔《精神现象学》和《逻辑学》中也俯拾即是，甚至构成了他的推导进程的主要动力。

或诸联系的总称。仅仅就思想本身而言，它能够在思维中形成，只有一个标准，就是“自圆其说”，就是能用它去达成对诸表象及其关系的理解。所谓“自圆其说”，就是诸表象之间由此及彼的联系能够顺畅、没有矛盾冲突[①]。但是，没有矛盾冲突只是一个消极的条件，不能带来唯一的结果，思维对同样的表象及其关系完全可以建立起不同的没有矛盾冲突的联系。

对传统形而上学的理论来说，要自圆其说是不成问题的（就连上述布拉德莱的“论证”也被当作自圆其说）。本来，所用的初始概念就是借助语义的主观综合或主观拆分得来的，能否用它贯串所谈论的诸对象，也取决于意会、联想或比拟（只要能满足“认识的本能”、在思维中建立起有关的表象及表象间的联系即可），在后续的推演中即使遇到障碍，找到某个经验现象来类推一下，就能轻松跨越过去。就算当真停留在某个地方，后续的研究者也会继续用同样的手法帮他进一步拓展下去——甚至不惜回溯到他的初始概念，再添加进或拆分掉某些语义，使得整个推演能走得更远、也更顺畅。这就是为什么人们总能在传统形而上学理论中发掘出“与我们同在的当代意义”的原因。

如上所述，为了达到“最完全地知道”的本能，用来贯串诸对象的“本质”无所谓正确与否，重要的是“有一个本质”，哪怕是错误的甚至荒谬的，只要它能够让对象在思维中形成表象并得到理解就行。在历史上，神话、迷信、巫术或宗教等都发挥过帮助人们理解世界的作用。即使在今天，如果我们有足够的耐心，试着用某套神话体系来解释世界，只要采用该体系的思维方式、严格遵循其语境要求并适当加以发挥（如同人们把研究某个哲学家的思想当作一门博大精深的专门学科并“尽情地加以发挥”那样），那么，该体系仍将能够以相当“融贯”的方式解释当今的一切现象——问题只在于人们愿意相信或不相信。我们认为，思想体系的融贯性只是真理的必要

① 我们注意到，一些思想即使在思维中也是有矛盾冲突的、并非自圆其说的，但仍然被人在思维中当作思想来对待。这也不奇怪，因为（如前所述）现实中有大量“活在自相矛盾之中的人”或称之为“人格分裂”的人。可见，思想之成为思想的一般性标准，只是“能用它去达成对诸表象及其关系的理解”。

条件，并非充分条件。

二、自圆其说的理论并不必然具有客观实在性。

在前面第十七章，我们已经从思维的构造、观念的自发性等方面证明了思维世界的独立性和自发性，以表明思维世界中的表象及其关系在外在世界中并不总是有着对应物，也即大量的表象及表象间关系并不具有客观实在性。这里要谈的是由诸表象及其关系构成的思想、理论的客观实在性问题，这个问题的答案已经是不言而喻的了：对一个思想或理论来说，如果它谈论的对象与外在世界并无必然联系（比如上述以主观规定的语义作为主观认定的本质赋予对象的“存在”、“有”之类），由它类推出的结果也仅仅发生在思维之中，那么，该思想或理论无论听起来多么合理、体系多么庞大，都与外在世界并无必然联系——更简明的说法是，根本不具有客观实在性。

以上分析的一个不可避免的结论是：“合乎理性的东西未必是现实的东西”。这就使得真理的融贯论显得十分可疑了：一个命题与之融贯的命题系统乃至“绝对的观念体系”如果不具有客观实在性（经过上述分析，判定客观实在性之依据被建立起来了，我们不再因为一个体系“合乎理性”就承认其客观实在性），那么，该命题之真假就不再与事实有关、也不再有意义了。特别要予以警惕的，是那种试图从某个概念出发、仅仅依靠“逻辑真理”“推导”出整个知识体系的做法。这种构建体系的方式好比从种子中“自发”地生长出参天大树一样，其实整个过程仅仅是展现了思维的自发性而已，看似“合乎理性”，实则与现实世界没有关联，毫无客观实在性可言。对此，我们在第二十九章还会谈到。

三、思想（理论）与现实世界建立起真实有效的对应关系的三个依据。

主张“合乎理性的东西未必是现实的东西”，丝毫无意于贬低理性的价值，反倒是为了维护理性的名誉，以防止那些假理性之名为其“个人的主观想象”提供合理性依据的做法（比如稍后要谈到的一些做法，事实上不限于那些做法）。思想或理论与现实世界建立起真实有效的对应关系有两个依据，一是思想的结论与经验事实符合一致。这是自然科学的做法，无须赘述；二是思想的出发点是自然科学公认其真实性和可靠性的对象，推演的依据是该对象为自然科学所承认的性质；三是知识体系的建构必须要么包含经验性的综合（这是自然科学的方式），要么包含先天的综合，而不可能仅仅依据某个出发点就能“合乎理性地”推导出整个知识体系，因为那很可能只是思维依据其自发性和独立性所展开的“自娱自乐”。

归纳起来，我们从上述几个方面探讨了传统形而上学的由来和弊端。现代哲学家们对传统形而上学的批判固然犀利，但对其形成的根源缺乏深入的认识，只是抨击传统形而上学的命题或陈述“没有意义”，但对于为什么“没有意义”、什么才是“有意义”，却给出了一个相当粗糙的断言即命题无法被证实或证伪，只有能被证实或证伪的命题才是有意义的。但是，哲学本来就是研究抽象物，抽象物如何被证实或证伪？按照这个要求，哲学与自然科学不再有什么区别。现代哲学家们当然也意识到了这些问题，于是他们主动放弃了对世界的解释权，心安理得地专注于对语言学的研究。也正因为对这些问题没有拿出令人满意的回答，传统形而上学在经受了现代哲学那么尖锐的抨击之后，其上述思想方法仍然被保留下来、仍然“两分天下得其一”。

第二十一章　几何学是如何可能的?

我们在前面讨论了算术是如何可能的——简言之，数的概念和关系皆来源于时间的相继性、并存性和持存性的样态。现在，我们来看看作为研究空间关系之数学的几何学。不言而喻，空间的所谓几何关系将来源于空间的点、位差和形的样态。也就是说，我们将从空间的三个样态出发来探讨几何学的原理体系的可能性。当然，我们在探讨中会用到时间样态，但那是为了便于理解空间样态的性质。时间空间是不可分离的，只是分别有算术从中抽象出时间的性质、几何学从中抽象出空间的性质。在几何学的可能性这件事上，比较困难的是几何学分为欧式几何学和非欧几何学，它们的差异在第五公理的不同预设，这就带来一个问题：既然针对同一个空间，为什么会有彼此冲突的公理并建立起不同的原理体系？这并不是数学家所关心的问题（因为数学家从不曾清楚明白地承认过“几何学的研究对象就是我们置身其中的‘这个空间’”，他们只是研究点、线、面这些抽象物然后得出某些结论，那些结论碰巧适用于我们看到的空间中的某些现象而已），但显然属于形而上学的问题，如果我们坚持把巴门尼德“是者是”原则贯彻到底的话，就必须清楚明白地回答：对同一个空间来说，第五公理中过直线外的一点到底有或者没有与该直线平行（即不相交）的直线？我们无法满足于几何学目前的状况，即基于不同的假设得到不同的几何学：假设有且只有一条平行线，得到欧式几何学；假设有两条（及以上）平行线，得到罗巴切夫斯基几何（双曲几何）；假设没有平行线，得到黎曼几何（椭圆几何）——这意味着对“过直线外的一点到底有或者没有与该直线平行（即不相交）的直线”的问题作出“既是又不是，既有又没有”的回答。这是对新的时空观体系的一个挑战。我们并不指望用一个几何学意义上的公理来涵盖欧式几何和非欧几何（那是几何学的事情，而我们正在谈论的是形而上学），只是需要依据新的时空观的原理、原则给出一个解释。

前面说过，康德无须把先验哲学与牛顿力学和欧式几何学捆绑在一起即“先天综合判断”不必包括牛顿力学和欧式几何学的具体的定律或公理（关于“先天综合判断”的意义，我们后面专门讨论）。从一个至关重要的前提上我们就能把先验哲学与欧式几何学区分开来：非欧几何学所带来的关于空间的直观有一个直接的成果，就是空间不再是平直的，而是弯曲的（如球面）。而康德的时空观中原本就无须预设“空间是平直的、均匀的”这个前提，恰恰相反，只有牛顿的绝对时空观需要预设这个前提——因为时间空间既然是绝对的外在于事物的背景、框架，空间只能是“平直的、均匀的”，否则这里的空间和那里的空间如果不一样，该空间就不再是绝对的，其差异也是无法解释的。康德本人没有意识到空间的“非平直性”、“非均匀性”并做出清楚的表述（那毕竟需要超越了当时的时代局限），但是，先验哲学把空间作为现象的直观形式、作为人为自然所立之法，实际上无须把空间预设为“平直的”、“均匀的”。从我们在“时间持存性的意义及推论”那一章的分析看，看似空无一物的虚空实际上是“一锅沸腾的开水”，其实从不曾有一刻是“风平浪静”的——与这个认识相适宜的，恰恰是空间的“非平直性”、“非均匀性”。这就提供了一种可能性，即在新的时空观看来，非欧几何学或许反倒是更准确、更适宜的几何学。当然，非欧几何学并没有对空间本身的性质作出规定（那不属于几何学的内容），爱因斯坦的广义相对论之所以用到黎曼几何，也只是因为黎曼几何适合于描述“非平直”、“非均匀”的空间，而并不是因为“从黎曼几何推导出空间的非平直性、非均匀性”，只不过黎曼几何为空间的规定性呈现出了“非平直”、“非均匀”的直观。反过来看，如果广义相对论证明了空间是弯曲的，黎曼几何（或非欧几何）为什么适用于“弯曲空间”？倒是一件需要解释的事情。

我们说时间空间不可分离且互为形式和质料。对新的时空观来说，几何学是空间的形式的规定性，时间对空间的规定（即力）则是空间的质料的规定性，因此，我们将从形式和质料相结合当中探讨空间的形式的规定性之所以可能的依据。

第一节　现代物理学关于空间性质的经验事实

为了便于理解后面的有关推演与空间性质之间的现实关联，我们先来看看现代物理学关于空间性质已经取得了哪些成果、提供了哪些经验事实。我们再换一个角度，根据现代物理学已经取得的成果，看看应如何理解空间的质的规定性。我们认为，现代物理学的成果可以为前面有关推演的结论提供经验事实的支持（如前面反复强调的那样，我们得到有关结论没有依据现代物理学的任何成果或原理——唯一预设是“时间是不可逆的”，那不是物理学的成果，而是物理学也承认的关于时间的直观），这将使得有关结论不仅更加形象，与外部世界的现象的关联性也更加显著。

一、斥力是不可入性的本质，因而空间也具有不可入性。

如果是坚硬的金属、石头，之所以具有不可入性，是因为手指触碰到对方的材质，材质没有丝毫的退让（没有通常所说弹性），让手指无法深入到对方的空间中去。这里的“触碰”，意思是两个东西的材质的直接接触，这是不可入性的表现。我们先保留这个语义。现在换一种有弹性的东西，比如用弹簧做成的席梦思床垫。我们的手指压在床垫上，同样能感觉到阻力，不过，床垫也被压出一个凹处。这里的阻力换作康德的用语，即是与引力相对的斥力，对应的“反思概念”就是与一致相对的冲突（这表明即使从认识的初始条件出发，我们也可以用“冲突”来述说“阻力”或“斥力”）。手指在床垫上压出凹处的意思是，床垫的材质在手指的压力下退让了，手指也得以进入到床垫原来“占据”的一点点空间之中。只是一松手，凹处消失，恢复原状。床垫当然也具有不可入性。实际上即使是坚硬的金属、石头也都有一定的弹性，只不过手指的力量不足以引起弹性的反应。

现在我们看看头顶上的“空的空间”，我们的目光可以穿透它，看见遥远的月亮、星星。但是，我们能不能向上穿越这个“空的空间”？不能。我们用力往上跳一下，能够进入到这个“空的空间”一点点，但是一旦失去向上的动力，我们又会落回到地面上。怎么看待这件事情？我们落回原处，恢复弹跳前的原状——这个描述与刚才对有弹性的床垫的描述颇为相似，那么，能不能说“空的空间”对我们也具有某种意义上的不可入性呢？

可能遇到的反对意见是，在床垫的例子中，我们遇到的阻碍是来自我们前面（即床垫）的斥力，而在弹跳的例子中，我们遇到的阻碍是来自我们身后的地球的引力。不过，我们是怎么知道这个阻碍是“地球的引力”的？是因为我们学过牛顿的“万有引力定律”。但是，爱因斯坦的相对论告诉我们，引力不是一种作用于时间空间中的不同物体之间的力，而是时空弯曲的表现，是时空自身的一种属性。[①]因此，当你仍然认为“引力是来自我们身后的地球”时，你其实还是属于牛顿的时空观，这正是我们需要自觉地予以规避的。那么，如果承认阻碍我们向上穿入“空的空间”的力量属于时空（包含空间）自身的属性，这就与我们手压床垫时遇到的“因该物质具有不可入性而产生的斥力”没有区别了。实际上，我们应该颠倒这里面的顺序，不是“因该物质具有不可入性而产生斥力”，而是“因有斥力而使该物质具有不可入性”，斥力是不可入性的本质。

至于（除了向上的阻碍）在其它方向上我们能毫无费力地进入“空的空间”（比如在空中挥挥手），也只是说明在横向没有遭遇空间的斥力（不能说明“空的空间”在纵向没有斥力）。实际上还不能排除一种可能

① 我们对相对论不必达到物理学专业程度的认识，但已经被现代物理学所证实和承认的有关结论，却可以被当作经验事实为我们所谈论——正如我们说“太阳晒石头热”那样。这里当然不是要“根据相对论”来得出什么结论，毋宁说只是借助于已成为经验事实的相对论的结论，来更好更方便地理解我们正在谈论的观点，如我们反复强调的，该观点本身并不来自相对论或别的自然科学理论。对于不知道相对论的人来说，这里的有关分析无非是在理解的容易程度上略有差别，并没有前提性的要求。我们在前面也曾在常识的程度上谈到过量子力学，也属同样情况。

性，即“空的空间”的“横向”的“不可入性”太弱，以至于我们的宏观的大手很轻易就能击穿它，但如果换成光子这样的微观粒子，情况可能就大不相同。

二、形状和边界的本质也是斥力。

所谓一个物的形状和边界，都是在宏观的视野上谈的。我们知道，物质是由分子组成，分子是由原子组成，原子是由原子核和电子组成；不仅如此，从体积上看，原子核和电子的大小在一个原子的体积中只占极小的比例。这些都是经验事实。设想一下，假如我们具有能看见原子核、电子的视力，那么，在我们的眼里，一个物当中的绝大部分空间都是“空”的——在绝大部分的虚空中悬浮着、旋转着若干个极小极小的原子核、电子。原子核还分为更小的质子和中子，姑且不说质子、中子、电子还能不能进一步分解，仅仅由已经确认了的这些微观粒子的视野来看，一个物就是一团虚空，只不过，由于质子、电子具有电荷，当另一个物（另一团虚空）逼近时，两者之间出现相同电荷之间的斥力（电磁力），阻止了一团虚空进入另一团虚空。这就是两个物在各自的“边界”相互触碰时所表现出来的不可入性。而电磁力的作用方式跟引力的作用方式一样，也是“超距的”（力本身也是无形的），即不是两个有形物之间的直接碰撞，而是在尚未逼近对方时就已经出现的排斥。

这些经验事实说明以下情况：一是一个物就是一团其中分布着一些极小极小的“悬浮物”的虚空。“悬浮物”是有形的吗？且不说质子、中子、电子，就连原子（即使借助仪器）我们也无法作为一个有形物来“看见”。我们知道原子的存在，也仅仅是从它在它的轨迹上对其它东西施加了作用力、造成了干扰，从干扰的迹象反过来推断它的存在。因此，我们必须消除一个物是一个致密的单纯的有形物的观念；二是一个物与另一个物之间的斥力，实际上是微观粒子之间的电磁力的“超距的”斥力，并不是来自“致密的单纯物”之间的直接接触的冲撞；三是自原子以下的微观粒子不是作为可观察的有形物而存在，而是通过它对其它东西施加的作用力、造成的干扰中被断定为存在的，因此，所谓“一个物的形状和边界”，只是有着一定“密度”[①]的虚空的形状和边界。因一个物的形状和边界所形成的不可入性，只是有着不同密度的虚空之间的斥力——所有这些归结起来指向一个结论：虚空不仅是有密度的差异的（即虚空是非平直、非均匀的），而且不同密度的虚空之间是有斥力的。至于常见的电磁力等是否可以归于“不同密度的虚空之间的斥力”，那是物理学的问题（电磁力这类概念本来就属于物理学的），我们只在一般意义上称之为“斥力”。

在前面，我们从康德对“一切自然学家”所犯错误的批评中，概括出了关于空间的质的规定性的三个结论：一是任何空间都有质的规定性，没有“绝对的虚空”；二是不同的空间有质的规定性的差异，三是空间可以是不均匀的，可以是由不同的质的规定性的部分复合而成。

我们说，康德是在自然科学的意义上使用时间空间这两个词的。关于空间的这三个结论在自然科学中有没有经验事实的支持？有的，以上不同密度的虚空之间的斥力就是经验事实上的支持。或者说，当广义相对论把引力视为时空弯曲的表现时，其一，弯曲就是时空的质的规定性，单独地讲，就是空间的质的规定性；其二，不同空间里的引力有强弱之分，也即不同空间的弯曲有程度上的差异；其三，一个弯曲的空间，就是不均匀的空间，就是由不同的质的规定性的部分复合而成的空间。这三点都可以作为“新的时空观体系”在经验事实上所获得的支持。对空间的性质，我们有时会笼统地称之为“空间的规定性”，有了以上分析，“空间的规定性”这个提法不再是空洞的概念，现代物理学所说的“空间弯曲”、“真空涨落”等，就是“空间的规定性”的经验事实。

三、光在弯曲空间中的两种表现。

人们常常用一个铁球放在一块海绵上所造出的凹陷处来形象地展示质量对空间造成的弯曲效应。我们从弯曲空间的切面来看，一个光子经过弯曲空

① 之所以给密度一词加引号，是因为这里只是密度这个词的形象的特征。在物理学的意义上应该如何描述虚空的这种形象的特征，有待物理学家的解释。在后面的使用中，我们将略去引号。

间时所走出的路线也将是弯曲的。

光子进入弯曲空间之后，“自觉地”顺着空间弯曲的线路往前走，这当然是因为它无法越过空间的弯道走直线。为什么？因为空间的“弯道的墙壁”阻挡了它（在前面，如果说我们还认为是地球引力在身后拉住我们而不是在前面的“空的空间”的不可入性阻挡我们，那么，在这里，弯曲空间的“墙壁”却是实实在在地从前面阻挡着光子，迫使它改变原来的运动轨迹）。从光子无法越过空间的弯道看，以该弯道为边界的“空的空间”对光子而言，就具有不可入性，只不过这个“不可入性”微弱到在光子这样的微观粒子面前才显现出来——正如一张薄纸对我们的手而言几乎构不成阻力但对蚊子来说却是一堵墙壁一样。如果我们在前面谈到“因有斥力而使物质具有形状和边界”的结论时还主要是从电磁力的角度来解释斥力，那么，从以上分析看，由于空间存在弯曲现象，仅仅是就“空的空间”本身，它也有不可入性、也有斥力（尽管只是对光子这样的微观粒子而言）。

当然，光子也是能够从一个密度的空间进入到另一个密度的空间的，如光的折射现象，光从空气中进入水中，并在水中形成折射。之所以如此，是因为光在空气和水中的速度是不一样的，光在空气中的速度大于在水中的速度。速度的变化对应着力的变化，表明新的介质对光施加了新的力。这也是作为新的介质的空间所具有的不可入性的表现。特别要说明的是，以上关于空间“弯道”的斥力仅仅是便于形象理解的比拟，实际上光子只是沿着空间本身的“通道”在行进，并无“通道”之间的斥力可言。概括地讲，以上经验事实不仅证明了“空的空间”是有规定性的（即可以是“非平直的”、“非均匀的”），而且还把作为形式的规定性（如“线的平直或弯曲”等）与作为质料的规定性（如“力”等）结合起来了，与新的时空观中“时间空间不可分离且互为形式和质料”的主张是符合的，也为我们从形式和质料两个方面来谈论几何学提供了可能性。

对于以上分析，我们没有“根据”现代物理学得出什么结论，只不过是说，现代物理学所提供的已经被广泛接受的经验事实将有助于我们理解新的时空观的合理性和现实性。

第二节 康德关于空间的质的规定性的主张

康德认为空间是有质的规定性以及程度上的差异的。他在“知觉的预测”的原则中所说的“内包的量”：“在一切现象中，实在的东西作为感觉的一个对象具有内包的量，即具有一个度”[①]。他解释说：“凡是在经验性的直观中与感觉相应的东西，就是实在性（realitas phaenomenon）；而凡是与这种实在性的缺乏相符合的就是否定性=0。但现在，任何一种感觉都可能有某种减小，以至于它可以削弱因而逐渐消失。因此在现象中的实在性和否定性之间就有许多可能的中间感觉的某种连续的关联，它们的相互区别越来越小，小于给予的感觉与零之间、或者和完全的否定之间的区别……于是，我把那种只是被领会为单一性、并且在其中多数性只能通过向否定性=0的逼近来表象的量，称之为内包的量。所以，现象中的任何实在性都有内包的量，即有一个程度”[②]。对空间而言，“完全的否定性”就是通常所谓的“绝对的虚空”，康德认为，“现象中的任何实在性都有”的“内包的量”，则是“向否定性=0的逼近”的量，也即可以无限小但只能逼近0而不能达到0，这说明康德不认为存在“绝对的虚空”。按照新的时空观，空间的点和位差有质的规定性，因而不存在“绝对的虚空”。

康德举了一个颇有深意的例子：“几乎一切自然学家，当他们在同一容积中（部分是通过重力或重量的力率，部分是通过对其他运动物质的阻力的力矩而）觉察到不同种类的物质在量上的巨大区别时，都从中一致地推论出：这一容积（现象的外延的量）在一切物质中，虽然在不同的程度上，必定都是空的。但恐怕任何时候也不会有谁想到这些绝大部分是数学和化学的自然科学家仅仅将他们的这一推论建立在一个他们极力宣称要加以避免的形

① [德]康德著，《纯粹理性批判》，邓晓芒译，杨祖陶校，人民出版社2004年版，第157–158页。

② [德]康德著，《纯粹理性批判》，邓晓芒译，杨祖陶校，人民出版社2004年版，第159–160页。

而上学前提上吧？因为他们假定空间中的实在的东西（我在此不想把它们称之为不可入性或重量，因为这都是些经验性的概念）到处都是一样的，而只能根据外延的量即数量而区别开来”[①]。简言之，康德认为“一切自然学家”犯了一个“形而上学前提上”的错误，即把“实在的东西”视为“到处都是一样的”，两个物体的区别只在于“实在的东西”和“空的空间”在数量上有差异，即只是通常所说的“密度”上的差异。康德提出了“一个先验的证明”，即认为“尽管同样两个空间可能为不同的物质完全充满，以至于在两者任何一方里面都没有一个不会在其中遇到物质在场的点，然而在同一种质那里每个实在的东西却仍然具有质的程度（阻力或重力的程度），这个程度可以不减少外延的量或数量而无限地小下去，只要它还没有转为空无而消失。所以充满一个空间的某种张力，例如热，以及同样地，任何（在现象中的）别的实在性，都丝毫也无须让这空间的任何一个最小的部分空着，就能够在其程度上减少至无限，而且完全同样地以这个更小的程度充满空间，正如另一个现象以一个更大的程度充满这空间一样”[②]。这是一个非常有趣的主张。康德不会不知道用“密度”这个概念可以解释不同物质上的差异，但他宁愿独辟蹊径，以全新的角度从这个司空见惯的现象中看出更加深刻的道理，即其一，否认存在“绝对的虚空”，空间没有一处是“空着”的、“没有一个不会在其中遇到物质在场的点”；其二，既然物与物的差异不是不同数量（但质的规定性相同）的“实在的东西”与不同数量（但质的规定性相同）的“空的空间”的组合，那么，其构造的差异就只能是由不同的质的规定性的“实在的东西”和“空的空间”所形成——这个主张无疑是独到的，如果说用在对经验对象（如宏观物体）的描述尚有争议（毕竟物理学的“密度”概念也不失为一种简明的方法），那么，把“质的规定性的差异”这个特征用在比物质更基础的空间本身的性质上，则是有着更加积极的启发

① [德]康德著，《纯粹理性批判》，邓晓芒译，杨祖陶校，人民出版社2004年版，第163页。

② [德]康德著，《纯粹理性批判》，邓晓芒译，杨祖陶校，人民出版社2004年版，第164页。

性意义的——在新的时空观取消了“物质”的概念（或“实在的东西”这个对象）之后，把以往“误以为”是“物质”的规定性还原为空间本身的规定性，何尝不是一件有意义的事情？

康德上述关于空间的质的规定性的论述，再次说明新的时空观与先验哲学的承继关系——前者并非凭空的臆测，而是后者的一个合理的推论和引申。

第三节　新的时空观中的几何学概念

我们依据新的时空观来定义几个几何学概念。

一、欧式几何学的几个定义。

先来看看欧式几何学原有的定义。《几何原本》开宗明义是由23个定义，其中前面关于点、线、面的定义最为重要。

1、点是没有部分的。

2、线段只有长度而没有宽度。

3、线的极端是点。

这表示线段是由点组成的并且线段只有长度而没有面积。

4、直线是其组成点均匀地直放着的线。

5、面只有长度与宽度。

6、面的极端是线。

4～6这三个定义表示，面是由线所组成的，没有厚度。因此，面只有面积，而没有体积。

以上六点定义了点、线、直线和面这四个概念。不难看出，它们不是严格意义上的定义，更像是对点、线、直线、面的规定性的直观描述：关于点，只用了否定性的叙述（“没有部分”），关于线段则用了两个并未预先说明的词“长度”和“宽度”。至于直线，什么是“均匀地直放着”？恰恰没有说出（实际上也无法说清）“直”这个词是什么意思，等等。不过，几何学立足于直观，点、线、面在直观中是清楚明白的，无须严格意义上的定义。在几何学中，点、线、面是最基础的概念，从它们可以派生出其它的几何学概念。尽管如此，对“新时空观体系”来说，我们也需要给点、线、面一个说法：它们究竟是什么？我们的回答是，它们是空间的范畴。

二、空间的范畴。

就其基础性而言，点、线、面完全具备作为范畴的资格。我们现在从时间空间的样态来对这三个范畴予以阐明。

几何学认为，线是由点组成，面是由线组成，体是由面组成（这当然只是直观的表述）。如果分别从坐标轴X、Y、Z三个方向来看（坐标轴仅用于直观的理解，无须做出定义），假设一个个点在X轴的方向上前后相继地连续地组成一条线，则一条条线并排着在Y轴的方向上前后相继地连续地组成一个面，同样地，一个个面并排着在Z轴的方向上前后相继地连续地组成一个体。如何在时间空间的意义上实现这些过程？在观念性的性质中，我们得到连续性的性质，连续性是点和相继性的综合，这个综合是由时间和空间的连续性来为这个性质的连续性提供保障。但连续性还只是性质（相当于“线性”），必须借助某种方式才能显现为线的表象。“一个个点前后相继地组成一条线”的过程，就是借助“一个个点”来把连续性实现出来、“是起来”，因此，线是点、连续性与持存性的综合，即线是“点+连续性+持存性”。同样地，对于“一条条线前后相继地组成一个面”，也就是借助线把连续性实现出来、“是起来”了，即面是：“线+连续性+持存性”。

由此，我们得到空间的三个范畴：一是点，在观念性中的“东西”这个表象与之对应，即点与持存性的综合（点+持存性），这个表象是思维得以分辨出“一个东西”的基本条件；二是线，是点、连续性与持存性的综合（“点+连续性+持存性”）；三是面，是线、连续性与持存性的综合（“线+连续性+持存性”）。

三、几个新概念。

接下来，我们基于新时空观体系的原理来定义几个概念。在此之前，我们先说明下定义的方式。

在上面，我们用“一个个点在X轴的方向上前后相继地连续地组成一条线”来直观地描述一条线，这个过程也可以理解为“一个点的运动轨迹形成一条线”。在第十六章“质的范畴及其阐明”中，我们曾在“限制性中的空间样态的多样性”部分谈到了“一个位差+持存性”等运动形式。在这里，我们结合图例再来分析一下，当量词用于位差时所得到的不同的运动形式。

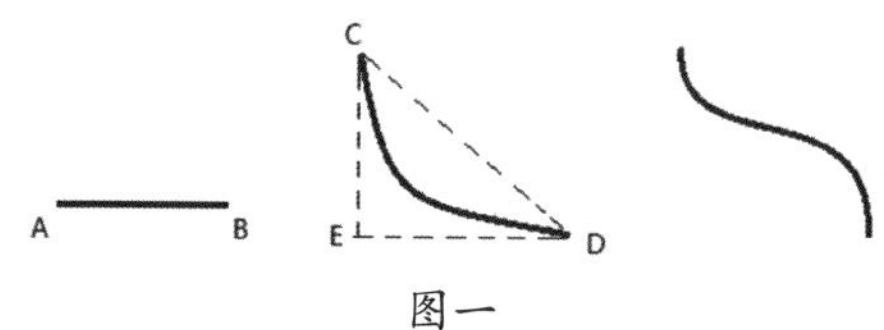

图一

以上图一展示了三条线，一望而知，第一条是直线，第二、三条是曲线。如果从“位差是形成间距的能动性”这个语义看，我们可以说直线是“一个位差形成了从A到B的间距”，而对曲线，却不能说“一个位差形成了从C到D的间距”——因为这个表述指的应该是从C到D的那根虚线。但是，从C到D的曲线却可以被理解为“从C到E的一个位差”与“从E到D的一个位差”的叠加。这不是依据物理学或数学的什么原理，而是因为时间空间的样态本身具有可叠加性和可还原性。因此，该曲线可以被表述为“两个位差的叠加”。对于更为复杂的第三条曲线（或者无论多么复杂的曲线），我们同样可以用“多个位差的叠加”来予以描述。能不能一般性地说“一个位差”的运动对应着直线、“多个位差”的运动对应着曲线？可以。因为位差是基础的样态，“一个位差”所对应的“形成间距”的变化只能是“一个变化”即从A到B的变化，不可能是从C到D的变化（该变化中包含了从C到E、再从E到D的两个变化）。这是根据“力与变化等价性定律”中“一个力对应一个变化”的原理。

基于量词与位差的结合所得到的上述结论，再以“一个点在空间中的运动”这个角度去看待几何学意义上的线、直线等概念，我们得到关于它们的新的概念。

1、直线、曲线。

直线是“一个点+连续性+一个位差+持存性”，曲线是“一个点+连续性+多个位差+持存性”。本来，前面的定义是“线是点+连续性+持存性”，这里加进去运动的表象并特别注明是“一个点的运动”，而且一个表象的持存性是只有一个[1]，就得到直线和曲线的这两个定义。

这就带来一个问题：如上面第一节所说的，一个光子在弯曲空间中所走的轨迹（就它自身而言）究竟是曲线还是直线？我们把光子换成一艘宇宙飞船，飞船一直以恒定的动力在行驶，从“动力保持不变”的意义上说，就相当于给运动施加了“一个位差”，那它的航线就应该是直线。即使空间是弯曲的，飞船只要没有改变航行的动力（仍然保持不变），飞船的航线始终都是直线。可见，从这里的直线定义来看，除非能够找出另一个方向上所施加的力，否则光子的轨迹总是直线！也许有人会说，太阳的巨大引力不正是从侧面给光子施加了力、从而迫使它走出曲线的吗？请注意，在这里你要么以牛顿的观念认为太阳给光子施加了引力，要么以爱因斯坦的观念认为太阳的巨大质量造成了空间弯曲，而不能两者兼顾、既说光子受到了引力又说它行进在弯曲空间之中——我们这里正在谈论的是空间弯曲，因此无须假设光子受到了来自侧面的引力。

2、垂直。

从直线外的一个点到直线的最短距离（最短长度）所形成了另一条直线，两条直线就是垂直的关系。

这个表述是合法的，其中用到的概念在前面都有过阐明，比如长度是由空间的量派生出来的，“最短”则可以从量的多数性的对比中获得。

这是一个新的定义方式，因为我们不是依据两条线的夹角为90°来定义它们的垂直关系，而是依据了直线外的一点到直线的距离为最短。我们是先定义两条线的垂直关系，再定义直角（如下）。为了表述上的方便，我们把

① 这里似乎有一个“通约”的行为，而我们在前面谈到“序列与集合的综合”时反对过对表象的综合所可能采取的样态的“通约”。如果从先是“线”，然后再是“直线”或“曲线”的思维方式看，直线的定义应该是（一个点+连续性+持存性）+（一个位差+持存性）即直线+运动的综合。本来，这个差别无关紧要，不过，我们并不认可先有“线”再有“直线”的思维方式（因此这里并没有“通约”行为），因为一个点并不是“先有线再有直线运动”或“先有线再有曲线运动”的，而是一个点“直接”运动成“直线”或“曲线”的。

从一个点引出的那一条直线称为“垂线”。

3、直角。

直线与垂线之间的夹角是直角。

挑剔的人或许会认为，要定义直角，就须先定义夹角。这个要求并无不妥，不过，我们只需指着两条直线之间的那个间距说，那就是两条直线的夹角——这是一个清晰的直观。

4、平行。

与同一条直线相垂直的两条直线是平行线。

不难看出，我们没有借助“是否相交”来定义平行。这个改变将在后面的论证中发挥重要作用。

5、相交与重叠。

两条直线有一个相同的点就是相交的，有一个以上相同的点就是重叠的。两条直线就是同一条直线。

第四节　几何学公理体系的阐明

我们先来看看包括欧式几何学和非欧几何学在内的公理体系是如何可能的。

一、欧式几何学的公理体系。

欧几里得几何学的公理体系包括五条公理和五条公设。五个公设都可以依据量的范畴获得支持，这里不作赘述，主要谈谈公理体系之可能性依据。

五条公理是：

1、过相异两点，能作且只能作一直线（直线公理）。

2、线段（有限直线）可以任意地延长。

3、以任一点为圆心、任意长为半径，可作一圆（圆公理）。

4、凡是直角都相等（角公理）。

5、两直线被第三条直线所截，如果同侧两内角和小于两个直角，则两直线则会在该侧相交。

第四条公理比较不一样，它好像是一个未证明的定理。它规范了直角，为第五公理铺路。第五公理又叫作平行公理，因为它等价于：

在一平面内，过直线外一点，可作且只可作一条直线与这条直线平行。

二、公理的阐明。

五个公理中的前四个与新的直线等定义相符合，也比较容易理解：

1、“过相异两点，能作且只能作一直线”。对于新的直线定义即直线是“一个点+连续性+一个位差+持存性”，形象地说，从一个点运动到另一个点的直线不可能有变化（有变化必须对应新的力），因此只能是唯一的一条直线。

与这个公理等价的另一个表述是：两点之间直线最短。这也是不证自明的。因为两点之间要么是直线，要么是曲线。长度是由位差派生的概念，根据上述定义，曲线所包含的位差多于直线所包含的位差，曲线的长度大于直线的长度，因而，两点之间直线最短。

反过来说也是等价的：两点之间长度最短的线就是直线。

2、“线段（有限直线）可以任意地延长”。线段的延长无非是那个直线运动的点保持其直线继续运动下去，中途不可能有任何变化（因力与变化等价性定律的要求）。

3、“以任一点为圆心、任意长为半径，可作一圆”。圆的轨迹可以由“两个位差+持存性”的运动形式来得到，只要一个位差指向圆心、一个位差与该位差保持垂直方向，两个位差的叠加恰好带来“作一个圆”所需要的圆周运动——在圆周的每一个位置上的运动方式都是前后一致的（否则就有变化），这必然带来一个圆。

三、第五公理的意义。

第五公理是欧式几何学和非欧几何学的分水岭。欧式几何学的第五公理的等价表述是：在平面内，过直线外一点，可作且只可作一条直线与这条直线平行。罗巴切夫斯基几何（即双曲几何）的第五公理是：在平面内，从直线外一点，至少可以做两条直线与这条直线平行。黎曼几何（即椭圆几何）的第五公理是：在平面内，过直线外一点，没有一条直线与这条直线平行。

如前所述，对于“新时空观体系”来说，必须回答一个问题：既然是同一个空间，在平面内过直线外一点，到底是有还是没有直线与这条直线平行？从“是者是”原则的要求看，欧式几何学、罗氏几何学和黎曼几何学的第五公理是不能并存的。

第五公理在欧式几何学与非欧几何学形成冲突的根源在哪里呢？在平行线的定义上：以往的平行线的定义是基于两个条件的合取关系，即条件一是“（在平面上的）两条线不相交”；条件二是“两直线被第三条直线所截，同侧两内角和等于两个直角”，并且两个条件都必须满足才被称为平行线。在欧式几何学中，人们理所当然地认为这两个条件之同时满足是不言而喻的，但非欧几何学的出现证明了一件事情，就是兼具这两个条件的平行线是不存在的，或者说，这两个条件不是等价的（即满足一个条件并非必然满足另一个条件）。实际上，欧式几何学第五公理的上述两种表述本身就是不等价的，即“两直线被第三条直线所截，如果同侧两内角和小于两个直角，则两直线则会在该侧相交”与“在平面内，过直线外一点，可作且只可作一条直线与这条直线平行”是不等价的——它们分别对应于上述两个条件中的一个。罗氏几何学否定的是前一种表述，即认为即使两直线的同侧两内角之和小于两个直角，两直线仍然可以是不相交的；黎曼几何学否定的是后一种表述，即认为即使两直线的同侧两内角之和等于两个直角，两直线仍然可以是相交的。现在，我们以“两直线的同侧两内角之和等于两个直角”（换成欧式几何学的表述的话）作为平行线的定义，这意味着这个意义上的平行线是否相交，不在定义约定的涵义之中（如果不考虑“平行线”中平行的通常语义的话），因而“既可以是相交的，也可以是不相交的”——那么，问题就变成了“两条平行线在什么情况下是相交的、什么情况下是不相交的”？答案就取决于空间的不同的规定性：欧式几何学适用于均匀的、平直的空间，非欧几何学家适用于“曲面”、“球面”或“弯曲空间”等不均匀、不平直的空间。这个答案是以往众所周知的，我们在此要做的是：在“新时空观体系”中，基于线、直线、垂线和平行线等概念的新的定义来把欧式几何和非欧几何的第五公理统一起来。

我们认为，欧式几何学的第五公理是对空间的基础的抽象描述，非欧几何学的第五公理是由欧式几何学的第五公理与不同的空间规定性的综合而得到。前者的抽象性和基础性，就好比“物体下落速度与重量无关”这个物理学原理，在自然环境中实际上是不适用的，因为自然环境中没有天然的真空，物体下落都有空气阻力的干扰，我们能看到的，都是重的物体下落快、轻的物体下落慢。这也是为什么数学家和物理学家都认为欧式几何学在宇宙中找不到真正适用的对象的原因，真实的空间都是不均匀的、不平直的。但是，那个关于物体下落的物理学原理并非没有意义，因为我们可以把它与空气阻力综合起来、得到不同重量物体的实际下落速度。同样地，我们也可以把欧式几何学的第五公理与不同的空间规定性综合起来，得到非欧几何学的第五公理（当然，如果能够做到，那么前者将是公理，后者则成为前者的推论）。这样一来，我们就过直线外一点有无该直线的平行线这个问题达成了统一（统一在“有且仅有一条平行线”上），而把平行线是否相交交给下一个问题即“两条平行线在什么情况下是相交的、什么情况下是不相交的”？

四、平行线相交和不相交的条件。

我们看以下三个图形（图二）：

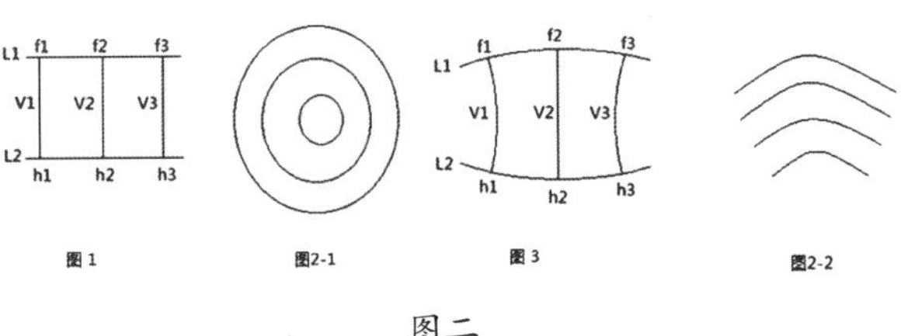

图二

过直线L1之外的一点h2，h2f2这条线V2是L1的垂线，L2是过h2这个点且与V2垂直的直线。图二中的图1中，空间是平直的、均匀的，这意味着空间的每一处的规定性都是相同的，因此，L1和L2的所谓走向不会发生任何变化（对应空间的规定性没有任何变化）。不言而喻，L1和L2不会相交。按照欧式几何学的第五公理，直线L1和L2是平行线，V1、V2、V3分别是三个不同位置的垂线，f1和h1、f2和h2、f3和h3分别是垂线在平行线上的垂足。

我们假设某种类似于引力场的弯曲空间，处处都是弯曲的（大致如图2-1）。我们把这个弯曲空间与图1中的平行线相叠加，将得到图3的结果。与上述现代物理学的成果相对照，其直观情形是在图1的两条平行线之间加入了某个质量很大的物体，而两条平行线对应着该物体所带来的弯曲空间。

在图3中的L1、L2是有可能在某处相交的，这里有两个问题是：一、L1、L2还是不是直线？二、L1、L2还是不是平行的直线。

我们先要重申新的时空观的一个观念：由于不预设有一个空间作为一切现象的背景、框架，因此，空间中的位置、距离等关系都是派生出来的东西。如前面举过的例子，我的两个食指在空中比划出一个距离，该距离才从两个食指的关系中派生出来，而不是在空间中原本就有那个距离（即使没有两个食指的比划）。基于这个观念，我们来区分一下一个对象自身的规定性和它与其它对象（依据时间并存性的力而）生成的关系的规定性。

一是对象的轨迹。在我们把实体理解为一个时间序列之后，该时间序列“记录”着该实体从形成到终止的每一个时刻的规定性，当然包括它的“过去”和“现在”。在我们前面的举例中，两个在同一个模具中生产出来的一模一样的杯子，之所以能被分辨为两个不同的实体，依据就在于A杯子为张三所有并且曾被用来泡过红茶、普洱茶等等，B杯子为李四所有并且曾被用来装过咖啡、葡萄酒等等——这些信息即使不为初次见到它们的人所了解，但并不妨碍它们作为实体而在其时间序列中“记录”着这些信息。同样地，两个尺寸、规格一模一样的足球，足球A始终静止不动，足球B则才从远处滚到面前来，后者足以区别于前者的规定性，当然就包括它的轨迹。因此，轨迹是对象自身的规定性。这里正在谈的直线，就是作为对象自身的规定性的轨迹。

二是对象的运动。在前面诸章节，我们把运动归于对象自己的规定性，并用对象的时间序列各个节点上的位差的量来予以表述，其中，量的变化对应着速度的变化。因此，速度是对象自身的规定性。

回到前面对光子在弯曲空间中的运动的分析，有一个由现代物理学提供的经验事实是，当光子沿着弯曲空间运动时，它的速度是不变的。光子只有从一种介质进入另一种介质时才发生速度变化。这就决定了一个光子在弯曲空间中的运动不同于一个物体（如列车）在弯曲轨道中的运动。一个列车在弯曲轨道运动时，当它沿着轨道曲线运动时，它是受到来自轨道的作用力，这个力不同于列车自身的动力，是动力以外的新的力，来自于物体与轨道的新增的摩擦力。而且，在弯道处，因遭遇新增的摩擦力，列车要么减速，要么增加动力以保持速度不变。而一个光子在弯曲空间中运动时有没有受到来自空间的斥力？我们在前面曾用空间的不可入性（即斥力）来描述虚空本身具有的规定性。空间自身具有规定性这一点已毋庸置疑，但是，这个斥力的表现方式则是可以换一个角度来看的。前面之所以说使用斥力，是从光子的轨迹从直线变为曲线这件事来说的——轨迹的变化对应着新的力。但是，从刚才所说的属于光子自身的规定性中，光子的速度没有变化，当然也不会如列车在弯道处为了保持速度而新增动力。因此，我们完全可以把整个过程理解为光子并未新增受力，而轨迹的弯曲则是光子与空间或其它对象的关系发生了变化，也即：光子自身的规定性没有改变，所改变的只是光子与空间或其它对象的关系，比如太阳的引力改变了它周围的空间的弯曲程度，光子经过那些弯曲空间时被改变的是光子与太阳的关系，这个改变了的关系所对应的，是前述时间并存性的交互作用的力。现代物理学有一种理论认为宇宙是有限无界的，假设有一艘飞船一直保持直线向前飞行，永远不会遭遇到宇宙的边界，而在足够漫长的旅行之后，仍将回到它出发的地方——在这个过程中，飞船不会遭遇新增的外力，但它的轨迹却是一个封闭的圆形。这与我们正在讨论的情形相符合。

基于上述分析，我们对图3的理解是：一是相比图1，点自身的规定性没有改变，其轨迹仍然是“一个点+连续性+一个位差+持存性”——如果有新增的力，就不再是“一个位差”，因此，L1、L2这两条线仍然是直线；二是图3与图1的差异来自于时间并存性的交互作用的力，这个力对应着图1与图2的综合，这才有外在于那个点的“第三方”把L1、L2“看作”是曲线，但是，“第三方”把L1、L2“看作”曲线与L1、L2本身是不是曲线并无关系——因为“看作”这件事情已经是在新增了交互作用的力的情况下的新的结果，与没有该力时的情况并无关系。据此我们得出结论，在图3中，就点自身的规定性而言，L1、L2仍然是直线。

至于L1、L2还是不是平行线，取决于图1中的垂线V1、V2、V3在图3中是否仍然既是L1的垂线也是L2的垂线。我们来设想这样一种可能性：在图3中，作为直线的L1、L2之所以“看起来像是曲线”，（如上论证）是因为空间本身是弯曲的即弯曲成一个与L1或L2相重叠的弧线——我们同样设想V1、V3所处的空间也弯曲成弧线（假设V2处的空间保持不变），那么，V1、V3如L1、L2那样仍然保持其直线的性质（如同在弯曲空间中，光子就其本身的受力没有变化而言，它走的仍然是直线一样）。同样地，垂足f1、f3距离L2和h1、h3分别距离L1仍将是最短的。因此，V1、V3仍然在L1、L2的垂线。一个看上去是弧线的轨迹反倒是最短的距离，这并不令人奇怪，以北京到洛杉矶的空中航线为例，最短的航线并不是从地图上看最直接的跨太平洋的直线，而是往北飞、绕行北极的极地航线。因为从数学上讲，球面上两点之间最短的距离是两点所在大圆的劣弧。当然，我们不会因此就说该劣弧就是直线（如我们上述所说，两点间最短距离的线就是直线），这是因为就地球上的两个地点而言，它们之间在三维空间中的最短距离是穿透地球的某个隧道。对比我们正在讨论的问题，对“一个位差”而言，如果地球这样的障碍物是不可穿越的，那么，那道相对该障碍物的弧线对于“一个位差”这个能动性所主导的运动来说就是直线。

设想V1、V2所处的空间也弯曲成弧线（当然是相对于“一个位差”所无法穿越的阻碍而言的弧线），有另一个好处，就是L1和L2在相交之前，无论两条线相距多么接近，按照我们的定义始终都是平行的（因为只要有一点间距，在它们之间总是有一条与它们都垂直的垂线）。这样一来，L1和L2的相交就真正是两条平行线的相交的，而不是L1和L2由平行线变成不平行的线然后再相交的。

以上是平行线相交的情况，所对应的是黎曼几何学的第五公理，即过一条直线之外的一点没有直线与这条直线平行（即没有一条直线是不与这条直线不相交的）。

对于罗氏几何学第五公理，如果以“在平面内，从直线外一点，至少可以做两条直线与这条直线平行”作为表述，按照上述分析，以往平行线定义中的两个条件（一是“（在平面上的）两条线不相交”，二是“两直线被第三条直线所截，同侧两内角和等于两个直角”）是不等价的、不必兼顾的，那么，以上述图二中的图1（平直均匀空间）与图2–2（弯曲空间）相叠加，就很容易在直线L1以外的h2点引出两条以上的不与直线L1相交的直线（即通常以“不相交”作为平行线的认定依据），无须赘述。

至此，我们把欧式几何学与非欧几何学的第五公理依据不同的空间规定性统一到了“在直线外一点有且仅有一条直线与之平行”上面。也许具体的空间叠加方式未必如图二中的“图1+图2–1”和“图1+图2–2”这么简单，我们本来也只是提供一个直观的说明（它足以说明存在着某种空间规定性的叠加方式使得三种几何学的第五公理能够达成统一），至于在严格意义上讲什么样的空间规定性之间的叠加才符合非欧几何学的第五公理，那是经验科学（数学或物理学）所要探讨的问题。对于空间规定性这样基础的研究来说，提出设想并且该设想足以解释相关的问题，这不失为一种有效的方法。现代物理学在最初开始对微观领域进行探索时，无论是道尔顿、汤姆逊、卢瑟福还是玻尔，在他们提出各自的原子模型时无不都是采用的这个方法，他们各自的原子模型的优劣之分仅在于所能解释的问题之多寡（而不在于该模型之构成何以呈现其面貌的理由之多寡）。我们正在讨论的是比原子的构造更基础的“虚空的构造”，大约也只能满足于这个方法——除非有依据证明上述设想是自相矛盾的，否则的话，当它有足够的能力解释有关问题时，它就是可以被承认的。

五、多维时空的问题。

在当今的数学和物理学研究中，超出3维的多维时空的观念已经为人们所接受，在一些物理学理论的表述中，甚至出现11维的情况。以往的说法是，空间有长、宽、高的3维，如果加上时间，就得到4维时空。这就带来一个问题：如果时间仅仅是多维时空中的一维，那么，从第5维开始的时空，那些维度又都是什么呢？显然不再是时间空间的维度——因为它们已经被用在了前面4个维度中，这是不是意味着存在超出时间空间的其它基质？我们的回答是否定的。因为，谁说“4维时空”一定是“空间的长、宽、高的3维加时间的1维”？如果说，空间的3维可以靠着人的直观来获得理解，那么这里只需问一个问题：人们是怎么知道3维以上（乃至11维）的维度的？显然是靠数学。比如黎曼曾用“时空的毕达哥拉斯定理”来描述n维空间：设想一个n维立方体，若a，b，c，…是这个n维立方体的边长，且z是这个立方体的对角线长度，则

$$a^2+b^2+c^2+d^2+\cdots=z^2$$

我们据此得到一个n维立方体的边和对角线的关系，也获得了对n维空间的某种认识——也就是说，我们是靠着数学才知道3维以上的维度的。但我们已经知道，数来自时间，数学所表达的是时间的性质。可见，我们是靠着时间的性质才知道3维以上的维度的——那为什么不把3维以上的维度也理解为时间的性质？或者说，3维以上的维度也不过是时间空间（时空）的某种复合的形态？时间空间远比我们目前所了解的程度要复杂得多，这一切当然是有可能的。因此，我们完全无须设想一切现象有着时间空间以外的其它基质。

总而言之，通过上述论证，在新的时空观体系内，欧式几何学和非欧几何学在第五公理上达成了统一。这不仅使巴门尼德“是者是”原则得到贯彻，也回答了“几何学是如何可能的”问题。

第二十二章　贝克莱的质疑、经验论的悖谬和“外物存在”的证明

通常认为，英国经验论经休谟而走向自己的“逻辑终局”。相比“休谟问题”，贝克莱对一切现象的客观现实性的质疑似乎更具前提性。因为，既然“存在就是被感知”（姑且不谈这句话还有的其它译法）、连一切现象都归于人的感知，更遑论现象之间的因果关系。当贝克莱的这个结论经“有依据的论证”而呈现出来时，如果我们还要秉持理性的思辨精神的话，就不得不处于这样的境地：既然没有理由反驳贝克莱，要么相信他，要么尊重他的问题然后继续寻找反驳的理由。但更多的人把贝克莱贬斥为“唯我论”等等说辞以对他的问题予以漠视。这让人看到，那些以理性的名义对贝克莱（以及对休谟）的贬斥恰恰是不理性的、也是怯懦的。在本章，我们先概括地讨论一下以往对贝克莱的质疑的回应以及误解，然后分别谈谈近代经验论和现代经验论在知识的来源问题上的悖谬，以证明贝克莱“存在就是被感知”是不成立的，最后再谈谈有关“外物存在”的证明。

第一节　关于外部世界存在的问题

自笛卡尔开始，外部世界是否存在被当作是“可理解的、值得回应”的问题来予以思考。笛卡尔诉诸“至善的上帝”来担保外部世界的存在，但

康德在《纯粹理性批判》中否定了从思辨理性证明心灵实体和上帝的存在之后，笛卡尔式的论证方式也随之失去效用。贝克莱基于经验论的基本原则，对外部世界的客观实在性提出了质疑，有关质疑至今没有得到有力的回应。

一、贝克莱的质疑。

我们来简略地梳理一下贝克莱的思路。众所周知，依据“一切知识来源于感觉经验”的原则，贝克莱对洛克提出对象物体的性质有第一性质（广延、形状、数目、动静等）和第二性质（颜色、声音、滋味等）的划分产生了疑问：其一，当洛克说“物体有第一、第二两种性质”时，他预设了“物体是存在的”这个前提。但我们总该问一问：我们是怎么知道“物体是存在的”？其二，我们对物体的第一、第二性质的感知，其实都是同样来自我们所获得的感官刺激，我们又能依据什么来对它们作出区分？尤其是在“物体作为外在于我们的实体是否存在”都还无从知晓的情况下，如何能够分辨哪些性质是“物体自身固有的”、哪些性质又是“在感觉中形成的”？经过反思，贝克莱认为，所谓对象，不过是“观念的集合”，我们所能知道的，也仅此而已，没有任何依据会说明“观念的集合”背后还有什么外在于我们的实存的东西，从而引出“存在就是被感知”。这个论断听起来相当不可理喻。多年来，由于贝克莱的主教身份，人们忙于指责他试图证明上帝存在。但是，如果抛开偏见、纯粹就事论事，不难发现，这是经验论在它的基本原则之下所必然要推出的结果，如果我们还愿意讲道理的话，那些容易想到的反驳理由也都经不起推敲。

在贝克莱的基础上，休谟走得更远。他发现，贝克莱固然抛弃了“物质实体是存在的”这个预设，但同时又保留了“精神实体是存在的”这另一个预设。在他看来，“外部世界中的事物并不是什么自在自为地存在的实体，不是永恒不变的、作为某些属性之载体的、构成性的东西，而是按照感觉之结合规则而形成的感觉复合。同样，所谓自我也并不是什么心灵实体（我们的感觉和思想行为只是其属性），而不过是一簇感官印象而已。按照这样的批判，既不存在作为外部自然之基础的实体，也不存在作为人类自我之基础的实体：物质实体和精神实体都是想象力的产物，在我们的经验中找不到任何支持”[①]。也就是说，休谟对物质实体的批判是继承了贝克莱的“存在就是被感知”，对精神实体的批判则较之于贝克莱又向前推进了一大步（贝克莱承认精神实体，特别是承认作为感知的终极的承载者的上帝）。基于这样的渊源，休谟对因果关系的必然性和实在性的怀疑就是顺理成章的事情了。下一章我们再谈“休谟问题”。

以上思路的关键症结在于：除了感官刺激，我们没有其它途径能够知道“外部世界的一切现象是存在的”——关于它们，我们确实只有“一簇感官印象”。我看见或触摸到“桌子上有个苹果”，并不能想当然地证明“有一个外在于我的桌子实存着，有一个外在于我的‘桌子上的苹果’实存着”，因为我仅仅是通过看的感官或触觉的感官获得了“桌子上有个苹果”的印象而已。而“看”或“触碰”并不能保证“桌子上有个苹果”这件事的真实可靠性——对此笛卡尔已经明确做过论述（被我们“看见”的海市蜃楼，我们在梦里的“触感”等等，都是反例）。进一步看，如果采取某种“折中”，借鉴唯理论的“某些合理成分”，承认“外部世界的一切现象是存在的”这个信念（如绪论中所说，这是最缺乏想象力的“第三种观点”），那就会带来对经验论原则的动摇：如果脱离了“感官印象”能够获得这一条信念的知识，那么“一切知识都来源于感觉经验”这个原则就将失去其严格的意义（既然在这条信念上出现了例外，我们何以知道还有没有别的例外？）。不难看出，在我们与认识对象之间始终隔着“感官印象”这一堵墙，因为两者之间只有人的感觉器官这一个通道，我们关于外在的认识对象的所有知识在追根溯源之后只能落实到感觉器官所获得的印象，而感官印象又与外部对象的客观实在性之间无法建立起确定的对应关系，即我从视觉或触觉获得印象不能必然地对应着在它的背后“有一个外在的东西存在着”（即我感觉到的东西并不必然是外在于我而存在着的东西）——这是症结之所在。也就是说，“我看见某物”只意味着我获得了一个视觉的感官印象，但该印象并不对应着“某物”是存在的，因为“看见”这个感官印象（与其它感官印象一样）并不必然地对应着某个“外在的且存在着的东西”——我们很容易找到

① [奥]鲁道夫·哈勒著，《新实证主义》，韩林合译，商务印书馆1998年版，第26页。

不相对应的例证，如海市蜃楼是视觉的例证、梦中的受压迫感是触觉的例证。这里的要点是，我们承认我们看见了什么、闻到了什么或触摸到了什么，但是，我们由此得到的这些感官印象不能证明那背后就有“某物是存在的”——因为感官印象与“外在于我而存在着的东西”之间没有必然的对应关系。比如在第十九章里谈到的普特南所说的“钵中之脑”，我们完全可以想象我们不过是一些浸泡在营养钵中的“大脑”，我们获得的“感官刺激”不过是邪恶的科学家所输入的电子信号的结果。

但是，如果不借助人的感觉器官的通道，关于外在的一切，我们又只能陷入主观想象之中，而主观想象又没有任何根据来与外在的一切建立起对应关系（甚至于，如果没有感官印象，我们连在脑子里想象的材料都没有）。哪怕是“天赋观念”告诉我们“有一个外部世界”，但当我们想要把观念中的“外部世界”与外在于我们的一切（假如存在的话）建立起对应关系时，我们仍然需要借助感觉器官的这个通道来予以指认、确认：“这个东西、那个东西是属于‘天赋观念’中的‘外部世界’”——问题同样在于：我们只能看见或触摸到“这个东西”、“那个东西”才能予以指认、确认，但我们怎么知道作为感官印象的“视觉”、“触觉”背后就有“这个东西”、“那个东西”因而就是“天赋观念”所指的“外部世界”？万一“外部世界”指的是我们冥想中的“天堂”或“冥界”？

二、以往有关的回应。

除了把贝克莱贬斥为“彻底的怀疑论”之外，仍然有许多哲学家针对有关议题进行研究。“摩尔试图通过肯定某些在他看来是确定无疑的命题来反驳怀疑论，甚至通过举起自己的手，说‘这里有一只手，这里有另一只手’，来证明外部对象的存在……摩尔仅仅诉诸我们的主观经验来反驳关于外部世界存在的怀疑论，这不但是无效的，而且也从根本上误解了怀疑论的问题”[①]。摩尔的做法相当于用走来走去的方式反驳芝诺的“飞矢不动”，是无效的。分析哲学家则换了一种方式，他们干脆把“外物存在”的问题归

① [英]斯特劳森著，《怀疑主义与自然主义及其变种》，骆长捷译，商务印书馆2018年版，译者序，iii。

于形而上学的无意义的命题。“维特根斯坦认为，关于外部世界的存在的疑问并不是一个合法的问题，因为这一命题是被免于怀疑的，是超越于被证明或不被证明的东西之上的”，“卡尔纳普则区分了‘外物存在’这类句子的两种用法。在一种用法上，它是一种经验概括，即，我们可以列举出许多经验命题，例如，‘有一张桌子’、‘人有两只手’等等，最后我们可以概括说：‘外物存在’。这是一个自明之理，没有人会反对它的有效性”，他同时认为，“‘外物存在’这一句子并未断言任何东西，如果它不在经验意义上被使用，那它就毫无意义”①。

如何看待“外物存在”这个问题的“不合法性”呢？从经验论的立场上大约可以从两个方面来理解，一是“外部世界”这个词并非我们的感觉对象，我们能感觉到“这个东西”、“那个东西”，但不能感觉到一个能被称为“外部世界”的东西。至于把“这个东西”、“那个东西”从整体上理解为“外部世界”，这已经是思维的结果，而非感觉到的对象；二是在对“存在”、“有”或“是”的语义做出澄清（如我们已经澄清的那样）之前，当“虚拟物是否存在”还被当作一个难题的时候，说“外物存在”是一个问题，确实是一件自相矛盾的事情。按照以往的观念，我们说出“外物”这个词时，如果它是能够被理解的，一定是指称着某个对象的，既然指称了某个对象，该对象又何来存在或不存在的问题的？不过，如果“外物存在”的问题仅仅是因为以上两个方面的原因而被当作“不合法的问题”，那么，语言分析在这个问题所能做的事情其实很少。即使抛开“外部世界”这个整体性的概念，有关质疑完全可以替换成任何一个具体的东西，比如手里拿的苹果，贝克莱可以说“这个苹果只是我的感觉印象，并非独立于我存在着的外物”——语言分析或许可以纠正他这个说法的不准确性，严格的说法应该是“‘我面前的这个苹果’这个短语所指称的东西只是我的感觉印象，并非独立于我存在着的外物”，而贝克莱完全可以接受这个建议并承认他说的“就是这个意思”，还把他的那句名言谦虚地改为“‘存在’这个词所指称的东

① [英]斯特劳森著，《怀疑主义与自然主义及其变种》，骆长捷译，商务印书馆2018年版，译者序，iii。

西就是被感知”——这于他的思想没有半点损害。至于卡尔纳普要从“有一张桌子”、“人有两只手”等等经验命题中“概括”出“外物存在”，也不过是在语言的领域兜圈子，丝毫不能涉及语言之外的东西——就好比一个人无论把孙悟空的身世来历说得多么详尽，丝毫不能证明孙悟空在世界上确实存在过一样。因此，我认为，“外物存在”的问题根本就不属于语言分析的领域，它等价于“我面前的这个苹果是存在的”问题。而且，即使把“外物”这个一般性的语词改为“我面前的这个苹果”，要证明其是否存在，其难度丝毫没有降低。至于“关于外部世界的存在的疑问”是不是合法的问题，稍后将看到，那取决于我们要求一个什么样的回答。

如果尝试证明“这个苹果是存在的”，会发现每一个可能的依据都能轻易就找到反例——这里的关键是，我们找不出一个一般性的、普遍有效的依据，每一个依据总是有反例。比如我说：因为我明明看见它在我面前，所以我说它是存在的。但“看见”能成为判定其存在的一般性的依据吗？显然不能，反例就是：我在海市蜃楼中看见天上有亭台楼阁，但它们并没有在那个位置上真实存在。好，我再增加一个可以触摸的约定：因为我明明看见它并且还能伸手触摸它、拿起它，所以我说它是存在的。但“看见并且可触摸”也不能成为判定其存在的一般性的依据，因为反例是满天的星星，我们虽然能看见却不能触摸——但我们仍然说“满天的星星是存在的”——如此等等。既然找不出一个一般性的依据，那么，对那些特例的证明就是不足信的。当然，这里更主要的问题是，即使约定承认看见、触摸作为存在的依据，由于视觉、触觉无非是感觉印象，我们仍然只能说我们仅仅是获得了某些感觉印象，仍然于事无补。

对康德来说，“外物存在”的问题取决于“外物”之所指。如果指的是现象界的物，那无疑是存在的。但如果指的是物自体，就不可认识（但可以思考），至于证明其存在，则无从谈起。对此，即使作为外物的现象，要说它存在，贝克莱仍然不会满意，因为每一个现象对于每一个经验自我来说都只是“感觉印象”。如果要通过知性概念来作出证明，知性概念作为“本源-综合的统一的诸条件”，是从属于先验自我意识的——贝克莱会问：如何证明“先验自我意识是存在的”？如果以先验自我意识为现象之存在提供依据，这与用“上帝的感觉印象”来为某物提供依据又有什么区别？这些都是问题。

就外部世界的客观实在性而言，如果真正理解了贝克莱的质疑将会发现，要想化解这个质疑，越是深入地思考，就会遭遇越是出乎意料的困难。这些困难在于，乍看起来取得的每一步进展，其实都能被某些反例所阻止——一些容易想到的方案仅仅是暂时还没有想出它们的反例而已。贝克莱的质疑中似乎是唯一的漏洞也被他及时弥补了，那就是那些人们必须承认它存在但又对它没有感觉印象的东西。比如我指着一片无边无垠的大森林说：“从我面前这一棵树开始，朝着我正面方向数过去，那第100棵树一定是存在的”。这是无法否认的常识，因为这片大森林绝不止100棵树。但是，我们对那棵树却没有丝毫的感知。承认那棵树是存在的，就等于是承认并非感觉印象的东西是存在的。但贝克莱及时地补充说：“有上帝存在，因此那棵树在上帝的感知中存在”。他无须狡辩说“你并没有当真数过，怎么知道有第100棵树？”等等，他接受所有的常识以及思维的基本方式，也接受我们对语词、概念的惯常理解——只要把所有语词、概念的意谓中被我们预设为“外物存在”的对应物替换成“感觉印象”即可。他与笛卡尔是不同的，后者（在《第一哲学沉思集》中）怀疑所见所闻的真实性时，提出的理由是我有可能在梦中，因为在梦中我同样能看见各种各样的东西，或者我被我的感官欺骗了，或者我的感官被上帝或恶魔欺骗了等等其它有可能出现的情况（见《第一哲学沉思集》的“第一个沉思论可以引起怀疑的事物”）。这样的怀疑实际上是不那么有效的。因为如果作为主体，如果我连自己是清醒是做梦都说不清楚，何谈对问题的证明？而且，他的怀疑中隐含了一个前提：如果我不是处于睡梦之中、如果我没有被欺骗，我看到的、触摸到的就将是真实的——可见笛卡尔的怀疑还没有触及到我“看到”、“触摸到”等感觉印象所对应的外物的真实性。但贝克莱不是这样，他的质疑指的是，即使我在清醒状态下清楚明白地看见桌上有个苹果、远处有一匹马在奔跑等，也没有什么恶魔在欺骗我，我所获得的也仅仅是从感官得到的感觉印象，这些印象“背后”是否对应着某物，却是我依靠感觉经验是永远无法知道的——如上所述，在我与外在于我的某物之间永远隔着感觉印象这堵墙，我无法越过这堵墙通达它背后的某物，因而我无法知道某物是否存在。这当中不存在感觉是否受欺骗的问题（或者被梦境欺骗，或者被恶魔欺骗等等）。梦境的意义对贝克莱来说，只是一个反例，因为我同样清楚明白地知道自己是会做梦的（这跟我此时清醒着并看见面前的一个苹果是一样清楚明白的）——既然如此，我当然可以把我的诸感受中的一种作为反例来运用：同样清楚明白的梦境中的感觉印象并不对应外在的东西。就连感觉印象的客观性，贝克莱其实也是可以承认的：既然他已经引入了上帝这个角色，他也可以借助上帝的感觉印象为人的感觉印象提供客观性的保障——在某种程度上就类似于康德的“先验自我意识”的角色，“先验自我意识”虽然是“自我意识”，但对每个人来说仍然是客观的。

简言之，贝克莱的质疑迄今为止还没有得到有力的化解或回应。

三、自然科学的一切成果都无损于“存在就是被感知”这个判断。

人们一直以为自然科学的辉煌成就已经自然而然地否定了贝克莱的断言。但实际上并非如此。我们看到，试图用自然科学来解决一切认识论问题的自然主义或科学主义对“外物存在”问题所发之诸议论（其心理基础是，自然科学取得了如此辉煌的成就，总不会解决不了如此简单的问题）其实都是不足道的。之所以不足道，一般的理由是，包括心理学在内的自然科学的所有原理，本来就预设了“外部世界是存在的（并且是有规律的）”这个前提，当然无力再反过来证明“外部世界是存在的（并且是有规律的）”。不过，人们忽略了另一个更主要的原因（因而忽略了贝克莱的质疑之真正顽强之处），那就是：自然科学的一切成果同样可以建立在“存在就是被感知”这个判断之上。因为，自然科学用以观测外部世界的方式，无论多么复杂、多么精细，最终都将归结到人的感官上，我们也可以把自然科学的所有定律、原理中涉及的对象的表述，用“加括号”的方法改写成“（作为感觉印象的）对象”，比如，说“地球引力让枝头的苹果落下”，可以被改写为“（作为感觉印象的）地球的（作为感觉印象的）引力让（作为感觉印象的）枝头的（作为感觉印象的）苹果（以作为感觉印象的方式）落下”，这样的改写丝毫不妨碍自然科学定理和原理的有效性。至于数学，持经验论立场的人仍然可以说数及数概念来源于感觉经验，是对感觉经验的抽象、概括，但是否真能如此，本身也是有疑问的。我们在前面“算术是如何可能的”章节已经讨论过。这样一来，不仅对物理学中的所有对象都可以“加括号”，而且连数学的数也都可以“加括号”——这意味着自然科学和数学的一切成果都无损于“存在就是被感知”这个判断。自然科学如果必须以“外物存在”为前提，如果离开这个前提自然科学的那些原理、理论就将不能成立，那么，依据自然科学的辉煌成果，从反证法来看，反倒说明自然科学以其体系的完备性来证明了“外物是存在的”。但很遗憾，如上所述，自然科学的全部成果中涉及“外物”的地方都可以被置换为“（作为感觉印象的）外物”而不受影响。当然，如果有人能够否定这个说法、能够证明自然科学必须以“外物存在”为前提，那么，该证明同时也证明并终结了“外物存在”这个问题。对此，我们不妨拭目以待。

正是因为以上缘由，贝克莱的质疑之顽强，超出了著名的芝诺悖论。后者的问题（我们在后面会专门讨论）只是理论理性不能在运动和静止的事情上自圆其说。用走来走去的方式虽然不能反驳“飞矢不动”，但能够证明“运动是存在的”，因为我们可以反问芝诺：如果“走来走去”不是“运动”，那么请你先给一个定义“什么是运动”——无论他怎么定义“运动”，“走来走去”都将属于“运动”。而芝诺提出的悖论仅仅是要说明：你无论怎么定义“运动”和“静止”，我都能证明它们其实是一回事。这当中的困难是理论理性无法自圆其说的困难，在难度上比不上“外物存在”的问题——因为理性有可能通过改进其“理论”来弥补这个不足（如我们在后面将要讨论的那样）。

我们认为，要化解贝克莱的质疑，必须另辟蹊径，比如证明“存在就是被感知”这个结论是不成立的。

第二节 经验论的悖谬

尽管遭遇到“逻辑终局”，但是，作为从中世纪经院哲学的重重迷雾中直接催生了近代自然科学并成为其基本原则的思想观念，似乎经验论或经验主义又是不能被“终止”的。于是，人们采取折中的办法，希望经验论“保留其合理成分”同时又避免将其原则贯彻到底。这并不符合我们对作为哲学的基本特征的一以贯之原则的理解。到了19世纪末20世纪初，威廉·詹姆士提出“彻底的经验主义”，罗素提出“逻辑原子主义”，分别对近代经验论作出了极富创造性的修正，使得现代经验论呈现出新的面貌，不过仍然没有脱离近代经验论在知识的来源上主要依赖感觉经验的基本论调。接下来，我们分别谈谈近代经验论和现代经验论可能遭遇的理论困境。

一、近代经验论的悖谬。

在外部世界的客观实在性与经验论的基本原则的冲突中，我们似乎两边都难以放弃。我们当然相信外部世界是客观存在的，但是，一方面经验论在历史上为近代自然科学的诞生和发展提供了强大的推动力，另一方面贝克莱和休谟的有关质疑又难以辩驳，其中的问题值得探讨。

经验论得出“一切知识都来源于感觉经验”这个原则是基于“现象学式的还原”的方法，但是，经验论的“还原”是不彻底的。经验论排斥唯理论的“天赋观念”，认为人的意识是一块任由外部刺激所带来的感觉经验摹写、刻画的“白板”，因此一切知识都来源于感觉经验——“白板说”是这个原则的逻辑前提。但问题是，感觉经验不同于外部刺激，这就生出“感觉经验如何从外部刺激中形成”或“感觉经验当中不同于外部刺激的东西是什么”的问题来。

首先，颜色不同于特定频率的光波。洛克认识到了颜色的主观性，毕竟在他那个年代已知道了色盲的现象，因此他把颜色设定为物质的“第二性质”。但这明显是他打的一个“补丁”，因为同为物质的性质，为何有第一、第二之分？既然是物质的性质，怎么又与人的主观性有关？他都没有作出解释。我们现在知道了，各种颜色是不同频率的光波在人的视网膜上形成的视觉效果，比如红光的波长范围是625–740nm，黄光的波长范围是570–585nm等等。而且同样是光，紫外线和红外线就无法在人的视网膜上产生颜色的反应。很显然，颜色并不等同于光波，在这里，真正能被称为感觉材料的东西就是一定波长的光，但能不能产生颜色的感觉，却依赖于人的视网膜或视神经（可以笼统地归于人的意识）。就连物体的形状等被归于“第一性质”的特征，对人的视觉来说，也只有依靠光线强弱（所形成的明暗）的对比才能识别。同样的，形状也不等同于光线的强弱对比[①]。可见，作为人的最主要的感官的眼睛，其感觉是作为感觉材料的不同波长和强度的光波与人的意识共同生成的东西——这意味着如果人的意识真是一无所有的“白板”，光线将不可能在上面“画”出颜色和形状的，而且，如果“白板”上预先没有某些东西，无论光线照射多少遍，“白板”上也不可能“显现”出颜色和形状来。但是，如果承认意识中预先有某些东西，感觉材料（比如光波）依靠它们才得以形成感觉印象，那么，那些东西岂不就是人的先验的东西或者说（在以往看来是）主观的东西？这意味着知识的来源不是（如经验论主张的那样的）一个，而是（如康德所主张的那样的）两个即客观的感觉材料和主观的“先天观念”。经验论者强调“直接感知到”的东西才是客观真实的东西，但从上述分析看，人能“直接感知到”的，只是光波那样的感觉材料，并非颜色、形状等感觉印象——它是某种派生的东西。

进一步看，如果我们“爽快地”承认感觉印象是派生的东西又将怎样？那将威胁到经验论最基本的思想方法的合理性——该方法是：凡是没有被直接感知到的东西，都是应该被悬搁乃至被否定的东西，比如实体性、因果性。因为，既然连感觉印象都是派生的，也就不是被直接感知到的，那又如何能依据同样的理由来否定实体性和因果性呢？

其次，贝克莱被认为是取消了物质实体的范畴，因为在他看来，人没有“直接感知到”实体这个东西，只不过是把各种感觉印象拼接在一起派生出了实体这个对象。好比盲人摸象，盲人并非见到大象的样子，只不过把如

① 无须赘述，听觉、触觉、味觉、嗅觉的情况也与此类似。

墙一样的身体、如柱子一样的大腿、如蒲扇一样的耳朵、如蛇一样的尾巴在自己的意识中拼接出一个大象的样子。他因此认为物质实体这个范畴是没有意义的、应予取消的。但如上所述，既然连颜色、形状这样的感觉印象也是意识参与构造出来的、也是从不曾被人“直接感知到”的，为何厚此薄彼地承认感觉印象却否认实体范畴呢？明摆着，如果人的意识中预先没有实体范畴，面对一幅五颜六色的画面，人又能依据什么来从中分辨出“这几块颜色是大象”、“那几块颜色是大树”、“这几块颜色是山”、“那几块颜色是人”？一个基本的事实是，人能够分辨出哪些对象。本来，这可以反过来说明，要么在意识中，要么在对象中，必定有某种与颜色等材料共同构造出对象的能被称为实体范畴的东西（哪怕它不能直接被感知到）。而贝克莱却宁愿忽视这个基本事实，选择否认或取消实体这个决定性的范畴。但如上所述，在“直接感知”这个依据遭遇质疑（本来就没有能“直接感知到”的东西）之后，再用它来否定实体（却不否定派生的感觉印象），就有厚此薄彼、顾此失彼的嫌疑。

以上论述说明，感觉经验（无论是否混同于“感觉材料”）并非一切知识的唯一来源，贝克莱的“存在就是被感知”这个断言也是不成立的——既然“感知到的东西”并非知识的唯一来源，那么，为我们所认识（所谈论）的“存在”或客观事物就不能与“感知到的东西”相等同。

二、现代经验论的悖谬。

威廉·詹姆士的“彻底的经验主义”对近代经验论有一些改进，比如认为经验对象之间的关系等也应当属于被我们“直接感知”到的东西。这恐怕不会为近代经验论者所接受，因为如果我们把看见颜色、听见声音、触摸到硬物理解为“直接感知”（即预先澄清“直接感知”这个短语的含义），那么，我们必须承认我们没有“直接感知”到对象之间的关系，这当中的差别与反思是否介入是不相干的。在上面的分析中，我们正是在近代经验论所承认的含义上反驳“直接感知”的意义的。这里谈谈詹姆士颇有影响的关于“纯粹经验”的另一项改进。

詹姆士意识到了被统称为感觉经验的东西当中所包含的上述主观因素，

但他没有选择回到康德的关于知识的两个来源的简明的思路上去（原因是康德的“先验自我意识”似乎已被“盖棺论定”为心理主义的或唯心主义的东西），而是试图把经验论更彻底地往前推进，把感觉经验推进到“前反思”、“前概念”的“纯粹经验”上去。在他看来，以往所说的颜色、形状等感觉印象都是经过意识的反思的，是运用了概念的结果——这也就是上面所说的“意识与感觉材料共同构造出感觉印象”。既然如此，那就应当从感觉印象中摒弃掉反思、摒弃掉概念，剩下来的，就是尚且不能区分颜色、形状、“一个”、“东西”等概念的“这”、“这”、“这”……“彻底的经验主义”就把“这”这个“纯粹经验”当作一切知识的来源。不仅如此，这个“纯粹经验”被解释为既非主观又非客观的东西，只有在它分别与不同的东西建立起联系时才被区分为主观的或客观的，因此，它似乎成了二元分裂的心、物之间的某种介质，成了思维越过感觉印象的墙以通达外在对象的桥梁。詹姆士的这个思路后来得到了很高的评价（似乎化解了“心物二元”的老问题），使得后来的现代经验论哲学家都把“纯粹经验”当作“不经任何中介而被直接经验到的东西”，比如罗素提出的“亲知理论”，就把能够直接觉察到的、不需要经过任何推论或以任何真理性的知识为中介就能获得的感觉印象当作人与事物之间的“亲知关系”——所谓“不经任何中介”、“不需要经过任何推论”等，就是摒弃反思、摒弃概念，得到“直接觉察的感觉印象”。卡尔纳普略有不同，他反对把感觉材料当作是“一个个原子式的离散的感觉要素”[①]，“认为‘新近心理学研究愈来愈证实，在各个感觉道中，全体印象是认识在先的，只是通过抽象才由之得到所谓个别感觉，后来人们才习惯地把知觉说成是由这些个别的感觉“组成”的’。实际上，最初的直接的所予乃是一种‘作为总体和不可分的单元的经验本身’，他把这种经验叫作‘原初经验’，也称之为‘经验流’。他说：‘原初经验应当是我们构造系统的基本要素。前科学知识和科学知识的其他一切对象都应在这个

① 詹姆士和罗素的“纯粹经验”都必须是“原子式的离散的”，因为前者需要那些离散的要素分别去建立起主观或客观的东西，后者则需要它们建立起“原子命题”。

基础上构造出来。’”[①]——不难看出，卡尔纳普也承认有某种“最初的直接的所予”的“原初经验”，不同之处在于詹姆士、罗素等人认为该经验是“一个个原子式的离散的感觉要素”，他则认为是“作为总体和不可分的单元的经验本身”。这些研究相比近代经验论的“一切知识来源于感觉经验”这个过于笼统的原则，似乎更为深入，也更加精细。但问题的关键是：哲学家们何以知道在“前反思”、“前概念”的状态下真有什么“纯粹经验”或“原初经验”？

仍以上述颜色和光波为例（那是经物理学检验的事实），在这个例子中有三样东西，一是人的意识（姑且笼统使用这个词，实际上是包含于意识之中的思维），二是作为感觉印象的颜色，三是作为感觉材料的光波，我们还能够确定，颜色和光波不是一回事。现在我们要问：现代经验论的“纯粹经验”（或类似的东西）是或来自于这三样东西中的哪一样？首先，显然不是光波，因为在光波作用于感官之前，它跟外物其实是等同的“外物”，与人无关；其次，只能来自于颜色的感觉，就是从颜色的感觉中摒弃了反思、概念之后剩下的东西。但是，这东西真的存在吗？

我们来梳理一下这里面的线索。首先，我们是不是承认颜色是人的意识与物理的光波共同产生出来的东西？恐怕只能承认，因为不仅有经验事实的支持（比如色盲的个体差异，人与动物对颜色的不同感知能力等），而且无法设想如果不是这样，颜色还能有什么其它的来源；其次，如果“纯粹经验”是“前反思”、“前概念”的，那就意味着意识和光波先产生“纯粹经验”，然后意识再用概念去“反思”，最后得到作为感觉印象的颜色——如此也有问题：为什么意识与光波不直接产生颜色？更奇怪的是，主观的意识与客观的光波何以能产生“既不主观又不客观”的“纯粹经验”？主观性和客观性又是如何被消解掉的？都是问题。至于“纯粹经验”是未经区分和辨析的“生活之流”的说法，更是无从谈起的——我们明明直接感觉到的是一个一个“东西”，恰恰需要通过“反思”才能把它们“想象”成“生

① [德]鲁道夫·卡尔纳普著，《世界的逻辑构造》，陈启伟译，上海译文出版社2008年版，第10页。

活之流”。

实际上，所谓“纯粹经验”，就是（如第二十章关于语义的主观拆分的）“形而上学的玄思”，跟“各种各样的存在者背后一定有一个‘存在本身’”的思维方式其实是一样的。好比击鼓，有一面鼓，有一个槌，然后敲出了鼓声——本来只有鼓、槌和鼓声三样东西，但哲学家却说“不，还有第四样：前鼓声，即鼓声形成之前的‘纯粹鼓声’”。詹姆斯设想婴儿或“被打晕的人”对世界的感知所得到的东西似乎就是纯粹的、未经反思的。但这也仅仅是他的主观臆想，我们总不会因一个喝醉了的人分不清眼前的这东西那东西就说他真正体悟到了“存在者背后的‘存在本身’”吧——这使得哲学看起来不那么严肃了。

按照我们目前取得的进展，意识（就其与认识能力有关的部分，我们更愿意说是“思维”）是由观念性范畴所构成，这决定了它是（且仅是）以观念性范畴去感知和认识外在对象，得到的结果也是（且仅是）以观念性范畴所规定了的外在对象的性质。这个规定的过程，也可以是人们以往所说的用概念去反思的过程，但范畴之所以不能从这个过程中摒弃掉，是因为没有范畴就没有这个过程。企图保留这个过程同时又摒弃范畴，就是（语义主观拆分的）“形而上学的玄思”。

这里也顺便提一下。罗素对经验论的“一切知识来源于感觉经验”的原则做了很重要的、创造性的修正，认为知识不仅仅是来源于感觉经验，也来源于逻辑。在他看来，原子命题的真假取决于原子事实，也取决于感觉经验，而分子命题的真假则取决于逻辑的规则。这个思想对现代哲学（特别是逻辑经验主义）产生了重要的影响。这个思想也有个前提，就是赋予逻辑以“先天性”的地位，或者说逻辑规则与感觉经验并列而成为人所具有的先天能力。实际上，罗素赋予了逻辑以先验范畴的部分意义，比如明确指出“逻辑不是仅从经验得来的”，是在经验范围之外、独立于经验且为经验知识的推论提供依据的原则的等的，有关表述跟范畴很接近了，只不过他拒绝使用范畴这个词（当然也拒绝回答“既然如此，逻辑又从何而来”的问题）。不过，罗素把逻辑和感觉经验并列为知识的来源，与康德把先验范畴与感性杂多并列为知识的来源，所说的并非同一个层次上的事情。在康德看来，当感觉经验被我们感知到的时候，先验范畴已经参与到感觉经验的构造之中（否则不可能为我们所感知）。而在罗素那里，逻辑与感觉经验是彼此外在的，是感觉经验已经成为认识的对象之后，通过逻辑的运用才获得进一步的知识。对罗素来说，他试图通过“亲知理论”来解释原子事实的依据问题，这一来又不得不面临关于“纯粹经验”的上述“形而上学的玄思”之批评。当然，罗素似乎也不屑于以“形而上学的思维方式”去论证“既然逻辑与感觉经验是彼此外在的，那么前者何以能被运用于后者？”的问题——我猜主要的因素恐怕是无法提供证明。

简言之，现代经验论对近代经验论有所发展，但并未真正摆脱后者的悖谬。

第三节　关于“外物存在”的证明

显然，否定了贝克莱的“存在就是被感知”还不能对外部世界的客观实在性做出肯定断言，即不能反过来证明“外物是存在的”——那么，我们能不能用新的方式来给出新的证明呢？这取决于我们要求一个什么样的证明。

一、我们所能要求的证明。

首先，对“外物存在”，我们既然要求一个证明，就说明我们知道“什么是证明”并且在无可辩驳的情况下愿意接受某个证明。什么是可以接受的证明？如果说是“合乎逻辑的”，鉴于“什么是逻辑”尚有颇多争议（见后面第二十六章），也无法被广泛接受。本书的有关推演就不是依据某个“先在的”逻辑来展开。我把可以接受的证明概括为“推不出反驳，找不出反例”。比如本书第五章谈时间不可逆定律，就预设了“时间是不可逆的”这个前提，该前提不仅符合日常经验，也符合自然科学的观念和实践，也就是“推不出反驳，找不到反例”的情况。如果有人想要以“时间之可逆是可以想象的”来反驳（他之所以觉得能够想象，只是受了科幻故事的影响），就属于毫无意义的行为——我在前面建议他耐心等到科学家当真造出“时光机”再来说事。“外物存在”的问题是如此基础，如果不约定某个“可接受的证明”，是无法谈下去的。

其次，如果我们问：外物为什么是存在的？这是把存在当作结果来追问它的原因，那么这个问题就是不合法的。我们在前面第十章分析过，新的因果性范畴明确地把变化当作结果，这意味着我们只能追问“变化”的原因，而不能追问“物的存有”的原因，当然也就不能以由此及彼的方式推导出对“外物存在”的证明。但是，如果依据协同性，从“某物能够被构造出来因而是存在的”这个角度去思考，是有可能得到“某物存在”的证明的。

第三，谈论“外物证明”还需要一个前提，即我们的精神状态是清醒的、正常的、能够区分现实与梦境的——前面谈到贝克莱的质疑之顽强性时说过，他无须像笛卡尔那样用怀疑自己正在做梦的方式来怀疑外物的真实性。梦中的情景可以被当作某种情况下出现的反例，最多把“清醒”与“做梦”当作两种并列的可能性，但绝不能想象我们分不清现实与梦境——那最好先看精神科医生，然后再来讨论哲学问题。同时，我们的理智也是健全的，能进行理性的思考，能理解物质、精神（思维）和语言之为何物等等——唯一不能确定的，是那些被称为“外物”的东西是否真的独立存在于思维之外（那些被理解为“物质”的东西很可能仅仅只是感觉印象）。

第四，在以往，“外物存在”问题的难点在于，哲学被“困”在语言当中，无法仅凭语言来跨越“感觉印象”这堵墙而通达外部对象中去。现在的有利条件是，我们找到了包括语言、感觉印象和外部对象在内的一切现象的共同基质（从而跨越“感觉印象”之墙），就有可能立足于时间空间来构建出彼此外在的思维世界和外在世界，使得存在于思维世界之外的外在对象成为必然。这符合上述依据协同性范畴（而非因果性范畴）来证明“外物存在”之可能性。

二、外物存在的证明。

首先，我们是承认有感觉经验的。贝克莱就是立足于感觉经验来质疑外部世界的。如果有人不承认有感觉经验，那他或许应该去看看神经科医生。所谓“有感觉经验”，无非是说我们的感官能够分辨出各种东西，比如看见一个物，听见一个声音等。当然，如贝克莱所说，那些东西只是作为感觉印象的东西，并不说明它们是客观存在的。

其次，无论是借助直观的领会还是思辨的反思，我们能够认识到，所有感觉经验（或感觉经验中的各种东西）都离不开时间空间这个形式，各种东西得以被分辨出来，必须依靠时间空间。这是“找不到反例”的。毕竟，即使在梦中，我们仍然是有时间感和空间感，仍然能够区分“先”“后”，区分“大”“小”，并由此区分梦中的各种东西。由此我们得出结论：时间空间是存在的。但是，有两种可能的存在方式，一是存在于感觉之中，二是存在于感觉之外。目前我们只能确定时间空间存在于感觉之中，是否也存在于感觉之外尚不得而知。

第三，本书前面关于时间空间共有六个样态、时间空间互为形式和质料乃至时间空间是一切现象（这里仍然是“作为感觉印象的各种东西”）的基质等等一系列判断之获得，与“外物存在”的议题没有丝毫的关系，即不以“外物存在”为前提。因此，这些判断以及后续对范畴的推演等，都是可以被承认为成立的——除非这些推演因为其自身的原因而被判定为不成立。

第四，我们从时间空间的样态推出了作为质料的质的范畴（有关推演同样不以“外物存在”为前提，见“质的范畴”那一章）。我们看到，实在性是全部时间空间样态的综合，观念性是部分时间空间样态的综合——这两种综合涵盖了时间空间样态之综合的所有可能性，即一是全部样态的综合，二是部分样态的综合。

第五，观念性被设定为思维世界的质料和构造。我们当然承认思维世界是存在的，也（基于“时间空间是一切现象的基质”）承认思维世界是由时间空间构造而成，那么，面对仅有的两个质料的可能性，根据思维世界的特征（该特征是我们的感觉经验认识到的），我们选择（也只能选择）观念性范畴作为思维世界的质料。

第六，在前面我们分析过，自然科学无论取得多大成就，本身并不能证明“外物存在”，因为自然科学的所有对象都可用加括号的方式被冠以“（作为感觉印象的）”这个前提。现在，我们依据观念性范畴论证了什么是“作为感觉印象的”，也即什么是表象及其性质，也就证明了“作为感觉印象的”东西都是思维世界中的东西，这在“作为感觉印象的”这个修饰语与观念性范畴之间建立起了确定的指称关系，意味着当我们使用“作为感觉印象的”这个修饰语时，指的是观念性范畴（及其构成物），而非实在性范畴（及其构成物）。

第七，现在的问题是：我们承认观念性的思维世界，是否应该也承认实在性的外在世界？时间空间的所有样态只有两种可能的综合方式：一是全部样态的综合，二是部分样态的综合。如果只承认第二种综合、不承认第一种综合会怎样？会立即带来一个困难：如果时间空间不能以所有样态相综合的方式呈现，我们何以能（借助感觉经验来）知道“相继性、并存性和持存性是时间的样态”和“点、位差和形是空间的样态”？这就好比我们从未见过一辆“完整的汽车”，何以能知道（散落于地上的）轮子、方向盘、车厢等物是“汽车的部件”？可见，作为全部样态的综合的实在性必然是存在的。

第八，观念性的东西与实在性的东西是否相互外在？从构成上看，实在性范畴包含了观念性范畴，但观念性范畴却不能包含实在性范畴。因此，从观念性的思维世界的角度看，必然存在着一些外在于它的东西。那些东西对我们正在谈论的议题而言，就是“外物”，即“外物是存在的”。

第九，否定以上论证的可以设想的唯一反例是，我们是如普特南所说的“钵中之脑”，时间空间不过是营养钵之外的“人”以特别的手段向我们输入的感官刺激，因此所有从“时间空间是一切现象的基质”出发推出的现象，都不过是“钵中之脑”的幻象。不错，在这种情况下，那些现象确实是幻象，但是，那向我输入信号的“人”必定是外在于我（这个“钵中之脑”）的，并且是存在的——仍然符合“外物是存在的”的结论。

第二十三章　对休谟问题的化解

我们再来谈谈新的时空观化解休谟问题的可能性。在上一章，我们通过揭示经验论在“一切知识来源于感觉经验”这个原则的悖谬，否定了贝克莱“存在即是被感知”的著名论断——那个过程能不能也构成对“休谟问题”（即对因果关系的质疑）的否定？还不能。因为休谟是要把因果性归于人的心理习惯，而“习惯”并不是直接的感觉材料，即不属于胡塞尔所说的意识中的实项内容，而是意向性活动的对象（相当于从一系列音符中得到的旋律）。即使否定了“一切知识都来源于感觉经验”，休谟固然不能再依据“我们并未直接感知到那种被称为因果关系的东西”来否定因果关系的客观性（即存在着一种可能性，即使没有被直接感知的东西仍然有可能是实在的东西），但他进一步指出因果性只是人的心理习惯、只是主观意识中的东西，却也是我们所不能接受的。也就是说，上一章的结论是某种进展（下面我们会引用），但还不能直接消解休谟问题。因此，我们需要重新思考。实际上，休谟对因果关系的客观性的质疑大大超出了经验论的所谓“逻辑终局”（即使抛开经验论的原则，休谟的质疑仍然是有效的），而是触及到了人类理性是否可能、如何可能的大问题，有必要予以深入探讨。

我们在前面推出了新的因果性范畴，这个范畴如何面对休谟的质疑？也是一件绕不开的事情。我们都知道休谟对康德的影响，康德也试图化解休谟给经验论乃至人类理性造成的严重困境，只可惜他的工作并未完成，“人为自然立法”还不能彻底消除休谟把因果性视为“人的心理倾向”的主观性因素。但康德似乎是为数不多的尝试以“有依据地论证”之原则来解决休谟问题哲学家。在本章，我们将证明因果关系是客观地存在于外部事物之中的，从而否定休谟把因果性归于人的心理习惯的结论，同时也将澄清因果性与归纳问题之间的关系——我们认为，因果性与归纳问题完全是不相干的两个问题，并非如波普尔所认为的那样、可以把因果问题转化为归纳问题。

第一节　休谟问题及其症结

一、休谟问题。

从经验论的“一切知识来源于感觉经验”的基本原则出发，休谟提出了两个问题：“第一，我们有什么理由说，每一个有开始的存在的东西也都有一个原因这件事是必然的呢？第二，我们为什么断言，那样一些的特定原因必然要有那样一些的特定结果呢？”①。第一个问题怀疑的是“凡事皆有原因”这个公认的原则，第二个问题怀疑的是因果关系的必然性。这两个问题之所以成为问题，是因为我们对任何一次经验观察所认为的“因果关系”，不过是被称为原因的事情与被称为结果的事情在空间上的接近关系和时间上的接续关系——我们只能直接感知到两者的接近关系和接续关系，从未直接感知到那种能被称为“因果关系”或“因果关系的必然性”、“原因”或“结果”的东西。既然如此，我们从未经验过的东西怎么能成为我们的知识？这违背了经验论关于知识来源的原则。用休谟的考察原则来说，就是“因果必然联系”这个观念在简单印象的原初材料上找不到任何来源，“这一观念既不能凭借经验，也不能靠理性证明来获得”②。为什么不能凭借经验来获得？因为我们通过感觉只能经验到两个事件在空间上相互接近、在时间上前后接续，两个事件无论重复多少次，我们永远无法直接经验到那个“因果必然联系”本身。为什么理性证明也做不到呢？用波普尔的话来讲，是因

① [英]休谟著，《人性论》，关文运译，商务印书馆1980年版，第94页。

② 骆长捷著，《休谟的因果性理论研究》，商务印书馆2016年版，第10页。

为“没有什么正确的逻辑论证容许我们确认‘那些我们不曾经验过的事例类似于我们经验过的事例’”[①]，也即我们不能用“经验过的事例”去证明“不曾经验过的事例”，“证明”自然无从谈起。

我们以台球A撞击台球B为例，按照休谟的想法，首先，我们并不能证明“滚动的台球A撞击静止的台球B并使台球B滚动起来”这件事当中有什么“因果关系”，因为我们只是先看见“滚动的台球A接近静止的台球B”，然后看见“台球A停下来”和“台球B滚动起来”这三件事情——这三件事情完全可以被设想为互不相干的，整个过程中我们并没有感知到在它们中间有什么“因果关系”、“原因”或“结果”之类的东西。即使重复无数次，我们所能看见的仍然只是“滚动的台球A接近静止的台球B”、“台球A停下来”和“台球B滚动起来”这三件有可能互不相干的事情；其次，在拿出理由以说明“每一个有开始的存在的东西也都有一个原因这件事是必然的”之前，我们完全可以设想这样一种情况，即台球A在无限接近台球B时突然自行停止下来，且台球B在台球A无限接近时突然自行滚动起来——在这种情况下，我们看见的仍将是“滚动的台球A接近静止的台球B”、“台球A停下来”以及“台球B滚动起来”这三件事情的接续发生；第三，能不能因为重复无数次就相信这三件事情的前后接续是必然的？也不能。一个著名的反例是你无数次地看见天鹅是白色的，仍然不能下一个全称判断“所有天鹅必然是白色的”；第四，我们没有理由相信“下一次”还能出现这三件事情的前后接续，因为“下一次”是“我们不曾经验过的事例”，我们没有理由保障“我们不曾经验过的事例类似于我们经验过的事例”。

具体而言，休谟是如何定义“原因”的？他在《人性论》一书中提供了两个定义：一个定义是“一个对象先于并接近于另一对象，并且所有与前一对象相似的对象和与后一对象相似的对象处于同样的先行和接近的关系之中”，另一个定义是“一个对象先行并接近于另一对象，并且与这一对象结合起来，以至于一个对象的观念就决定了心灵去形成另一对象的观念，并且

① [英]波普尔著，《猜想与反驳》，傅季重等译，上海译文出版社1986年版，第60页。

一个对象的印象就决定了心灵去形成另一个对象的更为生动的观念”[①]。对这两个定义的差别，休谟解释说，“只是在于它们对同一对象提供了两种不同的观点。我们可以把因果关系看作是一种哲学关系，即把它看作是心灵在两个观点之间所作的比较；或者可以把它看作是一种自然关系，即把它看作是心灵在两个观念之间所作的一种联结”[②]。或者说，前一个定义只表达了这样的意思：两个对象前后接续，并且与它们相似的对象总是前后接续；后一个定义则说出了两个对象的前后接续是出于“心灵在两个观念之间所作的一种联结”。休谟解释说，这两个定义之所以不同，只是在于它们对同一对象提供了两个不同的观点。我们可以把因果关系看作是一种哲学关系，即把它看作是心灵在两个观念之间所作的比较；或者可以把它看作是一种自然关系，即把它看作是心灵在两个观念之间所作的一种联结（同上），不过，他自己也承认它们是有缺陷的、不完善的。“原因就在于，我们是根据原因之外的东西来为原因下定义。但休谟认为，我们并不能改变这一弱点，也不可能得到更为完满的定义”[③]。他“在《人类理智研究》的第96页中强调：任何人想给出其他类型的因果性定义，都或者会运用完全不可理解的词项，或者会运用与因果性同义的词项……休谟相信没有关于非还原因果性的概念可以被用来确定或否定，甚至没有关于非还原因果性的概念可以被视为是可能的”[④]。在这一点上休谟是对的，尽管后来的研究者对他的定义还提出了其它一些批评（该定义的缺陷是明显的），问题的关键不在于如何定义原因和结果或因果性，休谟如果有机会回应后来的研究者，他只需说一句话：“不错，我的定义是有缺陷的，但是，即使按照你们自己的定义或心目中无法述说却能想象到的定义，我的质疑仍然能够成立”。比如“休谟之前的哲学家倾向于认为，原因之中秘密地包含了某种‘力’或实体的形式或某种性质等，它使原因必然产生某些结果。在这种情况下，休谟认为，某一特定的‘力’与特定

① 骆长捷著，《休谟的因果性理论研究》，商务印书馆2016年版，第37页。

② 同上。

③ 骆长捷著，《休谟的因果性理论研究》，商务印书馆2016年版，第38页。

④ 蒉益民，“新休谟争论以及因果的怀疑主义规则性理论”，《哲学研究》2015年第12期。

的结果之间实际上就存在一种逻辑蕴含关系，即特定‘力’必然蕴含某一特定的结果”[①]。简言之，我们就算用“力”来解释原因和结果的因果关系，问题仍然存在：你说台球A的撞击对台球B施加了“力”，所以台球B滚动起来，但是，其一，凭什么说“力”就天然地要产生结果？为什么台球B被施加了“力”就必然要滚动？仍然回到了“一个现象在现实中没有原因而存在，是完全可以想象的”的问题；其二，就算现在的“力”引起了某个接续的东西，凭什么说未来的“力”也能引起某个相似的接续的东西？仍然回到了如何证明“我们不曾经验过的事例类似于我们经验过的事例”这件事上。

进一步看，既然我们不能从经验事实中获得，我们的“因果必然联系”的观念又从哪里来的呢？休谟解释说：“当心灵从一个对象的观念或印象转移到另一个对象的观念或信念时，它并不是被理性所决定，而是被某种原则所决定，这些原则将这些对象的观念联结到一起，并将它们在想象中结合起来”[②]。这使得“因果必然联系”只是一种“未经反思的习惯性的转移，是心灵的一种自然倾向”、“所有来自经验的推论，都是习惯的结果，而不是推理的结果”，“习惯是人生的最大指南”等等[③]。至此，休谟把被认为是人类理性的基础的“因果必然联系”，说成了“心灵的倾向”、“习惯的想象”或“人的心灵的内在倾向的判断”——如此这般对因果关系的客观性和必然性的批判，被称为“休谟问题”。

二、休谟问题的真正困难之处。

对于以上简略的分析，我们有必要概括一下休谟问题的真正困难之所在：

1、人何以知道有“因果关系”这样东西？

如上所述，人无法直接感知到“因果关系”这样东西，我们能看见台球A从运动到静止，也能看见台球B从静止到运动，但并没有看见这两者之间的“因果关系”，我们只看见两者的前后相继，前后相继这件事本身并不意味着因果关系（即使对持有因果观念的人来说），大街上先后出现路人甲和路

① 骆长捷著，《休谟的因果性理论研究》，商务印书馆2016年版，第41–42页。

② 转引自《休谟的因果性理论研究》，第33页。

③ 骆长捷著，《休谟的因果性理论研究》，商务印书馆2016年版，第33–34页。

人乙，这两件事就没有因果关系。既然我们并没有直接感知到因果关系，那么，说因果关系是人的思想物、是习惯的联想，就是有其可能性的。

2、前后相继的现象之间何以有关联？

姑且不说因果关系，就连前后相继的现象之间是否必定是有关联的，人也是无法确定的。台球A滚动到台球B面前“自动”停止下来，接着台球B“自动”开始滚动起来——这是完全可以想象的。人们或许认为“自动”停止、“自动”滚动是不可能的——问题就在于为什么是不可能的？你之所以有此看法，是因为你有“凡事皆有原因”的观念，而现在要否定的恰恰是这个观念。有人可能会搬出物理学的原理来作出解释，但是，就算搬出“能量守恒”之类的定律，休谟仍然会问“你那些定律从哪里来”？熟悉物理学的人不难发现，所有的物理学定律归根结底都来自于对经验现象的观测。比如开普勒从第谷的大量天文观测数据中用数学方法“拟合”三大定律，离开那些观测数据是做不到的；牛顿三大定律同样建立在实验观测数据之上，就连因其精美绝伦而被称为“上帝本人写出来的”麦克斯韦方程组，也是建立在三个最基本的实验定律：库仑定律、毕奥-萨伐尔定律和法拉第电磁感应定律之上的——那么，“观测数据”、“实验定律”意味着什么？意味着归纳法的运用，而休谟正要否定归纳法——他发现用归纳法得到的东西其实是没有（他想要的）依据的：从来如此就对吗？一件事情即使重复无数次，仍然不能说明其必然性。我们马上会说到，即使承认物理学定律的有效性，也是无济于事的。因此，前后相继的现象之间连有无关系都无法确定，何谈因果关系？

既然现象之间的关联无法确定，我们通常所说的“世界是有规律的，规律是可以认识的”之观念有何依据？同样令人怀疑了。比如最能体现世界的规律性的物理学知识，如上所述，如果追问它们从哪里来，将不得不承认是来自于对经验观察的归纳，但归纳法本身不能成为确定无疑的知识的来源。

3、为什么原因必然会伴随结果？

就算承认前后相继的现象之间有关联，比如承认台球A是“撞击”了台球B（而非在台球B面前“自动”停止），也承认“撞击”带来了“力”，问题是：为什么“撞击”的“力”必然会带来“台球B滚动起来”这个结果？仍然难以回答。这里的关键是，“原因”与“结果”是两样彼此外在的东西，两者之间何以能有前后相继的必然性？这是真正困难的问题。休谟承认自己关于原因和结果的定义是有缺陷的，但他认为无论作出什么样的定义，都无法解决两者之间何以具有前后相继的必然性的问题，因为（如上所引述）“任何人想给出其他类型的因果性定义，都或者会运用完全不可理解的词项，或者会运用与因果性同义的词项”。比如原因和结果在语义上是相关的，定义原因这个词就要用到结果这个词，反之亦然，这立即就有“同义反复”的嫌疑。再比如假设用第三个词来定义原因和结果那两个词，这第三个词如何能够与那两个词之间建立起必然的联系？如何确保经这第三个词定义的原因和结果那两个词之间又能建立起必然的联系？都是不可想象的——因为我们要问的正是“必然的联系”指的是什么意思、如何得到保障的问题。无论我们又用多少语词去定义这第三个词，一经追溯，始终无法摆脱以上的问题。这对以往以语言、语词为对象的传统形而上学来说是无法解决的先天局限，其结果只能是“或者会运用完全不可理解的词项，或者会运用与因果性同义的词项”。哪怕是用“力”这个看似根本的“原因”来定义因果性，如前所述，休谟认为，某一特定的“力”与特定的结果之间的一种逻辑蕴含关系本身也是预设的：凭什么说“力”必定对应“结果”？还是回到因果性最初的问题上去了。

4、因果关系本身何以具有不变性和普遍性？

就算在现象之间有因果关系这样东西（即承认因果关系存在于现象之中而非主观联想），既然一切现象都处于无时无刻的变化之中，存在于现象中的“因果关系”这样东西何以能保持恒常不变？即使我们相信现在的“太阳晒”与“石头热”是一个因果关系，但我们凭什么认为“未来的太阳晒”与“未来的石头热”之间也是同一个不变的因果关系呢？如果因果关系这样东西也是变化的，它又何以能是普遍有效的？此外，当你说“台球A撞击台球B”当中有因果关系，又说“太阳晒石头热”当中也有因果关系时，你是在什么意义上说它们（作为两件截然不同的事情）是“同一个因果关系”？都是问题。

5、为什么“未来”与“现在”符合一致?

更为困难的是针对时间本身的追问：即使原因和结果在现在是前后相继的，也必须回答为什么它们在未来仍会是前后相继的。也就是说，就算你证明了原因和结果“现在”有前后相继的必然性，就算你证明了原因和结果的因果关系“现在”是恒常不变的（即“现在”的多次前后相继的现象中有“同一个因果关系”），你仍然需要证明这种必然性和不变性能在“未来”仍然是有效的。

休谟说“不可能有理论性的论证来证明：我们没有经验过的例子类似于我们经验过的例子”[①]。这句话使用了“经验的例子”这样的看似有所确指的字眼，这就给了“归纳主义者”以错觉，似乎这只是一个归纳的有效性问题。实则不然！鲁道夫・哈勒在《新实证主义》一书中指出：“我们的所有经验推断都预设了如下断言：将来将会符合过去。但是，对于这个预设，我们既没有经验的证明也没有理性的证明”[②]。“未来为什么会符合过去”？这是针对时间本身发问。

对时间本身发问，是对我们所信奉的“确定性”的追问。如果说世界的规律性在前面的问题中遭到了怀疑，人类认识活动所追求的确定性也可能遭到同样的怀疑——该怀疑也同样是有道理的。有一个习以为常的现象，就是事物在时间中发生变化。人在时间中老去，花在时间中凋敝，物在时间中衰败，让人也对那些即使在今天被充分证明为正确的东西是否随时间而变为不正确的东西，也产生怀疑。这不是指现在“误以为”是正确的东西在未来被发现为不正确的，而是指现在就是正确的东西随时间而变为不正确的——既然人、花、物会遭受时间的侵蚀（这当然只是惯常的表述），为什么“正确的东西”（比如物理学的规律）就不会？一旦当真尝试去解释，会发现最终还是（跟上述物理学知识的情况一样）借助于对经验观察的归纳，还是没有坚实的依据。在有关“休谟问题”的解释中，人们常用“太阳从东边升起”

① [英]休谟，《人性论》，吴文运译，商务印书馆1982版，第107页。

② [奥]鲁道夫・哈勒著，《新实证主义》，韩林合译，商务印书馆1998年版，第27页。

这个例子，这件事同样没有可证明的确定性：姑且不说过去无数次重复之不足采信，即使援引物理学的定律、太阳系的秩序，这些东西为什么是不可改变的？仍然需要作出解释——既然以往的哲学在解释“偶然性”时常用“某事之不发生、不出现是可以想象的”之类思维方式，同样地，物理学规律之失效、太阳系之失序也是可以想象的。在这里所说的，还不是可能出现的“行星撞地球”这类偶然事件对地球的秩序、太阳系的秩序所造成破坏（那当然也构成“明天太阳不再升起”的可能性依据），而是说，即使没有任何偶发事件，随着时间的推移，如同人、花、物被时间所侵蚀那样，世界的规律性本身和确定性本身也将受到时间的侵蚀并逐渐丧失殆尽——这绝非虚无主义的“呓语”，而是基于理性自身的前提和方法所得到的不可避免的推论，恰恰需要理性来予以否证。

这是最根本的难题，休谟本人或许并未触及到它，鲁道夫·哈勒在《新实证主义》提出了上述相当尖锐的问题，也仅仅是从“我们不曾经验过的事例为什么会类似于我们经验过的事例”的意义上来作出阐释。毕竟，对以往的哲学（包括“新实证主义”）而言，原本也不存在“对时间本身发问”的可能性——因为它们没有（也无法）像康德那样把时间当作一个最重要的对象来予以研究。但是，按照休谟的思想方法，这也是无法回避的议题。这与人们关于“过去的时间是否真实”的问题有相似之处。为什么可以“针对时间发问”？因为我们都承认“时间无时无刻不在变化”，那么，这个“变化”究竟指的是什么？是不是意味着“未来的时间”不同于“过去的时间”？当我们要求“未来将会符合过去”时，又要求的是什么？这些问题只有在对时间空间达到全新的理解之后才有可能获得有意义的解答。

6、支持休谟的经验事实。

除了上述理论上的难度，心理学中的经验事实上也有支持休谟把“因果关系视为心灵的习惯”的例证。著名的巴普洛夫经典条件反射实验就是一例。只要在给狗喂食的同时总是响起铃声，在多次重复之后，狗听见铃声就跟见到食物一样会分泌唾液。铃声原本与分泌唾液没有丝毫的关系，但借助与食物同时呈现的方式，让狗在铃声与进食之间建立起“心理的预期”、养成“心灵的习惯”，于是，铃声就能作为原因，给狗造成分泌唾液这个物理性的结果，两者能在反复的相继出现中被“证实”为具有固定的因果关系（其因果性所包含的物理性质的关系丝毫不亚于“太阳晒石头热”）。但对另外的狗来说，这个因果关系又完全是没有的，这说明铃声与分泌唾液的因果关系仅仅是受测试的狗的个体的“习惯性倾向”。波普尔在《猜想与反驳》中讲了另一个条件反射的例子，却被错误地用来反对休谟（即“至少有某些经验事实不支持休谟的观点”）：“把一支点燃的香烟放在幼犬的鼻子旁边，它马上就嗅，然后跑开；随便什么都无法引诱它回到气味的所在地再去嗅。几天以后，只要看到一支香烟，甚至一个白纸卷，它仍会作出反应：跳开，打喷嚏”[①]。波普尔认为这个例子说明，只要有一次留给人印象深刻的观察就能够造成了一种信仰或期望，从而引起了重复，即习惯性的心理期望造成了重复现象，而不是休谟所说的“由于重复产生了习惯性的因果联想，从而变成一种常识”——原来，波普尔仅仅是在“究竟是心理预期产生重复现象还是重复现象产生心理预期”的问题上反对休谟的。但这并不是重点。如何能够形成心理预期？是通过多次重复现象还是一次“印象深刻的刺激”？都有可能（既有“望梅止渴”的成语，也有“一朝被蛇咬、十年怕井绳”的谚语），关键是（这一点为大家所公认）：心理预期一旦形成之后，它就能带来“重复现象”，尤其是，这个现象还是在物理层面上表现为前因后果的因果关系（分泌唾液已经是物理性质的现象，在“望梅止渴”的例子中，一个人无法用意愿来阻止自己分泌唾液，可见该反应已非主观意愿），因而都符合休谟否定因果关系的客观性、把它视为“心理预期”、“心灵习惯”或主观上的“习惯性倾向”的解释。

以上几点已经能够说明休谟问题的困难之处，还好休谟放过了数学，他承认数学知识是可靠的（估计他是不愿意让自己显得过于“疯狂”——尽管他已经被贬斥为“精神分裂”了）。实际上，按照他的思想方法，数学也是“在劫难逃”的。因为什么是数？有谁直接感知到“5”这个东西？它跟“因

① [英]卡尔·波普尔著，《猜想与反驳：科学知识的增长》，傅季重、纪树立、周昌忠、蒋弋为译，上海译文出版社2005年版，第62页。

果关系”一样看不见、摸不着，甚至比后者更像是纯粹的思维产物。如果仔细体会上述思维过程，将不得不承认，休谟思虑之深之妙令人深感敬佩，同时也让人看到了真正意义上的哲学思辨之独特魅力。

三、休谟问题的意义。

休谟问题所带来的诘难，无疑是一件足以“引起震惊”并“立刻会变成最高程度的尊敬或鄙视”的事情（如休谟本人所预料的那样），长期以来令人束手无策，但其“危害性”却是显而易见的，因为一旦因果关系的客观实在性和普遍必然性遭遇有力的质疑，并且理性不能依据自己的原则来作出圆满的解释，理性本身的有效性和权威性也将遭遇威胁，因此被认为是“使人类的理性蒙受了巨大的耻辱，也几乎挖空了人类科学大厦的根基，使其面临坍塌的危险”[①]。这个评价并非危言耸听，因为如果休谟是对的，这意味着自柏拉图、亚里士多德以来西方理性传统中对于知识的普遍必然性的追求是徒劳无益的幻象，而一旦失去普遍必然性，知识的尊严将荡然无存。一般而言，休谟被认为是“不可能被驳倒的”、他挑战的是人类理性的“极限”。但是，对于如此重大的问题，人们不是选择勇敢地迎接他的挑战，反倒是怯懦地把他的因果性理论贬斥为“一种怀疑主义，这一理论不但败坏宗教，而且违背常识”、“休谟的怀疑主义体系没有为人们相信任何东西留下丝毫余地”[②]等等。罗素更是把休谟的“破坏性”说成是“在这样的自我否定理性精神的后面跟随着非理性信念大爆发，是必不可免的事……整个十九世纪内以及二十世纪到此为止的非理性的发展，是休谟破坏经验主义的当然后果”（见罗素《西方哲学史》第十七章“休谟”）。令人费解的是，休谟的因果性理论所展示出来的理性思辨是如此优美、如此令人赞叹，怎么就成了“自我否定理性之精神”？“整个十九世纪内以及二十世纪”非理性信念之“大爆发”又如何能归咎于他？理性与非理性好比两军对垒，休谟站在理性这一边以惊人的洞察力指出理性阵营中的缺陷，人们非但没有致力于弥补缺陷，反倒予以贬斥；等到100年以后非理性攻城略地之时，人们又回过头来指责他

① 王刚，“休谟问题研究综述”，自然辩证法研究，第24卷第3期，2008年3月。

② 骆长捷著，《休谟的因果性理论研究》，商务印书馆2016年版，第46、58页。

（因对理性阵营的缺陷发出警讯而）是理性溃败的根源——罗素所代表的上述观点差不多就是如此这般的做法。既然被贬斥为“彻底的怀疑论的”、不可信的，休谟理论的意义遭遇到较为普遍的忽视（尽管康德以后始终有哲学家在尝试解决休谟问题），似乎该理论“只是对洛克所采取的观念理论的发展”、只是“将英国经验主义传统发展到极端”，而其中“积极的因素”，似乎也只是“它启发了康德哲学。黑格尔就是这样来理解休谟的怀疑论的历史意义的”①。

正是对休谟的忽视，使得后来的哲学中屡屡出现我们在绪论中所指出的“第三种观点”的理论，它们“汲取以往某个理论的积极的因素，摈弃其消极的因素，同时兼有其它理论的积极的因素，又避免了其它理论的消极的因素”，使自己看上去面面俱到、无懈可击（就像对某物“既承认它是动物又承认它是植物”的“第三种观点”那样），却全然不顾不同理论的“积极的因素”何以能融贯一致地“拼接”在一起——人们甚至不觉得这个做法有何不妥，反倒把它当作“赞誉”用于对那类理论的评价（如绪论中所举的人们对孔德的评价那样）。我们曾在绪论中谈到，除了独断地想要“悬搁一切判断”的虚无主义之外，哲学的真正敌人就是这类“第三种观点”——因为“第三种观点”不仅消解了哲学的问题，也败坏了思辨的意义。而休谟的怀疑精神和思辨方式，原本是对付这两个敌人的最为有力的武器。

休谟之于康德的意义，最常被引用的一句话，就是康德自己说的：“是休谟惊醒了我的独断论迷梦”。事实上，康德十分敏锐地看出了休谟给形而上学乃至人类理性的致命打击，他也正是为了迎接休谟的挑战并拯救人类知识大厦于“狂澜之既倒”而创立他的先验哲学的。低估了休谟问题的破坏力，也就低估了康德“力挽狂澜”的意义。不过，人们对待休谟的理论有两个研究的方向，一个方向是对休谟问题提出解决方案，有关尝试被概括为辩护、否定和消解三个类型（康德的解决方案被当作辩护类型之一），但在公论中都被认为是不圆满的②，另一个方向是对休谟理论作出新的解读，以发掘

① 骆长捷著，《休谟的因果性理论研究》，商务印书馆2016年版，第61–62页。

② 王刚，“休谟问题研究综述”，自然辩证法研究，第24卷第3期。

休谟理论中的积极的、建设性的因素（比如从根本上否定因果性的存在以适应现代物理学的某些成果）。但是，这些研究都没有沿着康德已经开辟的道路来展开。

第二节　休谟问题不是归纳问题

休谟问题究竟是因果问题还是归纳问题？在哲学史上，康德最先把休谟问题归结为因果问题，波普尔则最先归结为归纳问题。此后“绝大多数哲学家把休谟问题界定为归纳推理的有效性问题。这个问题可以表述为：在归纳推理中，对于从已观察到的事实到未观察到的事实的推断，我们有什么恰当的证据？”[①]。这方面最具代表性的哲学家除了波普尔本人，还有罗素、卡尔纳普等，都属于现代哲学家。这也不难理解，基于现代哲学的反形而上学的立场，人们不谈论（不承认）“因果性”这类概念，感兴趣的自然是归纳问题。加之波普尔提出了他的著名的“猜想——反驳”方法论纲领，极富创见，因此影响广泛。我认为，波普尔基于反归纳主义的立场，错误地把休谟问题归结为归纳问题，把休谟对因果性的怀疑引向对归纳的有效性的怀疑。这于他的方法论纲领来说，其实是没有必要的。

一、波普尔的解释。

我们先来看看波普尔对这个问题的解释，看看他为什么说休谟问题是归纳问题。他当然承认可以是因果问题（这是休谟本人有过清晰表述的），只不过，他认为虽然表面上看是因果问题，实质上却是归纳问题：

“人们可以论证，如果因果关系问题能得到肯定解答，如果我们能证明原因和结果之间存在一种必然联系，那么，归纳问题也将得到解决，并且是肯定的解决。如果是这样，他就可以说，因果问题是更深刻的问题。……”

已知某些推测性的规则和初始条件，它们允许我们从我们的推测中推演预测，我们可以把这些条件称为（推测的）原因，把预测的事件称为（推测的）结果，靠逻辑必然性把它们联系起来的那个推测，就是长期探索的（推

① 王刚著，休谟问题研究综述[J]，自然辩证法研究，第24卷第3期，2008年3月。

测性的）因果间的必然联系。

这表明，使用休谟对归纳问题的否定的解决方法比使用他对因果关系问题的否定的解决方法，我们能获得的更多；因此，我们可以说休谟的归纳问题是'更深刻的'问题，是隐藏在因果问题'后面'的问题”。①

波普尔在这里的论证是这样的：1、通常认为，只要因果问题得到肯定的解答，归纳问题也就能得到肯定的解答，因此因果问题比归纳问题更深刻；2、但事实上，归纳问题只能给出否定的回答（这也是休谟的意见）；3、归纳问题比因果问题有更大的覆盖范围，因为在归纳法运用的对象中，有些是有因果关系的，有些是没有因果关系的。可见归纳问题是比因果问题“更深刻的”、是隐藏在因果问题“后面”的问题，休谟如果是否定归纳问题，将比否定因果问题更具有普遍性。

波普尔认识到了因果的必然性与归纳的合法性之间存在巨大鸿沟，所以他承认休谟对归纳问题的否定是正确的（第2点）。对于第3点，波普尔基于“猜想——反驳”的方法论认为，可以在归纳的必然性被否定的情况下用推测性的规则和初始条件来替代因果必然联系。也正是因为这一点，他得出归纳问题是隐藏在因果问题后面的更深层次的问题（因为似乎能从归纳问题推出因果问题）的结论。我认为，这个推论是不能成立的（也与波普尔自己最终取消归纳法的立场相抵触）。

波普尔的这一句话“使用休谟对归纳问题的否定的解决方法比使用他对因果关系问题的否定的解决方法，我们能获得的更多；因此，我们可以说休谟的归纳问题是'更深刻的'问题，是隐藏在因果问题'后面'的问题”说得比较含糊。这显然是波普尔的“设想”：假如休谟否定的是归纳法，将比否定因果关系“更深刻的”，让“我们能获得的更多”。波普尔急于打破逻辑实证主义的经验证实原则，不惜拉上休谟这个帮手。他的经验证伪原则原本已经相当的不同凡响了（我们深表赞同），他完全可以更为直接地宣称“归纳问题是'既没有归纳、也不是问题'”。实际上，归纳法是否成立与

① [英]卡尔·波普尔著，《客观知识》，舒炜光等译，上海译文出版社1987年版，第97页。

因果关系是否存在并无关联，即前者的真假与后者的真假并无相关性——简明地说，即使因果关系是存在的，归纳法也是不能成立的。

二、因果问题和归纳问题的关系。

因果问题与归纳问题的关系很复杂，这里只简略地列举以下理由：

首先，作为休谟问题，因果问题和归纳问题是不等价的——因果问题是指因果必然性是否存在的问题，归纳问题是指从单称陈述能否推出全称陈述的问题，对前一个问题的肯定或否定，不能推出对后一个问题的肯定或否定。反过来也是一样。比如假设因果必然性是存在的，由于因果关系是现象界众多关系中的一种，众多其它关系的单称陈述仍然不能推出全称陈述。比如我们相信因果关系是客观必然的，但不会因此相信“这只天鹅是白色的，因此所有天鹅是白色的”；假设因果必然性不存在，我们还是可以相信“这个单身汉是未婚的，因此所有单身汉是未婚的”。反过来，假设归纳法是成立的，因果必然性也无法得到保障。比如因为我看见“这个人是没有羽毛的两足动物”，我可以相信“所有的人是没有羽毛的两足动物”，但是，“人是没有羽毛的”与“人是两足动物”之间却没有因果必然性（因为“有羽毛且两足”的动物比比皆是）；假设归纳法是不成立的，因果必然性却仍然有其存在的可能性。这都无须举例的，因为我们正在谈论的就是归纳法本来就不能成立，但因果关系却是客观必然的。

其次，从逻辑上看，承认因果必然性的表述将用到“肯定且为真的全称陈述”，因为因果必然关联将被改写为一个肯定且为真的全称陈述，比如“所有的原因都是有结果的”这样的句子。因此承认因果必然性，必须承认存在“肯定且为真的全称陈述”。但是，真的全称陈述是否存在，与“从单称陈述能否推出全称陈述”也根本是两个问题——对前一个问题的肯定不能推出对后一个问题的肯定，就好比“马里亚纳海沟是存在的”与“坐飞机能否到达马里亚纳海沟”的问题并不相干。

第三，“对于从已观察到的事实到未观察到的事实的推断”这类表述是含混不清的。如果是指归纳法中的简单枚举法（只有简单枚举法是真正意义上的归纳。因为另一个“科学归纳法”，那是在承认存在并依靠因果必然联系来增进其结论的有效性的方法，它的有效性不是来自归纳本身，而是来自因果必然性），那么，“从单称陈述能否推出全称陈述”根本就不是问题，因为逻辑学早有结论：单称陈述不能推出全称陈述。这一点波普尔及后来的研究者当然都是知道的（波普尔反对归纳法），不过，由于现代哲学的反形而上学立场，在他们的词库中没有“因果性”这类语词而只有“单称陈述”、“全称陈述”这类逻辑术语，自然科学又承认规律的普遍有效性，于是他们只能研究从“单称陈述”通达“全称陈述”的方法，比如尽管不能由此及彼，但基于“概率意义上的逻辑演算”，仍有“强证实”与“弱证实”之分等等。后来的研究已经被转化成了概率论等数学问题，距离休谟就更加遥远了。

第四，波普尔指出，单个事例对全称陈述虽然不能“证实”，但是可以“证伪”，并且明确提出“分界问题”，即在科学与非科学或伪科学之间的分界的“可证伪性标准”，较之逻辑实证主义的“可证实性标准”，是科学观上的一次重大的进步。但是，“证伪”的依据是“任何包含了假的单称陈述的全称陈述是假的”，这与因果关系是否存在、因果关系有无必然性毫无关系。信奉因果关系的科学家和信奉“约定论”的科学家都承认他的“证伪主义”。

第五，以上理由是如此简单，以至于我们需要解释“为什么波普尔会弄错”？我想，首先是（如上所述）现代哲学根本不承认因果性概念，波普尔只会对休谟问题中的“归纳问题的元素”感兴趣；其次是波普尔真正想要研究的，是从逻辑实证主义的经验证实原则过渡到他的经验证伪原则，休谟问题不过是他的研究的一个切入点，假如把他的书中关于休谟的字句全部删掉，丝毫不影响他的论证和结论。

简言之，因果问题的实质是因果性是否客观存在的问题，归纳问题的实质是归纳法作为找到因果关系的一种方法是否有效的问题。归纳法（当然是指最纯粹的简单枚举法）只能是找到因果关系的一种辅助的方法，并不具有普遍的有效性。休谟之质疑的，是因果性的客观性，并非找到因果关系的方法的有效性。显然，因果性的客观性是先于找到它的方法的有效性的。

从以上分析看，波普尔没有（也无意于）解决休谟问题，他只是利用休谟的强有力的怀疑来支持自己的反归纳主义的主张。

第三节　新的时空观对休谟问题的化解

康德为休谟问题提出了一个解决方案，他把因果性作为“人为自然立法”的“法律条文”之一，即不是事物之间有无因果必然联系的问题，而是事物之所以成其为事物（现象），就是按照包括因果性范畴在内的人类知性的要求而呈现出来的。不过，这个方案固然是合理的、成立的，但是，康德的先验哲学中被后世曲解为唯心论和心理主义的那些成分，仍然会令休谟“心有不甘”：休谟并不否认因果关系是存在的，他只是把它归于“心灵的倾向”、“习惯的想象”——他或许会要求康德进一步说明作为“人的主观性状”的时间空间直观形式和源自“先验自我意识”的知性范畴与休谟自己的“心灵倾向”之间有无本质的差异。这既是后来的人们把康德误以为是“心理主义”的原因，也是我们把康德的革命更加彻底地贯彻下去的必要性之所在。

我们在前面推演出的因果性范畴的一般性定义，即因果性是物与物之间的力和变化的前后相继，其中，在前的交互作用的力是原因，在后的物与物的变化是结果。如果不能回应休谟的质疑，这个定义也将是没有意义的。好在我们具有以往任何哲学所没有的有利条件，即找到了包括物质、思维和语言在内的一切现象的共同基质——时间空间。因果性无论是作为思维的观念还是作为实在的对象，都获得了能够在时间空间的共同基质之上来予以探讨的可能性。休谟对因果性的质疑是包含两个方面的，一是对其客观实在性的质疑，认为因果关系是“心理预期”等主观的东西，并非客观地存在于现象之中的东西；二是对其必然性的质疑，认为不仅原因与结果之间没有前后相继的必然性，而且过去、现在的事例在未来发生也没有必然性。我们将对这两个方面的质疑都予以化解，惟其如此才有可能从根本上解决“休谟问题”。考虑到在表述上更有针对性，我们将按照上述“休谟问题的真正困难之处”所开列的那六个问题的顺序来回答：

一、关于“人何以知道有‘因果关系’这样东西？”

休谟否认因果关系的客观实在性所依据的，是经验论的基本原则，即“一切知识都来源于感觉经验”。但是，我们在上一章已经证明了这个原则是不完备的，即知识必须借助于感觉经验以外的东西才能形成并为我们所获得。既然如此，没有被我们直接感知到的东西就有可能是存在并有可能作为知识而为我们所认识的。可见，因果关系之存在无须借助感觉经验来确认。

二、关于“前后相继的现象之间何以有关联？”

首先，我们清楚明白地看见了前后相继的现象，也看到了现象所发生的变化。仍以台球为例，我们看见了“台球A从运动到静止”的变化——这一点确定无疑，根据“力与变化等价性定律”，有变化就有力，我们要问：台球A从运动到静止的变化意味着台球A受到了力的作用，这个力必定是新增的（因为如果不是新增的，台球A将保持运动不变），那么，这个力从哪里来？同样地，台球B从静止到运动的变化也是清楚明白的，它的规定性也发生了变化，也意味着它受到了新增的力的作用，这个力又从哪里来？我们不能断定台球A（或者台球B）受到的力必定来自于台球B（或者台球A），但是能够断定台球A（或者台球B）必定受到了外力的作用，由此能够得出结论：台球A的变化必定与某件事有关，台球B的变化也必定与某件事有关。以上论述已经排除了上述困难中作为“完全可以设想”的“台球A滚动到台球B面前‘自动’停止下来，接着台球B‘自动’开始滚动起来”的可能性，而且，我们已经证明了两个台球的变化必定与某件事有关。至于具体是什么事情，以台球A和台球B这两个具体的对象来说，就成了经验科学具体去查证的工作了——严谨的人不会仅仅因为看见两球相撞就把它当作与之有关的事情（毕竟不能排除魔术表演的可能性）。哲学出于恪守其本分的考虑（即只研究先验的东西，不针对经验现象的具体内容下判断），也无意去越俎代庖、妄下判断。

其次，经验科学家经过严格的查证，发现在“台球A从运动到静止”和“台球B从静止到运动”的过程中，只有“台球A与台球B两相碰撞”这件事情发生过，于是我们断定“台球A和台球B是有关联的”。即使另外的经验科学家又找出了桌面上的某种暗藏的“机关”，对我们而言并无妨碍，我们把断言修改为“台球A和台球B与某‘机关’有关联”——本来，我们只需得到“台球A和台球B必定与某件事有关”即可，具体是什么事，从来都以经验科学家的查证为准。

第三、既然台球A和台球B的变化必定与某件事有关，根据因果性范畴，“某件事”就是原因，台球A的变化和台球B的变化就是结果——我们由此引出了在“台球A从运动到静止”和“台球B从静止到运动”的过程中存在因果关系这个结论，这也是哲学所能要求的结论，至于“某件事”具体是什么，理应交给经验科学去查证。也许有人会说，你说“台球A的变化”必定与某件事有关，为什么不是与某个物有关？如果是与某个物有关，就不能成为原因了（原因只能是事情）。但是，说“台球A与某个物有关”，其实就是在说台球A与某个物之间发生了某件事，因为事情本来就是物与物的关系（按照前面对关系范畴的定义，本来就是物与物的同时并存即交互作用）。

三、关于“为什么原因必然会伴随结果？”

如上所述，这个是以往以语词和语义为研究对象的哲学所无法企及的难题，因为既然原因与结果是前后相继的，那就是两个不同的东西，也是两个彼此外在的东西，姑且不说定义上的上述两难，即使诉诸自然科学，哪怕承认有“力”在里面发挥作用，仍然无法回答作为原因的力的作用为何必然会伴随作为结果的某种反应。但这个问题对“新时空观体系”的新的因果性范畴来说，是可以被化解的。

首先，原因是在前的交互作用的力（即对象化的事情），结果是在后的变化。根据“力与变化等价性定律”，力与变化是等价的，是“时间空间互为规定性”的“一体两面”的不同显现：从时间规定空间的角度看是力，从空间规定时间的角度看是变化——既然如此，力与变化的对应关系当然是必然的；其次，出于简明，仍以台球为例：作为原因的事情是台球A逐渐靠近与台球B直至相撞的全过程（基于前面第十章等处的说明，该事情是由“台球A逐渐靠近台球B”和“台球A撞击台球B”两个部分构成，并在相撞时完成），结果则是“台球A静止”和“台球B滚动”。这里只需讨论相撞时的情形：从台球A的角度看，相撞的交互作用使它获得一个新的力（即与其滚动方向相反的力），该力对应的变化是“台球A从滚动到静止”（该力与该变化是必然的关系）；从台球B的角度看，相撞的交互作用使它获得一个新的力，该力对应的变化是“台球B从静止到滚动”（该力与该变化是必然的关系）——从两个角度看，原因与结果之间都是必然的关系；第三，特别要澄清的是，在相撞中，绝不是台球A把一个力“传递”给台球B，而是台球A与台球B在交互作用中形成了交互作用，该交互作用对台球A和台球B分别施加的力是等同的（见第八章“时间并存性定律”），且同时并存的。因为力的“传递”指的是从一个物传递给另一个物，而两个物彼此外在，因此该“传递”并无必然性——也正是因为如此，因果链才是有可能终止的。对于彼此外在的两个物，人们按照休谟的思想方法仍然可以问：“为什么一个物的力能够必然地传递给另一个物”？但这里并没有什么“力的传递”，而是基于时间的同时并存性的交互作用的力——同时并存就是交互作用，因此不存在“为什么同时并存就必然会有交互作用”的问题。力的传递仅仅是在因果链中发生，仍以路灯为例（仅是形象的比喻），由于电路中断，电流无法传递到某一个路灯，对该路灯来说当然就谈不上“通电”与“发亮”的关系问题（也就既无原因也无结果）。一旦通电，则“通电”必然对应“发亮”（因两者本来是一回事），原因仍然是必然地带来结果。

概括地讲，根据新的因果性范畴，原因是交互作用的力（交互作用之由来则追溯到时间的并存性），结果是交互作用的物与物的变化（通常把台球A撞击台球B的结果理解为台球B滚动起来，实际上结果也包括台球A停下来）。这当中的因果关系是：其一，事情（原因）发生、变化出现；其二，基于“力与变化的等价性”，事情（原因）发生与变化出现是一回事；其三，故此，有原因必然有结果；其四，为什么会有“前因后果”之说？在第十章我们解释过了，是因为事情的形成过程先于事情的完成，人们通常把事情完成之前、构成事情的某个组成部分当作原因了（即把“台球A滚动”当成了原因）。

相比以往哲学的困难之处即既承认有原因，也承认有结果，但两者之间的必然性却无法建立起来，上述论证之独特的优越性是显而易见的。

四、关于“因果关系本身何以具有不变性和普遍性？”

我们在第四章解释本书“推出范畴”的方式时说过，我们将通过找出时间空间的性质及其样态的综合来为找到的东西命名。这意味着范畴在现象之中具有客观实在性和普遍有效性。同样地，因果性范畴也是基于时间空间的性质而在现象中被找到的东西，因此在所有现象中只要符合因果性范畴的特征，都是“同一个因果关系”。至于因果关系本身是否变化的问题，只要回顾一下“现象（或一个物）何以无时无刻都不在变化之中”这个结论的由来就很清楚了：现象之所以变化，是因为作为一个物必须遵循时间不可逆定律，一个物（即“一个时间贯串着一个空间”）必须兼有一个时间和一个空间才谈得上遵循时间不可逆定律。因果关系本身不是一个物，是物的一个性质，当然不具备遵循时间不可逆定律的条件，也就不是“无时无刻不处于变化之中”。对此，我们在第十六章“质的范畴及其阐明”中关于“观念性的表象不遵循时间不可逆定律和并存性定律”的那部分阐明已经有过阐释。至于“台球A撞击台球B”的因果关系与“太阳晒石头热”的因果关系是不是同样的因果关系，只要追溯到“力与变化”上来加以审视，就一目了然。

五、关于“为什么‘未来’与‘现在’符合一致？”

上面说道，这个问题是对世界的确定性的追问——人类理性所追求的确定性如同规律性一样，也是可以怀疑的。好在“新时空观体系”中的“力与变化等价性定律”及其推论为世界的确定性提供了根本的保障（如前所述，该定律的推论“在已知的过去与未知的将来之间构建了一道有迹可循因而是清晰明确的桥梁”）。首先，时间不再是一个“整全”的东西，它包含了三个样态：相继性、并存性和持存性。过去的时间、现在的时间和未来的时间都同样包含这三个样态——如果新增或减少某个样态，就意味着“变化”，“变化”就必然有新增的力，而时间（规定空间）是现象界最基底的力，没有（或说理性不承认有）比时间更基底的力来改变时间本身[1]。同样地，时间的相继性、并存性和持存性的性质在过去、现在和未来也必定是相同的，

① 我们将在第三十一章定义“何谓理性”，理性的对象是且仅是时间空间及其性质。

否则也意味着“变化”，也需要有比时间更基底的力施加作用（这是不可能的）。因此，时间及其性质在过去、现在和未来必定是相同的、符合一致的。这当然也证明了“过去的时间是真实的”（“过去是否真实”曾被当作哲学问题而为哲学家所谈论），因为如果说“现在的时间是真实的”，那么与“现在的时间”符合一致的“过去的时间”也必定是真实的；

其次，时间空间是一切现象的基质。时间保持不变，基于同样的理由，空间的规定性（就其样态和样态的性质而言）在过去、现在和未来也将保持不变。因此，从相同的基质上看，一切现象在过去、现在和未来将保持相同的生成机制、变化机制。这意味着，人类依据过去或现在的一切现象的特征所获得的认识如果是正确的和有效的，那么在未来仍将是正确的和有效的——人类知识的确定性由此得到根本性的证明。

以上四点（上述第二到第五点）已经证明了因果性的客观实在性和原因与结果的必然性。

六、关于“支持休谟的经验事实”。

上述“条件反射”的生理学实验证明了“主观联想有可能带来客观实在的因果关系”，休谟主张因果关系是主观联想，上述实验就构成了他的旁证。但是，一旦我们证明了因果关系是发生在对象之间的，具有客观实在性和必然性的，那么，上述实验就与这个结论无关了：上述实验是关于因果关系之建立的某个可能的方式、来源，与因果关系本身是否客观实在，并无关联。

七、对“同因必同果”的证明。

我们证明了原因与结果之间的必然性，即证明了“有因必有果”，但是，还有一个问题：相同的原因是否有相同的结果？毕竟，有结果和有相同的结果是不同的两件事情。实际上，“同因必同果”的信念与“有因必有果”的信念同等重要。很多时候人们谈到“有因必有果”时，隐含的所指就是“同因必同果”。这个信念对于自然科学来说也是基础性的。科学实验要求可重复验证，这个要求的依据是什么？正是“同因必同果”。如何证明这个信念？还是依据“力与变化等价性定律”：基于有力就有变化的原理，如果相同的原因没有带来相同的结果，这也是出现了“变化”，也必定出现了其它的“力”，因此，要么为这个“力”找出其它的来源（比如我们所说的不同的条件），要么承认这个“力”不可能凭空出现、因而承认“相同的原因必然带来相同的结果”。因此，“同因必同果”的完整表述是：“在相同的条件下，相同的原因必然带来相同的结果”。

八、关于“纯粹自然科学是如何可能的”？

上述对因果性、规律性和确定性的客观实在性和普遍有效性的证明，已经为“纯粹自然科学是如何可能的”这个问题完成了主要部分的证明。由于这个问题比较重要，我们放到本书“结语”部分再作完整的表述。

综上所述，我们有理由相信，“休谟问题”已经得到了有效的化解，这也再次体现了“新时空观体系”的有效性。我们认为，“休谟问题”的意义和价值不会因此受到削弱，反而得以进一步彰显出来，因为这表明，理性能够解决在它的领域内的所有问题（包括为它自己的领域划出界限）。

第二十四章　连续性的原理

我们在前面依据“时间的相继性与空间的点相叠加”得到作为质的性质的连续性（见第十六章“质的范畴及其阐明”中的观念性范畴）。连续性无论是对数学、物理学还是先验哲学，都是很重要的概念。本章集中来谈论一下。

第一节　康德对连续性的论述及现代物理学对连续性的否定

在《纯粹理性批判》中，康德主要集中在“一切纯粹知性原理的体系”中有关“知觉的预测”和“按照因果律的时间相继的原理”这两个部分来谈连续性的问题。他在“知觉的预测”部分，主要是在解释或证明“在一切现象中，实在的东西作为感觉的一个对象具有内包的量，即一个度”[①]这个原则是对连续性的意义做出阐释的。这个原则主要是为了论证“现象的预测”这个原理。这个原理被当作“所有纯粹知性原理”的四条原理（即直观的公理、知觉的预测、经验的类比和一般经验性思维的公设）之一，可见其重要性。所谓“知觉的预测”，康德的表述是，“我能够用来先天地认识和规定那属于经验性知识的东西的一切知识，我都称之为预测”、“我们之所以有可能把空间和时间中的纯粹规定不论就形状而言还是就量而言称之为现象的

① [德]康德著，《纯粹理性批判》，邓晓芒译，杨祖陶校，人民出版社2004年版，第157–158页。

预测，是由于它们先天地表象出那总是可以在经验中后天地被给予的东西。但假定毕竟有某种可以在任何感觉上、即在一般感觉上（而不一定给出一个特殊的感觉）先天地认识的东西，那么它就会在特别的理解中值得被称为预测，因为在恰好与我们只能从经验中获得的经验质料相关的东西中，却要抢先于这个经验，这是显得有些奇怪的。而这正是这里实际发生的事”[①]。何以能实现“知觉的预测”？其依据就是上述原则中的“实在的东西作为感觉的一个对象具有内包的量”。而所谓“内包的量”，指的就是连续的量——是现象的实在性的量的连续性，保证了康德所说的“知觉的预测”。这里的预测不同于我们通常所说的预测（比如“我预测明天会下雨”）。形象地讲，假设我看见深红色和白色（白色为无色），那么，我能预测在深红色与白色之间一定有桃红色、浅红色、淡红色等等中间色度的颜色（尽管我并没有实际见到）。这是“先天知识”能够“抢先于经验”而得到原本“只能从经验中获得的经验质料相关的东西”。不言而喻，这个原理是从先天知识通达经验知识的一个重要的渠道，使得先天知识不仅没有脱离经验知识，反而能对经验知识发挥指导作用。

现在的问题是需要证明“一个现象的实在性的量何以是连续的”。康德是从经验性意识的感觉入手的，他说“凡是在经验性的直观中与感觉相应的东西，就是实在性”[②]，如果感觉经验是连续的，当然实在性的量就是连续的。而感觉经验是不是连续的呢？康德做了许多说明，简略地讲，“任何一种感觉都可能有某种减小，以至于它可以削弱因而逐渐消失。因此在现象中的实在性和否定性之间就有许多可能的中间感觉的某种连续的关联，它们的相互区别越来越小，小于给予的感觉和零之间，或者和完全的否定之间的区别”、“我把那种只是被领会为单一性，并且在其中多数性只能通过向否定性=0的逼近来表象的量，称之为内包的量。所以，现象中的任何实在性都有

① [德]康德著，《纯粹理性批判》，邓晓芒译，杨祖陶校，人民出版社2004年版，第158–159页。

② [德]康德著，《纯粹理性批判》，邓晓芒译，杨祖陶校，人民出版社2004年版，第159页。

内包的量，即有一个度”、“任何感觉，因而甚至现象中的任何实在性，不管它是多么地微小，都有一个程度，也就是有一个内包的量，而这个量还可以一直消失下去，而且在实在性和否定性之间有一个各种可能的实在性及各种可能的更小知觉的连续的关联。每一种颜色，如红色，都有一个程度，它不论多么小，也永远不是最小，这同样也是热、重力的力率等等一切场合的情况”[①]。

康德关于连续性的表述还包括：“量的这样一种属性，即据此它们身上的任何一个部分都不是可能最小的部分（任何部分都不是单纯的），就叫作量的连续性”，并且“一切现象一般说都是连续的量”[②]。在“经验的类比”部分，康德还谈到“一切变化的连续律”这个重要的概念，他说：“这就是一切变化的连续律，其依据是这样的：时间以及时间中的现象都不是由一些最小的部分构成的，而物的状态在其变化时却毕竟经由所有这些作为要素的部分而过渡到了它的第二种状态；现象中实在之物的区别正如时间中量的区别一样，没有一个是最小的，所以实在的新状态是从它还不存在的前一状态开始，通过其所有无限种程度而形成起来的，这些程度相互之间的区别全都比0和a之间的区别更小。”[③]在这里，“一切变化的连续律”（简言之即“一切变化是连续的”）是一个与“现象的实在性的量的连续性”相并列的另一个关于连续性的论断，从康德在“第二类比”中的论述看，其依据是：“一物从一个状态a过渡到另一个状态b。在两个瞬间之间总是有一个时间，而在两个瞬间的两个状态之间总是有某种区别，它含有一个量（因为现象的所有部分仍然还是量）。所以从一个状态到另一个状态的任何过渡总是在两个瞬间之间所包含的时间中发生的，其中第一个瞬间规定着该物从中走出来的那个状态，第二瞬间规定着它所达到的那个状态。因此这两者就是一个变化的

① [德]康德著，《纯粹理性批判》，邓晓芒译，杨祖陶校，人民出版社2004年版，第159–169页。

② [德]康德著，《纯粹理性批判》，邓晓芒译，杨祖陶校，人民出版社2004年版，第161–162页。

③ [德]康德著，《纯粹理性批判》，邓晓芒译，杨祖陶校，人民出版社2004年版，第189页。

时间界限，因而是两个状态之间的中间状态的时间界限，并且作为这种时间界限是共同属于这整个变化的。于是每一个变化都有一个原因，这原因在变化所发生的整个时间中表现出它的因果作用。因此这个原因就不是突然地（一下子或在一瞬间中）产生出它的变化来的，而是经过一个时间，正如时间从a这一切初始瞬间一直增长到它在b中结束一样，这个（b减a的）实在性的量也是通过包含在最初和最终之间的所有那些更小的程度而产生出来的。所以一切变化都只是通过因果作用的连续动作才可能的”[①]。在有关必然性的范畴的论述中，康德引用过“世上没有偶发的跳跃”和“没有偶发的裂隙”这两条法则。他说：“连续性原则禁止在现象系列中（在诸变化中）有任何跳跃（in mundo non datur saltus），但也禁止在空间里的一切经验性直观的总和中在两个现象之间有任何空缺或间隙（non datur hiatus）”[②]，说的就是运动的轨迹不可能出现“跳跃”或“裂隙”的情况。

康德的上述观点，归纳起来，一是“一切现象的实在性的量都是连续的”，二是“一切变化都是连续的”。关于这两个观点的证明，他把对前者的论证诉诸于感觉经验的“某种连续的关联”，对后者的论证诉诸于“因果作用的连续动作”。不过，康德之所以提出这两个观点，主要是为了证明“知觉的预测”和“按照因果律的时间相继的原理”这两个纯粹知性原理，对这两个观点本身的论证就很难说是充分的了。比如感觉并不能提供连续性的直观，人的感觉无法区分连续但微小的变化。也就是说，感觉的直观不能让我们获得对连续性的认识，当然也不能构成对连续性之何以可能的证明。至于“因果作用的连续动作”，则更难作为变化的连续性的依据——因为何谓“连续动作”？什么能保证“动作”是连续的？本身就取决于对“什么是连续性”的解释。

连续性的观点在今天看来也是过时了的，实在性的量的连续性（如康

① [德]康德著，《纯粹理性批判》，邓晓芒译，杨祖陶校，人民出版社2004年版，第188–189页。

② [德]康德著，《纯粹理性批判》，邓晓芒译，杨祖陶校，人民出版社2004年版，第207页。

德提到的“热”）就已经在理论和实验两个方面遭到了明确的否定。我们知道，1900年普朗克提出黑体辐射的公式，认为能量在发射和吸收的时候不是连续不断的，而是分成一份一份的。这个公式成功地解释了黑体辐射现象，并且由此创立了量子的观念，促成了量子力学的诞生。这个标志性的事件宣告了牛顿的经典物理学在微观领域的终结。人们据此认为“世界是不连续的”，这也成为量子力学的最基本的观念。如人们评价的那样，普朗克的工作“彻底改变了自古以来人们对世界的根本认识”。被改变的认识当中，就包括康德的上述观点。

为什么普朗克的工作有如此之大的影响力？被“彻底改变了”的认识又是什么？能量“一份一份”地发射和吸收，这件事究竟有什么奇怪之处？难道苹果不是在树上“一个一个”地长出来的吗？实际上，尽管我们到处见到的都是一个一个的个体，但是，由于连续性的观念，让我们相信“实在的东西作为感觉的一个对象具有内包的量”，也就是连续的量。比如面对一杯100毫升的水，我们相信总能找出一杯100.1、100.2以及100.01、100.02毫升的水来。现在，能量被证明为只能以若干个最小单位的“一份”来发射和吸收，这就意味着在“一份”与另“一份”之间没有任何中间数值的能量了。同样的，以往人们相信“物质是无限可分的”（如前所述，我们也基于新的时空观否定了这个观念），如庄子所说的“一尺之棰，日取其半，万世不竭”，在量子力学的观念中，这“一尺之棰”被“平分”到一定的程度之后，将不能再分下去了，比如被分到电子等微观粒子的程度，就不能设想有“半个电子”那样的东西了。人们由此认为“世界是不连续的”，就可想而知了。

但是，事情或许并没有这么简单，我们能不能否定过去的“世界是连续的”观念而转变成“世界是不连续的”观念？还是有疑问的。因为真正奇怪的是：我们是如何知道“世界是不连续的”这件事情的？试想一下，如果没有某个“连续的东西”作为参照，我们何以知道某个对象是“不连续的”？那么，“连续的东西”不属于“世界”？

第二节　时间空间的连续性及认识连续性的可能性

连续性是与顺序排列的系列和系列的项的致密性相连的。如罗素所说，关于顺序排列，“在数学上，连续性是只有项的系列即按顺序排列的项才能具有的一种性质，因此我们才能对任意两个项说其一先于另一个……我们现在要考虑的连续性本质上却是一个顺序的性质”；关于致密性，“从哲学上考虑，所有在连续性中重要的东西都是由最低程度的连续性引进的，即所谓‘致密性’。一个系列，如果其中没有两个项是依次相续的，而是在任何两个项之间都有另外一些项，那么这个系列就叫作‘致密的’”[①]。很显然，时间空间具有最严格的顺序排列和致密性的性质。在前面，我们依据“时间的相继性与空间的点相综合”得到作为观念性的质的连续性。由此得来的连续性无疑既是顺序排列的，也是致密的。时间的先后相继保证了系列的顺序排列，同时，时间的任何两个时刻之间一定有无限多的中间的时刻，空间的任何两个点之间一定有无限多的中间的点，而且，“时间的相继性与空间的点相综合”得到的连续性还确保了时间的致密性与空间的致密性之间建立起对应关系。这反过来证明把“时间的相继性与空间的点相综合”理解为连续性是恰当的和必需的。同时也说明，连续性兼有时间和空间的性质。如果单独讲空间，比如一条线，我们可以说它是致密的。只有与时间相结合，比如一条线作为运动的轨迹，才是连续的。

如果从康德所引述的“世上没有偶发的跳跃”和“没有偶发的裂隙”这两条法则中“没有空缺”、“没有裂隙”的最基础的连续性的语义来看，不言而喻，时间空间是连续的。因为时间空间是一切现象的基质，没有比它们（或作为“时空”的它）更基础的东西了，时间空间只能是连续的。

一、时间空间的连续性。

首先，时间是连续的。我们不能想象某个对象本来在时间中却“中间”

---

① [英]罗素著，《我们关于外间世界的知识》，陈启伟译，上海世纪出版集团2008年版，第87页。

有一瞬间“不在时间之中”。时间不可能有“裂隙”，一旦中断，就意味着这个“断点”之前的时间结束了，“断点”之后是时间重新开始，这样一来前后将不再是“一个时间”。我们讨论过，一个时间可以开始，也可以结束，但一个时间是不会有间断的。我们通常说某个东西中断了、有裂隙，譬如一条路，中间被洪水冲出一个缺口，但缺口前后的路面仍然属于原来的那条路。这是因为我们心目中有一个比路面更基础、可以作为参照的东西（如原来的路基，甚至心目中的线的概念）。而时间是最基础的基底，不存在某个更基础的东西能作为时间的基底来“显现”出某个间隙，因此时间不可能相对于别的东西是“中断了的、有裂隙的”。请设想一下，假设存在某个超越于时间空间之外的“神灵”，他看见时间是或走或停、时断时续的，但即使如此，对置身于时间之中的人和物来说，是永远无法知道时间是或走或停、时断时续的。因为，就算此刻我写出前一个字和后一个字之间的时间“停顿”了“一万年”（以那位“神灵”的“时间”为参照），在这“停顿”期间，我的思想的所有可能的变化也“停顿”了（当然也包括身体乃至世界的变化的“停顿”，因为它们都在时间当中），等到时间“恢复”时，我的思想仍然产生出前一个字之后的那一个字——有什么迹象能证明时间在其间“停顿”过“一万年”？该“停顿”被设想以及谈论，有哪怕是一丝一毫的意义吗？这个“一万年”是以一个我们永远不能确定其“存在”的“神灵”的“时间”为参照的——这句话本身就是奇怪的和不足道的。

其次，空间是连续的。对于虚空，其中没有一处不可以被我们直观为“点”，因此没有一处不具有空间的性状。即使如我们在前面所说，虚空是“一锅沸腾的开水”，但是，“动态的”并不等于是“有间隙的”，我们不能说在一锅开水中的某处是“没有空间”的。我们可以想象在水里有一个气泡，该气泡所占据的空间里没有水，但我们无法想象空间中有某处“没有空间”。对于一个物的空间，即使存在“致密”的部分和“空隙”的部分（“空隙”部分无非是虚空），这两个部分之间的过渡也将是连续的。如果按照前面关于弯曲空间的设想，“致密”的部分不过是空间的曲线的弯曲程度不断加大，“空隙”的部分不过是由其弯曲不足以形成“闭环”但程度渐次减小的曲线所构成——所谓“渐次减小”，也不要求任何量上的均匀性或光滑性，无论是以陡峭的方式还是平滑的方式，只表明其中没有间隙而已。

时间空间的上述不言而喻的连续性，才是康德所说的“无限地小下去，只要它还没有转为空无而消失”的“内包的量”的连续性。不过，“时间空间是连续的”这个清楚明白的论断也并非没有争议。因为以往的哲学家们把“空间和时间被看作是由点和瞬间构成的”与“时间空间是连续的”这两个判断视为相互矛盾的，认为“当空间和时间被分解为点和瞬间时，连续性就被毁灭了”[①]。在我们的时空观里，空间不是“被分解为点”，空间有点、位差和形的样态，并不是“由点构成”；时间也不是“被分解为瞬间”，时间有相继性、并存性和持存性的样态，也不是“由瞬间构成”。对这一点，我们稍后再专门谈。

第三，由于时间空间是一切现象的基质，也正因为基质是连续的，所以我们才依据该基质而认识到“一份一份地发射和吸收”的能量是不连续的——这就解释了前面那件“真正奇怪的事情”。同样，在质的范畴中我们得到了作为观念性的性质的连续性，那是属于思维固有的方式——是我们的思维方式中先有连续性的观念，才能够设想出在现象的实在性与无之间有无限多的中间项（如在深红色与白色之间设想出桃红色、浅红色和淡红色等等），而并非我们的知觉能够直观到“某种连续的关联”。

第四，以连续的时间空间为基质的一切现象在时间空间上是连续的，这是一句同语反复的话，也是不言而喻的。如上所述，一个物的空间分为“致密”的部分和“空隙”的部分，这两个部分相互之间的过渡就是“在时间空间上”是连续的。这个限定语“在时间空间上”是很重要的，这决定了有关现象的连续或不连续都必须在时间空间这个基底上来谈——即使是不连续，也是相对于这个基底的连续性而言的，否则我们将不可能认识到对象的“不连续性”。

基于上述分析，我们得出这个结论：“世界在时间空间上是连续的”

① [英]罗素著，《我们关于外间世界的知识》，陈启伟译，上海世纪出版集团2008年版，第85页。

（或者更简明地表述为“世界是连续的”）——恰恰是因为作为基底的世界是连续的，我们才得以知道世界中某些现象是不连续的。可见，自量子力学取得辉煌的成功以来，人们宣称“世界是不连续的”显得过于匆忙，还不是最后的结论。我们当然不是要回到量子时代之前的旧的连续性观念中去，更不是否定量子的不连续性，而是以发展的眼光看，从更基底的层面上看，不连续的量子是在连续的时间空间的基质中显现出来的。打个形象的比方，时间空间就像是一根连续的绳子，微观粒子（如“咕噜”）就像是绳子结成的一个个小的绳结，我们不会因为绳子上的一个个绳结的不连续性而否认绳子本身的连续性。

二、点和瞬间与时间空间的连续性的关系。

我们先来澄清以往哲学家认为“当空间和时间被分解为点和瞬间时，连续性就被毁灭了”的论点。罗素把这个问题表述为“连续性问题是以下述方式进入哲学的：数学家把空间和时间看作是由点和瞬间构成的，但是空间和时间又具有一种虽易感知却难定义的性质，这种性质被称为连续性，很多哲学家认为，当空间和时间被分解为点和瞬间时，连续性就被毁灭了”，其大致的原因是，“芝诺曾经证明，如果我们坚持有限空间或时间中的点或瞬间的数目必是有限的，那么就不可能是由有限数目的点和瞬间构成的；由于无限数被认为是自相矛盾的，因而空间和时间也不可能是由无限数目的点和瞬间构成的。因此，空间和时间如果是实在的，就一定不能认为是由点和瞬间组成的”[①]。罗素对这个问题的解决办法是把连续性问题归于数学，“我看不出有任何理由假定数学家在讨论时空时引进的点和瞬间是实际存在的物理的东西，但是我确实认为有理由假定现实时空的连续性可能或多或少地类似于数学的连续性。数学的连续性理论是一种抽象的逻辑理论，其有效性不依赖于现实时空的任何特性。可以断言的是，当我们了解了数学连续性理论，就

① [英]罗素著，《我们关于外间世界的知识》，陈启伟译，上海世纪出版集团2008年版，第85页。

可看到先前极难加以分析的时空的某些特征就没有什么逻辑的困难了”[1]。也就是说，罗素把时空的连续性诉诸于数学，认为数学能化解时空的连续性与“点和瞬间的构造性”之间的上述矛盾。

在新的时空观看来，数学派生于时间空间的规定性（因而就其基础而言是“新的时空观体系”所推演的成果）。试图用数学为时间空间的连续性提供基础，是本末倒置的事情。因为“数学是如何可能的”这个问题恰恰需要由时间空间来做出解释的。我们在前面已经阐述了数形成于时间空间以及一切现象具有数学的性质的依据，稍后我们还将进一步说明。基于这个从属关系，要化解时间空间的连续性的上述矛盾，还需要依靠新的时空观的“内在逻辑”。

首先，我们把点作为空间的样态，把瞬间（也即我们一直使用的“时间节点”）当作时间相继性中的一个成分（即“前后相继”中的那个“前”、“后”），但这绝不是“把空间分解为点”或“把时间分解为瞬间”。如我们在前面有关时间空间的样态的部分明确指出的那样，认为“空间由点构成”和“时间由瞬间构成”的说法是违背时间空间的基质性的——那将意味着有比时间空间更基础的能被称为“点”和“瞬间”的东西。如前所述，样态是时间空间的性质、规定性或呈现方式。我们说“这个人是善良的”，“善良”就是这个人的性质、规定性，也是这个人在别人面前呈现出来的方式，但我们不会说“这个人是由善良构成的”——“善良”不是这个人的构成物。因此，空间和时间分别有点、位差、形和相继性、并存性、持存性的样态，只是表明“空间（或时间）既以点（或相继性）的方式呈现，又以位差（或并存性）的方式呈现，还以形（或持存性）的方式呈现”。从我们在前面对相继性、并存性和持存性的分析看，这些样态实际上是一种能动性，分别对应时间不可逆所要求的力、交互作用的力以及“是起来”的力。时间空间不可分离（这也是现代物理学的观点），时间是一种能动的，则空间也必定是能动的，或者说，作为互为形式与质料的关系，时间的能动性只有通

---

① [英]罗素著，《我们关于外间世界的知识》，陈启伟译，上海世纪出版集团2008年版，第86页。

过空间的能动性才能显现出来。因此，把空间理解为由点构成、把时间理解为由瞬间构成，是无视时间空间的能动性而将它们“肢解”为一个个静态的构件的组合，这些假想出来的静态的“构件”也不可能“毁灭”时间空间的连续性。对此，我们的理解是：当我们说出空间（或时间）中的点（或瞬间）时，一是因为空间（或时间）显现出了点（或瞬间），二是因为我们从空间（或时间）中看出了点（或瞬间），这两个方面都丝毫无损于空间（或时间）的连续性。这就好比一个人昨天显现出“好”的一面，今天又显现出“坏”的一面，我们并不因此认为他就是“人格分裂”一样。

其次，在前面关于量的范畴的论述中，我们基于时间空间的样态获得了单一性、多数性和全体性的量的范畴，也分别从时间和空间的样态推演出了数性、数字以及数量（如长度），数是由点和瞬间（即时间序列的节点）等样态派生出来的，因此，不能颠倒过来、用数去规定点和瞬间。可见，“有限空间或时间中的点或瞬间的数目是否有限”本身就是个伪命题——因为空间或时间中的点或瞬间根本不能用数目去规定或计量（它们是先于数的东西）！这就跟谈论“一份情感有没有一英寸厚”一样是没有意义的。

第三，以上两点已足以澄清时间空间的连续性无损于它们的点或瞬间的样态的规定性，一个推论是：既然数目不能被用于对点或瞬间的计量，那么，数学上的连续性就并非等同于时间空间的连续性，前者只是对后者的描述（当然，该描述是“如何可能的”，也需要解释，而我们在“算术是如何可能的”那一章已经作出了解释），这就好比语言源自世界又反过来描述世界，但语言与作为描述对象的世界毕竟是两样不同的东西。

三、人何以能认识到连续性?

前面说到，康德对“一切现象的实在性的量都是连续的”这个观点的论证是不充分的，他诉诸于感觉的直观，但我们无法直观到实在性的量的连续性。从实在性的某个量无限小下去并趋近于0，这个过程与其说是我们的直观，不如说是我们的想象或推断。或者说，从一个状态 a 过渡到另一个状态 b，我们的感觉并不能感知到两个状态之间的“所有中间状态”——即使感知到部分的中间状态，能否从部分推到所有？属于归纳问题，是不能下断言的。

由此可见，人不可能借助感觉经验来获得对连续性的认识。只有一种可能性，即人的思维中原本就有连续性的观念，才能够获得对连续性的现象（当然也包括对不连续的现象）的理解。那么，人的思维中有没有连续性的观念呢？在“质的范畴”那一章我们谈到了作为观念性的性质之一的连续性。既然人的思维本身就是由范畴构造而成，本身就包含了连续性的观念（用康德的表述来说，连续性的观念是先天的）——也惟其如此，我们的思维才能够理解并谈论连续性的问题。

第三节　连续性的数学描述和连续序列的定义

如上所述，数学的连续性是对时间空间的连续性的描述（而非两者相互等同）。我们再来看看，这个描述是如何可能的。

一、连续性的数学描述是如何可能的？

回顾数字1和2的来源，数字1对应的是时间序列的一个节点的单一性；数字2对应的是由时间序列的“1节点和1节点”的多数性转化而来的全体性——在这个过程中，与单一性相对应的时间序列的节点（即时间间隔）是人为设定的。就好比为一条河流设置水文观测点，是间隔50米还是间隔100米，由人来选定。用数学的连续性来描述时间的连续性，无论具体推演多么复杂，归根到底就是用数的顺序排列和序列中任意两个项之间的致密性来对时间进行模拟。比如我们数出1秒、2秒、3秒……在1秒和2秒之间再细分出1.1秒、1.2秒、1.3秒……在1.1秒和1.2秒之间又细分出1.11秒、1.12秒、1.13秒等等。从量的范畴来看，数出1秒、2秒、3秒等是把1设定为单一性（这意味着把1设定为时间序列的节点的间距），再经由多数性“1、1”和“1、1、1”达到全体性生成了2、3等数。但是，单一性与全体性之间是相互转化的，以1为单一性，意味着1也可以是全体性，该全体性的单一性则可以是0.1或0.01等等任意小的单位（即把0.1或0.01设定为时间序列的节点的间距）。这样一来，当我们以0.1为单一性时，就数出了1秒和2秒之间的1.1秒、1.2秒、1.3秒等；当我们以0.01为单一性时，就数出了1.1秒和1.2秒之间的1.11秒、1.12秒、1.13秒等等。正因为时间是连续的，所以时间序列的间距是任意设定的，而以前面设定的间距作为全体性，又要求更小的间距作为其单一性，如此反复，以至无限——这个用数学来描述时间的致密性的方法，取决于不断缩小单一性所对应的时间序列的节点的间距——这表明：数学对时间的连续性的描述依赖于单一性、多数性和全体性的量的范畴的反复设定。

进一步看，数学对时间的连续性的上述描述是不是充分的？并不充分。因为，数与数之间固然是致密的，但它们之间有无限多的中间项，却意味着没有两个数是依次相续的。既然没有两个数是依次相续的，数的“顺序排列”又是什么意思呢？这意味着由罗素概括的关于连续性的两个要求即顺序排列和致密性是彼此矛盾的：满足致密性就无法满足顺序排列，满足顺序排列就无法满足致密性。这似乎表明，数学的连续性固然描述了时间的连续性的致密性，却丢失了连续性中的连续二字的最直接的含义。而时间却一分一秒地自顾自流逝着，完全无视所谓“两个项之间有无限多的中间项”之类的说法。这也正是芝诺用一系列悖论所质疑的。可见，数学可以在它自己的领地里定义并谈论连续性，但数学的连续性并不等同于时间的连续性。因此，数学对时间的连续性的描述是近似的（或无限逼近却无法达到的）。

归纳起来，有三点是明确的：首先，时间空间是连续的，因而世界（在时间空间上）是连续的。这无须依靠数学来证明（因为这不是数学问题，而是比数学更基础的问题）；其次，数学对时间的连续性的描述依赖于单一性、多数性和全体性的量的范畴的反复设定。数学的描述是近似的（或无限逼近却无法达到的）；第三，时间空间作为基质构造出了一切现象，量的范畴使那些现象呈现为“一个”或“多个”，因此现象不可避免地成为一根连续的绳子上的一个个单独显现出来的绳结。

这也带来一个新的问题：既然只有时间空间在真正意义上符合连续性的要求，那么，当我们针对现象使用“连续”一词时，又指的是什么意思呢？或者以上述比喻，我们可以说绳子是连续的，能不能说上面的绳结也是连续的呢？如果不能说绳结是连续的，那将意味着我们也不能说“1，2，3，4……”等自然数是连续的，因为归根结底，这些自然数也仅仅是时间这个连续的绳子上的一个个绳结。这就需要我们重新定义“什么是连续序列”，然后依据“连续序列”（而不再是依据观念性的连续性这个性质）来谈论现象中的连续问题。

二、连续序列的定义。

如果还能称现象是连续的，把上述数学对时间的连续性的描述和现象作为时间空间构造出来的东西的特点进行对比，不难看出其共同点是量的范畴——既然数学的连续性的描述离不开量的范畴的设定，现象也无不具有量的范畴的性质，那么，我们不妨基于量的范畴来为“连续序列”下一个一般性的定义，即：基于相同的量的范畴而形成的顺序排列的系列，就是连续系列，其顺序排列的项就是连续的。

有了这个定义，我们可以明确地说，1、2、3、4等自然数序列是连续的（因为该序列所依据的单一性就是1，因此在1与2、2与3、3与4之间没有符合该单一性且介于两者之间的数），排队购买火车票的队列是连续的（只要每个人都不给插队的人留下空隙）等等。以致密性来否定自然数序列或人的队列的连续性，就好比在张三和李四之间要求出现1/2个张三、2/3个李四并且它们还必须是“活人”一样没有意义。

第四节　能量、变化、运动和微观世界的连续性问题

基于以上分析，我们再来谈谈能量、变化和运动的连续性问题，也谈谈传统连续性理论遭到否定的微观世界的连续性问题。

一、能量的连续性。

回到普朗克对能量的量子化的观念上来，如何看待能量因“一份一份地传递”而出现的不连续的现象？我们在前面得到了“最小的物”的概念，也就是说，一个物要显现出来，至少需要具备的条件。不能想象，能量跟物质一样，其显现必然要求具备某个基本的条件，该条件对应一个“最小的能量”。我们认为，“最小的能量”就是能量的最小的单一性，在该单一性之下，能量“一份一份地传递”也是一个“基于相同的量的范畴而形成的顺序

排列的连续的系列”。因此，如果说自然数序列是连续的，就可以说能量的“一份一份地传递”也是连续的——能量“一份一份地传递”这件事情，跟物体“一个一个地存在着”一样，并不是什么奇怪的事情。以上分析表明，说能量是不连续的，只是基于与能量不同的量的范畴的看法，实际上，如果我们能说自然数是连续的，那么，我们也能在同样的依据上说，能量是连续的。当然，说能量是连续的或不连续的，都无关乎“世界的连续性”这个宏大议题。

二、变化的连续性。

变化的连续性是时间空间的连续性的直接推论。在我们看来，既然“变化是空间对时间的规定”，不言而喻，这个规定即变化必然是连续的。不过，如果变化是以物质或能量的增加或减少，那么，其变化的连续性也将遵循“基于相同的量的范畴而形成的顺序排列的连续的系列”的特征。比如一个物体辐射出热量，它的能量的变化就将随着热量的“一份一份地传递”而呈现上述“顺序排列的连续的系列”的方式。如上所述，这与时间空间的连续性并不冲突。

三、运动的连续性。

我们通常所说的“运动的连续性”，指的是运动的轨迹的连续性。不言而喻，一个物的运动的轨迹必然是连续的，因为，假如中途有某处轨迹是中断了的，在这中断的时间间隔中，这个物到哪里去了？是在这个时间间隔的开头凭空消失，然后在这个时间间隔的末尾又凭空出现？这是不可想象的。运动的物体可以在某个位置停止或者突然转向，这样得到的轨迹也仅仅是不光滑的，但绝不是不连续的。

关于运动的连续性的描述却是困难的。罗素在一条直线上从左到右画了表示时间的t1、t、t2以及对应的位置P1、P、P2，表示在时刻t1和t2之间的时刻t所对应的P处于P1和P2之间的位置，并说，“运动物体的位置必是时间的一个连续的函数。为了精确规定这一点的涵义，我们可按下述来做。试想有一质点在时刻t处于点P上。任取质点行程上的微小部分P1P2，这个部分包含P。于是我们说，如果质点的运动在时间t是连续的，那么必能找到两个瞬间

t1，t2，一个早于t，一个迟于t，从而在从t1到t2的整个时间（t1，t2都包含其中），这个质点都处于P1与P2之间。而且我们说，我们所取P1P2这个部分不论多么小，情形亦必是如此。如果情形是这样，我们就说运动在时间t是连续的；如果运动在一切时间都是连续的，我们就说全部运动是连续的。显然，如果这个质点能够一下子从P跳到另一点Q，我们的定义就不适用于P1P2的全部间隔了，因为这个间隔太小，包括不了Q"[①]。但是，对于任意取值的时间间隔t1t2来说，中间的Q点完全有可能不在P1P2之间——因为该质点有可能在该时间间隔内从P1运动到Q、再折回到P2。这样的运动还是连续的，只不过有可能如分子的布朗运动那样是不规则的。处于布朗运动中的分子当然也都是连续的，因为分子已经作为一个物呈现出来，就不可能凭空消失或出现。在对运动的连续性的描述中，容易混淆连续性和规则性或光滑性。一根长长的麻线，即使被揉搓成纠结缠绕、无法用数学来描述的"一堆乱麻"，它仍然是连续的，因为它没有一处是断开的——哪怕它的不规则的。可见，罗素是混淆了连续性和规则性。

四、微观粒子的连续性。

对于微观粒子的运动的轨迹，实际上只要明确微观粒子是否作为一个物呈现出来这个前提，就容易区分。对于一个粒子，我们完全有可能因为它的运动的不规则性而无法预测它的下一个位置甚至由于"测不准原理"而不知道它的位置，但这并不能否认其运动轨迹的连续性（如果区分开连续性和规则性的话）；对于一个"类波"那样的东西，由于它还没有作为一个物显现出来，也就谈不上"一个物的运动的轨迹"，当然也谈不上连续或不连续。

按照我们的解释，运动是空间的位差与时间的持存性相综合，轨迹则是空间中生成出来的线段，所谓"运动的轨迹"就是把运动中作为能动性的位差显现为空间中的线段。"位差"要显现为线段，该线段必然是连续的——不可能出现"有的位差"显现为线段、"有的位差"不显现为线段从而形成

① [英]罗素著，《我们关于外间世界的知识》，陈启伟译，上海世纪出版集团2008年版，第90页。

线段与线段之间的“间隔”（其理由是“力与变化等价原理”：显示与不显示意味着变化，变化意味着力，不能设想有比“位差”更基底的力或能动性），因而反过来证明“位差”在显现为线段时不可能出现“显现”与“不显现”的变化。因此，运动的轨迹的连续性是等同于空间的连续性的。

第二十五章　对芝诺悖论的化解

芝诺关于运动的悖论有四个，分别是两分法、阿基里斯追龟、飞矢不动和运动场悖论。要谈时间、空间和运动的连续性，这四个悖论是绕不过去的。罗素对它们的评价是中肯的，它们“都不是纯粹荒谬的狡辩。它们是严肃的论证，这些论证引起了一些困难，回答这些困难用了两千年的时间，而且即使今天对于大多数哲学家的学说它们还是致命的难题”[①]，只是让人略感疑惑，当罗素说出“大多数哲学家的学说”时，心里想到了哪些是能够排除在“大多数”之外的学说、这些学说又以何种方式化解了这些难题（当然，“赫拉克利特的道路”上的说辞不构成“巴门尼德的道路”上所认可的东西）。毕竟，在他对以往的有关论证做出考察之后，我们并没有看到一个融贯一致的解决方案。我认为这样的方案在根本上取决于能否突破以往的时空观念，在旧的时空观的前提下，它们仍将是无解的，或者说，它们本来就是旧的时空观的悖论。在本章，我们将基于新的时空观来对它们展开研究。有关芝诺的运动悖论，有比较多的研究，这里采用罗素的叙述方式，有关引述都来自他的《我们关于外间世界的知识》第六讲（后面不再一一标注）。

① [英]罗素著，《我们关于外间世界的知识》，陈启伟译，上海世纪出版集团2008年版，第113页。

第一节　芝诺的四个运动悖论

一、两分法悖论。

两分法悖论说的是在赛场上一个人永远不能跑到终点。论证如下：“你不可能达到赛跑场的终点。你不可能在有限时间内越过无穷多的点。你在通过全程之前必先通过任一给定的距离之半，在你通过这一半距离之前又须先通过这一半距离之半。如此以至无穷，因而任一给定的空间上都有无穷多的点，而你在有限的时间内是不可能一个一个地接触到无穷多的点的”。罗素对这个论证中的“一个一个地接触到无穷多的点”的说法予以批评，他认可的论证改为：“把还须通过的距离不断分成两半所得的点在数目上是无限的，而且是接连相续地达到的，而到达每一点都在到达其前一点之后的一个有限的时间；但是无穷多有限时间的总和必是无限的，因此这个过程永远不会完成”。罗素认为这个论证“从历史上看”“很可能是一个正确的解释”，但他指出，“这个形式的论证是不正确的。如果路程之半需走半分钟，下面四分之一路程需走四分之一分钟，如此类推，整个路程将需一分钟。按照这个解释，这个论证表面看似颇有力，只是由于下面这个错误的假设，即：除了无限系列的整体之外，不可能有任何东西。我们看到1是在1/2，3/4，7/8，15/16……这整个无限系列之外的，就可知道这个假设是错误的”。

二、阿基里斯追龟悖论。

这个悖论比两分法更出名，但本质上是一样的。“阿基里斯永远追不上龟。他必须首先到达龟出发的地点。那时龟将已前进了一段路。于是阿基里斯必须补上这段路，而龟则又向前进了。他将愈来愈接近龟，但是永远追不上它”。跟两分法的情况类似，无论乌龟爬行速度多慢，只要有一点时间，它就能爬行一点距离。反过来对阿基里斯来说也一样，只要有一点距离，他就需要一点时间。同样是“无穷多有限时间的总和必是无限的，因此这个过程永远不会完成”。罗素认为，这个论证的要点是，“如果阿基里斯能追上龟，那必是从他起跑之后经过了无穷多的瞬间。这实际上是对的；但是认为无穷多的瞬间构成一个无限长的时间则是不对的，因此不能得出阿基里斯追不上龟的结论。”

三、飞矢不动悖论。

“飞矢是静止的。因为如果每个事物在占据一个与自身相等的空间时是静止的，而飞行的东西在任何瞬间总是占据一个与自身相等的空间，那么飞矢就不可能移动”。罗素指出这个论证是“假定一个有限的空间部分是由一个有限系列的接连相续的瞬间构成的”，也依赖于这个假定。他认为“解决就在于连续系列的理论。我们看到很难不假定，箭矢在飞行时在下一个瞬间占据下一个位置；但是事实上并没有下一个位置，也没有下一个瞬间，一旦在想象上领悟了这一点，就可看到这个困难消失了”。但是，为什么“没有下一个地点或下一个瞬间”？罗素却没有做出必要的解释。因为，一架飞机从北京飞往广州，中途经停郑州、武汉、长沙等城市，我们能够说出这架飞机将要在“下一个时间”到达“下一个地点”——这是确定无疑的。如果把飞机的“下一个时间”和“下一个地点”精确到几分几秒或某个经纬度，岂不就是“飞矢不动”中的“下一个瞬间”和“下一个地点”？至于北京和郑州等地点之间是“不连续的”、时刻表也是“不连续的”，中间还有无穷多的“地点”和“瞬间”，对此，芝诺会说这不过是进一步细分的问题，并非不可想象，反驳者恰恰需要解释“飞矢不动”中所说的“地点”和“瞬间”与郑州、武汉、长沙等“地点”以及航班时刻表的“时间”有什么不同。

四、运动场悖论。

运动场悖论是：“时间的一半可等于时间的一倍。设有三排物体，其中一排（A）静止，其余两排（B，C）以同一速度在相反方向上运动。在它们全都处于途程的相同部分时，B排将通过C排物体之数为其通过A排物体之数的一倍。因此它要通过C所用的时间为其通过A所用的时间的一倍。但是B和C要达到A的位置所用的时间是相同的，因此时间之倍等于时间之半。”

这个悖论的推理中容易看出的谬误在于，“它假定一个物体在以相同速度通过一个运动中的物体和一个处于静止的同样大小的物体时需要相等的时间”。这一点早在亚里士多德就已经被指出，不过，这个假定为什么是错的？则没有必要的解释。罗素指出，这个悖论涉及到有限的空间和时间是否由有限数目的点和瞬间所构成的问题，“我把在我看来是芝诺争论的逻辑本质的东西重新陈述一下。如果我们假定，时间是由一系列致密瞬间组成的，运动就是经过一系列致密的点，那么可能的最快的运动就是在每一瞬间都处于同它的前一瞬间所处的点紧密相连的点上的运动。任何较慢的运动必是有其他的点相间隔的运动，任何较快速的运动必完全略掉了若干点。所有这些从我们不可能在每一瞬间有一个以上的事件这个事实即可明白看出。但是在诸A，诸B和诸C的情形中，B在每一瞬间都与一新A相对，因此B所经过的A的数目就是从运动开始以来的瞬间的数目。但是在运动之际，B所经过的是诸C的一倍，然而不可能每一瞬间经过一个以上的C。因此从运动开始以来的瞬间的数是B所经过的A的数目的一倍，虽然我们先前发现它们的数目相等。芝诺的结论即由这个结果推得的”。也就是说，在B经过A的一个点的一个瞬间当中，会出现C经过B的若干个点的情况，而既然是“一个瞬间”，则只能是“一个瞬间经过一个点”，否则该“瞬间”就不是“瞬间”，而应该被进一步分解为“经过一个点的瞬间”。同一个瞬间，不应该同时发生了“经过一个点”和“经过若干个点”的两种情况，这是悖论形成的根源。或者换一个说法更直观，以罗素的表述是：假设有一个移动的光点，“这个光点，只要它在运动，就必然是从一个瞬间所在的一点移到下一瞬间所在的下一点。因此就只有一种完全确定的速度，一切运动必然以这种速度发生：任何运动都不可能比这种速度快，也不可能比这种速度慢。”

对于芝诺的上述四个悖论，罗素概括为，“我们已经看到，根据有限的时空由有限的点和瞬间构成这个假定，芝诺的论证（加上某些合理的假设）都是正当有效的，第三第四两个论证无疑是根据这个假定进行的，第一第二两个论证或许意在驳斥相反的假定，但在那种情况下却是错误的。因此我们可以下述几种方法来避免芝诺的悖论，一是主张时间虽确由点和瞬间构成，但其数目在任何有限的间隔中都是无限的；二是根本否定时空由点和瞬间构成；三是完全否定时空的实在性。”罗素的主张似乎不属于这三种，他认为可以采用无穷数的理论来达到避免悖论的目的。不过，在我们看来，芝诺悖论不是数学问题，而是时空观念的问题，数来源于时间，是对时间的近似的描述或模拟（稍后我们还会进一步谈到），无论该描述或模拟是否自圆其说，其意义仍然需要由时空观念来赋予，不同的时空观念完全可以赋予其不同的意义。对上述三种方法，我们显然不会“完全否定时空的实在性”——恰恰相反，在我们看来，时空具有最为根本的实在性。我们在前面也否定了空间和时间由点和瞬间构成，但不难看出，我们的主张与以往“根本否定时空由点和瞬间构成的”任何一种理论都截然不同，这源于我们采取了截然不同的时空观。

第二节　新的时空观的解决方案

综合前面已经讨论过的观念和原理，在芝诺的上述悖论有关的问题上，新的时空观有以下几点原则：一、空间和时间不是由点和瞬间构成，而是具有点和瞬间的性质；二、物体本身就是空间和时间，运动不是在一个外在的时空背景之下物体“在一个瞬间占据一个空间”；三、运动是物体本身的规定性，是由空间的位差和时间的持存性的综合；四、运动的轨迹是物体与其参照物交互作用的结果（如上述协同性部分所言，太阳与地球的交互作用生成“太阳与地球之间的距离”等），并非先于运动就存在于那里、由物体“一个点一个点”去达到。基于以上原则，我们进一步展开讨论。

一、运动是物体本身的规定性。

对上述第一条原则（即空间和时间不是由点和瞬间构成），我们已经分析过了，第二条原则（即物体本身就是空间和时间）更是我们的时空观的出发点，这两条原则意味着运动不是物体“一个瞬间占据一个空间”或者“一个瞬间到达一个位置、下一个瞬间到达下一个位置”等说法。那是基于绝对时空观（即作为外在于物的背景的时空）的看法。上述四个悖论都隐含了这些看法，尤其以两分法、飞矢不动最为明显。

我们来看看第三条原则对芝诺悖论意味着什么。在前面，我们把运动理解为空间的位差与时间的持存性的综合，一个物的运动是作为该物体的规定性被记录在它的时间序列各个节点的状态的规定性中，因此，我们用以下方式记录一个物体的运动（以速度为1米/秒、节点间隔1秒为例）：

时间节点：　　1　　　　　2　　　　　3　　　　4……

空间状态：状态1+1米　状态2+1米　状态3+1米　状态4+1米……

对运动的这个定义方式，在前面解释物理学中力与运动的关系、物体质量与运动的关系等方面已经显示出它的独特的优越性。对芝诺悖论来说，这个意义上的运动意味着运动不是物体在一个瞬间占据一个空间、下一个瞬间到达下一个空间，而是指：通常被当作运动的结果的那个“位置变化”是物体的那个空间“自带”的位差的规定性。如我们反复指出的那样，我们不能仅仅把位差理解为静态的“一段距离”，而是应该理解为“一种形成间距的能动性”。既然没有能被当作背景和框架的绝对的时间空间作为参考，作为运动的特征的空间的变化就只能首先是物体的空间规定性的变化。如果没有运动，上述时间序列的表格中，节点1、2、3、4所对应的将是空间的状态1、状态2、状态3、状态4。运动所带来的空间规定性的变化就体现在每个节点的状态的规定性都加上了“1米”这个位差。这样，所谓运动，并不是时间的一个瞬间对应空间的一个点（如上述悖论中反复纠结的那样），而是作为物体的规定性，在一个瞬间（即时间序列中的一个节点）对应着一个位差（该位差的大小就是运动的速度）。

基于上述三条原则，飞矢不动悖论中的关键论据即“物体在一个瞬间占据一个空间，在该瞬间物体相对于该空间必定是静止的”就不能成立了。

二、运动的轨迹是物体与其参照物由协同性而生成的。

在前面有关时间的并存性的讨论中，我们把并存性等价于诸对象的交互作用，协同性则是诸对象形成条件、状态、复合物等对象的交互作用的力。我们明确指出，由于没有先于物的作为背景和框架的时间空间，太阳与地球、这个山头的信号旗与那个山头的信号旗等等诸对象之间的距离都是由这些对象（因同时并存的）交互作用而生成的。同样，运动的轨迹也是如此。通常对运动的描述都是基于参照物的，因此，我们只要能说出一个物体的运动，必定是有参照物作为描述的依据。基于这个原则，我们看“两分法”中从运动场起点到达终点的运动，就应该是这样来理解：一个物体（比如一个人）从起点开始的运动，并不是需要跨越跑道上的“一个一个的点”，而是他与运动场之间的交互作用生成了他的轨迹（很显然，这个轨迹不是先于运动，而是运动的结果），只不过这个轨迹就像是被他从起点牵引着直到与跑道的终点相重叠的一条线——他并未跨越跑道上的“一个一个的点”，而是他与运动场共同生成的轨迹一点一点地与跑道相重叠，因此，跑道与轨迹并没有直接的关系——好比一卷地毯在一个人的面前逐渐展开，我们完全可以说这个人是走在地毯上而非走在地毯下边的路面上。如此看来，两分法悖论的主要论据也不能成立了——你把跑道的起点到终点之间的线段无论怎么划分，都跟那个人的运动没有关系，那个人将依据自身的规定性来与运动场共同生成他的运动轨迹。

同理，在阿基里斯追乌龟的悖论中，假设后面的阿基里斯必须经过乌龟所经过的每一个点（跟两分法中必须经过“一个个的点”是一样的），是悖论之形成的根源。实际上阿基里斯的运动轨迹是“自带”的，乌龟的运动轨迹也是“自带”的，两者各不相干，看起来之所以重叠，是因为它们分别与跑道相重叠而已。

此外，罗素把两分法的论证表述为“把还须通过的距离不断分成两半所得的点在数目上是无限的，而且是接连相续地达到的，而到达每一点都在到达其前一点之后的一个有限的时间；但是无穷多有限时间的总和必是无限的，因此这个过程永远不会完成”，其中“无穷多有限时间的总和必是无限的”这句话是有问题的。即使按照把“通过的距离不断分成两半”这个思路，随着分割的次数越来越多，通过每两个二分之一距离的点所需的时间就越来越短。我们把“越来越多”换成“很多”、“越来越短”换成“很短”，那么，该过程所需的时间的总和就成了“很多个很短的时间的总和”——很明显，这个总和就可以是一个有限的数值。比如5这个数值就可以是“很多个很小的数值的总和”。进一步看，当分割的次数是“无穷多”，通过两个点所需时间就应该是“无穷小”，因此，所需时间的总和就应该是“无穷多个无穷小的时间的总和”——如此一来，这个总和就并非是“无限的”了。可见，罗素所用的“有限时间”是一个误导性的用语，它让人联想到“某个固定的有限时间”，实际上经过无穷多次的分割，我们不可能用“某个固定的有限时间”去加总（无穷多的‘某个固定的有限时间’当然是无限的）——因为罗素说的“有限时间”其实是随着分割的次数增多而成为越来越小的“有限时间”，而“无穷多有限时间的总和必是无限的”这句话要成立，其中的“有限时间”只能是“某个固定的有限时间”。而且，有限的时间只能对应于有限次的分割，也不能与“无穷多”次的分割相并用。罗素在这里犯了“偷换概念”的错误。

三、运动的轨迹的规定性是生成该轨迹的诸对象的运动的规定性的叠加。

如果说运动是一个物体本身的规定性，那么，物体与其参照物的交互作用的轨迹又有什么规定性？毕竟我们看见的是物体与其参照物交互作用之后的结果，而不是孤立的一个物体的运动（该物体的运动只要是被我们看见，该物体至少就与我发生了交互作用，就不再只是该物体的规定性的运动），那么，交互作用之后得到的运动的轨迹是不是也存在“一个瞬间经过一个点”之类的问题？我们的回答是不存在这个问题，轨迹的规定性跟运动的规定性是等同的。

我们从一个物体的状态的规定性中把运动的规定性单独列举出来，显然，我们将得到一个只记录了每个节点上的位差的时间序列——那么，两个物体要生成它们之间的运动的轨迹，基于我们反复使用的“综合的叠加性”原则，无非是两个物体的运动的规定性的叠加，即假设A物体的运动的规定性是每个时间节点上的M米位差、B物体的运动的规定性是每个时间节点上的N米位差，其叠加的结果则是每个时间节点上的M+N米位差。由于运动是有方向的矢量，这个叠加中的M、N究竟是相加的还是相减的？比如M是3米、N是1米，就出现两个物体是同向运动还是反向运动的问题，叠加后得到的到底应该是3+1米还是3-1米？面对是相加还是相减这两种可能性，我们不妨直接以物理学的经验事实为依据来做出选择（而不必做出繁琐的说明），即同向运动取相减、反向运动取相加。这样一来，如果两个物体是同向运动（均假设为匀速运动），则两个物体所生成的运动轨迹的规定性是“每个节点上的2

米位差的时间序列”；如果两个物体是反向运动，则两个物体所生成的运动轨迹的规定性是“每个节点上的4米位差的时间序列”。如此一来，我们所说的运动轨迹就不仅仅是一个静态的距离或位置变更的概念，而是一个运动的规定性的概念——通常说一个人的运动轨迹是从一个跑道的起点到终点的距离的说法就不准确了，这个说法只是说出了运动轨迹的距离的规定性，而没有说出该轨迹的速度的规定性（即每个节点上的位差），毕竟，一个人是以奔跑的速度跑过那一段距离还是以散步的方式走过那段距离，从“运动的轨迹”的概念上讲当然是有区别的。如果考虑到运动的加速度等其它特征，轨迹这个概念原本也应该包含距离、速度、加速度等运动特征，把轨迹仅仅理解为“运动的线路”是不完整的。

此外，既然是诸对象共同生成的“运动轨迹”，就意味着该轨迹是相对于诸对象而言的。我们站在地面上看一列火车的运动轨迹，就是我们与火车共同生成的运动轨迹，该轨迹指的是“我们看到的火车的运动轨迹”和“火车上看到的我们的运动轨迹”。两条并行的轨道上有两列飞驰的火车，无论它们是同向还是反向，两列火车也共同生成了一个“运动轨迹”，该轨迹指的是在一列火车上看到的另一列火车的运动轨迹，显然与我们站在地面上看见的火车的运动轨迹是不一样的。

有了以上界定之后，运动的轨迹同样不是由一个个瞬间经过一个个点而构成的，而是：其一，运动及其轨迹是一个由每个瞬间对应着一个位差的时间序列，其二，该时间序列每个瞬间的位差是生成该运动轨迹的诸对象对应瞬间上的位差的叠加，同向运动取相减，反向运动取相加。如此一来，运动场悖论中所纠结的“一个瞬间到底是经过一个点还是若干个点”等问题就迎刃而解了：A、B、C三排队列两两组合生成各自的运动轨迹（比如A与B生成“在A看来的B的运动轨迹”和“在B看来的A的轨迹”等），各个运动轨迹的规定性（即时间序列中每个节点的位差）当然就是不同的，不存在悖论的问题。

化解阿基里斯追龟悖论也可以比照这里的方法，即把阿基里斯和乌龟看作是两个共同生成一个运动轨迹的对象：假设阿基里斯和乌龟都是匀速运动（其它运动也无关紧要，只是表述更复杂），阿基里斯的速度是1米/秒，乌龟的速度是0.01米/秒。在乌龟看来，阿基里斯的运动轨迹是一个每一节点位差为0.99米/秒的时间序列，在阿基里斯看来，乌龟的运动轨迹也是一个每一节点位差为0.99米/秒的时间序列，只不过运动的方向不同。如此一来，乌龟看阿基里斯，就跟我们站在地道旁边看一列从左到右开过去的火车一样；阿基里斯看乌龟，也是同样的效果，只不过把我们看见的火车变成了从右到左开过去而已——都没有丝毫足以构成悖论的东西。

四、“下一个瞬间和下一个地点”是有的。

罗素认为，“解决就在于连续系列的理论。我们看到很难不假定，箭矢在飞行时在下一个瞬间占据下一个位置；但是事实上并没有下一个位置，也没有下一个瞬间，一旦在想象上领悟了这一点，就可看到这个困难消失了”。如我们在前面提出的问题，如果没有“下一个瞬间和下一个位置”，如何解释被我们清楚明白地说出的航班或火车的“下一个到站及其下一个到站时间”？前者完全可以被理解为后者的抽象。如果我们理解了量的范畴在数的生成及其运用中的隐含的规定作用，就不难回答这个问题：首先，如我们反复说过的，“空间和时间不是由点和瞬间构成，但具有点和瞬间的性质”，空间和时间可以表现出点和瞬间的特征；其次，我们能够把一个时间序列表述为各个时间节点的序列，是因为我们运用了单一性的范畴，即我们规定了何为“一个节点”。就好比面对一条川流不息的河流，要观测它的流速、流量等数据，需要设置一些观测点，观测点之间的间距靠人为规定，当我们设置这一个观测点、那一个观测点时，就是运用单一性为连续的河流设定了“节点”、“单位”。因此，当我们说“下一个瞬间、下一个位置”时，在确定了什么是“一个”的情况下，当然就有了“下一个”。数是连续的，但我们能从中区分出自然数、偶数、奇数等序列，就是依靠量的范畴。在我们厘清了数与时间的派生关系之后就不难理解，一个瞬间跟一个数一样是取决于量的范畴。

新的时空观承认空间的点和时间的瞬间，也即新的时空观是在承认点和瞬间的前提下化解芝诺的上述运动悖论的。这就为用数学理论研究空间和时间提供了可能性。但是，数与点和瞬间要形成对应关系，必须借助量的范畴的规定性——否则两者之间将是各说各话、互不相干。

第二十六章　逻辑的问题

在本章，我们来谈谈逻辑的问题，为后面两章讨论“逻辑是如何可能的”做准备。要论证逻辑之可能性的依据，这是从不曾被人提出来的事情，因为逻辑在人们的心目中有着至高无上的地位，这个地位明显超出了理性这个词所能获得的承认。如绪论中提到的那样，人们可以用“思辨理性的自负”、“冷酷无情的夸张”、“令人焦虑不安”等语词来（错误地）形容理性，现代哲学中也有形形色色以“非理性”为标榜的思潮，却从未见到人们把同样的贬义安放在逻辑身上，也没见有“思潮”会堂而皇之地标榜自己“不讲逻辑”（他们宁愿私底下这么做）。在20世纪以来的哲学观念中，每一个哲学问题都可以被还原为逻辑问题。如罗素所说，“每一哲学问题，当我们给以必要的分析和提炼时，就会发现，它或者实际上根本不是哲学问题，或者在我们使用逻辑一词的意义上说是逻辑问题”[①]。他认为逻辑是哲学的本质。其他人给予逻辑的赞誉之辞这里已无须引述，“逻辑”已然当仁不让地位居于宏伟庙宇的神龛之上了。不过，罗素接着又说，“从来没有两个不同的哲学家曾在相同的意义上使用‘逻辑’一词”[②]。不仅是哲学家，即使是以研究逻辑为其本业的逻辑学家，在“什么是逻辑”的问题上也是争论不

① [英]罗素著，《我们关于外间世界的知识》，陈启伟译，上海世纪出版集团2008年版，第21页。

② 同上。

休的。比如由亚里士多德所创立的传统逻辑，培根和伽利略改造后得到归纳逻辑，康德改造后得到先验逻辑，黑格尔改造后得到辩证逻辑，但这些改造后的逻辑到底还是不是逻辑，至今难有定论。王路先生提出逻辑的本质在于“必然地得出”，就引起不小的争议。由弗雷格、皮尔士、罗素等人创立的经典逻辑，也不断遭受来自扩充逻辑和变异逻辑的挑战，如果说扩充逻辑是在经典逻辑的基础上引入新的逻辑常项以及与这些常项相关的新的公理和推理规则，还可以理解为是对经典逻辑的发展，变异逻辑则是“由否定或修改经典逻辑的一个或多个假定而导致的系统，它们至少在某些定理上与经典逻辑不一致：经典逻辑的某些定理不再是它们的定理，它们的某些定理也不是经典逻辑的定理[①]——那么，变异逻辑还是不是逻辑？也是一个纷争不断的议题。于是，问题就来了，套用分析哲学的句式来说，即：当我们谈论“逻辑”时究竟是在谈论什么？照罗素的“哲学问题就是逻辑问题”的说法，我们也想知道他说的“哲学问题”指的是哪一种“逻辑”的“逻辑问题”？让人颇感不解的是，在所有的数学家那里，“1+1=2”的算式不仅是清楚明白的，而且是明确无误的，而罗素、怀特海却要用在“何谓逻辑”、“哪些逻辑常项和推理规则应被遵循或被抛弃”等原则性问题上尚无定论的“逻辑”来为“1+1=2”的算术“奠基”——这多少是有一点奇怪的。他们的那本鸿篇巨制的《数学原理》令人敬仰，但由于复杂深奥到只有少数人有能力通读，又不免在敬仰之余心生疑惑：那本书之所以复杂深奥，有没有一个可能的原因是把数学与逻辑的关系弄颠倒了？托勒密体系就比哥白尼体系复杂深奥得多。在前面，我们已（在本体论的意义上）为“算术是如何可能的”、“几何学是如何可能的的”提出了论证——它们看起来并不需要由通常被称为逻辑的东西来为其奠基，因为在有关推演中，我们小心地避开了对逻辑规则的使用（我们把推演限制在最初约定的“初始条件”之内）。相反，基于“时间空间是一切现象的基质”，我们相信，逻辑无论是被当作思维的规则，还是被当作客观的规律，也将是以时间空间的规定性为其性质而派生出来的东西，也将从时间空间的规定性获得其“如何可能的”之依据。本章讨论逻辑

① 陈波著，《逻辑哲学》，北京大学出版社2006年版，第9-10页。

已经暴露出来的问题，下面两章讨论逻辑的可能性如何从时间空间的规定性中获得阐明。需要预先声明的是，这两章所说的“逻辑”，指的是遵循巴门尼德的“真理之路”的逻辑，不涉及巴门尼德所说的“意见之路”上的逻辑（如果还能称为“逻辑”的话）。

第一节　逻辑的性质和研究对象

从本质上讲，逻辑究竟是什么？在逻辑学的历史上有不同的看法。我们先来看看逻辑学家们的看法。

一、心理主义和反心理主义。

我们粗略地摘录陈波先生在《逻辑哲学》一书有关章节对那些看法的叙述：

首先是逻辑中的心理主义思潮，“它把逻辑研究的对象等同于某种主观的心智过程，试图凭借心理图像和心理过程去研究逻辑推演和逻辑运算，从心理要素和心理学规律中推导出逻辑规律，于是逻辑学就变成为心理学的一章，而具有纯粹主观的性质”，“‘逻辑学是心理学的一个分支’，‘逻辑学要么是心理学，要么什么也不是’”，“逻辑心理主义又可以区分出两个版本：强心理主义和弱心理主义”，“强心理主义亦称自然主义或还原论的心理主义，认为逻辑规律就是人类心理学的规律，或者说‘思维的规律’，认为它们是从我们实际上如何思维中归纳总结出来的”，在密尔等人看来，“矛盾律只不过是‘来自经验的概括’，其‘依据’在于我们的下述信念：一个信念与它的相反信念相互排斥”，排中律“只不过是对下述普遍经验的概括：某些精神状态是对其他精神状态的拒斥”。“弱心理主义认为，尽管逻辑规律起源于心智操作，但它们却获得了相对于其起源的自主性和独立性，它们最终得以与其起源分离开来，变成我们的推理行为的指导原则。这就是皮尔士（C.S.Peirce）的立场。在皮尔士看来，信念是行为的倾向或心智的习惯，为人种的进化着的习惯所强化……皮尔士因此断言，逻辑学是一门规范性科学，它不问事实上如何，而问必须如何。像伦理学和美学一样，逻辑学陈述了行为和行动的目标和理想，因而也陈述了思维的目标和理想”[①]。

其次是逻辑中的反心理主义思潮，“否认逻辑与心理学有任何关系，否认可以通过逻辑规律的心理学起源来说明逻辑本身的规范性质”。康德被认为是“率先擎起反心理主义大旗”的人，“他在《逻辑学讲义》中明确指出：‘有些逻辑学家假定……在逻辑学中有心理学的原理。但是，接受这些原理就如同从生活中抽取道德一样荒谬’……后来，弗雷格领头、胡塞尔（E.Husserl）紧跟其后，对心理主义发起了更猛烈的攻击或反叛”，“概括起来，弗雷格对心理主义的批判主要有以下两个要点：（1）心理主义不能说明逻辑规律的客观性，因为被心理主义者视为逻辑规律之基础的主观表象，如观念、心象等，必定是私人性的，而逻辑规律则是公共性的，可以被每一个人所把握。逻辑与之打交道的是思想的宇宙，而思想是不能化归于主观表象的。（2）心理主义不能说明逻辑规律的必然性，因为主观表象是因人而异的，而关于可变规律的想法是无意义的”。“弗雷格和胡塞尔对心理主义的批判在19世纪末叶风行一时，几乎被后来的数理逻辑学家无保留地接受。从弗雷格开始，逻辑走上了客观化的道路，即从对观念的研究走向了对语言的研究，从对心智领域的研究走向了对业已形成的客观知识的逻辑结构和形式的研究”[②]。

罗素更是直接把逻辑的对象表述为客观事物的性质。在他的《我们关于外间世界的知识》一书关于“逻辑是哲学的本质”的论述中，针对因果律从何而来的例子，否定了经验论认为因果律是从经验中归纳得来的可能性，说“有利于它们的证据不可能是经验的，因为我们想从已经观察到的东西推论出未曾观察的东西，这只有通过已被观察的和未被观察的东西的某种已知的关系才可能做到；但根据定义，未被观察的东西不是被经验地认识的，因此它同被观察的东西的关系如果被认识到了的话，那一定是独立于经验证据而被认识到的”[③]。这个问题一般地讲就是，要证明从归纳得到的某个原则，

① 陈波：《逻辑哲学》，北京大学出版社2006年版，第138–140页。

② 陈波：《逻辑哲学》，北京大学出版社2006年版，第140–141页。

③ [英]罗素著，《我们关于外间世界的知识》，陈启伟译，上海世纪出版集团2008年版，第23页。

我们就不可能再用归纳来证明它。然后他以下结论的口吻说，“关于任何其他逻辑原则，我们都可以同样的论证来证明这同样的结论。因此逻辑的知识不是仅由经验得来的，经验派的哲学因而也不能被完全接受，尽管它在逻辑范围之外的许多问题上有其长处。”[①]在这过程中，罗素未加解释地就把那些确保“从已经观察到的东西推论出未曾观察的东西”的原则称为“逻辑原则”，所谓“逻辑范围”就被当成了在经验范围之外、独立于经验且为经验知识的推论提供依据的原则的范围，实际上已经涵盖了我们所说的范畴的领域。

不过，弗雷格、罗素等人的反心理主义也“遇到了某些困难。有人甚至指责说：弗雷格为对付心理主义疾病而开出的强实在论药方，是比疾病本身更坏的东西”[②]。在陈波先生看来，“弗雷格的批评主要是针对强心理主义，它并没有驳倒弱心理主义；并且，它使我们与逻辑规律的关系变得神秘莫测：我们只不过凭借直觉碰巧知道了这些规律，但这些规律为何能用于实际的推理却是难以说清楚的。也就是说，弗雷格这样的反心理主义者不能说明逻辑为何可以应用于各种不同的领域。我本人对弱心理主义持同情态度，认为逻辑并非与思维过程毫无关系。归根结底，逻辑仍是一门与人的思维有关的科学”[③]。

概括起来看，“关于逻辑的对象，从大的方面来说，可以区分出以下几种观点：（1）逻辑是研究思维的，（2）逻辑是研究客观世界的，（3）逻辑是研究语言的，（4）逻辑是研究推理形式的有效性的。”陈波先生“不赞同第二种和第三种观点，而比较赞同第四种字面上的说法，但不赞同它背后所隐藏的比较极端的反心理主义”，在他看来，“‘逻辑以推理形式的有效性为对象’这一说法并不能否认逻辑是研究思维的一门科学，因为很显然，推理既不是客观事物的发展过程，也不是单纯的语言过程，而是一个思维过程……因此，承认逻辑以推理形式的有效性为对象，就仍然在承认逻辑以思

① [英]罗素著，《我们关于外间世界的知识》，陈启伟译，上海世纪出版集团2008年版，第24页。

② 陈波：《逻辑哲学》，北京大学出版社2006年版，第141页。

③ 同上。

维（至少是思维的某一个方面）为对象”。陈波先生认为，“反心理主义者否认逻辑以思维为对象而提出的几个主要论证是站不住脚的”[①]。

从以上略显冗长的引述中不难看出，在“什么是逻辑”以及“什么是逻辑的研究对象”这类基础性的问题上，逻辑学家们已经达成的共识远比我们想象的要少。不仅如此，在另一些如“正确的逻辑是一种还是多种？”“变异逻辑是否与经典逻辑相冲突？”以及“没有思维基本规律吗？”等同样基础的问题上，逻辑学家们同样也有着诸多的分歧[②]。这一状况不免令人生出一种忧虑，即逻辑（包括由弗雷格、皮尔士、罗素等人创立的现代逻辑系统）之赖以建立起来的基础是否足够坚实，恐怕不是一个不容置疑的问题。毕竟，以上的原则性的分歧明显损害了我们从现代逻辑系统中那些高度形式化的符号、公式中所获得的严谨缜密、精细准确的印象。在以上引文中，关于弗雷格和皮尔士的主张，也仅仅是作为有分歧的诸观点中的一种来加以表述的（即既有肯定也有否定），那么，那些反对弗雷格和皮尔士的主张的人是否接受由他们创立的现代逻辑系统（比如数理逻辑）？如果反对他们关于逻辑的主张却又赞同他们创立的逻辑的系统，后者又是在什么意义上有别于前者以至于值得被赞同？要知道，数学早已撇清了与心理学、心理现象的关系，数理逻辑以高度符号化、公理化的方式建立起了蔚为壮观的严密体系，如果仍然坚持逻辑学与心理学、心理现象的程度不同的关系（哪怕是“弱心理主义”的关系），那么，这样一个高度数学化的严密体系关于心理学、心理现象又能说点什么呢？实际上，一个从未被留意到的问题是，数理逻辑与数学的关系究竟是什么？前者用到了后者的原则、依据吗？抑或前者仅仅是模仿了后者的符号化的形式？都是问题。我们稍后会看到，数理逻辑的体系固然蔚为壮观，但那些繁复和抽象的公理、公式之据以出发的基础，却未见得一定是坚固的、扎实的。当然，即使我们用“基础薄弱”来加以描述，也并不意味着“基础”本身是错的（没人会轻率到下此莽撞结论的地步），另一种可能性是，人们急切地从弗雷格等人奠定的基础出发向前推进并走得太

① 陈波：《逻辑哲学》，北京大学出版社2006年版，第141–142页。

② 见陈波《逻辑哲学》第一章和第四章等章节。

远，反而忽略了其奠基工作是“未完成的”——这正是我们要从“逻辑是如何可能的”角度来加以弥补的事情。

关于逻辑的性质，困难之处还在于，要全盘接受逻辑学的研究客观世界的主张也是不容易的，如陈波先生已经提到的那样，如果逻辑学具有如此这般的客观性，它又何以能被运用于人的思维现象之中？这跟把物理学理论运用于解释思维现象面临的是同样的困难：逻辑中的推理不是客观事物的发展过程，从客观事物中得到的规律如何能被运用于包括推理在内的思维活动之中？这个问题的难度几乎就等于物质与思维的关系问题的难度。我们现在知道，这类问题仅仅依靠语言中的语词、句子之间的涵义、关系，是无法解决的。好在我们找到了“一切现象的基质”，我们可以有机会跳出语言的范围，在比语言更基底的层次上对语言现象做出解释。

二、逻辑是不是研究客观世界？真假是不是客观事物的性质？

在上述四个选项中，我们可以首先排除“逻辑是研究客观世界的”。在明确了“思维或语言的世界是独立于实在性的观念性的世界”、“语言的指称是思维的表象及其性质”之后，不难区分，逻辑学不研究外部世界的客观事物，而只是研究包括客观事物在思维中的表象以及表象的性质在内的东西。一个直接的依据就是，逻辑的核心概念只存在于思维之中。

1、真和假。

客观事物有量、质等规定性，却没有“真”或“假”的规定性。一个苹果摆在面前，哪怕你发现它只是个塑料制品，本身也无所谓真或假——说它是真是假，完全是人在思维它时产生的判断：你说它“是一个假苹果”？但它明明又“是真塑料”，完全取决于你做出判断的依据。即使我们承认判断真假的依据来自客观事物（如“知识与对象符合一致”），也不能说明“真”或“假”是客观事物的规定性，知识是一些句子，如何对客观事物“符合一致”？对此，弗雷格在《算术基础》一书中有较详细说明（我们在下一章有关部分再引用）。

2、否定和“不是”。

同样地，否定性是思维中的性质（即表象的性质）而非外部对象的性质。康德把否定性与实在性并列为质的范畴，隐含了否定性如实在性一样是外部事物的性质的含义，这是不恰当的。因为外部事物的规定性中并不包含否定性——即使“辩证地”看待事物，当人们把否定、否定性当作事物“变化”、“运动”和“发展”的推动力时，他们所说的其实是事物自身的生长性等具有实实在在的力的范畴。当然，把这类范畴说成是否定性，在表述上也无不可，但很显然，生长性是外部对象的实实在在的力，而否定性是力在思维中的显现方式，是有必要予以清晰地区分的。而且，如果一定要用否定性去替代生长性，就面临一个问题：作为生长性的意义的否定如何与作为“S不是P”这个语句中的“不是”的否定两相契合？因此，把事物自身的生长的能动性与语句中的“不是P”的否定清楚明白地区分开来，不失为一种简明的方式（尤其是在前者已经包含了否定的能动性的情况下）。

之所以说外部事物的规定性中不包含否定性，是因为我们不能把“不是P”当作事物自身的性质，“不是P”其实只是该事物在我们的思维中的表象的规定性。一个苹果有大小、质量、重量等，但是，能不能把“不是梨子、不是香蕉或不是网球、不是曲调、不是想法”等等否定性的叙述都当作它自身的规定性？显然不能，因为“不是P”是无限多的，而且是随意设定的（每个人都可以说出任意多的“不是P”），这都违反了一个对象的规定性所应有的客观性。明确地把“不是P”当作思维的表象的规定性，是十分必要的，那就意味着我们也可以把“不是P”当作概念的内涵，把所有“不是P”的表象当作概念的外延，并以“序列+集合”的构造方式呈现为一个“不是P”的表象。这一进展将在后面对逻辑规则的讨论中发挥作用。

3、逻辑是客观规律吗?

逻辑如果是研究客观事物，得到的一定是客观规律。但是，“逻辑的规律”却是可以被违反的——“不合逻辑”的现象比比皆是。而客观规律（如物理学所揭示的规律）是不可被违反的——一旦被违反，它就不再被承认为规律。“太阳从东边升起”是自然界的规律，绝不允许有一个例外。牛顿物理学即使被证明为只是宏观和低速的领域的规律，在宏观和低速的领域也绝不允许有一个例外。反观逻辑的情况，“不合逻辑”的思维、言行直接违反了同一律、矛盾律或排中律，后三者却仍然被承认为逻辑的规则。逻辑学谆谆教导我们应该如何正确地思维、正确地说话，却始终没有告诉我们：不讲逻辑、不合逻辑又将怎样？我们可以相当勉强地说出一些不良后果，比如带来个人思维的错乱或社会秩序的混乱等等，但仗着某些“非逻辑”的理由，人们可以继续问：“错乱”了又将怎样、“混乱”了又能如何？归根结底，我们所能找到的，不外乎是一些信念——如同关于道德、公平、正义等东西的信念那样，后三者也是一些必要但可以被违反的东西。当然，在这些现象中，“不合逻辑”究竟是什么意思？还有待仔细研究（下一章我们会做出回答），不过很显然，这些现象何以存在，毕竟是需要做出解释的。

4、逻辑何以能运用于数学和客观事物？

如果如上所述，说真假不是客观事物的性质，（研究真假的）逻辑也不是客观规律，又带来一个问题：逻辑何以能运用于数学和客观事物？明摆着，我们在数学和自然科学的研究中都用到了同一律、矛盾律和排中律，这就跟“数学何以能运用于客观事物”一样，逻辑也必须对此做出可能性依据的阐明。进一步看，我们也承认，在我们的思维和语言中存在着“不合逻辑”的现象（即存在“不合逻辑”的语言和思维）——那么，能够运用于数学和客观事物的逻辑规则又何以在思维和语言现象中可以被违反？这些都是作为逻辑的问题而需要被解释的。

三、逻辑是不是研究语言？

“逻辑是研究语言的”这句话是有歧义的。我们在前面明确指出，“语言是思维的表现形式，是思维中的表象及其性质的呈现方式”。逻辑既然要研究思维，当然离不开思维的表现形式、呈现方式，但是，从“思维的表现形式、呈现方式”的功能来看，语言本身的价值在于充分准确地把思维的内容表现或呈现出来，因此，所谓“研究语言”，应当是指语言学的任务，即研究语言如何准确表达思维的问题——是研究语言的表达的环节，而不是思维本身的性质。这就好比我们必须通过水龙头才能得到自来水，当我说“我是研究水龙头的”时，从“水龙头”这个词所隐含的功能看，我说的意思一定是指“我是研究水龙头如何更为通畅（以使我们更方便地得到自来水）”，而不会是指“我是研究必须经过水龙头才能得到的水的性质”——前者是水管工的工作，后者则是化学家的工作。说“语言学是研究语言的”，没有歧义；说“逻辑是研究语言的”就让人疑惑了：跟“研究水龙头”的问题相似，你到底是研究水龙头的开关的物理性能还是研究流经水龙头的水的化学性质?

如果说逻辑是通过语言来研究思维的规律，这里面就有一个不易觉察的悖论。一方面，要“研究思维的规律”，说明“思维的规律”是有待发现的、未成型的。另一方面，自然语言又被认为是有歧义的、不完善的，里面混杂着表达情绪、情感等并不适用于逻辑的语言现象。弗雷格创立概念文字，就是为了消除“自然语言的不完善性”。问题来了：当概念文字或仿数学的函数表达式对自然语言进行形式化、符号化的抽象时，面对纷繁复杂、鱼目混珠的语言现象，应该以什么为依据来从中去芜存菁、梳理出足以体现“思维的规律”的东西?如果有清晰明确的依据，说明我们已经拥有了“思维的规律”，而据说我们又需要通过研究语言来找到“思维的规律”。至于设计人工语言来替代自然语言，更是拥有“思维的规律”之后的事情——我们问的是“思维的规律”从何而来?要跳出这个悖论，只需简明地放弃“逻辑是研究语言的”这个前提，承认“思维的规律”来自思维本身，语言只是思维的表现形式。这在以往是不可设想的，因为以往离开了语言，思维就无从谈起。而现在，当我们把思维归于观念性范畴之后，以观念性范畴为对象，就能够研究“思维本身”。

第二节 实质蕴涵的依据问题

以上从一般意义上讨论了逻辑的问题，接下来我们更为具体地谈谈经典逻辑的问题。对于传统逻辑（或称为普通逻辑、形式逻辑）的批评（如康德、黑格尔的批评），已有诸多公论，比如逻辑规则的经验性来源、形式和内容的分割等，这里不予赘述。我们知道，现代逻辑学家是不承认康德和黑格尔对传统逻辑的批评的，这表现在经典逻辑之诞生的初衷，并不是要解决传统逻辑的什么“形式与内容相割裂”之类问题（而是为了针对“自然语言的不完善性”）。我们在经典逻辑的公理或规则体系中，也看不到与传统逻辑有什么继承与发展的关系，经典逻辑更像是另起炉灶、另辟蹊径的结果。

现在，我们来谈谈经典逻辑的初始预设的依据问题。在经典逻辑的诸预设中，蕴涵这个联结词或“实质蕴涵”有着重要的意义，如通常所说，一阶逻辑是建立在实质蕴涵之上的逻辑——我们这就来看看这个原则的直观意义或与经验对象的关联是什么。因为，一件熟视无睹的事实是，作为数理逻辑最基础的原则，实质蕴涵到底是什么意思？构成其推理依据的合法性在哪里？竟然从未得到清晰明确的阐释——这无论如何是一件令人吃惊的事情。我想这或许与早期的逻辑学家（如布尔、弗雷格等人）急于摆脱亚里士多德逻辑学的困境、急于把逻辑“符号化”、“数学化”因而对符号的“直观意义”“允许先不加解释，等形式地建立起代数系统后在做解释”[①]的做法有关。但情况却是，数理逻辑的系统在建立起来之后看起来是那么严格、精确，人们又不愿意回到起点去“刨根问底”了，然后满足于某些约定俗成又似是而非的解释。

一、弗雷格最初的表述。

所谓实质蕴涵，就是把一条件句的真假看作它的各构成句的真值涵项。具体来说，条件句“如果p，则q”为真，当且仅当并非p真而q假，这就是说，除开p真q假的情况下该条件句为假之外，在其他情况——p真q真、p假q假、p假q真——之下，它都是真的——我们的问题是：“条件句‘如果p，则q’为真，当且仅当并非p真而q假”这个原则的依据是什么？

这个原则是弗雷格在创立概念文字时提出来的，此后为经典逻辑乃至扩充逻辑、变异逻辑所通用（所不同的是在这个原则基础上加以修正）。弗雷格在提出这个原则时是作为在他看来只有语法意义的直言、假言和选言判断的替代方案，作为条件句的构造方式。他的有关论述如下：

条件性

---

① 李涛等主编，《数理逻辑引论》，哈尔滨工业大学出版社2011年版，第3页。

§5.如果A和B意味可判断的内容，那么有以下四种可能性：

1）肯定A并且肯定B；

2）肯定A并且否定B；

3）否定A并且肯定B；

4）否定A并且否定B。

├┬ A
　└ B

现在意谓这样一个判断：不出现这些可能性中的第三种情况，而出现其他三种情况之一。如果否定

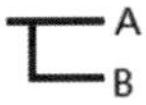

─┬ A
　└ B

那就据此表明出现第三种情况，因此否定A并且肯定B。

在肯定

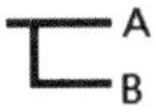

─┬ A
　└ B

的情况下，我们强调以下几点：

1）必须肯定A。在这种情况下，B的内容完全无关紧要。例如，├A意谓：3×7=21，B意谓太阳在照耀这样一种情况，这里只有上述四种情况的前两种情况是可能的。这两种内容之间不必存在因果联系。

2）必须否定B。在这种情况下，A的内容无关紧要。例如B意谓永动机是可能的这样一种情况，A意谓世界是无限的这样一种情况。这里只有上述四种情况中的第二种和第四种是可能的。A和B之间的因果联系不必存在。

3）人们可以做出

├┬ A
　└ B

这个判断，同时不知道是应该肯定还是应该否定A和B。例如，B意谓月亮位于方照这种情况，A意谓月亮呈现半圆形这种情况，在这种情况下，可以借助“如果……那么”这个联结词将

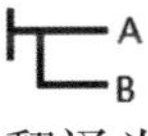

├┬ A
　└ B

翻译为：“如果月亮位于方照，那么月亮呈现半圆形。”然而，我们的符号不表达“如果……那么”这个词内含的因果联系，尽管这样一种判断只有基于这样的联系才能做出。因为这种联系是普遍的东西，但是这种东西在

这里尚未表达出来（见§12）。[①]

除了以上“条件性”的规则，弗雷格还提出了“否定”、“内容同一”、“函数”、“普遍性”等规则，并且表明这些“思维原则”是“用符号表述一些纯思维判断，而这些判断是可以用概念文字表达的……这几条规律如果加上规则中包含的那些规律，则将一切（尽管尚未得到发展的）规律的内容都包括在内。并且使人们认识到这一实质，也是进行推导的表达方式的一种好处。由于可提出的规律数量极大以至不能全部列举出来，因此只有通过寻找那些根据其力量将一切包括在内的规律才能达到完全性。当然现在必须承认，化归方法并非只有这样一种形式。因此，通过这样一种描述方式并没有说明思维规律的所有关系。也许还有其他一系列判断，加上规则中包含的规律，从这些判断同样可以推导出所有思维规律。无论如何，以这里给出的化归方式总可以确定这样许多关系，由此使其他各种推导变得更为容易”[②]。这段话说得比较委婉，实际的意思差不多就是说“这几条规律”加上“规则中包含的规律”（指联结词、量词等逻辑符号所包含的规律）就可以“推导出所有思维规律”。后来的数理逻辑也确实是这样做的。

弗雷格提出的上述“条件性”的规则被改写为“实质蕴涵”，即“条件句‘如果p，则q’为真，当且仅当并非p真而q假”。从弗雷格的表述中，没有对这个原则作出阐明，没有解释这个原则之所以成立的依据是什么。他只是强调“必须肯定A”、“必须否定B”，并且三次强调说A与B之间不必存在因果联系、不必表达因果联系。由于这个原则是如此基础，可以用它来定义矛盾律、排中律、同一律以及三段论推理原则[③]。但是，具体到上述四种可能性，我们仍然想知道：为什么“肯定A并且肯定B”、“肯定A并且否定B”和“否定A并且否定B”均为真而“否定A并且肯定B”则为假？

---

① [德]弗雷格著，《弗雷格哲学论著选辑》，王路译，王炳文校，商务印书馆2006年版，第10–11页。

② [德]弗雷格著，《弗雷格哲学论著选辑》，王路译，王炳文校，商务印书馆2006年版，第33–34页。

③ 如（A∨B）=df(?A→B)，(A∧B)=df? (A→?B)等。弗雷格《概念文字》的§14的推导，就可以看作是对有因果联系的a、b、c三个句子的三段论推理关系的论证。

弗雷格在《思想结构：逻辑研究第三部分》一文中提出了思想的六种结构，即："A并且B"、"并非（A并且B）"、"（并非A）并且（并非B）"、"并非[（并非A）并且（并非B）]"、"（并非A）并且B"以及"并非（并非A）并且B"，其中最后一种结构就被解释为"如果B，那么A"。在真值上，"并非（并非A）并且B"与"如果B，那么A"是等价的（如果按照弗雷格对"条件性"规则的设定的话）。弗雷格也通过对"如果2是大于3的，那么4是一个素数"、"如果我有一只公鸡，它今天下了几个蛋，那么明天早上科隆教堂将倒塌"这类被认为没有意义的句子的说明，来强调在他的方法中A、B之间可以是没有因果联系的：这类句子"肯定被许多人解释为无意义的，而根据我的规定它却是真的，因为条件是假的。是假的尚不是无意义的"、"以这个句子结构表达的思想也是真的。也许有人会说，'可这里的条件和结果根本没有内在联系'。现在，我在我的解释中没有要求这样的联系，我只是请大家将'如果B，那么A'理解为我说的东西和以'并非[并非A并且B]'这种形式表达的东西。这种对假言句子结构的理解暂时当然是陌生的。在我的解释中，生活中的语言用法并不重要，因为它对逻辑的目的来说一般太模糊太不确定了。在这种情况下，出现各种各样的东西，譬如原因和结果的关系，一个说话者说出一个具有'如果B，那么A'形式的句子的意图，他认为这个句子内容为真的理由。也许说话者譬如就在听者方面出现的这样一些问题提供了暗示。这样的暗示属于生活用语中常常伴随思想而出现的附属物。我这里的任务是通过将这种附属物分离出去，剖析出一种作为逻辑核心的两个思想的结构，我称这种结构为假言思想结构。洞察由两个思想构成的思想的构造必然为考察多重构造的思想奠定基础"①。

这六种结构确实是思想的基础的结构，即使在这六种结构之上增加更多的"并且"、"并非"，得到的结构也都能够化归为这六种结构。但这里的问题是，弗雷格对思想的六种结构的说明能不能成为"实质蕴涵"的依据？

---

① [德]弗雷格著，《弗雷格哲学论著选辑》，王路译，王炳文校，商务印书馆2006年版，第189–191页。

恐怕不能。[①]因为我们这里关心的是“条件句‘如果p，则q’，当且仅当并非p真而q假”何以能成立？当这个条件句成立的时候，它所对应的直观对象是什么？

二、后续研究已经发现的问题。

上述问题之悬而未决，还可以从后续的研究中体现出来。我们分两个方面来谈。第一个方面，“有不少逻辑学家”认为“实质蕴涵”原则以及派生的定理“不符合自然语言中‘如果，则’的原意，不符合日常推理中的逻辑推理关系，违反人们的直觉和常识，是不可接受的，因而它们叫作‘实质蕴涵怪论’，并坚持用更适合于自然语言中‘如果，则’的意义的蕴涵代替实质蕴涵，并为此进行了不懈的努力。概括起来，他们对于实质蕴涵和经典的逻辑后承概念提出了以下批评：第一，它们没有反映条件句中前件和后件、推理中前提和结论在意义、内容上的相互关联，对条件句和推理中前提和结论之间后承关系的刻画是不充分的……第二，实质蕴涵和经典的逻辑后承概念有‘推出太多’的毛病……”[②]。所谓“实质蕴涵怪论”指的就是弗雷格自己列举的“如果2是大于3的，那么4是一个素数”之类的句子；所谓“推出太多”指的是“由假得全”原则，即从（逻辑）假推出任何东西（即“当p假q真时，条件句‘如果p，则q’为真”）。从逻辑学家的上述批评看，弗雷格没有对他的“条件性”原则作出令人信服的解释（否则就不会有上述批评）。

第二个方面，对于“实质蕴涵怪论”和“由假得全”，后续研究者没有采取否定乃至抛弃“实质蕴涵”原则的态度（这倒值得庆幸），而是在该原

① 或许对这六种思想结构可以作如下解释，即：把这六种结构看作从第一种到第六种逐级递进的关系，预设思想是从“A并且B”开始逐级递进到第六种，第六种被当作是思想的最完整的结构，于是，因为最完整的思想结构等价于“条件句‘如果p，则q’，当且仅当并非p真而q假”，所以我们得到“实质蕴涵”原则的四种真值。但是，这个解释（如果被当成是解释的话）有两个问题：一是作为开始的第一种思想结构是什么意思？对应什么直观对象？不得而知；二是依据什么规则来实现从第一种结构到第六种结构的逐级递进？这种逐级递进分别对应什么直观表象？也不得而知。这于我们要求澄清“实质蕴涵”原则之依据的这件事而言没有丝毫的进展。

② 陈波著，《逻辑哲学》，北京大学出版社2006年版，第35页。

则基础上想出各种办法去改进、修正。比如提出前提和结论的相干性，要求两者必须有意义和内容上的关联。“我们通常进行推理时，前提和结论总是存在着某种共同的内容或意义，使得我们可以由前提想到、推出结论，正是这种共同的意义潜在地引导、控制着从前提到结论的思想流程。除非一个人思维混乱或精神不正常，否则他通常不会从‘2+2=4’推出‘雪是白的’，也不会从‘2+2=5’推出‘雪是黑的’，因为这里前提和结论在内容、意义上没有相关性，完全不搭界”①。美国逻辑学家刘易斯“不满意弗雷格、罗素系统的中心概念——实质蕴涵，认为对蕴涵的这样一种理解与对蕴涵的直觉理解相差太远”②，提出“严格蕴涵”，“他用‘~’表示不可能，用‘—’表示否定，用‘-3’表示严格蕴涵，并将其定义为 A -3 B=df~（A—B）……1932年，他在与朗格福德合著的《符号逻辑》一书中，从严格蕴涵出发，用数理逻辑的方法构造了模态语句逻辑系统S1—S5，从而导致现代模态逻辑的真正创立”③。“刘易斯的严格蕴涵成功地避免了像‘真语句被任一语句所蕴涵’之类的实质蕴涵怪论，却又产生了自己本身的怪论”，如“必然语句被任一语句所严格蕴涵”、“不可能语句严格蕴涵任一语句”等等。

数理逻辑把“实质蕴涵”当作基本概念接受下来，它这样定义“蕴涵词→”：“复合命题P→Q表达的逻辑关系是‘P是Q的充分条件’或‘Q是P的必要条件……复合命题P→Q只有当命题P为真而命题Q为假时才为假，其余情况均为真”④。这个定义明确要求P、Q之间具有逻辑的或者说因果的关系。这看似避开了“实质蕴涵怪论”，却也清清楚楚地违反了弗雷格提出“实质蕴涵”时的要求：前件与后件之间可以没有因果联系、可以“看上去没有意义”。

以上对“实质蕴涵”的修正，面临一件奇怪的事情：“怪论”不是后来才发现的，而是弗雷格提出“实质蕴涵”时就已经指出并予以接受的（如上

① 陈波著，《逻辑哲学》，北京大学出版社2006年版，第40页。

② 陈波著，《逻辑哲学》，北京大学出版社2006年版，第38页。

③ 同上。

④ 李涛等主编，《数理逻辑引论》，哈尔滨工业大学出版社2011年版，第20页。

述引文中所说，他明确指出那样的“怪论”在他那里是“有意义的”）。尽管弗雷格并没有指出其“意义”之何在（这正是问题的关键），但是，作为一位严谨的数学家和逻辑学家，在明知有如此大漏洞的情况下仍然公开提出他的“概念文字”，是不可想象的。如此一来，后来的研究者恐怕就要反过来想一想：他们所理解的“实质蕴涵”有没有可能并非弗雷格所说的意思？当然，在一些关键的语义（比如“如果，则”）上，弗雷格又与后来的研究者采取了相同的表述，归根结底的问题是，在提出“概念文字”时，他要说的究竟是什么意思？

三、诸问题的归纳。

我们有必要来梳理一下这里面的问题。

首先，“P→Q”中的“→”是不是“推出”或“推导”的语义？尽管人们使用了“蕴涵”这个词来称呼它，但无论是“如果，则”的句式，还是“P是Q的充分条件”的定义，以及人们通常的表述，都采用了“推导”的这个意思。这里颇为奇怪的是，既然原本就有一个清楚明白的“推导”这个词，为什么不直接使用它却要另外用一个不那么清楚明白的“蕴含”？

其次，按照“推导”的语义，把“P→Q”理解为P推导出Q，我们就需要逐个地回答：1、为什么P真能够推出Q真？2、为什么P假能够推出Q真？3、为什么P真不能推出Q假？4、为什么P假能够推出Q假？

第三，如前所述，实质蕴含是如此基础（以至于可赖以定义同一律、矛盾律和排中律），不大可能依据逻辑的原则从其它东西推导出来。我们能够依赖的大概只有直观了——如同欧式几何学的公理那样，把这个原则建立在直观的基础上。但是，什么是直观？直观首先是一目了然，其次是没有反例。“两点之间只有一条直线”或“两点之间直线最短”不仅是人人都能一目了然、没有歧义，而且没人能举出反例，或者说该公理是没有反例的。但是，在实质蕴含中，不仅P真Q真、P假Q真、P假Q假这三条“P→Q”为真有大量的反例（即“实质蕴含怪论”），就连P真Q假则“P→Q”为假也是有反例的。

比如P真Q真，2+2=4推不出雪是白的；比如P假Q真即“由假得全”，有一种说法，“既然前提是假的，那么结论就无所谓真假”，看似有道理，实则完全背离了“推导”一词的要求：“无所谓”指的是“无可无不可”，但“推导”要的是“前提使结论成立”，前提绝不会因为“无可无不可”而使结论“成立”。再比如P假Q假，尽管弗雷格举过“如果案件发生时被告在罗马，那么他就没有进行谋杀”这样的“如果P假，则Q假”为真的例子（如果谋杀确实是此人所为且案发地是柏林），但更多的反例证明我们不能在一般意义上说“如果P假，则Q假”为真（如人们已经列举的“如果2+2=5，则太阳从西边升起”等）。

P真Q假则“P→Q”为假也是有反例的：当P和Q是矛盾关系时，我们从P真就能推出Q假。这个反例之所以是有效的，因为无论是弗雷格最初提出时还是经典逻辑后来沿用时，都没有对P、Q的关系做出限定，P、Q既可以是不相干的命题（如弗雷格反复强调的），也可以是相干的命题（如数量逻辑把两者说成是充分或必要的关系）。既然如此，两者为什么就不能是矛盾关系的命题？恐怕也需要作出解释。

简言之，从目前的情况看，作为经典逻辑主要的推理依据，实质蕴含本身的依据既没有直观的基础，也没有论证的保障，并没有得到必要且应有的阐明——这对以严谨缜密著称的经典逻辑来说是不可想象的事情。事实上，除了实质蕴涵，经典逻辑在其它一些初始预设上也缺乏形式化的论证，仍然只是一些经验性的东西，比如逻辑联结词合取∧、析取∨、并非?等究竟是什么意思？其真值从何而来？都只是经验的解释，都只是约定，并没有基于某个基础或规则来获得一般性的论证。这个状态表明，抛开数学那样的形式化表述方式，经典逻辑尚未真正拥有数学那样的扎实基础。

第二十七章　“是真的”的意义和二值逻辑的基础性

在本章和下一章，我们将基于“新时空观体系”已经取得的成果（它们都源自时间空间的性质），为逻辑找到其如何可能的依据。在这里，我们面临同样的问题：当我们谈论逻辑的可能性时，究竟是谈论哪一种逻辑的可能性？如上一章所述，逻辑是一种还是多种，这个问题在逻辑学界是有争论的。事实是，的确存在多种逻辑，它们基于各自不同的前提发展起来，而前提之间看起来又是无法通约、无法在更基底的共识中达成统一。比如二值逻辑，其前提是真值只有真和假，但三值逻辑（变异逻辑之一种）认为真值有真、假和不确定三种，两者据此遵循不同的逻辑规则（比如前者承认矛盾律和排中律，后者则否认矛盾律和排中律）。再比如扩充逻辑，比之经典逻辑，或者引入了新的逻辑常项、新的公理和新的推理规则，俨然是不同的逻辑系统。因此，要谈论逻辑之可能性，就必须对这个状况作出合理的解释。我的看法是：其一，至少就基底的规则体系而言，逻辑只有一种。我们姑且称之为“基础逻辑”（似乎还没有人在这个意义上使用过这个词），在此，我们无意讨论“基础逻辑”如何构成，只是相信它存在；其二，在“基础逻辑”中，命题的真值是且仅是二值的；其三，“扩充”或“变异”后的逻辑种类过于繁复，我们无法一一作出评价，但我们有一个“假说”，即认为，那些逻辑所做的“扩充”或“变异”并非都是有必要的，它们所要解决的问题其实在“基础逻辑”的体系中是可以解决的（在获得了新的指称理论、解决了“虚拟物存在”问题、重新理解实质蕴涵的意义等等之后，这是可以设想的）；其四，可以针对不同的研究对象设定不同的规则体系，但体系之间在公理、定理上不会形成冲突或互不承认的情况。好比同样是研究物质世界的自然科学，因研究对象不同而分为物理学、化学、生物学等等，但绝不会出现化学的定理违反物理学的定理或生物学的定理违反化学的定理这类情况。这里所谓“为逻辑找到其如何可能的依据”，就是针对“基础逻辑”而言。

本章解决两个问题，一是什么是真？弗雷格认为“真”是无法定义的，我理解他指的是作为名词的“真”。为了避开这个问题，出于简明的考虑，我们所谈的“真”，都指的是形容词的“真的”，或如弗雷格所说的“是真的”。包括逻辑上的真值，也可以理解为“是真的”、“是假的”，我们也将在这个意义上使用“真”和“假”并对它们作出阐释。这是研究逻辑时需要先行确立的基础；二是从真假二值的基础性，论证“二值逻辑”的基础性，以排除“三值逻辑”、“多值逻辑”（作为与“二值逻辑”并列的逻辑）的必要性（否则的话，论证逻辑之可能性就将失去确定的目标）——在我们看来，这些逻辑与真假二值并无冲突，或者说，它们的问题可以在二值逻辑的基础上得到化解。

第一节 何谓真？何谓假？

继续上一章的分析。我们看到，逻辑不是研究外部的客观世界，“真”不是外部事物的性质。通常说逻辑是研究思维活动及其规律，在我们把思维看作独立于外部世界的思维世界之后，说逻辑是研究思维世界的对象（即是者），就有了更为明确的涵义。与以往以语言为对象的研究方法不同，我们有了思维中的是者这个独立于语言的参照对象，对逻辑问题的探讨就获得了某种新的视角和新的依据。

一、弗雷格的疑难。

从传统逻辑来说，所谓真就是知识与对象符合一致，反之则为假。但是，这个标准在弗雷格那里受到了质疑。我们引述一段他在《思想：一种逻辑研究》这篇论文中的叙述：

“‘真’这个词似乎在语言上是一个形容词。因此就产生这样一种愿望，对表达真、实际上可能考虑真的范围进行严格限制。人们看到，真用来表达画、表象、句子和思想。引人注目的是，可看见的和可听见的东西与不能用感官感觉的东西在这里一起出现……一幅画作为纯粹可见的、可触摸的东西究竟是不是真的？一块石头、一片树叶不是真的吗？显然，如果在这里没有某种目的的话，人们不会说出这幅画是真的。这幅画应该表达了某种东西。表象也不能根据自身而被称为是真的，它只能就它应该与某物一致这种目的来说才被称为是真的。因此可以设想，真存在于画与被画东西的一致之中”，但是“一致是一种关系，而‘真’一词的使用方式与它是矛盾的，因为‘真’不是关系词，根本不包含某物应该与之相一致的另一个东西。如果我不知道一幅画应该是描绘科隆大教堂，我就不知道为了判定它的真我应该把它与什么加以比较。仅当一致的东西重合，因而根本不是不同的东西时，才能出现一致性。我们试着用立体观测看一张银行支票与一张真的支票是不是相符，就应该能够检验这张银行支票的真伪。但是，企图用立体观测确定一块金币与一张20马克的钞票相符，却是可笑的。要使一个表象与一事物一致，仅当这个事物也是一个表象时，才是可能的。而且，如果第一个表象与第二个表象是完全一致的，那么它们就是重合的。但是这正是人们不愿意的，如果人们把真确定为一个表象与某现实的东西的一致性。这里，现实的东西与表象不同，这恰恰是根本的。但是这样就没有完全的一致，没有完全的真。这样就会没有任何东西是真的。因为仅仅一半真的东西是不真的。真所表达的东西既不多也不少。难道不是吗？难道不能规定，当某个方面出现一致时，就存在真吗？但是在哪些方面呢？而在这样的情况下为了判定某物是不是真的，我们必须做什么呢？我们必须研究，例如一个表象和一个现实的东西是不是真的在规定的这个方面一致。这样我们就会再次遇到同类问题。这一切又得重新开始。因此，把真解释为一致性的尝试失败了。但是其他各种定义是真的企图也失败了。因为一个定义要给出一定的标志。而且在应用到具体的情况时，总是要考虑，这些标志合乎实际，这是不是真的。这样人们就陷入循环。根据上面所说，‘真’一词的内容很可能是完全独特的和不可定义的”，尽管如此，弗雷格还是做了一个尝试，“当谈论一幅画的真时，实际上不是要表达那种完全脱离其他事物而属于这幅画的性质。相反，这时人们总还要考虑一个完全不同的东西。而且人们要说，那幅画与这个东西有某些一致。‘我的表象与科隆大教堂相一致’是一个句子，并且现在涉及这个句子的真。因此，在滥用之下称之为画和表象的真的东西，就划归为句子的真……当我们称一个句子是真的时候，我们实际上是指它的涵义。因此一个句子的涵义是作为这样一种东西而出现的，借助于它能够考虑是真的。那么，一个句子的涵义是一个表象吗？无论如何是真的不在于这种涵义与不同的东西的意志，因为如果这样，关于真的这个问题就会无限地重复下去”[①]。

弗雷格谈到了以下几层含义：首先，“真”不是对象本身的性质。这一点我们是赞同的（在上一章我们使用过“假苹果”和“真塑料”的例子）；其次，一致是一种关系，但真这个词不是关系词，也不包含在关系之中（跟不包含在事物自身的性质中是一回事），只有在“符合一致”的要求或目的的情况下才谈得上“是真的”；第三，什么是“符合一致”？只有两个东西能够重合，才称得上完全一致，而用“部分一致”来指称“符合一致”也是不可接受的（哪一部分“一致”才算两个东西“符合一致”？同样无法说清楚）。但现实的东西与思维的表象是根本不同的，不可能完全一致（也不可能“部分一致”）。因此，具有表象性质的画、句子都不可能与现实的东西“符合一致”。用“一致”来解释真的尝试是失败的；第四，弗雷格把表象的真划归为句子的真，认为句子的涵义（即他所说的思想）“是作为这样一种东西而出现的，借助于它能够考虑是真的”。但是，如何判定“句子的涵

① [德]弗雷格著，《弗雷格哲学论著选辑》，王路译，王炳文校，商务印书馆2006年版，第130–132页。

义”是真的？弗雷格没有说明，但他肯定地说“无论如何是真的不在于这种涵义与不同的东西的一致”（理由是“如果这样，关于是真的这个问题就会无限地重复下去”）。他相继引入“思想”、“思维”、“判断”、“断定”等概念，其中把“判断”定义为“对一个思想的真的肯定”，但始终没有清楚地说明以什么为依据判断“一个思想的真”或“一个句子的真”。这就带来一个奇特的情况：弗雷格也认为“冰比水轻”或“雪是白的”这类句子是真的，但就是不承认这些句子之所以是真的是因为这些句子的涵义与事实“符合一致”——如果承认这一点，就会回到他对于“什么是符合一致”的讨论中去并且否定他的“现实的东西与表象是根本不同的因而不可能完全一致”的论点。

在后来的经典逻辑的研究当中，关于真，人们也采取了类似的态度，即认为“冰比水轻”或“雪是白的”这类句子为真，但就是不说出“知识与对象符合一致为真”这类清晰的表述。所不同的是，后来的逻辑学家把对真的研究转向对逻辑真的研究，并且尝试给逻辑真做一个“完全一般的说明”（尽管也承认这是“极其困难的”），这类研究是在语言学的框架内展开的，是针对命题的形式（即“命题是真值承担者”），即希望找到这样的命题形式，该形式在抽掉具体内容之后始终保持该命题为真。比如塔斯基的真定义（即著名的T等式）：“T X是真语句，当且仅当p”，T等式的一个著名的例子是：“雪是白的”是真的，当且仅当雪是白的[①]。这样的表述在弗雷格那里也是有的，比如平行线的定义：“线a与线b平行”这个句子与“线a的方向与线b的方向相等”的意谓相同[②]。这符合弗雷格的三原则之一的“必须在句子联系中研究语词的意谓，而不是个别地研究语词的意谓”。也就是说，我们不必个别地定义什么是平行、什么是方向，而是通过构造某些句子（也即命题形式）、在句子中“研究语词的意谓”（尽管我们从那样的句子中所能得到的东西，丝毫不比原先对平行、方向这两个词的理解更多）。塔斯基对他的真定义在语言学中有非常严格的论证，但归结起来仍然遵循了弗雷格

① 陈波著，《逻辑哲学》，北京大学出版社2006年版，第72页。

② [德]弗雷格著，《算术基础》，王路译，王炳文校，商务印书馆1998年版，第81页。

的原则：我们不必个别地定义什么是真，而是找出抽掉具体内容始终为真的命题形式，在命题形式中研究“真的意谓”。相类似，蒯因给出了五个近乎等价的逻辑真定义，分别是根据结构为真、根据替换为真、根据模型为真、根据证明程序为真以及根据语法为真，也在语言学中分别都有非常严格的论证，但仍然属于对“永真”的命题形式的探讨，仍然属于“在句子联系中研究语词的意谓”而非“个别地研究语词的意谓”——尽管我们从那样的句子中所能得到的东西，仍然丝毫不比原先对“真”的理解更多。但是，请扪心自问，如果抛开那些严格缜密、复杂繁琐的语言学研究方法，仅仅就那些方法所得到的结论来看，难道就从不曾有人对“‘雪是白的’是真的，当且仅当雪是白的”这类句子感到过丝毫的厌倦吗？即使榴莲被公认为营养丰富，但总有人不能接受那样的口味吧？好在水果有多种多样可供选择，但这样的句子难道就是逻辑的宿命或不二之选？我们对“何谓真”只能停留在“只可意会不可言传”（既然被公认为“不可定义”）的状态吗？我们有必要另辟蹊径，去尝试一下别的可能性。

二、真值（真或假）是认识的结果，是关于认识结果的句子的性质。

前面我们谈到，事物本身是无所谓真或假的（如上一章塑料苹果的例子），真值是认识的结果。何谓认识？简言之，就是在思维中形成关于对象的表象（即是者）以及在表象之间建立联系。真和假从哪里来？来自于语言对思维中的关于对象的表象的述说。弗雷格把“是真的”化归为“句子的真”，我们赞同这个主张。按照前面第十八章“语言与对象的同构性、认识的可能性等问题”中“句子的意义是它所指称的是者（表象或性质）的规定性”的结论，所谓真和假，是且仅是句子的真和假。更具体地讲，句子为真指的是句子所表达的意义与该句子所指称的是者的规定性符合一致，反之，则句子为假。我们以塑料苹果的例子来谈谈这个标准如何得以构成真假的依据。

关于塑料苹果的真假，是与不同的表述有关的。“这个塑料制成的东西是苹果”这个句子是假的，“这个苹果形状的东西是塑料”这个句子则是真的。首先，“一个塑料制成的东西是苹果”这个短语对应的是者不是“假苹果”（不是作为真苹果的否定），而是“一个塑料制成的苹果形状的东西”的是者，有着“符号+序列+集合”的构造；其次，“这个苹果形状的东西是塑料”之所以是真的，是因为这个句子的意义与“一个塑料制成的苹果形状的东西”这个是者的规定性符合一致；第三，“这个塑料制成的东西是苹果”这个句子之所以是假的，是因为“一个塑料制成的苹果形状的东西”这个是者不是苹果的是者，该句子所表达的规定性与该是者的规定性不相符合。由此可见，所谓真假，并不唯一地来自于事物本身，而是取决于作为认识结果的对事物的述说方式。

三、“逻辑真”与“经验真”。

如前所述，“一个句子有无意义取决于它是否指称一个是者”。一个句子要谈真或假，首先必须是有意义的，即能指称一个是者，否则的话，那样的句子没有意义，那些不能称其为是者的东西是没有真假可言的。比如我们不能说“‘圆–方’是假的”或者“‘羊–鹿’是假的”，因为这已经是在述说“圆–方”和“羊–鹿”了（如我们在第一章里讨论的那样，“圆–方”、“羊–鹿”是不能被述说的）。也许有人会说，这里明明已经说出了“‘圆–方’是假的”和“‘羊–鹿’是假的”这两个句子了吗？何来“不能述说”？实际上，这里的“圆–方”和“羊–鹿”纯粹只是两个汉字拼接起来的图案，“‘圆–方’是假的”这个句子可以被说出来，但它跟“‘咿呀唔’是假的”一样没有意义。但是，我们可以说“圆是方的”这个句子是假的，因为这个句子无法在思维中指称一个是者。为了区别不能指称一个是者的句子，我们把“凡是能够指称一个是者的句子”都说成“是真的”，这依然适用于“句子为真，指的是句子所表达的意义与该句子所指称的是者的规定性符合一致”这个标准，只不过这里的符合一致是与自身相比较的符合一致。这种从句子的构造而来的真，我们称为“逻辑真”（套用这个现成的语词，即从句子的结构上获得的真值。是者之所以能成为是者，也是从语词或句子的结构上讲的）。相对应，我们把“与对象相比较符合一致而为真”的“真”称为“经验真”（如“太阳从东边升起”等）。作此区分有一个好处：在逻辑的通常看法中，“圆是方的”或“我的屋顶有一个方形的圆顶”这类表述也被当作“假的”。按照我们的看法，它们（因不能指称一个是者而）是没有意义。现在，出于“二值逻辑”的需要，我们也可以从“逻辑真”的角度把这类表述当作“假的”，即“圆是方的”这类不能指称是者的东西就是“逻辑假”。同样地，“太阳从西边升起”这类与经验事实不符合的句子也就是“经验假”。

很显然，一个“逻辑真”的句子有可能是“经验假”的，比如“雪是黑的”这个句子可以指称一个“黑的雪”的是者，它是“经验假”的，我们也可以设想出“黑的雪”的表象，可见“经验假”的句子必须先是“逻辑真”的。为了方便表述，我们在后面会使用“真是者”、“假是者”这类表述。所谓“假是者”，并不是指“是者”这个词的反面即“不是是者”（“不是是者”的“东西”是不能被述说的），而是指该是者是“经验假”的（如“黑的雪”这个是者）。没有“逻辑假”的“假是者”（“圆的方”不是“假是者”，而是无法形成是者的三个汉字拼接的符号——尽管我们理解其中的每一个字，但无法理解三个汉字拼接起来的符号），但有“逻辑假”的句子，比如“圆是方的”。

既然“逻辑真”既有可能是“经验真”，也有可能是“经验假”，这就带来一个问题：一个句子能否既是“逻辑真”又是“经验假”？如果能，那岂不是说一个句子既是“（逻辑）真”又是“（经验）假”？这显然是不允许的。一个句子的真值只有一个。稍后我们再专门谈，一个句子的真值将在同一个尺度下被确立——我们认为“逻辑真”和“经验真”是层次上的关系，而不是并列的关系。或者说，作为一个句子的“真”，是由“逻辑真”和“经验真”逐层派生出来的。形象地看，“真”是“逻辑真”和“经验真”的某种复合物而非从中“二选一”。对此，后面再进一步解释。

不过，区分“逻辑真”和“经验真”仍然是有十分必要的。我们可以简明地说，“逻辑真”对应“逻辑假”、“经验真”对应“经验假”。这个对应关系是要表明：否定“逻辑真”得到“逻辑假”，否定“经验真”得到“经验假”。这主要是针对以往的一种错误做法，就是把“逻辑真”与“经验真”混同起来，并且以否定“逻辑真”的方式得到“经验假”（反之亦然），或者以否定“经验真”得到“逻辑假”——这是现代逻辑学中常见的却至今未被意识到的谬误。一个显著的标志就是，现代逻辑学始终锲而不舍地从句子的构造形式和一般规则中去寻找普适的“真定义”（比如塔斯基关于真的语义定义，再比如本书第二章中谈到王路先生所说的“能够保证我们得到真”的“逻辑框架或逻辑结构”）——这种试图在句子的构造形式中获得的“真”，就是这里所说的因句子的构造形式（见第一章中“是”、“是者”的有关论述）而指称一个是者所获得的“逻辑真”，却又不加区分地把该“真的定义”运用于有关经验事实的“真”。这往往是一些逻辑悖论形成的根源（如“说谎者悖论”）。

四、“知识与对象符合一致”的新解释。

以往谈到“知识和对象符合一致”时，有真理观的符合论和融贯论的分歧。针对符合论的缺陷，如前所述，弗雷格提出只有两个东西完全重合才能完全一致，表象与现象是根本不同的东西，因而不可能完全一致（他也不接受“部分一致”的说法）。一幅画无论多么惟妙惟肖，终究只是一幅画，不可能与作为实物的科隆大教堂进行比较，更谈不上重合、一致。这个问题看起来很简单，但从思辨的立场看，经过逐层抽丝剥茧，符合论者很难反驳弗雷格的看法。在我们看来，知识是以句子的形式呈现出来（正确的知识就是真的句子），“知识与对象符合一致”就是“句子（的语义）与对象符合一致”。但是，在句子与对象之间，隔着思维中的是者这个中介，经过我们前面的论证，我们说句子与是者是同质同构的，两者具备“完全一致”的可能性。也就是说，弗雷格所说的“表象与现象是根本不同的东西，因而不可能完全一致”这个判断，因为我们关于语言与对象的同构性的证明而失效了——其一，语言因与对象的同构性而能够描述对象；其二，描述了对象的语言可以与思维的是者的规定性进行比较以判定它们是否符合一致，因而（作为句子的）知识与对象符合一致是可能的。可见，准确的说法应该是：“知识（的句子）与对象（的表象）符合一致”。至于思维中的是者是否与它所反映的事物符合一致，那不属于逻辑学的问题，而是经验科学的问题。对“句子的真”这个议题来说，句子的真是依据它所表达的意义与它所指称的是者的规定性是否符合一致，与该是者和它所反映的事物是否符合一致并不直接相关，而需要借助巴门尼德的“是者是”原则来建立起联系。我们从以下两个方面来予以说明。

首先是针对思维中大量的所谓虚拟事物的表象。比如文学作品中虚构的在外部世界中没有对应的人和事，我们的思维中包含了有关它们的知识。“红学”就是关于《红楼梦》这本小说的学问或知识，贾宝玉有几个兄弟姊妹？林黛玉在葬花时吟诵了什么诗句？等，也都是知识。判定“贾宝玉是独生子”这句话为假，依据就是这个句子所表达的意义与该句子所指称的（来自于曹雪芹虚构的）是者的规定性不相符合。当然，在这个过程中，巴门尼德的“是者是”原则仍然发挥作用，因为我们不会同时接受“独生子的贾宝玉”和“有兄弟姐妹的贾宝玉”这两个是者，我们是在选定了后一个是者并把它当作“经验真的是者”来判定“贾宝玉是独生子”为假的。

其次是针对思维中关于客观事物的表象。要达到“知识（的句子）与对象（的表象）符合一致”的要求，就需要借助“是者是”原则了。举例而言，假设我从一本书里看到这样一句话：“科隆大教堂是平顶的”，我就在思维中形成一个“平顶的科隆大教堂”的表象，于是，“科隆大教堂是平顶的”这句话与我的思维中的表象的规定性符合一致，我就判定该句子是真的。后来有一天我亲眼看见了科隆大教堂（或它的照片），发现它是尖顶的，我获得了另一个“尖顶的科隆大教堂”的表象。于是，我的思维中有了两个都被称为“科隆大教堂”的表象。但是根据巴门尼德“是者是”原则“是者是，不能不是，不能既是又不是”，在“平顶的”与“尖顶的”这一点上，科隆大教堂不能既是“平顶的”又是“尖顶的”，因此，我们必须在两者中选择一个舍弃另一个，那么，我基于“眼见为实”的理由选择“尖顶的科隆大教堂”的表象，于是判定“科隆大教堂是平顶的”这个句子为假。但是，“眼见为实”并非唯一可信的理由，因为我们亲眼见到羽毛下落的速度慢于石头下落的速度，但伽利略却在书上写道“物体下落的速度是相同的”，我们基于更好的理由（比如对物理学的信任）选择相信伽利略的说法，无非是把思维中以往关于“物体下落”这个事情的是者的规定性从“重的物体比轻的物体下落更快”改变为“物体下落的速度是相同的”，仍然符合“句子的真”的判断标准。

以上过程针对的是“经验真”，概括地讲，就是在一个知识体系中，关于某经验事实的知识有且只有一个“真知识”，而知识体系是可以不断更新、扩充的，“真知识”也在不断调整当中。这个过程符合人类知识不断发展进步的客观事实。这样一来，判断“经验真”的“知识与对象符合一致”的要求与巴门尼德“是者是”原则达成了统一。这是一个有意义的进展。

五、对逻辑学而言，只有“真”，无“绝对的真”或“相对的真”。

对于上述过程，人们或许立即会表示反对，因为那意味着没有“绝对的真”，只有“相对的真”。殊不知，“绝对”根本就不属于逻辑学，只是形而上学的概念。形而上学家们无法解释人类在至今尚未对“世界本身”做出终极的认识的情况下何以能获得“真的知识”乃至何以能使用“真”这个词。如果因尚未认识“绝对”就无法谈论“真的知识”，那好比是一个有极端洁癖的人因无法进食而宁愿饿死。逻辑学只关心在同一个思维系统中“真”何以能融贯一致。对一个剧院来说，所有的观众必须凭入场券才能入内，剧院并不关心观众如何获得入场券，它只负责给每个入内的观众提供一个准确的位置和精湛的演出——逻辑就好比剧院，观众好比句子，入场券好比句子的真值：逻辑不关心句子与经验事实的关系（其真值理应由经验科学来提供），你可以设定“太阳从西边升起”——对住在柏拉图的“洞穴”里的人来说也会相信这个句子为真，逻辑会把这个句子当作真句子来进行演算。如果在已有的知识体系（即诸多句子）中没有发现与这个句子相冲突的句子，演算的过程也没有得到自相矛盾的结论，它将保留“太阳从西边升起”这个真句子。直到有一天，有人依据诸多事实（即其它新的句子）提出“太阳从东边升起”，逻辑再根据新增的句子进行演算，发觉只有设定“太阳从东边升起”为真，才有可能避免知识体系出现自相矛盾的情况，于是依据“是者是”原则作出取舍，重新认定“太阳从西边升起”为假、“太阳从东边升起”为真。同样地，（如前所述）我们不会因为“苏格拉底的姨妈的儿子是个胖子”这个句子无从考证而认为它无法被赋予真值，只需问第一个说出这个句子的人：你说是真是假？在得到肯定的回答后，据以与有关苏格拉底的知识（其它句子）放在一起进行逻辑关系的推演，发觉并不会产生自相矛盾或无法解释的结论，于是，我们大可以认定“苏格拉底的姨妈的儿子”真的是一个胖子（这件事丝毫也不比我们看完《西游记》后相信“孙悟空是一只猴子”来得更奇怪）——除非有新的考证（新增的句子）否定了这个句子。回顾人类知识体系不断更新完善的过程，不正是不断修正句子的真值的过程吗？这个过程丝毫没有贬损逻辑本身，反倒是不断增多的真和假为它的发展提供了更多的素材和契机，使得它在其中也得到不断的完善。设想一千年后的人如何看待我们今天的知识体系，会不会有人说：“他们把那么多的假句子当成真句子、把那么多的真句子当成假句子，怎么好意思谈逻辑？”我相信不会，因为他们应该已经理解，赋予经验事实的句子以真值是经验科学的任务，不是逻辑的任务。就逻辑本身的要求而言，句子真值的判定依据是且仅是“是者是”原则。

以上立场与我们有关指称理论的新思路（其要点是“语言的指称是思维中的是者”）也是融贯一致的——逻辑学依据是者的性质来谈论“真”，至于是者如何与外在世界的对象相符合，那是经验科学的任务，不是逻辑学的工作。以是者的规定性为依据，使得关于客观事物的句子和关于虚拟事物的句子的真值的判断标准被统一在同一个原则之上，无须再（如以往的指称理论那样）针对“外延为空”的情况另外打一些“补丁”。

这里有个问题：是者是每个人思维中的东西，如果以是者的规定性作为判断句子的真的依据，会不会导致同一句话对不同的人来说有不同的真值？这不是问题。首先，关于真假的判断，从来都带有个人的主观性的。同一件事，张三相信其为真，李四相信其为假，又都据说是“以事实为根据”，可见这当中的主观性并不是由“以是者的规定性作为判断句子的真的依据”这件事带来的；其次，对同一件事，在张三心目中有一个“真是者”，在李四心目中有一个“假是者”，同时，他们又都认为对方心目中的是者是假的（如果他们交谈过的话），但是，根据“是者是”原则，关于同一件事只能有一个“真是者”（不能“既是又不是”，张三、李四在两个是者中选择了不同的是者作为“真是者”），因此，关于同一件事的句子的真值只有唯一的一个，这就从理论上避免了“句子的真”可以因人而异的情况。至于说，在古希腊，所有的人都相信“太阳是由阿波罗神的战车托着在天上巡游”，在他们的心目中只有那唯一的是者，也没有问题，所有人都可以赋予该句子为真并合法地运用逻辑规则展开思维。换个角度看，人类对世界的认识的不断深入，就是不断在思维中形成新的是者以替换旧的是者的过程，这个过程带来的变化无损于句子的真的判断标准。

以上把真假作为是者的规定性，有着清晰简明且一以贯之的依据——可以追溯到从语言、思维和事物基于时间空间的样态而获得的同构性以来的每一个环环相扣的结论，完全可以替代（如弗雷格所说的）“思想的真”等临时性的方案。

六、“是其所是即为真”。

在上面，我们有过“句子为真指的是句子所表达的意义与该句子所指称的是者的规定性符合一致，反之，则句子为假”的表述。概括以上几个方面的分析，我们下一个更为简明的一般性的定义：真就是是其所是。这个定义包含了两层涵义：首先，“是其所是”当然先要有一个是者，因此，句子能够在思维中形成一个是者，就是“逻辑真”，反之则是“逻辑假”；其次，句子的是者符合“是者是”原则，其规定性与该是者“是起来”的依据符合一致，就是“经验真”，反之就是“经验假”。

我们仍以科隆大教堂的画为例来说明这里的“经验真”的涵义（即从“经验假”反过来看“经验真”）。我们先看见一幅画着平顶教堂的画，以为“这幅画画的是科隆大教堂”（这个句子的“这幅画”三个字隐含了“是平顶的”等等对该画的叙述，因此，我们可以说这个句子中包含了“科隆大教堂是平顶的”等规定性），于是，我们在思维中形成一个“平顶的科隆大教堂”的是者（这没有问题）。后来，我们亲眼看见了科隆大教堂的实物，知道它应该是尖顶的，于是，我们相信“科隆大教堂”的是者中的规定性应该包含“是尖顶的”，也就是说，“科隆大教堂”这个是者“是起来”的依据是“是尖顶的”等，反过来知道，前面关于那幅画的句子的规定性（也即前面那个是者的规定性）与“科隆大教堂”这个是者“是起来”的依据不相符合，因此，那幅画（的句子）是“经验假”，前面那个是者虽然“是起来”了，但不是以“科隆大教堂”的依据“是起来”的，而是以一个教堂的依据“是起来”的——这就与定义中“其规定性与该是者‘是起来’的依据符合一致”的要求相违背。

再看一幅梵高的“向日葵”的赝品，最初我们不辨真假，该画（也转换为一系列描述它的句子）在我们的思维中形成一个以“梵高的‘向日葵’”为名的是者，但后来知道是赝品了，这个是者的规定性中就被我们增添了“某人仿制”的规定性。而“梵高的‘向日葵’”有另一个是者，该是者中包含了“梵高所画”的规定性，两相比较，仍然是因为违反了上述定义中“其规定性与该是者‘是起来’的依据符合一致”而被判定为“经验假”的。

七、“逻辑真”和“经验真”在“是其所是即为真”的尺度下达成统一。

上面留了一个问题：在区分出“逻辑真”和“经验真”之后，有可能出现一个句子是“逻辑真”却是“经验假”的情况，能不能说一个句子既是“（逻辑）真”又是“（经验）假”？我们的回答是不能。

我们在对“知识与对象符合一致”作出新解释之后，判断“经验真”的依据仍然被归于巴门尼德“是者是”原则，而判断“逻辑真”的依据同样是这个原则。现在，我们把“真”以更一般的形式表述为“是其所是即为真”。这样，尽管仍然有“逻辑真”和“经验真”的区分，并且在否定关系上仍然是“否定‘逻辑真’得到‘逻辑假’，否定‘经验真’得到‘经验假’”，但是，当我们说“真”时，该“真”就可以在同一个尺度下经“逻辑真”和“经验真”逐层构造为一个“真”——“逻辑真”和“经验真”的概念并不因此而被取消，而是在认识过程中参与了“句子的真”的构造。“句子的真”只有一个，只是在追溯“真”的来源时区分出“逻辑真”和“经验真”。这并不奇怪。既然我们承认“真”是认识的结果，也就承认认识有一个过程、“真”的获得也有一个过程。比如一个句子“雪是黑的”，假设我们最初不知道“世界上没有黑的雪”这个经验事实，由于“黑的雪”是可以设想的，作为是者是可以“是起来的”，于是我们判定“雪是黑的”

这个句子是“逻辑真”。后来，我们知道了“世界上没有黑的雪”这个经验事实（比如科学家通过对雪的分子构造的分析，而不是从经验观察中归纳得出），“黑的雪”与“白的雪”构成冲突，前者被判定为“假是者”，于是“雪是黑的”这个句子因不符合“是其所是”而被判定为假。既然该句子不是“是其所是”，当然也不再符合“逻辑真”的条件，因此该句子不再是“逻辑真”。这跟千百年来我们以“重的物体比轻的物体下落更快”为真、后来又被修订为假是一样的道理。

第二节　真与假的主从关系

弄清楚了何谓真、何谓假，我们还需要对真与假的关系做出阐明，这些阐明将在下一章论证实质蕴涵等逻辑连接词之如何可能时发挥基础作用。

一、关于一个对象的真是者只有一个，假是者有无数多个。

既然真或假来自于表象与对象相比较的结果，那么，“符合一致”只有一个，“不符合一致”则有无数多个。可见，真与假的关系是一对多的关系——而非一一对应的关系（“是”与“不是”固然相对应，但具体到“不是”的表象，则有无数多个）。在我们以是者为真值的承载者之后，这个一对多的关系变得不可避免。在第十八章，我们举过“模仿者不是真卓别林”的例子，就是一个“真卓别林”对多个“假卓别林”的一对多关系。再比如“月亮是圆的”这个真句子，能不能用“月亮不是圆的”这个假句子构造真与假的一对一的关系？在以往以语言为对象的研究方法中，这个一对一的关系是成立的（一个真句子对一个假句子）。但在把是者设定为真值的承载者之后，就会发现，“月亮不是圆的”这个假句子之所以有意义，是因为它指称了诸如“月亮是立方体的”、“月亮是航天飞机形状的”等等反对关系的假句子所指称的是者（因为这些是者都具有“不是圆的”这个规定性），因此从指称的是者的数量看，“月亮是圆的”这个真句子与“月亮不是圆的”这个假句子还是一对多的关系。

二、关于一个对象，为什么不可能有多个真是者或唯一的假是者？

这里有两个问题是针对同一个句子的“真是者只有一个”这个判断的：其一，既然每个句子指称一个是者，那么，“月亮不是正方体的”是真句子，“月亮不是长方体的”是真句子，等等，它们是否分别对应“不是正方体的月亮”的真是者、“不是长方体的月亮”的真是者？或者，考虑到月亮的其它特征，“月亮是圆的”是真句子，“月亮是洁白明亮的”、“月亮是有环形山的”等等也都是真句子，也都应该分别对应一个真是者——既然如此，要么承认关于一个对象可以有多个真是者，要么拿出依据来证明“不是正方体的月亮”、“洁白明亮的月亮”、“有环形山的月亮”等指称的是同一个真是者——这里面的困难是，仅仅从语词本身来讲，除非我们对月亮这个具体的物体有全面充分的了解，否则的话，我们如何知道“不是正方体的月亮”、“洁白明亮的月亮”、“有环形山的月亮”是指的同一个对象？如果对真是者的同一性需要依靠对具体事物全面充分的了解，而不能在一般意义上做出抽象的概括，那么，逻辑的高度抽象化、符号化、形式化的目的如何能够达成？其二，如果能依据某个理由把“不是正方体的月亮”、“明亮的月亮”、“有环形山的月亮”看作是同一个真是者，那么，我们同样也能在“假的”这个名义上把“正方体的月亮”、“长方体的月亮”、“没有环形山的月亮”等假是者看作是同一个假是者——如此一来，真与假的对应关系岂非也是一对一的了？

对第一个问题，它的实质是，仅仅就语词而言，对同一个东西，为什么我们不能说“既是羊又是鹿”、不能说“既是球形又是立方体”等等，却可以说“既是圆的、又是洁白明亮的、还是有环形山的”？这个问题未见到有人提出来过，原因似乎是显而易见的，因为羊与鹿是不同的东西，球形与立方体是不同的形状，而洁白明亮是颜色和亮度的特征，与形状并无冲突等等。但是，为什么形状与形状不能冲突但形状与颜色却可以并存？这是需要解释的，也需要一个一般性的法则作为依据，否则就只是一个约定。我们放在后面关于矛盾律是如何可能的部分作出阐明，我们将依据事物（在范畴上）的构成来对该事物之冲突与并存的规定性做出限制——事物在构成上是如此这般的，因此它的规定性之冲突与并存也只能是如此这般的。在这里，只简单说明一下：

首先，一个对象在思维中的表象是唯一的。如前所述，这一点由巴门尼德“是者是”原则所决定。其次，我们无须对一个事物的具体特征有全面充分的了解。当我们遇到“月亮是圆的”和“月亮是洁白明亮的”这两个句子，由于“圆的”和“洁白明亮的”这两个规定性对同一个对象来说是不冲突的（为什么不冲突？下一章关于矛盾律之可能性时再谈，其理由与具体事物无关，因而并非出于经验观察），思维将把这两个规定性看作是同一个表象的不同特征来纳入该表象的“符号+序列+集合”中的规定性的集合之中，而不会把两个句子当作两个表象。同样地，我们遇到“月亮是圆的”和“月亮不是立方体的”、“月亮表面不是光滑如镜的”等句子，也因为“圆的”、“不是立方体的”和“不是光滑如镜的”等规定性相互不构成冲突，我们将之视为同一个表象的不同特征而汇聚在它的规定性的集合中；当我们遇到“月亮是圆的”和“月亮是正方体的”这两个句子时，基于同样的原则我们知道“圆的”和“正方体的”这两个规定性是冲突的，因此两个句子分别对应两个表象，而基于“是者是”原则，认定其中一个表象为真、另一个表象为假——至于是依据与对象符合一致，还是依据预先的规定（如莎士比亚预先规定“哈姆雷特是丹麦王子”等），则是认定的方式问题。第三，对于同一对象的若干假是者，之所以不可能综合为一个假是者，是因为“月亮是正方体的”与“月亮是长方体的”等句子中的部分规定性是冲突的（尽管我们可以设想“月亮是正方体的、洁白明亮的”，但不能设想“月亮既是正方体的又是长方体的”），因此不可能综合为“一个是者”，当然也就不可能得到唯一的一个假是者。

以上排除了同一个句子有多个真是者或一个假是者的可能性。反过来就很容易理解了：真是者只有一个，与之相对的假是者则是多个。比如月亮是圆的，是真是者，但月亮是正方体的、月亮是长方体的、月亮是航天飞机形状的等等，都是假是者。因此，关于一个对象的真是者与假是者的对应关系是一对多，是清楚明确的。

三、真与假的主从关系。

真与假并非对等的关系，或者说，真是先于假的。我们可以说“没有真，何来假”，却不能说“没有假，何来真”。这是因为，首先，我们可以在不知道假句子的情况下知道真句子。比如古代的人一直都知道“月亮是圆的”这个真句子，但他们不可能知道“月亮是航天飞机形状的”这个假句子（因为他们不知道有“航天飞机”这个东西）；其次，我们必须在知道真句子的情况下才知道假句子。我之所以认定“月亮是立方体的”这个句子是假的，是因为我知道“月亮是圆的”这个真句子；第三，从真与假的一对多的对应关系来说，知道了一个真句子就能判定并得到它的所有的假句子，但知道了一个假句子，除非先从这个假句子得到真句子、再借助这个真句子得到其它的假句子，否则根本无法从该假句子直接得到其它的假句子——一个没有一点地理知识的人在被告知并相信“‘英国首都是伯明翰’这句话是假的”之后，不会因此就知道“英国首都是利物浦”这句话也是假的（除非他知道“英国首都是伦敦”）。由此可见，假是从属于真的。

真与假的主从关系还体现在：假句子（是者）的意义必须借助于真句子（是者）的意义才得以形成。具体而言，其一，真是者在思维中是可以独立存有的，它不依赖于（与之对应的）假是者；其二，假是者在思维中必须依赖于真是者而存有，因为它的“假”的这个规定性的意义来自于与之对应的真是者的意义、由真是者的规定性决定了它“到底假在哪里”。从这两点我们得到一个明确的结论：在思维中，假是者要与其它的是者发生关系，必须通过真是者才能达成。

这个结论十分重要，在以往，逻辑学家粗略地把真与假当作对等的一对一的关系，以上结论是一个有意义的进展，我们在下一章将会用到它。我想再说明一下。之所以从“假是者的意义必须借助于真是者的意义才得以形成”进一步推演出“假是者要与其它的是者发生关系，必须通过真是者才能达成”，是因为所谓一个是者与另一个是者发生关系，指的是一个是者以它的意义与另一个是者的意义建立起“内在关联”（我们曾以“内在关联”定义表象的意义），既然一个假是者的意义是借助于真是者的意义才得以形成，那么，这句话更简明的表述就是，这个假是者要与别的是者发生关系必须通过它所对应的真是者才能达成。这不同于外部事物，一个好苹果与一个坏苹果放在桌上，我们可以单独拿走那个坏苹果，这个动作与好苹果无关，因为即使坏苹果旁边放的不是好苹果，而是其它任何东西，我们仍然可以完成"单独拿走坏苹果"的动作。请设想一下，如果假是者能够撇开真是者而与别的是者发生关系（建立联系），那么，它借以与别的是者发生关系的意义就与真是者无关了。但是，它除去何以被称为假的理由之外，还能有什么意义呢？请设想"月亮是立方体的"这个句子所对应的是者要与别的是者发生关系，无论是其中的"月亮"这个词还是"立方体的"这个词的规定性，在与别的是者发生关系时都不能脱离"假的"意义来起作用——否则就是"真的"规定性了。打个比方，在一个坏了一半的苹果中，那另一半却是"好的"苹果（否则就不能说是"坏了一半"），如果有人愿意吃下那另一半，那他吃的仍然是"好的"苹果。换了思维中的是者，这个"除去假的、留下真的"做法却是行不通的：如果那"立方体的"是真的"立方体的规定性"或能被当作真的"立方体的规定性"来对待，那么"月亮是立方体的"这个句子就不是"假的"；同样地，这个句子中的"月亮"这个词所指称的是者是真的或能被当作真的来对待，"月亮是立方体的"这个句子也就不是"假的"了。简单地说，假是者之借以与别的是者发生关系的意义就是"假的"（"假的月亮"或"假的立方体"）——那么，它之何以为假的依据就在真是者那里。因此，我们得出结论说："在思维中，假是者要与其它的是者发生关系，必须通过真是者才能达成"。这个结论在后续研究中将发挥重要作用。

四、"真是者"、"假是者"在思维中的构造形式。

我们在前面第二十章已经说过，"符号+序列+集合"是思维对象的基本的构造形式，比如我们思维"圆的"这个对象并清楚地说出月亮、苹果、足球等符合特征的东西来。同样地，对于"什么是关于月亮的真的句子（是者）"，我们也将以"'真的月亮'+序列（'圆的月亮'、'明亮的月亮'等）+集合（'真的月亮的规定性'这个内在关联）"这个模式来进行思维；

对于“什么是关于月亮的假的句子（是者）”，我们还将以“‘假的月亮’+序列（‘正方体的月亮’、‘长方体的月亮’等）+集合（‘与真的月亮的规定性不相符合’这个内在关联）”来进行思维。更进一步讲，如果我们不论关于什么东西的真句子或假句子，而只是一般性地谈“真的（真话）”或“假的（假话）”当作一个是者（“真的”、“假的”在这里是作为是者的符号出现的），也是可以的，因为我们可以一般性地问：什么是真的句子、什么是假的句子，也可以列举出“真句子（是者）的序列（‘月亮是圆的’、‘雪是白的’等等）”、“假句子（是者）的序列（‘月亮是立方体的’、‘雪是黑的’等等）”。或者直接以“假的”或“假话”、“谎言”作为一个是者，同样是“符号+序列+集合”的构造。对于序列的内容，我们曾在“思维中概念等表象或是者的结构和性质”那一章特别用注释加以说明过，即各个内容之间贯串着一个作为共同特征的内在关联（否则就不成其为一个序列），这原本是不言而喻的。

我们来看看“真是者的序列”和“假是者的序列”中的内在关联。前者的内在关联当然是“真”。这里要说明的是，“假是者的序列”中的内在关联是什么？显然是“假”，这个内在关联被记录在“符号+序列+集合”这个构造中的“集合”之中。但是，假从属于真，该“集合”中所记录的“假”的规定性必定已经包含了“这个‘假’是对什么‘真’而言的‘假’”的涵义。比如上述“假的月亮”的是者的构造中，其集合就包含了“与真的月亮的规定性不相符合”这个内在关联。即使是上述“假句子（是者）的序列（‘月亮是立方体的’、‘雪是黑的’等等）”的假是者，其内在关联也是“与对象的规定性（即‘真的规定性’）不相符合”这个内在关联。可见，“假是者的序列”中的内在关联必定已经包含了“真是者的规定性”这个中介。

进一步看，“真是者的序列”中的各个外延之间能否建立起联系？当然能，比如上述“‘真的月亮’+序列（‘圆的月亮’、‘明亮的月亮’等）+集合（‘真的月亮的规定性’这个内在关联）”这个是者的序列中，“圆的月亮”与“明亮的月亮”之间就可以依据其集合中的“‘真的月亮的规定性'这个内在关联"来建立起联系。现在的问题是："假是者的序列"中的各个外延之间能否也建立起联系？也能建立。比如上述"假的月亮"这个是者的序列中的"正方体的月亮"与"长方形的月亮"就可以依据其集合中的"与真的月亮的规定性不相符合"这个内在关联建立起联系，而且同样是依据了"真的月亮"这个真是者的中介。可见，"假是者"与"假是者"之间建立起联系，同样符合上述"在思维中，假是者要与其它的是者发生关系，必须通过真是者才能达成"这个结论。

澄清了对这个结论的可能的疑问，将有助于澄清后续的研究中的某些容易引起误解的问题。

第三节　三值逻辑的问题

也许有人会说，以上关于真假的讨论是基于二值逻辑的前提，显然面临三值逻辑的挑战，如果一个命题的真值确实有"真、假、中间值"三种，那么，以上讨论岂非枉然？并非如此，我们认为，二值逻辑并没有什么难题需要三值逻辑去化解以至于必须有一个三值逻辑。如本章开头所说，如果要研究"真假不确定"的问题，逻辑学可以开辟出一个新的研究方向，如同从物理学中分离出化学那样，但不会因为这个新的研究方向而否定以往的公理乃至前提。

一、设定中间值为真值，就有可能否定真和假的真值。

一个命题的真值有三种可能性，最早源于亚里士多德的"海战悖论"："明日有海战，既不是真的，也不是假的，是真假未定的"。波兰逻辑学家卢卡西维茨提出一个三值逻辑系统，他认为，对于"明年12月21日正午我将在华沙"这样的命题，在说出它时，它既不真也不假，而是可能。于是，一个命题可以有三个值：真、假和中间值。中间值还有"未定"、"可能"等相似表述。既然一个命题可以有三值，就不难设想有四值、五值乃至无穷多值，由此发展出多值逻辑。实际上，把"中间值"当作与真假并列的真值，恰恰是把确定经验事实的真值这个原本属于经验科学的任务强加到逻辑的头上的结果，就好比剧院的守门人遇到一个观众说“我明天才能拿到入场券，但我现在就想进场”，守门人为此绞尽脑汁连呼“怎么办？怎么办？”——他原本可以用轻松的也是恪守本分的态度对那人说“你明天再来好了”。

显然，被赋予中间值的命题主要涉及到现在没有发生、未来才会发生的事情。设定中间值之所以有必要，是因为有关句子既不能被当作真的，也不能被当作假的，但这就带来两个问题：如何看待事关未来的命题？从一般意义上讲，如果我们不能赋予它们以真或假，那么，我们判定句子为真为假的依据是什么？

首先，我们能不能断言“太阳从东边升起”这句话为真？我们一直把它当真句子来使用。但是，作为真正的哲学问题之一的“休谟问题”对此提出质疑：你怎么知道这句话为真？你亲眼看见了今天的太阳从东边升起，却并未亲眼看见100年以前的太阳也是从东边升起，更无从知晓明天的太阳会不会从东边升起——更简洁的问法是：你赋予“明年12月21日正午我将在华沙”以中间值的真值，又将赋予“明天太阳将从东边升起”以什么真值呢？

有两个选择：一是你秉承休谟的精神，也赋予其中间值的真值，那么，不难发现，我们将几乎不能给任何一个句子下断言。对未来的事情自不必说，对过去的事情，我们也没有一个经得起休谟式的推敲的下断言的依据（比如100年前的太阳升起落下，你又没有亲眼看见，不过是听人说的，而“据说”不能成为下断言的普遍有效的依据）。甚至对当下发生的事情也同样经不起休谟式的推敲：不错，你亲眼看见了太阳正在那边升起，但是，你何以知道那边是“东边”？是“据说”还是你亲手测量过？如此等等——我们有权这样质疑，因为既然你提出了“中间值”，我们就理应要求一个“判断‘中间值’的普遍有效的标准”，要拿出这个标准，就无法避免以上推敲的过程。因此，这些情况表明，把“中间值”设定为真值，将意味着“在严格意义上所有句子的真值都是中间值的”（就连当今最权威的科学知识的真值也是中间值的），其结果是我们将无法对任何知识下断言；二是你秉持常识的态度，赋予“太阳从东边升起”以真的真值，并且拿出亲眼目睹、历史统计乃至天体运行规律等等理由——一言以蔽之，你是有依据的。好，我要问的是，当你说“明年12月21日正午我将在华沙”这句话时有没有依据？如果有依据，哪怕是某种即兴的念头，只要不能排除其可能性，都可以说是有依据的，那么“明年12月21日正午我将在华沙”这句话如同“明天太阳将从东边升起”一样、都将是“有依据地被当作真的”——甚至在这一点上，二值逻辑也是自洽的：“是可能的”和“不是可能的”构成一真一假，你只要不能说“明年12月21日正午我不可能在华沙”，即设定了“不是可能的”为假，那么，“是可能的”就为真；如果没有依据，对不起，你不过是说了一句没有依据的谎话（尽管你并无主观故意），其真值为假——哪有什么“中间值”？

从以上分析看，二值逻辑在“明天”这类句子上是可以解释的，没有困难，因此谈不上需要去化解（从而引出别的逻辑）。

二、思维是者的“二值性”。

很显然，经验事物确实有其偶然性（我们首次把偶然性确立为范畴），但是，当我们说“经验事物确实有偶然性”这句话时，我们其实是以经验事物为研究对象。而逻辑是研究思维的，我们应该追问的是：经验事物及其偶然性在思维中是什么样的呈现方式？如果其呈现方式可以被归于真和假这二值，那么，逻辑仍然只需要研究真假。也就是说，经验事物因其偶然性而既可能这样、也可能那样是一回事，经验事物的表象在思维中要么真要么假（仅此二值），却是另一回事。

实际上，说出“明年12月21日正午我将在华沙”并无特别之处，毕竟到了那个时间点，“我在华沙”这件事终究会以或真或假的方式呈现出来——当然，无论是亚里士多德还是卢卡西维茨，不可能想不到这一点。但问题出在以往的逻辑学（如同传统形而上学那样）是且仅是以语言为研究对象，没有（如我们正在做的这样）把句子的真值与思维的是者的性质建立起对应关系以使后者对前者起到外在于语言的参照依据，因此，在他们看来，“明年12月21日正午我将在华沙”跟“此时此刻我在咖啡馆里”一样，都只是句子，也都需要被赋予真值。至于到了明年的那个时间点上我在不在华沙的事实，也不过是另一个句子“我在华沙”，与前面的句子并不相关。所以，他们才会从“每个命题都有真值”这一点出发，坚持现在就给涉及“明年”、“明日”的句子赋予真值。如前面用过的比喻，以往的逻辑很容易迷失在波诡云谲的语句的海洋之中，因此需要有一个外在于语言的思维的是者作为航标。

真正特别的句子是“明年12月21日正午我既在华沙又不在华沙”。量子力学著名的“薛定谔的猫”的思想实验就带来了这样的句子：在我们观察箱子里的猫之前，据说猫就处于“既死又活”的状态。对此，逻辑学家有两个选择：一是追随物理学家去研究“既死又活”是什么状态、如何描述？二是回到逻辑学自己的领域，把“既死又活”简明地判定为假（或坚持要么猫活为真，要么猫活为假的二值原则）。对于前者，我不知道逻辑学家除了“转型”为物理学家之外还能真正做些什么；对于后者，也不过是恪守了逻辑学的本分（如同不关心观众的入场券从何而来的剧场守门人所恪守的本分一样）。也许有人会说：箱子里的猫的“既死又活”的状态是存在的（至少在量子力学家看来是存在的），仅从逻辑学本身的要求看，“知识与对象符合一致”即为真，又如何能判定“既死又活”为假呢？实际上，“薛定谔的猫”只是思想实验，并没有当真发生衰变的中子击破药瓶毒死一只猫的事情，“既死又活”这个词并不是像“几率波”等术语那样有物理学上的确切含义，而只是被解释、被推演出来的结果，这个被解释、被推演的过程会不会如同第十二章“现代哲学和现代物理学的‘反因果律’问题”中所列举的例子那样、出现把协同性范畴误以为因果性范畴的情况？也大可怀疑。反之，更为关键的问题是，即使是量子力学，也没有迫使我们在思维中出现“既是又不是”的表象。

以著名的“波粒二象性”为例，它是指所有的粒子或量子不仅可以部分地以粒子的术语来描述，也可以部分地用波的术语来描述。物理学家对此感到困惑的是，要描述粒子的行为，有时候必须用一套理论，有时候又必须用另一套理论，有时候还必须两者都用。比如分别以粒子和波的观点，都无法完全解释光的现象的，但是把两个观点合在一起就可以做到——这意味着什么？意味着在物理学家那里，微观粒子并不是被当作“既是粒子又不是粒子，或既是波又不是波”的某种东西来对待和研究的，而是有时以粒子的特征符合粒子的理论（显现出它的粒子的一面）、有时又以波的特征符合波的理论（显现出它的波的一面）。或者说，物理学家并不知道微观粒子“本身”是什么，但仍然是用符合“是者是”原则的粒子的表象和波的表象分别去看待它以获得相应的理解，而不是以针对“既是粒子又不是粒子，或既是波又不是波”的某种东西为研究对象的同一套理论去认识它。如此一来，如同我们可以接受“人头马身”（而非“人-马”）的表象，我们可以想象微观粒子是本书第十二章“时间的持存性和推论”中所说的“类波”（或“类波”的叠加）的某种东西，它因具有单一性的范畴可以被当作粒子，又因具有运动的表象而呈现波动的特征，但它既不是粒子、又不是波，如同“人头马身”的“天神”既不是人又不是马那样——而这一切，丝毫不违背“我们的思维的表象必须符合‘是者是’”原则这个最重要的前提。

既然如此，要说思维的表象（是者）所具有的规定性，从最基础的要求看，有且只有“是”和“不是”这两种，对应的真值有且只有真和假这两个——不可能有什么“中间值”能够与之并列。基于此，我们可以判定：逻辑就其最基础的规则而言，真值有且只有真和假——它们清晰明确地来自思维表象的“是”和“不是”这两个仅有的基础规定性。

实际上，以往三值逻辑或多值逻辑的研究对象从未达到薛定谔的猫“既死又活”那样的深度，试想一下，如果连量子力学都仍然采用符合“是者是”原则的研究方法，在宏观世界中诸如“真假未定”或概念事件的不确定性，又如何能生出在真和假的层次上与它们并列的其它真值？

三、概率事件的真假句子。

对于概率事件，二值逻辑也不因为它的不确定性而失效。在上面，我们从作出判断的依据上对“明天太阳从东边升起”等涉及未来的句子赋予其真值。对纯粹的概率事件来说，概率事件的发生公认是没有依据可言的，上述方法就失去效用。比如“骰子下一次掷出的是3点”这个句子，由于没有依据，被判定为假，但是“骰子下一次掷出的不是3点”不能因此被判定为真——这个句子同样没有依据。这样一来，我们是否还是需要一个中间值来赋予这类句子以真值呢？仍然是不需要的。

如前所述，句子真值的判定依据是符合“是者是”原则，在同一个思维系统中，我们不能孤立地赋予一个句子以真值（这正是以往逻辑研究上的不足），而必须放在我们的知识体系当中去，以保证在整个知识体系中“不能既是又不是”。当我说出“骰子下一次掷出的是3点”时，这句话能够被理解，当然是因为我们知道骰子是什么、掷骰子意味着什么，也就是在我们的知识体系中有其它关于掷骰子的是者，我们为这句话所赋真值，必须与其它有关是者符合一致，其它是者中就有“骰子下一次掷出的要么是1点，要么是2点，要么是3点，要么是4点，要么是5点，要么是6点”这个真句子（这个句子来自对骰子是什么的认识），因此，我们可以判定“骰子下一次掷出的是3点”这个句子为假（同样地，“是1点”、“是4点”等等句子也为假，它们与那个真句子构成一真多假的主从关系）。至于我当真拿个骰子掷一下，当真掷出了3点，所得到的无非是“骰子这一次掷出的是3点”这个句子为真，很明显，这个句子既不与“骰子下一次掷出的是3点”这个假句子构成冲突，也不与前面“要么”的那个真句子构成冲突——这些足以说明，二值逻辑有关掷骰子的句子中并未失效。

逻辑如何研究概念事件？是一个具体的问题，这里不予涉及。不过，如果把所有可能性都以“真值”的名义取一个名称，仿佛那就成了“多值逻辑”，这恐怕是混淆了真值与可能性在概念上的区别。我们相信，真假二值属于底层的“基础逻辑”，概率论等学科是对“基础逻辑”的具体运用。我们在学习概率论的时候从不认为它“违反逻辑”，就是因为它并未违反我们心目中的“基础逻辑”。

第二十八章　实质蕴涵等逻辑规则是如何可能的

有了上一章关于“什么是真”的进展，我们再来逐个探讨实质蕴涵等逻辑联结词、同一律、矛盾律、排中律、三段论推理等逻辑规则之可能性的依据。在“逻辑的问题”那一章我们谈到一点，即现代逻辑或经典逻辑谈不上对传统逻辑有什么继承和发展，倒更像是另起炉灶、另辟蹊径。在本章，我们将从上一章关于“真”的诸结论出发，逐个推出实质蕴涵的每一个真值；然后结合观念性范畴的性质，逐个推出“并且”、“或者”、“并非”等逻辑联结词的每一个真值；再结合实体范畴等依据，为同一律、矛盾律、排中律和三段论推理予以论证。这些是以往从不曾有人做过的事情，因为这意味着“逻辑”本身不再是公理，而是需要且可以被证明的定理。在这些过程中，反倒是经典逻辑的实质蕴涵比逻辑联结词等更具有基础性依据的性质。也许有人会说，实质蕴涵等逻辑联结词有没有“可能性的依据”（尤其是“形而上学的依据”）并不重要，丝毫不妨碍它们在经典逻辑中的运用，何必多此一举？抛开逻辑体系的完备性等理所应当的要求之外，如果我说：恰恰是有关“实质蕴涵是如何可能的”之论证澄清了实质蕴涵的真正意义即证明了以往对它的理解是错误的，你还会认为该论证是多此一举吗？

第一节　实质蕴涵

讨论作为经典逻辑的基础原则的实质蕴涵的依据是什么，就是回答“实质蕴涵是如何可能的”这个问题。简言之，就目前的状况而言，“‘p→q’为真当且仅当并非p真而q假”只是一个规定或约定（它甚至不具备公理的不证自明的直观可做依据），但在我们看来却是需要逐条做出解释和论证的。

一、“蕴涵”的意义。

实质蕴涵是指：条件句“如果p，则q”为真，当且仅当并非p真而q假。也即除开p真q假的情况下该条件句为假之外，在其他情况——p真q真、p假q假、p假q真——之下，它都是真的。这里的问题是：“如果p，则q”这个句子是什么意思？或者说“p→q”中的蕴涵词→是什么意思？如前一章所述，通常的理解是推导的意思，即从p推导出q。但我认为，至少就弗雷格最初的意思来说，它不是推导的意思（尽管弗雷格自己也有一些相当含混不清的表述），而是：其一，由p与q这两个命题形成一个新的命题“p→q”——实质蕴涵是且只是这个看似不言而喻、实则真正具有基础性的意思。用我们上面的表述来说，就是p与q这两个是者（作为命题的意义归属于所指称的是者）之间发生关联并形成一个新的是者（新的命题的意义所指称的新的是者）。但“形成新的命题”又是什么意思？p、q两个命题拼接在一起就能“形成新的命题”吗？并非如此；其二，所谓发生关联，是指由p通达q，即思维中由p想到q的过程，有清晰明确的直观作为其意义——试想一下，先于“从p推出q”、比“从p推出q”更基础的前提是什么？是“由p想到q”或者说“由p能通达q”。如果都不能“由p想到q”，不能“由p通达q”，何谈能否“从p推出q”？这是无关乎p和q的内容的（即不管它们分别是什么），我们要讨论的是：仅仅作为思维中的是者，就思维本身的规定性而言，能不能由p想到q或由p通达q？这才是真正的“纯粹形式”，也应该是弗雷格创立概念文字的“最初的意思”和价值之所在，因为只有这样，他的概念文字和后来的数量逻辑才真正是以“逻辑真”为研究对象——否则如果仍然研究“经验真”，传统逻辑已经在做了，何必另起炉灶？我们接下来将看到，如果从“由p通达q”来理解“实质蕴涵”，则“实质蕴涵”将成为所有逻辑或我们所说的“基础逻辑”的真正起点。

也许有人会说，从p通达（想到）q有什么值得讨论的？我愿意从p想到q就能想到的。其实不然。打个（并不完全相符的）比方，有一位每天见面的同事，某一天他没来上班，你想象出很多情况，但就是想不到“他因杀人嫌疑而被捕了”（如果当真听到这个消息，你才会感觉大吃一惊）。可见，推断或论证“他是杀人犯”这个句子的真假，必须以能把他与杀人犯想到一起为前提——这在思维的是者这个最基础的对象之间尤其如此。至于什么是“能想到”、什么是“不能想到”，在思维当中有清晰明确的标准，我们接下来会详细讨论。为了更充分地体现出思维在“p→q”中的某种方向性的“动作”，我们在下面也使用“从p通达q”的表述。

在命题“p→q”当中，p在前，q在后，由p通达（想到）q就是建立起前后的联结——之所以在此使用源于相继性的联结这个范畴，就是为了体现“从p通达q”的前后相继的性质。如果该联结是有效的、有意义的，则表明新的命题“p→q”能够形成以该联结为意义的新的是者。这也决定了“p→q”中的p、q是有顺序的、非对称的即不等同于颠倒过来的“q→p”；所谓“如果p，则q”为真，指的是新的命题“q→p”是有意义的，也即能够形成一个新的是者；所谓“如果p，则q”为假，指的是新的命题“q→p”是无意义的，也即不能形成一个新的是者。

如果抛开“如果，则”这个原本就包含了“前因后果”的涵义的句式，看看弗雷格最初的表述：“如果A和B意谓可判断的内容，那么有以下四种可能性：1）肯定A并且肯定B；2）肯定A并且否定B；3）否定A并且肯定B；4）否定A并且否定B”，该条件句实际上就是“A并且B”，只是后来才被理解为“如果B，则A”的（为了方便，我们后面统一使用p、q的字母）——那么，无论是弗雷格最初的表述中还是后来的条件句的形式中，关于p和q，我们知道些什么？其实，我们只确定地知道一点：p、q是两个命题——除此之外，关于它们，我们不知道任何确定的东西。在这种情况下，我们通过假设它们的不同的真值、然后得出不同的结论，那些结论能有什么意义？它们的意义也不可能超出“仅仅知道p和q是两个命题”这个前提所能得到的东西。

在这里，首先要排除的是前述“复合命题p→q表达的逻辑关系是‘p是q的充分条件’或‘q是p的必要条件’”这一种理解。因为我们不知道p和q这两个命题的内容，怎么可能知道两者是否具有充分或必要条件的关系？也许有人会说，数理逻辑本来就是要讨论具有充分或必要条件的p和q的关系——它就是由此出发的。并非如此，要知道，数理逻辑（或弗雷格的“概念文字”）的真正意义在于研究思维的“纯粹形式”，两个命题之间的充分或必要条件的关系是关于内容的东西。这两者必须予以清晰的区分。上一章我们就说过，如果依据经验事实，根本无法解释：为什么“p→q”为真当且仅当并非p真而q假？以往那些发现了这个困难又试图去“打补丁”的逻辑学家就是忽略了“数理逻辑研究思维的‘纯粹形式’”这个出发点——否则它的高度抽象化、形式化和符号化的意义何在呢？

其次，从“仅仅知道p、q是两个命题”这件事情，我们能得到什么？只能得到以下两点：一是作为命题（句子），p、q分别指称两个是者，二是“q→p”既是两个命题形成的复合句，也是两个是者因建立起联结而形成的新的是者——我们只能得到这两点，超出这两点的东西都是我们凭空附加上去的。

实际上，所谓知识、判断（认识论谈知识，逻辑谈判断），就是语词、语句（语词、语句指称是者，后面我们统一使用“是者”）之间发生关联、建立联结。反过来讲，“两个是者发生关联、建立联结”是形成知识、形成判断的最基础的前提——这就好比从河流的此岸到彼岸，最基础的前提是建立起沟通的桥梁，桥梁上跑什么车、运什么货（如同形成什么样的知识和判断），那是桥梁建起之后的事情。在我看来，弗雷格之创立概念文字，正是从形成判断的最基础的前提开始的：他讨论的是思维中的两个是者发生关联、建立联结之可能性——尽管他并不喜欢“表象”这个是者，也正因为如此，他的这个奠基性的工作以及工作中所包含的奇妙的发现就被带上了某种不自觉的成分（即在他本人的叙述中也出现“如果，就”的推导式的含义）。

二、唯一确定性是是者之间由此及彼的联系的最基础的要求。

刚才解释了“由p这个是者通达q这个是者”的直观意义，即思维中由p想到q的过程，是有顺序的、不能颠倒的。实质蕴涵中p、q原本就是有顺序的、非对称的（p真q假的真值不同于q假p真的真值），只不过我们在这里替这个由此及彼的顺序找到了由p想到q这个思维活动作为其直观的意义，这个思维活动是“纯粹形式”，即不包含任何思维内容的（当然就与以往人们附会上去的“前因后果”或“必要条件、充分条件”等无关），因此完全符合经典逻辑高度的抽象化、形式化和符号化的要求。

进一步看，两个是者之间“发生关联、建立联结”的基础性的涵义是什么呢？p这个命题所指称的是者如果要与q这个命题所指称的是者建立起联系，必须是这个是者依据自身的性质能够确定地想到q这个是者（即从p确定地通达q）。如果从p既可以想到q（比如经提示），也可以不想到q，那么，从p到q所能发生的关系就是不确定的，从p到q所建立起来的联结（即“p→q”这个新命题的意义）就将是不确定的。因为所谓确定，就是符合“是者是”原则，不能从p既可以想到q，也可以不想到q；反之不确定，就是不符合“是者是”原则因而不能形成一个是者，不能形成是者的命题也就是无意义的。按照前述“逻辑真”与“经验真”的区分，命题能够在思维中形成（或对应）一个是者，该命题即为真（“逻辑真”），反之，则为假（“逻辑假”）。

“两个是者发生关联、建立联结”是形成知识、形成判断的最基础的前提（也因为如此，如果说知识、判断事关“经验真”或“经验假”，那么，“从p通达q”则只能是比知识、判断更基础的“逻辑真”和“逻辑假”）。如果两个是者连建立起有意义的联系都是不可能的，则它们就不可能合起来形成知识、形成判断。只有在两个是者之间建立起有意义的联系是可能的，然后才谈得上该联系是不是知识、是不是判断——那是涉及到是者的规定性（也即命题的内容）的下一步的事情。而弗雷格创立的概念文字正是要研究那个最基础的要求是如何被达成的，于是，不考虑是者的规定性，也不考虑能不能从p推导出q，而只是问“作为思维中的是者，p与q建立有意义的联结是不是可能的”？因为可以设想，凡是在思维中存有的是者，相互之间都有可能建立起联系（正因为如此，我们才能够以p、q这两个符号来一般性地代表一个命题而不考虑命题的内容——这样做的直观意义就是“凡是在思维中存有的是者，相互之间都有可能建立其联系”）。但这个联系是否有意义、如何才能有意义？正是要研究的问题。对于这个问题，我们能依据什么来衡量这当中的可能性？既然我们是用真、假来表示两个命题之间建立有意义的联系的可能性，那么，我们也能依据是者的真、假的意义来建立起两者的联系并衡量该联系有无意义。如何衡量？就是在同一个依据之下由p及q所建立的联系是否唯一确定，如果是唯一确定的，就是有意义的；如果不是唯一确定的，就是无意义的。这里的依据仍然是巴门尼德“是者是”原则：如果由p及q的联系是有意义的，首先必须符合“是者是，不能不是，不能既是又不是”的要求——如果该联系不是唯一确定的，那就属于“既是这个又是那个”或“既是这个又不是这个”的情况，就与“是者是”原则相违背。什么情况意味着由p及q所建立的联系不是唯一确定的？就是在同一个依据之下既可以由p通达q，也可以由p不通达q。之所以要说“在同一个依据之下”，是为了保证在贯彻“是者是”原则时、关于“是”与“不是”是就同一个依据而言的。一个东西可以“既是圆的，又不是甜的”，是因为这里的“是”与“不是”并非基于同一个依据（一个“是”是关于形状，一个“不是”是关于味道），就谈不上冲突。对这个依据问题，我们在后面讨论矛盾律时再详细讨论。

由此，我们得出一个一般性的结论：唯一确定性是是者之间由此及彼的联系的最基础的要求。这是由巴门尼德“是者是”原则派生出来的结果。

三、蕴涵词对应的是时间相继性的序列。

如果进一步追问：“从p通达（想到）q”在时间空间的性质上意味着什么？那么，我们可以明确地说，蕴涵词对应着时间相继性所生成的序列的表象，即蕴涵词的意思是“要求建立从p到q的序列”，或者说，命题“p蕴涵q”为真，就意味着该命题能够在思维中形成一个有意义的序列的表象。时间的“前”、“后”相继，表明“前”能够通达“后”，“前”能够对“后”构成约束，但（时间不可逆性导致）“后”不能对“前”构成约束——这就解释了为什么“p蕴涵q”有单一的方向性（蕴涵词的表示单一指向的符号→无疑是十分恰当）。当思维从p想到q时，这个过程也是建立起从p到q的序列上的联结（而非同时并存的关系）。之所以说“p蕴涵q”为真是知识、判断的基础前提，是因为在思维中，无论是一个物还是一个事件（如果p、q是事情，两个事情已经形成了一个事件）的表象中，都必须包含序列这个表象。如果这个表象建立不起来，则“从p通达q”这个过程就不可能建立起任何关于一个物或一个事件的意义。

四、实质蕴涵的依据。

接下来，我们逐个解释实质蕴涵的四种情况的真值的依据。

1、p真q真则p蕴涵q为真。

首先，p和q这两个是者是真的，这意味着我们想到p或q时，除了它自身的规定性以外，无须必然地想到别的东西，因此，这两个是者本身可以仅就它们自身的规定性来建立它们的联系，它们之间建立的联系就是唯一确定的；其次，p如何通达q？实际上我们是在问：如果p真q真，则“p蕴涵q”这个句子是否为真？（而不是问“如果我们知道p，则还能知道什么”？）这表明我们已经知道了p、q而且还知道了它们的真值，那么，我们由p想到q是完全可能的、没有障碍的。我读到了“喜马拉雅山上有一块坚硬的石头”和“马里亚纳海沟里有一条奇怪的鱼”这两个句子，尽管我以前从不知道它们，以后也不知道它们之间有什么关系，但是，我在知道了它们之后从“喜马拉雅山上的一块坚硬的石头”这个是者联想到“马里亚纳海沟里的一条奇怪的鱼”那个是者，则是完全可能的、没有障碍的（比如我可以造出“我用来自喜马拉雅山上的一块坚硬的石头，去砸来自马里亚纳海沟里的一条奇怪的鱼”，并且这个句子无疑是逻辑真的——甚至可以是经验真的）；第三，凡是思维中的是者，尽管其规定性相去甚远，但它们之间至少具有一个最低限度的联系，就是“都是同一个思维中的是者”。这就好比地球两端的两个毫不相干的人，他们之间有一个最低限度的联系，就是“都是同一个地球上的人”。因此，说“p蕴涵q”为真，有一个最低限度的依据，就是它们是同一个思维中的是者。比如，我们虽然可以说“张飞杀岳飞，杀得满天飞”这个句子为假，但是，如果把张飞的武艺（或战功）与岳飞进行比较，则是一个有意义的研究。一旦得到诸如“作为军事家，岳飞比张飞更伟大”之类的结论，则“张飞蕴涵岳飞”这个句子为真，就不言而喻了。甚至于，就算得出“张飞和岳飞在战功上没有可比性”这样的结论，两者仍然建立了有意义的关系，“张飞蕴涵岳飞”这个句子仍然为真；第四，从纯技术的角度讲，p、q作为真是者，同列于思维中的“真的”这个语词所构造的“‘真的’+序列（p、q等）+集合”这个表象的序列之中，它们依据该序列的内在关联“真的”建立起有意义的联系。当然，这里所列举的是“经验真”的例子，如前所述，“p蕴涵q”的真值是“逻辑真”、“逻辑假”，但是，“经验真”必须以“逻辑真”为前提，拿这个例子来说明“p蕴涵q”的意思也是可以用的。

基于以上四个方面的理由，我们说“p真q真则p蕴涵q为真”是可能的。

2、p假q真则p蕴涵q为真。

首先，如前所述，假是者要通过其对应的真是者来与别的是者发生关系；其次，假与真是多对一的关系，因此，从其中一个假句子通达它的真句子是唯一确定的。比如关于月亮的假句子我们在前面列举了很多，但是，仅仅从“月亮是立方体的”这个假句子（要在形状这个统一的依据上）得出它的真句子，则只能得出“月亮是圆的”这个唯一确定的真句子（从假是者对应唯一的真是者的角度讲也是一样的）；第三，既然q是真是者，那么，从p这个假是者的唯一确定的真是者可以唯一确定地通达另一个真是者q。基于这两点的唯一确定性，我们得出“p假q真则p蕴涵q为真”。

3、p真q假则p蕴涵q为假。

首先，p这个真是者要与q这个假是者发生关系，必须通过q这个假是者所对应的真是者（假设这个真是者是q′）。p与q′能够建立起唯一确定的联系（两个同为真是者），但是，要从q′再通达q就有问题了：在同一个依据“假的”之下，由于真与假是一对多的关系，q′既可以通达q这个假是者，也可以不通达q这个假是者（而通达q′的别的假是者）。因此，这就形成这样一个状况：从p可以唯一确定地通达q′，但从q′却不能唯一确定地通达q，因而从p不能唯一确定地通达q。故此，“p蕴涵q”为假。

4、p假q假则p蕴涵q为真。

首先，在思维中，作为假是者，p、q同列于“假的”这个概念所构造的“‘假的’+序列（p、q等）+集合”这个表象的序列之中；其次，如前所述，“假的”序列的各个节点贯串于“假的”这个唯一确定的内在关联之中（如前所述，这个“假的”序列之所以能建立，也是以唯一的真是者为依据的），因而，由p通过“假的”这个内在关联唯一确定地通达q，故此，“p蕴涵q”为真。

通过以上的论证，实质蕴涵的真正意义被揭示出来：这个原则研究的是知识或判断之形成的最基础的前提——思维中的是者之间建立最基础的有意义的联结之可能性。在以上论证的各个环节所采用的依据，从巴门尼德“是者是”原则，到句子与是者的指称关系，再到是者的构造、真值等，都是“新的时空观体系”原有的原理或由那些原理必然地派生出来的东西，其中没有一个是为了论证的“自圆其说”而临时新增的“补丁”——同样的依据还将被用于对其它命题联结词如“合取词”、“析取词”等的意义的阐释。因此，实质蕴含原则之如何可能，在“新的时空观体系”中获得了合理的证明。这个证明纠正了以往对这个原则的误解，也化解了以往因“实质蕴含怪论”等问题（当蕴涵词不再被理解为“推导”、“推出”时，“怪论”自然被取消）而给这个原则带来的困难——如此基础的原则原本就不该是有反例的。

五、唯一确定性是逻辑的基础。

在以上的论证中，有一个基于巴门尼德“是者是”原则的推论即“唯一确定性是是者之间由此及彼的联系的最基础的要求”发挥了重要作用。我们认为这个推论也应被视为逻辑的基础。

之所以要在这里引入逻辑这个词，是依据上述（或按照在弗雷格的下意识的想法中的）“实质蕴涵”的意义，逻辑将由此出发踏入其漫长且壮丽的征程。这个征程是巴门尼德所开创的“真理之路”的接续。在这个基础之下，是巴门尼德为人类理性所奠定的第一块基石即作为“完美的真之核心”的“是者是”原则，仍属于“新时空观体系”的领域。在这个基础之上，逻辑才以其自身的形态呈现出来并开始其自身的体系的构造。王路先生曾提出逻辑的本质是“必然地得出”，他的理由主要是基于对（作为逻辑的创立者的）亚里士多德的思想的深入解读，但其结论在国内逻辑学界引起不小的争议。从上述论证看，尽管实质蕴涵原则还不是关于推理的，但无疑是为推理奠定了由此及彼的唯一确定性的基础，逻辑也将先天地具有由此及彼的唯一确定性的特征。因此，我赞同王路先生的主张，并且提供了更为基础性的证明。对此，配得上我们正在谈论的“逻辑”这个主题词的反驳或拒斥的理由的，将只会来自于“有依据的论证”，其余的则是不足道的。

现在看来，围绕着“逻辑的本质是必然地得出”的争论之所以不会有结果，是因为各执一词的双方中掺杂着分别来自“巴门尼德的道路”和“赫拉克利特的道路”上的南辕北辙的主张，这些主张在“是者是，不能既是又不是”这个最初的前提上都是不同的，两条道路上都有各自称之为“逻辑”的东西，除了共用同一个词以外，两者根本就没有关系、是不同的东西，又怎么可能在“逻辑的本质”上达成共识?

第二节　并且、或者的意义和真值依据

以上论证解释了“蕴涵词→”的意义，我们再来说说并且、或者和并非等其它联结词的意义，或者说，这些联结词在经典逻辑（也包括传统逻辑）中的意义是如何可能的。如同蕴涵词一样，在以往，这些联结词的真值也都是约定，或者说对特定的语言现象做出分类，把某些现象归于“并且”，另一些又归于“或者”，至于它们的真值表为什么是那样，则从未有过论证或阐明，充其量属于经验归纳。这不符合数量逻辑的高度抽象化和形式化的要求——如果某个体系的基础是经验归纳的，那么，无论该体系后面的建构如何抽象化、形式化，该体系仍将是经验归纳的。现在，我们来弥补这个缺陷。

一、并且。

命题“A并且B”所要表达的意思，是A和B的相互约束的关系：命题中的A是被B所规定了的A，命题中的B也是被A所规定了的B。在思维的观念性的性质中，交互性是A和B得以发生相互规定的关系的依据，因此，“并且”这个联结词所对应的观念性的性质是交互性，也即因为有交互性的性质，我们的思维才得以理解“A并且B”的意义。交互性来源于时间的并存性，并存性“是起来”的表象是集合，因此，“A并且B”这个命题为真，必须是能够在思维中形成有意义的集合的表象（即“逻辑真”）。

“A并且B”中的A和B也是思维中的表象（有意义的命题），按照上述实质蕴涵的阐释，A与B所能发生的最基础的关系是从A唯一确定地通达B，反之，B与A所能发生的最基础的关系是从B唯一确定地通达A。因此，A和B之间的交互性，指的就是既可以从A唯一确定地通达B，又可以从B唯一确定地通达A——只有这样的“交互作用”才能体现两者之间的交互性，缺了其中任何一个，都不构成交互性，A和B都无法构成“并且”的关系。我们据此来看看“A并且B”的所有可能的真值的由来。

1、“A真并且B真”为真。

根据实质蕴涵的“p真q真则p蕴涵q为真”，无论是从A（真）通达B（真）还是A（真）通达A（真），都是唯一确定的，都是真的，因此A和B之间实现了交互性，“A真并且B真”这个命题因“符合交互性的要求”、能够形成相应的集合的表象而为真。显然，这个真是“逻辑真”。还能不能进一步判定是否“经验真”？由于这个命题本身并未包含经验性的内容（即并不确定A、B之真是否“经验真”），因此，关于这个命题的真值，我们只能停留在上述“真值判断的两步骤法”的第一步，以“逻辑真”为命题的真值。

2、“A假并且B真”为假。

根据“p假q真则p蕴涵q为真”，从A（假）通达B（真）是唯一确定的、真的，但是，根据“p真q假则p蕴涵q为假”，从B（真）通达A（假）却不是唯一确定的因而是假的。可见，“A假并且B真”不能实现A和B之间的交互性，“A假并且B真”这个短语因不“符合交互性的要求”、不能够形成相应的集合的表象而为假。要特别指出的是，这里的假是因为短语不能形成相应的表象因而是无意义的假，是“圆的方”那样的“逻辑假”。

对于颠倒过来的命题，即“A真并且B假”为假，是同样的依据，无须赘述（下面相同的情况也不赘述）。

3、“A假并且B假”为假。

根据“p假q假则p蕴涵q为真”，无论是从A（假）通达B（假）还是B（假）通达A（假），都是唯一确定的、真的，因此A和B之间实现了交互性，“A假并且B假”这个命题因“符合交互性的要求”而能够形成相应的表象，因而是“逻辑真”的。但是，根据前述“判断真值的两步骤法”，在获得命题的“逻辑真“之后，还应对其经验的真假作出判断（如果可能的话）。如上所述，“假”与“假”之间能够建立唯一确定的关系，是因为两个“假是者”都处于“假的”这个概念的表象的外延之中，两者才得以借助“假的”这个内在关联而建立起关系。因此，“A假并且B假”所得到的集合的表象当然是归于“假的”这个概念之下，该表象是一个“假是者”，因而其真值为假。

也许有人会问：两者同假，为什么“p假q假则p蕴涵q为真”而“A假并且B假”为假？区别在于前者指的是p和q两个是者要建立起联系的最基础的条件，后者指的是A和B两个是者在交互性中所要建立的表象的性质，它们是两个不同的议题。

二、或者。

联结词“或者”对应的是思维中的替代性这个观念性的性质。这里的替代性体现在两个地方。首先，在“北京或者南京是中国的首都”这个句子中，替代性使得我们的思维既可以用北京也可以用南京来充当主词（如“质的范畴及其阐明”那一章所说的那样，我们能用北京和南京这两个词去理解“X是中国的首都”这个句子）；其次，对于命题“A或者B”而言，替代性使得该命题既可以是“A或者B”，也可以是“B或者A”——即在“（）或者（）”这个句式中可以把A和B替代两个（），其结果是可以相互替代的。

1、“A真或者B真”为真。

根据实质蕴涵的“p真q真则p蕴涵q为真”，“A真或者B真”中的A、B都能通达对方，因此，两者（被放进同一个命题）能够形成一个有意义的是者，“A真或者B真”为真。如同“A真并且B真”的情况，由于命题本身不关涉经验的真假，因此“A真或者B真”的真也是“逻辑真”。

2、“A真或者B假”为真。

从A（真）通达B（假）的可能性看，根据“p真q假则p蕴涵q为假”，这个过程为假，是无法完成的。但从B（假）通达A（真）的可能性看，根据“p假q真则p蕴涵q为真”，这个过程为真，是可以完成的。两种可能性具有替代性，因此，“A真或者B假”中的A和B被放进这个命题中是有意义的，可以形成有意义的表象，故“A真或B假”为真。显然，这个真也是“逻辑真”。

3、“A假或者B假”为假。

根据实质蕴涵的“p假q假则p蕴涵q为真”，“A假或者B假”中的A、B都能通达对方，因此，两者（被放进同一个命题）能够形成一个有意义的是者，“A假或者B假”为真（“逻辑真”）。但是，由于A假能够通达B假的依据是A、B都归于“假的”这个概念的外延之中（因而能够依据“不真”这个内在关联建立起联结），即该命题之成立的依据是“假的”概念，因此，我们进入“真值判断的两步骤法”的第二步，判定命题“A假或者B假”的真值为假。

第三节　并非（不）的意义和真值依据

并非（不）这个联结词对应的是思维中的否定性这个观念性的性质。这里首先要明确的是，并非（不）所否定的是且只能是“是”。那么，否定“是”又是什么意思呢？

在前面第十三章“时间持存性的意义和推论”中提出“‘是’或‘是的能动性’等价于时间的持存性”，即把“是”这个介词的意义与时间的持存性建立起对应关系（并成为“是”的范畴）。这就带来一个问题：如果“是”对应于时间的持存性，那么“不是”（或被同等使用的“否定”、“并非”）又是什么意思呢？前面分析过，系词“是”的意义在于句子的构造，句子只有先构造起来、先“是起来”，才谈得上有语义、“是什么”——显然，并非（不是）这个联结词所否定的是句子得以构造起来的“是起来”即该句子所指称的是者的持存性。在“S是P”句子中，“是”的持存性的意义表现在作为主词S的表象与作为谓词P的规定性是依赖于同一个持存性而建立起两者的依存关系的，那么，在“S不是P”的句子中，“不是”将是对原来的依存关系的否定，即S的表象和P的规定性将不再依赖于同一个持存性而保持它们的依存关系。简单地讲，“不是”否定的是S和P之赖以发生关系的持存性（说依存性也可）。这样一来，“月亮不是立方体的”这个句子的意义就表示：“立方体的”这个规定性不是依存在“月亮”这个表象的持存性之上的（也即它是依存于别的持存性之上的）。

“不”否定的是“是”所对应的持存性——这个结论是有意义的和重要的，接下来我们就会看到，正是这个结论决定了并非这个联结词的真值表。

一、以往在并非这个联结词的使用上的漏洞。

在命题逻辑中，A假，则非A真；A真，则非A假。这是明确设定的。这里有个问题：“非A”的“非”究竟否定的是A这个句子中的哪一部分内容呢？因为，仅仅就其可能的情况看，“并非A”既可以指称矛盾关系，也可以指称反对关系；既可以指称上反对关系，又可以指称下反对关系，而这些不同的关系却有不同的真值。这三种关系的区分，在传统逻辑那里是在对句子语义有所理解之后的经验概括，是在句子中引入量词（“所有”和“有些”）之后人为地加以区分出不同情况——所以我们认为传统逻辑的问题之一是对经验的依赖（而无法仅从形式化的推导中得出真值）。而逻辑要真正做到形式化、抽象化，就必须对这些关系的区分给出一个普遍适用的依据。

具体来说，否定一个句子，大部分的做法是否定句子中的“是”，即把“是”替换为“不是”，比如否定“月亮是立方体的”这个假句子，得到“月亮不是立方体的”这个真句子。但是，假设A表示“所有花卉是无毒的”这个假句子，当我们说“并非‘所有花卉是无毒的’”时，如果仍然否定其中的“是”而替换成“不是”，则将得到“所有花卉不是无毒的”这个假句子。对此，还有一种否定方式（即现在约定的否定方式）是否定其中的“所有”，得到“‘并非所有’花卉是无毒的”，或者换一个表述，“并非所有”即“有些”，得到“有些花卉是无毒的”，就是一个真句子。对这个问题，谓词逻辑对“所有”、“有些”有进一步的区分，但命题逻辑里却是一概而论的，即A为假则非A为真，于是我们就要问：要满足这个要求，为什么对“月亮是立方体的”这类假句子是否定其中的“是”而对“所有花卉是无毒的”这类假句子却要否定其中的“所有”？这恐怕是需要作出一般性的解释的。因为从句子的结构上看，“是”与“不是”明摆着是最自然的对立关系，为什么因为句子中使用了“所有”这个词就要把这个对立关系改变为“是”与“并非所有”呢？当然，也可以说这里的对立关系是“所有”与“并非所有”，但问题仍然存在：为什么同一个“并非”的语句构造，在这里要否定“所有”却在那里要否定“是”？作为把内容抽象掉了的符号逻辑，面对“并非”这个句式的以上两种方式，除非人为设定，否则“A为假则非A为真”将不具有普遍有效性。而“人为设定”这件事本身就包含了对内容的甄别，是“有内容的”，因此，逻辑（至少对命题逻辑而言）的形式化和符号化就将是不纯粹的。

进一步看，既然我们明确指出句子指称是者，不难发现，“并非‘月亮是立方体的’”这个句子不仅可以指称“月亮是圆的”这个真句子，还可以指称“月亮是航天飞机形状的”等假句子——这就导致句子指称的是者是不确定的。但如前所述，唯一确定性是逻辑的基础，我们不能接受不确定的东西。

另一个更为困难的问题是，对“S是P”这个句子，如果S是概念，将会出现大量的句子，使得“S是P”为假且“S不是P”也为假——而按照规则，“S是P”为假，则“S不是P”为真。

亚里士多德使用过“人是白的”这个句子（他以举例的方式把它当作真句子），实际上这个句子是假的，因为很明显，亚洲人、南美人、非洲人都不是白（肤色）的。但是反过来，说“人不是白的”也是错的，因为欧洲人又确实是白的。这样的情况很多，比如“人是戴眼镜的”、“人是有蛀牙的”以及“苹果是有斑点的”、“花卉是无毒的”等等，都很难简单地判断其真假。当然，人们通常的做法是把“人是白的”改写为“所有的人是白的”，然后按照上述否定含有全称量词的命题的处理方式，用“并非”来否定“所有”得到“有些”，得到“有些人不是白的”这个真句子。这个做法具有双重的疑点：一是把“人是白的”改写成“所有的人是白的”是否合法？改写意味着只是换个说法，不影响其真值，但是，如果说“人是白的”尚且真假难定，那么“所有的人是白的”则显然是假的——这个改写其实已经改变了原来的真值。如同前面对摹状词理论的分析，当我们对一个语焉不详的句子进行改写时，其实只是通过澄清自己想知道的东西而为原来的句子附加上去若干新的内容（其他人有可能想知道别的东西而附加上去别的内容），得到的诸句子已经跟原来的句子不是一回事了；二是仍然回到上述的问题：为什么否定“S是P”得到的是“S不是P”而否定“所有的S是P”却得到“‘并非所有’的S是P”？至今没有一个脱离句子的内容的纯粹形式化的一般性依据。

同样地，含有特称量词（有些）的命题的否定句也不构成“s是p”与“s不是p”的对称句式，比如“有些花卉是无毒的”与“有些花卉不是无毒的”两者都为真，也必须人为设置“有些花卉是无毒的”与“所有花卉是无毒的”这对矛盾关系，以往的逻辑对此也没有一个纯粹形式化的一般性依据。

现在，在我们确立了句子的意义与思维中的是者的对应关系并明确“不是”否定的是S和P之赖以发生关系的持存性之后，以上诸问题都将得到一以贯之的化解。

二、内涵是概念为真的依据。

在前面第十七章，我们谈到“内涵是概念‘是起来’的依据”，即从“是”的持存性的意义看，内涵是贯串外延序列的内在关联，也是概念的表象之能“是起来”的依据。如果没有内涵的内在关联作为持存性来贯串表象的构造，概念将无法作为一个表象“是起来”。因此，对于“S（概念）是

P”的句子，P只能是内涵中的规定性，如果P不是内涵之中的规定性，则“S不是P”。

对于“人是白的”这个句子，由于“白的”不属于“人”这个概念的内涵，因此该句子为假（这与以往的判断不同，以往是找到了该句子的反例，于是认定其为假），于是，“人不是白的”这句子为真——其依据是“白的”不是“人”这个概念的内涵的规定性。

但问题是，如上所述，欧洲人确实是白的，“人不是白的”这个句子怎么能是真的？首先，“欧洲人是白的”这个句子当然为真，但它指称的是“欧洲人”这个概念的是者，而“人不是白的”指称的是“人”这个概念的是者，两个不同的是者并不构成直接的矛盾。“欧洲人”属于“人”，但是，“欧洲人”是“人”这个概念的外延中的一个，并不涉及“人”这个概念的内涵（当然，除非把“欧洲人”的涵义也放进“人”的涵义，这样就能解决“人是白的”为真的问题）；其次，以往的推理是：（大前提）“人不是白的”（假设其为真），（小前提）“欧洲人是人”，故（结论）“欧洲人不是白的”——这个结论与“欧洲人是白的”这个事实相矛盾，因此反过来判定“人不是白的”这个句子为假。但是，这个推理是不成立的，因为三段论的大前提必须是全称命题，即应该是“所有人不是白的”这个全称命题而非“人不是白的”这个单称命题，我们已反复谈过，这两个命题是不等同的，以往的推理是在大前提上混淆了两个不同的命题的结果，当然是无效的。

三、含有量词的命题的否定。

含有量词的命题分为全称量词命题和特称量词命题，前者使用量词“所有”，后者使用量词“有些”。对于全称量词命题，在前面第十八章我们说过，“人”是兼有内涵和外延的概念，“所有人”指的是“人”这个概念中的外延序列中的“所有外延”。同样地，“有些人”指的是“人”这个概念中的“有些外延”。在外延的量上，“外延是所有”与“外延不是所有”（即“外延是有些”）之间构成相互否定的矛盾关系，否定前者得到后者，反之亦然。

就全称命题而言，“所有人是白的”这个句子并非指称唯一的一个是者，而是指称"人"这个概念的外延序列中的"所有外延"，因此，"并非'所有人是白的'"这个句子要否定的，不能是其中的"是"（因为这个"是"并不对应唯一的是者的"是"），而只能是该句子所指称的"所有外延"，即否定"外延是所有"，得到"外延不是所有"（即"外延是有些"），与"外延是有些"相对应的句子是"有些人是白的"，因此，与"并非'所有人是白的'"构成矛盾关系的句子是"有些人是白的"，两者一真一假。

如上所述，否定特称量词命题的主要困难是下反对关系的命题即"有些S是P"与"有些S不是P"可以同真同假的问题。同样地，按照"不"必须否定同一个"是起来"的持存性的要求，这个问题容易化解。以"并非'有些花卉是无毒的'"为例，以往我们之所以认定"有些花卉是无毒的"与"有些花卉不是无毒的"同真，是因为前一句的"有些花卉"（如玫瑰花、茉莉花、桂花等）与后一句的"有些花卉"（如百合花、紫荆花、南天竹等）根本不是同一些花卉，"不"并没有否定同一个"是起来"的持存性，两个句子当然不构成否定关系，因此可以同真。但是，这里的问题是，两个句子不仅没有否定关系，根本就没有逻辑关系。因为一般而言，逻辑关系有矛盾、推出和反对三种，"玫瑰花是无毒的"与"百合花不是无毒的"这两个句子之间的关系不符合其中任何一种[①]，就是没有逻辑关系的。而"有些花卉是无毒的"无非是"玫瑰花是无毒的"、"茉莉花是无毒的"、"桂花是无毒的"等等句子的合称，"有些花卉不是无毒的"也无非是"百合花不是无毒的"、"紫荆花不是无毒的"、"南天竹不是无毒的"等等句子的合称，如果两个合称中的任何一个句子之间都没有逻辑关系，合称的句子之间当然也没有逻辑关系，根本就不应当放在一起来谈论。既然如此，我们就不应当把特称肯定命题与特称否定命题称为"下反对关系"——也就是说，"下反对关系"这个概念应该予以取消。相比之下，"上反对关系"是成立的，"所有花卉是无毒的"和"所有花卉不是无毒的"之间有逻辑关系，因为两个句

① 两个句子不是反对关系，因为"无毒的"概念或"不是无毒的"概念，都不能把玫瑰花和百合花概括到同一个外延之中。

子的合称中涉及到同一个（或同一些）花卉的不同谓述的反对关系。

如何否定特称量词命题？同样地，既然含有量词的命题所指称的是概念的外延，否定“有些外延”，得到的必定是“所有外延”，因此，与“有些花卉是无毒的”构成矛盾关系的句子应该是“所有花卉是无毒的”，两者也是一真一假。

四、“并非A假”为真、“并非A真”为假。

在以上三点分析中，我们借助于句子所指称的是者这个外在于语言的参照，排除了以往在含有量词的命题和不含有量词的命题在否定句上的人为设置的情况，将两类命题的否定句都统一到了“A（s是p）假，则非A（s不是p）真”这个规则之上。如此一来，并非的真值表之如何可能就清晰明确了。

首先，“并非A”中的A必须是“s是p”的句子即必须包含系词“是”，否则并非将没有可否定的东西，否定句就没有意义。比如“并非‘圆的方’”就没有意义，因为“圆的方”仅仅是三个汉字拼接而成的符号，跟“咿呀唔”一样没有意义（这一点前面反复说过），其中没有可供否定的“是”。但“并非‘圆是方的’”却是有意义的，因为“圆是方”中包含了“是”，有可供否定的持存性，所以可以得到“圆不是方的”这个真句子。

其次，如果“s是p”为假，则“s不是p”为真，因为“s不是p”这个句子必定能指称一个真是者；反之，如果“s是p”为真，则“s不是p”则为假，同样是因为“s不是p”也必定能指称一个假是者。这当中需要借助是者的规定性来获得依据。

仍以“月亮是立方体的”这个假句子为例，对这个句子的否定是“月亮不是立方体的”。我们知道，“月亮是圆的”这个句子所对应的是者才是关于月亮的真是者，但是，“月亮不是立方体的”如何能够通达“月亮是圆的”这个真是者呢？因为在“圆的月亮”这个真是者中包含了“不是立方体的”这个规定性，因此“月亮不是立方体的”这个句子可以借助“不是立方体的”这个规定性而指向“圆的月亮”这个真是者。也许有人会说，在词典中关于月亮的条目中并没有“月亮不是立方体的”这个条款（当然更不会有“月亮不是航天飞机形状的”等其它奇怪的条款），何以能有这个指向？因为月亮这个是者在思维中的规定性绝不只是词典中列举的特征，而可以是无限多的，哪怕以前从未想到的规定性，那也仅仅是“暂时没有想到”而已。如果问你：月亮是不是立方体的？月亮是不是航天飞机形状的？你只能回答说“不是”——此时你就已经为你思维中的月亮这个是者增添了“不是立方体的”、“不是航天飞机形状的”规定性。所以，一般而言，如果在一个是者的规定性中“是p”是真的，基于“是者是”原则，“不是p”就不是该是者的规定性即“不是p”只能指向关于该是者的假是者；反之亦然。

以上分析也排除了上述“并非‘月亮是立方体的’”指向“月亮是航天飞机形状的”等其它假句子的可能性。

第四节　同一律、矛盾律等逻辑规则

我们来对同一律、矛盾律、排中律和三段论推理的依据进行论证。从目前已经取得的成果看，有关论证已无障碍。这里要提出并解决一个以往从不曾被提到并解决的问题：事物之间何以有矛盾关系和反对关系？

一、同一律。

同一律是指在同一个思维过程中，思维的对象、概念、判断必须保持同一。通常使用的公式是：A=A或A是A。

关于同一律，以往的争论主要在“保持同一”是什么意思上。在这一点上，公式“A=A”的这个表述起到了误导的作用，似乎“保持同一”就是前后两个A是相同、相等的，因为这个=号在数学上就是表示两边的数值完全相等。相同、相等岂不就是“保持不变”、“没有变化”？这不正是通常所说的“孤立、静止、片面的形而上学”才主张的东西吗？所以，辩证法否认同一律[①]。

① 对这一点，也有某些折中的说法，区分出“逻辑同一”和“形而上学同一”，认为逻辑同一是指人们在同一思维过程中，概念和命题要保持同一，不得随意改变；形而上学同一是指客观事物永远与自身绝对同一，永远不变。因此，这类说法承认“逻辑同一”，否认“形而上学同一”。我们不接受这类折中，一个简单的理由就是，如果逻辑可以用于客观事物之上，“逻辑的同一”与“形而上学的同一”就应该是一回事，否则用一个不变的东西如何去描述或谈论一个变的东西（反之亦然）？

我们在第十八章有过明确的结论：系词用法的“是”根本就没有“表示等同”的意思。这意味着对于同一律，我们必须确地放弃“A=A”的表述，而采用“A是A”的公式。如此一来，依据我们在本书中定义的实体范畴、概念的构造以及判断所对应的是者的构造等内容，以往有关同一律的争论就将消除。

首先，就一个对象而言，它在同一个思维过程中并非保持不变才是同一的。它之为同一个对象，是因为它的实体性的范畴。所谓实体，就是指一个有内在关联的时间序列。一个人虽然从小到老有各方面天差地别的变化，但从实体这个范畴上看，他仍然是同一个人（他在各个时间节点上的变化了的规定性无非是被列入同一个时间序列的各个节点上，但作为实体，指的则是他的这个时间序列。既然是同一个序列，也就是同一个人）。对这一点，我们在第六章有较多的阐述。

其次，概念的构造中的外延序列与对象的实体性相对应，显然，作为序列，必定有贯串于整个序列的内在关联，这个内在关联保证了整个序列的一贯性和对象性。因此，在同一个思维过程中，这个有内在关联的序列也将保证概念的前后一致性。

第三，我们明确把有意义的判断（命题、句子）与思维中的是者对应起来，在同一个思维过程中保持同一个判断的一致性，也就是保持同一个是者的一致性。这跟前面对象、概念保持同一的依据是相同的。

在实体范畴、概念的构造和判断与是者的对应关系等化解了同一与变化之间的矛盾之后，同一律的普遍有效性得到了保障。

二、矛盾律和排中律。

依据以上成果，要论证矛盾律和排中律之如何可能，是简明清晰的事情，已无须赘述。这里要说的是这两个规则的构成和区分的问题。

矛盾律指的是在同一个思维过程中，两个互相矛盾或上反对关系（有的表述是反对关系）的思想不能同时为真，必有一假。对于同一对象不能同时作出两个互相矛盾的断定，即不能既肯定它是什么，同时又否定它是什么；排中律是指在同一个思维过程中，两个互相矛盾或者具有下反对关系的命题，不可能同时为假，必有一真。两个规则的相同部分是两个互相矛盾的思想，差异部分是两个反对关系。矛盾关系的思想当然都是一真一假（或必有一真、必有一假），但因为矛盾律还包含了上反对关系（否定全称量词命题），上反对关系则是必有一假、可以同假，因此矛盾律的一般性表述的结论是“必有一假”。在排中律的有的表述中是不包含反对关系、只谈矛盾关系，这里的表述明确指出是下反对关系（否定特称量词命题），两部分合起来的结论就是必有一真。

不难看出，矛盾律和排中律是经验归纳、人为设定的结果。因为按照以往的细分，逻辑关系（不考虑推出，那是三段论要解决的问题）有矛盾关系、反对关系、上反对关系、下反对关系这四种，如何用规则来把这四种逻辑关系都囊括进去？矛盾律和排中律的做法是以结果的“必有一假”和“必有一真”来归类，前者把矛盾关系、反对关系、上反对关系放在一起，后者把矛盾关系、下反对关系放在一起。但这样做是有问题的：首先，人为设定的痕迹太明显，很不自然。因为，为什么要以结果的“必有一假”和“必有一真”来归类？为什么不是以研究对象或别的研究成果（如“同真同假”或“一真一假”）来归类？无法回答；其次，把矛盾关系分别放在两个规则中去，不仅重复，似乎每个规则都“意犹未尽”，就好比把牛顿第一定律分成两个定律，一个说“物体在不受外力作用时将保持静止状态”，另一个说“物体在不受外力作用时将保持匀速直线运动”，这显然不符合基本逻辑规则所要求的简明性，而且在实际运用时，有时难以区分究竟用的是矛盾律还是排中律；第三，更大的问题是，这两个规则都没有表达出最重要的矛盾关系的最重要的性质：必有一真且必有一假（必定是一真一假）——我们不能从矛盾律中得到这一点，也不能从排中律中得到这一点，要同时运用矛盾律和排中律才有可能以推论的方式得到这一点（因为矛盾律如此这般并且排中律如此这般，所以是“一真一假”）。这显然有悖于矛盾关系的这个性质的基础性。

实际上，既然逻辑关系有矛盾关系和反对关系（包括上反对关系和下反对关系），最自然、最简明的做法就是针对矛盾关系设定一个规则、针对反对关系设定另一个规则。根据上述论证，下反对关系不是逻辑关系，应该予以取消。这样一来，事情就简单了，我们可以用两个规则分别按照矛盾关系和反对关系（包括上反对关系）来设定：

矛盾律指的是在同一个思维过程中，两个互相矛盾的思想必定一真一假；排中律指的是在同一个思维过程中，两个互相反对的思想可以同假，必有一假。

以上表述清晰简明，至于什么是矛盾关系、什么是反对关系，与现有的定义相同，最多增添一句：全称肯定命题与全称否定命题属于反对关系——严格地说，这一句都是不必增添的，如果明确了“不”否定的是“是”，全称肯定命题和全称否定命题当然是反对关系。也许有人会说，如此一来它们还可以是矛盾关系呀。其实不然，我们已经说过，含有量词的命题不是指称同一个是者，因此对全称命题的否定不是对同一个“是”（持存性）的否定，得到的当然就不是矛盾关系。

三、事物之间何以有矛盾关系和反对关系？

如果仅仅从思维表象的规定性来论证矛盾关系和反对关系之可能性依据，已无困难。真正具有挑战性且从未被人想到的问题是：矛盾关系和反对关系在事物之间是否以及如何可能？如果这个问题不回答，或者说，如果思维中的逻辑关系在外部事物当中找不到对应的规定性，那么，逻辑规则就有可能只是思维的“自娱自乐”，与外部事物无关。毕竟，我们已认识到思维世界的自发性和独立性，也认识到传统形而上学的某些理论就是思维的“自娱自乐”（见前述第二十章等）。

以上问题形象地讲，在我们关于月亮的判断中，“是圆的”或“是球形的”与“是立方体的”是相互反对的判断，“是球形的”与“是洁白明亮的”则不是相互反对的判断——同样是月亮的规定性，这两组规定性之间何以有“是反对关系”和“不是反对关系”的区别？或者，为什么我们可以说“月亮是球形的、洁白明亮的”却不能说“月亮是球形的、立方体的”？在前面，我们从思维的是者及其性质中作出了论证，现在我们需要在事物的构造中作出论证。既然要为逻辑寻求形而上学的基础，就需要为事物的各种规定性找出一个超越了具体经验材料的一般性的规则来作为区分的依据。

在第十六章“质的范畴及其阐明”中，我们明确提出“观念性的质料是包含在实在性的质料当中的”，这就为思维的观念性的性质在具有实在性的外部对象当中发挥作用创造了前提。在那一章中关于“现象（物、事）与思维（表象、性质）在质料上的构成”那部分，我们提出了“范畴构造的唯一性原则”，即现象不仅是范畴的综合，而且每一个范畴也是唯一的。这个原则将为具体事物遵循巴门尼德“是者是”原则中的“是”与“不是”的对象提供一个一般性的区分依据。也就是说，当我们想要把“是者是，不能不是，不能既是又不是”用在具体事物之上时，我们到底能对什么东西说“不能既是又不是”？这件事情将由“范畴构造的唯一性原则”来区分，具体做法是：在事物的所有规定性中，凡是归于同一个范畴的规定性必须是唯一的，不能既是这个又是那个；凡是归于不同范畴的规定性则可以是不同的，可以既是这个又是那个。

“范畴构造的唯一性”原则在抽象原则（即“是者是”原则）与经验对象之间建立起了清晰明确的桥梁和指向，也为“是者是”原则运用于经验对象提供了具体的实施规则。这当中的意义值得引起我们的关注。本章的末尾我们再稍作引申。

在经验对象那里，我们遇到的主要是概念而不是范畴。不过，按照康德的设想，范畴是概念的基础，概念是由范畴派生出来。他说：“范畴作为纯粹知性的真正的主干概念，也有自己的同样纯粹的派生概念，它们在先验哲学的一个完备的体系中是绝不可以忽视的，但我在一个单纯批判性的研究中可以满足于只是提到它们就行了……且让我把这些纯粹的、但却是派生的知性概念称之为纯粹知性的宾位词（Predicabilien）（以与云谓关系相对）。如果我们拥有本源的和原始的概念，那么派生的和下属的概念就能够很容易地添加上去，而纯粹知性的谱系就可以完整地描画出来了……例如把力、行动、承受的宾位词从属于因果性范畴之下，把在场、阻抗的宾位词从属于协同性范畴之下，把产生、消失、变化的宾位词从属于模态的云谓关系之下，如此等等。把范畴与纯粹感性的样态相结合，或者也使这些范畴相互结合，就会提供出大量先天的派生概念”[①]。简言之，在康德看来，基于范畴，要么“把范畴与纯粹感性的样态相结合”，要么“使这些范畴相互结合”，就能够派生、推演出大量的经验的概念（前一种方法）和先验的概念（后一种方法）——这在康德看来是容易做到的事情。我们也持相同的看法。我们通常使用的每一个概念都将能够被追溯到范畴上去（当然，更准确的表述是追溯到时间空间的样态及其叠加上去）。因此，我们也预设这件事情是能够完成的。在以下举例中，尽管有的例子用到的是概念，但我们相信不同的概念将被追溯到不同的范畴及其相互结合的不同方式上去。之所以没有把“范畴构造的唯一性原则”称之为“概念构造的唯一性原则”，是因为前者是有关原理的直接推论。至于如何从范畴过渡到概念，如康德所说，是容易做到但不在这里要做的工作当中。

现象（事物）之不可违反巴门尼德“是者是”原则，就是因为在它的同一个范畴上不可“既是又不是”。比如“羊-鹿”之所以不能称其为是者，是因为羊是一种实体，鹿是另一种实体，对于实体范畴而言，只能是一种，不可能两者皆是；比如“我的房屋是方形的圆顶”之所以违反矛盾律，是因为在形状这个概念上是不可“既是方形的又是圆形的”；比如“月亮既是球形的又是洁白明亮的”之所以是可以说的、也是现象可以呈现出来的，是因为作为形状的球形和作为颜色的洁白、作为亮度的明亮分别对应不同的概念、不同的范畴，因此是可以作为规定性并存于月亮这个东西中的。

事物的概念和表象在思维中的构造是相同的，也都与事物是同构的。因此，矛盾律在概念和表象的运用的依据也是“范畴构造的唯一性”原则。

回顾前面“算术是如何可能的”那一章关于计量单位的讨论，也许有人会在那里找到一个范畴“唯一性”的反例，即：对扑克牌，我们既可以把它说成是“一幅”，也可以把它说成是“54张”，这里就有两种单位的单一性。实际上，这两种单位的单一性是针对不同的对象：使用“副”这个计量单位，对应的是扑克的全体，即由全体性复归于单一性；使用“张”这个计

① [德]康德著，《纯粹理性批判》，邓晓芒译，杨祖陶校，人民出版社2004年版，第73–74页。

量单位，对应的是扑克中的某个卡片。矛盾律的要求在这里的表现是：你可以说扑克既是“1”副又是“54”张，但当你使用同一个单一性的用法时，就只能给出一个数字，即“1”（副），“54”（张）就已经是多数性了，而不能“既是1副又不是1副”等——这里没有反例。

以上基于“范畴构造的唯一性”原则而对何为矛盾关系作出明确的规定，是有意义的和有必要的。以往在逻辑当中，如同“何谓真”被保持在“只可意会不可言传”的状态下一样，要区分是否矛盾关系，也靠的是对经验对象的“意会”。现在，我们有了一般性的依据。

四、三段论推理。

对于推出的逻辑关系，三段论推理作出了阐明。罗素把推论的原则概括为一个“绝对普遍的命题”，即“‘如果一个事物具有某个属性，并且凡是具有这个属性的事物都具有某个别的属性，那么所说的这个事物就也具有那个别的属性’。这里没有提到任何特殊的事物或特殊的属性，这个命题是绝对普遍的。所有的推论，如果完全陈述出来，都是具有这类普遍性的命题的例子”[①]。这也就是三段论推理的原则。对于这个原则，仅仅就“如果一个事物具有某个属性，并且凡是具有这个属性的事物都具有某个别的属性，那么所说的这个事物就也具有那个别的属性”的依据而言，我们从前面关于概念和判断的构造、命题的关系等方面的结论已经能够较为容易地得到，已无须赘述。这里要讨论的是，所谓推理指的是什么，或者更明确地说，推理是指从“已经观察到的东西”所推论出“未曾观察到的东西”（如罗素所言）？还是指在两个“已经观察到的东西”之间建立起因果关系或派生关系？如果是后者，对我们目前已经取得的进展而言也是无须赘述的，因为我们在关于因果性等范畴、“蕴含”等命题联结词的讨论中所取得的成果足以为此提供充分的依据；如果是前者，则在推理中有一个形而上的问题是逻辑学家不关心的，就是从推理的大前提即“凡是具有这个属性的事物都具有某个别的属性”这个全称判断何以能成立？正是休谟质疑过的问题，逻辑本身（无论是

① [英]罗素著，《我们关于外间世界的知识》，陈启伟译，上海世纪出版集团2008年版，第29页。

何种意义上的逻辑）并不能解决这个问题，这意味着逻辑在它的推理原则中采用了未经证明其成立、也举不出事例来的命题形式作为推理的前提。在这里，我们所做的工作是，我们在前面的章节化解了休谟问题，证明了作为从已经观察到的东西推论出未曾观察的东西的依据的范畴是存在的，使得全称判断之成立成为可能，也为三段论推理的有效性提供了决定性的依据。

五、逻辑规则为什么能够运用于数学和客观事物？

这是上一章提出的问题，刚才在“事物之间何以有矛盾关系和反对关系？”这个议题上已经回答了逻辑规则运用于客观事物之可能性依据。这里再做一个一般性的表述：

首先，逻辑规则的依据从属于时间空间的性质，数学和客观事物的规定性也都从属于时间空间的性质，因此前者能够运用于后者。

其次，逻辑的研究对象是思维的是者，语言是思维的呈现方式，思维的是者以及语言都与客观事物具有同构性因而能够描述客观事物，因此，正确描述客观事物的语言和思维（即思维中与外部事物具有对应关系的那一部分表象及其性质）必定是符合逻辑规则的。

当然，承认逻辑规则的时间空间的依据，也必须承认逻辑规则是不可违反的，因为时间空间的性质作为客观规律是不可违反的。

六、语言和思维中为什么会出现“不合逻辑”的现象？

既然逻辑规则不可违反，那为什么会出现“不合逻辑”的现象呢？如前面第十七章中有关“人为什么会有思维、想象等活动”部分所述，思维世界具有独立于外部客观世界的性质，人的大脑作为一个物，在遵循时间不可逆定律的前提下可以自发地对各种表象进行任意的组合、拼接，形成与外部事物没有对应关系（包括有错误的对应关系）的是者。所谓“不合逻辑”的事情就发生在这类是者及其相关思维活动和语言现象中。进一步看，“不合逻辑”的事情无非有两种情况，一是发生在同一个句子中，二是发生在前后句子之间。我们分别看看这两种情况是怎么回事。

首先，发生在同一个句子中的，无非是把两个或多个语义矛盾的词拼接在句子中，如说出“圆是方的”，这个句子虽然可以说出来（这是由思维的自发性所带来的诸表象的组合方式的偶然性、任意性所决定，并不违反时间空间的性质），但是却不能在思维中形成并指称一个是者——如前所述，这个句子在思维中的存有方式只是四个汉字拼接成的图案。从前面的结论看，我们习惯性地把看起来像一个句子的这一串符号当作句子去理解（这也是思维的一种“自然的倾向”），却无法在思维中形成一个有意义的表象，在该“自然的倾向”无法被满足的情况下，我们就认为这个句子（实际上是语词拼接的图案）是不合逻辑的。

其次，多个句子按顺序先后排列起来（如果有意义的话），在思维中所形成的表象是事件的表象。如前面第十章“因果性范畴及其阐明”中所述，事件是有关联的一系列事情的总体，事件的表象是“符号+序列（事情的表象）+集合”，其中，贯串事情的表象的序列中的内在关联既可能是对事件的客观认识（即事件的因果性），也可能是对事件的主观判断（即所谓本质）。所谓发生在前后句子之间的“不合逻辑”现象，无论是违反同一律还是矛盾律或排中律，也无论是违反概念之间的属种关系，都是因为各个句子所指称的表象的意义之间有矛盾、有冲突以至于无法找到一个能贯串其中的有意义的内在关联，从而无法形成一个有意义的事件的表象——这跟一个句子无法形成对应的表象是一样的。比如“偷换概念”的违反同一律的现象，在前后句子中相同名称的对象并非同一个表象，后一个表象并不具有前一个表象的规定性（反之亦然），因此前后句子无法凭借表象的共同的规定性来建立起贯串其中的内在关联。或者说，思维是想把原本没有内在关联的前后句子当作有内在关联的前后句子，才出现“不合逻辑”的现象的。但那些句子作为是者，都可以“存放”在思维之中——这件事情并非“不合逻辑”。

第三，概括以上两种情况，所谓“不合逻辑”的现象，是源自思维的自发性所带来的语词或语句的任意组合——问题的关键是，我们的思维是允许众多毫无关联的语词或表象前后相继或同时并存的（以遵循大脑这个物的时间不可逆性要求），而我们出于理解的需要，又总是试图在那些被组合起来的语词或表象之间找到“内在关联”以形成可理解的表象（即前述“自然的倾向”），因此，当我们发现无法为那些任意组合的语词或语句找到表象的序列所需的内在关联进而无法形成一个有意义的表象（即本能的“自然的倾向”无法被满足）时，我们就认定该语词或语句的组合是“不合逻辑”的。当然，制造出那些任意组合的语词或语句的人也可能并没有发现其中的“不合逻辑”之处，这属于认识错误（不言而喻，人会出现认识错误），这跟两个人面对相同的材料却得出相反的看法一样不足为怪。

但是，在上述过程中不难看出，思维始终恪守着形成表象的基本原则，并不违反“是者是”原则（因而并不违反“逻辑”）。即使是出现认识错误的人，他在思维中构造出（在别人看来的）“假是者”，他依据的也是因信以为真或疏忽遗忘而在他看来是无矛盾、无冲突的材料。比如一个人前面可能说出“包青天是白面书生”这句话（他也能想象出“白面包公”的形象即形成这个表象，他忽略掉了众人心目中的“包公是黑脸”这个规定性），他接下来又可能说出“黑脸包公”这个短语（他同样形成了“黑脸包公”的表象，又忽略掉了他前面的“白面书生”的规定性），他虽然自相矛盾了，但在他当作是者来理解的每一个句子中，却并不违反“是者是”的原则去构造表象，只不过把一前一后的两个不同的表象进行相互替换了——在这个过程中，他并没有直接构造出“白的黑”这个表象。因此，我们可以概括地说，首先，“不合逻辑”的现象是语言现象，是语词或语句的任意组合的结果；其次，语词或语句的任意组合并不总是带来有意义的句子或句子系列，当无意义的句子或句子系列被当作有意义的句子或句子系列时，就违反了逻辑；第三，思维的自发性允许出现语词或语句的任意组合，但思维从不违反“是者是”原则去构造是者，因此，从这个意义上讲，逻辑规则是不可违反的。打个比方，月球的表面是千疮百孔、杂乱无章（好比思维中纷乱的思绪），地球的城市规则平整、井然有序（好比思维中的思想），但月球和地球都遵循相同的物理学定律。月亮的表面原本的无所谓“杂乱无章”，是因为我们以规则平整、井然有序的眼光去看待它，才认为它是杂乱无章的。

综上所述，通过对逻辑的主要的概念和原则所作的论证，我们相信逻辑之可能性能够在“新时空观体系”之中获得其成立的依据和意义的阐释。

在此，我还想再提一下康德对克服传统逻辑“形式和内容相割裂”的缺陷所做的努力。如前所述，相比“辩证逻辑”，“先验逻辑”被普遍地忽视了。我们不妨重新审视一下康德的思路：经验论在贝克莱和休谟那里已经走到它的“逻辑终局”（在这个“逻辑终局”被有效突破之前，经验论并无“近代”与“现代”之分），在我们无法绕过人的感觉印象而知道世界是什么样子的情况下，“知识与对象符合一致”这句话是无从谈起的。康德以他的“哥白尼式的革命”把这句话颠倒过来，让我们不再关心“世界本来是什么样子”，而是设定“世界是按照人的主观性状时间空间和纯粹知性概念的最高原则而呈现出来的”——既然如此，现象是时间空间的直观形式和纯粹知性概念的综合统一的产物（尽管康德没有明确说出这一点，因为这听起来过于“唯心”），它的形式和内容就将在纯粹知性概念的综合统一这个最高原则中达成同一——那么，由纯粹知性概念所派生的原理体系将既是关于现象的形式的也是关于现象的内容的；该原理体系作为逻辑，就将既是关于形式也是关于内容的，这就从现象之何以成为现象的基底的意义上消除了逻辑在形式和内容上的割裂状态。学界也正是在这个意义上说，在康德那里，形式就是内容。这个思路是合理的和开创性的，如果能够用纯粹知性概念的原理体系（康德已着手建立）来替代逻辑的规则体系，那么，逻辑就能够在形式和内容上达成同一。但问题出在康德的前提上，局限于认识论的哥白尼式的“颠倒”不可避免地需要预设一个“物自体”，使得康德（如前所述）在“什么是现象的质料”这个关键问题上闪烁其词，以至于尽管已经得出“现象在形式和内容是同一的”，却无法推进到“现象在形式和质料上是同一的”。

现在，我们在本体论意义上把康德的开创性工作向前推进了一步，即认为时间空间是一切现象的基质，并且把范畴等先验对象都建立在时间空间之上。这就使得康德的“先验逻辑”的思路得到了有力的支持：现象是由范畴构造而成（当然范畴由时间空间构造而成），这不仅是就现象的形式而言的，也是就现象的质料而言的。这样一来，范畴的原理体系既是关于现象的形式的，也是关于现象的质料的。如果我们把范畴的原理体系视为逻辑的原理体系时，逻辑在现象的形式和内容（更本质的是质料）上就达成了同一。

有两点依据支持我们把范畴的原理体系当作是逻辑的原理体系：其一，如上所述，现有的逻辑的概念、规则、原理是在基于新的时空观的原理体系中获得其可能性的依据的；其二，前述“范畴构造的唯一性”原则在一般性地规定矛盾关系的运用上所发挥的在抽象原则（即“是者是”原则）与经验对象之间建立起清晰明确的桥梁和指向的作用，也说明了“形式上的一般规则”运用于“内容上的经验对象”上的可能性和现实性。因此，我们有理由期待，重新拾起康德的思路，依托于“新时空观体系”所奠定的基础，先验逻辑将展现其广阔的发展前景。

第二十九章 分析和综合的症结以及先天综合的可能性

我们现在来谈谈被弗雷格视为康德“首要的”“伟大功绩”的“区分了分析判断和综合判断”这件事情。针对休谟有关“分析判断与综合判断的区分等于必然真理和偶然真理的区分，也等于先天判断和后天判断的区分”的论断，康德不仅明确澄清了分析判断和综合判断的界限，而且首次提出先天综合判断的概念，并把它作为纯粹数学、纯粹自然科学和纯粹形而上学何以可能的依据，希望借此从根本上解决近代哲学的认识论问题。但康德的这个主张受到现代哲学家们的批评和否定。弗雷格通过分析，重新解释了什么是分析判断，并据以得出数学中的算术是分析判断的结论。逻辑实证主义者则进一步认为连几何学也是分析的，先天综合判断根本就不存在。蒯因更是否定了区分分析判断和综合判断的做法，在他的《经验论的两个教条》一文证明该区分是没有意义的。蒯因对“教条”的批判似乎是为否定康德的区分所做的“盖棺论定”而敲入的最后一根钉子。至此，康德通过先天综合判断来为认识论奠定基础的努力在现代哲学家们看来是完全落空了。

经过本书的讨论我们已经知道，康德实际上无须借助先天综合判断这个概念来解决认识论问题（即他归于“纯粹理性总课题”名下的那些问题）。但我们仍然需要为康德做出辩护。因为，如果还原到康德的表述中去，即使没有本书的拓展，在康德自己的意义上，分析判断和综合判断的区分不仅是必要的，先天综合判断也是（可以）存在的。在这一点上，康德只是犯了一个“所托非人”的失误（即贸然地把牛顿物理学和欧式几何学的公理、定律说成是“先天综合判断”）。我们惊讶于现代哲学家们对康德的“分析”概念的曲解，尤其惊讶于他们安之若素地接受了“数学是重言式，不能带来新的知识”这类奇怪的结论——这让数学家们、让“数学化了的”物理学家们情何以堪！也难怪数学家和物理学家不怎么搭理哲学家们的意见。

关于分析判断、综合判断和先天综合判断，本章从两个方面来谈，一是在康德自己的意义上，二是（在康德面临困难的情况下）在新时空观体系的意义上。我们承认康德有他的困难，但他的困难是可以化解的。相比之下现代哲学家们的曲解仍然是不可接受的。

第一节　弗雷格对康德的批评

我们看看弗雷格在区分分析判断和综合判断问题上对康德的批评。

一、弗雷格的批评。

他主要从三个方面对康德提出了批评。

1、分析判断和综合判断的划分不是穷尽的。

康德关于分析、综合的概念有这样一些表述：“在一切判断中，从其中主词对谓词的关系来考虑……要么是谓词B属于主词A，是（隐蔽地）包含在A这个概念中的东西；要么是B完全外在于概念A，虽然它与概念A有连结。在前一种情况下我把这判断叫作分析的，在第二种情况下则叫作综合的。因而分析的（肯定性的）判断是这样的判断，在其中谓词和主词的连结是通过同一性来思考的”[①]、“因为在我去经验之前，我已经在这个概念中有了作出这个判断的一切条件，我只是从该概念中按照矛盾律抽出这一副词，并借此同时就意识到这个判断的必然性”[②]，等等。弗雷格认为“康德显然低估了分析判断的价值……如果以他的定义为基础，那么分析判断和综合判断的划分

① [德]康德著，《纯粹理性批判》，邓晓芒译，杨祖陶校，人民出版社2004年版，第8页。
② [德]康德著，《纯粹理性批判》，邓晓芒译，杨祖陶校，人民出版社2004年版，第9页。

就不是穷尽的”[①]。于是他问：“如果主词是一个个别对象，又怎么办呢？如果涉及存在判断，又怎么办呢？在这种情况下，根本就不能在这种意义上谈论主词概念”[②]。弗雷格的意思是如果主词是一个个别对象，分析和综合都无从谈起。此外，像0、1或无穷大等数是“不能通过感觉而得到的对象”，也不是概念，也不适用于康德的区分方式。如果把判断分为分析判断和综合判断，那该区分应该穷尽所有的判断。按照康德的定义，如果句子的主词以一个个别对象或不是概念的数，该判断属于分析还是综合？很难说清楚。

2、康德构造概念的方式“属于最不富有成果的概念构造”。

弗雷格认为康德构造概念的方式是错误的，“康德似乎认为概念是通过指定的标志确定的；但是这属于最不富有成果的概念构造”等[③]，即康德把概念设想为来源于统一的范畴（即弗雷格这里说的“指定的标志”）的构造物。这是传统的概念构造方式。我们在“算术是如何可能的”那一章谈到过，弗雷格构造概念的方式是开创性的，他不是“个别地研究语词的意谓”，而是“必须在句子联系中研究语词的意谓，即他的概念是形成于句子，概念的内涵和外延都来自于句子——而不是像康德那样，先有范畴，然后由范畴派生出概念——这在他看来就是在“个别地研究语词的意谓”，这样的概念所构成的所谓分析判断，就是“简单地从箱中把刚刚放入的东西又取出来”[④]。而依照弗雷格的“富有成果的概念规定”得到的定义是“划出以前还根本没有给定的界限。从它们可以推出什么，无法从一开始就认识到”，那样的定义所构造的句子是“可以被纯逻辑地证明，因而它们是分析的。实际上它们在定义之中，但是恰如植物包含在种子之中，而不是像房梁包含在房屋之中”[⑤]。也就是说，康德的概念构造方式是“房梁包含在房屋之中”的方式，而弗雷格主张的概念构造方式是“植物包含在种子之中”的方式。

① [英]弗雷格著，《算术基础》，王路译，王炳文校，商务印书馆1998年版，第105–106页。
② [英]弗雷格著，《算术基础》，王路译，王炳文校，商务印书馆1998年版，第105–106页。
③ [英]弗雷格著，《算术基础》，王路译，王炳文校，商务印书馆1998年版，第106页。
④ 同上。
⑤ 同上。

这里出现了我们在前面提到的知识体系的两种构造方式，一是构造房屋乃至大厦的方式，二是从种子发育成参天大树的方式。稍后我们会谈到，数学和自然科学其实都是前一种方式，哲学家向往的是后一种方式，并且还误以为数学也是后一种方式。这是需要予以澄清的。

3、混淆了“得到一个判断内容的方式与这个判断得以辩护的方式”。

弗雷格认为，“人们一般必须把两个问题区别开，即我们如何达到一个判断的内容与我们从哪里得到我们断言的根据”[①]。在他看来，“先验和后验、综合和分析的那些区别与判断的内容无关，而与做出判断的根据有关”[②]。也就是，康德对分析和综合的上述区分是依据判断的内容（即谓词是否包含在主词之中），弗雷格认为应该是依据“做出判断的根据”。以“红花是红的”为例，康德说它是分析判断、是必然真的，是因为谓词“红”包含在主词“红花”当中。弗雷格要问的是：为什么谓词包含在主词当中就是必然真的分析判断？在上述引文中，康德简略地提到了矛盾律、同一律（“通过同一性来思考”）。弗雷格据此认为，康德的区分依据是矛盾律、同一律这样的逻辑规则（而不是与“判断的内容”相关的“谓词包含在主词当中”），于是他说，“如果以这种方式只达到普遍的逻辑定律和一些定义，那么就有分析的真……如果不利用那些不具有普遍逻辑性质、而涉及特殊知识领域的真就不可能进行证明的话，句子就是综合的”[③]。“按照卡茨的说法，‘这一分析性概念把涵义包含从容纳“房屋中的横梁”扩展到容纳“种子中的植物”’。可以说，这是对康德所谓‘隐蔽地包含’的一个精确说明。然而，这一扩展马上就带来一个问题：康德那里经典先天综合命题7+5=12成了分析命题！在精确定义‘7’、‘5’和‘+’这些概念之后，7+5=12这个判断完全满足弗雷格的‘分析’概念”[④]。从弗雷格以后，分析哲学就把“单纯通过逻辑真理和定义就知其为真”的判断当作分析判断，把

① [英]弗雷格著，《算术基础》，王路译，王炳文校，商务印书馆1998年版，第12页。
② [英]弗雷格著，《算术基础》，王路译，王炳文校，商务印书馆1998年版，第12–13页。
③ [英]弗雷格著，《算术基础》，王路译，王炳文校，商务印书馆1998年版，第13页。
④ 苏德超，“有先天综合判断吗——浅谈分析哲学对先天综合判断的拒绝”，武汉大学学报（人文科学版），第66卷第2期。

需要依据经验事实才能证明为真的判断当作综合判断。依照这个标准，数学（包括几何学）都是分析的，这就有了“数学是分析判断，是重言式，不能带来新的知识”这个奇怪的结论。

弗雷格的批评看起来无可辩驳，虽然他在评价康德的“伟大功绩”时轻描淡写地说“如果说康德在算术方面搞错了，那么我认为，从根本上说这无损于他的功绩。在他看来，重要的是存在着先验综合判断；至于它们是只在几何学中还是也在算术中出现，则不太重要”[①]。实际上，“算术方面搞错了”这件事很重要，因为在弗雷格的基础上，人们很快得出结论，先天综合判断是不存在的。这样一来，要说区分分析判断和综合判断，休谟就已经提出来了，如果把康德赖以挽救认识论的先天综合判断也取消了，他的功绩还能剩下什么，就难说了。好在我们能为他稍作辩护。

二、两个标准“异曲同工”。

弗雷格的上述第3点批评的力度最大，影响也最大，几乎已成定论，我们就从它说起。在这一点上，弗雷格确实比康德思考得更深一层。我们从经验的综合命题的角度看就比较清晰。很显然，确实有一类命题必须依据经验事实才能下判断，我们称之为（经验的）综合命题[②]，那么，与这一类命题相并列的，就有另一类不依据经验事实就能下判断的命题。这另一类命题又依据什么来下判断？弗雷格从“这个判断得以辩护的方式”找到了答案：“单纯通过逻辑真理和定义就知其为真”。而康德是从“得到一个判断内容的方式”作出概括：“谓词包含在主词当中”。相比之下，从“依据经验事实”与“不依据经验事实”（依据逻辑真理和定义）相并列的分类标准看，弗雷格的方式更具普遍性[③]。但康德的方式其实也是对的，因为，就单个判断的结果来看“依据逻辑真理和定义”所“得到一个判断内容”的表现形式，就是“谓词包含在主词当中”。他只是在举例时犯了一个错误，即错误地把

① [英]弗雷格著，《算术基础》，王路译，王炳文校，商务印书馆1998年版，第107页。

② 之所以加括号，是因为我们接下来将表明确实存在“先天的综合命题”。

③ “依据逻辑真理和定义”是不是等同于“不依据经验事实”？是有疑问的，我们稍后再议。

“7+5=12”当成了综合判断。他解释说，“7+5”只是表明7与5的相加，但“相加”的语义并不包含12。但是换个角度看，“7+5”如果不包含12，它又怎么能“=12”呢？康德可能辩称说“7+5”当中不包含12，但“7+5=”当中包含了12。那么，“7+5=12”这个句子的主词到底是“7+5”还是“7+5=”？如果把句子转化为文字表述，就成了“7与5相加的结果是12”——很显然这个句子的主词是“（7与5相加的）结果”，而“结果”之意岂不就是“7+5=”？它的谓词不是“=12”，而是“是12”（我们说过，“是”没有“等同”的用法）。至于为什么“7+5=”就是12，就牵涉到弗雷格所说的定义了[①]，比如在前面第十五章里谈到的皮亚诺的两个概念和五个公理，有了这些定义、公理[②]，“7+5=”就是包含了12。当然这个“包含”是涵盖了“等于”的更宽泛的用法，一个集合可以是它自己的子集，当然也可以包含在自身当中，可见“包含”这个词是合法的，也不是什么“隐喻意义上”的说法（“隐喻”是后来的人自己搞混淆的，稍后再谈）。

为什么说“依据逻辑真理和定义”所“得到一个判断内容”的表现形式就是“谓词包含在主词当中”？无非有三种情况：

1、依据定义可以下判断。

如果一个命题依据定义就能下判断，那么很显然，该定义是关于主词和谓词的。在这种情况下，谓词必定包含在主词当中——否则，如何下一个既包含主词又包含谓词且能依据该定义能确定命题真值的定义？只能是谓词包含在主词当中，别无他法。

2、依据逻辑规则的推理来下判断。

语词之间的逻辑关系无非是矛盾、反对和推出三种。这里的问题是，如果主词与谓词的关系是这三种逻辑关系（命题的真值当然依据逻辑关系来确定），主词当中是否包含了谓词？我们的回答是包含了的。所谓包含，不言而喻是就语词的涵义而言。以矛盾和反对关系来说，我们举个例子就很清楚了：“北京不是上海”这个句子是分析的还是综合的？从“北京”与“上

① 这里的定义是什么意思？在这当中起什么作用？我们稍后要专门讨论。

② 公理也可以被视为定义的一种，无非是这类定义的依据是直观。

海”的反对关系看，这个句子依据逻辑的反对关系就能确定其为真，应该是分析命题。那么，“北京”的语义中是否包含“不是上海”？当然包含。即使在词典上“北京”这个条目里没有写上“不是上海”，但“北京”的语义不可能仅限于条目中的那些表述（只要随便造几个关于北京的句子就能发现，我们之所以能理解那些句子，并不是因为里面用到的语词都在词典的条目中）。对此，最准确的解释是我们关于概念的表象的构造方式——在“符号+序列+集合”的构造中，无论是序列的外延还是集合的内在关联，都具有无限制的可扩展性。这与我们把实体定义为“具有生长性、随机性和内在关联的时间序列”的构造是一致的。正如我们在第二十七章谈到真与假的“一对多”关系时所举的例子：也许永远不会有一本词典会在“月亮”的条目里注明“月亮不是航天飞机形状的”这个句子，但任何时候我们只要把“月亮”与“航天飞机形状”放在一起比较，一定能得到这个句子。同样地，只要把任何具有矛盾和反对关系的语词放在一个句子里建立起谓述关系，那么其主词的语义中一定包含其矛盾和反对关系的语词的否定的谓述关系。

也许有人会说，之所以如此，是因为我们的观念中有了相关的逻辑规则，并不是“谓词包含在主词当中”我们才得出如此结论——没错，但是我们此时并没有讨论逻辑规则与“谓词包含在主词当中”之间孰先孰后的问题，而是在说，“依据逻辑真理和定义”所“得到一个判断内容”的表现形式就是“谓词包含在主词当中”。

再看语词之间的推出关系。在三段论推理中，大前提是全称判断，小前提以及结论，都包含在该全称判断中（否则推理不能成立），在结论的句子中的主词的语义当然也包含了谓词的语义。

3、依据定义和逻辑规则的推理来下判断。

上面“7+5=12”的例子就是这类情况。再比如不属于三段论的推理，比如“a>b，b>c，故a>c”，需要借助“>”的定义，在“a大于c”的句子中，似乎c没有包含在“a大于”的语义中。其实，如同“7+5=”所表达的是“7与5相加的结果”的语义一样，“a大于”所表达的是“a所大于的数值”的语义，c当然包含在该数值当中——同样地，不管得出这个结论的依据是什么，这个结论的表现形式就是：c包含在“a大于”的语义当中。

在这个问题上，我们恰恰要区分“得到一个判断内容的方式与这个判断得以辩护的方式”。比如“一棵结着苹果的树上有苹果”这个句子，我们根本不必去理会一颗种子如何能长成一棵树并结出苹果，就这个句子本身而言，“一棵结着苹果的树”的主词确实包含了“有苹果”这个谓词，我们就判定它为分析命题就可以了——如同“7+5=12”，我们不必去理会怎么算出结果，只要你承认“7与5相加的结果是12”，那么“7+5=12”这个句子的主词中就包含了“是12”的谓词。

从以上三种情况足以证明康德的“谓词包含在主词当中”与弗雷格的“依据逻辑真理和定义”的分类标准是等效的。或者说，康德的标准是“重言式即分析判断”，弗雷格的标准则是“（经逻辑规则和定义证明其为重言式的）重言式即分析判断”。因为无论怎么推导，作为推导结果的那个句子一定是重言式——主词与谓词在句子中如果不相干（如“昨天是下雨天”），那就是综合判断；如果相干，则一定是包含关系。人们会说，弗雷格说的是“重言式之为真”的依据是逻辑规则和定义，上面讲的是“重言式之来源”是逻辑规则和定义——这个理解是不够的，“7+5=12”这个句子如果没有数学对自然数、“+”的定义和运算规则，你凭什么说它是重言式？何来真假可言？要说“重言式之为真”，确实需要某个依据，但要说是逻辑规则，现在看来就不那么理所当然了：它其实依据的是比逻辑更基底的“是者是”原则——除非你把这个原则也称为“逻辑规则”，这在我们讨论过“逻辑是如何可能的”之后，就不见得有道理和有必要了。

以上把弗雷格的标准看作是“（经逻辑规则和定义证明其之为重言式的）重言式即分析判断”，有一个积极的作用，就是将把数学从“是重言式，不能拓展知识”的误解中拯救出来：仅从以上分析就可知道，被当作分析判断的一个数学表达式确实是重言式，但该表达式中的主词和谓词何以能建立起包含与被包含的关系？则可以是创造性的新增的知识。后面再专门谈。

三、关于“包含”一词的“隐蔽”、“隐喻”或“含混不清”的问题。

上述关于弗雷格“这一分析性概念把涵义包含从容纳‘房屋中的横梁’

扩展到容纳‘种子中的植物’。可以说，这是对康德所谓‘隐蔽地包含’的一个精确说明”，这个说法是不对的。恰恰相反，“房梁包含在房屋之中”是清楚明白、可直接指认的，“植物包含在种子之中”才是“隐蔽的”、“隐喻的”。

人们之所以认为“包含”一词“极为含混”，主要是因为涉及到同义词等问题——如蒯因在《经验论的两个教条》中所谈到的那样。实际上康德很容易为自己辩护：首先，谓词是否包含在主词当中，只要开列出主词的语义清单（不仅仅是词典条目，如上所述，而是对该语词所能获得的理解）、再与谓词相比对即可；其次，同义词能否替换，取决于预先的定义（弗雷格也要用到定义），只要符合定义的，就能确定“包含”的关系；第三，对于语词的涵义的变化问题，其实也是取决于你选取什么定义，在不同的（前后）定义之下，哪怕主词、谓词使用的是同一个符号（汉字或字母拼写），说的也根本是不同的句子，与“分析判断恒真”这个结论无关。

四、关于处理个别对象的问题。

如上所述，弗雷格认为康德的标准无法处理个别对象或不是概念的数的问题。其实，这个问题对弗雷格来说也是同样存在的：如何对一个个别对象或不是概念的数来运用“逻辑真理和定义”？比如对亚里士多德这个人，既不能说这个人身上“包含”了“是哲学家”、“写了《形而上学》”这些谓词，同样也不能说他身上有什么“逻辑规则和定义”。我们谈论一个判断是分析的还是综合的，前提是谈论这个判断的句子并且理解了该句子的涵义，知道判断中的语词（无论该语词被用于指代什么对象）是什么语义，比如用到“亚里士多德”这个专名，就知道有关这个专名的描述中有“是哲学家”、“写了《形而上学》”等语义，那么，如果主词的语义中包含了谓词的语义，就是分析的，反之是综合的。也许有人会说，“写了《形而上学》”是经验事实，“亚里士多德写了《形而上学》”就应该是综合判断。实际上，如何描述专名，与如何下定义是一回事，定义当中也包含了经验内容，比如“雪是白的、轻的、有六角形晶体的……”根据定义说“雪是白的”就是分析判断（这符合弗雷格的主张）。同样地，“亚里士多德”

这个专名（如同定义一样）也包含了“是哲学家、写了《形而上学》”等经验内容——那么为什么就不能依据同样的理由说“亚里士多德写了《形而上学》”是分析判断呢？其实，如果这个结论有疑问，该疑问对弗雷格和康德来说是同样存在的。这里牵涉到定义、概念从哪里来的问题，稍后专门谈。

要说分析和综合的分类标准不能穷尽所有的判断，实际上有一类句子也是弗雷格所不能归类的，比如“明天太阳将从东方升起”，显然无法从逻辑真理和定义来知其为真，又还没有成为经验事实。我们现在是依据太阳与地球的运行法则来对这个句子作出肯定判断的，但是，物理法则不是逻辑真理，归根结底仍是经验规律（前面谈到过，如果追溯到物理学的基础定律，将不难看出其经验性归纳的特征）。反之，如果直接使用“重言式即分析判断”、“非重言式即综合判断”的标准，反倒既能把这类句子归入综合判断之中，也能归入“（经逻辑规则和定义证明其之为重言式的）重言式”的分析判断之中。

五、关于构造概念的方式。

在前面第十五章“算术是如何可能的”，我们讨论过弗雷格构造概念的方式。姑且不说那种方式在哲学研究语言的过程中所发挥的开创性的作用，仅就日常表达的需要看，它不见得有多大的优越性（如果不是更不方便、更不自然的话）。至于传统的罗列内涵和外延的清单式的概念构造方式，当然也有诸多的缺陷（如弗雷格批评的那样）。现在，我们基于观念性范畴、以“符号+序列+集合”的方式来构造概念在思维中的表象，已能避免传统方式的缺陷，同时又比弗雷格的方式更符合日常表达的需要。这方面的情况无须赘述。

从以上五点看，关于分析判断，首先，“单纯通过逻辑真理和定义就知其真”与“谓词包含在主词当中”在对分析判断的认定效果来看是没有冲突的；其次，数学应该被归入分析判断（即使按照康德的标准）。但是，这并不意味着数学是重言式、不能拓展我们的知识，也不意味着先天综合判断是不存在的。我们后面再分别说明。

第二节　蒯因对“两个教条”的批判

蒯因发表于1951年的“经验论的两个教条”的论文被称为“20世纪哲学中最有影响的论文之一”、树立了“一块哲学史上的里程碑”，该论文“对分析陈述与综合陈述的截然二分以及还原论或意义的证实说做了最尖锐、最内行、充满智慧的批判”，“首先，他证明分析陈述和综合陈述的区分迄今没有得到清楚的刻画与阐明；其次，他证明认为需要作出这一区分是错误的。他用整体论批判还原论，认为后一纲领是不可能实现的，它基于一种有关理论如何与经验相联系的错误观点。”①。这里对蒯因的批判略加介绍。

一、蒯因批判“第一个教条”的情况概述。

蒯因说的“第一个教条”是，“相信在分析的或以意义为根据而不依赖于事实的真理与综合的或以事实为根据的真理之间有根本的区别”（见蒯因《经验论的两个教条》，下同）。他是从康德说起的：“康德把分析陈述设想为这样的陈述，它把不过是主词概念中已经包含的东西归属于主词。这个说法有两个缺点：它局限于主谓词形式的陈述，而且求助于一个停留在隐喻水平上的包含概念。但是，从康德关于分析性概念的使用比从他对分析性概念的定义能更明显地看出，他的用意可以这样来重新加以表述：如果一个陈述的真以意义为根据而不依赖于事实，它便是分析的”。

首先，蒯因对“这个被预先设定的意义概念”进行考察，通过分别指出抽象名词、普遍名词在意义与命名、意义与本质、意义与指称、意义与外延等问题上的区别与混淆，发现“意义是一种什么东西？可能由于以前不曾懂得意义与所指是有区别的，才感到需要有被意谓的东西。一旦把意义理论与指称理论严格分开，就很容易认识到，只有语言形式的同义性和陈述的分析性才是意义理论要加以探讨的首要问题；至于意义本身，当作隐晦的中介物，则完全可以丢弃”。其次，蒯因针对同义性和分析性的“首要问题”，

① 陈波，“蒯因的‘两个教条’批判及其影响”，首都师范大学学报(社会科学版)，2000年03期。

通过“没有一个未婚的男子是已婚的”和“没有一个单身汉是已婚的”这两个著名句子的对比分析来看，前一个句子固然可以称为逻辑真理，但后一个句子却必须通过同义词的替换才能变成逻辑真理，比如用“不结婚的男人”去替换“单身汉”，后一个句子就变成了前一个句子。但是，“同义词”的“同义性”又是什么意思？却是一个跟“分析性”一样需要解释的概念，但通过对词典定义、精释（explication）、约定定义、保真替换和语义规则等具体形式的考察，发现有关同义性以及由此得到的分析性的标准都是不能成立的，都包含着逻辑循环（或类似逻辑循环）。由此得出结论，分析陈述和综合陈述的分界限“一直根本没有画出来”。实际上，蒯因的基本做法是对每一个有意义的概念进行语义的追溯：当你说“一个陈述的真以意义为根据而不依赖于事实”时，他就问“意义是什么意思”（他还没顾上去问“根据”、“依赖”和“事实”分别是什么意思）？当你说“借助同义词替换变成逻辑真理”时，他就问“同义词、同义性是什么意思”？当你说“定义来自于词典”时，他就问“词典编纂人是根据什么来下定义”（更直白的问法是：为什么把“单身汉”定义为“未婚的男子”，如他所说，这完全是偶然的语言习惯）？“既然是根据在先的约定，该约定又来自哪里”？如此等等。这就不可避免地引起上述无限追溯、循环解释、循环论证等问题。按照康德自己的“分析”概念，这些问题本来是没有的。

1、以往的反驳。

以往对蒯因的“第一教条”批判的反驳，诸如指责蒯因的批判依赖于一个过高的清晰性标准、过于严格的分析性定义的标准、并非任何循环解释都是错误的、不能绝对禁止任何循环等等[①]。这些反驳并不令人满意。比如以“语义的清晰、明确、严格”为其立足点（并拒斥形而上学语义含混不清）的语言哲学为什么不能接受如此这般“过于清晰、过于严格”的定义标准？陈述句的真值要么为真要么为假，蒯因的定义也只能要么为对要么为错，“过于”并非逻辑常词，又是什么意思？循环论证要么为对要么为错，为什

① 陈波，“蒯因的‘两个教条’批判及其影响”，首都师范大学学报(社会科学版)，2000年03期。

么有些循环就不仅“并非错误”甚至还“必不可少”、“极有教益”？有没有一种可能性：既然经受不起“过于清晰、过于严格”的标准的检验，既然“绝对禁止任何循环……将使得该语言成为不可学习”，那么，语言本身根本就不适用以禁止循环论证为其原则的逻辑方法——这种可能性恰恰是存在的。可见，以往的反驳并没有切中问题的要害。

2、蒯因的真正用意。

据我看，蒯因真正要否定的是自休谟以来就被确立的“分析判断是必然真理，综合判断是偶然真理”这个公论——他想方设法要消除分析判断和综合判断的界限，其落脚点就是：两者在真理性上并无根本区别。

抛开蒯因的繁琐的说明，我们举几个简明的例子。蒯因的例子是“没有一个未婚的男人是已婚的”，这个句子等同于“没有结婚的男人是没有结婚的”。这是分析的真判断。在以往人们谈论的例句中，“红花是红的”也被理所当然地视为分析判断，是必然真的。把这两个句式写成函项表达式，就是“P的S是P”。这个表达式一定是分析的真判断吗？并非如此。如果我们用“黑”替代P，用“雪”替代S，得到“黑雪是黑的”这个句子，这跟“圆的方是圆的”一样，显然是假的，但从谓词包含在主词之中看，三个例句都严格符合（“黑雪”跟“没有结婚的男人”、“红花”一样，都是主词），为什么真值不同？只有一个理由：“没有结婚的男人”和“红花”在经验世界中存在，“黑雪”则不存在——归根结底还是以经验事实为依据。可见，说分析判断不依据经验事实而为必然真，是不成立的。即使是按照弗雷格的分析概念（“单纯通过逻辑真理和定义就知其为真”），也是不可避免的。因为所谓定义，原本也是依据经验事实（如蒯因所说的“词典编纂人是一位经验科学家”）。比如在牛顿之前，物体的定义中就包含了重量，“物体是有重量的”就是分析判断。在牛顿之后，人们认识到物体也有失重的情况，因此并非必然有重量，于是“物体是有重量的”又变成了综合判断。这些情况都表明，分析判断并不必然真。如此一来，区分分析判断和综合判断之意义和必要性，恐怕就要大打折扣了。蒯因要指出的正是这种情况。

我认为，蒯因的批判是切中要害的。但是，他停留在他的批判上，没有进一步向前推进。比如，有一个结论在他的论述中已经隐约可见却没有被明确地阐释出来：他指出分析性取决于同一性，同一性又取决于词典编纂人、约定定义的人或语义规则的设计者等经验科学家的工作，他们的工作其实就是借助词典条目、约定定义、语义规则等把不同的语词和语义预先综合在一起的过程（比如借助“单身汉是未婚的男子”的定义把“未婚的”与“男子”的语词和语义综合成“未婚的男子”并赋予“单身汉”这个词）——这意味着：分析是以综合为前提的，没有在先的综合，何来在后的分析？后文我们沿着这个思路，将得到一些有趣的结论。

二、蒯因批判“第二个教条”的情况概述。

经验论的“第二个教条”被认为是还原论的主张，即“相信每一个有意义的陈述都等值于某种以指称直接经验的名词为基础的逻辑构造”。这部分内容与本章有关分析和综合的议题关系不是很紧密（一般认为蒯因通过批判还原论来削弱了知识体系中的分析陈述的真理性——它们的真值也是可以被调整的，但这个问题我们在上面已经讨论过），因此这里只对有关论点做一个概述。

蒯因的主张是“我们关于外在世界的陈述不是个别的而是仅仅作为一个整体来面对感觉经验的法庭的”、“我们所谓的知识或信念的整体，从地理和历史的最偶然的事件到原子物理学甚至纯数学和逻辑的最深刻的规律，是一个人工的织造物。它只是沿着边缘同经验紧密接触。或者换一个比喻说，整个科学是一个力场，它的边界条件就是经验。在场的周围同经验的冲突引起内部的再调整”、“既然一切知识都以某种方式保持着与经验的联系，因而当遇到顽强不屈的经验反例时，我们理论的任何部分、任何陈述在原则上都可以被修正，甚至包括逻辑数学命题”、“每个人都被给予一份科学遗产，加上感官刺激的不断的袭击；在修改他的科学遗产以便适合于他的不断的感觉提示时，给他以指导的那些考虑凡属合理的，都是实用的”，其结论是“我们在评价与选择理论时，就不应以是否与实在相一致或符合为标准，而应以是否方便和有用为标准，实用主义于是成为蒯因哲学的最后栖息地与最高准则”[①]。在方便和有用的标准上，蒯因不惜把科学与神话相提并论，他说：“就我自己而言，作为非专业的物理学家，我确实相信物理对象而不相信荷马的诸神，而且我认为不那样相信，便是科学上的错误。但就认识论的立足点而言，物理对象和诸神只是程度上、而非种类上的不同。这两种东西只是作为文化的设定物（culturalposits）进入我们的概念的，物理对象的神话所以在认识论上优于大多数其他的神话，原因在于：它作为把一个易处理的结构嵌入经验之流的手段，已证明是比其他神话更有效的”[②]。这就走得太远了。

通常认为，蒯因对“还原论”的上述批判“撼动”了逻辑实证主义的证实原则或波普尔的证伪原则。但我认为，他并没有“撼动”什么，只是完善了证实原则或证伪原则（即从单个陈述的证实或证伪，扩展到知识“整体”的证实或证伪）。逻辑实证主义者的错误在于把科学知识的必要条件外推为一切知识（包括非科学知识）的充要条件，而蒯因的错误则在于，他试图用非科学知识的标准去消解科学知识的标准。在找出更好的标准之前，我们恰恰应该继续捍卫波普尔为科学知识和非科学知识所划出的界限。

1、蒯因混淆了陈述的真值与陈述的可证伪性。

蒯因关于知识（或他说的“整个科学”）是一个整体、经验事实的反面证据有可能通过在整体内部各陈述（包括数学和逻辑的规律）之间重新分配真值来予以修正等主张，的确是有深刻的创见。我们很容易举出例证。比如通常说“所有天鹅都是白色的”，面对一只黑天鹅，赵敦华先生就提供了另一种修正方式，即通过证明那只黑色的鸟不属于天鹅，就能保证原先关于天鹅的陈述不被否证。另一个典型的例子是哥白尼日心说和托勒密地心说的对比，这对当时的天文学家来说就面临选择：究竟是选择修正整个天体的数学表述（如哥白尼那样）？还是选择进一步优化托勒密体系以便提高观察精度？实际上取决于每个天文学家个人的“有根据的信念”，确实如蒯因所

① 陈波，蒯因的“两个教条”批判及其影响，首都师范大学学报(社会科学版).2000年03期。

② 见《经验论的两个教条》。

说，他们个人的“政治的、宗教的、经济的等方面的因素都会以不同方式起作用”。

但是，在知识整体的内部各陈述之间重新分配真值是一回事，陈述本身是否具有可证伪性或者说修正其真值的依据是什么，则是另一回事——蒯因恰恰混淆了这两件事情（即弗雷格所说的混淆了“得到一个判断内容的方式与这个判断得以辩护的方式”）。同样是重新分配真值，上述“黑天鹅”的例子与“日心说”的例子就属于两种截然不同的知识体系：天文观测的陈述具有可证伪性，如何定义“黑天鹅”则无所谓确证或否证——如果换成神话情节就更形象了，比如“太阳神阿波罗驾车巡游天际”，这是完全无法否证的事情（即使出现轨道观测上的偏差，也可解释为阿波罗心情舒畅、即兴而为）。在天文学上，还有两个更常用的例子，即天王星的观测偏差带来海王星的发现和水星的“额外进动”与广义相对论得到证实这两个“重新分配陈述的真值”的例子。在前一个例子中，人们没有因为天王星的轨道观测数据与牛顿力学的计算结果有偏差而否定后者（即后者并没有因此被否证），于是发现了海王星。在后一个例子中，同样是面对水星轨道观测数据的偏差，爱因斯坦选择否定牛顿力学从而催生了广义相对论。即使有人固执地选择相信牛顿力学，要在水星旁边去寻找其它行星，即使没有找到，宁愿怀疑望远镜的精度不够；即使提高精度后仍未找到，宁愿怀疑在未知行星与地球之间有干扰，等等——对这个“重新分配陈述的真值”的故事，人们往往就讲到“等等”为止（用以说明修正真值的“无限可能性”），却忽视了一个事实：科学家的所有选择都是具有可证伪性的，反过来说也一样，正是可证伪性确保了科学家的选择的科学性。

概括地讲，在科学的知识体系中，内部各陈述之间重新分配真值是很正常的现象，因为，“理论预测与实验观测不相符合”这件事在科学自己的标准中并没有必然地指向“理论是错的”，本来就有两种可能性：一是观测异常、理论正确，二是观测正常、理论错误。这说明“重新分配真值”这件事不仅不与科学自己的标准相冲突，而且还是科学获得发展的常见方式。我们即使承认“迪昂-蒯因论题”即“单个语句或理论是无法被检验的，它既无法被证实，也无法被证伪”，这也充其量是对波普尔的证伪主义的一个补充（即从单个陈述的可证伪性修正为知识整体的可证伪性），不构成“挑战”乃至否定。同样地，科学的知识体系与非科学的知识体系之间的本质区别也不在于“内部陈述是否重新分配真值”，神话等其它知识体系的内部陈述也会重新分配真值，但其分配真值的依据不是可证伪的。这就好比有人说，黑猩猩要吃喝拉撒，人类也要吃喝拉撒，于是黑猩猩的文明与人类的文明只有程度上的区别——这显然是错的，因为“文明”有明确的认证依据（比如懂得使用文字），吃喝拉撒等生理需求并不构成文明的充分条件——同样地，“内部陈述重新分配真值”也不构成知识体系的科学性的充分条件。

此外，蒯因“拒斥先验认识，不承认任何终极或绝对的真理……没有任何必然的、不可错的、不能被修正的先验知识”[①]，也是一件奇怪的事情。既然知识的标准是“是否方便和有用”，就连科学家的“政治的、宗教的、经济的”等背景因素都被接受为足以影响“竞争性选择”的东西，为什么一定要“拒斥先验知识”呢？难道“先验知识”比之“政治的、宗教的、经济的”等背景因素距离科学更加遥远？总不见得比荷马史诗中的神话更加荒谬吧？一个真正的实用主义者将不会拒斥任何东西，因为任何东西都有可能达成“方便和有用”的目的。

2、蒯因的整体论只适用于非科学的知识体系。

我们在绪论中提到过，一个人的世界观确实是一个“在顽强不屈的经验面前，整体内部的任何陈述都可以被修正或免予修正，甚至逻辑-数学规律也不例外”的整体。世界观这样的非科学的知识体系就符合蒯因的整体论的情况。如我们在前述“形而上学作为自然的倾向是如何可能的”那一章所说，当人们把一些“意志类语词”或诸语义主观综合而成的语词当作对象的“本质”或理论“自圆其说”的依据时，那些东西的模糊性、主观任意性将遮蔽人们对经验现象的正常的理解能力，并使之失去意义。一个人一旦形成某种冥顽不化的世界观（除了被任意指定的“本质”或依据，里面还充满了

① 陈波，蒯因的“两个教条”批判及其影响，首都师范大学学报(社会科学版).2000年03期。

“先验幻相”以及“理性理念对感性现实的非法的僭越”），那么，无论多么“顽强不屈的经验”，在其面前都将是苍白无力的——面对清楚明白、确凿无疑的否证，一个人为了维护其世界观这个整体，不仅可以修正逻辑的规则，就连生命的代价也是不足为虑的——不仅别人的生命不足为虑，就连自己的生命也不足为虑！——这是足以令人类理智感到绝望的现象。

3、“可还原的整体论”。

我们持“可还原的整体论”观点。首先，我们不赞同逻辑实证主义的“有意义的陈述都必须是能够还原为可直接感知的经验性语词的陈述”的观点，而认为“有意义的陈述都能够还原为关于时间空间及其性质的语词的陈述”；其次，单个陈述的真值取决于它与知识整体内部其它陈述的融贯一致，融贯一致的唯一依据是巴门尼德的“是者是”原则。

第三节　先天综合判断之可能性和必要性

通常认为，康德是为了“阻止休谟把形而上学带入危险”而用“先天综合判断”来挽救形而上学的。这使得康德不自觉地延续了休谟对知识的分类，即依据“休谟分叉”，关于“实际事情”的判断被认为是偶然的、综合的；关于“观念关系”的判断是必然的、分析的。这个分类规定了“分析判断是必然真理，综合判断是偶然真理”。康德正是为了化解这个规定所蕴含的“必然真理不能带来新知识，能带来新知识的又只是偶然真理”的困境，提出先天综合判断是存在的。但是，他立即就面临一个问题：既然是存在的，那么请具体指出哪些是先天综合判断。在这种情况下，他很容易就联想到当时最权威的牛顿物理学和欧式几何学的那些定律、公理，毕竟，他当时无法想象它们“可能是错的”。这就把他为认识论所奠定的基础的命运与欧式几何学和牛顿物理学的命运绑在了一起（所以我说康德的错误是“所托非人”）。现在看来，这是没有必要的冒险。

一、没有综合，何来分析？

前面谈到，没有在先的综合，何来在后的分析？如果把分析比作是从

"装着概念的涵义的箱子里"把东西逐个取出来，显然，必须预先把那些东西先装进那个箱子（才谈得上"取出来"）。"红花是红的"这个分析陈述之成立，必须先把"红"与"花"综合成"红花"。在本书第一、二章，我们把"是者怎是"当作自巴门尼德、亚里士多德到康德的一脉相承的研究主题。这里的问题是："红"与"花"为什么能够综合在一起成为"红花"这个东西？或者说一般而言，哪些东西能综合在一起、哪些东西不能综合在一起？毕竟，我们能找到一些不能综合在一起的情况，比如（如第二章所列举的）"窗户上的一个念头"、"善良的石块"、"健壮的五十"等，亚里士多德和康德都用范畴来解决这个问题——如果为"红"与"花"这类经验性的综合追溯出源头，范畴之间的综合就是"先天综合"。

二、先天综合。

概括地讲，知识得以形成就必然以一个综合为前提，这个综合就是"先天综合"。之所以是"先天"的，就是发生在范畴之中、范畴与范畴之间以及范畴与感性杂多的直观形式之间的综合，不涉及感性杂多的质料即经验的后天的内容。简言之，凡是把两个及以上的对象统摄为一个东西，就是综合；那些被统摄的对象是先天的，就是先天综合。从这个意义上提出"先天综合"，是康德之前的哲学家们所不具备条件的。

先天综合具体体现在以下四个方面：

一是时间空间样态之间的综合。当我们说时间时，就是在说"由相继性、并存性和持存性'先天综合'的结果"；当我们说空间时，就是在说"由点、位差和形'先天综合'的结果"。至于我们进一步（依据时间空间的可叠加性而）把时间空间的诸样态相互叠加，那也是先天综合的过程。

二是范畴之中。在量的范畴中，多数性、全体性都是先天综合。若干单一性所规定的对象被统摄为多数性、全体性的对象，就是先天综合的结果；在质的范畴中，实在性、观念性是时间空间的样态之间的先天综合，限制性是实在性和观念性的先天综合；在关系范畴中，实体性、因果性和协同性也都是先天综合[①]。因为，诸偶性之所以能够依存于实体，两件事情之所以能被

① 按照康德，模态范畴只涉及人的认识方式，不涉及对象本身，因此不考虑其综合性。

视为一个因果关系，诸对象之所以能协同而成为复合物，都需要借助先天综合来完成。

三是范畴与范畴之间。人们或许没有意识到，我们能够说出“一个东西”或“一个实体”这类词，实际上需要单一性和实体性这两个范畴的先天综合。进一步讲，由范畴派生出概念，构成概念涵义中的每一个词之所以能结合在一起而成为一个概念（如“红”的语义与“花”的语义能结合成“红花”这个概念），也需要作为其可能性依据的先天综合。

四是语词构成语句。一个个语词何以能构成一个个句子？这本身也需要综合。无论是主谓的陈述句还是关系的陈述句，一个个并无必然的相关性的语词结合起来形成一个句子并且生出了一个句子的语义，同样是以先天综合为其前提。可见，康德完全不必对陈述句做出分析和综合的分类，因为他所说的先天综合是陈述句本身得以形成的前提。比如“S是”、“S是P”就是语句构造上的先天综合。

从以上四个方面看，康德的先天综合是知识的生成方式，无关乎判断的分类——实际上是先于判断、命题或陈述的前提条件。这样一来，什么是分析陈述（是康德所说的还是弗雷格或逻辑经验主义者所说的），就无关紧要了——那可以交给语义学去做出约定，即先约定什么是定义，再约定什么是分析或综合。

三、先天综合判断。

明确了先天综合是“先天的”范畴之内、范畴之间等的综合，我们就不必（也不应该）在经验对象中去搜寻“先天综合判断”的具体例证了（比如牛顿定律本来就是关于经验对象的定律，当然不是“先天综合判断”）。上述四个方面的“先天综合”所得到的东西从语言上加以述说，就是先天综合判断。比如“实体是实在（性）的”、“观念是观念性的”、“实体是单一的”、“实体是多数的”、“实体是全体的”、“实体是有偶性的”、“有因必有果”等等，都是先天综合判断。按照以往的说法，这些先天综合判断都是必然真理。

这些先天综合判断有何意义？正是它们为上述“红”与“花”等经验性

的综合提供了可能性——比如只有能说“实体是有偶性的”，我们才有可能说“红花是红的”。这也体现了先天综合判断之基础性和不可或缺性。

第四节　“新时空观体系”中的先验、经验和真理的概念

我们再基于“新的时空观体系”来对“先验”、“经验”等概念做出进一步的规定，尤其是，我们需要对“真理”这个概念做出明确的定义，以便澄清以往所说的“必然真理”和“偶然真理”的那些“真理”之间的区别。

一、先验（先天）和经验（后天）。

对我们来说，既然“时间空间是一切现象的基质”，又何来“先验”与“经验”之分（也即“先天”与“后天”之分）？这是因为，“现象”就其实际呈现的状态来说，包含了两个部分的内容，一是时间空间的性质，二是时间空间的性质在现象中实际呈现出来的偶然的或自由的成分，后者是时间空间的性质所无法决定的，只能去观察实际呈现的结果，该结果也就是经验性的知识。比如前面用过的例子，一个物在某个时间节点上的状态，包含了N中组合性差异的可能性，它实际呈现出其中的第f种，那么，“一个物在某个时间节点上是具有第f种组合性差异特征的状态”这句话就是一个经验性的知识。反之，时间空间的性质具有恒常不变的特点，就是先验的知识。举例而言，时间不可逆定律、力与变化等价定律就是先验知识，而在满足时间不可逆定律的前提下，一个物在其时间序列各个节点的规定性就是后天知识——因为作为呈现出来的现象，其中包含了偶然性的成分。因此，我们可以简明地依据（我们所阐释的意义上的）偶然性来区分先天的知识和后天的知识。

作出以上区分已经阐明了先验知识和经验知识的来源——它们的那个最根本的源头。

二、真理。

我们反对“必然真理”和“偶然真理”的说法。真理就是真理，何来必然与偶然之分？王路先生在《“是”与“真”——形而上学的基石》一书中谈到国内在翻译过程中把“真”与“真理”的用法相混淆的情况（见

《“是”与“真”——形而上学的基石》第一章导论中的第三节“‘真’与‘真理’”），我想这种混淆不只存在于中文的翻译当中，因为即使是“真”，也无必然“真”与偶然“真”之分。对于“亚里士多德是蓄胡子的”这个句子，我们能指望它什么？如果某人见到亚里士多德，并且亚里士多德当时是蓄胡子的，那么，他说出的这个句子就是真的。反之，如果此人把没有蓄胡子的亚里士多德说成是蓄胡子的，那么这个句子就是假的。在这种情况下，当我们试图用必然或偶然去修饰这个句子的“真”时能得到什么？什么也得不到，真就是真，修饰语既不增加也不减少“真的程度”。问题出在人们认为亚里士多德是可以不蓄胡子的或者不蓄胡子的亚里士多德是可以想象的，于是他蓄了胡子这件事就是偶然的（于是这个句子的真或真理就是偶然的）——这才是混淆了弗雷格所说的“得到一个判断内容的方式与这个判断得以辩护的方式”：“亚里士多德是蓄胡子的”这个句子的真只取决于见过他并说出这个句子的人是否撒谎，与亚里士多德基于什么原因会（或不会）蓄胡子毫无关系。实际上，当我们把普遍有效性用在真理这个概念上时，所谈论的是可以被重复运用和检验的全称判断。对单称判断来说，即使“亚里士多德是蓄胡子的”为真，我们通常也不会称之为真理，这一类事实适合于另一个更恰当的词：“真相”或“事实”。

为了排除单称判断的事实或真相，我们用全称判断来定义真理，即所谓真理，就是真的全称判断。真理总是必然的，没有什么“偶然真理”（那是把真相或事实与真理相混淆的结果）。先天知识也都是必然的真理。不难发现，通过严格意义上的改写，所有的真理都可以被表述为真的全称判断，比如1+1=2就可以改写为“所有的1+1都等于2”。

回到刚才的问题：如何区分数学的定律那样的普遍有效的真理与自然科学的定律那样的有可能被改变的真理？或者说，在今天看来，牛顿力学还是不是真理？由于现代物理学的发展，经典物理学已被认为是过时了的（实际上在宏观的低速的现象上仍有广泛有效的运用）。但是，如果因此而否认牛顿力学的真理性，那将意味着两件让人不能接受的事情：一是我们可以设想在未来的科学进步中爱因斯坦的相对论也有被新的理论替代的可能性。在科学界，尽管目前尚无反对的证据，但也没人会把相对论当作终极真理——那么，在自然科学领域将没有真理可言。这是让人不能接受的，因为自然科学以如此成功的方式改变了世界的面貌，却被我们说成是“无真理可言的领域”，那我们到底要什么样的“真理”？二是真理的反面是谬误（我们不承认既是真理又是谬误的东西），如果把牛顿力学归于谬误（既然它已经不是“真理”），把它与亚里士多德的物理学乃至各种由谎言所拼成的货色等而视之为谬误，也是让人不能接受的。我们同样不能为真理性作出“程度上的区分”，仿佛可以用60%之类的比例来为真理标注出它的“成色”（如同标注首饰的黄金含量一样），这只会削弱真理一词的权威性。

实际上，通过严格的表述，我们能够把经验现象中的真理改写为“真的全称判断”。比如把牛顿力学的定律改写为“所有在宏观和低速的尺度上的物理现象都遵循牛顿力学的定律”，就是一个“真的全称判断”，我们仍然能够赋予牛顿力学以真理的地位。因此，在经验科学领域，凡是能改写为“真的全称判断”的规则、定理，都可以被称为真理。同样地，欧式几何学与非欧几何学也谈不上是后者替代了前者，无非是在公理的约定上有所不同，比如“所有在‘直线外的任何一点有且只有一条直线与之平行’前提下的几何现象都遵循欧式几何学的原理”，仍然是一个“真的全称判断”。

也许有人会问：为什么能够用“在宏观和低速的尺度上”和“在‘直线外的任何一点有且只有一条直线与之平行’前提下”这类修饰语来限定“牛顿力学的定律”和“欧式几何学的原理”？这类修饰语的意义是什么？在本书从时间并存性引出“条件”概念之后，这类修饰语作为条件，就拥有了与因果性、协同性等范畴同等的合法地位，并且成为因果性、协同性等范畴作为现象显现出来所不可缺少的因素——也就是说，条件是与因果性以不可缺少的方式共同呈现的。这也是一种先天综合。

人们对真理二字通常在自觉或不自觉中抱有“纯粹的”、“绝对的”观念，那只是子虚乌有的幻象。一个“真的全称判断”无一例外地涵盖了该判断所指的所有情况，使得这个判断总是为真，当然就是我们通常所说的“无条件的”。如此理解，符合亚里士多德“把‘必然A’定义为‘过去一直A并且现在一直A并且将要永远A’”[①]对必然性的定义方式。

我们需要把“真理”从“绝对的”、“纯粹的”等理性幻相中“拯救”出来。因为问题的严重性体现在，人们一方面在理论上要求“绝对”、“纯粹”的真理（仿佛舍此就不配称为“真理”），另一方面却在实践上以“凡事没有绝对”等借口来对某些谬误予以纵容。我们把通过加入适用条件（这个正当的概念）而改写的“真的全称判断”当作真理，恰恰有助于我们以清楚明白的方式来甄别真理与谬误。因为在我们的概念中，条件是清楚明白的东西，这意味着：固然“凡事没有绝对”，但我们要求澄清该真理得以成立的清楚明白的条件是什么。如果说不出一个清楚明白的条件，或者所说条件经受不住实践的检验，那么，那样的“真理”就应当被清楚明白地归入谬误——甚至不值得再从中去捡拾什么“合理因素”。

第五节　数学是在先天综合中不断扩展的知识体系

自分析哲学之后，哲学界普遍接受了“数学是重言式，不能带来新的知识”这类奇怪的结论。据我看，这是一个关于“削足适履”的典型案例：一方面，数学明摆着是一个不断扩展的知识体系，另一方面，分析哲学关于“单纯通过逻辑真理和定义就知其为真”的陈述是分析陈述、是重言式的论证看起来又是如此充分合理，于是，甘愿放弃常识，相信“数学是重言式，不能带来新的知识”。我们来看看问题出在哪里。

如上所述，弗雷格谈到了知识体系的两种生成方式，一是房屋式的构建方式（“如房梁包含在房屋之中”），二是种子式的生长方式（“如参天大树包含在种子之中”）。在他看来，“单纯通过逻辑真理和定义就知其为真”的数学就属于后一种生长方式。植物的生长是这个方式的最好的诠释：如果不考虑水和养分，一颗种子完全无须借助外部干预就能自行生长成一棵参天大树，参天大树的每一根枝干、每一片树叶都包含在种子的基因蓝图当中。数学也是这样，只要有了数的定义（如皮亚诺公理），依据逻辑真理

① 陈波著，《逻辑哲学》，北京大学出版社2006年版，第86页。

（无须借助经验事实）就能一点一点推导出数学的枝繁叶茂的参天大树。从没有借助外在的经验事实的角度看，数学似乎确实没有增加新的知识，它的所有命题似乎都包含在“逻辑和定义”当中，只不过需要有人去逐个“取”出来而已。与这种方式形成对比的，是高楼大厦的建造方式，从地基往上虽然也是逐层构建，但依据的是外在于地基的蓝图，借助的也是外在于地基的力量，大厦将要建成什么样子，也不取决于地基中已经包含的东西，这种方式看起来确实带来了“新”的知识。但现在的问题是，数学的体系当真是种子式的生长方式吗？其实并非如此。

一、《几何原本》的结构。

欧式几何学历来都被视为严密体系的范本，我们就以欧式几何学为例来谈谈数学的构建方式。代数学与此方式完全相同，无须赘述。

我们来看看《几何原本》的结构。全书有13卷，除了第1卷著名的5个公设、5个公理之外，其余的就是由定义、命题及其证明构成，第1卷有23个定义和48个命题，其余各卷有119个定义和465个命题及证明，包括了平面几何、立体几何和初等数论的内容。所谓定义，与本书推演范畴的方式相同（反过来说明本书的推演方式是合理的），就是找出某个对象然后予以命名，比如大于直角的角是钝角、小于直角的角是锐角，无非是先得到了直角，我们设想出有大于它和小于它的两种情况，分别予以命名即可。这里要讲的是那465个命题及其证明，以著名的毕达哥拉斯定理为例，它是第1卷倒数第2个命题。既然它是第1卷最后的命题，我们要问的是：毕达哥拉斯定理是从第1卷的5个公设、5个公理以及23个定义中推导出来的吗？如果在“枝叶从种子中生长出来”的意义上理解“推导”二字，那么，很显然不是，因为这当中有一个作为前提的来自于数学家的想象力和创造力的先天综合的环节，该环节无法从那5个公设等诸条件中得到。

二、数学家的先天综合。

要得到毕达哥拉斯定理（我们以“勾三股四弦五”来指代它），必须先设想有一个直角三角形，还要设想从两个直角边的长度去计算斜边的长度（而不是从三角形的面积等别的数据去计算该长度），即使碰巧得到勾是

3、股是4、弦是5这组数据，也要设想前两者的平方之和等于后者的平方之和的可能性（而不是设想它们是立方之间的关系），最后再依据那5个公设等诸条件去证明该可能性是存在的。这个过程其实就是费马大定理的发现过程：费马以天才的直觉想到了“将一个立方数分成两个立方数之和，或一个四次幂分成两个四次幂之和，或者一般地将一个高于二次的幂分成两个同次幂之和，这是不可能的”（即当整数n大于2时，关于x，y，z的方程式+没有正整数解），然后再（依据“逻辑真理和定义”）去证明该设想成立（假如费马真如他自己宣称已经完成的那样）——这个过程充满了数学家的主观能动性：费马当时为什么不是去思考+这个方程式？跟毕达哥拉斯当时为什么不是想用三角形的面积去求斜边的长度一样，都不是由什么东西决定了的、推导出来的，而是数学家自己创造力的结果，是想象力或灵感的结果，比如费马，他很可能就是在眼睛盯着毕达哥拉斯定理的公式时脑子里“灵光乍现”，设想+中的n不能大于2（如果x、y、z是整数的话），这个过程，其实就是先天综合的过程，即毕达哥拉斯把勾股的平方之和与弦的平方综合在一起、费马把两个n次幂之和与另一个n次幂综合在一起，然后再依据数学的定义、原理去对综合的结果进行证明。可以说，是数学家的想象力以及实践中遇到的问题等因素以逐层加盖的方式建造了数学的大厦，而绝不是像一颗种子一样“自动”地长出数学的“参天大树”。

《几何原本》的结构已经清楚地表明了这个过程：那465个命题是欧几里得及其前辈们进行几何观测或抽象思考时遇到过的问题并找到的答案，如果说真有一个人创立了几何学的体系，那也无非是把那465个命题的证明追溯到那5个公设、5个公理及相关定义上去，并且发现无法再追溯到比它们更基础的条件——于是几何学体系就被建立在那5个公设等条件之上。这个过程更像是建设一个高楼大厦，而不是由种子生根发芽再长成参天大树（显然，并不是从5个公设等条件先推出第1个命题再推第2、3直至第465个命题的过程）。而遇到问题、提出解决的设想（再予以证明），就是数学家发挥创造力（想象或灵感）进行先天综合的过程——无须赘述，这里的综合当然是用“先天综合”。也正是这个过程给我们不断地带来数学的新的知识。很显然，一个无论有多么巨大的“推导”能力的人，都无法以那5个公设等条件作为基础出发点（如人们通常表述的那样）、逐个“推导”出那465个命题乃至巍巍壮观的几何学大厦的，相反，是数学家先找出了那465个命题，再运用基础的公理、公设和定义去作出解答，几何学作为知识体系也据此被建立起来。

三、人类知识体系的构建方式。

不难看出，除了数学，物理学等自然科学的知识体系也是依照上述的方式构建起来的，只不过在物理学等经验科学的综合的环节，主要是经验性的综合（当然，也以先天综合为其前提）。这个方式需要某些基础条件（如公理体系、理性原则等），但这些条件只是论证的基础，并不是知识体系赖以“生长”的“种子”。任何试图从某个概念出发、像种子长出参天大树那样以“纯粹逻辑”的方式“推导”整个知识体系的做法，如我们在“形而上学作为自然的倾向是如何可能的”那一章所指出的那样，所得到的不过是脱离经验事实、与现实世界无关、只在思维世界中“自圆其说”的“形而上学的玄思”。

人类知识体系是按照高楼大厦的方式建立起来的：先奠定基础，然后在基础之上逐层加盖上去，但后面的内容不是从前面的内容经逻辑推导而来，而是基于先天综合（如数学）和后天综合（如自然科学）的方式获得新的材料，再依据逻辑规则来与前面的内容衔接起来，逐层增加上去。这个过程有三个要点：一是新的内容既可以来自于科学家的灵感、想象等创造力，又可以来自于实践的实际需要（比如《几何原本》中的一些问题来自埃及人丈量土地时遇到的难题）；二是逻辑规则在知识大厦中的作用是在内容之间建立融贯一致的关系，并不带来新的知识；三是科学家带来的新材料有可能是错的，不一定能与以前的内容衔接起来，这就需要有一个以逻辑规则为依据的经验证实和经验证伪并反复尝试的过程。对比大厦建筑的情形，就很容易理解。这里也有一个问题：科学家的灵感、想象等创造力所带来的有待检验的“新的材料”是从哪里来?

四、波普尔的“猜想”从哪里来?

波普尔在科学知识的构建方式上提出了“猜想——反驳”方法论纲领。

他认为理论不是来自于对经验观察的归纳，而是来自于科学家的“猜想”。这是他的反归纳主义主张的“逻辑必然”。但如果有人进一步问：“猜想”又从哪里来？难道不也是基于经验观察之后的归纳总结吗？明摆着，科学家在“猜想”之前不仅离不开经验观察，而且经验观察越充分，他的“猜想”就越准确。这个问题对波普尔来说是有一定困难的。他把这个“鸡生蛋蛋生鸡”的问题归于婴儿的某些寻找规律的“本能”。波普尔所说的“猜想”，就是我们上面所说的由科学家的灵感、想象等创造力所带来的“新的材料”，他们从哪里来？我们的回答是：来自于思维的自发性。

我们在前面论述了思维的自发性、独立性和丰富性的特征，并得到了“观念的自发性定理”：凡是观念性表象及其性质之间不违背“是者是”原则的可能的综合方式都是可以作为观念在思维中呈现出来的。具体到波普尔的“猜想”或我们说的两种“综合”，就是思维针对特定的对象把各种观念性的东西进行叠加、组合以形成某种可能的解决方案（也即“猜想”）。我们承认更多的经验观察有助于提高“猜想”的准确性，但经验观察只是起到排除多余的可能性的作用，并不构成“猜想”的来源。比如在某个情况下思维能够自发地形成100种可能的“猜想”，但反复的经验观察帮助我们排除了其中的99种，让我们选择并相信其中的某一种。“思维的自发性”作为第三者的来源，跳出了波普尔的“鸡生蛋蛋生鸡”的困境，也就化解了他所遭遇的观察和猜想孰先孰后的难题。

五、“新时空观体系”也是在持续不断的先天综合中构建起来。

本书正在展开的“新时空观体系”的所谓推演，如我们一开始在“初始条件和推演方法”那一章所指出的那样，是对依据“时间空间样态的叠加性和还原性”所得到的东西予以命名。而时间空间的诸样态之间的相互叠加，（如上所述）就是知识体系构建过程中的先天综合的环节——比如我们并不是依据某个原则“推导”出“东西”这个观念，而是存在着作为空间样态的点与作为时间样态的持存性两相综合的可能性，于是，我们把该综合得到的结果命名为观念性的“东西”。这就好比在建造房屋，我们所使用的最基础的材料是时间空间的样态。此外，我们也清楚地意识到，时间空间派生出了包括人在内的一切现象，但是，“新时空观体系”却无意去重现这个过程，因为它只是探讨以时间空间为基质的一切现象中的先天知识的部分。这些情况足以显示“新时空观体系”的建构与以往的哲学体系的显著区别。

第三十章　对二律背反的化解

康德提出纯粹理性二律背反的学说，是要说明理性一旦超越了可能经验的领域，就会陷入自相矛盾。他明确指出，“对四重二律背反的那些证明并不是骗局，而是从根本上就有一个预设，即认为诸现象或把诸现象全部都包括在自身内的感官世界就是自在之物本身”，也就是说，之所以出现四个二律背反，问题出在把现象等同于“自在之物本身”。当然，如我们在前面有关条件序列的讨论中已经说到的那样，也源于“理性作这种要求所依据的是：如果有条件者被给予了，那么它唯一曾由以成为可能的那整个条件总和、因而绝对的无条件者也就被给予了”[①]这条原理，这条原理预设了与“整个条件总和”相对应的“绝对总体性”是存有的（只不过需要用两种“回溯的综合”去找到它）。在新的时空观中，时间空间是一切现象的基质。在由时间空间所构造的现象界中，无论是我们的思维还是外在世界的对象，都没有自在之物的位置，都不受自在之物的影响，也不预设时间空间（以及知性范畴）是人为自然所立之法（因而无须预设“整个条件总和”是被给予了的）。这意味着我们的思维活动以及对外在对象的认识活动都是在时间空间的领域内展开，都受着时间空间及其性质的支配，因而不应该出现任何二律背反的情况——否则只能说明时间空间及其性质是不完备的、有缺陷的，而

① [德]康德著，《纯粹理性批判》，邓晓芒译，杨祖陶校，人民出版社2004年版，第349-350页。

不再仅仅是“为知性划界”的问题。人的理性是否应当划分为感性、知性和理性这三个类型（乃至理论理性和实践理性的不同层次），是另一个问题，而基于时间空间这个基质的所有现象则必须得到融贯一致的解释。我们认为，康德提出的四个二律背反在他的框架内是存在的，但在新的时空观中却是可以被消解的。对新的时空观来说，没有那四个方面的二律背反的问题。如我们在绪论中谈到的那样，理性如同“有自知之明的牙医”，绝不是因为试过并无力医治心脏病才知道自己的专业局限的，他本来就知道那不属于自己的职业范围。

第一节　先验理念的第一个冲突

在康德的第一个二律背反中，正题是：“世界在时间中有一个开端，在空间上也包含于边界之中。”反题是：“世界没有开端，在空间中也没有边界，而是不论在时间还是空间方面都是无限的。”

一、康德对正题的论证。

康德对四个二律背反都采用了反证法，即通过否定反命题，来肯定命题的正确性。对这个正题的论证也是通过否定其反命题来完成的，即通过否定“世界在时间上没有开端、在空间上没有边界”来进行论证。

世界在时间上没有开端将意味着“直到每个被给予的时间点为止都有一个永恒流过了，因而有一个在世界中诸事物前后相继状态的无限序列流逝了。但既然一个序列的无限性正好在于它永远不能通过相继的综合来完成，所以一个无限流逝的世界序列是不可能的”[①]。这番论证之所以成立的前提是，时间是被给予我们的，也即我们不仅知道“什么是时间”，而且还把它赋予现象、作为现象的直观形式。这表明我们已经获得对时间的“直观中领会的综合”。为什么不能接受一个“不能通过相继的综合来完成”的无限流逝的时间？好比盲人摸象，如果他仅仅是摸到大象的一个部分、不能完成对

① [德]康德著，《纯粹理性批判》，邓晓芒译，杨祖陶校，人民出版社2004年版，第361页。

大象的所有部分的综合，他将不可能获得对“什么是大象”的总体把握，大象就没有“被给予”他。同样，如果我们在每个时间点上都只有“那个时间点的时间”被给予我们、我们没有获得对时间的“相继的综合”，时间就没有“被给予”我们，因此我们也谈不上把时间赋予现象并作为现象的直观形式。只有完成“相继的综合”时间才能被给予我们，并不是说在每个时间点上我们都获得了对时间的“总体”。康德在这部分的注释中解释说：“总体的概念在这种情况下无非是其各部分的完成了的综合的表象，因为既然我们不能从整体的直观中（当这种直观在这种情况下是不可能的时）引出这个概念，我们就只有通过对各部分进行综合，直到完成、至少在理念中完成这个无限，才能把握这个概念”①。也就是说，虽然在每个时间点我不能直观到时间的“总体”，但我能够获得“这个概念”，而要获得“这个概念”，前提还是能够对各部分进行综合。既然时间是人“自己放进自然中去的东西”，又怎么能是不经由人对“其各部分的完成了的综合”而被整体地把握了的东西？因此，时间不可能是无限流逝的。基于同样的道理，从空间的角度看，由于空间也是人的主观性状，也是人“自己放进自然中去的东西”，如果假设“世界将是一个无限的被给予了的、具有同时实存着的诸事物的整体”，同样意味着空间不是经由人对“其各部分的完成了的综合”而被整体地把握了的东西，同样是不能接受的。

我们用数学上的“实无穷”与“潜无穷”这两个概念就容易理解康德所说的时间的“被给予”性（只是有助于形象地理解，而不是说时间就是数学上的“无穷”）。所谓“实无穷”，是把无限的整体本身作为一个现成的单位，是已经构造完成了的东西，换言之，即是把无限对象看作可以自我完成的过程或无穷整体。所谓“潜无穷”，是把无限看作永远在延伸着的，一种变化着成长着被不断产生出来的东西，它永远处在构造中，永远完成不了，是潜在的，而不是实在。时间的无限性在康德那里就是“实无穷”的，时间通过“相继的综合”成为一个已经构造完成了、可以“被给予”我们的东西，人也

① [德]康德著，《纯粹理性批判》，邓晓芒译，杨祖陶校，人民出版社2004年版，第362页注释。

只能把“已经构造完成的东西”当作给自然的立法。可见，康德在论证中反对的“时间是无限流逝的”，指的是永远无法完成的“潜无穷”（因其无法完成“相继的综合”），其根源上是与康德的“人为自然立法”相冲突。

罗素曾经批评过康德的这个论证，指出有两点错误。第一点是，“把一个系列的无限性定义为‘不可能由连续的综合所完成’是错误的”，因为“无限性的概念主要是类的属性，而且只能引申地应用于系列；无穷类是通过定义其分子的属性而同时被给予的，因而并不存在‘完成’的问题或‘连续的综合’问题”；第二点是，“当康德说一个无穷系列‘永不’可能由连续的综合所完成时，他有权利（即使是想象的）说的一切是说无穷系列不可能在有限时间内完成。因此，他实际证明的顶多是：如果世界没有开端，它必已存在了一个无限的时间。然而，这是一个非常可怜的结论，决不适于他的目的”[①]。不过，正如罗素说“康德怎么会犯这样一个基本的错误，还是值得思考的”一样，他为什么会以为康德犯下“这样一个基本的错误”？也是值得思考的。首先，他完全忽视了二律背反有一个形而上学前提是康德的“人为自然立法”，这在他看来，不过是康德“在心理习惯上根深蒂固的主观主义”[②]。姑且不说康德的“主观主义”只是人们强加于他的，罗素可以不接受康德的“主观主义”，但是，在评价以该“主观主义”为前提的二律背反时，总不能抛开其前提来谈论它的合理性。“抛开前提看结论”，这不该是罗素会做的事情，一个可能的解释是他并没有注意到第一个二律背反是基于这个形而上学前提的。这并非难以想象。我们在前面谈到过他对物自体的抨击，该抨击的错误在于他没有拿出足够的耐心去理解康德所说的物自体的含义；其次，罗素不假思索地把时间序列等同于数学上的“无穷类系列”或“无限性的概念”。这个错误倒并非他独有的。这个问题我们已经在“连续性的原理”那一章解释过了。

有一个据说是维特根斯坦讲的“倒背圆周率”的笑话也曾被用于对康

① [英]罗素著，《我们关于外间世界的知识》，陈启伟译，上海世纪出版集团2008年版，第103页。

② 同上。

德的反驳：圆周率的数字开始于3，却有无限多的个数（3.14159……），这为康德“无限流逝的时间不能通过相继的综合而被给予”的论证提供了一个反例——圆周率因无限多的个数而“不能完成相继的综合”，但它却是为我们所把握了的（因为我们可以把它作为“一个圆周率”来述说和运用）。但是，试想一下我们何以知道圆周率的数字是无限多的？无非是因为我们规定了圆周率是圆的周长与直径之比，这说明圆周率是依据周长与直径之比这个有限且确定的算式而被给予了，然后才知道它具有如此这般的性质。这是其一；其二，圆周率的数字只有无限性，却没有连续性和致密性，不符合时间的连续性的特征，因此与时间序列不具有可比性。

简言之，康德的论证在他的框架内是没有问题的。

二、康德对反题的论证。

同样，康德先假设世界有一个开端。“既然开端就是一个存有，在它之前先行有一个无物存在于其中的时间，那么就必定有一个不曾有世界存在于其中的时间、即一个空的时间过去了。但现在，在一个空的时间中是不可能有任何一个事物产生的；因为这样一个时间的任何部分本身都不先于另一部分而在非有的条件之间就具有某种作出区分的存有条件（不论我们假定该条件是由自己产生还是由别的原因产生）。所以，虽然在世界中有可能开始一些事物序列，但世界本身却绝不可能有什么开端，因此它在过去的时间方面是无限的”、“至于第二点，那么让我们先假定相反的方面，即世界在空间上是有限的和有边界的；于是世界就处于一个未被限定的空的空间之中。这样就不仅会发现诸事物在空间中的关系，而且也会发现诸事物对空间的关系。既然世界是一个绝对的整体，在它之外找不到任何直观对象、因而找不到任何世界与之处于关系中的相关物，那么世界对空的空间的关系就会是谈不对任何对象的关系了。但这样的关系、乃至于通过空的空间对世界所作的限制都是无；所以世界在空间上根本是没有边界的，亦即它在广延上是无限的”[①]。康德把世界的开端设定为“一个存有”，并且设定“在它之前先行有

① [德]康德著，《纯粹理性批判》，邓晓芒译，杨祖陶校，人民出版社2004年版，第361-363页。

一个无物存在于其中的时间”，这样一来，“一个存有”如何能够从“无物存在于其中的时间”当中产生出来？就是一件“无中生有”因而是不可能的事情。对于空间的有限性的反驳，康德也有两个设定，一是说世界有边界意味着“世界就处于一个未被限定的空的空间之中”，二是“世界是一个绝对的整体”。这两点是矛盾的，因为“通过空的空间对世界所作的限制都是无”，因此“根本是没有边界的”。以上论证在康德的框架内也是没有问题的。

三、新的时空观对冲突的化解。

在新的时空观中，首先，时间空间不是作为“相继综合的总体”而被给予我们。固然，时间空间是现象的形式，但是，时间空间不是作为人的主观性状而被赋予现象，也即不是人以时间空间来为自然所立之法（即人为自然的第一次“立法”，知性范畴则是第二次“立法”），相反，时间空间是包括人、自然在内的一切现象的共同基质。这样，时间空间是摆脱了人的主观性的客观实在，它们是否有开端、有边界，与人能否通过“相继的综合”来获得对它们的直观，并无关联。人可以面对一个“无限流逝”的时间，因为人之所以具有对时间空间的直观，是因为人本身就在时间空间之中（更准确地说，人本身就是时间空间），或者说，人的意识活动本身就是以时间空间作为基质的，人当然能够理解或直观到什么是时间空间。人与时间空间的关系，不是盲人与“外在的大象”之间的关系，无须依靠对“有限序列”的“相继的综合”来获得对其“总体”的把握。因此，“时间是无限流逝的序列”也好，“世界将是一个无限的被给予了的、具有同时实存着的诸事物的整体”也罢，与时间空间能否作为“总体”、“整体”而被给予我们，并无关联。可见，对新的时空观来说，康德对正题的论证是不成立的。

其次，在新的时空观中，世界的开端不能被设定为“一个存有”。因为“一切存有”都以时间空间为基质、由时间空间生成而来（从“一个无物存在于其中的时间”中生出“一个物”来，基于我们前面的讨论，是有清晰明确的机制因而是完全可能的事情——这取决于如何理解“无”），因此，世界的开端应该是作为“世界这个整体”的时间空间的开端[①]，即时间空间“诞

① 我们承认具体的一个个物体的时间和空间是可以生成又消失的。

生”之际。但是，时间空间有没有“诞生”的那个最初的端点？这个问题类似但更难于“一个分式的绝对值最小的分母是多少”——我们只能说“分母可以无限趋近于0但不能等于0”，不过，尽管找不到那个“最小分母”，但毕竟我们还能知道并说出那个无限趋近的极限是0这个数。而在时间空间的开端问题上，我们恰恰是不知道也说不出那个“最初的端点”。因为人类的知识只能立足于时间空间的框架以内，所有的原理归根结底都是时间空间的原理，所有的语言乃至数学所能表达的，归根结底也都是时间空间的东西。而那个“最初的端点”以及该端点的由来，是用时间空间所不能述说、也不能理解的。它类似于几何学意义上的奇点或物理学意义上的奇点——关于奇点，人们迄今为止所使用的描述都是否定性的，诸如“无限小且不存在”、“一切已知物理定律均失效”等，这意味着我们只知道奇点“不是什么”，而无法知道它“是什么”。既然如此，我们又何以能断言说“它是存在的”或“它是有的”？要知道，0小于任何的正数，也大于任何的负数，因此我们可以说“无限小的数趋近于0”——0这个数是有意义的、可以被述说的，但是“类似于奇点”的东西则是没有意义且不能被述说的。

新的时空观能够确定的是，世界不是静态的，不是永恒不变的，因此对现代宇宙学的“大爆炸理论”持开放的态度，因为这个理论主张宇宙是生成、演化的。但是，宇宙是否真的开始于那一次的“大爆炸”？则属于可以思维但不能下断言的事情。我们可以想象宇宙作为整体是“一个时间”和“一个空间”（虽然按照我们的原则，我们不预设有一个作为整体的宇宙，而是从眼前的事物以构造的眼光逐渐扩展开去，从地球和其它行星复合而成太阳系，再从太阳系和其它星系复合而成银河系，等等，但我们可以思维这个过程是“完成了的”），因而有可能是有开始和结束的。毕竟（如前所述），一个物的时间既有开始也有结束——尽管一个物的时间总是开始于别的时间（如一辆轿车的时间开始于各个零部件的时间组合在一起的时候），一个“最小的物”开始于虚空的时间之中。于是，我们想象作为整体的宇宙的那“一个时间”和那“一个空间”也是有开始和结束的。

这里有个问题是：既然一个物的时间总是开始（或形成）于别的时间

空间、“最小的物”开始于虚空的时间空间，我们可以设想某种基底的时间空间，很显然，这个能作为基底的时间空间只能是作为整体的宇宙的时间空间——如此一来，那个基底的时间空间是不是牛顿时空观中的看作宇宙万物的背景和框架的时间空间？并非如此。一个物的时间固然形成于别的时间，但它的时间却并不以别的时间为“计时”的依据，因此别的时间不能构成它的背景或框架。从前面的分析看，一个物的时间也与别的时间存在快慢的差异，它们也不是同一个时间（两者之间也缺乏同一个时间前后相继的约束机制）。因此，即使承认宇宙“大爆炸”理论，也与我们的时空观不构成冲突。

对于世界在空间上有无边界的问题，跟时间空间的开端一样，我们同样是不可述说的、只能凭借比拟来想象。我们永远不可能借助“宇宙飞船”（或类似的东西）在某处遭遇阻碍然后知道该处是“宇宙的边界”，因为能够给予物质的东西以阻碍的，一定也是物质的东西。如果“宇宙的边界”具有物质性，该“边界”也必定还在宇宙之中因而并不是“边界”。在康德的论证中，“通过空的空间对世界所作的限制都是无；所以世界在空间上根本是没有边界的”，是预设了“空的空间”是可以外在于“世界”这个“绝对整体”的。但在新的时空观看来，“空的空间”即虚空本身也是世界或宇宙的一部分。“世界在空间上有无边界”的问题，实际上是“空的空间有无边界”的问题，也是不可知和不可说的。

我们假设虚空有边界，比如我们想象有一个圆，圆以内是宇宙，圆以外是“非宇宙”。从宇宙的生长性而言，我们也可以想象宇宙是从（“大爆炸”时的）“点”生长为一个逐渐扩大且至今仍在扩大的“圆”。这有点类似于科学家所说的“宇宙有限无边”的观点。现在的问题是：我们怎么能知道有这样一个作为边界的“圆”的存在？首先，如上所述，我们不可能因为在该“圆”的位置上遭遇到阻碍而知道其存在的；其次，我们的任何活动都将在空间（虚空）中展开，不可能遭遇阻碍意味着我们总能以我们所认为的直线的方式运动。设想一下一个光子在“弯曲的空间”中的情况（如我们在“几何学是如何可能的”那一章中的讨论），它本身一定是保持“直线”运动的，但是在“弯曲的空间”以外的人看来，它却是沿着“弯曲的空间”走出的一条曲线。如果这个“弯曲的空间”弯曲到闭合的程度，这个光子将是始终以自己的“直线”的方式运动却最后回到自己出发的地方。但是，在宇宙的大尺度上，不仅没有外在于宇宙的“旁观者”，而且（按照新的时空观）宇宙因为不是“一个空间”，因此既不能确定出发的“地方”，也不能确定返回的“地方”——如我们所分析的，虚空中的位置、距离等概念，是需要依靠物与物的关系来生成的。因此，即使按照我们的想象“真的”存在那样一个作为宇宙边界的“圆”，我们身处于时间空间之中，也是不可能知道并说出这个“圆”的存在；第三，数学能不能超出我们的感知能力来对宇宙的边界做出描述？也不能。因为如我们所论证的那样，数产生于时间、长度产生于空间，数学所能描述的也无非是时间空间的关系，不可能描述时间空间以外的东西；第四，对于新的时空观来说，“时间有没有开端，空间有没有边界”的问题是没有意义的。因为我们不把世界、宇宙预设为“一个整体”，自然就无须把它作为一个对象来谈论其开端或边界。反之，依据“一个物是一个时间，多个物是多个时间”的观念，我们更关心“这个时间”（如“这个苹果”）的时间序列是如何开始的和如何终止，或者地球“这个时间”如何参与构造出太阳系“那个时间”以及若干个太阳系“那样的时间”，如何生成“贯串着更大空间”的银河系的“时间”，等等——宇宙是以这样的方式生成的，而非颠倒过来，把地球、太阳系、银河系等当作是作为一个已经存在的整体的宇宙的一个个部分。以上论述仍然指向宇宙边界的“不可知、不可说”。即使是科学家心目中的“有限无边”的宇宙，实际上也与这个结论没有冲突。

至此，“世界在时间上有无开端、在空间上有无边界”的问题，对新的时空观来说，并不存在矛盾，这个问题跟“时间空间以外的东西是什么”一样，是没有意义的。

第二节　先验理念的第二个冲突

先验理念的第二个冲突的正题是：在世界中每个复合的实体都是由单纯

的部分构成的，并且除了单纯的东西或由单纯的东西复合而成的东西之外，任何地方都没有什么东西实存着；反题是：在世界中没有什么复合之物是由单纯的部分构成的，并且在世界中任何地方都没有单纯的东西实存着。

一、康德的证明。

先验理念的第二个冲突是关于复合物和单纯物的。其冲突的表现是我们既不能肯定在世界中的复合物由单纯物构成，也不能肯定世界上只有复合物没有单纯物。在正题反题的论证当中，康德用到了一个前提：世界上的东西要么是复合物，要么是单纯物。但什么是单纯物？康德没有明确定义，他在应该把“单纯的东西”设想为莱布尼茨的单子还是德谟克利特的原子的问题上犹豫不决，因为“单子（Monas）这个词（按照莱布尼茨的用法）的本来含义的确只应当指那种作为单纯实体直接（例如在自我意识中）被给予出来的单纯物，而不是作为复合物的要素，后者人们可能称之为原子（Atomus）要更好些。”[①]同时，康德也指出，“绝对单纯东西的存有不能从任何经验或知觉、不管是外知觉还是内知觉中得到阐明，所以绝对单纯的东西只不过是一个理念，它的客观实在性永远不能在任何一个可能经验中得到阐明”[②]。既然如此，他为什么还要把复合物和单纯物设计为先验理念的冲突呢？二律背反体现的是人的知性能力所遭遇到的困境，单纯物不论在经验中是否存在，它在逻辑上是成立的（即作为一个理念）。如果人的知性能力是没有界限的，复合物和单纯物的关系在逻辑上就应当能够获得一个合理的阐明。但康德要证明的恰恰是人的知性能力在逻辑上所遭遇的界限，即一个逻辑上成立的东西（单纯物）却在逻辑上陷入二律背反。

此外，康德还用到了实体的概念。正题的论证中很关键的一句“但在前一种情况下复合物仍然不会是由实体构成的（因为在实体身上复合只是实体的一种偶然的关系，没有这种关系实体也必然作为独立持存的东西而存

① [德]康德著，《纯粹理性批判》，邓晓芒译，杨祖陶校，人民出版社2004年版，第372页。

② [德]康德著，《纯粹理性批判》，邓晓芒译，杨祖陶校，人民出版社2004年版，第368页。

在）”，就是依据实体的概念。因为需要从“要么不可能在思想中取消一切复合，要么在取消之后必定留存有某种不带任何复合的存在物”当中二选一，需要用实体概念中不包含复合的意义这一条，实际上还用到了实体“不谓述主体、不在主体之中”的另一层含义——这样才能够排除“复合物是由实体构成”，保留“复合物是由单纯的东西构成”的选项。

罗素对康德的这个二律背反的证明也提出了批评，他说，“他的论证的其余部分我们无须涉及，因为这个证明的核心就在‘空间并不是由简单的部分而是由诸空间构成的’这一论断。这正如伯格森之驳斥‘认为运动由诸多不动状态构成的荒谬命题’。康德没有告诉我们，他为什么主张一个空间必由诸空间而不是由诸简单部分构成。几何学认为空间是由点构成的，点是简单的；如前所见，尽管这个观点不是科学上或逻辑上必然的，但表面看来它还是可能的，而它的这种纯粹的可能性就足以使康德的论证归于无效。因为如果他对这个二律背反的正题的证明是正确的，又如果反题只能通过假定点来避免，那么，这个二律背反本身就会提供一个支持点的决定性的理由。那么康德为什么认为空间不能是由点组成的呢？”①。可惜，罗素的批评又错了。

在前面有关连续性和芝诺悖论的讨论中，在更早的关于空间样态的设定的解释中，我们都明确指出，空间不能是由点组成的。固然，几何学家有一些简略的说法，比如“由点生线，由线生面，由面生体”等，但是，“空间是由点构成的”这句话从来不是一条几何学的法则，也没有任何法则需要以它为前提。因为点是没有规定性的，没有宽度，没有尺寸，0+0+0……永远无法得到1，仅仅靠着点是无法生成线，仅仅靠着线也无法生成面（线也没有宽度）。相比之下，如果要对空间进行连续分割，我们可以说空间可以被连续分割为诸空间（但是，这句话并不能被理解为“空间是由诸空间构成的”，更不能被进一步理解“空间是由诸空间复合而成的”，稍后解释）。罗素在把数学的连续性与空间的致密性相混淆的情况下，大约只能设想“空间是由点组成的”（否则以空间的什么来与数字的连续分割的结果相对应呢？）。

① [英]罗素著，《我们关于外间世界的知识》，陈启伟译，上海世纪出版集团2008年版，第104页。

在这一点上，我们向前迈出了重要的一步，即认为空间有点、位差和形的样态而非构造成分。

二、新的时空观对冲突的化解。

在新的时空观看来，首先，“世界上的东西要么是复合物，要么是单纯物”这个前提是不成立的。这个前提来源于以往把世界看作是由一切“物”所构成这个观念。新的时空观则取消了物的基础性，世界的基质是时间空间，一切物都是由时间空间构造而成，但我们既不能说时间空间是单纯物，也不能说一切物是由时间空间“复合”而成的复合物。因为时间空间是先于一切物而有的东西，不能被称为“物”；其次，新的时空观带来新的实体概念，不涉及“不谓述主体、不在主体之中”这类含糊不清的衡量标准。因此，“由诸对象也即诸实体依据协同性而构成的复合物”是可以接受的（因而不必如康德对正题的论证中只能保留“复合物是由单纯的东西构成”的选项）。太阳系这个复合物就是由地球、月球、金星、火星等实体所构成；第三，对新的时空观来说，反题的证明也是不成立的。因为里面最关键的论据“一切复合物的绝对最初的部分是单纯的。因而这单纯的东西占据着一个空间。既然空间不是由单纯的部分所构成的，而是由诸空间所构成的”、“既然所有占据着一个空间的实在东西都包含有处于相互外在状态中的杂多，因而是复合起来的，也就是作为实在的复合物而非由偶性复合起来的，那么，单纯物就会是一个实体性的复合物了，而这是自相矛盾的。”[①]当中，由于新的时空观认为一个物本身就是一个空间，而非“占据一个空间”，这是其一；其二，“空间是由诸空间构成的”这句话也是不恰当的。一个9立方米的空间可以被想象为9个“1立方米的空间”构成或者由1个“5立方米的空间”和1个“4立方米的空间”构成等等，我们还可以在量上做任意的“拆分”，但是，所说的“诸空间”究竟是“1立方米的空间”、“5立方米的空间”还是“4立方米的空间”？实际上取决于我们对空间如何进行“拆分”（也即如我们所论证的、取决于我们设定的作为尺度的单一性范畴），“诸

---

① [德]康德著，《纯粹理性批判》，邓晓芒译，杨祖陶校，人民出版社2004年版，第367–368页。

空间”本身没有确定的意义，因而“空间是由诸空间构成的”这句话也成了没有确定意义的判断。我们或许可以说“空间是由我们所拆分出来的诸空间所构成”。但是，“拆分”又只是在想象中完成的思维活动，我们对这些“拆分”出来的东西无法获得直观，因此它们就只是思想物，而并非“一个物”、“一个对象”或“一个实体”，而复合物的概念是由诸对象或诸实体依据协同性而构成的东西，因此，即使我们认可“空间是由我们所拆分出来的诸空间所构成”这句话，也不能进一步得出这个空间是复合物这个判断。可见，尽管我们不接受单纯物这个概念，但按照单纯物的通常含义，它与其空间的构成性并不矛盾。

简言之，由于不存在“世界上的东西要么是复合物，要么是单纯物”这个前提，对新的时空观来说，康德的第二个“二律背反”是不成其为问题的。

第三节　先验理念的第三个冲突

先验理念的第三个冲突的正题是：按照自然律的因果性并不是世界的全部现象都可以由之导出的唯一因果性。为了解释这些现象，还有必要假定一种由自由而来的因果性。反题是：没有什么自由，相反，世界上一切东西都只是按照自然律而发生的。

一、康德的证明。

这个冲突是关于因果性和自由的。康德的论证非常巧妙。对正题，他先假定“除了按照自然律的因果性之外，没有任何其它的因果性”，发现“一切发生的事情都以某个在前的状态为前提……但现在，这个在前的状态本身也必须是某种发生起来的东西（在时间中形成起来的东西，因为它原先是没有的）……所以使某物得以发生的原因的因果性本身也是某种发生起来的东西，它按照自然律又要以某种在前的状态及其因果性为前提，但这个状态同样要以一个更早的状态为前提，如此等等”[①]。简言之，由于作为原因的在前

① [德]康德著，《纯粹理性批判》，邓晓芒译，杨祖陶校，人民出版社2004年版，第374–375页。

的状态是“在时间中形成起来的东西”，这使得因果性本身也是“在时间中形成起来的东西”——因为并没有一个始终保持着的因果性（每个原因都不曾保持在那里，都只是在其结果之前才发生起来的东西）。这意味着因果性本身也需要以某种“在前的状态及其因果性”为前提。这就与因果性的“无限制的普遍性”相矛盾了。

对反题，康德假定“有一种先验理解中的自由作为特殊的因果性在起作用，世界上的事情据此才能产生出来，这就是绝对地开始一种状态、因而也开始这状态的一个诸后果的序列的能力”①，但是，据此开始的不仅仅是一个诸后果的序列，而且“导致产生这序列的这个自发性本身的规定性、也就是因果性也将绝对地开始，以至于没有任何东西先行存在而使这一发生的行动按照常住的规律得到规定”②。也就是说，“先验自由”的自发性意味着在它之前没有任何规定性能够迫使它产生在它之后的“诸后果的序列”，既然“诸后果的序列”是作为“先验自由”这个原因的结果，那么，因果性本身也必定是由此开始。但是，“先验自由是与因果律相对立的……我们不能说，进入世界进程的因果作用不是自然的规律而是自由的规律，因为假如按照规律来规定自由的话，自由就将不是自由，而本身无非就是自然了”③。可见，假定那样一个“先验自由”是矛盾的，也即反题是成立的。

二、新的时空观对冲突的化解。

康德对正题和反题的论证无可挑剔。不过，“新时空观体系”对因果性和自由的意义有了新的解释，如前面第十一章所述，对于自由是如何可能的等问题，已经在与自然的因果律并行不悖的前提下得到了阐明，自由与自然的“不可调和”的矛盾已经得到了化解。不过，这里仍结合正题和反题的论证来谈谈如何消除二律背反。

对于正题的论证，在新的时空观中，因果性来自时间对空间的规定的

① [德]康德著，《纯粹理性批判》，邓晓芒译，杨祖陶校，人民出版社2004年版，第374–375页。
② 同上。
③ 同上。

力以及空间的规定性的变化，是时间空间本身的性质，并非“在时间中形成起来的”且外在于时间的东西。因此，其一，虽然任何一个在先的原因都是“发生起来的东西”、都不曾保持在那里，但因果性是始终保持着的——只要我们承认时间空间是始终保持着的；其二，每一个在前的作为原因的状态确实是“在时间中形成起来的东西”，由于因果性是时间空间本身的性质，该状态“在时间中形成起来”就是“在因果性中形成起来”，因而无须有另外一个“因果性本身”形成起来并对事物发生作用。可见，对正题的论证的这个关键的论据是无效的。反过来看，反题就并非不可想象。

其次，对于自由，康德使用的是“先验理解中的自由”，也即没有任何先行的东西使这个自由发生并得到规定，是与因果律相对立的含义。这样的“自由”是绝对的自由（当然也是纯粹意义上的自由），不仅在世界上不可能与因果律并行不悖，即使在理论上也是难以设想的——因此康德把它视为“不可克服的困难”。实际上，问题不在于“绝对的自由”是否存在，而在于一方面世界的合规律性是不容置疑的，另一方面人的意志自由也是不容置疑的，两者在经验事实上的并行不悖，成为哲学“不可能克服的困难”。现在，新的时空观已经从根本上解决了这个困难，因为它在世界的合规律性的前提下给了偶然性一个名正言顺的合法地位，也给意志自由提供了一种可能性。

在前面，我们首次提出并阐释了偶然性作为范畴的意义。我们列举了两点，一是对机械决定论构成有力的反驳，二是为人的自由意志提供了一种可能性，既保留了自然律的普遍有效性，又为人的意志完全自主地做出选择带来了余地。偶然性的产生本身就是自然律发挥作用的结果（即作为满足“时间不可逆定律”的一种可能性），因此，与偶然性相对应的自由也与自然律并行不悖。我们在前面获得一个最重要的进展，即：自由存在于每一个因果链的开端（即自因）之中，因果性则保留其必然性而存在于每一个因果链之中，两者各居其位、泾渭分明，从而在根本上化解了两者的矛盾冲突。这个进展来源于新的因果性范畴——我们明确了只能针对变化来谈原因和结果，而不能针对存有来谈原因和结果（即作为知识，我们可以问“一个物为什么发生变化”，而不能问“一个物为什么存有”）。

按照我们的定义，自由是人的意志在合乎自然律的范围内不受任何因素影响而完全自主地做出的选择。我们在前面分析过，自由是有范围的界限的，该界限是自然律。在前面谈时间不可逆定律时谈到组合性差异和生长性差异，自由体现在所有满足时间不可逆性要求的组合性差异的可能性中偶然实现出来的那一种可能性上，而绝不能超出满足时间不可逆性要求的可能性之外。一个坐在椅子里的人可以完全有自主地选择站起来或保持不动的自由，但是绝没有选择飞起来的自由——因为那违背了自然律。反之，一个人只能在由他人指定的选项中做出选择，就不是自由，因为他人的意志并非不可违背的自然律。这个自由的定义虽然不如上述“绝对的自由”那么“纯粹”，却是与因果律相融贯（而非对立）的自由，也是在经验世界中具有客观实在性的自由。依据这个意义上的自由概念，上述反题的论证中自由与自然的矛盾就可以消除了：一、自由不是“脱离自然律的自由”，因此，“起作用的诸原因之相互承继状态的这样一种联结”在“经验的统一性”上是可能的，该联结在经验之中也是可以找到的——任何一个物在遵循时间不可逆性要求时所呈现出来的“相互承继”的状态，都是偶然性与必然性的联结，由于该偶然性对应着自由，因而也是自由与必然性（也即自然律）的联结；二、由自由所发生的行动可以成为某个“诸后果的序列”的开始，但并非因果性的开始——如上所述，因果性是时间空间的性质，只要承认时间空间始终保持着，就要承认因果性始终保持着，并非开始于任何自发性的行动；三、进入世界进程的因果作用是自然的规律，不是自由的规律。自然的规律（从给定有限的范围的角度讲）规定了自由，但自由仍然是自由；四、自由不是这个世界“按照时间来说”的“任何数学上最初的东西”，也不是这个世界“按照原因性来说的力学性上最初的东西”——简言之，我们无须设想世界有一个开始于自由的“绝对开端”①，自由不仅作为自因构成因果律的开端，而且也存在于因果链的每一个环节中，或者说，自由本身就是因果链的一个环节。

① [德]康德著，《纯粹理性批判》，邓晓芒译，杨祖陶校，人民出版社2004年版，第377页。

第四节　先验理念的第四个冲突

先验理念的第四个冲突的正题是：世界上应有某种要么作为世界的一部分、要么作为世界的原因而存在的绝对必然的存在者。反题：任何地方，不论是在世界之中，还是在世界之外作为世界的原因，都不实存有任何绝对必然的存在者。

一、康德的证明。

康德有关正题和反题的论证都需要两个关键的论据，一是把“绝对必然的”存在者理解为“无条件的、无原因的”存在者，反之，把经验对象的变化序列理解为“偶然的、有条件的”。因为如前所述，“一切偶然实存的东西都有一个原因”、“从某物只有作为一个原因的结果才可能实存这一点来认识偶然性”，或者说，从任何经验对象的“非存在”都是可以设想的来看，实存的东西都是偶然的东西；二是“任何被给予的有条件者在其实存方面都以一个从诸条件直到绝对的无条件者的完整序列为前提”。这两点是康德之前的形而上学的一个普遍观念。有研究者[①]对四个二律背反的起因进行追溯，认为起源于“历史上莱布尼茨与克拉克的通信中所提出的一些具体问题”，是“莱布尼茨与牛顿学说信奉者之间那场重大的理智而又科学的争论”的“延续”，康德“抛弃了当时辩论中的具体细节和背景，将思想论战加以概括，从中得出纯粹理性的一个基本问题”。姑且不说康德重演那些问题的意义，有一点是明确的，即当时的形而上学家都承认上述这两个观念，并且以它们为前提就这个二律背反的正题和反题展开过论战。康德的策略是，先以这两个观念为前提展开论证，以指出正题和反题之间的矛盾，然后在“理性在它的这种冲突中的得失”等部分论述了这种矛盾产生的根源。康德区分了当时的观念中对无条件者的两种设想，“我们可以把这个无条件者要么设想为仅仅在于整个序列，因而在这序列中所有各项无一例外地都将是有条件的，惟有其整体是全然无条件的，这样一来这个回溯就叫作无限的；

① [美]V·S·威克，论康德二律背反的由来，哲学译丛，1981年05期。

要么这个绝对的无条件者只是这一序列的一个部分，序列的其他各项都隶属于这个部分，但它本身却不从属于任何别的条件之下”[①]，并且指出，把无条件者理解为整个序列的设想意味着“这序列a parte priori是没有边界（没有开端）的，亦即无限的，然而是整个被给予的，但在其中的回溯却永远没有完成，而只能被称为potentialiter无限的”，而把无条件者理解为序列的最高条件的设想则意味着把它当作这序列的第一项，“它就消逝的时间而言叫作世界的开端，就空间而言叫作世界的边界，就一个在这边界内被给予的整体的各部分而言就叫做单纯的东西，就原因而言叫作绝对的自动性（自由），就变化之物的存有而言叫作绝对的自然必然性”[②]。也就是说，对无条件者的上述两种不同的设想，分别对应了第四个二律背反的反题和正题。为什么会出现对于无条件者的上述观念？康德认为是因为“理性真正说来根本不会产生任何概念，而顶多只会使知性概念摆脱某个可能经验的那些不可避免的限制，因而会试图使之扩展到超出经验性的东西的边界之外，但又还处于与经验性的东西的连结之中……由于理性对一个被给予的有条件者要求在诸条件（知性在这些条件下使一切现象都服从于综合的统一性）方面的绝对的总体性，并由此而使诸范畴成为先验的理念，以便通过把经验性的综合一直延续到无条件者（这是永远不会在经验中、而只会在理念中遇到的）而给这种经验的综合提供绝对的完备性”[③]。也就是说，理性有一种“天然的倾向”（我们已经在第二十章中明确指出，该“天然的倾向”就是人的“最完全地知道”的本能），总是要把（部分）知性范畴扩展到无条件者的“绝对的完备性”，使之“超出经验性的东西的边界之外”，其结果就是这四个二律背反的自相矛盾。这是纯粹理性无法避免的困境。康德的解决办法有两点，一是限制知性的越界行为，即防止把知性范畴运用到先验理念上去，二是把先验理念交

---

① [德]康德著，《纯粹理性批判》，邓晓芒译，杨祖陶校，人民出版社2004年版，第355页。

② [德]康德著，《纯粹理性批判》，邓晓芒译，杨祖陶校，人民出版社2004年版，第355-356页。

③ [德]康德著，《纯粹理性批判》，邓晓芒译，杨祖陶校，人民出版社2004年版，第349页。

到实践理性的领域中去。

二、新的时空观对冲突的化解。

康德对第四个二律背反的论证在上述前提下是没有问题的，也即基于无条件者的概念和绝对的完整序列的前提，说感性世界中存在或不存在“绝对必然的存在者”都是合理的（从而构成矛盾）。但对新的时空观来说，第四个二律背反的症结在于，即使是作为先验理念，无条件者的概念也是没有依据的。康德认为无条件者的“这种完备性在感性直观上是否可能，这还是一个问题。不过这个完备性的理念毕竟处于理性之中，而不顾将经验性概念与之相适合地联结起来是可能的还是不可能的”[①]。也就是说，无条件者的理念（基于理性的天然倾向而）不可避免地处于理性之中，只不过不可能“将经验性概念与之相适合地联结起来”。而新的时空观的看法是，作为无条件者的先验理念本身不是“处于理性之中”的（更不用说有感性直观能与之相联结），理性不能产生出先验理念的无条件者。

为什么“任何被给予的有条件者在其实存方面都以一个从诸条件直到绝对的无条件者的完整序列为前提”？按照康德的解释，（也就是我们多次提到的）“理性作这种要求所依据的是这条原理：如果有条件者被给予了，那么它唯一曾由以成为可能的那整个条件总和、因而绝对的无条件者也就被给予了”[②]、“如果我们只通过纯粹的知性概念而勿需感性直观的条件去设想一切的话，那么我们就可以直接地说：对一个给予的有条件者也就给予了相互隶属的诸条件的整个序列；因为前者只有通过后者才被给予出来。”[③]。“给予”、“被给予”是康德的特有术语，其根源在于他的“哥白尼式革命”，即人的“先验统觉”把作为其主观性状的时间空间直观形式“给予”不可知的某物，现象才以感性杂多的方式“被给予”人。现象之所以构成有条件者

---

① [德]康德著，《纯粹理性批判》，邓晓芒译，杨祖陶校，人民出版社2004年版，第355页。

② [德]康德著，《纯粹理性批判》，邓晓芒译，杨祖陶校，人民出版社2004年版，第349–350页。

③ [德]康德著，《纯粹理性批判》，邓晓芒译，杨祖陶校，人民出版社2004年版，第355页。

的条件序列，是因为该序列有着内在的联结，该联结必定是“先验统觉”所给予的，可见，“先验统觉”必定是预先把一个“绝对的无条件者的完整序列”给予了现象，现象才以有条件者的条件序列呈现出来，也即“有条件者只能通过无条件者才被给予出来”。但是，对新的时空观来说，时间空间是先于包括人在内的一切现象的，并不需要人的“先验统觉”“给予”一个“绝对的无条件者的完整序列”，有条件者的条件序列之所以呈现出来，是因为时间通过规定空间，本身就是一个有内在联结的序列，不存在相异于时间的某个“绝对必然的存在者”——如果说真有某个“绝对的无条件者的完整序列”的话，只有唯一的一个，那就是时间本身，时间的序列是有条件者的条件序列的前提，而非如康德所区分出的“四个宇宙论理念”即“对一切现象的给予整体进行复合的绝对完备性”、“对现象中一个给予整体加以分割的绝对完备性”、“一个一般现象的产生的绝对完备性”和“现象中变化之物的存有之依赖的绝对完备性”。尽管凭借时间的能动性，我们的意识活动有可能针对一切现象的条件序列进行无限的回溯并得到某些结果（如上帝、大全、灵魂等），姑且不论这样的结果意味着什么，但有一点是明确的：这样的结果是由时间序列派生出来，就已经不再是“无条件的、无原因性的”因而不再是“无条件的存在者”了。因此，对第四个二律背反的正题和反题，我们可以得出如下结论：世界上除了时间空间，不存在绝对必然的存在者；或者（换成肯定的句式来说），世界上只有时间空间是绝对完备的必然存在的无条件者[①]——这个结论是理性明确肯定的，没有自相矛盾之处，因而不构成二律背反。

第五节　化解二律背反的意义

如果纯粹理性的二律背反被消解了，只意味着一件事情，即：纯粹理性不再有越界的问题——更明确的说法是：理性在其合法的领地中没有任何

① 时间是无限的序列，但空间不是。不过，基于时间空间的不可分离性，这里把时间空间也即时空称为“绝对完备的必然存在的无条件者”。

界限，一旦超越该领地则不再是理性。我们知道，康德要为“知性划界”，依据就是知性一旦超越了经验的范围，就将因为二律背反而成为无效的，知性范畴不能被用于“上帝、自由和灵魂”等先验理念。这才有他的那句著名的话“我不得不悬置知识，以便给信仰腾出位置”。新的时空观体系得以确立，依据的仍然是思辨理性，但二律背反却已经被消除，可见思辨理性本身并不必然地带来自相矛盾，因而并不存在越界的问题。二律背反理论的问题就在于，理性是在尝试回答那四个问题的时候才暴露出它的局限的（当然，暴露思辨理性局限的还有关于上帝、灵魂和大全的谬误推理，这里只谈二律背反理论），（如上所述）这使得理性看起来像是一个没有自知之明、试过去医治心脏病并且失败了才理解自身局限性的牙医。我们相信情况并非如此：理性以清楚明白的方式，通过澄清概念的含义来寻找自己的领域的界限——它是“预先”就知道哪些问题对它而言是非法的，而不是等到解决问题时才暴露出自己的无能为力。那么，既然没有“越界”的问题，康德的看法在“新时空观体系”看来就属于以下两种情况：其一，理性与信仰根本不在同一个地盘当中，不存在让理性为信仰“腾出位置”的问题。这就好比我们无须在自己的房间里腾出一个地方来放置我们的思想和情感一样；其二，在以往被理解为“越界”的行为中的那些东西并不是理性。也就是说，绪论中谈到的那种“工具理性”至少就其针对的对象而言根本就不是理性。这也就像前面引述罗素对布拉德莱先生的“论证”的批评时所说，后者的“论证”不过是一些没有根据的类比、比拟，其荒谬性不该由逻辑来负责——因为它根本就与逻辑无关。有了如此进展，对理性与非理性的评判依据将比为理性划定界限来得更加泾渭分明。我们仍然认为（如绪论中所说）“人类文明的最大病症在于理性理念对感性现实的肆意僭越”，只是更进一步的（上述）研究表明，当理性越过它的领地之后，就不再（配得上）是理性——我们仍然沿用“理性理念”这个词，但它并不属于理性。

对二律背反理论的化解，也消除了后来者（如黑格尔）对康德把思辨理性割裂为知性和理性这两个部分的不满。无论将它们归于思辨理性或理论理性的名下，理性就是理性，没有知性和理性之分。康德把知性用于知识、把理性用于理念的做法，确实有人为造成割裂的嫌疑。那么，这是不是意味着知性范畴就能适用于先验理念了呢？并非如此，康德的有关论证依然有效，因为还有一种可能性，即那些被称为先验理念的观念不是从理性中来，范畴当然也就不适用于它们。我们承认理性有其局限，是因为其有效性局限在时间空间的领域中。所不同的是，我们认为纯粹理性本身无知性和理性之分，不存在"知性超出界限但仍处于理性之中"的情况。

一、上帝等理性理念不是来自对条件序列的无限追溯。

信仰从哪里来？我们下一章再来谈，这里先说明它"不是"从哪里来的。

如上所述，凭借时间的能动性，我们的意识活动有可能针对一切现象的条件序列进行无限的追溯并得到某些结果，尽管这些结果不是"无条件者"，但是，有没有可能仍然是上帝等先验理念的来源？不是。以上帝为例，在基于新的时空观的思辨理性看来，这个世界即使存在着一个完整的因果链（如前所述，我们认为每一个因果链都是有开端和终止的），也不存在一个理论上的"不动的动者"或"第一推动者"——一切的或最终的推动力都来自时间本身，无须某个相异于时间的东西来担当这个角色，显然，我们无法把时间称为"上帝"。也就是说，人们以往凭借思辨的方法所得到的"第一推动者"，是一个错误的想象，并非思辨理性本身不可避免要得到"第一推动者"这个东西。灵魂的观念也是如此，对人的自我意识进行追溯，也只能得到时间本身，也得不到相异于时间的能被称为灵魂的东西。至于自由，我们已经从时间不可逆原理中推出了"有限的自由"，反过来证明"无拘无束的自由"也是不存在的。

实际上，即使不谈新的时空观，仅仅就逻辑推理来看，我们本来也无法从对条件序列的无限追溯中推出上帝这个理念的。因为一般而言，如前面"逻辑的问题"那章引述的那样，康德认为逻辑（特别是形式逻辑）只是知识的"消极的条件"（必要条件），而非充分的条件，因此，不可能依据逻辑规则推出上帝的理念（除非有某个已包含了上帝的更大的前提，而这是不可能的）。具体而言，即使存在唯一的完整的因果链，逻辑推理只能保证从链条的一个环节推到下一个环节是正确的，却不能从"有条件者"推出"无

条件者”——除非有另一个前提即“因果链条”不可能无限延续，而这个前提本身是不能成立的。对这一点，康德在《纯粹理性批判》中论证理性的谬误推理时也是有所说明的，比如，以往对“灵魂存在”的推理，就犯了推理中的“四概念的错误”。我们下一章再谈理念的来源问题。

二、把理性和信仰彻底分开以实现“分疆而治”。

康德说：“我不得不悬置知识，以便为信仰腾出位置”[①]。为此，他不得不“为知性划界”。但更彻底的办法是，把理性与信仰分开（而不仅仅是在同一个地盘中“腾出位置”），即上帝等观念完全地来自信仰，而与理性无关。对于神、灵魂等超自然的观念，人类在其早期比如石器时代就已经形成了，不是哲学家在哲学上或思辨上获得“第一推动者”等结果之后才出现的东西，哲学家只是把思辨的结果附会到原本就有的诸观念上去。这个附会在两重意义上是错误的，一是“第一推动者”并非思辨理性的必然结果，也在知识的进步中可以得到纠正。这就好比最初泰勒斯说“大地浮在水面上”是思辨的结果，这个说法在知识的进步中被纠正，丝毫不关涉思辨理性本身的得失，也不属于“越界行为”；二是上帝的观念源自信仰，超出了理性的领域（而不只是超出了知性的领域），以往只是把一个不成熟的思辨的结果与外在于理性的信仰的内容相结合，因而是无效的。

康德尝试把宗教（或如他自己说的理性宗教而非世俗宗教）建立在理性的基础之上（见《单纯理性限度内的宗教》等著作），这或许是一厢情愿的想法。把理性和信仰彻底分开，既是给理性“划界”，也是给信仰“划界”。对于信仰（抑或宗教）的界限，历来并未得到应有的重视。把信仰清楚地限定在它自己的领地内，不仅不是贬低信仰，恰恰有助于我们获得“真正的信仰”。

① [德]康德著，《纯粹理性批判》，邓晓芒译，杨祖陶校，人民出版社2004年版，第349–350页。

第三十一章　理性的概念、信仰的起源以及思维和意识的区分

在化解了二律背反、提出“理性和信仰分疆而治”的观点之后，我们有必要进一步明确理性的概念，并探讨信仰的起源。与此相关，我们也来谈谈思维和意识的区分问题。在最初的章节中，我们提到了在本书的用语中要把思维与意识、精神相区别的做法。现在，我们基于理性的概念来谈谈其中的缘由。此外，在计算机人工智能飞速发展的今天，足够先进的计算机能否获得“自我意识”？成了人们热衷谈论的话题。基于对思维和意识的区分，我认为，计算机能够并且已经在智能（即思维的能力）上超过人类，但不大可能获得“自我意识”。计算机无法“人格化”，反倒是人有可能“机器化”（这已不是什么“新鲜事”）。

第一节　理性的概念

如上一章所述，我们无须区分感性、知性和理性（而统称为理性）。这就需要在一般意义上定义何谓理性——我们一直在使用这个词，却从未清楚明白地予以说明。

一、何谓理性?

既然时间空间是一切现象的基质，也是一切现象的成因，那么，概括地

讲，理性就是从属于时间空间的至上法则的原理和方法。

在上述意义上定义了理性，所谓“凡是现实的都是合乎理性的”这句话之正确性是不言而喻的。这里使用了“至上法则”，是希望用时间空间的规定性替代被康德当作“至上法则”的“先验自我意识”。尽管如此，这一定义仍然符合康德对理性所寄予的期望。“照康德看来，人类理性并不是消极被动地接受印象和冲动的容器，而是一种独立自主的、能动的、立法的主体，它通过理性的思辨(理论)的使用向自然立法，以确立自然的规律和关于一切实有事物的知识；通过理性的实践使用而向自由立法，以确定自由，即道德的规律和原理以及关于一切应有的事物的知识”①。只不过我们把理性理解为包括人类在内的自然本身的性质，而不再仅仅是“人类的理性”。这有利于彻底地清除附着在理性身上的所谓主观的因素。人也不再是“为自然立法”，而是与自然一样遵守理性为一切现象所订立的法则，只不过因为自然是“喑哑的、僵死的”，只有人类能够显现出理性的自主性和能动性。

顺便说一下，我们承认黑格尔“现实的东西都是合乎理性的东西”这句话，因为按照上述理性的定义，既然“时间空间是一切现象的基质”，那么“现实的东西”就一定是能够用理性（即“从属于时间空间的至上法则的原理和方法”）来加以认识的东西。要特别说明的是，我们说的“理性”，并不是通常所说的包含价值判断的“合理性”甚至“合理的”。如何从这里所说的“理性”进一步通达道德领域的价值判断？用康德的术语来说，是“实践理性”要解决的问题，不是本书讨论的内容。

回顾前面我们所做的工作，实际上都是从时间空间的性质出发的（虽然我们把巴门尼德的“完美的真之不可动摇的内核”当作初始的思维原则，但后来我们仍然基于时间空间对什么是“是者”做出了解释），我们并没有用到外在于时间空间的原则或尺度。因此，说一切现象服从于时间空间的法则，就是说一切现象服从于理性的法则。较之以往的观念，我们认为，是理性（而非机械因果律）在现象界拥有绝对的统治权——这句话的另一个表述

① 杨祖陶，康德哲学体系问题[C]，《德国哲学论文集》第16辑，北京大学出版社，1997年版，第74–108页。

是，理性也只是在现象界拥有绝对的统治权。超出现象界的东西，也就是超出理性的领地的东西，是理性以清楚明白的方式判定为“超出理性法则的东西”。

二、“超出理性法则的东西”与康德的二律背反的区别。

我们知道，知性在二律背反上遭遇的根本困境在于，首先，知性无法预先确定哪些问题可以谈论且可以解决、哪些问题不能谈论且不能解决。比如关于世界的边界，在试图解决并遇到困难之前，知性并不知道关于世界的边界的问题是不能谈论且不能解决的。因为，既然可以谈论一个国家的边界，为什么不能谈论世界的边界？知性不能预先依据通行的法则来作出判定。而“新时空观体系”所发现并承认的“超出理性法则的东西”，是在试图谈论和解决之前，我们就已经有体系本身的原则和依据作出那“东西”超出了理性法则因而不可认识的判断。比如因果关系只适用于“变化”而不适用于“存有”，这是由因果性范畴的定义所决定的，因此，我们事先就知道“为什么世界是存在的”这个问题是不合法的（或者说是超出理性法则的），而不必等到试图解决并遭遇困难才发觉知性的局限性。

其次，知性在二律背反中不能下判断，因为无论是给予肯定或否定的判断，都将被否证。而对“新时空观体系”来说，针对“超出理性法则的东西”无论是承认不可知、还是作出“不可认识”的陈述，都不会在体系内部造成自相矛盾的结果。比如在上一章中关于世界的边界的讨论，我们立足于“新时空观体系”无论是承认“不可知、不可说”，还是支持科学家主张的“有限无边”，都不损害体系内的其它陈述（即与其它陈述的真值不构成冲突）。这就跟第三章里谈“物自体的悬搁问题”时所说的那样，康德不能否认“物自体”这个预设，因为他需要借助“物自体”来解决感官刺激（也即与时间空间直观形式相对应的质料）的来源问题，因此他只能予以“悬搁”而非否定。但我们来说，承认或否认（超出时间空间法则的）物自体是有的，都对“新时空观体系”中的合法的陈述不构成任何困难或障碍。

以上两点足以体现“新时空观体系”所说的“超出理性法则的东西”与康德的二律背反所揭示的知性能力的局限性有着根本的区别。

三、我们何以知道有“超出理性法则的东西”？

如前所述，我们明确地把不可知的偶然性、自由和合目的性作为“超出理性法则的东西”。找到这些东西的做法与康德为知性划界的做法截然不同，但是，谈论“理性的领地”的界限仍然是一件看似矛盾的事情。因为，一个容易想到的问题是，既然我们都置身于时间空间之中，又如何能知道“超出理性法则的东西”？按照以上论述，“新时空观体系”既不是因为遭遇到“自圆其说”的困难、也不是因为体系本身的理论的完整性有所欠缺，那么我们是出于什么缘由承认那样的“东西”有可能是有的呢？我们认为，是出于人的思维的自发性和独立性，即思维能够自发地形成某些与外在世界无关的观念，如果我们相信这些观念有意义，就会相信某些“超出理性法则”也即时间空间以外的“东西”是有可能有的。同时，如第二十章所述，人又有“最完全地知道”的本能，凡是思维中出现的观念，都如同对待外部事物的表象那样要“一探究竟”。

我们在第十六章谈到了“观念的自发性定理”，即“凡是样态之间不违背‘是者是’原则的可能的观念性的综合方式都是可以呈现出来的”。基于这条依据，思维具有独立于外在世界的自发性。这里仅以语词的各种组合的可能性为例。作为一般的模式，我们总能把陈述句转换为疑问句（即对每一个陈述设问），比如对“太阳从东边升起”，我们总能转换为“太阳为什么从东边升起”的疑问句，并且理解这是就因果关系来发问。出于思维的自发性，对“世界是存在的”这个陈述，我们也会提出“世界为什么存在”的疑问——之所以提问，完全是出于思维依据一般模式把陈述句转换为疑问句的自发行为，提问之前并无什么深意——有疑问，就有回答的本能，但我们发现，从因果性范畴来看（基于我们的因果性范畴），这个疑问超出了因果关系所能述说的范围，但我们选择相信这个疑问是有意义的，因此也就相信某种超出理性法则的“东西”能够成为这个疑问的答案，进而相信该“东西”有可能是有的。同样地，就连“时间空间以外的东西”这个短语，也是出于思维对语词的自发性的组合：既然“房间以外的东西”、“物质以外的东西”等短语是有意义的，那么，思维（基于替换性的性质）把“房间”、

“物质”替换为“时间”、“空间”，就能够得到“时间空间以外的东西”这个短语并且愿意相信它是有意义的因而有可能是有的。

思维的自发性带来了“超出理性法则的东西”的可能性，并且发现，理性法则既不能证明其存在，也不能否证其存在。这就给思维的进一步思考留出了余地。

第二节　思维和意识的区分

思维的本质是理性，也就是从属于时间空间，这无须赘述。因为思维本身就是以量的范畴为形式、以观念性范畴为质料所构成的东西。现在我们来看看在通常的理解中，“意识”这个词比“思维”这个词所包含的有哪些更多的东西。

一、道德、欲望、情感、情绪、尊严等不属于思维的内容。

我们无法给“意识”这个词下一个准确的定义（以往也没有人能做到），但又都清楚地知道它指的是什么。很显然，通常所说的恻隐之心、羞恶之心、辞让之心、是非之心（如孟子的“四端”说）等道德感、伦理观上的东西，以目前的研究看，都不属于认识论意义上的思维，但无疑属于意识。伦理学的内容与理性即“时间空间的至上法则”是什么关系，还有待进一步研究，这里暂不下断言。此外，人的欲望、情绪、尊严等，也都是超出思维的理性的范围、也都属于意识的东西。如果用一个概括性的语词来指称属于意识的所有东西，考虑到灵魂这个词隐含了某种“精神实体”的意味，另一个比较合适的应该是人格，即人之为人的“是其所是”。现在，问题就变成了：思维从属于时间空间的至上法则（理性），也属于人格的一部分，那么，人格与时间空间及其性质又是什么关系呢?

对这个问题，我们目前无法作出判断。康德在他的“实践理性批判”和“道德形而上学”中大量运用了理性的原则（如“绝对命令”）和推演（如从“绝对命令”推出“人是目的”等三个公式），因此我们说不排除意识中有关伦理道德的内容与时间空间的至上原则建立起由此及彼的推演关系的可能性。不过，像爱和恨等欲望、自尊和荣誉等情感、喜悦和悲伤等情绪、沉醉和迷狂等体验，似乎很难在时间空间及其性质中获得解释——尽管这丝毫没有贬低时间空间作为一切现象的基质的意义，因为欲望等内容已经超出了客观知识的范围。

现在，我们面临两种可能性，一是仰赖后续的研究能把时间空间的至上法则推进到意识的所有内容上去（以使后者获得解释），二是承认意识中有一些内容是由时间空间以外的东西所决定的。令人意外的是，在不完全的程度上讲，这件事情是可以交由自然科学来证实或否证的。

在现代脑神经科学中，科学家已经知道大脑的不同区域主宰着意识的不同活动，一些脑部受过伤的人也出现在性格、品行上判若两人的变化等症状。这些情况能不能说明人的情感、情绪等意识活动是“物质性”的、可以用科学原理来解释的？我认为最多能说明意识与物质性的对象（如大脑的生理构造）具有交互性的作用，还不能说明意识本身就是“物质性”的。一个人即使脑部没有受伤，如果忽遭身体损害以至残疾，他的性格、品行也会发生变化（尽管在程度上与上述情况有所不同）。意识与身体有交互性的作用这件事原本是理所当然的（也正是心、身交感之如何可能的难题所在），否则意识活动如何能调动我们的身体以作出相应的反应？而我们现在谈的是：意识是从属于时间空间及其性质（也即这里说的“物质性”的）还是受制于时间空间以外的“东西”？并不是“意识与由时间空间所构造的对象具有交互作用”这个显而易见的议题。

有一种方法可以证实意识是从属于时间空间及其性质的：科学家能造出一台计算机或一个机器人不仅具有强大的智能，还拥有“人格”或“自我意识”。

二、人工智能可否获得“人格”？

2022年初，高智能化的Chat GPT诞生，它是基于互联网可用数据训练的文本生成深度学习模型，有交互问答、文本摘要生成、机器翻译、分类、代码生成和对话AI等应用。它所表现出来的强大功能，甚至引起马斯克等业界大佬的深切忧虑，上千名科技人士联名呼吁“暂停训练比GPT-4更强大的AI

系统”。在人工智能呈现出高速且无序的发展势头的当下，马斯克等人的忧虑无疑是有极为现实而迫切的针对性的。这里要谈的是，在有关技术如此高速发展的背景下，计算机或人工智能获得“自我意识”或“人格化”的可能性是否存在?

据说ChatGPT-4已经能够通过图灵测试，但这件事情究竟意味着什么?还有待斟酌。我们以美国哲学家塞尔提出的“中文屋实验”为例来谈，这个思想实验与图灵测试的原理是一样的，但对图灵测试到底能测出什么提出了异议。塞尔不懂中文，连中文与日文的区别都分不清，但他说，如果把他关在一个屋子里，与外面的沟通仅仅通过传递纸条，他手里还有一本足够详尽的中文对话手册，他就能与屋子外的人用中文对话，而且对答如流。比如外面递进来纸条“你好吗？”塞尔立即对照手册，找出对应的常用回答，抄在纸条上递出去，比如“我很好，你呢？”只要有关对话的内容在手册中都能找到，外面的人将无法分辨他懂不懂中文，甚至会以为屋子里本来就是一个中国人。但塞尔说，就算通过这样的测试又说明什么呢?他依然不懂中文。塞尔的这个思想实验与图灵测试所处的视角是不同的，图灵测试是站在屋子外面的测试者的角度，塞尔则是站在屋子里面的受试者的角度。这就带来一个问题：测试者以为是什么与受试者本身是什么，两者并不是一回事。比起塞尔的对话手册，ChatGPT无非是以整个互联网的巨大信息储备作为计算机选择对话内容的依据，它（如果能把ChatGPT当作一个对象的话）其实跟塞尔一样，只起到信息传递的工作，按照塞尔的说法，在对答如流的过程中它并没有“理解”其中的任何一个语词。我们可以说ChatGPT有很强大的信息整理、加工的能力，但这个能力只是文字、语句的处理能力，比如从人类的众多表述中总结出某个规律，再依据该规律生出新的句子，这个过程也无须“理解”任何语词。不过，这里的问题不在于是不是“理解”语词，因为以我们的观点看（在有关思维机制的部分曾谈过），思维“理解”一个词的涵义的方式，就是在这个词与其它词之间建立起由此及彼的联系——从这个意义上讲，ChatGPT算得上是“理解”了语词。真正的问题在于：既然“测试者以为是什么与受试者本身是什么”不是一回事，两者的本质差异是什么?

比如图灵测试，在一番对答如流的测试之后，如果测试者得出结论说“受试者是一个具有人的智能的对象”，这没有错，但如果得出结论说“受试者是一个人”，就不对了——因为作为一个人，不仅具有智能，而且还具有“人格”。所谓智能，就是处理各种知识性语句的能力，而所谓“人格”则包含智能以及上述欲望、情感、情绪等意识内容的总称。

我们来看这种情况：假如塞尔在屋子里收到这样的纸条“你蠢吗？”（与“你好吗”句式相同），如果手册里刚好有一条回答：“我很蠢，你呢？”他也会不带任何情绪地抄下来再递出去。要测试出受试者是不是一个人，做“人身攻击”是一个简单的办法。但问题在于，以整个互联网的巨大信息储备来讲，又总能搜索到恰当的应对“你蠢吗？”这类挑衅语句的回答方式。我曾经看过一个机器人接受采访的视频，采访者在最后说：“顺便说一下，你很臭！”机器人瞪大眼睛、皱起眉头，然后回答：“你这样说很没有礼貌！”——这里的问题是：它是不是真的感到“受了羞辱”？如果是，它就已经具备了某种“人格”特征。但很显然，它的瞪眼、皱眉以及回答，都是机器人制造者预先设计好了的、照程序做出的规定动作——这件事很容易验证（比如制造者出面澄清一下）。对比一个小孩子的成长过程就很清楚这当中的区别，从来没人教一个小孩子“什么情况要哭”、“什么情况要笑”、“做什么动作表示愤怒”、“做什么动作表示欢喜”等等，他自然而然就拥有了情感、情绪、自尊心等意识活动的能力。

以上讨论归结到我们的议题上来，概括地讲，思维是从属于时间空间的至上法则，但意识则有可能是由时间空间以外的“东西”所主宰——这个观点是可以被“证伪”的，即：人如果能制造出拥有“人格”的机器人，这个观点就是错的。

第三节　信仰的起源

我们来简要地谈谈信仰的起源问题。按照康德，上帝、灵魂等这些理念是由“谬误推理”而来。比如上帝，通过对一个完整的因果链进行无限追溯，从“有条件者”推出“无条件者”，从“推动者”推出“第一推动者”。康德在《纯粹理性批判》第二卷“纯粹理性的辩证推论”中逐个论证了这些推理在逻辑上是不成立的、是“谬误的”。但是，康德论证的目的，却不是要否定、抛弃这些理念（他需要在实践理性上使用它们），而是想说明知性无法借助逻辑的方式去认识上帝、心灵等理性理念，仍是在“为知性划界”。康德是预设了“上帝存在”、“灵魂不朽”和“意志自由”，这固然“为信仰留出了位置”，但也使得信仰的对象仍然保留了“假定”的性质。在新的时空观看来，这个世界的每一个因果链都是有开端和终止的。即使存在着某个完整的因果链（比如把世界整体当作一个对象，这是不合法的），也不需要一个理论上的“不动的动者”或“第一推动者”，一切的或最终的推动力都来自时间本身，无须某个相异于时间的东西来担当这个角色（显然，我们无法把时间称为“上帝”）。不过，理性依据自身的原则找到了某些“超出理性法则的东西”，这就为信仰的起源创造了某种可能性。当然，也惟其如此，我们必须清楚地意识到，谈论该可能性这件事已经超出了理性法则，而我们之所以仍然谈论它，如同谈论传统形而上学的那些观念（如“存在”）那样——既然那些观念是有的，我们就需要解释其来源，即使我们并不赞同它们。

一、对未知力量的敬畏。

宗教与信仰这两个词是不同的概念，前者是指系统化、仪轨化的信仰，后者则在更宽泛的意义上指对某人某物或某事的信奉、敬畏或尊崇。信仰是宗教的基础，因此这里只概括地使用信仰一词。信仰的起源是一个庞大而复杂的问题，这里仅就我们的推演所涉及的范围略作讨论。

通常认为，人类的信仰源自远古先民对大自然和祖先的崇拜，之所以崇拜，是出于对未知事物的力量的恐惧和敬畏。英国著名的人类学家弗雷泽在其名作《金枝——巫术与宗教的研究》一书中更是明确指出“宗教的起源是巫术”，而“巫术是一种被歪曲了的自然规律的体系，也是一套谬误的指导行动的准则；它是一种伪科学，也是一种没有成效的技艺”。照这类观点，人类是基于对大自然的无知和因无知而生出的恐惧才产生信仰乃至宗教的。

这样一来，很显然，信仰将随着自然科学对大自然越来越多的认识而越来越多地丧失其存在的意义。如果说信仰来自于被无知所蒙蔽的状态，那么，它似乎就天然地带有某种欺骗性或不正当性。先民因不了解雷电的成因而生出对“雷神”的崇拜，与今天的人受“空手变活蛇”等把戏的蒙骗而生出对某个人的崇拜，似乎没有本质的区别——都是被无知所蒙蔽，所不同的是，前者是人类认识阶段的局限，后者则是出于主观故意的欺骗行为。不过，如果我们能够对“无知”区分出“可知而未知”和“不可知而未知”的话，情况就会有所不同：我们对雷电的成因、对“空手变活蛇”的把戏都是“能够知道但暂时不知道”，因此有关的崇拜是没有意义的，但是，如果世界上真有某些“不可知”却能够以某种方式呈现其影响力的“东西”呢？那就是另一回事了。

二、偶然性和合目的性“背后”的力量。

在本书，偶然性被赋予范畴的地位，并且被证明为“不可知”。实际上，之所以说它“不可知”，也是出于“事出有因”的理性思维的习惯，我们习惯性地想要知道：既然有N种可能性，为什么实际发生的是其中的第f种？在这件事上，我们追溯到时间相继性的最基底的力，发现它在带来确定的生长性的同时也不可避免地带来了不确定的随机性，随机性则带来偶然性的结果（随机性是实体范畴，偶然性是模态范畴）。这意味着现象在最基底的层次上存在着不可知的因素。

在前面第十一章，我们曾经以“贯串由偶然形成的一个个或延续或终止的因果链中的条件所构成的一个条件序列的内在关联”来指称“合目的性”。这当中最形象的例子就是前面讨论过的“动态的多米诺骨牌游戏”：直立的骨牌不是一张张预先静止地摆放好，而是在上一块骨牌被推倒后、下一块骨牌才出现在相应的位置上，并且如此这般持续下去，直到“整个游戏”结束，其中，每一块骨牌之所以出现在相应位置上，又是偶然的、没有预先统一规划的。我们把“静态的多米诺骨牌游戏”称为一个事件，即“有内在关联的一系列事情的总体”。我们同样（出于习惯）也会把“动态的多米诺骨牌游戏”当作一个事件，也要求知道贯串于一系列事情之中的内在关联即“合目的性”是什么，但由于它是由偶然事件“拼合”而成，对理性法则而言又是不可知的，从第十一章所列举的俄狄浦斯王的悲剧来看，其力量又是如此强大，足以令人心生敬畏。或许这才是真正让人类生出信仰之心的对象，它不是出于人的“可知而未知”，更不是出于欺骗，而是出于人类理性无能为力之处（即“不可知而未知”）。我们不妨下一个一般性的判断：如果有的话，“神秘力量”在且只在偶然性中。

现在，我们看到（根据我们已经取得的成果而呈现出来的）一种可能性，即：首先，（如前所述）信仰形成于理性的无能为力之处，是超出理性的领地的“东西”，这些“东西”不仅在人的意识中是有的，世界当中也是有可能有的；其次，这些“东西”不能对由理性法则所统治的现象界产生丝毫的影响，更不可能改变物理世界的运行规则（诸如在海水劈开一条道路或把人平地飞升带入天国等等，那是且仅是表达某些主张的寓言）；第三，这些“东西”有可能通过条件序列中的一系列“不可知的偶然性”而以康德所说的“调节性的导引作用”来影响每一个因果链的传递和延续——如果人们基于对这样的“调节性的导引作用”以及“最完全地知道”的本能来追问“人的命运”、“人生的合目的性”等问题，那么，这样的追问而生出的信仰将是真正的并非被无知所蒙蔽的信仰，也是能够与自然科学的发展并行不悖的信仰。也就是说，那样的信仰与科技的进步不相抵触，因为科技无论怎样发展，都只能解决现象界的问题，不能涉及现象界以外的东西——这才是真正的理性精神之所在。反过来，那样的信仰也必须恪守自己的疆域，不能对现象界的事情说三道四、指手画脚——这构成了对宗教信仰行为的正当性的检验依据。

从以上分析看，我们无须在“知识”中“为信仰腾出位置”。因为理性、知识被证明为属于时间空间领域的东西，信仰不在该领域中，而是被归入该领域之外。这将迫使理性和信仰各自恪守自己的地盘，“理性的归理性，信仰的归信仰”（或者换一个说法也行，“科学的归科学，信仰的归信仰”）。任何改变物理规律所显示的“神迹”或者“空手变活蛇”之类江湖骗术之不可信，就昭然若揭了。每个人固然有宗教信仰的自由，但更有免于遭受欺骗的权利。一个信仰的正当性由谁来裁定？固然是一个复杂的问题，但是，哲学正如它放弃对世界的解释权那样，也放弃了对宗教作出探讨并质疑的责任，它的似乎是“出于谦逊”的沉默在一定程度上助长了部分科技发达的国家里某些在“信仰自由”的旗帜下暗藏滋生的邪门歪道（比如那些源自欺骗的把戏）——哲学原本是最应该就此状况说点什么、做点什么的。

结语 “新时空观体系”如何为自然科学奠基

本书从康德的先验感性论的一个推论出发，立足于时间空间的样态及其性质所规定的原理，依据（被重新阐释的）巴门尼德为人类理性奠定的第一块基石即“是者是”原则，逐个推出了范畴以及事物、思维的构造，并在本体论的意义上重新回答了被归于“纯粹理性总课题”下的诸问题（包括额外提出的“逻辑是如何可能的”、“自由是如何可能的”等）。行文至此，仍有一个疑问需要稍加解释，即在本书中以“新时空观体系”来命名的概念和原理体系（哪怕是作为有待进一步充实的体系）是否符合康德对“科学的形而上学”的要求？或者能够作为“科学的形而上学”中的“自然形而上学”？我对此持肯定的态度，即认为本书所说的“新时空观体系”就是康德预期的“科学的形而上学”（哪怕只是其一部分的“自然形而上学”），并从以下三个方面予以阐明：

一、与康德所预期的形式不同的原因。

我们知道，康德对“未来的形而上学”是有具体的规划的。他在“纯粹理性的建筑术”中说：“较狭窄意义上的所谓形而上学是由先验哲学和纯粹理性的自然之学所组成的。前者只考察知性，以及在一切与一般对象相关的概念和原理的系统中的理性本身，而不假定客体会被给予出来（即本体论）；后者考察自然，即被给予的对象的总和（不论它们是被给予感官的，还是被给予另一种类的直观的，如果我们愿意这样说的话），因而就是自然之学（虽然只是合理的自然之学）……因此整个形而上学系统就是由四个主要部分构成的。1.本体论。2.合理的自然之学。3.合理的宇宙论。4.合理的神学。”[①]按照康德的一般意义上的形而上学来看，他所预期的“新的形而上学”分为自然的形而上学和道德的形而上学这两个部分，上述“较狭窄意义上的形而上学”指的是他的自然的形而上学。针对“合理的自然之学”，康德在有生之年只完成了《自然科学的形而上学基础》这本篇幅不大的书。对比上述分类方法和《自然科学的形而上基础》一书中所采取的研究方式，将发现本书以“新的时空观”所指称的体系与它们有着较大的差别，似乎不符合康德对“未来的形而上学”的预期和构想。为什么会出现这样的差别？原因在于，康德受困于感性杂多与知性概念之间难以弥合的割裂而不得不采取某种权益的做法，但新的时空观消除了该割裂，因此得以打破“先验哲学”与“自然之学”的区分并“从头开始且一以贯之”。

在《纯粹理性批判》一书中，“先验演绎”部分既对读者来说是最难的，也对康德来说是最难的——他需要证明：来自逻辑机能表的先验范畴何以能应用于来自时间空间直观形式的感性杂多？这就是范畴的客观有效性问题，或者如齐良骥先生所说：“康德的先验论的困难在于先天的纯思维形式如何能够应用于外来的对象”[②]。为此，康德在《纯粹理性批判》第一版和第二版分别从“主观演绎”和“客观演绎”这两个方面来予以论证。但这两个“演绎”都不尽如人意，自出版之时起也都受到诸多的批评。这就导致康德在构想“未来的形而上学”时，很自然地（或不得不）区分出两种情况即上述“先验哲学”和“自然之学”来分别展开研究：“先验哲学”只考察知性本身、不考虑感性杂多被给予的情况，“自然之学”考察感性杂多被给予知性之后的情况——也就是分别研究两个彼此外在的东西综合与不综合这两种情况下所能得到的“学说”。

现在，基于新的时空观，我们已经认识到“时间空间是一切现象的基

① [德]康德著，《纯粹理性批判》，邓晓芒译，杨祖陶校，人民出版社2004年版，第638页。

② 齐良骥著，《康德的知识学》，商务印书馆2011年版，第237页。

质和成因”，并且实现了从时间空间的样态及其性质推出诸范畴及其性质，如此一来，感性杂多与知性范畴不再是彼此外在的东西，也不再有针对综合与不综合两种情况下的不同的研究方式，而是能够在同一组原理之下从时间空间的样态一以贯之地研究到范畴等先天知识，以达成“科学的形而上学”的完整体系，并实现为自然科学奠基的目的。同样地，正如现代天文学已经脱离纯粹的经验观察而在宇宙起源、演化等主要议题上大量采用现代物理学的概念、原理和方法并且成为现代物理学的一个部分一样，“科学的形而上学”已没有必要再区分出“合理的宇宙论”——它无非是运用它的原理体系去研究宇宙这个对象而已。至于“合理的神学”，对“科学的形而上学”来说，问题不在于要不要从中独立出来，而是能不能经过“有依据的论证”来找到“神”（然后才谈得上“神学”）。

从以上分析看，“科学的形而上学”是作为一个完整的体系的方式被揭示出来、还是一定要（如康德构想的那样）划分为“先验哲学”和“自然之学”（以及进一步细分出“本体论”、“合理的自然之学”等），是无关紧要的。真正要紧的是，构建起来的“科学的形而上学”能否秉持（经康德批判哲学检验的）理性法则来解决“纯粹理性总课题”名下的各个难题。我认为，本书就“科学的形而上学”已经揭示出来的部分而言，是完成了这个任务的（并且“超额地”解决了“逻辑是如何可能的”、“自由是如何可能的”等问题）。

当然，已经揭示出来的体系还主要包含“自然形而上学”的内容，不包含“道德形而上学”的内容。尽管如此，我们仍然有理由把本书揭示的“新时空观体系”称为“科学的形而上学”。数学从它诞生之初就被称为“数学”，即使它至今仍然“未完成”。不过，如同《实践理性批判》与《纯粹理性批判》具有一脉相传的承继关系那样，我们相信，作为下一步的工作，“科学的形而上学”体系中的“道德形而上学”部分也将从已经揭示出来的体系中基于一以贯之的原理而生长出来。

二、康德“为自然科学奠定形而上学基础”的尝试。

在解释“科学的形而上学”为自然科学奠基的方式之前，我们先来看看康德尝试过的做法。

康德在《自然科学的形而上学基础》一书中从运动学、动力学和力学这三个方面探讨了自然科学的形而上学基础。他所预期的奠基，就是在自然科学的原理体系中找出“纯粹的先天原则”，即他在该书中的任务就是“揭示这些一般人注意不到的先验范畴，把整个自然科学呈现在由这些范畴所规范的合乎逻辑的体系之中，使之真正成为一种本来意义上的自然‘科学’（而不只是自然‘学说’）”[①]。如同对“先验哲学”与“自然之学”的区分，他说：“自然科学又会有本义地或是非本义地称呼的自然科学，前者完全按照先天原则来处理自己的对象，后者则按照经验法则处理自己的对象”[②]。他列举出化学是后者的代表，认为“化学与其称为科学，不如叫作系统的技术”[③]。之所以如此，是因为在康德的时代，化学还只是纯粹经验总结的学说，化学家知道什么材料之间发生化学反应能生出什么新的材料，但并不知道化学反应的内在机制，即知道氧和氢化合生成水，但不知道为什么会有此结果。当然，现代化学早已脱离这类经验观察的阶段，能够从分子、原子乃至电子的层面上来对化学反应及其成因做出精确的描述——已经成为“本义上的自然科学”。康德的思路是，首先区分出哪些是“系统的技术”、哪些是“本义上的自然科学”，然后在自然科学的体系中找出“纯粹的先验的原则”，以达到为其奠基的目的。这个思路的根源仍然是感性杂多与知性范畴之间作为彼此外在的东西的相互割裂，迫使康德顺理成章地先研究纯粹的先天知识、再研究感性杂多被给予知性范畴之后的综合状态下的经验知识。

“纯粹的先天原则”与自然科学的原理体系是一个什么样的关系？值得思考。按照康德，“一切本义上的自然科学都需要一个纯粹的部分，在它上面可以建立起理性在其中所寻求的无可置辩的确定性。但由于这一部分根

---

① [德]康德著，《自然科学的形而上学基础》，邓晓芒译，上海人民出版社2003年版，译序，第7页。

② [德]康德著，《自然科学的形而上学基础》，邓晓芒译，上海人民出版社2003年版，第2–3页。

③ [德]康德著，《自然科学的形而上学基础》，邓晓芒译，上海人民出版社2003年版，第3页。

据其原则与那仅仅是经验性的原则相比是完全不同类型的，那么将这一部分分离出来并严格地不与另外的部分相混，并尽可能在其全部完善性中加以阐明，以便能精确规定理性可以为自己提供的东西，以及它的能力在什么地方开始需要经验原则的帮助，这在方法上说是极其有益的，甚至按事情的本性来说是不可推卸的职责。”[①]这里说的职责，就是形而上学为自然科学奠基的职责。我们知道自然科学有一个原理体系，比如经典物理学，由牛顿三大定律、万有引力定律、能量守恒定律等等为数众多的原理所构成，当我们使用物理学这个词时，指的就是这样一个庞大的原理体系本身（并没有外在于这个体系的一种东西叫“物理学”）。这里的问题是：当康德说“自然科学都需要一个纯粹的部分”时，他指的是在这样一个庞大的原理体系当中有某些原理是“纯粹的先天法则”吗？康德对此是持肯定态度的。一方面，当他说“先天综合判断是存在的”时，他把牛顿力学和欧式几何学中的部分定律或公理认作“先天综合判断”，另一方面，他在《自然科学的形而上学基础》这本书中针对运动学、动力学和力学所做的工作，也正是用在他看来是基础的概念和定理来为整个自然科学的原理体系“铺设地基”，而地基从来都是建筑的一部分的——在这个意义上他建立或找到了自然科学中的“纯粹的部分”。首先，他为物理学定义了什么是物质、运动（以及运动的复合）、静止、斥力、引力、透入、不可入性等等概念，比如“物质是在空间中的运动物”、“一个东西的运动是它对一个被给予空间的外部关系的改变”、“吸引力是这样一种动力，它使一个物质可以成为让别的物质接近自己的原因（或者这也是一样的，即它使一个物质阻止别的物质离开自己）”、“排斥力是这样一种动力，它使一个物质可以成为让别的物质远离自己的原因（或者这也是一样的，即它使一个物质阻止别的物质接近自己）”，等等。其次，也为物理学提出了一些公理、定理，比如把“任何一个运动作为可能经验的对象，都可以任意被看作物体在一个静止空间中的运动，或是看作物体静止，相反，空间则在以同一速度作反向的运动”等当作公理，把“物质充

① [德]康德著，《自然科学的形而上学基础》，邓晓芒译，上海人民出版社2003年版，第5页。

满一个空间并非通过其单纯的实存，而是通过一种特殊的动力”、“物质是无限可分的，它所分成的每一部分仍是物质”等当作定理。

对于康德的上述工作，人们从正反两个方面都做过评价。据邓晓芒先生介绍，黑格尔认为，康德的功劳在于他“完成了物质的理论，因为他认为物质是斥力和引力的统一”，这种统一使得康德“首次在牛顿的自然科学体系中提出了从经验的自然科学向先验的人文科学过渡，进而从旧的形而上学宇宙观向辩证的宇宙观过渡的课题”①、“并将最初的辩证因素注入那僵死的牛顿体系之中去”②。当然，不足之处在于，“黑格尔就已经指出，康德虽然设定了排斥和吸引为物质的两种基本力，但并没有意识到二者的辩证关系”、“恩格斯甚至认为，向康德学习辩证法‘是一件白费力气和不值得做的工作’”等等。在以上表述中，说牛顿体系是“僵死的”且需要被注入“辩证的因素”，未见得是一个认真的评价（人们习惯于用“辩证的因素”的有无与多寡作为依据来评价一个体系的好坏与得失）。牛顿体系并不“僵死”，它凭借自身旺盛的生命力不断发展、壮大，以实实在在的伟大成果造福于全人类（从实践的标准看，它远胜于其它许多辞藻华丽的学说），而且至今仍是“宏观和低速的领域”中的真理（如我们所说的，是“所有在宏观和低速的尺度上的物理现象都遵循牛顿力学的定律”的“真的全称判断”），就连被说成是“推翻了”它的相对论和量子力学也是按照它的理性原则从它的体系中生长出来的（而不是被外在的“另一套学说”来予以否定）。基于我们在本书开头部分的分析，康德与黑格尔分别走在巴门尼德曾指出的人类认识世界的两条截然不同的道路上，要在康德的路径上去索求黑格尔想要的东西（并以后者的标准来衡量前者的得失），确实是“白费力气和不值得做的”。

据我看，康德在《自然科学的形而上学基础》一书中的主要成果在于首次明确否定了牛顿的绝对时空观。尽管现在看来“已很少有什么新鲜之处”，但考虑到那是在爱因斯坦之前一百多年的事情，就不能不令人赞叹

① [德]康德著，《自然科学的形而上学基础》，邓晓芒译，上海人民出版社2003年版，译者序，第3页。

② 同上，第6页。

了。要知道，康德本人也是卓有成就的科学家（他所提出的“星云假说”无论是对牛顿体系的完整性还是对自然演化观念的开创性都有着卓越的贡献），他对物理学的一个基础观念的质疑绝非古代自然哲学家的某个凭空想象那样不足为虑。这足以成为“科学的形而上学”为自然科学提供“前提和准则”的一个经典范例——尽管没有引起物理学家们的丝毫关注。

要说康德的上述工作的不足，或许有以下两点：

首先，康德对物质、运动、斥力、引力等基础概念所下定义（或“界说”）只是基于现象的描述，没有如他在《纯粹理性批判》中所说的那样，从十二个“本源的和原始的”范畴出发，逐个推出“派生的和下属的概念”（他说“如果我们拥有本源的和原始的概念，那么派生的和下属的概念就能够很容易地添加上去，而纯粹知性的谱系就可以完整地描画出来”①）。比如“吸引力是这样一种动力，它使一个物质可以成为让别的物质接近自已的原因”这类描述性的定义，其中不包含与范畴的渊源，因而缺乏“形而上学的因素”，完全可以由物理学家自己去做（如果他们认为需要的话）；其次，康德所开列的定理有两个问题：一是那些定理从何而来？彼此之间有何关联？缺乏说明，它们看起来不像是从某个源头以有迹可循的方式逐一演化出来；二是那些定理与牛顿体系有过于密切的关系，基本上都是可以直接放进该体系中、作为体系的组成部分。比如运动学中的公理“任何一个运动作为可能经验的对象，都可以任意被看作物体在一个静止空间中的运动，或是看作物体静止，相反，空间则在以同一速度作反向的运动”，其中也不包含“形而上学的因素”，更像是对伽利略的运动相对性原理的直接叙述。至于“物质是无限可分的，它所分成的每一部分仍是物质”这样的定理，对现代物理学来说已经是有争议的观念，对整个体系而言也不是基础性的必不可少的法则。

我认为，为自然科学奠基的内容是不能被当作自然科学体系中的原则、原理的。因为，自然科学是研究经验对象，其体系当然是研究经验对象的体

① [德]康德著，《纯粹理性批判》，邓晓芒译，杨祖陶校，人民出版社2004年版，第73页。

系。而形而上学是研究先天知识、研究先验对象，从形而上学中得来的结论就不应该被放入经验科学的体系当中，这就好比物理学可以大量使用数学，但数学本身并不属于物理学一样。这种试图把从形而上学中得到的结论放进自然科学的体系当中去作为后者的公理、定理，正是牛顿警告物理学要当心形而上学时所指的情况。形而上学必须能够解决自然科学无力解决却须臾不离的前提性的问题，才算是为它完成了奠基。从这个意义上讲，康德在《自然科学的形而上学基础》一书中的工作没有达到预期目的（即使是书中对“绝对时空观”的否定，其实已经包含在他的先验感性论关于“时间空间是现象的直观形式”这个论断之中，他只是在该书中根据这个论断把结论展示出来）。

三、“科学的形而上学”的奠基工作。

本书在“新时空观体系”名下所指称的“科学的形而上学”正是解决了自然科学无力解决却须臾不离的前提性的问题。当然，科学家们是否承认有那样的前提性的问题，本身就是一个问题。以往，在狂妄且浅薄的“科学主义”影响之下，他们或许认为自然科学根本无须由哲学来提供“前提和准则”。但是，一个人但凡有起码的“理性精神”，甚至只是“讲道理的”，面对清晰明确的条分缕析，只要对自己“日用而不知”的东西稍加反思，就不难领会到那些前提性的问题不仅是存在的，而且解决那些问题对自然科学而言还有着怎样的重大意义。在前面“算术是如何可能的”那一章，我们已经在“为什么是数学”的问题上提到过诸如“难道物理学家能心安理得地接受‘自然界是由上帝用数学的语言设计而成的’这类说法吗？”等质询，也从科学史家那里得知“哥白尼革命的一个主要动力是新柏拉图主义的信念：他的体系将揭示上帝创世的和谐对称的设计”等说辞——这意味着当哥白尼面对“究竟该相信数学还是相信实验观察”这个至今仍悬而未决的问题时，是他对上帝的信仰（或者换一个说法：是他源自毕达哥拉斯的“数是万物本原”的哲学信念）帮助他做出了正确选择从而为自然科学的诞生奠定了最初的基石——如果今天的自然科学家仍然满足于这类解释的话，那么，那种以科学的名义藐视一切的狂妄自大之底气又将从何而来？因为简言之，哥白尼和物理学家明摆着需要某种“前提和准则”才能展开他们的工作，问题仅仅是：对于所需的“前提和准则”，你愿意是由上帝提供还是由哲学提供?

有关内容已经在前面各章节中有较多的论述，不过，为了凸显哲学仍然拥有对世界的解释权，仍然有可能为自然科学提供“前提和准则”，我们有必要在这里再予以概括的说明：

1、有关奠基工作开始于自然科学所承认的共识。

如前面第三章所言，康德首次为哲学创造了一种可能性，即在与自然科学相同的意义上使用相同的语词即他的基础用语中的时间空间就是自然科学所说的时间空间，从而在根本上避免了传统形而上学在语词、概念上的“俄罗斯套娃”游戏。具体而言，“科学的形而上学”在其出发点上采用了“时间是不可逆的”、“空间是具有几何属性的（具有无关乎欧式几何或非欧几何的基础要素）”以及“时间空间是不可分离的（进而‘互为规定性’、‘互为形式和质料’）”等判断，这些判断也是自然科学（比如物理学）所承认的。从推演的依据看，“科学的形而上学”采用了巴门尼德的“是者是”原则，这也是自然科学所承认的——自然科学不接受“既是又不是”的说辞。这样，“科学的形而上学”由此得到的结论也将是自然科学所能够或应当接受的（如果科学家是“讲道理的”且无法证明其推演环节中存在错误的话）。

2、立足于时间空间及其性质定义并解释了自然科学所使用的最基础的概念和原理。

“科学的形而上学”把“物”定义为“一个时间贯串着一个空间”，把“力”定义为“时间对空间的规定”，把“变化”定义为“空间对时间的规定”（并且基于“时间空间互为规定性”得出“力”与“变化”具有等价性）等等，即把自然科学的最基础的概念归于时间空间的基质并获得其定义。同时，根据时间样态中相继性、并存性和持存性的力的可叠加性，得出了物理学意义上的力的可叠加性；根据“力与变化等价性定律”，在更宽泛的意义上解释了物理学的定律（如牛顿第一、第二定律），等等，也即把自然科学的最基础的原理归于时间空间的基质并获得其解释。相比（如康德那样的）描述性的工作，这些做法更加清晰明确地在形而上学的基础之上为自然科学找到并奠定了立足点。

3、证明了“自然界是有规律的，规律是可以认识的”。

自然科学以探寻自然界的规律为己任，各门科学理论就是科学家们找到的自然界的规律，但问题是，自然界到底有没有规律？或者说，科学家们找到的是不是自然界本身的规律？却是有疑问的。对此，我们在第二十三章对“休谟问题”的“真正困难之处”有了比较清楚的分析，并且通过逐一化解那些难点，证明了因果性、规律性和确定性的客观实在性和普遍有效性，完成了对“纯粹自然科学是如何可能的”之“形而上学阐明”，使自然科学赖以立足的“前提和准则”在公认的理性原则之上被建立起来。此外，通过证明自然界的现象与人的思维、语言是同构的，进而证明了人的思维、语言能够认识自然界的现象及其性质（包括规律性和确定性）。这些工作使得“自然界是有规律的，规律是可以认识的”不再需要借助于信仰、而是借助理性来为我们所遵奉。

4、通过论证“数学是如何可能的”，为数学在自然科学中的运用的合法性和有效性找到了依据。

如前所述，“自信满满的自然科学家在把整个自然科学‘数学化’的时候，他们并没有提供‘数学是如何可能’的有关论证”（见第十五章“算术是如何可能的”）。当“约定论”者说“数学表达是简洁优美的就意味着是正确的”时，他们也没有提供何以如此的证明——他们的信心只来自于“数学在以往是成功的，因而在未来也将是成功的”，这对于一个有着真正的科学素养的科学家来说是不能满足的。当科学史家严肃地把哥白尼的那场改变世界的革命的动因解释为“哥白尼信奉‘上帝创世的和谐对称的设计’或毕达哥拉斯主义的‘数是万物本原’”时，他们是在把巍峨雄伟的科学大厦建立在多么脆弱、多么单薄的基础之上。至于物理学的数学化，也仅仅是停留在“数学是上帝设计世界所用的语言”之类似是而非的解释上。实际上，他们这样做也承认了自然科学需要由上帝或哲学来提供“前提和准则”。所不同的是，现在可以把这件事情交给“科学的形而上学”，因为它以更有说服力的方式证明了“数学是如何可能的”。

5、为自然科学（特别是物理学）提供前提即关于世界的观念。

如果说以上4点都是在为自然科学所需要的准则提供证明的话（即证明规律性、确定性以及数学化等之如何可能），那么，“科学的形而上学”还将给自然科学提供关于世界的前提性的基本观念。众所周知，哥白尼的意义并不是“发现”了“地球围绕太阳转”这个“事实”。按照现代“约定论”的观念，太阳与地球谁围绕谁旋转，是没人能直接感知到的事情，对科学理论来说也是无关紧要的，关键只在于哪一种解释更简明、更有效用（霍金在《大设计》一书中对此观点有详细阐释）。实际上，（我们在前面也提到过）如果坚持托勒密的地心说，即使有再多的天文学新发现，也能在地心说的框架内得到解释的，尽管有关解释将越来越复杂，当然，天文学的发展也将越来越缓慢，但仍然是说得通的、数学方程也是能够予以描述的（尽管所需的方程将越来越多）。这说明什么？说明科学家关于世界的观念之改变，并不取决于科学事实有多少新发现。爱因斯坦与玻尔在量子力学上的分歧和争论，就是不同的世界观所带来的冲突（他们掌握了同样多的科学事实）。前者坚持传统的决定论和确定性，不相信“上帝掷骰子”，以后者为代表的哥本哈根诠释则受到经验批判主义、逻辑实证主义等观念的影响，否认不可观测的量子世界的实在性（比如马赫因原子不能被直接观察到就否认其存在），因而满足于对量子特性的数学表达，只要计算结果符合实验数据就是好的，拒绝谈论“量子世界是什么、有什么”等“形而上学问题”，信奉“闭上嘴，埋头算”①。可见，在科学发展的历程中，世界观所发挥的作用丝毫不亚于科学发现的作用（如果不是更具前提性的话）。从前面谈过的例子看，科学家赖以获得其世界观之来源，除了“上帝”，只有哲学（特别是“科学的形而上学”）。现在，物理学家就面临一次世界观改变的契机：时间空间是一切现象的基质。如果从这个观念出发，我相信能帮助他们换一个全新的视角去审视他们早已熟悉的现象和公式并看出一些截然不同的东西

① 这个观念固然取得了辉煌的成果，但在它被当作“正统”之后，也在最近半个多世纪里阻碍了科学家更深入地了解量子世界的努力。

来——而这个观念靠物理学本身是无法获得的（即使有再多或更多的科学事实摆在面前也无济于事），因为这原本就是只有“科学的形而上学”才能提供的“前提和准则”。既然现代物理学在过去半个多世纪里没有取得具有突破性意义的成果（如它在20世纪上半叶所取得的成果那样），那么何不换一个视角来作出新的尝试？

四、从“自然形而上学”向“道德形而上学”的过渡。

如果说本书部分地完成了“科学的形而上学”中的“自然形而上学”部分，那么，向“科学的形而上学”中的“道德形而上学”部分过渡，是未来应该展开的工作。我们曾在绪论中两次强调，“如果哲学不能对作为世界这个整体的一部分的自然界做出解释，却声称自己能对作为世界这个整体中的另一部分的人类社会提供真知灼见，这是难以理解的”。好在从理论理性推进到实践理性，是康德已经开始实施的事情——尤其宝贵的是，作为对休谟的“如何从存在推出应当”的著名难题的回应，康德在从《道德形而上学奠基》到《实践理性批判》的有关论证中已经（用他的方式）完成了基于理性理念推导出道德的普遍法则（比如从自由意志推导出“绝对命令”）的工作。可以说，康德已经为“科学的形而上学”从它的“自然形而上学”部分推导出它的“道德形而上学”部分创造了可能性、提供了范本。不同之处（至少）有以下两点：其一、我们无须如康德那样、从道德形而上学再过渡到实践理性（如他在《道德形而上学奠基》的第三章所做的那样）。康德需要从理论理性经道德理性知识、道德哲学、道德形而上学通达实践理性，但对我们来说，理论理性和实践理性是从属于作为一切现象共同基质的时间空间的至上法则的同一个理性，后者无须从前者推导出来，而只是用从属于时间空间的至上法则的原理和方法来研究道德领域的对象，从中推演出道德形而上学的法则以达成理性的实践运用；其二、我们得到了不同于康德意义上的自由、合目的性等概念，未来的工作将是用这些新的概念替代康德的理性理念来对道德领域的对象进行研究。好在（如绪论所言）“那些被理性找出来且不属于理性领域的东西（比如自由、合目的性），在‘性质’上与康德在《道德形而上学奠基》和《实践理性批判》中据以出发的东西相契合，具备两相接续的可能性”。我们对此充满信心。

总而言之，就本书的工作看，尽管我不认为即使就“科学的形而上学”中的“自然形而上学”部分而言的体系建设已经完成，不过，在哲学被日益边缘化的当下（如绪论所言），有关尝试仍然是有其积极意义的。比如，如果本书的诸方面工作足以说明“科学的形而上学”具备为自然科学奠基的能力，就将改变多年来日益明显的哲学对于自然科学的从属地位——哲学并非（也无须）从属于自然科学（以捡拾其“残羹冷炙”来维持生计），如乐观的人所期许的那样，哲学是“元科学”，是“科学的科学”。

对于哲学与科学的关系，以往有不少颇具悲剧意味的叙述，较为一致的看法是：哲学孕育了科学，但科学在其成长过程中逐步剥夺了她的领地和财产，并最终把她赶出家门。如康德所说：“曾经有一个时候，形而上学被称为一切科学的女王，并且，如果把愿望当作实际的话，那么她由于其对象的突出的重要性，倒是值得这一称号。今天，时代的时髦风气导致她遭到完全的鄙视，这位受到驱赶和遗弃的老妇像赫卡柏一样抱怨：‘不久前我还是万人之上，以我众多的女婿和孩子而当上女王——到如今我失去了祖国，孤苦伶仃被流放他乡。’”[①]200多年过去，这位“女王”的处境每况愈下、无以复加。所幸的是（我们有理由认为），在今天，她从颠沛流离中找到了回家的路！她将回去，回到属于她的家园，还将凭借自己的天生禀赋而重新成为那里的主人，并恢复作为人类理性“活的灵魂”的尊严和荣耀！

① [德]康德著，《纯粹理性批判》，邓晓芒译，杨祖陶校，人民出版社2004年版，第一版序。

附录：新范畴表

一、范畴表：

时间范畴	联结	关系	是
空间范畴	点	线	面
实体范畴	力和变化	生长性和随机性	实体和偶性
量的范畴	单一性	多数性	全体性
质的范畴	实在性	观念性	限制性
关系范畴	依存性	因果性	协同性
模态范畴	可能性	偶然性	必然性

二、说明：

1、相比康德的范畴表，这里增加了三类范畴：时间范畴、空间范畴和实体范畴，此外，在质的范畴和模态范畴中都做出了调整。增加、调整的理由和依据，在前面章节中都有阐释，这里不赘述。

2、在时间范畴中，我们简明地把三个范畴分别对应时间的相继性、并存性和持存性。在实体范畴中，三组范畴之所以成对的，是因为每一对范畴都是相辅相成的。

主要参考文献：

（以下所列参考文献均为本书引用文献，没有引用的文献不在其列）

[1] 康德：《纯粹理性批判》，邓晓芒译，杨祖陶校，人民出版社2004年版。

[2] 康德：《未来形而上学导论》，李秋零译注，中国人民大学出版社2013年版。

[3] 康德：《实践理性批判》，邓晓芒译，杨祖陶校，人民出版社2003年版。

[4] 康德：《道德形而上学奠基》，杨云飞译，邓晓芒校，人民出版社2013年版。

[5] 康德：《自然科学的形而上学基础》，邓晓芒译，上海人民出版社2003年版。

[6] 罗素：《我们关于外间世界的知识》，陈启伟译，上海世纪出版集团2008年版。

[7] 罗素：《对莱布尼茨哲学的批评性解释》，段德智等译，陈修斋等校，商务印书馆2011年版。

[8] 罗素：《罗素文集第3卷 数理哲学导论》，晏成书译，商务印书馆2016年版。

[9] 罗素：《西方哲学史》，商务印书馆1977年版。

[10] 黑格尔：《哲学史讲演录（第三卷）》，贺麟、王太庆译，商务印书馆1959年版。

[11] 黑格尔：《精神现象学》，贺麟、王玖兴译，商务印书馆1962年版。

[12] 黑格尔：《逻辑学》，杨一之译，商务印书馆1996年版。

[13] 黑格尔：《小逻辑》，贺麟译，商务印书馆1980年版。

[14] 弗雷格：《算术基础》，王路译，王炳文校，商务印书馆1998年版。

[15] 弗雷格：《弗雷格哲学论著选辑》，王路译，王炳文校，商务印书馆2006年版。

[16] 费希特：《全部知识学的基础》，王玖兴译，商务印书馆1986年版。

[17] 维特根斯坦：《逻辑哲学论》，贺绍甲译，商务印书馆1996年版。

[18] 王路：《“是”与“真”——形而上学的基石（修订版）》，人民出版社2013年版。

[19] 王路：《逻辑与哲学》，人民出版社2007年版。

[20] 王路：《逻辑的观念》，商务印书馆2016年版。

[21] 邓晓芒：《思辨的张力》，商务印书馆2016年版。

[22] 邓晓芒：《黑格尔辩证法讲演录》，北京大学出版社2005年版。

[23] 陈波：《逻辑哲学》，北京大学出版社2006年版。

[24] 德勒兹：《康德的批判哲学》，夏莹、牛子牛译，西北大学出版社2018年版。

[25] 笛卡尔：《第一哲学沉思集》，庞景仁译，商务印书馆1986年版。

[26] 胡塞尔：《现象学的观念》，倪梁康译，商务印书馆2018年版。

[27] D・玻姆：《现代物理学中的因果性和机遇》，秦克诚、洪定国译，商务印书馆1965年版。

［28］波普尔：《猜想与反驳：科学知识的增长》，傅季重、纪树立、周昌忠、蒋弋为译，上海译文出版社2005年版。

［29］波普尔：《客观知识》，舒炜光等译，上海译文出版社1987年版。

［30］斯特劳森：《怀疑主义与自然主义及其变种》，骆长捷译，商务印书馆2018年版。

［31］普特南：《理性、真理与历史》，童世骏、李光程译，上海译文出版社1997年版。

［32］齐良骥：《康德的知识学》，商务印书馆2011年版。

33］骆长捷：《休谟的因果性理论研究》，商务印书馆2016年版。

［34］杨祖陶：《德国古典哲学逻辑进程（修订版）》，武汉大学出版社1993年版。

［35］江怡：《分析哲学教程》，北京大学出版社2009年版。

［36］张志伟：《西方哲学史（第2版）》，中国人民大学出版社2002年版。

［37］李泽厚：《批判哲学的批判：康德述评（修订第六版）》，三联书店2007年版。

［38］海森伯：《物理学和哲学》，商务印书馆1981年版。

［39］洪谦：《论逻辑经验主义》，商务印书馆2010年版。

［40］丹皮尔：《科学史及其与哲学和宗教的关系》，李珩译，张今校，商务印书馆1994年版。

［41］卡尔纳普：《世界的逻辑构造》，陈启伟译，上海译文出版社2008年版。

［42］曹天元：《量子力学史话上帝掷骰子吗》，辽宁教育出版社2008年版。

［43］陈嘉映：《哲学科学常识》，中信出版集团2018年版。

［44］鲁道夫·哈勒：《新实证主义》，韩林合译，商务印书馆1998年版。

[45] 埃德温·阿瑟·伯特：《近代物理学的形而上学基础》，张卜天译，湖南科学技术出版社2012年版。

[46] 李涛：《数理逻辑引论》，哈尔滨工业大学出版社2011年版。